바로 바로 영문 번역테크닉 기초다지기

바로바로

영문 번역테크닉

기초다지기

저 자 강대영

발행인 고본화

발 행 반석북스

교재공급처 반석출판사

2024년 1월 15일 초판 1쇄 인쇄

2024년 1월 20일 초판 1쇄 발행

반석출판사 | www.bansok.co.kr

이메일 | bansok@bansok.co.kr

블로그 | blog.naver.com/bansokbooks

07547 서울시 강서구 양천로 583, B동 1007호

(서울시 강서구 염창동 240-21번지 우림블루나인 비즈니스센터 B동 1007호)

대표전화 02) 2093-3399 **팩 스** 02) 2093-3393

출 판 부 02) 2093-3395 **영업부** 02) 2093-3396

등록번호 제315-2008-000033호

ISBN 978-89-7172-985-4 (13740)

바로
바로
영문
번역테크닉
기초다지기

반석
북스

책을 펴내며

영어번역 실력은 글로벌 시대를 살아가기 위한 최고의 무기다

우리나라 사람은 모두 영어를 좀 잘했으면 한다. 하지만 아무리 해도 끝이 보이지 않는 것이 영어공부다. 물론, 조기영어교육으로 영어실력이 부쩍 늘어난 것만은 사실이다. 하지만 여전히 영어독해와 번역을 어려워할 뿐만 아니라 어떻게 공부를 해야 하는지 고민하는 경우가 많다.

정보와 지식을 모두 영어를 통해 얻어야 하는 요즘과 같은 글로벌 시대에 사는 우리로서는 영어독해와 번역 실력을 갖추지 않고서는 전공학문을 제대로 할 수 없을 뿐만 아니라 새로운 정보를 얻을 수조차 없다. 번역능력은 이제 한정된 사람들만 갖추어야 하는 능력이 아닌 시대를 앞서나가야 하는 사람이라면 누구나 갖추어야할 외국어능력이다.

이 책을 통해 지금까지 우리가 해왔던 영어독해와 번역의 한계를 극복하고 영문이 말하고자 하는 내용을 좀 더 쉽게 이해하고 좀 더 정확하게 전달하기 위한 방법을 제시하고자 한다.

'원문텍스트 구조에 충실해야 한다'는 기존의 생각을 버리자

기존의 '원문텍스트 구조에 충실해야 한다.'는 생각은 영어문법이나 영어통사구조를 연구하는 학자에게나 해당되는 말이지 일반 영어학습자에게는 해당되지 않는 말이다. 우리 일반인은 영문을 읽고 그 내용을 이해할 수 있으면 그만이지 그 영문이 어떤 문법구조로 되어 있는지 어떤 비유법을 사용했는지 구체적으로 설명할 필요가 없기 때문이다. 다시 말해 셜록 홈즈의 추리소설을 재미있게 읽을 수 있으면 그만이지 그 이상의 것을 알 필요가 없다는 것이다. 영문을 읽는 데는 최소한의 문법만 알면 된다는 사실을 이 책을 통해서 알 수 있다.

직역이냐 의역이냐 따지는 것은 어리석은 일이다

영문을 통해 원작자가 말하고자 하는 내용을 이해하는데 직역이면 어떻고 의역이면 어떤가? 그 내용을 제대로 이해할 수 있으면 그만이다. 직역만 해도 알 수 있으면 그것으로 그만이며 직역으로는 그 뜻을 이해할 수 없으니 의역을 해야 하는 것뿐이다. 이 책에서 가장 비중 있게 다루고 있는 내용이다.

영어 문법적 지식도 중요하지만 표현 어휘력이 더 중요하다

우리나라 사람이 신문이나 책을 읽으면서 국어문법을 따지지 않듯이 우리가 영어를 읽을 때도 문법적인 잣대로만 읽어서는 안 된다. 모든 언어는 단어의 나열로 구성되어 있을 뿐 그 문법이나 통사구조는 형식에 불과하다. "어머니 저 밥 좀 주세요. 배가 고픕니다."나 "엄마! 밥, 밥, 밥!"이나 말하고자 하는 근본적인 뜻은 같다. 단지 표현 양식만 다를 뿐이다. 다시 말해, 표현양식을 정확하게 알기에 앞서 말하고자 하는 근본적인 뜻을 이해하는 것이 우리에겐 더 중요하다는 것이다. 영어문법을 배우기 위해 몇 년을 허비하기 보다는 사전을 찾아가며 영문소설을 읽는 것이 훨씬 더 경제적인 영어공부방법이다. 영어를 잘하기 위해서는 우리글 독서부터 많이 해야 한다는 것을 이 책은 말해 준다.

단어에 대한 편견을 버리고 사전을 더 열심히 찾아라

국어사전과 영어사전의 차이를 아는가? 국어사전은 어떤 단어에 관한 설명을 하고 있는 경우가 대부분이지만, 영어사전은 어떤 단어가 상황에 따라 다른 뜻을 나타낸다는 사실을 설명하고 있다. 다시 말해, 영어단어는 상황에 따라 각기 다른 뜻을 나타내므로 상황에 맞는 뜻을 선택하는 것이 가장 중요하다. 이 책은 영어단어에 대한 편견을 버리게 해 줄 것이다.

이해할 수 없는 번역문은 오역이다

독해교재의 번역이나 번역서 또는 전문 번역사가 쓴 문장을 보면 무슨 말을 하는 것인지 알 수 없는 대목이 많다. 왜 그럴까? 바로 한국어를 한국어답게 적지 못하고 영어식으로 한국어를 적었기 때문이다. 이처럼 읽고 이해할 수 없는 번역은 오역이나 마찬가지다. 이 문제에 대한 해결책이 이 책에 들어 있다.

이 책을 세 번만 읽어라

모든 일에 비법이란 있을 수 없다고 생각한다. 단지 반복훈련과 시행착오의 교정만이 최고에 이를 수 있는 길이다. 이 책은 영어번역의 반복훈련과 시행착오를 교정할 수 있는 테크닉을 자세하게 설명하고 있다. 세 번만 읽으면 영어번역을 어떻게 해야 하는지 완전히 알 수 있으리라 믿는다.

영어독해와 번역테크닉을 완성할 수 있는 지침서

서점을 둘러보면 영어독해나 번역학습교재가 터무니없이 부족하고 때로는 부실한 경우를 많이 볼 수 있다. 이 책은 독해와 번역학습에 목말라하는 독자들을 염두에 두고 지은 책으로 영어독해와 번역을 쉽고 정확하게 할 수 있는 테크닉을 자세히 설명하고 있다.

보완해야 할 점이 많지만, 영어독해와 번역학습 독자에게 정말 도움이 되는 책이 되었으면 하는 바람이다.

저자 강 대 영

Contents

Chapter 01 번역 이해하기

Chapter 02 문장형태별 번역테크닉

Chapter 03 문장해체와 모범번역 만들기

Chapter 04 번역이론과 실제적용

Chapter 05 번역과 표현문장력

Chapter 06 번역일과 번역사

CHAPTER 1

번역 이해하기

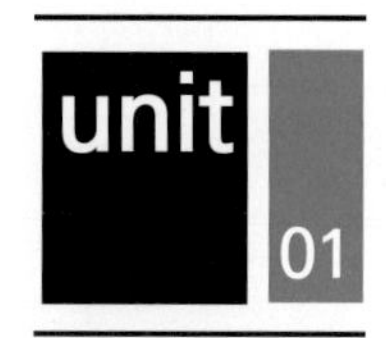

번역이란

1. 번역의 의미

우선 '번역(飜譯)'이라는 말이 의미하는 것이 무엇인지 정확히 알고 넘어가자! 국어 사전에서는 '번역'이라는 말을 "한 나라의 말로 된 글의 내용을 다른 나라 말로 바꿔 옮김"이라고 설명하고 있다. 이 설명에 유의해야 한다. 왜냐하면, 사람들은 대부분 '번역'이라고 하면 단어에다 새로운 단어를 대입하여 문장화하는 것이라고 생각하고 있기 때문이다.

다시 말해, 기존의 독해식 문장을 만드는 것이 아니라 원문이 말하고자 하는 내용을 다른 나라 문장체계로 바꾸는 것을 말한다. 영한(英韓)번역의 경우, 영문 속에 들어 있는 내용을 번역자가 이해한 다음 한글로 문장화하는 것을 말한다는 것이다. 다시 강조하지만, 영어단어에다 한글단어를 대입하는 것에 그쳐서는 안 된다.

2. 번역의 종류

번역의 옳고 그름이나 좋고 나쁨을 뜻하는 말로는 다음과 같은 것들이 있다.

1. 오역(誤譯)
원문의 내용을 잘못 전달하거나 전달할 수 없는 것을 말한다.

2. 악역(惡譯)
오역과 큰 차이는 없지만, 원문의 내용을 번역자의 생각대로 처리한 번역문을 말한다. 어떻게 보면 그럴싸해 보이지만, 원문의 논리에 맞지 않은 번역이다.

3. 졸역(拙譯)
그야말로 졸렬한 번역문을 말한다. 번역자가 원문이 말하고자 하는 의미는 알고 있지만, 그 내용을 정확하게 전달하지 못한 번역문을 말한다. 어휘 구사력이나 문장 표현력이 부족하면 졸역을 하게 된다.

4. 직역(直譯)

말하고자 하는 의미를 이해하기보다는 문장형식을 분석하는 식으로 사전적인 표현을 무작정 대입한 번역문을 말한다. 한자(漢字) '직(直)'은 본래 '곧다'는 뜻이지만, 여기서는 '곧이곧대로'라는 뜻으로 볼 수 있다. 직역을 흔히 'Word to Word식 번역'이라 한다. 요즘은 직역보다는 번역(의미역=의역)적인 개념을 많이 도입하고 있긴 하지만, 기존의 외국어 해석은 거의 이 직역에 해당한다. 모든 영문을 직역으로 처리하면 대략 70%정도는 의미전달이 가능하지만 30% 정도는 졸역 이하의 나쁜 번역문이 된다. 따라서 이 30%는 반드시 의역으로 처리해야 한다. 그리고 중요한 것은 직역을 정역(正譯)으로 착각해서는 안 된다.

5. 정역(正譯)

바로 올바른 번역을 말한다. 영문이 말하고자 하는 의미를 정확하고도 쉽게 한국 사람에게 알려 줄 수 있는 번역문을 말한다. 직역으로 그 의미를 전달할 수 없는 30%를 말하고자 하는 의미 중심으로 적절하게 처리한 번역문이다.

6. 달역(達譯)

영문이 말하고자 하는 의미를 우선 정확하게 전달하고자 애쓴 번역이 정역(正譯)이라면, 의미는 물론이고 표현방식, 전개방식, 어투 등이 모두 원문과 거의 유사할 정도로 잘 표현한 번역문이다. 달인의 경지에 오른 번역을 말한다.

7. 명역(名譯)

달역 수준에 원작자의 의도, 역사적 시대적 배경, 언어 환경의 차이, 독자고려 등 모든 면에서 원문을 가장 이상적으로 전달할 수 있는 번역문이다. 원문보다 더 좋은 문장이라고 하는 번역문이다.

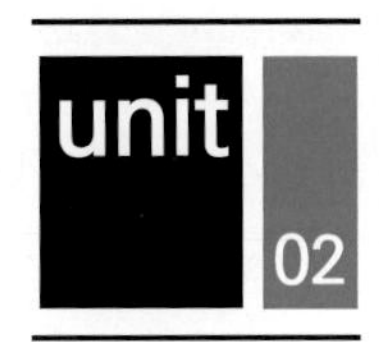

번역 패턴

번역이란 것이 '특정 언어로 되어 있는 문장 내용을 다른 언어로 문장화해서 그 내용을 전달하는 것'이므로 어떻게 보면 획일적인 번역 방법은 있을 수 없다. 어떤 목적으로 작성된 문장인지, 어떤 상황을 배경으로 하고 있는지, 원작자가 누구이며, 누가 읽을 것이며, 어떤 목적으로 번역을 하며, 누가 번역을 하느냐에 따라 번역 방법은 다르기 마련이다. 따라서 다음의 번역방법을 상황에 따라 적절하게 활용하는 것이 좋다.

1. 의역(意譯)

원문의 형식이나 문체를 지나치게 의식하지 않고 영문이 말하고자 하는 의미를 중심으로 번역문을 자연스럽게 작성하는데 비중을 둔 번역이다. 독자의 글 읽기를 고려하여 직역과 의역을 적절히 가미한 번역으로 일반적인 독자를 대상으로 하는 도서(圖書)번역에 가장 이상적인 번역 방법이라 할 수 있다.

2. 보충역(補充譯)

독자를 고려하여 번역자가 지명, 인명, 상품명, 기관명 등 고유명사의 의미를 보충 설명하는 문구를 넣는다거나, 배경설명을 곁들여 원문의 내용을 좀 더 쉽게 알려주고자 하는 번역방법이다. 주석(역자 주)을 달아주는 것도 여기에 해당한다. 신조어, 최신 첨단기술 용어, 아주 오래된 용어, 문화적인 차이로 이해하기 어려운 용어 등을 번역할 때 주로 활용하는 번역방법이다.

3. 축어역(逐語譯)

원문의 단어, 구, 절, 형식 등을 변형하지 않고 그대로 번역하는 방법으로 직역(直譯)과 같은 개념이다. 문학작품 번역이 주류를 이루었던 과거 국내 번역스타일의 주류를 이루었고 현재도 시(詩)나 희곡 등 문학적인 문장을 번역할 때 가장 많이 사용하는 번역방법이지만, 원문의 형식에 지나치게 의존하다보니 정작 번역문 자체는 읽어도 그 의미를 이해할 수 없게 되는 우를 범할 수 있다. 따라서 원문의 언어적인 특성을 연구할 때는 이 방법이 필요할지는 몰라도 절대 다수의 대중이 읽도록 하기 위해서 번역할 때는 바람직하지 않은 방법이다.

4. 요약역(要約譯)

원문의 표현방식이나 문체 등을 고려할 필요 없이 말하고자 하는 요지만 전달해도 될 경우나 인사말과 같이 일상적인 표현이라 번역할 필요가 없는 경우 육하원칙에 따라 원문의 내용을 요약만 하는 번역방법이다. 보고서, 연설문 등을 비롯한 실용 생활문을 번역할 때 많이 활용하는 방법이다.

5. 초역(超譯)

원문의 형식이나 문체 등에는 거의 구애를 받지 않고 원문이 말하고자 하는 의미를 독자에게 좀 더 재미있고 흥미롭게, 또는 감동적으로 전달하기 위해 번역자 자신의 지식, 문장력, 표현력을 총 동원하여 오로지 독자를 설득하기 위한 번역방법이다. 가장 상업적인 번역방법으로 흥행 위주의 출판물 번역이나 영화와 같은 영상물 번역에 주로 활용하는 번역법이다.

6. 초벌 번역(初伐飜譯)

원문이 말하고자 하는 의미는 염두에 두지 않고 직역이나 축어역방식으로 원문의 통사구조에 근거하여 1차적으로 원문을 해체한 문장을 말한다. 번역 역사가 깊은 일본에서 많이 사용하는 표현으로 출판물 번역의 경우, 번역 물량이 많아 원 번역자가 일일이 원문을 읽을 시간이 없자 번역 잔일을 거들어 주며 전문 번역가 밑에서 공부를 하는 예비 번역가인 문하생에게 1차적인 영문해체 작업을 시키는데, 이 때 문하생이 하는 번역을 통상 초벌번역이라 말한다. 한국과는 달리 일본은 번역문학생이 엄청 많을 뿐만 아니라 실력 또한 정확한 직역을 할 수 있는 높은 수준이다.

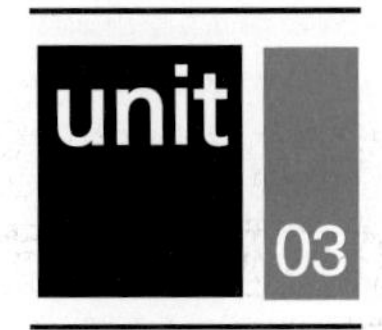

번역에도 비법이 있는가

영어독해를 잘하는 비법이 없듯이 사실 번역을 잘 할 수 있는 비법이란 것도 없다. 중요한 것은 장르, 지식분야, 원작자, 시대상황, 출판목적 등을 가리지 않고 다양한 경험을 쌓아가면서 자기만의 전문분야를 개척해 나가는 것이다.

그리고 번역이란 것이 수학 공식을 활용해서 문제를 푸는 식이 아니라 번역자의 외국어실력, 그 분야의 전문성, 문장력, 대중 흡인력 등에 좌우될 수밖에 없기 때문에 번역자도 창작자와 마찬가지로 자기만의 개성을 돋보이게 할 수 있도록 노력하는 것도 중요하다.

좋은 번역자를 판단하는 네 가지 검토사항

1. 원문(Source Language)을 어느 정도까지 이해할 수 있는가?
2. 원문의 문맥에 알맞은 '2차 언어(Target Language)'의 문맥 구성력이 있는가?
3. 가장 적절한 대응 언어를 선택할 수 있는 언어적인 감각과 해당 분야에 관한 지식을 갖추고 있는가?
4. 전체 문장을 다듬고 정리할 수 있는 글에 대한 안목과 교정능력을 갖추고 있는가?

위의 네 가지를 고루 갖추었다면, 훌륭한 번역을 할 수 있을 것이고 그렇지 못하다면 뭔가 어색하거나 이상한 번역을 하게 될 것이다.

독해와 번역을 좀 더 정확하게 하기 위해서는

혹시, 영어만 보면 정신없이 첫 줄부터 사전을 찾아가며 한 줄 한 줄 번역해 내려가지는 않는가?

한국어로 되어 있는 문장이라 하더라도 자신이 평소에 접해보지 않는 내용은 무슨 뜻인지 잘 알 수 없는 것이 사실이다. 그런데, 영어로 되어 있으면 어떨까? 사실, 영어를 잘 하고 못 하고를 떠나 자신이 평소에 관심을 가지지 않던 분야의 내용은 이해하기 힘들다.

따라서 번역을 잘 하기 위해서는 영어 단어 하나하나를 아주 신중하게 이해하고 판단하여 최종 번역어를 만들어 내야 한다. 그리고 번역하는 속도가 중요한 것이 아니라 번역을 정확하게 하는 것이 중요하다는 생각부터 해야 훌륭한 번역을 할 수 있다는 것을 명심해야 한다.

번역절차를 지키는 습관부터 길러라

경험을 쌓기 전까지는 아래와 같은 번역절차를 꼼꼼히 챙겨가며 번역을 하는 습관을 기르는 것이 중요하다. 실제 이런 마음가짐으로 번역을 하는지 생각해 보고 좀 더 주도면밀하게 번역을 하면, 훨씬 좋은 번역문을 작성할 수 있을 것이다.

1. 우선 영문구조를 바탕으로 정확하게 직역을 한다.
2. 직역한 한국어 문장을 보면서 영문이 말하고자 하는 내용이 무엇인지 생각해 본다.
3. 직역한 문장만으로 영문이 무엇을 말하는지 잘 모르는 경우는 다른 사람에게 물어보거나 사전이나 자료를 더 열심히 찾아 그 뜻을 알아낸다. 그래도 모르겠으면, 최후의 방법으로 영문구조대로 정확히 직역을 해 놓거나, 문맥을 보고 나름대로 의역으로 처리한다.
4. 영문의 문법적 구조나 형식을 의식하지 말고, 통상 우리가 사용하는 표현들로 번역문을 작성한다.
5. 작성한 번역문을 다시 읽어 내용을 정리한 다음, 영문을 읽으면서 내용이 일치하는지 비교해 본다.
6. 번역문과 영문이 말하고자 하는 내용이 다른 부분을 수정하여 최종 번역문을 작성한다.
7. 최종 번역문을 읽으면서 이해하기 힘든 부분이 없는지, 용어가 적절한지, 한국어 조사나 접속사 등은 제대로 썼는지, 오탈자는 없는지 등을 확인한다.

영어를 사용하는 사람들의 정서를 이해하라

- **You look like you got up on the wrong side of the bed.**

  당신은 침대의 나쁜 쪽에서 일어난 것처럼 보인다.

이 문장은 Is anything wrong?(무슨 문제 있어? / 뭐가 잘못 됐니?) You look like you got up on the wrong side of the bed.(영 기분이 안 좋아 보이는데 / 기분이 별로인 것 같은데)와 같은 표현인데, 위의 번역 예는 엉터리다. 물론, bed(침대)에서 got up(일어나다) 한 모습을 나타내므로 통상 아침에 빽적지근하게 일어난 사람들에게도 많이 사용하는 표현이다. 따라서 올바른 번역은,

번역 1 잠자리가 불편했니? 안 좋아 보이는데?

번역 2 영 기분이 아닌 것 같은데?

번역 3 컨디션이 별로인 것 같은데?

번역 4 어디 몸이라도 안 좋아?

번역 5 뭐 언짢은 거라도 있어? 등등 아주 다양하다.

- **You gonna give him the boot?**

이 문장을 사전적인 의미대로 "당신은 그 사람에게 장화를 줄 겁니까?"로 처리한다면 얼마나 이상할까? 물론, 그런 의미를 나타내는 표현이 아니다. 사전을 찾아봐도 알 수 있지만, give a person a boot는 '누구를 즐겁게 하다 / 누구를 차버리다'는 뜻이 있고, give a person the boot는 '누구와 절교하다 / 누구를 해고하다'와 같은 뜻이 있다.

영어를 사용하는 사람들은 나쁜 감정이나 나쁜 상황을 우회적으로 표현하는 경우가 많지만, 숨은 뜻은 다르므로 숨은 뜻을 정확하게 전달해 주는 것만으로도 괜찮은 번역이라 할 수 있다. 물론, 정말 남을 배려하기 위해 그렇게 표현된 것이라면 번역 또한 우회적인 표현을 그대로 살려주는 것이 원칙이다.

그야말로 '아' 다르고 '어' 다르다

물건이든 사람이든 보는 사람에 따라 아주 다르기 마련인데 축구로 출세한 '손흥민' 선수를 두고 어떤 아가씨는 멋지다고 생각하는 반면, 어떤 아가씨는 너무 뺀질거리게 생겼다고 생각하는 것과 같은 이치다.

즉, '손흥민' 선수를 축구 선수로 볼 것이냐, 데이트 상대로 볼 것이냐, 결혼상대로 볼 것이냐에 따라 손흥민 선수의 몸값이 달라진다는 것이다. 마찬가지로 영어단어를 어떻게 보느냐에 따라 뜻이 달라진다는 사실을 명심해야 한다.

동사 burn의 활용 예

뜻이 별로 없을 것 같은 동사 burn도 보는 관점(문장 상황)에 따라 다르다.

1. He was burned to death.를 번역하면, 그는 불에 타서 죽었다. ⇒ 그 사람은 타 죽었다. 정도가 된다. 이 문장에서 burn은 그야말로 불과 관련된 말이므로 '불에 타다 ⇒ 타다'로 보면 정확하다.
2. Don't burn your bridges.를 번역하면, 당신의 다리들을 태우지 마라 ⇒ 네 다리를 태우지 마라 ⇒ 배수의 진을 치지 마라 ⇒ 협상의 여지를 열어 놓아라. 정도가 된다. 통상 burn one's bridges는 관용적인 표현으로 '배수의 진을 치다 / 막다른 길에서 온갖 노력을 다하다'는 뜻으로, '불이 타는 것'과는 전혀 상관이 없다. 다시 말해 관용적으로(일상적으로) 사용하는 표현은 단어 하나하나를 떼어서 생각해서는 안 된다는 것이다. 전체적인 상황의 논리를 보지 못하고 단어 하나하나를 떼어서 처리하면 자신이 볼 때는 정역으로 보일지 몰라도 그것은 오역이다. 따라서 이 문장은 "배수의 진을 치지 마라 ⇒ 협상의 길을 열어 놓아라. / 융통성 있게 처신하라." 등으로 번역할 수 있다.
3. Did your fuse burn out?를 번역하면, 당신의 퓨즈가 타서 나갔느냐? ⇒ 퓨즈가

타버렸어요? ⇒ 퓨즈가 나가버렸나요? 정도가 된다. 이 문장에서 burn은 '타다'는 뜻을 내포하고 있지만, 실제 번역에서는 '타다'는 뜻보다는 '나가다'가 더 적절한 번역이다. burn out이라는 숙어에는 '타서 고장이 나다'는 뜻이 있다. 전기가 과하게 흘러서 퓨즈가 나간 것을 보면 탄 흔적이 조금 보이지만, 외관상으로는 잘린 모양인데, 그래서 '잘려서 나가다 ⇒ 나가다'로 바꾸어 표현할 수 있다.

'have = 가지다'와 같은 편견을 버려라

여러분 중에는 단어실력을 늘리기 위해서 단어장이나 단어카드를 사용해서 하나하나 그대로 외우는 사람도 더러 있을 것이다. 이 방법을 좋다 나쁘다 단정 지을 수는 없지만 이 방법으로는 번역능력을 좀처럼 향상시킬 수 없다. 왜냐하면 영어단어 하나에는 수십 가지의 뜻이 있는 것이 일반적이기 때문이다. 다시 말해 영어단어와 한국어 단어는 '일대 다(多) 대응원칙'을 적용해야 한다는 것이다.

가령 I를 '나', You를 '너'라는 식으로 대응시키는 것은 좋은 번역이 될 수가 없다. 단어실력을 가장 빠르게 향상시키기 위해서는 어떤 단어가 가지고 있는 기본적인 의미가 무엇이며 상황에 따라 그 단어가 어떤 뜻으로 바뀌는지를 알아야 한다.

have 동사의 의미

1. (물건, 권한을) 가지다, 소유하다

① have a pencil : 펜을 가지다
② have a lot of money : (많은) 돈을 가지다
③ have a house : 집을 가지다
④ have a car : 차를 가지다
⑤ have authority to make laws : (법을 만들) 권한을 가지다

해설_ 1. 위의 '가지다'는 모두 '있다'로 바꾸는 것이 좋다.
2. have가 부정어(no, not)와 함께 쓰이면 '가지고 있지 않다'보다는 '없다'로 처리하는 것이 좋다.
3. 한국어 표현상 '가지고 있다 / 가지고 있지 않다'라는 표현은 영어구조를 이해시키기 위해 임시로 만든 표현으로 '있다, 없다'로 간단히 처리할 수 있다.

2. (사람을) 가지고 있다, 거느리고 있다

① have a lot of friends : (많은) 친구를 가지다

② have a large family : (많은) 가족을 가지다
③ have an ungrateful son : (불효) 자식을 가지다
④ have a child : 아이를 가지다

해설_ 1. 위의 '가지다'는 모두 '있다'로 바꾸는 것이 좋다.
2. 흔히 '가지고 있다'라고 표현하는데 서술어를 중복해서 나열하는 경우로 한국어는 명확한 서술어 하나로 문장표현이 가능하다. '가지고 있다'를 서술어 '가지다'나 '있다'하나만 써서 표현해 보자. ① 연필을 가지고 있다. ⇒ 연필을 가졌다. ⇒ 연필이 있다 ② 친구를 가지고 있다. ⇒ 친구를 가졌다. ⇒ 친구가 있다.
3. 이런 반대의견을 내놓을 수 있다. '가졌다'와 '있다'는 시제가 다르지 않느냐? 하고. '가졌다'는 과거고 '있다'는 현재라고. 한국어 문장은 시간, 시기, 때를 나타내는 부사어가 많아 부사어가 정확한 시제를 표현하고 있다는 것을 명심하자! ① '안정환'은 전에 돈이 많이 있었다. (많았다) ② 지금 돈이 많이 있다. (많다) ③ 그때 돈이 많이 있었다. (많았다) ④ 오늘 돈이 많이 있다. (많다)

3. have동사를 마지막 서술어로 번역해야 하는 경우

① have red hair : 빨강머리카락을 가지다 ⇒ 머리카락이 빨갛다
② have a bad temper : 급한 성격을 가지다 ⇒ 성질이 급하다(=성급하다)
③ have a good memory : 훌륭한 기억을 가지다 ⇒ 기억력이 좋다
④ An hour has sixty minutes. : (1시간은) 60분을 가지다. ⇒ (1시간은) 60분이다.
⑤ have great respect for age : 노인을 위한 대단한 존경심을 가지다 ⇒ 노인을 존경하다

4. have동사를 전혀 다른 서술어로 번역해야 하는 경우

① have a dinner : 저녁을 가지다 ⇒ (저녁) 식사하다, 먹다
② have a drink : 마시는 것을 가지다 ⇒ (물을) 마시다
③ have a meeting : 모임을 가지다 ⇒ 만나다, 교섭하다, 토의하다, 회의하다, 대화하다

이처럼 정확하고 적절한 서술어 표현을 잘 찾으면 번역의 완성도를 높일 수 있으므로 서술어의 기본 뜻, 즉 사전적인 표현에만 집착하지 말고 원문의 상황에 가장 적절한 표현이 무엇인지 열심히 찾아보자.

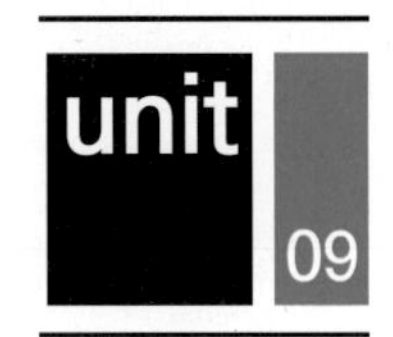

30점, 60점, 90점 번역의 차이

01 All of them appeared very merry and good-humored.

30점 그들의 모두는 매우 명랑하고 그리고 쾌활해 보였다.

해설_ 우리말 서술어는 보통 영어 원문의 동사나 형용사이다. 위의 문장을 문형으로 분석하면 주어 : All of them, 동사 : appeared, 보어 : very merry and good - humored이다. 번역문이 너무 직역적이다.

60점 그들은 모두 매우 명랑하고 쾌활해 보였다.

해설_ '그들은 ~해 보였다'의 '해 보였다'는 우리글의 이중서술어이다. 그냥 '~했다'라고 해도 똑같은 표현이다. 물론 '단지 그렇게 보일 뿐이었다'는 뜻일 수도 있지만, appear의 실제 주어가 글쓴이이므로 글쓴이 관점에서 보면 단정적으로 표현하는 것이 더 적절하다.

90점 그 사람들은 모두 매우 명랑하고 쾌활했다.

02 This will remain an unpleasant memory with me.

30점 이것은 나와 함께 기분 나쁜 기억으로 남아 있을 것이다.

해설_ 주어 : This, 동사 : will remain, 보어 : an unpleasant memory이고 〈S + V + C〉형의 C에 명사가 와서 〈S + V + 명사형〉 구문이다. 위의 형에서 V가 타동사인 경우는 〈S + V + O〉로 제3형식이지만, 이 경우는 의미상으로 S = C의 관계이므로 제2형식이다. 따라서 This = an unpleasant memory이다.

60점 이것은 내게 불쾌한 기억으로 남을 것이다.

해설_ 우리글은 행위자를 중심에 놓는 능동형 서술이기 때문에 사람을 주어 자리에 놓고 표현하는 것이 좋다.

90점 나는 그것 때문에 늘 불쾌할 것이다. ⇒ 나는 그 불쾌한 일을 잊지 못할 것이다.

03 All the efforts of the doctors were of no avail.

30점 그 의사들의 모든 노력들은 소용이 없게 되었다

해설_ 주어 : All the efforts, 동사 : were, 보어 : of no avail로 〈of + 명사〉가 보어 역할을 하고 있다. were가 동사이므로 '되었다'가 서술어인 것 같지만 were of no avail 전체를 하나로 묶어 '허사였다'로 처리하는 것이 좋다.

60점 그 의사들의 모든 노력들은 허사였다.

해설_ '이용할 수 없게 되었다'가 '허사였다'로 간단히 줄었다. '모든 노력들은'이라는 표현은 본래 한국어답지 못한 표현이다. '모든 노력'이라는 말이 성립하려면 '큰 노력 / 작은 노력 / 힘든 노력 / 게으른 노력'과 같은 말이 성립해야 한다. '노력'이라는 추상명사는 동사 '노력하다'로 전환해서 표현하는 것이 가장 좋다.

90점 의사들의 노력은 모두 허사였다. ⇒ 의사들이 노력했지만 아무 소용이 없었다.

해설_ 우리글은 문장성분의 이동이 자유로운 것이 장점이기도 하지만 남용해서는 안 된다. 예를 들어, '모든 사람들이 왔다'보다는 '사람들이 모두 왔다'가 더 좋은 표현이다. '모든'이라는 관형어(뒤의 명사를 한정하는 기능)를 부사 '모두'로 바꾸는 방식이다. 관형어는 본래 뒤의 명사를 한정하는 기능을 하기 때문에 '한정(限定)'하지 않을 경우에는 사용하지 않는 것이 좋다.

★ 관형어 가려쓰기의 예

(1) 정든 사람들이 떠났다(한정) : 관형어 '정든'을 부사로 바꿀 수 없으므로 괜찮은 표현.

(2) 많은 사람들이 참석했다(한정하지 않음) : 관형어 '많은'을 부사 '많이'로 바꿀 수 있음
⇒ '사람들이 많이 참석했다'로 표현하는 것이 좋음.

(3) 돈을 낸 사람들이 몰려왔다(한정) : 관형어 '돈을 낸'을 부사로 바꿀 수 없으므로 괜찮은 표현.

(4) 모든 사람들이 영화를 봤다(한정하지 않음) : 관형어 '모든'을 부사 '모두'로 바꿀 수 있음
⇒ '사람들이 모두 영화를 봤다'로 표현하는 것이 좋음.

04 To prolong this discussion is to waste time.

30점 이 토론을 연장하는 것은 시간을 낭비하는 것이다.

해설_ 주어 - To prolong this discussion, 동사 : is, 보어 : to waste time 위의 문장은 to부정사가 주어와 보어로 쓰였다. 즉, to prolong this discussion=to waste time이다. 동사가

is이므로 번역문의 서술어는 '~이다'. 하지만 보어에 낭비하다(waste)가 있으므로 '낭비다'로 처리한다.

60점 이 토론을 연장하는 것은 시간 낭비다.

해설_ 사람 관점으로 바꾸면 더 좋다.

90점 이 문제는 더 이상 토론할 필요가 없다.

05 He laughed a hearty laugh.

30점 그는 마음속 웃음을 웃었다.

해설_ 위의 원문은 아주 간단한 〈S + V + O〉의 3형식 문장이지만 자칫하면 졸역을 하기 쉽다. 보통 목적어로 명사, 대명사가 오지만 우리말과는 달리 동사의 명사형이 목적어로 나오면 번역을 잘 해야 한다. 흔히 문법을 설명할 때 이런 목적어를 동족목적어(Cognate Object)라고 하는데 예를 들면 '잠을 자다, 웃음을 웃다, 소리를 소리 지르다, 생활을 생활하다, 얘기를 얘기하다, 꿈을 꿈꾸다' 등이다. 영어표현은 가끔 동족목적어가 있지만 우리식 표현이 아니기 때문에 번역할 때 유의해야 한다는 것이다. 예를 들어 live a happy life(행복한 생활을 생활하다. → 행복하게 살다), dream a dreadful dream(무서운 꿈을 꿈꾸다 → 무서운 꿈을 꾸다) 등이 동족목적어 문장이다.

60점 그는 마음속으로부터의 웃음을 웃었다.

해설_ '마음속으로부터의'는 〈마음 + 속 + 으로 + 부터 + 의〉처럼 마음이라는 명사에 '처소, 방향, 진원지, 소유'의 뜻을 나타내는 조사를 더덕더덕 붙여 놓은 꼴이다. '마음속으로부터의 웃음'은 그냥 '속웃음'이란 명사로 대신할 수 있지만 문맥을 보면 단순히 '속웃음'을 웃는 것은 아니다. '어떤 제약도 받지 않고 아주 즐겁게, 호탕하게. 거침없이 웃었다'를 나타내고 있음에 유의해야 한다.

90점 그 사람은 마음껏 웃었다.

06 The mystery may resolve itself into knowledge some day.

30점 미스터리는 언젠가 자신을 사실로 풀 수 있을 것이다.

해설_ 위 문장은 목적어 자리에 재귀대명사가 온 경우이다. 앞 동사 resolve가 타동사지만 〈타동사 + 재귀대명사(oneself) = 자동사〉라는 사실을 알고 번역해야 한다. 예를 들면 〈kill(타동사) + oneself(재귀대명사)〉가 '자신을 죽이다'가 아니라 '자살하다'인 것처럼 자동사로 처리해야 한다.

60점 미스터리는 언젠가는 자신을 밝힐 것이다.

해설_ 〈주어 + 목적어 + 서술어〉의 형태를 갖추었지만 '밝히다'의 주체가 사람이므로 사람관점으로 문장을 전환해서 처리하는 것이 바람직하다.

90점 미스터리는 언젠가는 밝혀지기 마련이다 / 언젠가는 미스터리를 밝힐 수 있을 것이다.

07 The skin is the body's largest and one of its most complex organs. Spread flat, it would cover approximately 18 square feet, every square inch of which includes about a yard of blood vessels, four yards of nerves, and more than three million cells.

어휘_ complex 복합의 approximately 대략 cover 이르다 vessel 관 nerve 신경

60점 피부는 신체의 가장 크고 가장 복잡한 기관 중의 하나다. 평평하게 펴면, 그것은 대략 18평방피트에 이를 수 있고 그것의 매 평방 인치는 약 1야드의 혈관과 4야드의 신경, 그리고 300만개 이상의 세포를 포함한다.

해설_ 문장자체가 평이해 무슨 뜻인지 알 수 있지만, 영어 독해서 수준의 번역이다.

1. The skin is the body's largest and one of its most complex organs : 피부는 신체의 가장 크고 가장 복잡한 기관 중의 하나이다. ⇒ 피부는 신체에서 가장 넓고 복잡하다.

2. Spread flat : 평평하게 펴면 ⇒ 만일 평평히 펼쳐진다면(=if it were spread flat : 실제 평평하게 펼칠 수 없으니 가정법으로 되어 있음)

3. It would cover approximately 18 square feet ⇒ 그것은 대략 18평방피트에 이를 것이다. ⇒ 대충 55평방미터나 된다.

4. Every square inch of which includes about a yard of blood vessels ⇒ 그것들의 매 평방 인치는 대략 1야드의 혈관을 포함한다. ⇒ 피부 1평방 인치에는 대충 혈관 1야드가 들어 있고 Four yards of nerves ⇒ 4야드의 신경 ⇒ 신경 4야드 And more than three million cells ⇒ 그리고 300만개 이상의 세포를 ⇒ 그리고 세포 300만 개 이상이 (들어 있다)

90점 피부는 신체에서 가장 넓고 복잡하게 이루어져 있는데, 만약 평평하게 펴면 면적이 55평방미터나 되고, 피부 1평방 인치는 대충 혈관이 90센티미터, 신경 3.6미터 그리고 세포 300만 개 이상으로 이루어져 있다.

unit 10 우선 직역부터 정확하게 하라

다음 문장의 직역과 모범번역을 잘 비교해 보면 번역방법을 나름대로 터득할 수 있을 것이다.

01 All he does at home is to watch television.

그가 집에서 하는 모든 것은 TV를 보는 것이다.

⇒ 1. 그 사람이 집에서 하는 일이라고는 오로지 TV보는 것뿐이다.

2. 그 사람이 집에서 하는 유일한 일은 TV보는 것이다.

3. 그 사람은 집에서 TV 보는 것을 제외하고는 아무 것도 안 한다.

4. TV 보는 것이 그 사람이 집에서 하는 유일한 일이다.

5. 그 사람은 집에서 TV만 볼 뿐 다른 일은 전혀 하지 않는다.

표현이 아무리 달라도 말하고자 하는 내용이 같으면 모두 좋은 번역이다.

02 Few of them are opposed to the plan.

그들 중의 거의 없는 수는 그 계획에 반대했다.

⇒ 1. 그 사람들 중에 그 계획에 반대하는 사람은 거의 없었다.

2. 거의 모든 사람이 그 계획에 찬성했다.

3. 그 사람들은 거의 다 그 계획에 찬성했다.

★ 긍정서술과 부정서술의 차이

(1) 긍정서술 : 모든 상황을 긍정적으로 표현하는 방식 ⇒ 거의 다 그 계획에 찬성했다.

(2) 부정서술 : 모든 상황을 부정적으로 표현하는 방식 ⇒ 반대하는 사람은 거의 없었다.
⇒ '같은 값이면 다홍치마'라는 말이 있듯이 이왕이면 긍정적인 서술방식을 많이 활용하는 것이 좋다

03 She was wise in refusing the proposal.

그녀는 그 제안을 거절한 것에 있어서는 현명하였다.

⇒ 1. 그 여자가 그 제안을 거절한 것은 현명했다.

2. 그 여자가 그 제안을 거절한 것은 잘했다.

3. 그 여자가 그 제안을 거절한 것은 참 잘한 일이었다.

4. 그 여자가 그 제안을 받아들이지 않은 것은 현명한 판단이었다.

04 She did something wrong when she took him to her father.

그녀는 그를 그녀의 아버지에게 데리고 갔을 때 어떤 잘못을 저질렀다.

⇒ 1. 그 여자가 그 남자를 자기 아버지에게 데려간 것은 잘못이었다.

2. 그 여자가 그 사람을 아버지에게 선 뵈었던 것은 실수였다.

3. 그 여자가 그 사람을 아버지께 소개한 것은 잘못이었다.

4. 그 여자가 그 사람을 아버지께 인사시킨 것은 실수였다.

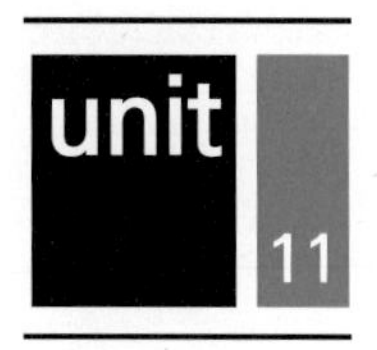

기존의 번역문에 딴지를 걸어라

다음은 헨리 제임스(Henry James) 원작, 여인의 초상(The Portrait of a Lady)을 번역 출판한 내용의 일부분으로, 짧은 문장이라 평가에 한계가 있지만 비판적인 시각으로 살펴보자.

"What is it you did for me?" she cried, her now extreme agitation half smothered by her attitude. She had lost all her shame, all wish to hide things. Now he must know; she wished him to know, for it brought them supremely together, and he was beyond the reach of pain. "you did something once - you know it. O Ralph, you've been everything! What have I done for you - what can I do to-day? I would die if you could live.

I would die myself, not to lose you." Her voice was as broken as his own and full of tears and anguish.

"You won't lose me - you'll keep me. Keep me in your heart; I shall be nearer to you than I've ever been. Dear Isabel, life is better; for in life there's love. Death is good - but there's no love.

A 출판사의 번역문

"저를 위해 대체 무슨 짓을 한 거죠?" 그녀는 절규했다. 마음이 극도로 어지러워진 그녀는 의식적으로 간신히 자신을 억제하고 있었다. 그녀는 수치감을 잊고 모든 사실을 알리고 싶었다. 이제 그는 알아야만 했다. 그녀도 그가 알게 되기를 바라지 않았던가. 그래야 그들은 하나로 완전히 결합될 수 있을 것이다. 이제 그는 모든 고통을 초월해 있었다.

"당신은 무엇인가를 했고, 스스로도 알고 있어요. 오! 랄프, 당신은 언제나 가장 소중한 분이었어요, 그런데 저는 당신을 위해 무엇을 해왔는지, 그리고 오늘 난 무엇을 할 수 있는지. 당신이 살 수만 있다면 난 죽어도 좋아요. 당신을 잃지 않기 위해 차라리 내가 죽겠어요."

그녀의 목소리는 그의 목소리만큼 비통했고 눈물과 고뇌로 가득 차 있었다.

"당신은 나를 잃지 않을 거요. 나를 간직할 테니까. 당신의 마음속에 나를 간직해 두오. 나는 어느 때보다 더 가까이 당신 곁에 있을 거요. 오, 사랑하는 이사벨, 삶이 더 좋은 것이오. 삶에는 사랑이 있지만, 좋기는 해도 죽음에 사랑은 없을 테니 말이오."

딴지걸기

1. 우선 원작의 책 제목을 한번 생각해 보고 넘어가자. 책 제목이 The Portrait of a Lady인데 portrait는 '초상, 초상화, 인물사진, 상세한 묘사, 유사물, 유형' 등과 같은 뜻이 있으므로 '초상'으로 번역하는 것이 일반적이다. 이것을 딴지 걸겠다는 것이 아니고, '초상'이라는 말의 의미를 한번 생각해보아야 한다. 우리말로 'lady의 초상'이므로 'lady라는 것이 무엇인가? 어떤 사람이 lady인가 또는 lady는 어떻게 생각하고 행동해야 하는가, lady는 어떻게 살아야 하는가'하는 의미가 '초상'이란 말 속에 함축되어 있다. 그러면, lady란 어떤 의미를 포함하고 있나? woman이나 female, girl 등과는 아주 다른 뜻이 있다. 그야말로, '여자 중의 여자'라는 뜻으로 '가장 정숙하고, 조신하고, 지적이고, 지혜로운 여자, 정말 여자다운 여자'를 일컫는다. 따라서 the portrait of a lady가 말하고자 하는 것은 '여자다운 여자는 이렇게 해야(살아야) 한다' 또는 '이런 여자가 정말 아름다운(여성스러운) 여자'라고 볼 수 있다. 그리고 '초상(肖像)'이란 말이 '본보기, 표본, 모델'과 같은 뜻이므로 어려운 한자(漢字) 대신 '아름다운 여인'으로 하면 어떨까?

2. 이 번역도 '그녀는~ 그녀는~ 그녀는~ 그녀는~'을 계속 반복하고 있는데, 인칭대명사 she를 일일이 번역했기 때문이다. 여기서 she는 가능하면 생략하는 것이 좋다.

3. 번역문으로만 본다면 '죽음을 목전에 둔 사랑했던 남자와 한 여인이 주고 받는 얘기'라는 것을 추측할 수 있는데 '그녀는~, 그는~'으로 처리함으로써 '사랑하는 사람'이라는 설정을 오히려 무너뜨리고 있다. '그녀(彼女 : 가나죠)와 그(彼 : 가래)'는 모두 일본어 한자를 한글로 소리로만 표기한 우리 정서와는 거리가 먼 번역어투의 일종이다. 고유명사가 있으므로, '랄프는~ 이사벨은~'으로 처리하는 것이 좋다. 예를 들어, '그녀도 그가 알게 되기를 ⇒ 이사벨도 랄프가 알게 되기를~'로 처리하는 방식이다.

4. '당신을 잃지 않기 위해 차라리 내가 죽겠어요.'와 같은 표현은, 영어 껍데기만 보고 번역한 것으로 깊은 의미를 전달하지 못하고 있다. 이 부분은 우리식 표현으로 바꾸면 '당신 없이 사느니 차라리

저도 같이 죽겠어요.'와 같은 뜻이 아닐까?

5. Her voice was as broken as his own and full of tears and anguish. ⇒ 이 부분을 "그녀의 목소리는 그의 목소리만큼 비통했고 눈물과 고뇌로 가득 차 있었다."로 처리했는데, 이 표현을 보면 마치 '목소리는 눈물과 고뇌로 가득 차 있었던 것'으로 보인다. 이런 경우는 and 이하를 완전히 앞부분과 구별해서 처리해야 하는데 '영어가 그렇게 되어 있으니 그렇게 하면 된다.'는 식의 잘못된 번역습관이다. 다시 말해, "이사벨은 랄프와 마찬가지로 말을 제대로 잇지 못하면서 어떻게 할 줄을 몰라 하염없이 울었다."처럼 처리하는 것이 좋을 것 같다. 그리고 여기서 anguish가 뜻하는 것은 '랄프를 어떻게 살릴 수 있을까?, 어떻게 해야 한단 말인가?'하는 이사벨의 안타까움을 나타낸다고 볼 수 있다.

6. 마지막으로 신파조의 번역을 한 번 보자. Dear Isabel~을 '오, 사랑하는 이사벨'로 번역했는데, 낡은 신파조의 번역이다. 우리나라 사람 중에 죽음을 앞두고, '오! 사랑하는 말자, 숙자, 경자 등'으로 말하는 사람 있을까? 오히려 이런 경우는, '미안해, 이사벨.'처럼 의역으로 처리함으로써 이사벨을 사랑하는 랄프의 마음을 표현해 주는 것이 더 좋은 번역법이다. 그리고 독자들에게도 더 많은 감동을 줄 수 있다. 한국 사람이 읽어서 감정을 느낄 수 없는 번역이 좋은 번역일 수는 없다. '삶이 더 좋은 것이오. / 없을 테니 말이오.'와 같은 표현도 신파조다.

unit 12 장문번역은 직역 ⇒ 논리파악 ⇒ 의미전달 중심으로 번역하라

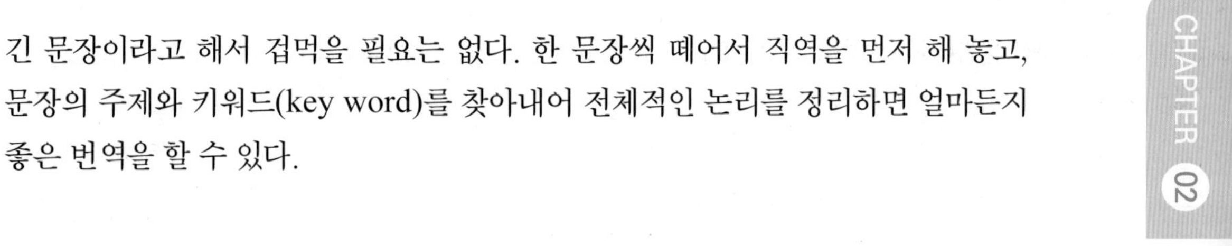

긴 문장이라고 해서 겁먹을 필요는 없다. 한 문장씩 떼어서 직역을 먼저 해 놓고, 문장의 주제와 키워드(key word)를 찾아내어 전체적인 논리를 정리하면 얼마든지 좋은 번역을 할 수 있다.

01

South Korean society has much to learn from the sad experiences of Latin America and Eastern Europe. Here are some possible lessons.

1. Economics is a tender flower. It does not flourish in the soil of war or social unrest.

2. Economic progress depends on capital formation (material and human-skill), technological innovation and imitation and a system of rewards-and-penalties that elicits the energies and skills of the people. Especially in societies that still produce real income far below those of the leaders in North America and Western Europe, the trade-off is crucial between enjoying current consumptions in the present and reaping larger future harvests of consumption. If Koreans imitate the rich American society and lower greatly their rate of saving and investment, they will increase their level of consumption but perpetuate its shortfall below that of the West.

3. Excessive preoccupation with seizing by non-economic force or law a larger fraction of the total social pie can slow down the growth of the total social pie or can even decimate it. When youth

movements combine the nitroglycerine of nationalism with the dynamite of populist class warfare, economic progress can be imperiled.

4. Particularly when a country is at an early stage of its democratic development, elaborate structures to rectify the inequalities of income and wealth are likely to backfire. That is why Hungary and Poland, which are countries still poorer than Korea, are not setting their sights on a Swedish-type market system, but instead are aiming first to be successful in setting up a system like Switzerland's 1900 model of early capitalism. Progressive income taxation, Hungarian humanitarians say, can be aimed for in the more distant future after the conversion is successful away from the command economy and to the market economy. Personally I am a believer in the Mixed Economy in which, eventually, the State will ensure some redistribution of market-determined incomes in the interest of alleviating the extremes of inequality. But my brain tells my heart that one must be cautious lest one exceed what the political marketplace will bear.

5. The world does not owe South Korea a continued economic miracle. Economic miracles do not happen miraculously. Only if a rising panoply of good-quality Korean goods become available at competitive costs can the Korean miracle continue. It is not impossible that the Singapore and Japanese miracles could last after the Korean economy has been plunged into a period of Schumpeterian recession.

6. Being on top and moving up toward the top is never automatic. Even must it be worked for.

CHAPTER 01 CHAPTER 02 CHAPTER 03 CHAPTER 04 CHAPTER 05 CHAPTER 06

직역 후 모범번역 만들기

1. South Korean society has much to learn from the sad experiences of Latin America and Eastern Europe. Here are some possible lessons.

남한 사회는 라틴 아메리카와 동유럽의 슬픈 경험들로부터 배워야 할 것들을 많이 가지고 있다. 여기에 몇 가지 가능한 교훈들이 있다.

⇒ 한국 국민은 라틴 아메리카와 동유럽의 아픈 경험인 다음 몇 가지 교훈을 잘 배워야 한다.

2. Economics is a tender flower. It does not flourish in the soil of war or social unrest.

경제는 부드러운 꽃이다. 그것은 전쟁이나 사회적 불안이 있는 토양에서는 번성하지 않는다.

⇒ 경제는 연약한 꽃과 같아서 전쟁터나 사회가 불안한 곳에는 피지 못한다.

3. Economics progress depends on capital formation (material and human-skill), technological innovation and imitation and a system of rewards-and-penalties that elicits the energies and skills of the people.

어휘_ formation 형성, 구조 innovation 혁신 elicit 이끌어 내다

경제적인 진보는 자본형성(물질과 인간기술), 기술적인 혁신과 모방 그리고 국민의 에너지와 기술들을 이끌어 내는 보상과 벌칙 시스템에 의존한다.

⇒ 경제가 발전하려면 물질과 인력과 같은 자본이 있어야 하고, 기술혁신과 모방을 해야 하며, 상벌제도를 활용하여 국민의 의욕과 기술을 북돋아야 한다.

4. Especially in societies that still produce real income far below those of the leaders in North America and Western Europe, the trade-off is crucial between enjoying current consumptions in the present and reaping larger future harvests of consumption.

어휘_ trade-off 교환 crucial 결정적인 reap 수확하다

특히 북미와 서유럽에 있는 지도국의 그러한 것들 더 이하로 여전히 실질 소득을 생산하고 있는 사회들에 있어서는 지금의 소비를 즐기는 것과 더 큰 미래의 소비라는 수확하는 것 사이에서 균형이 중요하다.

⇒ 특히 북미나 서유럽 등의 선진국보다 실질소득이 훨씬 적은 나라는 미래의 풍요로운 생활을 위해서 지금은 소비를 최대한 억제해야 한다.

5. If Koreans imitate the rich American society and lower greatly their rate of saving and investment, they will increase their level of consumption but perpetuate its shortfall below that of the West.

어휘_ perpetuate 영속시키다 shortfall 부족액

만약 한국인들이 부유한 미국사회를 모방하고 그들의 저축과 투자율을 크게 낮추면, 그들은 그들의 소비수준을 증가시킬 것이지만 서방측의 그것 이하로 그것의 부족을 영속시킬 것이다.

⇒ 만약 한국 국민이 부유한 미국인과 같은 행세를 하고 저축과 투자를 게을리 한다면, 당장은 만족스럽게 살지는 몰라도 영영 선진국 수준의 풍요는 누리지 못할 것이다.

6. Excessive preoccupation with seizing by non-economic force or law a larger fraction of the total social pie can slow down the growth of the total social pie or can even decimate it.

어휘_ preoccupation 선입관, 집착 fraction 단편, 부분 total social pie 전체사회의 파이
decimate ~의 십분의 일을 제거하다

경제적인 힘이 아닌 것 또는 법에 의해서 전체사회 총액의 더 큰 부분을 차지하려하는 과도한 집착은 전체 사회적인 총액의 성장을 둔화시킬 수 있고 또는 심지어 그것을 제거할 수도 있다.

⇒ 경제 외적인 힘이나 법률의 힘을 빌려 사회 속에서 자기 몫만 지나치게 챙기려 한다면 사회전체가 성장할 수 없을 뿐만 아니라 오히려 사회전체의 몫을 줄이는 결과를 초래할 수 있다.

7. When youth movements combine the nitroglycerine of nationalism with the dynamite of populist class warfare, economic progress can be imperiled.

어휘_ nitroglycerine 니트로글리세린 : 폭발성이 강한 액체로 이 액체를 점토와 혼합하면 다이너마이트가 되고 로켓 추진체의 연료로도 사용됨. warfare 투쟁, 전쟁 imperil 위태롭게 하다

젊은 운동이 민족주의의 니트로글리세린과 인민주의자 계급투쟁의 다이너마이트를 합칠 때 경제적인 진보는 위태롭게 될 수 있다.

⇒ (또한) 학생들이 민족주의를 앞세워 국민을 자극하거나 폭력을 동반하는 인민 민주주의식 계급투쟁을 선동한다면 경제적인 발전을 이루기는 힘들 것이다.

8. Particularly when a country is at an early stage of its democratic development, elaborate structures to rectify the inequalities of income and wealth are likely to backfire.

어휘_ elaborate 정교한, 정교하게 하다 rectify 수정하다, 개정하다 inequality 불평등

특히 어떤 나라가 민주주의 발전의 초기 단계에 있을 때는, 소득과 부의 불균형을 수정하기 위해 정교한 구조는 역효과를 내기 쉽다.

⇒ 특히 아직 민주주의가 정착되지 않은 나라에서 소득과 부의 불균형을 맞추려고 하면 자칫 역효과를 낼 수 있다.

9. That is why Hungary and Poland, which are countries still poorer than Korea, are not setting their sights on a Swedish-type market system, but instead are aiming first to be successful in setting up a system like Switzerland's 1900 model of early capitalism.

한국보다 여전히 더 가난한 나라들인 헝가리와 폴란드가 왜 스웨덴식의 시장 시스템에 그들의 시선을 고정시키지 않고 대신에 초기 자본주의의 모델인 스위스의 1900년대와 같은 시스템을 성공적으로 정착시키는데 처음 목표를 둔 것이다.

⇒ 이런 이유 때문에 한국보다 빈곤한 헝가리와 폴란드가 스웨덴식 사회주의 시장 경제체제 대신에 초기 자본주의 형태인 1900년대의 스위스 경제 모델을 바탕으로 경제성장을 도모했던 것이다.

10. Progressive income taxation, Hungarian humanitarians say, can be aimed for in the more distant future after the conversion is successful away from the command economy and to the market economy.

어휘_ progressive income taxation(누진소득세) : 소득이 많으면 많을수록 세금을 더 많이 부과하는 제도로 소득을 재분배하는 데는 도움이 될 수도 있지만 잘못하면 경제활동의 주축을 이루고 있는 사람들의 경제활동 의욕을 위축시킬 수 있음.

헝가리의 인도주의자들은 누진소득세 제도는 헝가리가 통제경제로부터 시장경제로의 전환이 성공한 후 먼 후일에 목표가 되어도 된다고 말한다.

⇒ 헝가리의 인도주의자는 헝가리가 통제경제 체제에서 벗어나 시장경제 체제를 완전히 갖춘 뒤 누진소득세 제도를 시행해도 된다고 말한다.

11. Personally I am a believer in the Mixed Economy in which, eventually, the State will ensure some redistribution of market-determined incomes in the interest of alleviating the extremes of inequality.

어휘_ alleviate 경감하다. 완화하다

개인적으로 나는 혼합경제 신봉자인데, 그 속에서 결국은 그 나라는 이권에 있어서 극심한 불평등을 완화하는 시장결정 수입의 어떤 재분배를 보장할 것이다.

⇒ 나는 개인적으로 혼합경제를 신봉하는데, 혼합경제는 국가가 시장결정 소득을 어느 정도 재분배하도록 하므로 심한 소득 불균형을 어느 정도 해소할 수 있기 때문이다.

12. But my brain tells my heart that one must be cautious lest one exceed what the political marketplace will bear.

어휘_ bear 지원하다. 제공하다

그러나 나의 머리는 정치적인 시장이 부담하게 될 것에 과하게 의존하지 않도록 반드시 유의해야 하는 것을 내 가슴에 얘기한다.

⇒ 하지만 정책적으로 경제를 뒷받침하는 것은 어디까지나 한계가 있으므로 경제가 정책지원에 너무 의존해서는 안 된다고 나는 생각한다.

13. The world does not owe South Korea a continued economic miracle.

어휘_ owe ~하게 하다

세계는 남한이 경제적인 기적을 지속하는 것을 허용하지 않는다.

⇒ 한국이 앞으로도 경제적인 기적을 계속 이룰 수 있을지는 의문이다.

14. **Economic miracles do not happen miraculously. Only if a rising panoply of good-quality Korean goods become available at competitive costs can the Korean miracle continue.**

어휘_ panoply 꾸밈새

경제적인 기적들은 기적적으로 일어나는 것이 아니다. 단지 좋은 품질의 한국 상품들이 경쟁적인 가격이 되는 위용을 세우는 것만이 한국의 기적은 계속될 수 있다.

⇒ 경제기적은 그냥 일어나는 것이 아니다. 품질 좋고 가격 경쟁력이 있는 상품을 한국이 국제시장에 내놓을 수 있어야 한국은 경제기적을 이어갈 수 있는 것이다.

15. **It is not impossible that the Singapore and Japanese miracles could last after the Korean economy has been plunged into a period of Schumpeterian recession.**

어휘_ plunge 뛰어들다 recession 경기퇴조 Schumpeterian recession : 미국경제학자 조셉 슘페터(Joseph schumpeter)의 경기순환이론에 따른 경기침체

한국의 경제가 슘페터식 침체의 기간 속으로 빠진 후에 싱가포르와 일본의 기적들이 지속할 수 있을 것이라는 것은 불가능하지 않다.

⇒ (반면) 한국경제가 슘페터식 경기침체에 빠지더라도 싱가포르와 일본의 경제기적은 지속할 수 있을 것이다.

16. **Being on top and moving up toward the top are never automatic. Even must it be worked for.**

정상에 있는 것과 정상을 향해 나아가는 것은 결코 자동적이지 않다. 한층 더 노력해야만 되는 것이다.

⇒ 정상을 지키는 것이나 정상으로 가는 길은 결코 쉬운 것이 아니다. 끝없이 노력해야만 가능한 것이다.

최종번역

한국 국민은 라틴 아메리카와 동유럽의 아픈 경험인 다음 몇 가지 교훈을 잘 배워야 한다.

1. 경제는 연약한 꽃과 같아서 전쟁터나 사회가 불안한 곳에는 피지 못한다는 사실이다.

2. 경제가 발전 하려면 물질과 인력과 같은 자본이 있어야 하고, 기술혁신과 모방을 해야 하며, 상벌제도를 활용하여 국민의 의욕과 기술을 북돋아야 한다는 것이다. 특히 북미나 서유럽 등의 선진국보다 실질소득이 훨씬 적은 나라는 미래의 풍요한 생활을 위해서 지금은 소비를 최대한 억제해야 한다. 만약 한국 국민이 부유한 미국인과 같은 행세를 하고 저축과 투자를 게을리 한다면, 당장은 만족스럽게 살지는 몰라도 영영 선진국 수준의 풍요는 누리지 못할 것이다.

3. 경제 외적인 힘이나 법률의 힘을 빌려 사회 속에서 자기 몫만 지나치게 챙기려 한다면 사회전체가 성장할 수 없을 뿐만 아니라 오히려 사회전체의 몫을 줄이는 결과를 초래할 수 있다는 사실이다. 예를 들어, 젊은 운동권들이 민족주의를 앞세워 국민을 자극하거나 폭력을 동반하는 인민 민주주의식 계급투쟁을 선동한다면 경제적인 발전을 이루기는 힘들 것이다.

4. 특히 아직 민주주의가 정착되지 않은 나라에서 소득과 부의 불균형을 맞추려고 하면 자칫 역효과를 낼 수 있다는 것이다. 이런 이유 때문에 한국보다 빈곤한 헝가리와 폴란드가 스웨덴식 사회주의 시장경제체제 대신에 초기 자본주의 형태인 1900년대의 스위스 경제 모델을 바탕으로 경제성장을 도모했고 헝가리의 인도주의자들도 헝가리가 통제경제체제에서 벗어나 시장경제체제를 완전히 갖춘 뒤 누진소득세 제도를 시행해도 된다고 말한다. 나는 개인적으로 혼합경제를 신봉하는데, 혼합경제는 국가가 시장결정 소득을(시장에서 결정된 소득을) 어느 정도 재분배하도록 하기 때문에 소득 불균형 현상이 심하다 하더라도 어느 정도는 해소할 수 있기 때문이다. 하지만 정책적으로 경제를 뒷받침 하는 것은 어디까지나 한계가 있으므로 경제가 정책지원에 너무 의존해서는 안 된다고 나는 생각한다.

5. 한국이 앞으로도 경제적인 기적을 계속 이룰 수 있을지 아무도 모른다는 사실이다. 경제기적은 그냥 일어나는 것이 아니다. 품질 좋고 가격 경쟁력이 있는 상품을 한국이 국제시장에 내놓을 수 있어야 한국은 경제기적을 이어갈 수 있는 것이다. 그리고 한국경제가 슘페터식(Schumpeterian) 경기침체에 빠진 후에도 싱가포르와 일본의 경제기적은 계속될 거라는 것이다.

6. 정상을 지키는 것이나 정상에 이르는 길은 결코 쉬운 일이 아니며 끝없이 노력해야만 가능한 일이라는 것이다.

02

The story of South Korea in the last half of the twentieth century has been a story of success. Hard work and a talented population with good education propelled the Korean economy forward. Success breeds success. When foreigners find their Korean investments and joint ventures yield a good profit, they become eager to invest further. The reputation for being a producer of cheap but low quality products becomes gradually replaced by a reputation for dependable high-technology goods. Pretty soon Korea's balance-of-payments deficit, which was itself the result of her fast pace of growth and the resulting need for capital from abroad, pretty soon it becomes a trade surplus and Koreans'own savings are able to finance her needs without tapping the savings of Americans, Japanese, and Germans.

Success also breeds overconfidence. The voters love their rise in living standards and in longevity of life. They resent and hate the constraints of dictatorship. What they want is both democracy and economic progress. Koreans say to themselves: Britain became an economic giant while enjoying political liberties. Why can't we? America did it. Japan did it. Sweden, Israel and The Netherlands have been Welfare States that successfully combined egalitarianism in incomes with dynamic technical progress.

History, alas, is not one simple success story. Uruguay and Lebanon were once called the Switzerland of South America and of the Mid East. Now Lebanon is a political and economic wasteland. Uruguay was riven with class struggles for decades on end, and presents a virulent case of the Argentinian Disease. The Argentinian Disease represents the illness of populist democracy. Strong trade unions enlist the strength of the political state in the attempt to capture a larger share of the national income through militant wage demands. The effort misses its goal, instead generating decades of hyperinflation and languishing productivity.

Even Sweden and The Netherlands, which have avoided the chaos of populist democracy, find themselves slipping in recent years relative to their industrial rivals. They are not nearly so stagnant as Argentina and Peru, but they do share some of the symptoms of The English Disease, which caused Britain, Australia, and New Zealand to lose the supremacy of affluence that they enjoyed at the turn of the last century.

직역 후 모범번역 만들기

1. The story of South Korea in the last half of the twentieth century has been a story of success.

20세기 후반부에 있어서의 남한의 이야기는 성공의 이야기이었었다.

⇒ 20세기 후반의 한국은 성공한 나라의 모범 사례였다.

2. Hard work and a talented population with good education propelled the Korean economy forward.

어휘_ hard work 근면 propel 추진하다

근면과 좋은 교육을 함께한 재능 있는 인구가 한국의 경제를 앞으로 추진했다.

⇒ 근면하고 훌륭한 교육을 받은 재능 있는 국민이 한국 경제를 발전시켰다.

3. Success breeds success.

성공이 성공을 낳는다.

⇒ 일단 성공하면 그 후로는 더 쉽게 성공할 수 있다.

4. When foreigners find their Korean investments and joint ventures yield a good profit, they become eager to invest further.

어휘_ yield 산출하다, 양보하다 joint venture 합작투자, 합작사업

외국인들이 그들의 한국 투자와 합작 사업이 좋은 이익을 산출하는 것을 발견할 때, 그들은 앞으로 투자에 더 열성적이 된다.

⇒ 외국인은 한국에 투자한 것과 한국기업과 합작한 사업이 성과가 좋으면 더욱 많이 투자할 것이다.

5. The reputation for being a producer of cheap but low quality products becomes gradually replaced by a reputation for dependable high-technology goods.

어휘_ high-technology 첨단기술 dependable 신뢰할 만한

저렴하지만 낮은 품질의 상품의 생산자라는 것에 대한 평판은 믿을 수 있는 첨단 제품들에 대한 평판에 의해서 점진적으로 대체된다.

⇒ 저가이긴 하지만 품질이 좋지 않다는 안 좋은 평판은 신뢰할 수 있는 첨단 제품을 만듦으로써 점차적으로 좋아지게 할 수 있다.

6. Pretty soon Korea's balance-of-payments deficit, which was itself the result of her fast pace of growth and the resulting need for capital from abroad, pretty soon it becomes a trade surplus and Koreans own savings are able to finance her needs without tapping the savings of Americas, Japanese, and Germans.

어휘_ balance-of-payments 국제수지 deficit 적자 tap 청하다

곧장 한국의 국제수지 적자는, 그것은 한국의 빠른 속도의 성장의 결과로 그리고 외국으로부터의 자본을 위한 필요성으로 초래된 것인데, 곧장 그것은 무역 흑자가 되고 그리고 한국 국민 자체의 저축은 미국, 일본, 그리고 독일의 저축에 두드리는 것 없이 자신이 필요한 것을 자본을 조달할 수 있다.

⇒ 고도성장을 하는 과정에서 빌려온 외국자본 때문에 생긴 한국의 국제수지 적자는 무역흑자로 돌아설 것이고 한국 국민의 저축률이 높기 때문에 더 이상은 미국, 일본, 독일 등에서 자본을 빌릴 필요가 없을 정도가 되었다.

7. Success also breeds overconfidence.

성공은 또한 자만을 낳는다.

⇒ 그러나 성공하면 자만에 빠지기 쉽다.

8. The voters love their rise in living standards and in longevity of life.

어휘_ voter 유권자 longevity 장수, 수명

유권자들은 생활수준과 평균수명에 있어서 그들의 상승을 좋아한다.

⇒ 사람들은 생활수준이 높아지고 더 오래 사는 것에 관심을 가지기 마련이다.

9. They resent and hate the constraints of dictatorship.

어휘_ constraint 강제, 구속 dictatorship 독재, 독재정권

그들은 독재의 압박에 분개하고 증오한다.

⇒ 국민들은 더 이상 독재를 용납하지 않는다.

10. What they want is both democracy and economic progress.

그들이 원하는 것은 민주주의와 경제적인 진보 둘이다.

⇒ 국민들은 경제적인 발전을 이루는 동시에 민주화도 요구하고 있다.

11. Koreans say to themselves: Britain became an economic giant while enjoying political liberties.

한국인들은 그들 스스로에게 이렇게 말한다: 영국은 정치적 자유를 즐기면서도 경제대국이 되었다.

⇒ 한국인들은 정치적인 자유와 경제대국을 동시에 이룩한 영국을 본받아야 한다고 말한다.

12. Why can't we? America did it. Japan did it.

왜 우리는 못 하는가? 미국도 그렇게 했다. 일본도 그렇게 했다.

⇒ 미국과 일본도 그렇게 했는데 우리라고 못할 것이 없다고 말한다.

13. Sweden, Israel and The Netherlands have been Welfare States that successfully combined egalitarianism in incomes with dynamic technical progress.

어휘_ egalitarianism 인류평등주의 dynamic 역동적인

스웨덴 그리고 이스라엘 그리고 네덜란드는 역동적인 기술 진보와 함께 소득에 있어서 인류평등주의를 성공적으로 수확한 복지국가가 되었다.

⇒ 스웨덴, 이스라엘, 네덜란드는 대단한 기술발전을 이룩하는 동시에 국민 소득을 균등하게 하는데 성공하여 복지국가가 되었다.

14. History, alas, is not one simple success story.

역사란, 아쉽게도, 단지 성공 이야기만이 아니다.

⇒ 아쉽게도 이 세상에는 성공한 역사만 있는 것이 아니다.

15. Uruguay and Lebanon were once called the Switzerlands of South America and of the Mid East.

우루과이와 레바논은 한때 남미와 중동의 스위스들이라고 불리었다.

⇒ 우루과이와 레바논은 한때 남미와 중동의 스위스라고 할 정도로 살기 좋은 나라였다.

16. Now Lebanon is a political and economic wasteland.

이제 레바논은 정치적 그리고 경제적인 황무지이다.

⇒ 하지만 지금의 레바논은 정치, 경제 모두 몰락하고 말았다.

17. Uruguay was riven with class struggles for decades on end, and presents a virulent case of the Argentinian Disease.

어휘_ rive 찢다, 괴롭히다 virulent 유독한, 악성의 class struggle 계급투쟁 on end 계속하여

우루과이는 수십 년 동안 계속되는 계급투쟁으로 괴롭게 되어 악성의 아르헨티나 병에 걸린 예이다.

⇒ 수십 년 동안 계층 간 갈등만을 해온 우루과이는 현재 치유하기 힘든 '아르헨티나 병'에 걸려 고생하고 있다.

18. The Argentinian Disease represents the illness of populist democracy.

어휘_ represent 대표하다, 묘사하다 populist 인민주의자

그 아르헨티나 병은 인민민주주의 병을 대표한다.

⇒ 아르헨티나 병(Argentinian Disease)이란 민중민주주의 폐해를 대표하고 있는 폐단이다.

19. Strong trade unions enlist the strength of the political state in the attempt to capture a larger share of the national income through militant wage demands.

어휘_ trade union (직업별) 노동조합 enlist 입대시키다, 찬조를 얻다, 협력하다 militant 호전적인

강한 노동조합은 호전적인 임금요구를 통해 국민소득의 보다 더 큰 몫을 차지하려는 시도에 있어서 정치적인 형국의 힘을 편입시킨다.

⇒ 강력한 노동조합들은 정치적인 힘을 이용하여 임금인상을 강력하게 요구함으로써 더 많은 소득을 챙기려 한다.

20. The effort misses its goal, instead generating decades of hyperinflation and languishing productivity.

어휘_ hyperinflation 초 인플레이션 languish 시들다

그 노력은 그것의 목표를 잃었고, 대신에 수십 년의 초 인플레이션과 저하하는 생산성을 촉진하고 있다.

⇒ 하지만 노동조합들은 자신들의 목적을 달성하기는커녕 수십 년 동안의 엄청난 인플레이션과 생산성 저하를 초래하고 말았다.

21. Even Sweden and The Netherlands, which have avoided the chaos of populist democracy, find themselves slipping in recent years relative to their industrial rivals.

비록 스웨덴과 네덜란드는, 인민민주주의의 혼돈은 피하긴 했지만, 최근 몇 년 동안 그들의 산업적 경쟁자들과 비교해서 침체해가는 자신들을 발견한다.

⇒ 비록 스웨덴과 네덜란드는 민중민주주의로 인한 혼란은 피했지만 최근 몇 년 다른 산업 경쟁국에 비해 상대적으로 침체의 길로 걸어가고 있다.

22. They are not nearly so stagnant as Argentina and Peru, but they do share some of the symptoms of The English Disease, which caused Britain, Australia, and New Zealand to lose the supremacy of affluence that they enjoyed at the turn of the last century.

어휘_ stagnant 정체된 symptom 징후, 증상 supremacy 최고

그들은 아르헨티나와 페루처럼 그러한 정체에 가깝지는 않지만, 그러나 그들은 영국병의 징후의 어떤 것을 공유하고 있고, 그것은 영국, 호주, 뉴질랜드 등이 지난 세기 말에 그들이 누렸던 최고의 풍요를 잃게 만들었다.

⇒ 스웨덴과 네덜란드는 아르헨티나나 페루처럼 심한 경제 침체에 빠진 것은 아니지만 영국병(The English Disease)에 걸린 것만은 분명하다. 영국, 호주, 뉴질랜드는 1800년대 말까지만 하더라도 풍요롭게 살았지만 노동자들이 지나치게 자기 몫을 요구하는 영국병으로 고통을 겪게 되었다.

최종번역

1990년대만 하더라도 한국은 근면하고 훌륭한 교육을 받은 재능 있는 국민이 경제를 발전시킨 성공한 나라의 모범 사례였다. 이처럼 1차적으로 성공한 국가일수록 그 후로는 더 쉽게 성공할 수 있는데, 외국인들이 한국에 투자한 것과 한국기업과 합작한 사업이 성과가 좋으면 더욱 많이 투자할 것이기 때문이다. 그리고 한국의 단점인 저가이긴 하지만 품질이 좋지 않다는 안 좋은 평판은 신뢰할 수 있는 첨단 제품을 만듦으로써 점차적으로 좋아지게 할 수 있다.

또한 고도성장을 하는 과정에서 빌려온 외국자본 때문에 생긴 한국의 국제수지 적자는 무역흑자로 돌아설 것이고 한국 국민의 저축률이 높기 때문에 더 이상은 미국, 일본, 독일 등에서 자본을 빌릴 필요가 없을 정도가 되었다. 하지만 성공하면 자만에 빠지기 쉬운 법. 국민들은 생활수준이 높아지고 더 오래 사는 것에 관심을 가지게 되었고 더 이상 독재정치를 용납하지도 않게 되었다. 즉, 국민들은 경제적인 발전을 이루는 동시에 민주화도 요구하고 있는 것이다. 한국인들은 정치적인 자유와 경제대국을 동시에 이룩한 영국을 본받아야 한다며, 미국과 일본도 그렇게 했는데 우리라고 못할 것이 없다고 말한다.

스웨덴, 이스라엘, 네덜란드는 엄청난 기술발전을 이룩하는 동시에 국민 소득을 평등하게 하는데 성공하여 복지국가가 되었지만, 아쉽게도 이 세상에는 성공한 역사만 있는 것이 아니다.

우루과이와 레바논은 한때 남미와 중동의 스위스라고 할 정도로 살기 좋은 나라였지만 지금의 레바논은 정치, 경제 모두 몰락했고, 수십 년 동안 계층 간 갈등만을 해온 우루과이 역시 현재 치유하기 힘든 '아르헨티나 병'에 걸려 고생하고 있다. 아르헨티나 병(Argentinian Disease)이란 민중민주주의 실현을 요구하다 생긴 경제적인 몰락을 뜻한다.

강력한 노동조합들은 정치적인 힘을 이용하여 임금인상을 강력하게 요구함으로써 더 많은 소득을 챙기려 하지만 자신들의 목적을 달성하기는커녕 수십 년 동안의 엄청난 인플레이션과 생산성 저하를 초래하고 말았다.

비록 스웨덴과 네덜란드는 민중민주주의로 인한 혼란은 피했지만 최근 몇 년 다른 산업 경쟁국에 비해 상대적으로 침체의 길로 걸어가고 있긴 마찬가지다. 스웨덴과 네덜란드는 아르헨티나나 페루처럼 심한 경제 침체에 빠진 것은 아니지만 영국병(The English Disease)에 걸린 것만은 분명하다. 영국, 호주, 뉴질랜드는 1800년대 말까지만 하더라도 풍요롭게 살았지만 노동자들이 지나치게 자기 몫을 요구하는 영국병으로 고통을 겪게 되었다.

번역은 왜 창작일 수 밖에 없는가 – 문법적 분석에 의존한 번역의 한계

번역을 제대로 한다는 것은 어쩌면 불가능한 일일지도 모를 정도로 어려운 일이다. 세상을 자신의 시각으로만 보고 판단하는 사람을 '우물 안 개구리'라고 한다. 어떻게 보면 개구리가 우물 안에서 하늘을 보며 나름대로 상상을 하듯 번역자 또한 자신의 시각으로 본 '원문이라는 하늘'을 그려내는 것일지도 모른다. 어떤 사람은 원문과 번역문이 같아야 한다고 말하지만 그건 바람직한 생각이 아니다.

예를 들어, 이 순신 장군의 난중일기를 A, B 번역가 두 사람이 현대 한국어로 번역을 한다고 가정할 경우, 번역자인 A, B씨의 역사적 성향, 한자어에 관한 지식정도, 당시 시대상에 관한 연구 정도와 번역 목적 등에 따라 번역은 얼마든지 다를 수도 있다는 것이다. 다시 말해 어떤 텍스트를 번역하든 그 텍스트에 대한 번역은 그 번역자 고유의 문장일 뿐 원작자의 문장이 아니라는 것이다. 그래서 번역은 창작적일 수밖에 없다. 단지 원문의 메시지를 가장 정확하게 전달했다고 볼 수 있는 번역이 가장 바람직한 번역일 뿐이다. '모범적인 번역'이 있을 뿐 '정답 번역'은 있을 수 없다.

다음을 비교해 보면 번역이 왜 창작에 가까울 수밖에 없는지 알 수 있다.

01

The serious conviction that a person should have is that nothing is to be taken too seriously.

해설_ 무슨 뜻인지 알 수 있긴 하지만 썩 좋은 표현이라고는 할 수 없다. 왜? The serious conviction을 번역문의 주어로 표현했기 때문이다. 영문의 무생물 주어나 사물 주어를 어떻게 처리해야 하는지 모르고 한 번역이다. 그리고 영문내용이 사람과 관련된 내용이고 사람을 지칭하는 표현이 나오므로 사람을 주어로 가정하고 전체 의미를 정리해야 하는데 그렇지도 못했다. a person을 주어로 가정하고 번역하면 다음과 같은 번역을 할 수 있다.

통상역 사람이 당연히 가져야만 하는 중대한 믿음은 너무 중대하게 받아들여야 하는 것은 아무 것도 없다는 것이다.

모범역 1. 사람들이 꼭 알아두어야 할 것은 모든 것을 너무 심각하게 생각하지 말라는 것이다.
2. 사람들은 누구나 할 것 없이 어떤 일을 무조건 심각하게 생각해서는 안 된다.
3. 사람들이 꼭 염두에 두어야 할 것은 무엇이든 너무 심각하게 생각하지 말라는 것이다.

02

Once a new idea spring into existence, it cannot be unthought, There is a sense of immortality in a new idea.

해설_ 이처럼 영어를 어떤 시각으로 보느냐에 따라 번역문이 다르며, 번역테크닉을 어느 정도 이해하고 있느냐에 따라 번역문도 달라진다. 위의 예에서도 알 수 있듯이 영어의 구조를 풀어헤치기 위해 적은 한국어 문장은 좋은 번역문이 될 수 없다. 그리고 모범번역 중에서도 어느 표현이 더 적절한지는 사람에 따라 다를 수 있다. 즉 번역의 창작적 요소를 이해할 수 있는 대목이다.

통상역 1. 일단 새로운 아이디어가 생겨나면, 그것은 생각하지 않을 수 없다. 새로운 아이디어에는 불멸의 느낌이 든다.
2. 일단 새로운 아이디어가 출현하면, 그것은 생각해야만 한다. 새로운 아이디어에는 영원히 변하지 않는 느낌이 있는 것 같다.
3. 일단 새로운 아이디어가 나타나면, 그것은 생각하지 않을 수 없다. 새로운 아이디어는 영원히 죽지도 않는 모양이다.

모범역 1. 일단 새로운 생각이 떠오르면 그 생각을 떨쳐 버릴 수 없는 것 같다. 아마 새로운 생각에 집착하기 때문인 것 같다.
2. 일단 새로운 생각을 하게 되면 그 생각에서 벗어날 수 없는 것 같다. 새로운 생각을 계속하기 때문인 것 같다.
3. 새로운 생각이 불현듯 떠오르면 그 생각에 빠지는 것 같다. 아마 집착하기 때문일 것이다.

03

A celebrated surgeon, booked with patients months in advance, was no respect of persons. Once a princess

came to his office, and he told her casually to take a seat. The princess was shocked. Was it possible that the doctor did not know who she was? "I am a princess!" She said. "Alors?" The surgeon replied. "Take two seats."

해설_ 다른 문장이야 모두 이해할 수 있겠지만, was no respector of persons를 왜 "사람을 차별하는 사람이 아니었다."로 번역해야 하는지 궁금할 것이다. 이미 전체 문장의 논리를 파악했기 때문에 설명을 하지 않아도 알겠지만 모르는 사람을 위해서 조금 설명한다.

이 문장에 나온 persons는 '일반인, 사람, 대중'이란 뜻이 아니라 '특정한 어떤 사람, 특별한 사람'이란 뜻이다. '특정한, 특별한'이란 뜻이 어디에 나와 있느냐고 생각하겠지만 persons가 전후 문장과 어울리면서 그러한 뜻이 생긴 것이다. 즉 문맥적으로 의미가 내포되어 있기 때문에 별도로 special과 같은 형용사를 쓰지 않은 것이다. 단어를 사전적인 의미로만 알고서는 번역을 정확하게 할 수 없는 이유가 여기에 있다.

이처럼 문맥적으로 숨어 있는 뜻을 찾아내어 번역하는 것이 번역테크닉 중에서 가장 어렵고 가장 중요하다. 그리고 이 문장에서는 "사람을 차별하는 사람이 아니었다."를 "사람을 평등하게 대하는 사람이었다." 또는 "사람을 공평하게 대우하는 사람이었다." 등으로 표현하는 것이 더 좋은데, 왜냐하면 그 의사는 "차별"이라는 말 자체를 싫어할지도 모르기 때문이다.

"환자들이 몇 달 전에 예약을 한다는 점, celebrated(존경받는), he told her casually(의사는 평상시처럼 그 여자에게 말했다)"라는 표현과 연관해서 보더라도 의사의 인격을 분명히 알 수 있다. 이러한 기술이 문장의 호응관계를 맞추는 기술이다.

통상역 한 유명한 의사는 몇 달 전부터 환자들이 예약을 했는데 그 의사는 사람을 존경하지 않았다. 어느 날 공주가 그의 사무실로 왔는데 그는 그녀에게 통상적으로 의자에 앉으라고 했다. 그 공주는 충격을 받았다. 그 의사가 그녀가 누구인지 어떻게 모를 수 있는 것이 가능하단 말인가? "난 공주예요!"하고 말했다. "맙소사?" 그 의사는 대답했다. "두 의자에 앉으세요."

모범역 환자들이 몇 달 전에 예약을 해 두어야 할 정도로 아주 훌륭한 의사가 있었는데 그 의사는 사람을 차별하는 사람이 아니었다. 하루는 공주가 병원에 왔는데도 일반 환자처럼 그냥 자리에 앉으라고 했다. 그러자 공주는 공주인 자기를 모를 수 있느냐며 몹시 화가 나서 "정말, 내가 공주라는 사실을 모른단 말이에요?"하고 화를 버럭 내었다. 의사는 "그럼 의자를 두 개 갖다 앉으시죠." 하고 말했다.

악 역 축하받은 한 의사는 환자들이 몇 달 전부터 예약을 해야 했는데 그는 존경하는 사람들이 없었다. 한번은 공주가 그의 사무실로 왔다. 그리고 그는 그녀에게 유쾌하게 의자에 앉으라고 했다. 그 공주는 쇼크를 받았다. 그 의사가 그녀가 누구인지 모르는 것이 어떻게 가능한 것인가? "나는 공주예요!"라고 그녀는 말했다. "하느님?" 그 의사는 대답했다. "두 개의 의자에 앉으세요."

04

Sister Teresa was known as an ascetic who rose early, wore patched clothes and knelt through three Masses a day.

해설_ as an ascetic(금욕주의자로서)을 사전적으로 보면 괜찮아 보이지만, 문맥을 고려해보면 이미 모든 사람이 알고 있는 사실을 말하는 우를 범하고 있다. 즉 원작자의 의도를 제대로 전달하지 못한 번역이다. 여기서는 고유명사의 의미를 설득력 있게 처리하는 것이 중요하다. 즉 신부, 수녀, 목사, 스님이 금욕주의자라는 것은 기정사실이며, 테레사 수녀님 또한 금욕주의자라는 사실은 누구나 잘 알고 있는 사실인데, 그것을 특별히 언급한다는 것 자체가 이상한 것이다.

통상역 1. 테레사 수녀는 일찍 일어나고 기운 옷을 입고 하루에 세 번의 미사를 보는 금욕주의자로서 잘 알려져 있다.

2. 테레사 수녀는 금욕주의자로서 잘 알려져 있는데 아주 일찍 일어났고 누더기 옷을 입었으며 하루에 세 번씩을 미사를 올렸다.

모범역 테레사 수녀님은 허름한 옷도 마다하지 않았으며 매일 이른 새벽에 일어나 하루에 세 번씩 미사를 드리는 등 성직자의 직분을 다한 분으로 유명하다.

다음 번역들도 번역이 창작일 수밖에 없음을 잘 이해할 수 있는 예다.

05

Clinton abandoned Bush's plans to deploy a limited ballistic-missile defense for the American homeland.

통상역 클린턴 대통령은 또한 미국본토의 제한된 탄도탄 방위시설을 배치하기 위한 부시 대통령 당시의 계획을 포기하였다.

모범역 또한 클린턴 대통령은 부시 전 대통령이 계획했던 미국본토의 제한적인 탄도미사일 방위시설배치를 포기했다.

06

All parties supported Serbia's aggression - although it has left the country a basket case.

해설_ 영문에서는 '대시(—)'를 많이 쓰지만, 한국어에서는 불필요한 구두부호이므로 '대시'이하를 본문에 포함시켜서 처리하는 것이 좋다.

통상역 모든 정당이 세르비아가 저지른 침략을 지지했다. - 비록 그로 인해 세르비아가 완전히 힘을 잃었다고 해도 말이다.

모범역 비록 세르비아가 힘을 상실하게 되었지만 모든 정당은 세르비아의 침공을 지지했다.

07

Beauty is but skin-deep: what one recognizes as beauty in a person or thing is only the quality of its outer appearance, beneath which many very different qualities may be hidden; attractive appearances are deceptive.

어휘_ skin-deep 피상적인 recognize 인식하다 outer appearance 외관 beneath 바로 아래 attractive appearance 매력적인 외모 deceptive 남을 속이는

해설_ 이 문장은 금방 가슴에 와 닿지 않는다는 것을 알 수 있다. 물론, 독서를 많이 한 사람은 대충 이해할 수도 있겠지만, 대부분은 다시 한 번 생각해 보아야 할 것이다. 이런 문장을 매끄럽게 처리하려면 번역자 개인의 문장력과 표현력 또는 문학적 상상력이 필요하다. Beauty is but skin-deep는 속담으로 '미모는 단지 피부 한 꺼풀 → 미모는 아름다워도 속은 알 수 없다. → 겉만 보고 모든 것을 판단해서는 안 된다.'로 전환(transfer)할 수 있어야 한다.

통상역 아름다움은 단지 가죽꺼풀에 불과하다. 사람 또는 사물에 있어서 아름다움으로써 누군가가 인식하는 것은 단지 그것의 외부의 모양의 특질이다. 그것 아래에는 많은 매우 다른 특질들이 숨어 있을 수 있다; 매력적인 모양은 남을 속이는 것이다.

모범역 눈에 보이는 아름다움은 사실 아무 것도 아니다. 사람이나 사물을 아름답다고 하는 것은 겉모양이 그렇다는 것이고, 마음이나 본질은 아주 다를지도 모른다. 따라서 매력적인 겉모양만 보고 판단하지 말아야 한다.

08

Went for tea at grandma's. I was sad and withdrawn because of Pandora's sojourn in Tunisia. Grandma asked if I was constipated. I nearly said something, but what's the use of trying to explain love to a woman of seventy-six who thinks the word is obscene?

해설_ 번역을 잘못하면 오역이니 졸역이니 비약이니 하는데, 오역은 번역을 틀리게 하여 원문과 뜻이 전혀 다른 것을 말하고, 졸역은 원문의 뜻을 이해하긴 했는데, 표현을 부적절하게 하여 무슨 뜻인지 잘 알 수 없는 문장을 말하고, 비약은 원문의 뜻과 상관없이 자기 마음대로 추측하거나 상상하여 원문에 없는 것까지 말하는 것을 말한다.

그런데, 문제는 번역자들이 원문에 충실해야 한다는 잘못된 강박관념에 얽매여 직역을 하는 것이다. 물론 문장력이 부족하여 마음먹은 대로 표현을 못해 꾸며낸 핑계거리일 수도 있다. 하지만 좋은 번역을 하기 위해서는 글을 과감하게 쓸 수 있는 자신감이 있어야 한다. 원문이 말하고자 하는 내용을 잘 알 수 있다면 얼마든지 원문의 뜻을 더 훌륭하게 표현할 수 있다. 이렇게 하는 것을 비약이라고 알고 있는 사람들이 많지만 비약이 아니다.

통상역 할머니 집에 차를 마시러 갔었다. 판도라의 튀니지 체류 때문에 나는 슬프고 집에 틀어박혀 있었다. 할머니는 내가 변비가 걸렸냐고 물었다. 나는 거의 무엇인가를 말할 뻔했다. 그러나 그 단어가 외설스럽다고 생각하는 76세의 여성에게 사랑을 설명하려고 시도하는 것이 무슨 소용이 있나?

모범역 할머니 댁에 차를 마시러 갔는데 그 때 나는 판도라가 튀니지에서 오지 않아 우울했다. 할머니는 걱정스럽게 변비에 걸려서 그러느냐고 물었다. 얼떨결에 속마음을 털어놓을 뻔했다. 사랑이라는 말조차 상스럽다고 생각하시는 일흔여섯이나 된 옛날 분께 그 얘기를 해봤자 무슨 소용이 있을까?

★ 다음과 같은 표현도 알아 두는 것이 좋다.

(1) 할머니 집에 → 할머니 댁에

(2) 판도라의 튀니지 체류 때문에 → 판도라가 튀니지에 머물고 있어서

(3) 나는 거의 무엇인가를 말할 뻔했다 → 나는 하마터면 실토할 뻔했다.

(4) 76세의 여성에게 → 일흔 여섯이나 된 옛날 분께

의미역(의역)에 해답이 있다

일반적으로 의역(意譯)이라고 하면, 번역을 해 놓고 어색한 부분을 손질하는 것으로 잘못 이해하고 있는 경우가 많은데, 의역이란 문장이 말하고자 하는 의미를 중심으로 번역하는 것을 말하는 것으로 '번역 = 의미역, 의역'이라고 할 수 있을 정도로 번역에서 의역의 비중은 상당히 높다.

01

The report cited the Bethany Foundation, which once conducted research using vivisection.

해설_ cite가 '인용하다'는 뜻도 있지만, '언급하다, 말하다'는 뜻도 있고, cite의 목적어로 온 the Bethany Foundation이 '어떤 내용'이 아니라 '단체, 기관'이므로, 여기서는 '언급하다'로 보아야 적절함에 유의해야 한다. 그리고 which는 Bethany Foundation을 뜻하므로, 번역할 때는 고유명사를 그대로 표현하는 것이 좋다.

그 기사는 그 베다니 파운데이션을 인용했고, 그것은 한때 생체해부를 사용하는 연구를 수행했다.

⇒ 그 기사(記事)는 베다니 재단(Bethany Foundation)을 언급했는데, 베다니 재단은 과거에 생체해부를 통한 연구를 한 적이 있다.

02

Make sure your supervisor is in a good mood before you show her that dismal report.

해설_ 〈make sure 주어 + 동사〉구문은 '반드시 ~를 확인하라'라는 충고, 경고성 관용구임에 유의해야 한다. 여기서 her는 supervisor를 뜻하고, dismal report를 직역하면 '비참한 보고서, 참담한 보고서, 끔찍한 보고서' 등이 되겠지만, '보고하면 야단을 맞을 보고서'와 같은 표현이다.

끔찍한 보고서를 그녀에게 당신이 보여주기 전에 당신의 감독자를 확인하는 것은 좋은 분위기에 있어서이다.

⇒ 달갑지 않은 보고서를 상사에게 보고해야 할 경우에는 상사의 기분이 좋은지 꼭 확인하라.

03

Please keep working on the decorations until the reception begins.

해설_ 이런 식의 Please는 관용적인 표현으로 '제발'과 같은 뜻이 없음에 유의해야 하며, keep -ing는 '계속 ~을 하라'는 뜻이지만, 어떤 행사를 하려면 그 행사를 시작하기 바로 전까지는 어떤 장식이나 치장(decorations)을 마쳐야 하므로, '행사를 하기 바로 전까지는 모든 decorations를 마쳐 달라'고 번역해야 옳다.

제발 리셉션이 시작될 때까지 그 장식들에 일하는 것을 유지하라.

⇒ 리셉션이 시작되기 전에 모든 장식을 마쳐 주시기 바랍니다.

04

We are finding the way to protect bird migratory routes from suburban.

해설_ 여기서 from suburban을 '교외로부터의'로만 번역해 놓으면, 무슨 뜻인지 알 수 없으므로 from이 구체적으로 말하고자 하는 의미를 유추해서 번역해야 한다. suburban이란 무엇인가? suburban은 '대도시의 변두리 지역'을 뜻하는 말로 '근교(近郊)'라고도 하는데, 도시가 점점 커지면서 철새들이 이동로로 이용하던 지역에 마을이 형성된 것을 말한다. 따라서 철새들이 자유롭게 이동하는데 장애가 되므로, 문제가 된다는 것이다. 따라서 from suburban은 '점점 커져만 가는 교외지역에서 벗어나~'라는 의미로 볼 수 있다.

우리는 교외로부터의 새 이동로들을 보호하기 위해 방법을 찾고 있다.

⇒ 우리는 새들이 교외지역에서 벗어나 이동할 수 있도록 하는 방법을 찾고 있다.

05

Only the finishing touches are left to be done on the prints.

해설_ to be done은 수동태이므로, 수동태는 능동태로 번역하는 것이 원칙이다. 그리고 the finishing touches가 무생물 주어이므로 수동태가 되었다는 것에 유의해야 한다. 이런 문장은 주어부를 '부사적'으로 처리하면 문장이 간단하다. 즉 '마무리 손질만 하면'으로 처리하면 그 다음 문장은 쉽게 처리할 수 있다. 즉, '인쇄(the prints)는 마무리할 수 있다(to be done)'가 된다. are left는 번역하지 않아도 무방한 표현이다.

그 인쇄가 마쳐지기 위해서는 단지 마무리 짓는 손질들만 남았다.

⇒ 마무리 손질만 하면 인쇄를 마칠 수 있다.

06

Incentive usually work better than punitive measures to motivate employees.

해설_ work가 동사로 쓰이면, '잘 되어가다, 효과가 있다' 등의 뜻이 있음에 유의해야 한다. 물론, work better는 '훨씬 효과적이다'라는 뜻이 있다. employee를 '피고용인'이라고 처리하는 경우가 많은데, 계약서 등에서는 그렇게 하지만, 일반적인 문장에서는 '직원, 사원'으로 처리하는 것이 좋다.

피고용인들을 고무시키기 위해서는 가혹한 수단보다 성과급이 일반적으로 더 좋게 작용한다.

⇒ 가혹하게 하기보다는 성과급을 활용하면 훨씬 더 직원들의 사기를 높일 수 있다.

07

Neither the actors nor the stage crew was ready at curtain time.

해설_ neither A nor B는 'A도 아니고 B도 아니다, A 뿐만 아니라 B도 ~하지 못하다'는 뜻의 관용구. 하지만, 이 문장에서 중요한 것은 사람을 중심으로 문장을 분석해야 한다는 것이다. 즉, the actors와 the stage crew를 주어로 생각하고 문장의 의미를 생각하면 쉽다.

막이 오르는 시간까지 그 배우들도 그 무대 사람들도 준비되지 않았다.

⇒ 배우는 물론 무대 스태프 모두 막이 오를 때까지 공연준비를 마치지 못했다.

08

Some business owners at Tryon Point say the city didn't give them fair warning before it closed part of their street and cut off water during the holiday weekend.

해설_ 여기서 give의 목적어인 warning은 '목적어에게 경고를 하다'로 보면 된다. Tryon Point는 도시 이름으로 보아야 하고, close는 길을 '통제하다, 막다'로, cut off는 '끊다'는 뜻이다. 물론, 가장 중요한 것은 이 문장에서 사람으로 볼 수 있는 business owners와 city를 주어로 삼아 전체 문장을 이해해야 한다.

트라이언 포인트에 있는 몇몇 사업 주인들은 그 시가 휴가 주말동안 그들의 거리의 일부분을 닫고 물을 끊기 전에 그들에게 공정한 경고를 하지 않았다고 말한다.

⇒ 트라이언 포인트(Tryon Point)시의 일부 사업주들에 따르면 시 당국은 휴가기간 동안 적절한 통보도 없이 일부거리를 통제하고 단수(斷水)를 했다고 한다.

09

The mobilization of an entire nation's economy and people served as a single cause.

해설_ serve as는 '~ 역할을 하다'는 동사지만, serve의 뜻이 너무 많기 때문에 구체적으로 표현하기가 쉽지 않다. 이런 문장을 푸는 열쇠는 문장의 주어인 mobilization과 같은 추상명사를 본래 품사인 동사 '동원하다'로 생각하는 것이다. 이 문장의 전체 시제가 served로 과거이므로 '동원했다'로 보면 되고, '동원했다'의 목적어는 '전체 국가의 경제와 국민'이 된다. 마지막으로, '왜 동원했나?'만 풀면 된다. a single cause 때문(as=because)이다.

전체 국가의 경제와 국민의 동원은 한가지의 이유로써 기여했다.

⇒ 단 하나의 명분 때문에 국가의 모든 경제와 국민이 동원되었다.

10

He tends to feel too much empathy with the laborers to make a good foreman.

해설_ tend to do는 '~하는 경향이 있다'는 관용구이다.

그는 좋은 현장주임이 되기 위해서 그 노동자들과 너무 많은 공감을 느끼려고 하는 경향이 있다.

⇒ 그 사람은 좋은 현장주임이 되기 위해서 인부들 입장에서 항상 생각하려는 경향이 있다.

⇒ 그 사람은 좋은 현장주임이 되기 위해서 너무 인부들 입장에서 생각하려는 경향이 있다.

문장에서 의미란 무엇인가

번역공부를 하다 보면, 단어나 문장의 '의미(意味)'를 중요시하고 있다. '의미'란 순 우리말의 '뜻'과 같다. 번역을 할 때는 단어가 의미하는 것이 무엇이고, 문장이 의미하는 것이 무엇인지 파악하는 것이 아주 중요한데, 어쩌면 번역이론에서 가장 핵심이 되는 단어라고 할 수 있다. 번역이란 것이 결국 다른 나라 글을 우리글로, 또는 우리글을 다른 나라 글로 바꾸는 작업이므로, 그 글이 말하고자 하는 의미를 모르고서는 번역을 할 수 없는 것이다.

우리나라 영어 독해 교육에 문제가 있다는 것은 누구나 잘 알고 있지만 대안을 내놓은 경우는 별로 없었다. 어떻게 보면, 영어라는 언어의 문법 구조를 이해하고 분석하는 데만 전념해 왔다고 해도 과언이 아니다. 영어라는 글을 문법적으로 이해하고 분석하는 기술은 우리가 세계적 수준에 있는지는 몰라도 그 영문이 말하고자 하는 의미를 이해하고 영어를 잘 모르는 사람에게 그 내용을 전달해 줄 수 있는 이른바, 번역능력은 영 아니다.

사실, 번역을 제대로 하기 위해서는 비교언어학, 비교문학, 음성학, 음운론, 문장론, 문법론, 의미론 등을 종합적으로 공부해야 하는데 그런 것을 따로따로 배우다 보니 종합적인 언어 분석력을 갖추지는 못했다.

1. 단어의 의미

우리글을 통해서 단어의 의미를 한번 비교해 보자. "저 사람은 남자답지만 좋은 사람은 아니다."라는 문장이 있다고 치자. 위 문장에서 '사람'이라는 말이 두 번 나왔는데, 글자는 같지만 그 의미는 다르다. 앞의 '사람'은 남녀를 구분하지 않고 총체적으로 사용하는 '전체적인 개념'을 나타내는 말이고, 뒤에 나오는 '사람'은 '그 사람의 인간성이라는 세부적인 개념'을 나타낸다고 볼 수 있다.
따라서 위 문장이 말하고자 하는 내용은 **"저 남자는 남자답지만 인간성이 좋은 사**

람은 아니다"이다. 다시 말해, '사람'이라는 단어가 각각 '남자'와 '인간성이 좋은 사람'이라는 의미를 내포하고 있다는 사실이다. 번역자는 어떤 단어에 내포된 의미까지 이해해야 좋은 번역을 할 수 있다.

2. deep의 의미

deep이라는 단어를 놓고 다시 한 번 생각해 보자. deep라는 단어가 문장에 나오면 거의 모든 사람들이 '깊다'라고 생각하고 넘어가기 마련이지만 deep에는 아주 많은 뜻이 있다.

① a deep river에서 deep은 강이 깊다
② deep snow에서 deep은 눈이 많이 쌓였다
③ a deep scar에서 deep은 심한 상처
④ a deep cave에서 deep은 동굴이 아주 길거나 깊은 것
⑤ deep space에서 deep은 공간이 아주 넓다
⑥ a deep sigh에서 deep은 한숨을 몰아쉬는 것
⑦ a deep bow에서 deep은 큰 절을 하는 모습
⑧ a deep mystery에서 deep은 불가사의한 신비
⑨ a deep insult에서 deep은 심한 모욕
⑩ a deep impression에서 deep은 강렬한 인상

이상에서 보는 것처럼 deep에는 정말 여러 가지 뜻이 있다. 또 이 표현과 유사한 표현까지 포함하면 적어도 100가지 정도의 뜻으로 나타낼 수 있다. 이런 것을 보더라도 단어의 의미, 즉 뜻을 정확하게 이해한다는 것은 번역에서 아주 중요하다는 것을 알 수 있다. 이제 "deep = 깊다"는 식으로 단어를 획일적으로 외우는 것은 피해야 한다. 중요한 것은 이 단어가 이 문장에서는 어떤 뜻으로 쓰였을까? 하고 생각하면서 사전을 세밀히 찾아보아야 한다.

그리고 관용적인 표현에도 상황에 따라 여러 가지 뜻이 있음에 유의해야 한다. 예로 "나팔을 불었다."는 표현이 있는데, 나팔을 불었다고 해서 '나팔'이라는 '악기'를 불었다는 뜻만 있는 것은 아니라 '폭로하다, 술을 병 채로 마시다'와 같은 뜻도 있

다는 사실이다.

할아버지께서 자식과 손자를 모아 놓고 하시는 말씀이 "난 이제 갈 때가 된 모양이다."라고 말했다고 치자. 할아버지께서 가시는 곳은 어딜까? 부산, 광주, 대구 등에 간다는 것이 아니라 '저 세상에 가다 = 죽다'를 완곡(婉曲)하게, 즉 우회적으로 듣기 좋게 표현한 것이다.

'가다'를 본래의 뜻인 '가다'로 보는 것을 "개념적 의미(conceptual meaning)"라 하고, '가다'를 말하고자 하는 의미(意味)인 '죽다'로 보는 것을 "내포적 의미(connotative meaning)"라고 한다. 번역할 때는 겉과 속이 다른 표현에 유의해야 한다.

3. 동의어도 뜻이 달라진다

또한, 동의어(同義語)라 하더라도 상황에 따라 그 뜻이 다르다는 것도 번역에서 아주 중요하다.

'사는 곳'이라는 뜻을 나타내는 영어단어에는 domicile, residence, abode, home, habitat, den 등이 있는데, 이 단어는 저마다 각각 다른 속뜻을 가지고 있다.

① domicile은 관공서나, 법원에서 '거주지'를 나타낼 때 사용하는 표현이고,
② residence는 공식적인 용어로 통상 시사적인 문장에 많이 나오는 '주소지'를,
③ abode는 시(詩)적인 표현으로 '사는 세상'을,
④ home은 일반적인 표현으로 '사는 집, 가정'을,
⑤ habitat는 동식물들이 사는 곳인 '서식지'를,
⑥ den은 나쁜 사람과 흉악한 동식물이 사는 '소굴'이란 뜻이 있다.

동의어라고 해서 무작정 같은 뜻으로 볼게 아니라, 문맥적인 상황이나 글쓴이 또는 화자(話者)의 감정 상태를 잘 살펴 그 뜻을 결정해야 한다. 어디까지나, 원작자가 왜 이 단어를 썼을까? 의문을 가지고 전체 문장을 통해 그 의미를 추론해 내야 좋은 번역을 할 수 있다.

한영번역을 통해 의미역의 중요성을 다시 한 번 정리해보자.

01 그 사람 형광등이에요.(아둔하다는 뜻일 때)

- He is fluorescent lamp. (×) * fluorescent lamp 형광등
- He is a slow wit. (o) * slow wit 재치가 없다. 주변머리가 없다

02 저 회사 사장은 매우 짜요.

- That company owner is very salty. (×) * salty 소금기 있는, 짠
- That company owner is stingy. (o) * stingy 인색하다

03 파리 날리고 있어요.(장사가 안 될 때)

- We are flying flies. (×)
- Business is very slow. (o)

04 그 책은 날개 돋친 듯 팔립니다.

- The book sells as if it had wings. (×) * as if 마치 ~하다
- The book sells like hot cakes. (o)

05 그 사람은 눈에 가시다. [거슬린다]

- He is a thorn in the eye. (×) * thorn 가시
- He is a pain in the neck. (o) * neck 목

위의 한영번역에서 알 수 있듯이 한국어 원문에다 영어단어를 1:1로 무조건 대입해서는 영어권 사람들이 이해할 수 없다. 이런 영어가 콩글리시다. 영어 관용구를 잘 알아 두어야 한다.

다음 영한 단문 번역 역시 의미역의 중요성을 말해 준다.

01 That company went to the dogs.

- 그 회사는 개에게로 갔다. (×)
- 그 회사는 망했다. (○)

어휘_ go to the dogs 몰락하다

02 The boy has a chip on his shoulder.

- 저 아이는 어깨 위에 조각을 갖고 있다. (×)
- 저 아이는 걸핏하면 싸우려 든다. (○)

어휘_ a chip on one's shoulder 시비

03 Lets go Dutch.

- 네덜란드식으로 갑시다. (×)
- 각자 부담합시다. (○)

어휘_ Dutch : 네덜란드식의, 네덜란드풍의

04 Everything is up in the air.

- 모든 것이 공중에 있다. (×)
- 모든 것이 불확실하다. (○)

05 She is behind the eight ball.

- 그 여자는 8번 공 뒤에 있다. (×)
- 그 여자는 곤란한 지경이다. (○)

어휘_ behind the eight ball 불리한 처지

영화를 보다 보면 상황과는 전혀 맞지 않은 자막이 나온다거나 번역서를 읽다가 이상한 표현이 나오는 경우의 대다수가 위와 같은 오류에 해당한다고 볼 수 있다. 번역을 해 본 사람은 번역을 중노동이라고들 한다. 왜냐하면 수없이 이 사전 저 사전을 뒤적거려야 하기 때문이다. 번역은 지적인 노동임에 분명하지만 육체적인 노동도 포함되어 있음을 잊어서는 안 된다. 하기야 요즘은 인터넷상에 있는 사전을 쉽게 찾아 볼 수 있어서 많이 나은 편이다.

의구심을 가지고 영문을 대하라

다음 영문의 경우, 직역만 해 놓으면 두 군데가 어색하게 되는데, 어떤 부분인지 확인해보자.

When sons and daughters move away from home, become financially independent or establish a family unit of their own, they should be granted a totally different status. Wise and loving parents willingly give up their roles as authority figures, remembering how they felt about living their own lives without parental interference. In the same way, thoughtful children will be considerate of parents, to avoid making them feel abandoned.

어휘_ move away from home 집을 떠나다, 분가하다, 출가하다 financially independent 재정적인 독립, 경제적인 독립 establish a family unit of their own 또 다른 가정을 꾸리다 be granted 인정받게 되다 willingly give up 기꺼이 포기하다. 흔쾌히 승낙하다 authority figures 권위자 parental interference 부모의 간섭 in the same way 마찬가지로, 같은 방식으로 thoughtful children 사려 깊은 자식 be considerate 이해심이 많게 되다. 동정심이 많게 되다 to avoid 막다, 하지 않게 하다 feel abandoned 버림받았다고 느끼다

직역 아들들과 딸들이 집으로부터 멀리 이동할 때, 재정적으로 독립하게 되고 또는 그들 자신의 가정 단위를 세우게 된다. 그들은 완전히 다른 위상을 당연히 받아들여야 한다. 현명하고 사랑하는 부모들은 부모의 간섭 없이 그들 자신만의 삶을 사는 것에 관해 그들이 어떻게 느꼈던가를 기억하면서 권위자로서의 그들의 역할들을 기꺼이 포기한다. 같은 방식으로, 사려 깊은 아이들은 그들이 버림받았다는 느낌을 가지는 것을 피하기 위 해 부모를 배려하게 될 것이다.

해설_ 위 번역문을 보면 알겠지만 영어에다 한국어를 대입한 문장이다. 물론, 이 문장의 경우는 오역이라 할 만큼 엉터리 번역이라 할 수는 없지만 좋은 번역이라 생각한다거나 그 정도면 충분하다고 생각해서는 안 된다. 그 이유를 다음 번역에서 찾아보기 바란다.

번역 자식들이 경제적으로 독립을 하거나 결혼을 하여 새로운 가정을 꾸려 분가를

하게 되면 부모 슬하에서 살던 때와는 달리 모든 것을 자신들의 판단으로 살아가야 한다. 현명하고 자식을 아끼는 부모는 자신들 또한 부모의 간섭을 받지 않고 스스로 살아나가는 것이 얼마나 좋은지 잘 알기 때문에 자식의 분가를 기꺼이 허락해 준다. 이러한 부모의 마음을 헤아리는 사려 깊은 자식은 부모를 공경하고 부모가 소외감을 느끼지 않도록 잘 모실 것이다.

해설_ 1. they should be granted a totally different status.에서 status의 사전적 의미를 보면 '지위, 신분, 상태, 정세, 권위' 등으로 나와 있는데 이러한 단어들은 어떤 특정 사물을 지칭하는 보통명사가 아니라 추상명사다. 그리고 이러한 추상명사는 본래 '동사 또는 형용사'에서 파생된 것임에 유의해야 한다. should be granted a status.를 직역하면, '지위를 당연하게 받아들여야 한다.' 하지만, 이 '지위를 받아들이다'는 표현이 앞뒤 문장과 호응이 안 된다는데 문제가 있다. 우리는 적어도 자식이 경제적으로 독립을 하거나 결혼을 하여 분가를 할 때 자식들이 어떤 지위나 권위를 가지게 된다고 말하지는 않는다. 따라서 우리가 사용하지 않는 표현은 좋은 표현이라 할 수 없다.

2. In the same way를 그냥 '그와 마찬가지로, 이와 마찬가지로, 마찬가지로, 같은 식으로'로 처리하면 되지 뭐가 문제냐 하고 반문할 수도 있지만, 이 문장에서 in the same way는 단순히 '방법이나 방식이 같다'는 논리가 아니라, 부모의 마음 씀씀이와 자식의 마음 씀씀이가 서로 호응관계를 유지하고 있음에 유의해야 한다. 부모가 자식을 생각해 분가할 수 있도록 허락해주는 마음에 걸맞게 자식 또한 그러한 부모의 마음을 헤아려 부모가 소외된다는 생각을 하지 않도록 잘 모시게 될 것이라는 논리를 깔고 있다고 볼 수 있다.

3. wise and loving parents를 무턱대고 '현명하고 사랑하는 부모'로 번역하면 어색하다. wise parents는 번역어를 바로 대응시킬 수 있지만, loving parents는 번역어를 바로 대응시킬 수가 없기 때문이다. loving을 '자식을 아끼는'으로 보는 것이 좋다. 껍데기만 보지 말고 속뜻이 무엇인지 생각해 보아야 한다.

자신감을 가지고 마음껏 표현하라

앞에서도 말한 적이 있지만, 우리나라 사람들은 지나치게 "원문에 충실해야 한다."는 강박관념을 가지고 있다. 우리가 번역을 하는 이유는 영문 속에 들어 있는 지식과 정보를 알아내어 우리의 지적능력과 기술을 발전시키려 함이지 그 영문의 형식과 언어적 구조를 연구하기 위해서가 아니다. 따라서 형식과 구조에 대한 연구는 소수의 문학가나 언어학자에게만 해당될 뿐 실제 번역과는 하등 상관이 없다. 번역은 지식과 정보를 전달하기 위한 도구이자 기술임에 유념하기 바란다. 그리고 원문에 충실하다는 것은 원문을 정확하게 이해하고 정확하게 전달하는 것임을 염두에 두자.

번역문을 작성할 때는 사전적인 의미보다는 우리가 늘 사용하고 있는 표현 중에서 가장 적절한 표현을 선택해서 마음껏 표현하는 것이 좋다.

01 It is necessary for the farmer to sow more seed than is necessary if he wishes to get a first-rate crop.

어휘_ necessary 필요한, 필연의 farmer 농부 sow 씨앗을 뿌리다 seed 씨앗 wish 원하다 first-rate crop 1등급의 농작물

만약 그가 일등급의 농작물을 얻기를 원한다면 필요한 것보다 더 많은 씨앗을 뿌리는 것은 농부들을 위해서 필요하다.

⇒ 농부가 일등 작물을 수확하고자 한다면 필요한 양보다 씨앗을 더욱 많이 뿌려야 할 것이다.

해설_ it ~ for ~ to구문에서 for 이하가 주어라는 사실을 간과했다.

02 It is easy for us to speak ill of a man behind his back, but difficult to praise him to his face.

어휘_ easy 쉬운 to speak ill of 나쁘게 말하다 behind 뒤에 praise 칭찬하다 face 얼굴, 면전

그의 뒤에서 사람을 나쁘게 말하는 것은 우리에게 있어서 쉽지만, 그의 얼굴에다

대고 그를 칭찬하기는 어렵다.

⇒ 그 사람이 없는 곳에서 욕하기는 쉬워도 바로 앞에서 칭찬하기는 어려운 법이다.

해설_ it ~ for ~ to구문에서 us가 일반적인(대중) 주어이므로 번역문에서 생략됨.

03 Within the framework of formal schooling it is important for teachers to bring an element of curiosity to the classroom.

어휘_ within 안에, 이내 framework 틀, 구조, 뼈대 formal 정상적인, 정규의 element 요소 curiosity 호기심

정규 교육의 틀 안에서 교실로 호기심의 요소를 가져오는 것이 선생님들에게 있어서는 중요하다.

⇒ 학교 정규교육을 담당하는 교사는 학생들에게 호기심을 유발하는 것이 아주 중요하다.

04 It is necessary in this age in which machines do so much hinking for one to acquire the habit of reading, and not to allow one's mind to become lazy.

어휘_ machine 기계 acquire 획득하다, 얻다 habit 습관 allow 허락하다, 승낙하다 lazy 게으른, 나태한

기계가 아주 많은 생각을 하는 이 시대에 있어서 인간들에게는 독서의 습관을 획득하는 것, 그리고 인간들의 게을러지는 마음을 허락하지 않는 것이 필요하다.

⇒ 요즘 시대가 기계가 모든 것을 알아서 처리해 주는 시대이긴 하지만 사람들은 독서를 꾸준히 해야 하고, 게을러지지 않도록 노력해야 한다.

05 It is curious that the human species, in spite of its long wild life in the past, should have no distinctive call, or calls universally understood.

어휘_ curious 이상한 human species 인류 종 in spite of 불구하고 wild life 야생, 야생생활 past 과거 distinctive 특유의, 특이한 call 부르는 소리 universally 보편적으로 understand 이해하다

과거에 그것의 긴 야생생활에도 불구하고 인류 종들이 독특한 외치는 소리 또는 보편적으로 이해되는 외치는 소리들이 없다는 것은 이상하다.

⇒ 인류도 과거에는 오랫동안 야생생활을 했지만, 다른 동물처럼 특유의 외침이나 소리만 들어도 어떤 동물인지 알 수 있는 소리를 내지 않는다는 점은 이상한 일이다.

06 **In reading it is very important that you identify yourself closely with the author.**

어휘_ reading 독서 identify 확인하다 closely 밀접하게, 가깝게 author 저자, 작자

독서에 있어서 당신은 저자와 밀접하게 있는 당신을 확인하는 것이 매우 중요하다.

⇒ 독서를 할 때는 저자가 어떤 생각을 하고 있는지 이해하는 것이 아주 중요하다.

07 **It is very difficult that you select a book of value to you from among the large number of books available today.**

어휘_ select 선택하다 value 가치 among 사이에 the large number of 아주 많은 available 사용가능한, 입수할 수 있는

입수할 수 있는 오늘날의 많은 책들 사이에서 당신에게 가치가 있는 책을 당신이 선택하는 것은 매우 어렵다.

⇒ 오늘날 책은 수없이 많지만 도움이 될 만한 책을 선택하기는 정말 어렵다.

08 **It is not important how much a man knows, but it is important what he makes use of what he knows.**

어휘_ make use of 사용하다, 활용하다

얼마나 많이 사람이 아는 것은 중요하지 않지만, 그러나 그가 알고 있는 것을 그가 만들 수 있도록 사용하는 것은 중요하다.

⇒ 얼마나 많은 것을 알고 있느냐가 중요한 것이 아니라 알고 있는 것을 활용하는 것이 중요하다.

09 **It is not important who will do the work, but is important when the work will be done.**

어휘_ will do 할 것이다 will be done 완료될 것이다

누가 그 일을 할 것인가는 중요하지 않지만, 그러나 언제 그 일이 수행될 것인가

는 중요하다.

⇒ 그 일을 누가 하든지 상관없이 그 일을 제 때 마치는 것이 중요하다.

10 **It is not clear why they have been silent about insects.**

어휘_ clear 분명한 silent 조용한, 침묵하는 insect 곤충

왜 그들이 곤충에 대해서 침묵했었는지는 분명하지 않다.

⇒ 그 사람들이 곤충에 관해서는 왜 말을 하지 않았는지 그 이유는 모른다.

11 **It is no problem to me who you are or where you live.**

당신이 누구이고 또는 당신이 어디에 사느냐는 나에게 문제가 없다.

⇒ 당신이 어디에 사는 어떤 사람이건 나와는 상관없는 일이다.

12 **It seems that we are more self-centered and egoistic than our parents, who sacrificed much to give us the advantages we have today.**

어휘_ it seems ~처럼 보이다 self-centered 자기중심적인 egoistic 이기적인 sacrifice 희생으로 바치다, 희생이 되다

우리는 우리의 부모들보다 더욱 자기중심적이고 이기적인 것처럼 보이는데, 그 사람들은 우리가 오늘날 가지고 있는 편의를 우리에게 주기 위해 많은 것은 희생했다.

⇒ 오늘날 우리를 이렇게 편하게 해 주려고 많은 것을 희생한 부모에 비하면, 우리는 오로지 자기밖에 모르는 이기적인 사람이다.

13 **To many scientists of the nineteenth century it seemed that all of the important problems in science were being solved and that there would be little scientific work to be done in the future.**

어휘_ scientist 과학자 it seemed ~처럼 보였다 solve 풀다, 해결하다 little 거의 없는 scientific 과학적인 in the future 미래에

19세기의 많은 과학자들에게는 과학에 있어서 중요한 문제들의 모든 것이 해결

되어 가고 있었고 그리고 미래에는 수행되어야 할 과학적인 일이 거의 없을 것 같았다.

⇒ 19세기 당시의 과학자들은 중요한 과학적인 문제들을 해결할 수 있었기 때문에 미래에는 과학적으로 규명해야 할 일이 별로 없을 것이라 생각했다.

14 It is often said that an American starts a speech with a joke, while a Korean begins making an apology.

어휘_ it is often said 종종 말했다 speech 연설하다 joke 농담 apology 사과, 사죄

미국인은 농담으로 말을 시작하는 반면에 한국인은 사과를 하는 것으로 시작한다고 종종 말해 진다.

⇒ 말을 할 때 미국인은 농담으로 시작하는 반면에 한국인은 사과부터 하는 것이 큰 차이다.

15 Some discoveries are said to have been made by accident, though we cannot deny the fact that great efforts have been made.

어휘_ discovery 발견, 발각 accident 사건, 일 deny 부정하다 fact 사실 effort 노력

어떤 발견들은 우연히 이루어진 것이라고 말해지지만 우리는 대단한 노력들이 있었다는 사실을 부인할 수 없다.

⇒ 어떤 것은 우연히 발견했다고 하는 사람들도 있지만 대단한 노력의 결과라는 사실을 잊어서는 안 된다.

16 It is said that the United States is the melting pot of different races.

어휘_ melt 혼합하다, 섞다 pot 항아리, 단지 race 인종

미국은 다른 인종들의 섞인 항아리라고 말해진다.

⇒ 미국이 다양한 인종으로 이루어진 사회라는 것은 잘 알려져 있다.

17 I make it a rule never to eat or drink too much, because the overeating of something is anything but helpful to the improvement of health.

어휘_ rule 규칙, 룰 never 결코 ~하지 않다 overeat 과식하다 helpful 도움이 되는, 유익한 improvement 개선, 증진 health 건강

나는 결코 너무 많이 먹거나 또는 너무 많이 마시지 않는 것을 규칙으로 하고 있다. 어떤 것의 과식은 건강의 증진에 결코 도움이 되지 않기 때문이다.

⇒ 과식은 건강에 해롭기 때문에 나는 항상 과음과식을 하지 않는다.

18 **A small child, being weak and defenseless, finds it unbearable to believe that there are no adults who love, support, and guide him.**

어휘_ weak 약한, 나약한 defenseless 무방비의, 방어할 수 없는 unbearable 참을 수가 없는 believe 믿다 adult 성인, 어른 support 지원하다 guide 안내하다

약하고 그리고 방어력이 없는 상태인 어린아이는 사랑하고 지원하고 그리고 그를 이끌어줄 성인들이 없다는 것을 믿는 것을 참을 수 없어 한다.

⇒ 어린아이들은 자신을 지킬 힘이 없기 때문에 자신을 돌봐주고 챙겨주고 도와주는 어른이 없으면 상당히 불안해한다.

19 **The man was a self-conceited person. He took it for granted that he was superior to others.**

어휘_ self-conceited 자만에 빠진 take it for granted 당연하게 생각하다 superior 우수한, 우월한

그 사람은 자만에 빠진 사람이었다. 그는 그가 다른 사람들보다 우월하다는 것을 당연하게 받아들였다.

⇒ 그 사람은 자신을 다른 사람보다 우월하다고 생각하는 몹시 자만에 빠진 사람이었다.

20 **I think it a great pity that such a promising novelist as he should have died so young.**

어휘_ pity 불쌍히 여김, 동정 promising 장래성이 있는, 전도유망한 novelist 소설가 die 죽다

나는 그렇게 촉망받는 소설가가 그렇게 젊게 죽어야만 했던 것을 대단한 슬픔으로 생각한다.

⇒ 앞으로 훌륭한 소설가가 될 사람이 그렇게 일찍 요절하다니 정말 안타깝다.

21 **They find it slightly strange that one should learn a language to read books in it rather than speaking it.**

어휘_ slightly 약간, 조금 strange 이상한 language 언어 rather than 무엇보다 오히려

그들은 사람들이 그것을 말하기보다는 그것으로 되어 있는 책을 읽기 위해서 언어를 배워야만 한다는 것을 다소 이상하게 발견한다.

⇒ 사람들은 말을 하기 위해서 언어를 배우는 것이 아니라 책을 읽기 위해서 언어를 배워야 한다고 하면 다소 이상하게 생각한다.

22 **Reputation is what a man is thought to be; character is what a man is. The one is an opinion, the other is a fact.**

어휘_ reputation 평판 character 인격 opinion 의견 fact 사실

평판이란 한 사람이 무엇으로 생각되어지는 것이다; 인격이란 한 사람이 어떤 사람인가다. 그 하나는 의견이고 다른 하나는 사실이다.

⇒ 평판이란 어떤 평가를 받느냐 하는 것이고 인격이란 그 사람의 됨됨이를 말하는데, 다시 말해 평판은 어떤 사람에 대한 견해이고 인격이란 그 사람의 본질을 말한다.

23 **Three men were taking a walk along a street. One of them was rather old, while the others looked quite young.**

어휘_ take a walk 길을 걷다 rather 좀 더 while 한편, 반면에 quite 아주

세 사람이 길을 따라 걸어가고 있었다. 그들 중 한 사람은 좀 나이가 들었고, 반면에 다른 사람들은 아주 젊어 보였다.

⇒ 세 사람이 걸어가고 있었는데 한 사람은 꽤 나이가 들었고 두 사람은 아주 젊어 보였다.

24 **It is one thing to have a nice library and it is quite another to make wise use of it.**

어휘_ library 도서관 wise 현명한

하나의 좋은 도서관을 가지는 하나의 일과 그것을 현명하게 사용하는 것은 아주 다른 것이다.

⇒ 책을 아무리 많이 가지고 있다고 해도 활용하지 못한다면 아무 소용이 없다.

25 **It is one thing to enjoy listening to good music, but it is quite another to perform skillfully yourself.**

어휘_ enjoy 즐기다 listening 듣기 music 음악 perform 수행하다, 행하다 skillfully 기술적으로

좋은 음악을 즐겨 듣는 것도 하나의 일이지만, 그러나 기술적으로 자신이 수행하는 것은 또 다른 것이다.

⇒ 명곡을 즐겨 감상한다고 해서 그 곡을 직접 능숙하게 연주할 수 있는 것은 아니다.

26 **A learned man is not always a good teacher, for to know much is one thing, and to teach well is another.**

어휘_ learned 배운, 교양 있는

학식 있는 사람이 항상 좋은 교사는 아니다. 왜냐하면 많이 아는 것은 하나이고, 그리고 잘 가르치는 것은 다른 것이다.

⇒ 학식이 있다고 해서 좋은 교사가 될 수 있는 것이 아닌데, 많이 안다고 해서 무조건 잘 가르칠 수 있는 것이 아니기 때문이다.

27 **Some say that theory is one thing and practice another, so that they do not necessarily go together. Others say that it is because of the inaccuracy of theory that the two do not agree.**

어휘_ theory 이론 practice 연습, 실제 necessarily 반드시, 필연적으로 inaccuracy 부정확성 agree 동의하다

몇몇은 이론은 하나의 일이고 그리고 실제는 다른 것이라고 말한다, 그래서 그들은 반드시 함께 갈 수 없다고 한다. 다른 이들은 그 두 가지가 동의하지 않는 이론의 부정확성 때문이라고 말한다.

⇒ 이론과 실제는 별개의 문제이기 때문에 항상 일치하는 것이 아니라고 말하는 사람이 있는 반면 어떤 사람은 이론과 실제가 일치하지 않는 이유는 그 이론이 부정확하기 때문이라고 말한다.

28 **How is it that some teachers are able to control their classes with a very light rein, and have no disciplinary**

troubles, while others must shout and plead and threaten and still get nowhere with the trouble makers?**

어휘_ be able to 할 수 있다 control 조절하다, 통제하다 rein 고삐 disciplinary 훈련상의, 규율상의 trouble 문제, 어려움 shout 소리치다 plead 간청하다 threaten 위협하다 get nowhere 성공하지 못하다, 효과가 없다 trouble maker 문제를 일으키는 사람

어떻게 몇몇 교사들은 매우 가벼운 고삐로 그들의 반을 통제할 수 있고, 그리고 규율상으로 문제들이 없는데, 반면에 다른 몇몇들은 소리를 쳐야 하고 간청을 해야 하고 위협을 해야 하고 그리고 여전히 문제를 일으키는 학생들과 성공하지 못하는가?

⇒ 어떤 교사들은 아주 가벼운 방법으로 학생들을 통제하며 아이들이 규율을 잘 지키도록 하는 데, 어떤 교사들은 소리를 치고 간청과 위협을 하면서도 문제 아이들을 제대로 선도하지 못하는 걸까?

29 It is no less pleasant to do a difficult thing for oneself than to climb a steep mountain.

어휘_ no less 더 적은, 덜한 pleasant 즐거운, 유쾌한 climb 오르다, 등산하다 steep mountain 가파른 산

가파른 산을 등산하는 것보다 자신을 위해서 어려운 일을 하는 것이 덜 즐거운 것이 아니다.

⇒ 가파른 산을 오르는 것도 좋지만 어려운 일을 스스로 찾아 하는 것도 좋은 일이다.

30 I found her sitting in a corner by herself, chin in hand, elbow on knee, deep in meditation.

어휘_ find 발견하다 sitting 앉아 있는 corner 모서리, 구석 by oneself 혼자 chin 턱 elbow 팔꿈치 knee 무릎 deep 깊은 meditation 명상

나는 손에 턱을 괴고, 팔꿈치를 무릎에 대고 명상에 잠겨서 혼자서 한 구석에 앉아 있는 그녀를 발견했다.

⇒ 그 여자는 한쪽 구석에 앉아 무릎에 팔꿈치를 댄 채 턱을 괴고 혼자서 명상에 잠겨 있었다.

31 Americans have never believed that childhood was merely a preparation for life. It has been their conviction that children are important in themselves.

어휘_ never believe 결코 믿지 않다 childhood 유년기 merely 단지 preparation 준비 conviction 확신

미국인들은 유년기가 단지 인생을 위한 준비기간이라고 결코 믿지 않는다. 어린이는 그들 자신에 있어서 중요하다는 것이 그들의 확신이어 왔다.

⇒ 미국인들은 유년기를 단지 인생을 위한 준비기간이라고 생각하지 않고 단지 어린이 그 자체를 중요하다고 생각해 왔을 뿐이다.

32 So great is our passion for doing things for ourselves that we are becoming increasingly less dependent on specialized labor.

어휘_ passion 열정 increasingly 점점 더 dependent 의존하는, 의지하는, 종속되는 specialized 전문화된, 전문적인 labor 노동

너무 강한 것은 우리가 전문적인 노동에 점점 덜 의존하게 되어 가는 우리 자신을 위한 일을 하는 것에 대한 우리의 열정이다.

⇒ 무엇이든지 스스로 해 보고자 하는 열정이 너무 강한 나머지 전문가에게 맡기는 일이 점점 줄어들고 있다.

33 I said to myself, "Good opportunity will present itself sooner or later."

어휘_ opportunity 기회 present 나타나다 sooner or later 조만간, 머지않아 곧

나는 "좋은 기회가 조만간 그 자체로 나타날 거야."라고 내 자신에게 말했다.

⇒ "좋은 기회가 곧 생길 거야."라고 나는 속으로 생각했다.

34 One day my father said to me, "Don't overwork yourself. Take good care of yourself."

어휘_ overwork 과로하다 take care of 돌보다, 조심하다

어느 날 나의 아버지는 나에게 "너 자신 과로하지 마라. 너 자신을 잘 돌봐라."라고 말했다.

⇒ 어느 날 아버지는 "과로하지 말고 몸 생각해가면서 일 하거라."하고 말씀하셨다.

35 **My father amused himself by reading a detective story after dinner.**

어휘_ amuse 재미있게 하다, 웃기다, 기분전환을 하다 detective story 탐정소설

나의 아버지는 저녁식사 후 탐정소설을 읽음으로써 자신을 재미있게 했다.

⇒ 아버지께서는 저녁식사 후 탐정소설 읽는 것에 재미를 붙이셨다.

36 **I am reminded of a patient. He knew that he had lung cancer, warned me not to tell his wife. "She'd throw herself out of the window," he said.**

어휘_ remind 상기하다 patient 환자 lung cancer 폐암 warn 경고하다 throw 던지다 out of the window 창밖

나는 한 환자를 떠 올렸다. 그는 그가 폐암에 걸렸다는 것을 알았고, 그의 아내에게 얘기하지 말 것을 나에게 경고했다. "그녀는 창밖으로 그녀를 던질 것이다." 라고 그는 말했다.

⇒ 한 환자가 기억나는데, 그 사람은 자신이 폐암에 걸렸지만 아내에게 알리면 아내가 창밖으로 투신자살할 것이라며 아내에게 그 사실을 말해서는 절대 안 된다고 말했다.

37 **A goat was walking alone a hillside, when she found herself followed by a tiger. She said to herself, "It will be difficult for me to get away. What should I do?"**

어휘_ goat 염소 hillside 언덕, 산비탈 follow 따르다 tiger 호랑이 get away 달아나다

염소 한 마리가 산비탈을 혼자 걸어가고 있었는데, 그때 염소는 호랑이가 따라오는 자신을 발견했다. 염소는 자신에게 말했다. "나에게는 달아나는 것이 어려울 것이다. 나는 어떻게 하지?"

⇒ 한 염소가 산비탈에서 걸어가고 있었는데, 호랑이가 따라오고 있었다. 염소는 "도망칠 수도 없고 어떻게 하지?"하고 망설였다.

38 My brother absented himself from school and stayed at home yesterday.

어휘_ absent 결석하다 stay 머물다

나의 동생은 학교로부터 자신을 결석시켰고 그리고 어제 집에 머물렀다.

⇒ 내 동생은 어제 학교에 가지 않고 집에 있었다.

39 The Englishman, in any walk of life, has always prided himself upon his status as an amateur.

어휘_ walk of life 인생행보 pride 자부심을 가지다, 자랑하다 status 지위, 위치, 위상 amateur 아마추어

영국인은 인생의 어떤 행보에 있어서도 항상 아마추어로서 그의 지위에 대해서 자신을 자랑스러워했다.

⇒ 영국사람들은 어떤 직업에 종사하든 자신이 아마추어라는 사실을 자랑스러워했다.

40 He availed himself of all opportunities to improve his English.

어휘_ avail 도움이 되다, 이롭게 하다 opportunity 기회 improve 개선하다, 증진하다

그는 그의 영어를 향상시킬 수 있는 모든 기회들을 자신에게 유용하게 했다.

⇒ 그 사람은 영어실력을 향상시킬 수 있는 기회들을 모두 활용했다.

41 When we are not anxious about happiness and unhappiness, but devote ourselves to the strict and unsparing performance of duty, happiness comes of itself.

어휘_ anxious 걱정하는, 근심하는 devote 바치다, 기울이다 strict 엄격한 unsparing 인색하지 않은, 후한, 가차 없는 duty 의무

우리가 행복과 불행에 대해서 걱정을 하지 않고, 그러나 의무의 엄격하고 아끼지 않는 수행에 자신들을 바칠 때, 행복은 스스로 온다.

⇒ 행복할 수 있을까? 불행하게 되는 것은 아닌가? 하며 걱정을 하기보다는 어떤 일에 매진하다보면 자연히 행복해지기 마련이다.

42 **I asked him what was the matter but he did nothing but cry. He was evidently in fear of something.**

어휘_ matter 문제 nothing but 외에는 아무것도 cry 울다 evidently 분명히 fear 두려워하다

나는 그에게 무슨 문제인지를 물었다. 그러나 그는 우는 것 외에는 아무 것도 하지 않았다. 그는 분명히 어떤 두려움에 있는 것이다.

⇒ 무엇 때문에 그러느냐고 물었지만 그 사람은 계속 울기만 했다. 분명히 뭔가를 무서워하고 있는 것 같았다.

43 **My teacher said to me, "Don't underestimate Jack. He is anything but a fool."**

어휘_ underestimate 과소평가하다 anything but 다른 것 fool 바보

나의 선생님은 나에게 "잭을 과소평가하지 말아라. 그는 바보 이외의 어떤 것이다."라고 말했다.

⇒ 선생님께서는 "잭을 너무 무시하지 마. 잭은 절대 바보가 아니야"라고 말씀하셨다.

44 **Unless you train your body you can't be an athlete, and unless you train your mind you can't be much of a scholar.**

어휘_ unless 하지 않는 한 train 훈련하다 athlete 운동선수 scholar 학자

당신은 당신의 신체를 훈련하지 않는 한은 당신은 운동선수가 될 수가 없고, 그리고 당신은 당신의 마음을 훈련하지 않은 한은 당신은 학자만큼 될 수가 없다.

⇒ 체력 훈련을 하지 않으면 운동선수가 될 수 없고, 마음 수양을 하지 않으면 학자다운 학자는 될 수 없다.

45 **They look upon automobiles as nothing but a means of transportation, and therefore any car which can run at all is satisfactory.**

어휘_ look upon 쳐다보다 automobile 자동차 means 수단 transportation 교통, 수송 therefore 따라서, 그래서 run 달리다 satisfactory 만족스러운

그들은 수송의 수단 이외의 것으로서는 자동차를 보지 않는다. 그래서 오로지 달릴 수 있는 모든 자동차는 만족한다.

⇒ 그 사람들은 자동차를 단지 운송수단으로만 생각하기 때문에 운행할 수 있는 차라면 뭐든지 상관하지 않는다.

46 **In 1956, a single Antarctic iceberg was sighted that was 200 miles long and 60 miles wide-a single piece of free-floating ice with an area half as much again as that of the state of Massachusetts.**

어휘_ Antarctic 남극 iceberg 빙산 sighted 눈에 보이는 piece 조각 free-floating 자유로이 떠다니는 as much again as 그 만큼 더, 두 배만큼 state 주

1956년에, 길이가 200마일 그리고 폭이 60마일이었던 하나의 남극의 빙산이 발견되있다. 하나의 떠다니는 조각 얼음은 매사추세츠 주의 그것의 1. 5배가 되는 면적과 같았다.

⇒ 1956년에 길이가 200마일이나 되고 폭이 60마일이나 되는 떠다니는 남극의 빙산을 발견했는데, 그 면적은 매사추세츠 주보다 1. 5배나 큰 면적이었다.

47 **He ran blindly, in fear such as he had never felt in his life. Slowly, as he made his way awkwardly through the snow, he began to see things again.**

어휘_ blindly 맹목적으로 fear 두려움, 공포 such as 그러한 feel 느끼다 slowly 천천히 awkwardly 어색하게, 서투르게 through 통해서, 가로질러

그는 그의 인생에 있어서 결코 느껴보지도 못했던 그러한 것과 같은 두려움에 맹목적으로 달렸다. 천천히, 그가 서투르게 그 눈을 가로질러 그의 길을 만들어 가면서 그는 다시 사물들을 보기 시작했다.

⇒ 그 사람은 평생 한 번도 느껴보지 못했던 두려움에 정신없이 앞으로 달렸고 허겁지겁 눈을 헤치며 나아가다 보니 뭔가가 다시 보이기 시작했다.

48 **Sharing language is a necessary result and a necessary condition of people living together. But a language is also of vital importance for individuality as such.**

어휘_ share 공유하다, 나누다 necessary 필연적인, 필수적인 result 결과 condition 조건 vital 필수적인 individuality 개체, 개성

언어를 공유하는 것은 사람들이 함께 살아가는 것의 필연적인 결과이고 그리고 필연적인 조건이다. 그러나 한 언어는 또한 개인 그 자체를 위해서도 필수적으로 중요하다.

⇒ 사람들이 공동생활을 하기 위해서는 같은 언어를 사용하는 것이 필수적일 뿐만 아니라 필연적이다. 또한 언어는 개개인에게도 아주 중요한 도구라 할 수 있다.

49 The English possess a sense of humor which is specifically English, unintelligible to, and inimitable by, other people and-needless to add-superior to the humor of any other nation.

어휘_ possess 소유하다 sense of humor 유머감각 specifically 특별하게 unintelligible 이해할 수 없는, 난해한 inimitable 모방할 수 없는 needless 할 필요가 없는 superior 우수한, 우월한

영국인들은 특별하게 영국적인 유머감각을 소유하고 있는데, 다른 사람이 이해할 수도, 모방할 수도 없고 —덧붙일 필요 없이— 다른 모든 나라의 유머보다 우수하다.

⇒ 영국인들은 다른 나라 사람들이 이해하기도 힘들고 모방할 수도 없는 아주 특별한 유머감각을 가지고 있을 뿐만 아니라 다른 나라 유머에 비해서 아주 기발하다.

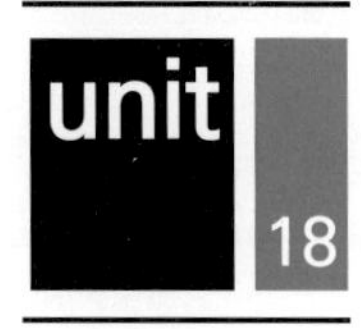

가장 큰 장벽은 한국어 문장력이다

번역이란 것이 '영어를 한국어로, 한국어를 영어로' 바꾸는 것이므로 어쩌면 한국어가 차지하는 비중을 50%라고 해도 과언이 아니다. 하지만 우리가 늘 사용하는 국어라 할지라도 문장화하는 것은 그리 쉬운 것이 아니다. 그저 내가 한국 사람이니 한국어는 별 문제가 없다고 생각한다면 큰 오산이다. 그렇게 마음먹은 대로 되는 법이 결코 없다.

한국어를 자연스럽게 문장화하는 가장 좋은 방법은 늘 우리가 사용하는 표현을 염두에 두고 다른 사람들이 이해하기 쉬운 표현을 선택하여 활용하는 것이다. 번역을 한 다음 그 표현이 우리가 늘 사용하는 표현이 아니면 고쳐라.

01 The youth gang robbed the bank not far from my house.

불량 청소년들이 우리 집 근처의 은행을 털었다.

해설_ not far from을 통상 '~로부터 (그리) 멀지 않은'으로 처리하는 경우가 많은데, 실은 '~의 근처'로 번역해야 영문이 말하고자 하는 의미를 더 정확하게 전할 수 있다. 물론 '집과 아주 가까운'이란 뜻과는 다소 의미가 다르다.

번역 개념이 부족한 사람들은 대다수 이 문장을 "어린 갱이 나의 집에서 멀지 않은 은행을 털었다."로 번역해 놓고 만다. 하지만 여기서 명사 youth gang을 '어린 갱'이라 했는데 과연 적절한 표현일까? gang은 '어른 갱'이고 youth gang은 '어린 갱'인가? 우리가 사용하는 표현 중에서 '어린 갱'이라는 표현은 있기나 한가? 거의 사용하지 않는 표현이므로 문제가 있는 번역이다. 우리는 일반적으로 불량기가 있는 남자 아이를 '불량소년'이라 하고, 남녀의 성을 구분하지 않는 말로는 그냥 '불량배'라고 한다.

나이든 사람들 중에 불량기가 있는 사람도 '불량배'가 아닌가? 사실, 나이든 불량배는 '강도, 깡패, 도둑놈'과 같이 나쁜 일을 직업적으로 하기 때문에 불량기가 있는 청소년들 즉 '불량배'가 우발적으로 하는 나쁜 행동들과는 구분을 해야 옳다.

02 The teacher's patience with the students wore thin.

번역 1 그 선생님의 인내심은 학생들로 인해서 점점 약해졌다.

번역 2 그 선생님은 학생들에게 더는 화를 내지 않을 수 없었다.
그 선생님은 학생들의 행동을 더는 용서할 수가 없었다.
그 선생님은 학생들 때문에 더 이상 참을 수가 없었다.

해설_ 위 문장의 주어는 patience지만 의미상의 주어는 teacher다.

[번역 1]은 '인내심'을 주어로 놓고 처리한 문장이고 [번역 2]는 모두 '선생님'을 주어로 놓고 처리한 문장임을 알 수 있다. 이 문장에서 중요한 것은 '선생님의 감정이 어떤 상태인가'다. 따라서 [번역 2] 중에서 하나를 선택하는 것이 바람직하다. 물론 [번역 1]과 같은 번역을 틀린 번역이라고 할 수는 없다. 중요한 것은 어떤 표현이 우리 가슴에 와 닿는 표현인가 하는 것이다.

[번역 2]처럼 번역하면, 영문의 형식을 너무 무시한 번역이 아니냐며 반론을 제기하는 사람들도 있을 것이다. 하지만 우리가 배워온 영어교육의 현실을 잘 모르고 하는 소리다. 우리는 일본 사람들이 임의적으로 만든 영문의 형식에 너무 얽매여 있다. 우리가 영어를 배우는 목적이 뭘까? 영문의 구조가 어떻게 생겼는지 확인하기 위해서 배울까?

생각을 조금 바꾸어서 한번 생각해 보자. 대학교 부설 외국어교육원이나 시내 유명 학원에 가면 한국어를 배우는 미국인들이 많다. 미국사람들이 과연 한국어문법과 한국어의 구조를 깊이 있게 이해하기 위해 한국어를 배울까? 한글학자가 되려고 공부하는 것일까? 미국인들에게 한국인인 우리도 잘 모르는 한국어 문법을 가르치는 것이 과연 올바른 한국어 교육일까? 만약 한국어 문법에 도통한 미국인이라면 사투리를 가리지 않고 한국어를 잘 듣고 유창하게 구사할 수 있을까?

과거 우리가 배운 영문법을 토대로 영문을 이해하려 해서는 안 된다. 어떤 언어를 배우든지 언어를 제대로 배우기 위해서는 사용하는 말부터 배우는 것이 좋다. 그리고 말을 어느 정도 알게 되면 독서를 하며 좀 더 격조 있는 표현을 배우는 것이 원칙이다.

영문 속의 내용은 모른 채 한국 사람끼리 영문법의 위배 여부만을 놓고 논쟁을 벌인다는 것은 시간낭비다. 미국사람들끼리 모여서 한국어 문장을 놓고 문법 위배 여부를 놓고 격론을 벌인다면 우리가 보기에 얼마나 한심할까? 사실 우리도 국어문법대로 말을 하지도, 글을 쓰지도 않는다. 그리고 우리 주변에는 영문법에 정통한 사람은 수없이 많은데도 불구하고 번역을 못하는 이유를 어떻게 설명할까?

번역 = 전환 = 변환 = 전이 ⇒ 창작이다

정말로 번역을 잘 하려면, 번역의 대가가 되려면, 명사를 많이 활용하는 영문을 서술어를 많이 활용하는 한국어로 전환(trans, transfer ⇒ translation)할 수 있어야 한다. 다음 문장을 통해 명사가 많이 포함된 영문을 한국어로는 어떻게 표현하는지 잘 살펴 두기 바란다.

Acquiring the ability to use a language automatically is a process of habit formation. Forming a habit requires practicing very much.

어휘_ acquire 습득하다, 얻다, 터득하다 automatically 자동적으로, 무의식적으로 process 과정, 경과 habit formation 습관형성 require 요구하다

해설_ 위 문장에서 '능력을 습득하는 것은, 습관형성의 과정, 연습을 요구'와 같은 표현이 대표적인 명사적 표현이다. 능력을 습득하는 것은 ⇒ 능력을 습득하려면, 습관형성의 과정이다 ⇒ 습관을 형성해 나가야 한다, 연습을 요구한다 ⇒ 연습을 해야 한다,로 바꾸어야 서술적인 문장이 된다.

직역 한 언어를 무의식적으로 사용할 수 있는 능력을 습득하는 것은 하나의 습관형성의 과정이다. 습관을 형성하는 것은 아주 많은 연습을 요구한다.

번역 한 언어를 자유자재로 구사하려면 습관을 들여야 하고, 습관을 들이려면 연습을 아주 열심히 해야만 한다.

[번역]처럼 하는 것이 아주 간단하게 보일지 모르지만, 우리가 워낙 [직역]과 같은 문장에 익숙해져 있기 때문에 한국어에 관심을 가지지 않으면 쉽게 해결할 수 없다. 물론 [직역]같은 문장도 의미만 전달할 수 있으면 괜찮다. 하지만 독자 관점에서 본다면 [번역]쪽이 좋은 문장이다.

기존의 번역서를 통해 본 표현의 중요성

기존의 국내 번역서가 어떠한 문제를 안고 있으며 어떻게 개선해 나가야 하느냐 하는 관점에서 영한 대역본의 번역사례를 분석해 보자. 다음 내용은 ○○출판사의 영한대역본으로, 시시비비를 가리고자 함이 아니라 우리가 평소 사용하는 표현에 어떠한 문제가 있는지 알아보고자 인용했다. 영문과 출판사의 번역문을 싣고, 아래에 [해설]을 달았다.

01

There was once upon a time a queen - such a good, kind queen she was - who longed to have a child of her own. Many years were to pass, however, before her dearest wish was granted, and she became the mother of a lovely baby girl. The king was as joyful as the queen when the baby was born, and it was his greatest pleasure to spend time amusing his little daughter.

해설_ ① 위 문장에는 단지 두 사람만 등장하는데, 그 두 사람을 대신하는 인칭대명사가 무려 여섯 번이나 나온다. 가능하면 인칭대명사는 번역하지 않는 것이 좋다.

② queen은 왕비이고, 그 queen을 she나 her로 대신 표현한다고 해서, she를 '그녀'로 her를 '그녀의'로 처리하는 것은 잘못이다. 왕비를 '그녀'라고 할 수는 없는 노릇이다. 여러분이 '어머니'를 '그녀'라고 말할 수 없는 것과 같은 이치다. 어머니는 어머니일 뿐이지, '그녀'일 수는 없는 것이 우리말의 특징이다. king을 대신하는 his 또한 '그의'로 처리해서는 안 된다.

③ who longed to have a child에서 long to~는 '~를 간절히 바란다'는 뜻이고, 여기서는 have a child를 통상 '아기를 갖다'로 처리하는 경우가 많은데, 본래 우리말에 아기와 관련된 서술어로는 '임신하다 / 낳다 / 기르다 / 키우다' 등이 있다. 따라서 have를 '가지다'로 표현하기보다는 '낳아 키우다'로 보는 것이 좋다. "왕비는 꼭 아기를 낳아 키우고 싶었다."처럼.

④ it was his greatest pleasure to spend time amusing his little daughter.를 "자신의 어린 딸을 즐겁게 해주는 데 시간을 보내는 것이 그에게는 가장 큰 기쁨이었다."로 처리했는데 상황을 한번 생각해 보면, 아이는 갓 태어난 그야말로 갓난아이다. 사물도 제대로 볼

수도 없고 목도 제대로 가눌 수가 없는. 그런데 그런 아이를 기쁘게 해준다는 것이 논리상 적합할까? 물론 영어가 그렇게 되어 있는데 웬 트집이냐 할 수도 있다. 하지만 그것은 어디까지나 영어 껍데기가 그렇게 되어 있을 뿐이다. 왕에게는 갓난아이를 지켜보며 시간을 보내는 것이 가장 즐거웠다고 보는 것이 바람직하다. 즉, "~기뻐했고, 어린 딸을 지켜보며 시간을 보낼 때가 가장 행복했다." 정도로 표현하는 것이 좋다.

번역 옛날 옛적에 한 왕비가 살고 있었다. 아주 착하고 상냥한 왕비였던 그녀는 자기 아기를 갖기를 간절히 바랐다. 그러나 그녀의 간절한 소원이 이루어지는 데는 오랜 세월이 지나야 할 운명이었고 결국 그녀는 귀여운 여자아이의 어머니가 되었다. 아기가 태어나자 왕도 왕비만큼이나 기뻐했고, 자신의 어린 딸을 즐겁게 해주는 데 시간을 보내는 것이 그에게는 가장 큰 기쁨이었다.

02

After some weeks the proud parents decided to give a splendid christening party for their baby.
"I shall send out the invitations at once," said the queen. "We must invite all our friends and all the most important officials."
"Do not forget the seven good fairies," said the king.
"They will have rare gifts to bestow upon our child and must not be forgotten."
"The fairies will not only receive invitations but I shall have presents specially made for them," the queen promised. "I think they would like golden caskets~. and inside the casket a fork, knife and spoon studded with precious stones!"

해설_ ① 여전히 소유격을 번역하고 있다.

② the proud parents decided를 한번 생각해 보자. 여기서 proud는 형용사로 parents를 수식하고 있지만, '자랑에 찬 부모'로 처리하기보다는 '부모는 자랑하고 싶어 하다'로 처리하는 것이 좋다. 명사적인 표현을 동사적인 표현으로 바꾼 것인데, 이런 것을 품사 전환적 번역법이라 한다. '아이를 자랑하고 싶어서 멋진 파티를 열기로 했다.' 정도로 하면 충분하다. 그리고 decided를 '결심했다'로 처리했는데 '결심하다'는 말과 이 상황은 왠지 잘

어울리지가 않는다. '결심하다'의 예를 한번 보면 "나는 매일 아침 5시에 일어나 조깅을 하기로 결심했다."처럼 '결심하다'는 말에는 뭔가 대단한 결의 같은 것을 엿볼 수 있어야 한다. 따라서 여기서 decided는 '파티를 열어야겠다고 생각했다.' 정도가 좋을 듯.

③ said the queen / said the king을 영문의 위치대로 그대로 처리한 것도 좋은 방법이 아니다. 직접화법 문장이 있을 경우에는 앞뒤의 직접화법 문장을 하나로 묶고 맨 마지막에 '~하고 말했다.'로 처리하는 것이 좋다. 예를 들어, "곧 바로 초대장을 보내야겠어요. 가까운 사람들과 중요한 일을 하는 신하들을 모두 초청할 거예요."하고 왕비가 말했다"처럼.

④ The fairies will not only receive invitations but I shall have presents specially made for them 이 부분을 "그 요정들은 초대를 받을 뿐만이 아니라 그들을 위해 특별히 마련한 선물도 받게 될 거예요."로 처리했는데 읽기가 참 껄끄럽다. 너무 수동적인 표현을 썼기 때문이다. 이 문장의 화자는 the queen이고 의지도 the queen의 의사(the queen promised)이므로 능동으로 처리하는 것이 좋다. 번역을 할 때 수동태는 능동으로 처리하는 것이 일반적인데 오히려 거꾸로 하고 있다. "요정들을 초대하는 것은 물론이고 특별히 만든 선물도 줄 거예요."로 처리하는 것이 적절.

⑤ ~with precious stones!에서 stones!를 '보석함이요!'로 처리해서는 강조 정도를 나타내기 어렵다. 이런 경우는 "보석함을 주면 정말로 기뻐할 거예요."로 처리하는 것이 오히려 자연스럽다. 부사 '정말'이 느낌표(!)의 역할을 대신한다.

번역 몇 주일이 지난 후 자랑에 찬 부모는 그들의 아기를 위해 화려한 세례식 파티를 열어 주기로 결심했다.

"저는 즉시 초대장을 보내겠어요." 왕비가 말했다. "우리는 모든 친구들과 가장 중요한 신하들을 모두 초대해야 할 거예요."

"착한 요정들 일곱 명도 잊지 말구려," 왕이 말했다.

"그들은 우리 아이에게 줄 진기한 선물들을 가지고 올 거요. 그러니 잊어 버려서는 안돼요."

"그 요정들은 초대를 받을 뿐만이 아니라 그들을 위해 특별히 마련한 선물도 받게 될 거예요." 왕비가 약속하듯 말했다. "그들은 금빛 보석함을 마음에 들어 할 거예요. 온통 보석들로 장식된 포크와 나이프, 그리고 숟가락이 안에 든 보석함이요!"

기존의 영어 독해교재의 해석은 좋은 표현이 아니다

영어 독해 공부를 웬만큼 해 본 사람이라면 우리가 늘 보고 있는 영어 독해서의 해석문이나 번역문이 얼마나 어색한지는 잘 알고 있으리라 본다. 따라서 이런 표현에서 빨리 벗어나는 것이 영어독해와 번역을 잘 하는 지름길이다. 잘 비교해 보기 바란다.

01 The opening of the baseball season is near at hand.

어휘_ at hand 손앞 가까이 = within reach, near by

야구 시즌의 개막이 손앞 가까이다.

⇒ 야구 시즌이 바로 눈앞에 다가왔다.

02 A ship at sea has only one true course.

어휘_ at sea 항해 중 = in a ship

항해 중인 배는 단 하나의 진실한 진로를 가지고 있을 뿐이다.

⇒ 항해 중인 배는 항상 정해진 항로를 따라 항해할 뿐이다.

03 Although he explained it to her, she was still at sea.

어휘_ at sea 어리둥절해하는 = bewildered

그가 그것을 그녀에게 설명했음에도 불구하고, 그녀는 여전히 항해 중이었다.

⇒ 그 사람이 그 여자에게 그것을 설명해주었지만 그 여자는 여전히 알아듣지를 못했다.

04 His honor is at stake.

어휘_ at stake 위험한 상태 = in danger

그의 명예는 위험한 상태다.

⇒ 그 사람의 명예가 걸려 있다.

05 They are now at table.

어휘_ at table 식사 중 = having a meal

그들은 지금 테이블에 있다.

⇒ 그 사람들은 지금 식사 중이다.

06 A Newton cannot become a Shakespeare at will.

어휘_ at will 마음대로, 뜻대로 = at one's pleasure

뉴턴은 마음대로 셰익스피어가 될 수 없다.

⇒ 뉴턴이 아무리 과학자라해도 셰익스피어와 같은 위대한 작가는 될 수 없다.

07 By degrees I had trained my servant into habits of silence.

어휘_ by degrees 서서히, 점점, 점차 = gradually

정도에 의해서 나는 나의 하인이 침묵의 습관들로 훈련을 시켰다.

⇒ 나는 하인이 침묵하는 습관을 가질 수 있도록 꾸준히 가르쳤다.

08 He is by nature a kind, generous fellow.

어휘_ by nature 본래, 태어나면서부터, 태생적으로 = naturally, because of the essential qualities

그는 본성에 의해서 친절하고, 너그러운 친구다.

⇒ 그 친구는 본래 자상하고 너그럽다.

09 He says he is leaving the country for good.

어휘_ for good 영원히 = forever, permanently, finally

그는 그가 영원히 그 나라를 떠난다고 말한다.

⇒ 그 사람은 그 나라를 영원히 떠날 거라고 한다.

10 **We have the situation well in hand, and no further outbreaks are expected.**

어휘_ in hand 수중에(= in possession) in control 지배하다

우리는 그 상황을 잘 수중에 가지고 있다. 그리고 더 이상 소요는 기대되지 않는다.

⇒ 우리가 그 상황을 잘 처리하고 있기 때문에 더 이상의 문제는 없을 것이다.

11 **It is only natural to help people in need.**

어휘_ in need 궁지에 빠진, 곤란한 처지에 있는 = in trouble

필요로 하는 사람을 돕는 것은 단지 당연하다.

⇒ 어려운 사람을 돕는 것은 지극히 당연한 일이다.

12 **It is a good rule to blame in private, and praise in public.**

어휘_ in private 은밀히, 몰래 = secretly, privately, in public 공개적으로 = openly

개인적으로 나무라고, 그리고 공개적으로 칭찬하는 것은 좋은 원칙이다.

⇒ 나무라는 것은 혼자 있을 때하고 칭찬하는 것은 여러 사람 앞에서 하는 것이 좋다.

13 **I little thought of the calamity which was in store for us.**

어휘_ in store 닥치려하다

나는 우리를 위해 저장된 재난을 거의 생각하지 못했다.

⇒ 나는 우리에게 재난이 닥쳐올 것이라는 것은 전혀 생각하지 못했다.

14 **When he comes of age, he will inherit a great deal of money.**

어휘_ of age 성년인(= 21 years old or over)

그가 나이가 될 때, 그는 대단히 많은 돈을 물려받을 것이다.

⇒ 그 아이가 성년이 되면 엄청난 재산을 물려받을 것이다.

15 **The clothing that woman is wearing is out of date.**

어휘_ out of date 유행에 처진 = old-fashioned

저 여자가 입고 있는 옷은 시대에 뒤처진 옷이다.

⇒ 저 여자가 입고 있는 옷은 구식이다.

16 **This watch must be out of order.**

어휘_ out of order 고장이 나다

이 시계는 분명 고장이 나게 되었다.

⇒ 이 시계는 분명 고장이 났다.

17 **His loyalty to the country is out of question.**

어휘_ out of question 의심의 여지가 없는, 분명한, 확실한

그 나라에 대한 그의 충성심은 의심 밖이다.

⇒ 나라에 대한 그 사람의 충성심은 확실하다.

18 **The construction is now under way.**

어휘_ under way 진행 중이다 = making progress, moving

그 건설은 지금 길 아래 있다.

⇒ 그 건설은 현재 진행 중이다.

19 **I will do anything with pleasure for him.**

어휘_ with pleasure 기꺼이 = willingly

나는 그를 위해 즐거움으로 어떤 것을 할 것이다.

⇒ 나는 그 사람을 위해서 무엇이든지 기꺼이 하겠다.

20 **I will call on you tomorrow without fail.**

어휘_ without fail 반드시, 틀림없이 = certainly, surely

나는 내일 실패 없이 당신을 방문할 것이다.

⇒ 꼭 내일 내가 널 만나러 갈 것이다.

21 He came here and apologized in person.

어휘_ in person 직접, 몸소 = personally

그는 여기에 왔고 그리고 개인적으로 사과했다.

⇒ 그 사람은 직접 여기에 와서 사과했다.

22 He succeeded by dint of hard work.

어휘_ by dint of ~덕택으로, 도움으로 = by means of, thanks to

그는 힘든 일 덕택으로 성공했다.

⇒ 그 사람은 근면한 덕에 성공할 수 있었다.

23 By means of telescope we study the moon.

어휘_ by means of 수단으로 삼아 = through, by using (something)

망원경을 수단으로 삼아 우리는 달을 연구한다.

⇒ 우리가 달을 연구할 수 있는 것은 망원경 덕택이다.

24 By virtue of frugality he has made a fortune.

어휘_ by virtue of ~을 수단으로 삼아, 덕택에

검약 덕택에 그는 재산을 만들었다.

⇒ 그 사람은 검소했기에 재산을 모을 수 있었다.

25 He went to America by way of Korea.

어휘_ by way of ~를 경유하다 = through, via

그는 한국의 길로 하여 미국으로 갔다.

⇒ 그 사람은 한국을 경유하여 미국에 갔다.

26 He studies for hours every evening in addition to the work he does during the day.

어휘_ in addition to ~이외에도 = besides, as well as

그는 낮 동안에 그가 하는 일에 추가하여 매일 저녁에 몇 시간 동안 공부를 한다.

⇒ 그 사람은 낮에 일을 하고도 밤에는 몇 시간씩 공부를 한다.

27 I am in favor of the proposition.

어휘_ in favor of ~을 찬성하다 = in support of

나는 그 제안을 좋아하는 상태다.

⇒ 나는 그 제안에 찬성한다.

28 We have no conclusive proof in favor of the accused.

어휘_ in favor of ~의 이익이 되다, 위하다 = on behalf of

우리는 피고에게 유리한 확실한 증거를 가지고 있지 않다.

⇒ 우리는 피고에게 유리한 확실한 증거가 없다.

29 The temple was erected in honor of the soldiers who had died for the country.

어휘_ in honor of ~에 경의를 표하다

그 사원은 그 나라를 위해 죽었던 군인들의 명예에 있어서 건립되었다.

⇒ 그 사원은 나라를 위해 목숨을 바친 병사들을 기리기 위해 건립되었다.

30 A monument was erected in memory of the event.

어휘_ in memory of ~을 기념하다

그 사건의 기념에 있어 기념비가 건립되었다.

⇒ 그 일을 기념하기 위해 기념비가 건립되었다.

31 I wish to make you a present in token of my gratitude.

어휘_ in token of ~을 표시하다 = as a sign of

나는 나의 감사의 표시에 있어서 당신에게 선물을 만들기를 원한다.

⇒ 감사의 표시로 선물을 드리고 싶습니다.

32 In view of the urgency of the case, I think this step necessary.

어휘_ in view of ~을 감안하다, 비추어 보다 = in light of

사정의 긴급성의 관점에 있어서, 나는 이 조치가 필요하다고 생각한다.

⇒ 사정이 급하니 이 조치를 하는 것이 좋겠다.

33 I am entitled to act on behalf of my sick father.

어휘_ on behalf of ~을 대신하다 = as a representative of

나는 나의 아픈 아버지의 원조 측면에서 행동할 자격이 있다.

⇒ 아버지가 편찮으시므로 내가 아버지를 대신해서 행사할 자격이 있다.

34 We admire those who have worked on behalf of the public welfare.

어휘_ on behalf of ~을 위하다

우리는 공공복지의 지원으로서 일을 해온 사람들을 칭송한다.

⇒ 우리는 공공복지를 위해 일해 온 사람들을 칭찬한다.

35 I have something to say with respect to the matter.

어휘_ with respect to ~에 관해서 = concerning, as to

나는 그 문제에 관련하여 어떤 말할 것이 있다.

⇒ 나는 그 문제에 관해서 할 말이 있다.

36 He saved the boy at the risk of his own life.

어휘_ at the risk of ~의 위험을 무릅쓰고

그는 그 자신의 생명의 위험에도 그 소년을 구했다.

⇒ 그 사람은 생명의 위험을 무릅쓰고 그 소년을 구했다.

37 The boat was drifting at the mercy of waves.

어휘_ at the mercy of ~의 마음대로, ~에 좌우되어 = completely in the power of

그 배는 파도에 좌우되어 표류하고 있었다.

⇒ 그 배는 파도에 흔들리며 표류하고 있었다.

38 In the course of his speech he found himself saying many things he had not intended to say.

어휘_ in the course of ~하는 동안에, ~하는 중에 = during

그의 연설 중에 그는 그가 말하기를 의도하지 않았던 많은 것을 말하고 있는 자신을 발견했다.

⇒ 그 사람은 연설을 하는 중에 생각지 않았던 내용을 말하고 있다는 것을 알았다.

39 He remained calm even in the face of such obvious danger.

어휘_ in the face of ~에 직면하면서도 = in the presence of, in spite of

그는 그러한 명백한 위험의 직면에 있어서도 냉정을 유지했다.

⇒ 그 사람은 아주 큰 위험에 직면했지만 침착하게 대처했다.

40 In the light of these facts, no one can say that his judgement is wrong.

어휘_ in the light of ~에 비추어 보아 = considering

이러한 사실들에 비추어 보아 그의 판단이 잘못이라는 것을 말할 수 있는 사람은 아무도 없다.

⇒ 이러한 사실을 감안하면, 어느 누구도 그 사람의 판단이 잘못이라고 말할 수는 없다.

때로는 원문과 다르게 번역해야 하는 경우도 있다

영어를 하는 사람이라면 누구나 번역을 할 수는 있지만 모든 사람이 잘 할 수 있는 것은 아니다. 아마 학창시절 글짓기 대회에 나가서 상을 타는 친구들을 보면서 그 친구는 자신과는 다른 그 어떤 특별한 능력이 있다는 것을 인정했던 기억이 있을 것이다. 그럼에도 불구하고 영어를 좀 하는 대다수의 사람들은 자신도 번역을 할 수 있다고 착각하고 있는 것이 일반적인 사회현상이다.

한번은 번역거래처에서 소위 영어전문가라고 자처하는 사람이 화를 내며 전화를 했다. 이유인즉, 영어원문과 번역문의 말 순서가 다르다는 것이었다. 즉 오역이므로 다시 번역을 해 주든지 아니면 번역료를 주지 못하겠다는 것이었다. 참 어처구니없는 일이었다. 문장이 무슨 말을 하고 있는지를 보지 않고 문장을 단순히 단어가 나열된 순서대로만 보는 사람이었다.

다음 영문을 한국어로 옮겨보자.

< The Stunt man >

"What do you want to be when you grow up?" is a question we were all asked as children. Think of how our mothers would have reacted if we had said, "A stunt man!" When it comes time to perform the most dangerous feats in a movie, it is the stunt man who stand in for the actors.

〈스턴트맨〉
"너는 네가 성장했을 때 어떤 일을 하는 사람이 되고 싶니?"는 어린이로서 우리가 흔히 받았던 질문이다. 만약 우리가 "스턴트맨!"하고 말했더라면 우리의 엄마들이 어떤 반응을 할지 생각해보라. 영화에서 가장 위험한 장면을 수행해야 할 때가 배우를 대신하여 스턴트맨이 서 있어야 할 때다.

해설_ 위의 번역은 제대로 하긴 했지만, 상황설정을 전혀 고려하지 않은 번역으로 어색하기 짝이 없다. 상황 설정을 해가면서 번역을 해야 한다. 누군가가 "너는 커서 뭐가 되고 싶니?"라는 질문에 "스턴트맨"이라고 대답을 하면 옆에 있던 어머니가 깜짝 놀란다는 상황설정도 가능하지만 그런 추리소설 같은 상황보다는 어머니가 아들을 무릎에 앉혀 놓고 물어보는 상황이 훨씬 더 자연스러운 상황이다. 따라서 「어린 시절, 어머니가 "넌 커서 뭐가 되고 싶어?"하고 물었을 때~」하는 식으로 상상력을 발휘해서 바꾸어 볼 수 있다.

원문과 다소 다른 번역

"우리가 만약 '스턴트맨!'하고 말했다면 어머니가 어떻게 반응했을지 생각해 보라"처럼 처리하는 것은 대답하는 등장인물을 잘 고려하지 않은 번역이다. 스턴트맨이 되고 싶은 아이는 남자아이일 가능성이 높고 대답도 씩씩하게 하였을 것이다. 그리고 의외의 대답에 놀란 어머니를 동시에 상상해 볼 수 있다. 어떻게 반응한다는 말도 막연하기만 하다. 귀여운 아들이 위험한 직업을 택한다는 말에 어머니는 당연히 놀라는 표정을 지었을 것이다. 그러므로 "스턴트맨!"하고 '씩씩하게' 대답했다면 어머니가 얼마나 '놀라셨을지' 상상해보자~ 로 번역하는 편이 훨씬 생동감 있다.

CHAPTER 2

문장형태별 번역테크닉

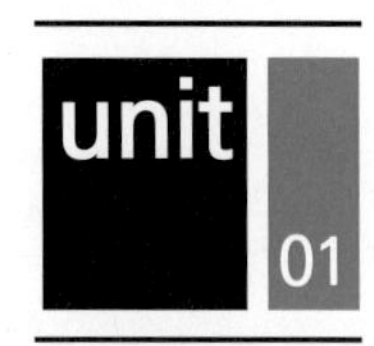

영어번역 체크 포인트 30

체크포인트 01 주어가 항상 문두에 나오는 것은 아니다

이야기체 또는 기술적인 문장에서는 일반적으로 부사적 표현이 문두에 나온다. 이러한 표현 다음에 come, lie, stand, walk와 같은 자동사가 오면 일반적으로 주어와 동사가 도치된 문장이므로 실제 주어를 잘 파악해야 한다. 그리고 한국어 문장은 사람을 주어자리에 놓고 표현하는 것이 가장 무난하다는 것을 알아둬야 한다.

On a hill in front of them stood a great castle.

> 그들 앞에 있는 언덕에 한 큰 성이 서 있었다. [직역]
> 어떤 큰 성이 그들 앞에 있는 언덕에 서 있었다. [성을 주어로]
> 그 사람들은 앞 언덕에 있는 어떤 큰 성을 보았다. [사람을 주어로]

체크포인트 02 무생물 주어 구문은 부사적으로 표현하는 것이 좋다

무생물이 주어로 나오는 문장을 직역하면 한국어 표현이 어색하므로 보충 설명을 하듯 처리하는 것이 좋다. 예를 들어, 〈무생물 주어 + 사역동사(make 등) + 목적어〉를 직역하면 '주어가 목적어에게 무엇을 시키다'가 되는데, 이런 것을 '주어 덕분에(때문에) 목적어가 무엇을 하게 되다'로 번역하는 것이 좋다.

The terrible sight made people shudder.

> 그 무서운 광경은 사람들을 벌벌 떨게 만들었다. [직역]
> 그 끔찍한 장면 때문에 사람들은 벌벌 떨었다. [부사적으로]
> 사람들은 그 끔찍한 광경을 보고 벌벌 떨었다. [사람을 주어로]

체크포인트 03 추상적인 뜻을 나타내는 명사는 동사처럼 번역하는 것이 좋다

추상적이란, 그 뜻이 불분명함을 말하므로 추상명사로 이루어진 구의 추상명사는 동사적으로 번역하는 것이 좋다. 예를 들어, 〈추상명사 + of A〉와 같은 구는 문맥에 따라 'A를 어떻게 하는 것(이 경우의 of는 목적관계를 나타냄)'으로 처리하거나 'A가 무엇을 하다(이 경우의 of는 주격관계를 나타냄)'으로 처리하는 것이 좋다.

The boy's invention of the machine surprised us.

그 소년의 그 기계의 발명은 우리를 놀라게 했다. [직역]
그 소년 그 기계를 발명하여 우리를 놀라게 했다. [소년을 주어로]
우리는 그 소년이 그 기계를 발명한 것을 보고 놀랐다. [us를 주어로]

체크포인트 04 진행형이라고 해서 무조건 진행의 의미를 나타내는 것은 아니다

영문의 형식이 진행형으로 되어 있다고 해서 무조건 '무엇을 하고 있다로 번역해서는 안 된다. 미래사실을 나타내는 경우가 허다하기 때문이다.

He is leaving for Los Angeles next Sunday.

그는 다음 일요일에 로스앤젤레스를 향하여 떠나고 있다. [직역]
그 사람은 다음 일요일에 로스앤젤레스로 떠날 것이다. [가까운 미래]

체크포인트 05 수동태는 능동태로 번역하는 것이 좋지만 더 자연스런 쪽으로 번역하라

수동태든 능동태든 같은 내용을 달리 표현한 것이므로 더 자연스런 쪽으로 번역하는 것이 좋다. 단지 수동태는 화자(話者) 또는 의미상의 주어에 감정이 포함되어 있음을 유의해야 한다.

I was surprised at the news.

나는 그 뉴스에 놀라게 되었다. [직역]
나는 그 뉴스를 듣고 깜짝 놀랐다. [감정표현, 능동]

체크포인트 06 '~하게 되다'로 번역해야 하는 learn to구문

learn to를 '~하는 것을 배우다'로 처리하는 것이 일반적이지만, '~하게 되다'로 처리해야 하는 경우가 있으므로 유의해야 한다. 이때의 learn to는 get to, come to와 같은 의미다.

I learned to realize that I was wrong.

> 나는 내가 틀렸다는 것을 깨닫는 것을 배웠다. [직역]
> 나는 내가 틀렸다는 것을 알게 되었다. [본래 의미]
> 내 잘못이라는 것을 깨달았다. [I 관점에서]

체크포인트 07 〈go + C (보어)〉구문의 go는 '가다'가 아니다

동사 go가 주격보어를 취하여 '(언제나) ~이다, ~하는 것이 보통이다, ~이 되다'는 의미를 나타낸다.

A lot of people in Africa go hungry.

> 아프리카에 있는 많은 사람들이 굶주려가고 있다. [직역]
> 아프리카에서는 많은 사람들이 굶주리고 있다. [본래 의미]

체크포인트 08 〈have + O + 과거분사〉구문의 의미

〈have + 목적어(주로 사물) + 과거분사〉 구문은 주어에게 유리한 상황일 경우에는 '목적어를 ~하게 하다(해 달라고 하다)'로 처리하고, 주어에게 불리한 상황일 경우에는 '목적어를 ~당하다'로 처리하는 것이 좋다.

I had my photograph taken by my father.

> 나는 나의 아버지에 의해 취해진 나의 사진을 가졌다. [직역]
> 나는 아버지에게 사진을 찍어 달라고 했다. [유리한 상황]

체크포인트 09 〈need, require, want + 동명사〉구문의 의미

need, require, want 등과 같은 '필요'를 나타내는 동사의 목적어로 동명사가 나오는 구문은 형식은 능동태지만 수동적인 의미를 나타낸다. 여기서 중요한 것은 수동적인 문장이 강조구문이라는 사실이다.

This radio needs (wants) repairing (to be repaired).

> 이 라디오는 수리를 필요로 한다.(이 라디오는 수리되는 것을 원한다.) [직역]
> 이 라디오는 완전히 고장이 났다. [라디오 중심]
> 이 라디오는 고쳐야 쓸 수 있다. [사람 중심]

체크포인트 10 oneself가 타동사의 목적어로 나오는 구문의 의미

oneself가 타동사의 목적어인 경우 직역하면 어색한 경우가 많으므로, 이런 경우는 바로 앞의 타동사 또는 그 뒤의 전치사를 참고하여 '스스로 ~을 하다'로 번역하는 것이 좋다.

The sheer fact of finding myself loved was unbelievable.

> 내 자신이 사랑받고 있다는 것을 발견하는 순전한 사실은 믿을 수가 없었다. [직역]
> 내가 사랑받고 있는 것은 틀림없지만 그 사실은 믿기 어려운 것이었다. [myself를 중심으로]
> 사람들이 나를 사랑하는 것은 틀림없지만 나는 그것을 믿을 수가 없었다. [I를 주어로]

체크포인트 11 There is no ~ like는 최상급을 나타낸다

〈There + be + 명사〉구문은 '~이 있다'로 번역하면 되고, There in no ~ like구문은 통상 '~같은 ~은 없다'로 번역하면 된다. 물론 최상급 강조구문으로 처리하는 것이 좋다.

There is no place like home.

> 집과 같은 장소는 없다. [직역]
> 집만큼 좋은 곳은 없다. 이 세상에서 집이 제일 좋다. [최상급]

체크포인트 12 when을 항상 '~때'로 번역해서는 안 된다

when이 '때'를 나타내기는 하지만, 경우에 따라서는 '~할 때'로 번역하면 어색하므로, '~하면, ~하는데, ~함에도 불구하고' 등으로 처리하는 것이 좋다.

When you finish the letter, be sure, there are no mistakes.

> 당신이 편지를 마칠 때는, 거기에 실수가 없는지 확인해라. [직역]
> 편지를 다 쓰고 나면 제대로 썼는지 잘 확인해라. [문맥적으로]

체크포인트 13 with를 항상 '~와 함께'로 번역해서는 안 된다

전치사 with가 ⟨with + 명사 / 대명사 + 형용사 / 분사, 부사, 전치사구⟩ 형태일 경우는 '부대상황(동시상황)'을 나타낸다. 앞뒤 문맥을 살펴서 동시 동작을 나타내는지 유의해야 한다.

He stood there with a cigarette in his mouth.

> 그는 그의 입속에 담배와 함께 거기 서 있었다. [직역]
> 그 사람은 담배를 물고 거기에 서 있었다. [동시동작]

체크포인트 14 what, where 절을 대신하는 형식목적어 it의 의미

부정사구, 동명사구, that, if, whether, who, what, when, how 등을 대신해서 it을 타동사의 목적어로 절 앞에 내세우는 경우가 많은데, 이 경우의 it는 형식목적어로 번역할 필요는 없지만, 뒤에 나오는 절을 대신하고 있음을 알아 두어야 한다.

I think it doubtful whether he is free now.

> 나는 그가 지금 자유로운지 그렇지 않은지 그것을 의심스럽게 생각한다. [직역]
> (나는) 그 사람이 지금 한가한지 어떤지 모르겠다. [문맥적으로]

체크포인트 15 집합명사 people의 또 다른 뜻

집합명사 people에 관사가 붙거나 복수형인 경우는 '국민, 민족'이란 뜻으로 쓰이므로 번역할 때 유의해야 한다. people이 '사람'을 나타낼 경우는 관사를 붙이지 않으며 항상 단수로 쓴다. 하지만 의미가 복수라 복수동사가 따라오므로 헷갈려서는 안 된다.

The ancient Egyptians were a fascinating people.

> 고대 이집트인들은 매력적인 사람들이었다. [직역]
> 고대 이집트인들은 신비한 능력을 가진 민족이었다. [문맥적]

The French-speaking peoples of the world.

> 세계에서 프랑스어를 사용하는 국민들 [문맥적]

체크포인트 16 강조표현을 잘 처리하라

영어권의 문화를 잘 모르는 사람들이 영어문장만을 보고 강조의 정도를 이해하기는 어려우므로 문맥을 살펴 강조표현들을 잘 처리해야 한다. 의문문이나 부정문에 at all, whatever 등이 쓰일 경우 강조구문에 해당한다.

Do you know the fact at all?

> 당신은 어쨌든 그 사실을 아느냐? [직역]
> 도대체 너는 그 사실을 아니 모르니? [문맥적]

체크포인트 17 〈S + V + C〉 문형에 쓰이는 동사의 의미

이 문형에 쓰이는 동사로는 be동사가 대표적이지만 만약 다른 동사가 올 경우에는 번역할 때 유의해야 한다.

1. feel, smell, taste, sound : S가 C라는 느낌이 들다
2. become, fall, get, go, grow, turn : S가 C가 되다
3. seem, appear, look : S가 C처럼 보이다
4. keep, remain, continue : S가 C인 채 있다
5. prove, turn on : S가 C임을 알다
6. chance, happen : S가 우연히 C하다

체크포인트 18 직접목적어로 절(clause)이 나오는 경우

〈S + V + IO + DO(4형식)〉 형식의 문장에서 직접목적어로 명사절(that, how, why, where, when, what, who, which, if, whether 절)이 오는 경우는 '절 이하

를 어떻게 하다'로 처리하면 된다.

I asked him if he was telling the truth.

나는 만약 그가 진실을 말하고 있는지를 그에게 물었다. [직역]
나는 그 사람에게 사실대로 말하는 것이냐고 물었다. [문맥적]

체크포인트 19 〈S + V + O + OC(to부정사)〉 구문의 번역

흔히 4형식문장이라고 하는 이런 유형의 구문은 목적어(O)와 목적보어(OC) 사이에 〈주어 + 술어〉 관계가 성립하므로 이 부분을 절(주어 + 술어)로 번역하는 것이 자연스럽다.

I want you to be happy.

나는 행복하게 되는 너를 원한다. [직역]
나는 네가 행복하기를 바란다. [문맥적]

체크포인트 20 과거시제에 쓰인 must의 의미

must는 과거형, 미래형, 완료형 등이 없으므로 시제에 따라 had to, will have to, have had to 등으로 바꾸어 써야 한다. 그러나 must가 과거시제에 쓰여 '과거의 뜻하지 않은 일에 대한 비난을 나타내는 경우'가 있으므로, 이때 must는 '난처하게도, 일이 안 되려니까' 등으로 번역하는 것이 좋다.

Just when I was busiest, he must come and spend three hours.

막 내가 가장 바쁠 때, 그는 반드시 와서 세 시간을 보냈다. [직역]
곤란하게도 그 사람은 내가 제일 바쁠 때 와서는 세 시간 동안이나 있다가 갔다. [문맥적]

체크포인트 21 현재의 추측을 나타내는 will

조동사 will을 미래의 일만을 나타내는 것으로 알고 있는 경우가 많은데, 여러 가지 의미로 번역해야 하므로 유의해야 한다.

You will remain here with us.

당신은 우리들과 함께 여기에 남을 것이다. [직역]
저희와 함께 여기 있어 주실 거지요. [문맥적] 설득적인 명령

He will often come to see me on Sunday.

그는 종종 일요일에 나를 보기 위해 올 것이다. [직역]
그 사람은 일요일마다 나를 보러 온다. [문맥적] 습성, 관행

This will be your baggage, I suppose.

이것은 당신의 짐이 될 것이다. 내가 생각하기에는. [직역]
이 짐은 당신 짐인 것 같은데. [문맥적] 상상, 추측

체크포인트 22 〈주어 + 계속적 용법〉의 관계사 구문

주어에 계속적 용법의 관계사가 이어질 경우, 즉 〈주어 + 관계사절 + 동사〉 형식의 구문은 '주어는 ~인데 ~' 또는 '주어는 ~이므로 ~' 등으로 번역하는 것이 좋다.

Mother, who wouldn't swim, stayed on the beach.

수영을 할 수 없는 엄마는 해변에 머물렀다. [직역]
수영을 할 수 없었던 어머니는 모래사장에 앉아 계셨다. [문맥적]

체크포인트 23 If ~ were to구문

if가 이끄는 절에 be to의 가정법 과거형인 〈were to + 부정사〉구문을 쓸 수 있는데, 이 구문은 미래 가능성이 희박한 사실을 나타낸다.

If I were to be reborn, I would want to be a boy.

만약 내가 다시 태어난다면, 나는 소년이 되기를 원하고 싶다. [직역]
다시 태어난다면, 나는 남자로 태어나고 싶다. [문맥적]

체크포인트 24 동사는 문형에 따라 의미가 변하므로 유의

make, call, find, grow, keep, leave, turn 등 거의 모든 동사는 여러 형태의 문형에 쓰일 수 있으며, 그 문형에 따라 의미가 다르므로 번역할 때 특히 유의해야 한다. 다시 말해 동사의 의미는 문장 속에서 결정됨을 유의해야 한다.

She made toward her husband.

그녀는 그녀의 남편을 향해 만들었다. [직역]
그 여자는 남편 쪽으로 갔다. [문맥적]

She will make a good wife.

그녀는 한 좋은 아내를 만들 것이다. [직역]
그 여자는 좋은 아내가 될 것이다. [문맥적]

She made him her husband.

그녀는 그를 그녀의 남편으로 만들었다. [직역]
그 여자는 그 남자를 남편으로 맞았다. [문맥적]

체크포인트 25 〈부정어 + because〉구문

원인, 이유를 나타내는 부사절을 이끄는 because가 부정어와 함께 쓰일 경우 문맥에 따라 여러 가지 뜻이 있으므로 번역시 유의해야 한다.

He did not leave him because he was poor.

그는 가난하다고 해서 그의 곁을 떠나지는 않았다. [직역 1]
→ 그 사람은 가난했지만 그 사람을 안 떠났다. [문맥적 1]
그가 가난하다고 해서 그의 곁을 떠난 것은 아니었다. [직역 2]
→ 그 사람이 그 사람 곁을 떠난 것은 다른 이유가 있었다. [문맥적 2]
그가 가난했으므로 그의 곁을 떠나지 않았다. [직역 3]
→ 그 사람은 가난해서 그 사람의 도움이 필요해서 그 사람 곁을 떠나지 않았다. [문맥적 3]

체크포인트 26 부정어가 없는 부정 표현

no나 not이 없는데도 부정을 나타내는 표현들이 있으므로 번역 시 유의해야 한다.

He is the last man to succeed in the attempt.

그는 그 시도에 있어서 성공하기 위한 최후의 사람이다. [직역]
그 사람이 시도해도 성공할 것 같지는 않다. [문맥적]

The Congress is far from solving the major issues.

그 의회는 그 주요 문제들을 푸는 것으로부터 멀다. [직역]
국회는 주요 현안을 결코 해결하지 못할 것이다. [문맥적]

Instead of working hard, he played all day long.

열심히 일하는 대신, 그는 모든 날을 오래 놀았다. [직역]
열심히 일하기는커녕 그 사람은 하루 종일 놀았다. [문맥적]

He is anything but a saint to all appearance.

그는 모든 외모에 성인 외의 어떤 것이다. [직역]
그 사람은 아무리 봐도 성인 같지가 않다. [문맥적]

체크포인트 27 if의 의미

if를 무조건 '만약 ~하면'으로 번역하는 경우가 많은데, if는 문맥에 따라 '만약 ~하면, ~인지 어떤지, 설령 ~이라 해도'와 같은 뜻이 있으므로 문맥을 살펴 번역해야 한다.

You must do the work, if you do not like it.

당신은 그 일을 반드시 해야 한다. 만약 당신이 그것을 좋아 하지 않는다면. [직역]
설령 그 일이 싫더라도 너는 그 일을 반드시 해야 한다. [문맥적]

체크포인트 28 호응관계를 살펴라

문장에는 호응관계를 이룬 표현들이 있기 마련이므로, 무엇과 무엇이 호응관계를 이루고 있는지 잘 살펴야 한다.

Just as whales evolved from land dwelling creatures, so carburetors evolved from perfume sprays.

> 바로 고래들이 땅에 거주하는 피조물들로부터 진화한 것처럼, 카뷰레터들(기화기) 또한 향수 분무기들로부터 진화했다. [직역]
> 고래가 육상동물에서 바다동물이 된 것과 마찬가지로 카뷰레터(기화기) 또한 향수 분무기가 모태였다.(향수 분무기를 참고해서 만든 것이다.) [문맥적]

체크포인트 29 부정사 주어를 if로 번역해야 하는 경우

부정사가 주어로 나오면 통사 부정사의 명사적 용법이라 하여 '~하는 것'으로 처리하는 것이 일반적이지만, 술부에 가정법 시제가 나오는 경우는 부정사 주어를 if처럼 '만약~이라면'으로 번역하는 것이 좋다.

For us to back out of the agreement would create much resentment.

> 우리들에게 있어서 그 합의를 어기는 것은 많은 원망을 창조할 수도 있다. [직역]
> 만약 우리가 그 합의를 어기면 엄청난 원망을 사게 될 것이다. [문맥적]

체크포인트 30 It is ~ that구문은 강조구문이다

It is(was) that구문은 가주어를 내세운 형식주어구문이기 전에 it과 that 사이에 있는 단어를 강조하기 위해 도치시킨 구문이므로 강조구문으로 처리하는 것이 좋다.

It is you that are wrong.

> 잘못된 것은 당신이다. [직역]
> 바로 네 잘못이야. [문맥적] 부사 '바로'로 강조

It is true that he has failed.

> 그가 실패한 것은 사실이다. [직역]
> 그 사람은 분명 실패했다. [문맥적] 부사 '분명히'로 강조

인칭대명사 번역테크닉

인칭대명사를 모르는 사람은 없겠지만 과연 인칭대명사를 어떻게 번역해야 좋은지 분명하게 알고 있는 사람은 드문 것이 사실이다. 누구나 알고 있는 기본적인 영어지만 한국어와 어떻게 다른지 깊이 생각해 본 적이 없기 때문에 다음 문장을 통해 잘 알아 두기 바란다.

01 I am your cousin.

나는 너의 사촌이다.
⇒ 우린 사촌이다. 우린 사촌이야. 우린 사촌간이야.

해설_ cousin이 친족, 혈족, 가계, 친지, 일가를 나타낸다는 것을 고려하면 I와 your를 합쳐서 We로 발상하는 것이 좋다. 따라서 모범번역은 "우린 사촌이다, 우린 사촌이야, 우린 사촌간이야." 등이다.

02 I have three brothers.

나에게는 형제가 셋 있다.
⇒ 우린 사 형제다.

해설_ 앞의 예와 마찬가지로 brother는 공동체적인 의미를 나타내므로 전체 문장을 공동체적인 정서로 번역하는 것이 좋다. 모범번역은 "우린 사 형제다." 정도다. 형제는 가질 수 있는 물건이 아니므로 "나는 삼 형제를 가지고 있다."로 번역하면 안 된다.

03 I have a good time.

나는 좋은 시간을 가졌어. 나는 즐거운 시간을 가졌어. 나는 유익한 시간을 가졌다.
⇒ 즐겁게 보냈다. 재미있었다. 유익하게 지냈다. 즐거웠다.

해설_ 틀린 표현은 아니지만 한국어로서 바람직한 표현은 아니다. have를 무조건 '가지다'로 보는 우를 범하고 있다. 시간을 소유의 대상으로 표현하기보다는 have a good time 전체를 관용적인 하나의 의미 단위로 간주하여 그것에 알맞은 표현을 선택해야 한다. 예를 들어 "즐겁게 보냈다. 재미있었다. 유익하게 지냈다. 즐거웠다."처럼 우리가 늘 쓰는 표현으로 얼마든지 번역할 수 있다. good morning을 '좋은 아침'으로 번역하여 인사말로 사용하고 있는데 이 또한 바람직한 표현이 아니다. 틀린 말이라 할 순 없지만 우리 정서를 해치고 영어의 본질 또한 제대로 이해하지 못한 일부 사람들이 미국 물 먹은 폼 잡으려고 재미삼아 하다 굳어버린 표현이라 할 수 있다. 영문의 I는 번역하지 않는다.

04 We should be honest.

우리는 정직해야 한다.
⇒ 사람은 정직해야 한다. 사람은 누구나 할 것 없이 정직해야 한다.

해설_ we가 일반대중을 뜻할 때는 모든 사람, 사람 등으로 표현하는 것이 좋다. "사람은 정직해야 한다. 사람은 누구나 할 것 없이 정직해야 한다."처럼.

05 You must do it for yourself.

당신은 자신의 힘으로 그것을 해야 한다.
⇒ 너 혼자 그것을 해야 해. 자네 혼자서 해야 할 일이야. 아저씨 혼자서 해야 할 일입니다.

해설_ 틀린 표현은 아니지만 '당신'이란 표현은 그리 썩 좋은 표현이라 할 수 없다. 원래 '당신'이란 표현은 존경하는 사람의 이름을 함부로 말할 수 없을 경우 그분을 존칭하는 표현이다. 또한 부모를 높이는 말로 사용하기도 하고 부부가 '여보 당신'하는 호칭으로 사용하기도 한다. you를 무조건 '당신'이라 표현하지 말고 '너, 자네, 선생' 등으로 표현하거나, 직책이나 신분에 걸맞은 표현으로 바꾸어 표현하는 것이 좋다. "너 혼자 그것을 해야 해. 자네 혼자서 해야 할 일이야. 아저씨 혼자서 해야 할 일입니다." 등으로.

06 You should obey your parents.

너는 너의 부모에게 복종해야 한다.
⇒ 너는 부모님의 말씀을 잘 들어야 한다. 부모의 말을 잘 따라야 한다.

해설_ 이 표현도 너무 획일적인 표현이라 할 수 있다. "너는 부모님의 말씀을 잘 들어야 한다. 부모의 말을 잘 따라야 한다. 부모의 말을 귀담아 들어야 한다. 부모의 말을 잘 듣는 것이 좋을 것이다." 등으로 얼마든지 표현할 수 있다. obey를 무조건 '복종하다'로 번역하는 것도 문제다. 부모와 자식 사이는 상하 복종관계가 아니라 부모는 자식을 아끼고 자식은 부모를 존경하는 관계라 할 수 있다. 따라서 부모와 자식관계라는 관점에서 문장을 자연스럽게 표현하도록 노력해야 한다.

07 He went to his uncle's with his cat in his arms.

그는 고양이를 양팔로 안고서 자기의 삼촌 집에 갔다.
⇒ 그 아이는 고양이를 안고 삼촌댁에 갔다.

해설_ 영어 소유격은 여러 사람이 문장에 등장하여 어떤 특정인의 소유관계를 분명히 밝혀 주어야 하는 경우만 번역하고 그 외는 번역하지 않는 것이 좋다. 이 문장에도 소유격이 많이 나와 있지만 번역하지 않는 것이 좋은 경우다. He를 '그, 그는'으로 번역하지 마라. 이 문장에서는 He가 누굴 가리키는지 모르니 마땅히 고유명사나 적당한 표현을 선정할 수 없겠지만 인칭대명사 대신 고유명사나 적당한 표현을 선택하는 것이 좋다. 예를 들어 "그 아이는 고양이를 안고 삼촌댁에 갔다."처럼. '양팔로 안고서'의 '양팔로'는 불필요한 말이다. '안다'라는 말에 '팔로, 양팔로'라는 뜻이 이미 포함되어 있다. 영어단어 하나하나를 모두 한국어로 매치할 필요는 없다. 가능하면 간단하게 번역하는 것이 좋다.

08 He is beside himself.

그는 정신이 나갔다.
⇒ 그 사람은 정신이 나갔다. 그 사람은 제정신이 아니다.

해설_ He를 '그는'이라 하지 말고 '그 사람'이라 습관 들이도록 노력하라. "그 사람은 정신이 나갔다. 그 사람은 제정신이 아니다." 등이 훨씬 자연스럽다.

09 He is a honest boy.

그는 정직한 소년이다.
⇒ 그 소년은 정직하다. 그 아이는 정직한 소년이다.

해설_ 짧고 간단한 문장이지만 번역관점에서 보면 문제가 많은 번역문이다. '소년'을 '그는'이라 할 수 없다. He는 인칭대명사이므로 본 명사가 문장에 나오면 번역하지 않는 것이 좋다. 이 문장의 실질적인 주어는 boy다. 따라서 "그 소년은 정직하다. 그 아이는 정직한 소년이다."가 모범번역.

10 She would sit for hours, doing nothing.

그녀는 아무 것도 하지 않고서 몇 시간이나 앉아 있었다.
⇒ 할머니(엄마 / 아주머니 / 아가씨 / 소녀)는 아무 것도 하지 않고 몇 시간 동안 앉아 계셨다.

해설_ 다른 표현은 틀린 것이 없지만 She가 문제다. 이 문장에 등장하는 여자의 나이는 몇 살 정도 될까? She를 '그녀'라 번역했으니 '젊은 여자'라 보아야 한다. '아주머니, 할머니, 소녀, 여학생' 등을 '그녀'라고 할 수는 없지 않은가? 물론 이 영문이 단문이기 때문에 미리 상정할 수는 없지만 문맥이 긴 문장의 경우 She가 누구인지 잘 알 수 있기 때문에 '그녀'라 번역하지 말고 본 명사로 번역하거나 또는 번역을 생략하거나 그 캐릭터에 맞는 적당한 표현을 선택하기 바란다. 예를 들어 "할머니는 아무 것도 하지 않고 몇 시간 동안 앉아 계셨다." 엄마는~, 아주머니는~, 그 아가씨는~, 소녀는~, 등으로 번역해야 상황을 리얼하게 나타낼 수 있다.

11 She wasn't a bad sort the landlady.

그녀는 하숙집 안주인으로서 나쁜 부류는 아니었다.
⇒ 그분은 하숙집 아주머니치고는 괜찮은 분이었다.

해설_ 대충 보면 전혀 문제가 없는 번역문 같지만 그렇지 않다. 과연 하숙집 안주인을 '그녀'라 할 수 있을까? 물론 아리따운 아가씨가 하숙을 치지 말라는 법은 없으니 있을 수도 있다. 그러나 일반적이고 상식적인 정서를 고려해야 좋은 번역이라 할 수 있다. "그분은 하숙집 아주머니치고는 괜찮은 분이었다." 정도가 적절한 번역. She를 무조건 '그녀'로 번역하면 전체 문장의 흐름이나 정서를 모두 망쳐버리기 때문에 조심해야 한다.

12 They were brothers, and they often had fights.

그들은 형제였고, 그들은 종종 싸웠다.
⇒ 그 사람들은 형제였지만 자주 싸웠다. 그 사람들은 형제인데도 불구하고 자주 싸웠다.

해설_ 해석적인 관점에서 본다면 분명 영어단어를 하나하나 그 뜻을 잘 전달했다고 볼 수 있지만 번역적인 관점에서 보면 그리 좋은 번역이라 할 수 없다. "그 사람들은 형제였지만 자주 싸웠다. 그 사람들은 형제인데도 불구하고 자주 싸웠다."가 적절한 번역이다. They를 '그들'이라 번역하지 마라. 항상 '그 사람들'이라 생각하라. and를 무조건 '그리고'로 처리해서는 안 된다. '그리고, 그런데, 하지만, 그렇지만, 그런데도 불구하고' 등 문맥에 따라 그 뜻이 상당히 많다.

13 Tom and Donald were young boys.

탐과 도날드는 어린 소년들이었다.
⇒ 탐과 도날드는 아직 어렸다. 탐과 도날드는 아직 철이 없었다. 탐과 도날드는 아무 것도 모르는 철부지였다.

해설_ 틀린 번역은 아니지만 여러 가지 생각해 볼 것이 많은 번역이다. 왜냐하면 이 문장을 "탐과 도날드는 아직 어렸다. 탐과 도날드는 아직 철이 없었다. 탐과 도날드는 아무 것도 모르는 철부지였다." 등으로 얼마든지 번역할 수 있기 때문이다. 우리나라 아이들의 이름에서 알 수 있듯이 영어의 경우도 '탐이나 도날드'같은 이름이 남자아이의 이름이라는 것은 다 알 수 있다. 따라서 boys에는 큰 의미가 없고 young boys라는 말에 의미가 숨어 있기 때문에 그 뜻을 제대로 처리하는 것이 중요하다.

14 My farther bought me a book.

나의 아버지는 나에게 한 권의 책을 사주었다.
⇒ 아버지께서 책을 한 권 사주셨다.

해설_ 이 번역을 누가 틀렸다고 하겠는가? 하지만 한국적인 표현과는 거리가 멀다고 할 수 있다. "아버지께서 책을 한 권 사주셨다."와 비교해보면 문제가 많은 표현이다.

15 Ann is a young lady.

앤은 젊은 숙녀다.
⇒ 앤은 예비 숙녀다.

해설_ 이 번역 역시 많은 것을 생각해 보아야 한다. 우리말에 "예비 숙녀"라는 말은 있어도 "젊은 숙녀"라는 말은 잘 쓰지 않는 표현이다. 그리고 "숙녀"라는 말에 이미 "젊다"는 뜻이 포함되어 있다고 볼 수 있다. "나이 많은 숙녀"라는 말이 없듯이 "젊은 숙녀"라는 표현은 부적절하다. "앤은 예비 숙녀다."정도가 적절하지 않을까? 물론 억지로 끼워 맞춘다면 젊은 숙녀라는 말을 사용할 수도 있다. 예를 들어 '커피숍 안으로 젊은 숙녀가 걸어 들어왔다.'처럼. 하지만 '숙녀'라는 말에는 여러 가지 뜻이 포함되어 있다. '육체적, 정신적으로 성숙한 즉, 사리분별을 할 줄 아는 여성 또는 교양 있는 여성'이란 뜻이다. 그런 관점에서 보면 "앤은 어리지만 숙녀처럼 행동한다."로 표현하는 것도 생각해 볼 수 있다. 이 문장은 〈형용사 + 명사〉구조로 된 영문을 그대로 직역해서는 그 의미를 전달할 수 없는 경우에 해당한다.

16 Tom and his wife had a holiday.

톰과 그의 아내는 휴가를 보냈다.
⇒ 톰은 아내와 함께 휴가를 보냈다.

해설_ 이렇게 번역한 것을 두고 이러쿵저러쿵 말할 수는 없다. 하지만 이 문장이 말하고자 하는 내용을 음미해 본다면 다소 문제 있는 번역이다. 이 문장의 주도적인 역할을 한 사람은 어디까지나 톰이다. 영문 형식으로 보면 '톰과 그의 아내' 가 주어로 되어 있지만 아내 이름을 나타내지 않고 그냥 '아내'를 소유격으로 표현하고 있다는 점에 유의해야 한다. 따라서 모범번역은 "톰은 아내와 함께 휴가를 보냈다." 정도가 적절하다.

17 Mrs. Sara was eighty and she always drove to the shops in her car.

사라 여사는 80세였지만 그녀는 언제나 그녀의 차를 타고 상점에 갔다.
⇒ 사라 할머니는 여든 살이나 되셨지만 아직도 차를 몰고 쇼핑을 하러 다니신다.

해설_ 문제가 많은 번역이다. 80세 정도 되면 '여사'라고 하는 것보다는 '할머니'라 하는 것이 옳고, 80세 할머니를 '그녀'라고 하는 것도 웃기는 표현이다. 한국 사람이 할머니를 '그녀'라고 말해본 적은 한 번도 없을 것이다. 이 문장이 말하고자 하는 것은 생각해 보지 않고 영어 단어에다 한국어만 갖다 붙인 꼴이기 때문에 문제가 생긴 것이다. "사라 할머니는 여든 살이나 되셨지만 아직도 차를 몰고 쇼핑을 하러 다니신다." 정도가 적절한 번역. 이 문장도 and에 '그리고' 이상의 의미가 담겨 있다. 단순히 대등관계를 나타내는 접속사가 아니라 '~인데도 불구하고'와 같은 뜻을 나타내고 있음에 유의해야 한다.

인칭대명사 번역 착안사항

① 영어는 개인주의적 표현이 많은 반면 한국어는 공동체적인 표현이 많으므로 어떻게 조화시킬 것인지 생각하며 번역하는 것이 좋다.

② 영어는 소유격과 재귀대명사를 많이 활용하지만 한국어는 그렇지 않으므로 소유격과 재귀대명사는 가능하면 번역하지 않는 것이 좋다.

③ 영어는 일반대중을 we로 많이 나타내므로 일반대중인지 특정한 집단인지 구분하여 번역하는 것이 좋다.

④ I를 '나'로만 생각하지 말고 겸양어인 '저'로도 표현할 수 있어야 한다.

⑤ you를 무조건 '당신'이라 하지 말고 본래 명사에 걸맞은 '너, 자네, 아저씨, 삼촌, 고모부, 아버지, 할아버지 사장님, 엄마, 이모, 아주머니, 할머니' 등으로 처리하는 것이 좋다.

⑥ He를 무조건 '그 또는 그는'이라 하지 말고, 본래 명사에 걸맞은 남성 3인칭 명사 '아버지, 삼촌, 아저씨, 선생님, 부장님' 등으로 표현하는 것이 좋다.

⑦ She를 무조건 '그녀'라 하지 말고, 본래 명사에 걸맞은 여성 3인칭 명사 '여동생, 이모, 엄마, 할머니, 고모, 아줌마, 아주머니, 여사, 선생님, 사장님' 등으로 표현하는 것이 좋다.

⑧ It을 무조건 '그것'이라 하지 말고, 명사를 나타내면 본 명사로 번역하고 앞 문장 내용을 받으면 문장을 연결하는 것으로 처리하는 것이 좋다.

⑨ They를 무조건 '그들'이라 하지 말고 특정한 사람들 즉 '노동자들, 선생님들, 학생들, 일꾼들, 데모 군중들, 엄마들' 등으로 표현하는 것이 좋다.

다음 영문을 통해 인칭대명사 처리에 관해서 확실히 알아 두기 바란다.

01 Sara and Rora are twins, and they are ten years old. They like pretty clothes very much, and they always want the same ones. Last week their mother decided to buy them some new dresses, and the girls were very happy.

1. 인칭대명사를 생략하지 않은 번역문

사라와 로라는 쌍둥이이고, 그리고 그들은 열 살이다. 그들은 예쁜 옷을 아주 좋아하고, 그리고 그들은 항상 같은 것들을 원한다. 지난주 그들의 엄마는 그들에게 어떤 새로운 드레스들을 사주기로 결정했고, 그리고 그 소녀들은 매우 행복해 했다.

2. 인칭대명사를 적절히 처리한 번역문

사라와 로라는 열 살 된 쌍둥이로 예쁜 옷을 아주 좋아할 뿐만 아니라 항상 같은 옷만 입으려 한다. 지난주 엄마가 새 옷을 사주겠다고 하자 아주 기뻐했다.

해설_ 두 번째 번역이 훨씬 매끄럽다. 객관적으로 두 번역문을 비교해 보면 어떻게 번역해야 좋은지 잘 알 수 있을 것이다. the girls were very happy를 '그 소녀들은 매우 행복해 했다.'로 번역해서는 안 된다. 왜냐하면 열 살된 아이는 아직 '행복'이 무엇인지 잘 모르기 때문이다. 아주 좋아하거나 기뻐하는 정도라 할 수 있다.

02 She is still single, but she has a very nice dog, and she has a very nice car, too. She likes playing squash tennis. Last Sunday she played squash tennis for an hour and a half at her club, and then she ran out and jumped into a car. Her dog came after her.

1. 인칭대명사를 생략하지 않은 번역문

그녀는 여전히 혼자였다. 그러나 그녀는 매우 좋은 개를 가지고 있다. 그리고 그녀는 매우 좋은 자동차도 역시 가지고 있다. 그녀는 스쿼시 테니스 운동하는 것을 좋아한다. 지난 일요일 그녀는 그녀의 클럽에서 한 시간 반 동안 스쿼시 테니스 운동을 했다. 그런 후 그녀는 뛰어 나왔고 그리고 자동차에 올라탔다. 그녀의 개가 그녀 후에 왔다.

2. 인칭대명사를 적절히 처리한 번역문

그 여자는 혼자 살고 있었지만 멋진 자동차도 있고 멋진 개도 키우고 있었다. 스쿼시를 좋아해서 지난 일요일에는 다니는 클럽에서 한 시간 반 동안 스쿼시를 하고는 뛰어 나와 자동차에 올라탔는데, 기르는 개도 뒤따라 탔다.

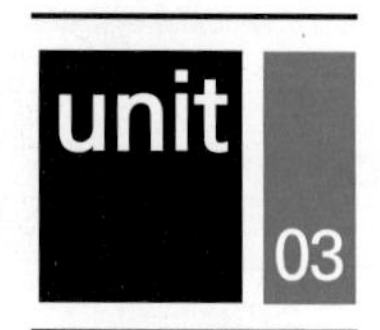

비인칭 주어 번역테크닉

1. 비인칭 주어

비인칭 주어란 사람이 아닌 사물이나 무생물, 관용적인 표현이 주어 역할을 하는 것을 말한다. 하지만 사람이 개입하지 않는 문장은 사물이나 무생물 주어를 주어로 그대로 번역하면 되지만 사람과 관련 있는 문장일 경우는 사람관점으로 문장을 전환하여 번역해야 한다. 이처럼 문장 성분을 바꿔가며 번역하는 방법을 문장 전환적 번역법이라 한다. 다시 말해 영어문장에 나타나 있지 않은 사람 주어를 찾아내어 그 사람을 주어자리에 놓고 문장을 풀어 나가야 번역을 바르게 할 수 있다.

영어나 한국어 모두 자연이나 사물 그 자체만 서술하는 경우를 제외하고는 항상 사람을 주어로 삼아 문장을 전개해 나가야 매끄러운 번역을 할 수 있다. 영어는 사람이 개입하는 문장인데도 사물이나 무생물을 주어로 삼거나 가주어를 활용하여 문장을 만드는 경우가 많으므로 비인칭 주어 구문을 어떻게 번역하느냐 하는 것은 번역에서 아주 중요하다. 다음 문장을 통하여 비인칭 주어 구문의 번역방법을 알아두기 바란다.

01 The light of the sun is far bright than that of the moon.

태양의 빛은 달의 그것보다 훨씬 더 밝다.
⇒ 햇빛은 달빛보다 훨씬 밝다.

해설_ 통상 이렇게 번역해 놓고 정확하게 번역했노라 생각하는 사람이 많을 것이다. 물론 틀린 번역이라 할 순 없으니 이러쿵저러쿵 토를 달 이유가 없겠지만 글을 전문적으로 쓰는 사람의 문장이라 할 수는 없다. "햇빛은 달빛보다 훨씬 밝다."가 올바른 번역이다. 이 영문은 사람과 상관없이 자연물 그 자체만 서술하고 있으므로 영문의 주어를 그대로 번역해도 된다. 그러나 of를 소유격·관형격인 '~의'처럼 직역하는 것은 바람직하지 않다. '달빛, 햇빛'은 그 자체가 명사이므로 the light of the sun or that(the light) of the moon은 '해의 빛 또는 달의 빛'으로 번역해서는 안 된다.

02 The early bird catches the worm.

일찍 일어나는 새가 벌레를 잡는다.
⇒ 부지런해야 성공할 수 있다. 부지런해야 기회를 잡을 수 있는 법이다. 부지런한 새가 먹이를 잘 잡는 법이다.

해설_ 이 문장은 사실 새에 관한 내용이 아니다. '부지런한 사람이 성공하는 법이다.'는 말을 새를 인용하여 은유적으로 표현한 것일 뿐이다. 따라서 "부지런해야 성공할 수 있다. 부지런해야 기회를 잡을 수 있는 법이다. 부지런한 새가 먹이를 잘 잡는 법이다." 등으로 다양하게 번역할 수 있다. 이 문장은 번역하는 사람에 따라 사람을 주어로 보아 직설적으로 번역할 수도 있고 새를 주어로 삼아 간접적으로 번역할 수도 있다.

03 Diligence is the mother of success.

근면은 성공의 어머니다.
⇒ 근면해야 성공할 수 있다.

해설_ 이 문장도 마찬가지다. 익히 그 뜻을 잘 알고 있는 터라 뭐라고 할 수는 없지만 '무생물 주어는 부사적으로 번역해야 원문의 뉘앙스나 의미를 정확하게 전달 할 수 있다'는 개념을 적용한다면, "근면해야 성공할 수 있다"가 한국어다운 번역이다. 의미적으로 볼 때 02와 같은 뜻이다.

04 It's a very pen, but it's too expensive.

그것은 좋은 펜이지만, 그러나 그것은 너무 비싸다.
⇒ 정말 좋은 펜이지만 너무 비싸다.

해설_ 이 문장의 경우 it이 지시어 역할을 한다면 번역해야 하겠지만 일반적으로 뜻 없이 관용적으로 사용하는 비인칭 주어이므로 번역하지 않는 것이 좋다. 오히려 영어를 사용하는 관례를 보면 it's를 '강조 의미'로 많이 사용한다는 것을 알 수 있다. 따라서 '정말 좋은 펜이지만 너무 비싸다.'로 간결하게 번역하는 것이 좋다.

05 To tell a lie is wrong.

거짓말 하는 것은 나쁘다.
⇒ 거짓말을 해서는 안 된다. 거짓말을 하면 나쁘다.

해설_ to부정사를 주어로 쓴 무생물 주어 구문이다. 무생물 주어는 부사적으로 번역하는 것이 좋다는 원칙에 따라 "거짓말을 해서는 안 된다. 거짓말을 하면 나쁘다." 등으로 번역하는 것이 타당하다. 아주 미묘한 차이지만, 실천할 수 있도록 하는 교훈적인 관점에서 보면 후자의 번역이 훨씬 좋다는 것을 알 수 있다.

06 To see is to believe.

보는 것이 믿는 것이다.
⇒ 보아야 믿을 수 있다. 보지 않고는 믿을 수 없다. 백문이 불여일견이다.

해설_ 이 문장도 익히 그 뜻을 잘 알고 있는 표현이라 무방하다고 할 수 있지만 한국어를 영어식대로 나열했기 때문에 쉽게 속뜻을 전달할 수 있는 표현은 아니다. 이 문장도 앞 문장과 마찬가지로 to부정사를 주어로 사용했고 서술어 부분도 to부정사를 사용했다. '보는 것, 믿는 것'과 같은 추상적인 표현을 쓰기보다는 부사적으로 번역하는 것이 좋다. "보아야 믿을 수 있다."가 기본적인 번역문이고, 상황에 따라서 "보지 않고는 믿을 수 없다. 백문이 불여일견이다." 등으로 번역할 수도 있다.

07 That is what she said.

그것이 그녀가 말한 것이다.
⇒ 그렇게 그 여자가 말했다. 그 여자가 그렇게 말했다.

해설_ 일반적으로 that을 지시어로만 생각하여 무조건 '그것, 저것'으로 번역하는 경우가 많은데 상황에 따라 무생물 주어로 간주하여 부사적으로 번역해야 문장이 매끄럽다. that을 '그렇게'라는 부사로 품사를 바꾸어 번역하면 앞 문장과 자연스레 연결할 수 있다. 이렇게 하는 것을 품사 전환적 번역법이라고 하는데 지시대명사인 that을 부사인 '그렇게'로 번역하기 때문이다. 이 영문의 번역문은 "그렇게 그 여자가 말했다. 그 여자가 그렇게 말했다." 등으로 번역할 수 있다.

08 A lie has short legs.

거짓말은 짧은 다리를 가지고 있다.
⇒ 거짓말은 금방 탈로나기 마련이다. 거짓말은 오래 가지 못한다.

해설_ 이 영문은 위의 문장들처럼 번역해서는 그 뜻을 제대로 전달하기 힘들다. 물론 우리가 이 말을 계속 사용하다 보면 이 번역문도 우리말이 되겠지만, 이처럼 직역을 해서는 영문이 말하고자 하는 의미를 전달할 수 없을 경우는 이 문장이 말하고자 하는 메시지를 체크하여 그 메시지에 가장 가까운 한국어 문장을 만들어야 한다. "거짓말은 금방 탈로나기 마련이다. 거짓말은 오래 가지 못한다." 등이 적절한 번역이다.

09 Rome was not built in a day.

로마는 하루 만에 세워진 것이 아니다.
⇒ 하루 만에 로마를 세운 것이 아니다. 하루아침에 로마를 건설한 것은 아니다.

해설_ 이 번역문도 학교에서 늘 이렇게 가르쳐 왔기 때문에 이 문장을 틀렸다고 말 할 수는 없다. 하지만 한국어는 대체적으로 능동적으로 적는 것이 좋다. 자연히 로마를 주어가 아니라 목적어로 번역하는 것이 좋다. 그리고 부사적인 표현인 '하루만에'를 앞에 놓는 것이 좋다. "하루 만에 로마를 세운 것이 아니다. 하루아침에 로마를 건설한 것은 아니다." 등이다.

10 Health is above wealth, for this cannot give so much happiness as that.

건강은 부귀보다 낫다. 왜냐하면 후자는 전자만큼 행복을 주지 못하기 때문이다.
⇒ 부자로 사는 것보다는 건강하게 사는 것이 좋다. 왜냐하면 돈이 아무리 많아도 아프면 아무 소용없기 때문이다.

해설_ 해석관점에서 보면 영어의 뜻을 제대로 전달할 수 있는 번역문이라 할 수도 있지만 썩 좋은 번역문이라고는 할 수 없다. 무생물인 Health와 wealth를 주어로 번역했기 때문이다. 사실 이 문장의 실질적인 숨은 주어는 사람이다. 단지 일반적인 사람 주어이기 때문에 무생물을 형식적인 주어자리에 놓고 문장을 만들었을 뿐이다. 그런데 우린 이런 영문을 영어의 형식 즉, 영어가 생긴 대로 한국어를 갖다 붙이는 식으로 번역하는 경우가 많다. 사람 관점으로 문장을 정리하면 다음과 같은 번역을 할 수 있다. "부자로 사는 것보다는 건강하게 사는 것이 좋다. 왜냐하면 돈이 아무리 많아도 아프면 아무 소용없기 때문이다." 어떤 번역이 설득력이 있는지 생각해 보기 바란다.

11 The hardest thing is to know oneself.

가장 어려운 일은 자기 자신을 아는 일이다.
⇒ 자신을 아는 것이 가장 어렵다.

해설_ 이 문장의 경우 이렇게 번역해도 무슨 뜻인지 얼마든지 전달할 수 있다. 하지만 한국어적인 어순이라 볼 수는 없다. '자신을 아는 것이 가장 어렵다.'가 좀 더 자연스런 한국어 문장이라 하겠다.

12 It is important for us to keep our promise.

우리의 약속을 지킨다는 것이 중요하다.
⇒ 우리는 약속을 반드시 지켜야 한다.

해설_ 이 문장도 11과 유사한 경우다. it ~ for ~ to구문이라 쉽게 알 수 있듯이 '지킨다는 것이'가 주어가 아니라 us를 we로 전환하여 주어로 삼아 번역해야 매끄럽다. "우리는 약속을 반드시 지켜야 한다."가 이 영문의 매끄러운 번역이라 할 수 있다. 형용사 important를 부사 '반드시'로 번역할 수도 있다는 것을 알아 두기 바란다.

13 It was not a case of food poisoning.

그것은 식중독 사건이 아니었다.

⇒ 식중독 때문에 생긴 일이 아니었다. 식중독으로 인한 것은 아니었다.

해설_ It을 지시어로 번역하기보다 문장 연결사로 보고 자연스럽게 번역하는 것이 좋으므로 경우에 따라서는 "식중독 때문에 생긴 일이 아니었다. 식중독으로 인한 것은 아니었다."로 간략하게 처리하는 것이 좋다.

14 It's a wonderful dream.

그것은 멋진 꿈이었다.

⇒ 정말 멋진 꿈이었다.

해설_ 별 문제없는 번역이긴 하지만 이 경우도 It을 지시어로 보기보다는 부사로 번역하면 훨씬 좋은 경우가 많다. "정말 멋진 꿈이었다."처럼. 나중에 장문 번역을 보면 알 수 있겠지만, 영어를 한 문장 한 문장 떼어서 생각하지 말고 문맥을 연결하여 생각해 보면 왜 이러한 번역이 좋은지 알 수 있다.

15 It was "Why?"

그것은 "왜?"

⇒ 이유를 물었다. 이유를 묻고 있었다.

해설_ 좀 문제 있는 표현이다. 직접화법이긴 하지만 이런 경우 간접화법으로 처리하여 "이유를 물었다. 이유를 묻고 있었다."로 번역하는 것이 좋다.

2. 비인칭 주어 구문의 특징 정리

01

According to a 17th-century encyclopedia, the Chinese were brushing their teeth in 1498. The 15th-century toothbrushes were similar to the ones we use today. It is not known what, if anything, the Chinese used for toothpaste.

The first nylon toothbrush appeared in 1938 in the United States. It was called Dr. M's Toothbrush. In 1961 the first electric toothbrush was put on the market. It was manufactured by the Squibb Company of New York.

해설_ ① According to를 보통 '~에 의하면, ~에 따르면' 등으로 획일적으로 표현하는 경우가 많은데 according to 뒤에 '책'이 나오면 '~을 보면, ~을 읽어 보면, ~을 보니, ~을 읽어 보니' 등으로 다양하게 번역해 보기 바란다.

② if anything을 '만일 어떤 것이더라도'로 생각하면 오산이다. 문맥에 맞춰 '무엇이었는지?' 정도가 올바른 뜻이다. was called도 무조건 '불리다'로 번역하지 말고 이 경우 '~라(고)하는' 정도로 표현하는 것이 자연스럽다. '부르다'라는 동사는 '음성적인 의미'를 담고 있을 경우 사용하는 표현이다. 예를 들어 '개똥이 엄마가 개똥이를 "개똥아"하고 불렀다.'와 같은 경우다.

③ by the Squibb를 직역하면 '스퀴브에 의해서'가 되지만 수동형 문장은 능동으로 전환하여 번역하는 것이 일반적이므로 the Squibb를 주어로 삼아 번역해야 옳다.

직역 17세기의 한 백과사전에 의하면, 그 중국인들은 1498년에 그들의 치아를 닦고 있었다. 15세기의 칫솔들은 오늘날 우리가 사용하는 그것과 유사했다. 그 중국인들이 치약으로 무엇을 사용했는지는 그것이 무엇이었든지 간에 그것은 잘 알려져 있지 않다.

최초의 나일론 칫솔은 1938년 미연방에서 등장했다. 그것은 M박사의 칫솔이라고 불려졌다. 1961년에 최초의 전기칫솔이 시장에 진열되었다. 그것은 뉴욕의 스퀴브 컴퍼니에 의해 제조된 것이었다.

번역 17세기의 한 백과사전을 보면 중국사람들은 1498년 당시에도 요즘과 비슷한 칫솔로 이를 닦았다고 한다. 하지만 무엇을 치약으로 사용했는지는 알 수가 없다.

1938년 미국에서 처음 M박사 칫솔(Dr. M's Toothbrush)이라고 하는 나일론 칫솔을 시판하기 시작했고, 1961년에는 뉴욕에 있는 스퀴브 컴퍼니(Squibb Company)라는 회사가 전동칫솔을 최초로 시판하기 시작했다.

목적어 번역테크닉

영어를 깊이 있게 연구하려면 끝도 없겠지만 간단하게 생각하면 간단한 것이 영어다. 어떤 영어든지 〈주어 + 동사 + 뭐뭐뭐〉로 되어 있다. 주어와 동사가 영문의 뼈대를 이루고 있다는 뜻이다. 하지만 주어 자리에는 진짜 주어가 아닌 가주어, 비인칭 주어가 많기 때문에 주어만으로는 영문의 의미를 이해하는데 한계가 있다.

따라서 영문 내용을 가장 구체적으로 이해할 수 있는 열쇠는 동사에 있다. 문제는 하나의 동사가 워낙 여러 가지 뜻을 나타내기 때문에 동사를 획일적으로 외워서는 곤란하므로 상황에 따라 다양하게 생각할 수 있도록 해야 한다. 알다시피 동사에는 자동사와 타동사가 있고, 타동사가 문장에 나올 경우 우리는 흔히 '타동사는 목적어를 취한다.'고 한다. '타동사'란 '남에게 어떤 행위를 끼치는 뜻을 나타내는 동사'라는 뜻이므로 '어떤 행위를 받는 또는 당하는 목적어'가 있어야 문장이 성립하는 것은 당연하다.

사실, 어떤 글이든 자동사를 활용한 표현보다 타동사를 활용한 표현이 많은데, 그 이유는 거의 모든 것이 사람과 관련되어 있고 사람의 행위를 통해 이 세상 모든 것이 움직인다고 해도 과언이 아니기 때문이다.

목적어 번역은 그렇게 유념해야 할 것은 없지만 한국어 목적격 조사를 잘 활용하는 것이 중요하다. 직접목적격 조사인 '~을, ~를'과 간접목적격 조사인 '~에게' 등을 잘 활용하여 목적어를 구체적으로 표현해야 문장 전체가 매끄럽다. 또한 번역을 하다보면 '~에 관해서, ~에 대해서'로 번역하는 경우가 많은 데 이러한 표현도 직접목적격 조사 '~을, ~를'로 처리하면 간단하다. 다음 기본 문형을 통해 목적어 번역에 관해 정리해 두기 바란다.

01 **Heaven made man and man made culture.**

하늘은 인간을 만들었고 인간은 문화를 만들었다.

⇒ 신은 인간을 창조했고 인간은 문화를 꽃피웠다.

해설_ 타동사 made의 목적어로 '인간, 문화'가 나왔고, 그것을 목적격 조사를 활용하여 표현했으니 별 문제가 없는 번역이긴 하다. 이 번역문은 목적격 그 자체가 문제가 아니라 타동사 made를 가장 일반적인 뜻인 '만들다'로 표현한 것이 문제다. '사람이나 문화'는 '만든다.'는 표현보다 더 좋은 표현이 있다. 흔히 '신이 인간을 창조했다.'고 하고 '인간은 문화를 꽃피웠다'로 한다. 따라서 "신은 인간을 창조했고 인간은 문화를 꽃피웠다."로 번역하는 것이 좋다. 그리고 앞의 man은 '인간'이라 할 수 있지만, 뒤의 man은 '인류, 사람, 우리'가 적절하다.

02 He has made me a sportsman.

그는 나를 운동선수로 만들었다.
⇒ 그분 덕택에 나는 운동선수가 되었다.

해설_ 이 문장의 화자는 I다. 따라서 화자관점으로 번역하는 것이 좋다. 하지만 이 문 장의 경우 동사 made와 목적어 me를 직역하면 호응이 잘 되지 않음에 유의해야 한다. 문장의 호응이란 '만들었다 나를'이 말이 되어야 호응이 되는 것이고 무슨 뜻인지 불분명하면 호응이 잘 되지 않는 문장이다. 호응관계를 고려하면 "그분 덕택에 나는 운동선수가 되었다."와 같은 번역을 할 수 있는데, 이런 문장이 바로 화자인 I의 정서 즉 '감사하는 마음'을 잘 나타낸 문장이다. 또한 영문은 타동사를 활용했지만 번역문은 자동사를 활용할 수 있다는 것도 중요하다. 그리고 문장 논리상 '그분 덕택에'라는 단서를 붙였기 때문에 번역문의 의미도 자동적인 것이 아니라 타동적이어서 원문과 다른 점이 없다. 그야말로 원문에 충실한 번역이다.

03 He set his workers to dig a hole in the ground.

그는 그의 노동자들에게 땅에 구덩이를 파도록 시켰다.
⇒ 그 사람은 인부들에게 구덩이를 파라고 했다.

해설_ 이 문장을 "그 사람은 인부들에게 구덩이를 파라고 했다."로 하면 아주 간단하지 않은가? 영문 소유격은 가능하면 번역하지 마라. 문장이 복잡해진다. set을 무조건 사역의 뜻으로 이해하여 '시키다'로 번역할 필요도 없다. 두 번째 번역문을 보면 알겠지만 직접목적어와 간접목적어를 구체적으로 밝혀 썼기 때문에 이미 그 문장에 사역의 의미가 포함되어 있다고 할 수 있다.

04 The fire burnt that building.

화재가 저 빌딩을 태웠다.
⇒ 화재로 저 빌딩이 다 타버렸다.

해설_ 무생물 주어 '화재'를 의인화하지 않는다면 이렇게 번역하는 것은 바람직하지 않다. 무생물주어는 부사적으로 번역하거나 목적어로 번역하라는 원칙에 따라 바꾸면 "화재로 저 빌딩이 다 타버렸다."정도가 된다.

05 I will stand you in the corner.

나는 너를 구석에 세워 놓을 것이다.
⇒ 너 벌 받을 줄 알아, 넌 혼이 좀 나야 돼.

해설_ stand ~ in the corner는 '벌주다, 벌세우다'라는 관용적인 표현이므로 "나는 너를 벌 줄 것이다."로 번역하면 되겠지 생각할지 모르지만, 화자인 I의 감정 상태를 고려하면 "너 벌 받을 줄 알아, 넌 혼이 좀 나야 돼."처럼 번역하는 것이 좋다.

06 He complained about the traffic noise.

그는 교통소음에 대해 투덜거렸다.
⇒ 그 사람은 교통소음을(차 소리를) 싫어한다.

해설_ '투덜거린다(complain) ~에 대해(about 이하)'라는 표현은 흔히 쓰는 표현이지만 좋은 표현은 아니다. 사실 이런 영문은 '그 사람은 싫어한다 / 교통소음을'식으로 번역하는 것이 좋다. '교통소음'을 '차 소리'로 바꾸어도 무방하다. about을 무조건 '~에 대해(서), ~에 관해(서)'로 번역하지 말고 목적격 조사인 '~을, ~를'을 활용하기 바란다.

07 It seems to me that he likes study.

내게는 그가 공부를 좋아하는 것으로 생각된다.
⇒ 그 사람은 공부하는 것을 좋아하는 것 같다.

해설_ 무슨 뜻인지는 알 수 있지만 한국어답지 못하다는 것을 금방 알 수 있다. 화자 I 관점에서 "내가 보기에는 그 사람은 공부를 좋아하는 것 같다."로 처리하면 되고, 주어인 '내가 보기에는'은 생략하고 "그 사람은 공부하는 것을 좋아하는 것 같다."로 하면 간단하다.

08 The women appeared disappointed at the news.

그 여자는 그 소식에 실망된 듯 보였다.
⇒ 그 여자는 그 소식을 듣고 실망하는 것 같았다.

해설_ 뜻이야 알 수 있지만 좀 정갈하게 정리가 필요한 문장이다. 통상 appear를 '보이다, 듯하다'로 처리하는 경우가 많은데 '같다'로 처리하면 더 간단하다. "그 여자는 그 소식을 듣고 실망하는 것 같았다."

09 **My opinion is that the government's tobacco monopoly should be abolished.**

나의 의견은 정부의 담배전매는 폐지되어야만 한다는 것이다.
⇒ 나는 정부가 담배의 생산과 판매를 독점하고 있는 것은 폐지해야 한다고 생각한다.

해설_ 이 문장도 형식적으로 보면 불완전자동사로 2형식문장이다. My를 I로 전환하여 서술어를 정해 번역해야 원문의 뜻을 정확하게 번역할 수 있다. "나는 정부가 하고 있는 담배전매를 폐지해야 한다고 생각한다." 또는 "나는 정부가 담배의 생산과 판매를 독점하고 있는 것은 폐지해야 한다고 생각한다."가 적절한 번역이다.

다음 문장을 통해 목적어 번역에 관해서 다시 한 번 정리해 두기 바란다.

It is impossible now to imagine design without computers. Engineers of 30 years ago worked without even a pocket calculator. Many problems could not be solved because the necessary mathematics would have taken too long. Engineering designers now use powerful work stations that can visualize their creations in color and three dimensions. Simply checking that all the parts will fit together without bumping into each other saves an enormous amount of time.

직역 이제는 컴퓨터들 없이 디자인을 상상하는 것은 불가능하다. 30년 전의 엔지니어들은 심지어 포켓용 계산기조차 없이 일했다. 많은 문제들은 필요한 수학적 계산들이 너무 오래 걸렸기 때문에 풀릴 수가 없었다. 엔지니어링 디자이너들은 이제 그들의 창조물들을 칼라와 3차원으로 볼 수 있는 강력한 워크스테이션들을 사용한다. 모든 부분들이 서로 충돌 없이 함께 잘 고정될 것인지를 쉽게 체크할 수 있는 것은 막대한 양의 시간을 절약한다.

번역 요즘은 컴퓨터 없이 디자인을 한다는 것은 상상도 할 수 없다. 30년 전만 하더라도 엔지니어들은 소형 계산기조차 없이 일을 했는데, 그러다보니 수학적 계산을 하는데 너무 많은 시간이 걸려 여러 가지로 문제가 많았다. 하지만 요즘 설계를 담당하는 엔지니어들은 설계한 내용을 3차원 칼라 영상으로 볼 수 있는 고성능 컴퓨터를 사용하고 있고, 컴퓨터를 통하여 설계한 모든 부분이 잘 맞는지 자세히 살펴볼 수 있기 때문에 시간을 엄청나게 절약할 수도 있다.

서술어 번역테크닉

영어의 골격은 〈주어 + 동사 + 뭐, 뭐, 뭐〉이지만, 한국어는 〈주어 + 뭐, 뭐, 뭐,~ + 서술어〉로 되어 있다. 따라서 영어와 한국어는 어순 자체가 확실히 다르다. 그러므로 영어를 한국어로 번역할 경우 번역자들은 이 어순의 차이를 꼭 염두에 두어야 한다. 비단 영한번역만 어순변환을 해야 하는 것은 아니다. 한영번역 시에도 어순변환을 반드시 고려해야 한다. 영어문법과 독해공부는 수없이 많이 했지만 문장성분을 전환해가며 번역해야 한다는 얘기는 별로 들어본 적이 없을 것이다. 단지 영문에다 한국어를 갖다 붙여 영문구조를 설명하기에 바빴기 때문이다. 영문의 의미에 초점을 맞추어 영어를 가르쳤다면 그런 일이 없었을 것인데 아쉽다.

영어나 한국어 모두 주어나 목적어 자리에 놓을 수 있는 품사가 있고, 서술어 자리에 놓을 수 있는 품사가 있다. 한국어는 서술어 자리에 놓을 수 있는 말들을 '용언(用言)'이라고 하는데 용언이 될 수 있는 품사는 '동사, 형용사'이고, 서술격조사인 '(이)다'를 활용하면 '명사'도 서술어로 쓸 수 있다. '이 사과는 맛있는 사과다'와 같은 문장이 그런 경우다.

영한번역을 잘 하려면 무엇보다 서술어를 제대로 활용할 수 있어야 하는데 그리 쉬운 것은 아니다. 영어가 다의적(多意的)이라 한 단어를 여러 가지 뜻으로 활용하기 때문이다. 영어의 동사나 형용사는 한 단어를 100여 가지 이상의 뜻으로 활용하고 있는 반면 우리는 그러한 동사, 형용사를 서너 가지 뜻으로 한정하여 사용하기 때문에 무작정 단어를 대입해서는 안 된다. 다시 말해 서술어를 얼마만큼 정확하게 선택하느냐에 따라 번역 완성도가 좌지우지될 수 있다. 그리고 앞에서도 설명했지만 영문상의 주어는 가짜 주어가 많으므로 주어를 중심으로 문장을 풀어나가서는 안 된다. 서술어를 정확하게 설정해 놓으면 얼마나 번역문이 정확하게 되는지 잘 알아 두기 바란다.

서술어의 특징

1. 서술어에는 항상 시제가 따라다니므로 문맥에 맞는 시제를 선택해야 번역문을 마무리 지을 수 있으며, 영문시제와 한국어시제 표현이 다소 다르므로 그 차이를 알아두자.

2. 영어는 조동사를 활용하여 화자의 감정 상태나 의지 등을 나타내지만 한국어는 보조용언을 활용하여 똑같은 효과를 내므로 한국어의 보조용언 즉, 보조동사와 보조형용사를 잘 알아두자. 다음 문장을 통해 서술어 번역의 중요성을 정리해 두기 바란다.

01 Hear twice before you speak once.

당신이 한번 말하기 전에 두 번 들어라.
⇒ 남의 말을 잘 들은 다음 얘기하라. 내용을 잘 모르면 함부로 말하지 마라. 잘 알아 본 다음에 얘기하라.

해설_ "당신이 한번 말하기 전에 두 번 들어라."로 해도 의미는 통하지만, "남의 말을 잘 들은 다음 얘기하라. 내용을 잘 모르면 함부로 말하지 마라. 잘 알아 본 다음에 얘기하라." 등과 같이 상황에 따라 다양하게 표현하는 것이 좋다. 물론 번역문의 서술어는 영문의 서술어가 아님을 알 수 있다. 영문의 서술어는 '들어라(Hear)'인 반면 번역문의 서술어는 "얘기하라, 말하지 마라."다.

02 She is in the park called Seoul Park with my sister.

그녀는 나의 여동생과 함께 서울공원이라 불리는 곳에 있다.
⇒ 그 여자는 내 누이와 함께 서울공원에서 놀고 있다. 그 여자는 내 누이와 함께 서울공원에서 근무하고 있다.

해설_ 먼저, she를 '그녀'라 하지 말고 고유명사를 찾아 표현해야 하고, my sister도 동생인지 누나인지 모르며, called도 '불리는'이 아니라 '(라고)하는'이 적절하다. 이 문장의 경우 동사 is를 '있다'로 번역하는 것이 일반적이겠지만, 상황에 따라 '일한다, 논다, 구경하고 있다.' 등으로 다양하게 번역하는 것이 중요하다. 이 영문을 "그 여자는 내 누이와 함께 서울공원에서 놀고 있다. 그 여자는 내 누이와 함께 서울공원에서 근무하고 있다. 그 여자는 내 누이와 함께 서울공원에서 구경하고 있다." 등으로 다양하게 생각하는 것이 좋다.

03 He works on the farm not far from his house with his wife.

그는 그의 아내와 함께 그의 집으로부터 멀지 않은 농장에서 일한다.
⇒ 그 사람은 아내와 집에서 가까운 농장에서 일한다.

해설_ 이 영문의 경우 works를 달리 표현해야 할 이유가 없으므로 문제가 없다. 하지만, 영어 소유격은 번역을 생략하는 것이 좋으므로 '그의 아내'는 그냥 '아내'로, '그의 집에서'는 '집에서'로 바꾸어 표현하는 것이 좋겠고, 영어는 부정서술어를 많이 쓰지만 우리는 본래 긍정서술어를 많이 쓰므로 '멀지 않은'은 '가까운'으로 바꾸어 표현하는 것이 더 바람직하다. "그 사람은 아내와 집에서 가까운 농장에서 일한다."

04 He is an experienced salesman at a trading company.

그는 한 무역회사의 경험 있는 세일즈맨이다.
⇒ 그 사람은 무역회사의 노련한 세일즈맨이다.

해설_ '경험 있는 세일즈맨'이라는 표현이 좀 어색하다. experienced salesman은 '경험이 많은 세일즈맨 ⇒ 노련한 세일즈맨 ⇒ 능력 있는 세일즈맨' 등으로 전환할 수 있음에 유의하자. 이 문장의 동사 is는 서술어 역할을 하는 것이 아니라 서술격조사 역할을 한다고 볼 수 있다. 즉, 서술어자리에 형용사, 동사가 오지 않고 〈명사(세일즈맨) + 서술격조사(~이다)〉가 온 예다. 이처럼 서술어자리에 명사를 놓을 경우 반드시 확인해 보아야 할 것은 '주어 = 서술어'라는 관계가 성립해야 한다는 것이다. 이 등식이 성립하지 않으면 명사를 서술어로 활용해서는 안 된다. 이 문장의 경우 '그 사람 = 세일즈맨'이 성립하므로 명사를 서술어로 활용해도 어색하지 않다. "그 사람은 무역회사의 노련한 세일즈맨이다."

05 This is the book written by Hemingway.

이것이 헤밍웨이에 의해 쓰인 그 책이다.
⇒ 헤밍웨이가 이 책을 썼다.

해설_ 의미전달에는 문제가 없지만 이 문장의 경우 서술관점을 한번 생각해 보아야 한다. 서술관점이란 말하고자 하는 핵심이 무엇이냐는 것이다. 이 문장의 경우 동사 written을 서술어로 활용하는 것이 바람직하다. written을 서술어로 활용하면 당연히 주어는 written의 행위주체인 Hemingway가 주어가 된다. 따라서 "헤밍웨이가 이 책을 썼다."로 번역하면 간단하다. 이처럼 짧은 문장이야 간단해 보이지만 긴 문장인 경우에는 적용하지 못하는 경우가 많으므로 기본기를 잘 익혀 두기 바란다.

06 She looked happy with a letter from her friend.

그녀는 그녀의 친구로부터의 편지로 행복해 보였다.
⇒ 그 여자는 친구가 보낸 편지를 받고 기뻐했다.

해설_ 이 영문의 주체는 She이므로 주어로 삼으면 되지만, 서술어가 문제다. looked를 '보였다'로 표현하는 것이 일반적인데 이러한 표현은 화자관점을 제대로 이해하지 못한 표현이다. 이 글을 쓴 사람은 제3자로 3인칭 관점 서술이다. 따라서 제3자의 관점에서 자연스럽게 서술해야 한다. "그 여자는 친구가 보낸 편지를 받고 기뻐했다."로 표현하는 것이 바람직하다. a letter from her friend를 '그녀의 친구로부터의 편지'로 표현하면 아주 어눌하다. '친구가 보낸 편지'로 하는 것이 좋다. happy도 사람에 따라서 '행복하다, 즐거워하다, 좋아하다, 기뻐하다' 등으로 다양하게 표현하는 것이 좋고, 이 문장의 경우 happy한 이유가 편지를 받은 것이므로 '행복하다'는 말은 너무 큰말이다. '즐거워하다. 기뻐하다. 좋아하다' 중에서 선택하는 것이 바람직하다. 의미의 크기를 호응시켜야 하기 때문이다.

07 He will stay at the beach with his friends during the vacation.

그는 방학 동안에 그의 친구들과 함께 해변에서 머물게 될 것이다.
⇒ 그 사람은 휴가 동안 해변에서 친구들과 쉴 예정이다.

해설_ 이 영문의 번역 초점은 역시 서술어인 will stay다. '머물게 될 것이다.'로 처리했는데 stay를 무조건 '머물다'로 처리한 것이 잘못이다. '머물다'는 '이동을 계속하는 중에 한 지점이나 지역에서 일정 기간 동안 잠시 있다.'는 뜻이다. 따라서 이 영문은 "그 사람은 휴가 동안 해변에서 친구들과 쉴 예정이다."로 번역하는 것이 바람직하다.

08 Try to keep your room clean all the time.

너의 방을 항상 깨끗하게 유지하도록 하라.
⇒ 항상 방을 깨끗하게 하라.

해설_ to keep을 '유지하다'로 꼭 표현해야 할 이유가 없다. 사실 '유지(維持)하다'는 '일정한 상태가 된 다음 그것을 지탱하거나 지켜나가다'와 같은 뜻이다. 그냥 "항상 방을 깨끗하게 하라."로 번역하면 충분하다. 우리가 사용하고 있는 말 중에는 본래의 뜻과 전혀 다르게 사용하는 표현이 많으므로 번역자는 항상 국어사전을 곁에 두고 찾아보아야 한다. 사소한 문제지만 '방을 항상 깨끗하게 하라'와 '항상 방을 깨끗이 하라'도 차이가 있다. 전체 문장에 영향을 끼치는 부사는 수식하는 말 앞에 놓는 것보다 문장 맨 앞에 놓는 것이 좋다. 영어는 행위를 나타내는 동사로 문장을 명령형으로 만들어 강조하지만 한국어는 부사를 문장 앞에 내세워 강조한다.

09 He is too stupid to understand it.

그는 그것을 이해하기에는 너무 둔하다.
⇒ 그 사람은 아둔해서 그것을 이해할 수 없다.

해설_ is too stupid를 서술어로 놓아도 되지만 글을 배열하는 원칙은 먼저 일어난 상황이나 이유를 먼저 기술하는 것이다. 따라서 이 문장도 "그 사람이 둔하기 때문에 그것을 이해하지 못한다."가 적절한 배열이다. 다듬으면 "그 사람은 아둔해서 그것을 이해할 수 없다."가 된다. stupid를 '둔하다'로만 일방적으로 번역해서는 안 된다. '둔하다'는 '감각이 둔하다'와 같은 표현에 어울리고 이 문장의 stupid는 '아둔하다, 어리석다, 멍청하다, 무식하다'와 같이 구체적으로 표현하는 것이 좋다. 포괄적인 의미를 나타내는 말을 선택하기보다 구체적인 말을 선택하도록 노력해야 한다.

10 He is strong enough to lift it.

그는 그것을 들기에 충분하게 힘이 세다.
⇒ 그 사람은 힘이 세서 그것을 쉽게 들 수 있다.

해설_ 이 번역문도 strong을 서술어로 표현했는데 lift를 서술어로 처리하는 것이 좋다. 09처럼 처리하면 '그 사람은 힘이 세기 때문에 그것을 충분히 들 수 있다.'가 된다. 이 문장의 경우 enough를 '충분히'로 표현하기보다 '쉽게, 손쉽게'로 표현하는 것이 훨씬 자연스럽다. "그 사람은 힘이 세서 그것을 쉽게 들 수 있다."

11 You are not tall enough to play basketball.

너는 농구를 하기에는 충분히 크지 못하다.
⇒ 너는 농구를 하기에는 키가 너무 작다.
⇒ 너는 키가 작아서 농구를 하긴 어렵다.

12 He is not generous enough to help the poor.

그는 가난한 이들을 도울 수 있을 만큼 자비롭지 못하다.
⇒ 그 사람은 너그럽지 못해서 가난한 사람을 돕지 않는다.
⇒ 그 사람은 자기밖에 모르므로 가난한 사람을 도울 리가 없다.
(3인칭 화자관점 서술)

13 This blouse is not fashionable enough to wear nowaday.

이 블라우스는 요새 입기에는 충분히 유행에 따르지 못한다.

⇒ 이 블라우스는 요즘 입기에는 좀 그렇다.
⇒ 요즘 이 블라우스를 입기는 좀 그렇다.

14 He must be intelligent enough to understand translation.

그는 번역을 이해할 만큼 충분히 유식함에 틀림없다.
⇒ 그 사람은 유식하므로 번역을 잘 이해할 것이다.

15 He was attractive enough to capture the attention of everyone.

그는 모든 사람들의 주의를 끌만큼 충분히 매력적이었다.
⇒ 그 사람은 매력적이기 때문에 모든 사람의 관심을 받는 것은 당연했다.

16 My uncle is a diligent farmer, and he is very kind.

나의 아저씨는 부지런한 농부이며, 그리고 그는 매우 친절하다.
⇒ 우리 삼촌은 농부이신데 부지런하실 뿐만 아니라 아주 자상하시다.

해설_ 한 주어에 서술어가 두 개다. 이런 경우는 강조의 의미가 담겨 있으므로 한국어의 연결어미를 활용하여 자연스레 연결할 수 있어야 한다. kind는 '친절하다'보다는 '자상하다'가 더 좋다. 강조의 미를 자연스레 살리면 "우리 삼촌은 농부이신데 부지런하실 뿐만 아니라 아주 자상하시다."처럼 된다.

17 He is old, but he is still strong.

그는 늙었으나 아직도 힘이 세다.
⇒ 그분은 연세에 비해서 아직 정정하시다.

해설_ old와 strong을 자연스레 호응시켜야 하는데 이 번역문은 그렇지 못하다. "그분은 연세에 비해서 아직 정정하시다."와 같은 표현이다.

18 The most important thing is how to live.

가장 중요한 일은 어떻게 살 것인가이다. (가장 중요한 것은 어떻게 사느냐이다.)
⇒ 어떻게 사느냐가 가장 중요하다.

해설_ 의미전달에는 별 문제가 없지만, 이러한 표현은 번역어투다. 한국어 어순에 맞추어 번역하려면

most important를 서술어 자리에 놓는 것이 원칙이다. "어떻게 사느냐가 가장 중요하다."로 전환하는 습관을 기르는 것이 좋다.

19 The boy is young, but he is very wise.

그 소년은 어리지만 그는 매우 현명하다.
⇒ 그 아이는 나이에 비해 매우 총명하다

해설_ '소년'을 '그'라고 할 수도 없고 wise를 '현명하다'고 보기도 그렇다. '어린아이가 현명하다'는 표현은 어린아이를 어른의 기준에다 맞춘 것이다. wise를 어린아이에게 알맞도록 표현하면 '영리하다, 총명하다, 똑똑하다'정도다. "그 아이는 나이에 비해 매우 총명하다."로 표현하면 좋다.

20 He is good at speaking Korean.

그는 한국어를 말하는 데 능통하다.
⇒ 그 사람은 한국어를 매우 잘 한다.

해설_ 습관적으로 '~하는 데 능통하다'와 같은 표현을 많이 쓰는데 아래처럼 바꾸어 표현하면 훨씬 자연스럽다. ① 말하는 데 능통하다 ⇒ 말을 아주 잘 한다 ② 글 쓰는 데 능통하다 ⇒ 글을 아주 잘 쓴다 ③ 남을 속이는 데 능통하다 ⇒ 남을 교묘히 잘 속인다 ④ 장소를 찾는 데 능통하다 ⇒ 장소를 아주 잘 찾는다 ⑤ 산에 오르는 데 능통하다 ⇒ 등산을 아주 잘한다. 따라서 위의 번역문은 "그 사람은 한국어를 매우 잘한다."가 된다.

21 I shall not forget your kindness as long as I live.

내가 살아 있는 한 당신의 친절을 잊지 못할 겁니다.
⇒ 베풀어 주신 호의를 평생 잊지 않겠습니다. / 베풀어 주신 은혜를 평생 잊지 않겠습니다.

해설_ shall not forget을 '잊지 못할 겁니다.'로 표현할 게 아니라 '잊지 않겠습니다.'로 해야 shall의 의미도 살리고 '감사한 마음'을 나타낼 수도 있다. 물론 사람에 따라 그럴 수 있겠지만 '친절'을 베풀었는데 평생 동안 잊지 않겠다는 논리는 좀 그렇다. kindness를 '친절'로 번역해야 할 경우는 "이렇게 친절하게 해 주시다니 정말 감사합니다." 또는 "정말 친절하게 대해 주셔서 잊을 수가 없을 것 같습니다."로 하고, kindness를 '호의, 은혜'로 번역해야 할 경우는 "베풀어 주신 호의를 평생 잊지 않겠습니다." 또는 "베풀어 주신 은혜를 평생 잊지 않겠습니다."로 처리하는 것이 바람직하다.

22 It is still a puzzle why she didn't marry him.

그녀가 왜 그와 결혼하지 않았는지가 여전히 수수께끼다.
⇒ 그 여자가 왜 그 사람과 결혼하지 않았는지 아직도 모르겠다.

해설_ puzzle을 서술어로 표현했는데 이럴 경우 명사 puzzle을 동사 '모르다'로 전환하여 번역하면 훨씬 자연스럽다. "그 여자가 왜 그 사람과 결혼하지 않았는지 아직도 모르겠다."

23 He is responsible to me for what he has done.

그는 자신이 행한 것에 대해 내게 책임을 져야 한다.
⇒ 그 사람은 자신이 행한 일에 대해 나에게 대가를 지불해야 한다.

해설_ is responsible to me를 '내게 책임을 져야 한다.'로 번역할 것이 아니라 '나에게 대가를 지불해 주어야 한다. 나에게 배상을 해 주어야 한다.'로 처리하는 것이 훨씬 자연스럽다. 잘못을 저지른 사람도 he이고 대가를 치러야 할 사람도 he이므로 he의 책임을 분명하게 나타내는 표현이 바람직하다. "그 사람은 자신이 행한 일에 대해 나에게 대가를 지불해야 한다."

24 You must hurry, or you will miss the train.

너는 서둘러야 한다. 그렇지 않으면 그 기차를 놓치게 될 것이다.
⇒ 서둘러야 기차를 탈 수 있을 것이다.(긍정적) / 서두르지 않으면 기차를 놓칠 것이다.(부정적)

해설_ 이 문장의 경우 화자(話者)의 의도를 두 가지로 나누어 번역하는 것이 좋다. 종속절을 부정으로 표현했으니 부정으로 번역하면 그뿐이겠지만 이 말을 '집을 떠나는 (정상적인) 어머니가 아들에게 해 주는 말'로 본다면 그 어머니는 부정적이지 않을 것이다. 따라서 종속절을 긍정적으로 바꾸어서 "서둘러야 기차를 탈 수 있을 것이다."로 번역할 수 있다. 부정적으로 처리한다면 "서두르지 않으면 기차를 놓칠 것이다."로 번역할 수 있다. 영어는 한국어와 달리 사실과 다른 수동형과 부정형 문장이 많은데, 부정적으로 서술하는 것이 좋은지 긍정적으로 서술하는 것이 좋은지 판단해 보아야 한다.

25 She gazed sadly after him till he was out of sight.

그녀는 그의 모습이 시야에서 보이지 않을 때까지 슬프게 응시했다.
⇒ 그 여자는 그 사람의 모습이 보이지 않을 때까지 바라보며 슬퍼했다.

해설_ she gazed가 분명 〈주어 + 술어〉 관계로 되어 있다. 하지만 사랑하는(?) 사람을 떠나보내는 she의 관점에서 본다면 gaze(응시하다)보다 sadly(슬퍼하다)의 정서가 더 강할 것이다. 그런 관점에서 이 번역문은 "그 여자는 그 사람의 모습이 보이지 않을 때까지 바라보며 슬퍼했다."로 처리하는 것이 훨씬 좋다. gazed sadly를 '슬프게 응시했다'가 아니라 '바라보며 슬퍼했다'로 전환해야 하는 경우다.(품사 전환적 번역)

26 Good government exists to protect the rights of minorities.

좋은 정부란 소수의 권리를 보호할 목적으로 존재한다.

⇒ 소수의 권리를 보호해 주는 정부를 좋은 정부라 할 수 있다. / 좋은 정부는 소수의 권리를 보호해 주기 마련이다.

해설_ 영어식대로 번역어를 배열해서는 무슨 뜻인지 잘 알 수 없는 전형적인 표현이다. exist를 서술어로 삼을 것이 아니라 protect나 good을 서술어로 삼아 번역해야 하는 경우다. protect를 서술어로 삼으면 "좋은 정부는 소수의 권리를 보호해 준다."가 되고, good을 서술어로 삼으면 "소수의 권리를 보호해 주는 정부가 좋다."가 된다. 여기에 살을 붙이면 "소수의 권리를 보호해 주는 정부를 좋은 정부라 할 수 있다." 또는 "좋은 정부는 소수의 권리를 보호해 주기 마련이다."가 된다.

다음 번역을 통해 서술어 번역에 관해 다시 정리해 보기 바란다.

01

Health food addicts have at last gained the support of the National Academy of Sciences in the argument about the relationship between diet and cancer.

해설_ health food addicts가 주어이고 have gained가 동사이므로 '건강식품 탐닉자들은 ~을 얻었다'로 번역하면 된다. 하지만 읽어보면 알겠지만 왠지 어색하다. 사실 이 글을 쓴 사람에게 물어볼 수가 없으니 이 글을 addicts관점으로 썼는지 NAS관점으로 썼는지 정확히 알 수는 없다. 이럴 경우 먼저 일어난 상황이나 행위를 먼저 기술하여 중립적으로 표현하는 것이 좋다. 이 영문의 경우도 NAS가 실질적인 선행 행위의 주체이므로 NAS를 주어로 삼고 support를 서술어로 삼아 번역하면 매끄럽다.

직역 건강식품 탐닉자들은 마침내 음식물과 암 사이의 관계에 대한 논쟁에서 NAS (국립과학연구원)의 지지를 얻었다.

번역 건강식품 애호가들은 음식물과 암이 관련이 있다고 주장해 왔는데 마침내 국립과학원이 이를 확인해 주었다.

02

Each year in the United States alone more than three times as many people are struck by lightning as are bitten by sharks in all the waters of the world. Prejudice against sharks runs so strong and deep that most people are unaware of the shark's many benefactions to mankind. For centuries, they have been used for food, fertilizers, cosmetics, and hides, and served as a source of vitamins and medicines.

해설_ ① 이 번역문은 주어를 일관되게 처리하지 못했기 때문에 서술어도 정확하지 않다. 이 문장이 말하고자 하는 내용을 어느 정도 감안하면 이 문장의 주체가 사람이라는 것을 알 수 있다. 사람들이 어떠한 인식을 가지고 있기 때문에 어떤 사실을 모른다는 내용이다.

② Each year ~ of the world.의 주어는 people이고 서술어는 struck이다. 그런데 struck을 '맞는다'로 너무 안이하게 처리했다. 번개를 맞고도 살아남는 사람은 별로 없다. 따라서 struck을 '맞아 죽다'로 처리하는 것이 타당하다. 그런 관점에서 본다면 bitten도 그냥 '물리다'가 아니라 '물려 죽다'에 가깝다.

③ Prejudice against sharks runs ~ benefactions to mankind. 이 문장은 prejudice와 people이 주어이고, 서술어는 run so strong and deep와 unaware다. 사람 주어는 큰 문제가 없으나 무생물 주어인 '편견'은 부사적으로 번역하거나 목적어로 번역해야하므로 '잘못 알고 있어서'로 번역하는 것이 좋다. "대다수 사람들은 상어를 너무 잘못 알고 있어서 상어들이 인류에게 얼마나 유익한지 잘 모른다."

④ For centuries, they have been ~ source of vitamins and medicines. 이 문장은 수동형 문장이므로 앞 문장의 mankind를 주어로 삼아 능동형으로 번역해야 주어와 서술어를 제대로 호응시킬 수 있다. have been used는 '사용되어 오다'가 아니라 '사용해 왔다'로 번역.

A형역 매년 미국에서만도 전 세계의 모든 바다에서 상어에 물리는 만큼의 3배 이상이나 되는 사람이 번개에 맞는다. 상어에 대한 편견이 너무나 강하고 깊어서 대부분의 사람들은 인류에 대한 상어의 많은 선행들을 알지 못하고 있다. 수세기 동안 그것들은 식량, 비료, 화장품과 가죽에 사용되어 왔으며 비타민과 의약품 등의 원료로 이용되어 왔다.

무난역 매년 미국에서만 하더라도 전 세계의 바다에서 상어에게 물려 죽는 사람들보다 세 배나 많은 사람이 번개에 맞아 죽는다. 대다수 사람들은 상어를 너무 잘못 알고 있어서 상어가 인류에게 얼마나 유익한지 잘 모르고 있다. 수세기 동안, 인류는 상어를 음식으로 먹기도 하고 비료나 화장품의 원료로 사용하기도 하고, 가죽으로도 썼으며, 비타민과 의약품의 원료로도 사용해 왔다.

모범역 매년 미국에서만 하더라도 전 세계의 바다에서 상어에게 물려 죽는 사람들보다 세 배나 많은 사람이 번개에 맞아 죽는데도 대다수 사람들은 상어를 아주 나쁘게 생각하여 상어가 인류에게 얼마나 유익한지 잘 모른다. 우리는 수세기 전부터 상어고기를 먹기도 하고 비료나 화장품의 원료로 사용하기도 하고, 가죽으로도 썼으며, 비타민과 의약품의 원료로도 사용해 왔다.

03

Many students fail at taking notes because they try to write down too much of what is being said. Some students feel that they should write down as many of the lecturer's words as possible in order to make a good set of notes. Or they feel that they should outline the lectures they hear. In either case, the notetaker cannot be effective.

해설_ ① fail은 '실패하다'보다는 '제대로 적지 못한다.'로 하는 것이 훨씬 자연스럽고, is being said는 '말해지는'보다는 '말하는'으로 하는 것이 좋다.

② 이 문장의 경우 feel은 '느끼다'가 아니라 '생각하다'다. try to write down을 '받아 적으려고 시도하기'로 번역했는데, 그냥 '받아 적으려 하기'로 처리하는 것이 좋다.

③ In either case ~ cannot be effective.도 '어떤 식으로 하든, 이 두 가지 모두 비효율적이다.'로 처리하면 간단하다.

A형역 많은 학생들은 말해지는 것들의 너무 많은 것을 받아 적으려고 시도하기 때문에 노트정리에 실패한다. 어떤 학생들은 노트를 잘하기 위하여 가능한 한 강사의 말을 많이 받아 적어야 한다고 느낀다. 또는 그들은 자기들이 듣고 있는 강의를 요약해야 한다고 느낀다. 어느 쪽의 경우든 이 두 경우의 필기자는 능률적일 수 없다.

모범역 학생들은 대부분 듣는 것을 너무 많이 적으려 하기 때문에 노트를 제대로 정리하지 못한다. 어떤 학생들은 강사가 하는 말을 모두 받아 적어야 한다고 생각하기도 하고 또 다른 학생들은 듣고 있는 강의를 요약해야 한다고 생각하지만, 이 두 가지 방법 모두 효과적으로 노트를 하는 방법이라 할 수 없다.

보어 번역테크닉

새삼 보어라는 말의 뜻을 정리할 필요야 없겠지만, 보어란 모름지기 보완하고, 보충하는 말이라는 정도는 알아 두어야 한다. 뜻을 이해할 수 없는 문장은 문장성분을 제대로 배열하지 못했기 때문이다. 그리고 불완전한 문장은 어떤 문장성분을 추가로 넣어 주어야 한다. 비단 보어만 불완전한 문장을 완전하게 하는 것은 아니다. 수식어, 조사, 접속사, 수사 등도 문장을 완전하게 하는 데 필요하다.

영문은 통상 2형식구문과 5형식구문에 보어가 나온다. 2형식구문과 5형식구문에 보어가 반드시 있어야 하는 것은 절름발이 동사인 불완전자동사와 불완전타동사를 활용하여 문장을 만들었기 때문이다. 어떻게 보면 불완전동사와 보어는 한 몸이라 할 수 있다. 번역학적으로 말하면 하나의 의미단위(meaning unit)라는 것이다. 별도로 떨어져서는 제구실을 못하는 단어들이라는 뜻이다.

그리고 영문에서는 2형식동사와 어울리는 보어를 주어의 상태나 동작을 보완해주는 말이라 하여 '주격보어'라 하고, 5형식동사와 어울리는 보어를 목적어의 상태나 동작을 보완해주는 말이라 하여 '목적격보어'라 한다.

한국어의 경우도 마찬가지지만 사실 보어는 문장을 만드는 데 반드시 필요한 주요 성분은 아니다. 보어를 활용하지 않고도 어떤 상황을 얼마든지 표현할 수 있기 때문이다. 반대로 보어를 활용한 구문은 상황을 상세하게 나타내는 경우라 할 수 있다. 번역을 하다 보면 보어로 번역하면 어색한 경우가 많으므로 융통성을 발휘해야 한다.

다음 문장을 통해 보어 번역에 관해 정리해 두기 바란다.

01 **The Committee have been unable to agree on a place for their meetings.**

그 위원회는 그들의 회합을 위한 장소에 동의하지 못했다.
⇒ 그 위원회는 어디에서 회의를 열 것인지 합의하지 못했다.

해설_ to agree 이하가 보어 역할을 하고 있지만 이 문장의 경우 보어로 번역하기보다 목적어로 전환하여 번역하면 훨씬 자연스럽다. ⇒ 그 위원회는 어디에서 회합할 것인지를 합의하지 못했다. ⇒ 그 위원회는 어디에서 회의를 열 것인지 합의하지 못했다.

02 He was always the first to come and the last to leave the office.

그는 언제나 제일 먼저 나오고 그리고 제일 늦게 사무실을 떠났다.
⇒ 그 사람은 항상 제일 먼저 출근해서 제일 늦게 퇴근했다.

해설_ 2형식구문을 그대로 직역해도 별 무리가 없지만, 굳이 '사무실이나 직장'이란 말을 넣지 않아도 된다.

03 By taking a little exercise every day the average person can keep himself in fit condition.

매일 조금씩 운동을 함으로써 보통 사람은 자신을 건강한 상태로 유지할 수 있다.
⇒ 보통사람들은 매일 조금씩만 운동해도 건강하게 살아 갈 수 있다.

해설_ 5형식구문으로 목적격보어를 활용한 구문이다. by는 '~함으로써'보다는 '~하면'으로 처리하면 더 자연스럽다. '건강한 상태로'가 목적어 himself를 보충 · 설명하고 있다. "조금씩이라도 매일 운동을 하면 보통사람들은 건강하게 생활해 나갈 수 있다."에서 사람 주어를 앞으로 내세워 다음과 같이 처리하는 것이 가장 좋다.

04 We have found effective in such cases a mild salt solution.

우리는 그러한 증상에는 묽은 소금물이 효과적임을 발견했다.
⇒ 우리는 그러한 증상에는 묽은 소금물을 투여하면 효과적이라는 것을 알게 되었다.

해설_ 보어인 '묽은 소금물(a mild salt solution)'에 '투여하다'라는 타동사를 보충하여 '소금물'을 목적어로 삼아 처리하는 것이 좋다.

05 The two men sat fascinated by their first sight of television.

그 두 사람은 텔레비전을 처음 본 것으로 인해 황홀하게 되어 앉아 있었다.

⇒ 두 사람은 처음 TV를 보고는 신기해하며 앉아 있었다.

해설_ 2형식구문으로 비교적 단순한 내용인데 번역은 어색하다. fascinated를 '황홀하게 되다'로 처리하면 너무 큰 말을 선택한 것이다.

06 Things are often good or bad for us according as we look at them.

사물은 우리가 그것들을 보는 것에 따라서 종종 우리에게 좋게도 되고 나쁘게도 된다.

⇒ 일반적으로 사물을 어떻게 보느냐에 따라 그 사물을 좋게 볼 수도 있고 그렇지 않을 수도 있다.

해설_ 보어에 지나치게 집착한 직역이다. 이런 영문내용은 우리도 일상적으로 하고 있는 표현이므로 우리가 늘 사용하는 표현 중에서 선택하는 것이 가장 좋다. 무생물 주어인 Things는 이 경우 목적으로 처리하는 것이 좋다.

07 Such inventions have made food plentiful and cheap.

그와 같은 발명들은 식량을 풍요하고 값싸게 만들었다.

⇒ 그러한 발명을 함으로써 식량을 풍부하게 생산할 수 있었고 값도 싸졌다.

해설_ 목적격(food)보어로 plentiful and cheap를 활용한 구문으로 5형식이다. '발명들(주어)이 식량(목적어)을 풍요하고 값싸게(보어) 만들어 놓았다(술어)'형태로 한국어 관점에서 보면 아주 어색하다. '발명'이 '식량'을 어떻게 만들 수 있을까? 무생물 주어 such inventions를 부사적으로 처리한 뒤 사람을 주어로 삼아 번역하는 것이 좋다.

08 We found our car unharmed in any way.

우리는 우리의 차가 어떤 식으로든 상하지 않았음을 발견하였다.

⇒ 우리는 (우리) 차가 멀쩡하다는 것을 알았다. / 우리 차는 아무렇지도 않았다.

해설_ 5형식구문으로 our car가 목적어이고, unharmed가 목적격보어다. 다른 표현은 크게 고칠 것이 없고 여기서 found는 '발견하다'가 아니라 '알다'다.

09 Don't tell Mrs. White anything you wish forgotten.

"당신이 잊어버려야 한다고 바라는 것은 무엇이나 화이트 부인에게 말하지 마시오." "당신이 잊어버려야 한다고 바라는 ⇒ 당신이 생각하고 싶지 않은 ⇒ 당신에게 필요 없는 ⇒ 쓸데없는"으로 전환할 수 있다. ⇒ 해서는 안 되는 말은 모두 화이트 부인에게 하지 마세요. / 쓸데없는 얘기는 화이트 부인에게 절대 하지 마세요.

10 He became aware of something strange in their talk.

그는 그들의 이야기 속에 무엇인가 낯선 것이 있다는 것을 알게 되었다.
⇒ 그 사람은 그 사람들의 이야기를 듣고 이상한 낌새를 알아차렸다.

해설_ aware를 주격보어로 활용한 구문이다.

11 You seem to know everything about the matter.

너는 그 문제에 대해서 모든 것을 알고 있는 듯하다.
⇒ 너는 그 문제를 모두 알고 있는 것 같다.

해설_ 부정사(to know)를 주격보어로 활용한 간단한 문장이다. about 이하를 목적어로 전환하여 처리하는 것이 좋다.

12 One of the most pleasant things in the world is going a journey.

세상에서 가장 즐거운 것 중에서 하나는 여행하는 일이다.
⇒ 여행하는 것도 세상에서 가장 즐거운 일중의 하나다.

해설_ 동명사(going)를 주격보어로 활용한 구문이다.

13 The next question is who is going to tie the bell around the cat's neck.

다음 문제는 누가 고양이의 목에 방울을 달러 가려고 하느냐 하는 일이다.
⇒ 다음은 누가 고양이의 목에 방울을 다느냐는 것이다.

해설_ who가 이끄는 절을 주격보어로 활용한 구문이다.

14 I will do my best to make you what you wish to be.

나는 네가 되고 싶어 하는 것이 되도록 최선을 다할 것이다.
⇒ 네가 하고자 하는 일을 할 수 있도록 최선을 다해 도우마. / 네가 되고자 하는 사람이 될 수 있도록 최선을 다해 도울 것이다.

해설_ 이 문장은 what이 이끄는 절을 목적격보어로 활용한 구문이다. you wish to be를 '어떠한 사람이 되고 싶은'으로 처리하는 것이 일반적이지만 wish의 의미를 살리면 '어떤 일을 하며 살고자'로도 처리할 수 있다.

15 He found the child's mother dead in the snow on the road.

그는 그 아이의 어머니가 길가의 눈 속에서 죽어있는 것을 발견했다.
⇒ 그 사람은 길가의 눈더미 속에서 죽어 있는 그 아이의 어머니를 찾아냈다.

해설_ 지각동사(found)의 보어로 dead를 활용한 구문이다. 이 문장은 문법적인 해체보다 문맥해체가 다소 까다로운 문장이다. 위의 번역문처럼 번역할 경우 "그 아이의 어머니가 길가의 눈 속으로 들어가 죽었다."는 다소 희한한 표현이 된다. 이럴 경우 부사구인 in the snow on the road를 앞으로 내세워 번역하는 것이 바람직하다.

16 The expansion of universities is one marked feature of the social life in the present age.

대학들의 확장은 현대시대에 있어서의 하나의 두드러진 사회적 생활의 양상이다.
⇒ 대학을 대형화하는 것도 현대사회의 두드러진 특징이라 할 수 있다.

해설_ one marked feature를 is의 보어로 활용한 구문 The expansion of universities를 '대학들의 확장'처럼 번역하는 습관은 아주 나쁘다. 왜냐하면 영어는 명사적 표현을 많이 활용하는 반면 한국어는 서술적인 표현이 어울리기 때문이다. 따라서 '대학들의 확장'이 아니라 '대학을 확장하는 것은'으로 처리하는 것이 바람직하다. '대학을 확장하다'도 좀 구체적으로 표현하면 '대학의 규모를 크게 하다'로 할 수 있다. expansion이 주로 수적인 팽창보다는 규모나 면적, 용적의 팽창을 뜻하기 때문이다. social life는 굳이 번역하지 않아도 '현대'라는 큰 말 속에 들어 있다고 볼 수 있다.

17 I have heard people remark, over the years, that they had seen him on his daily walk.

나는 그 세월 동안, 그의 일상적인 걷기에 있는 그를 그들이 보았다고 사람들이 말하는 것을 들었다.
⇒ 나는 그해 이후 계속, 그 사람이 매일 산책하는 것을 보았다는 다른 사람들의

말을 들었다.

해설_ remark를 목적격보어로 활용한 구문 over the years를 '그 세월 동안'으로 처리하는 것보다 '그 몇 해 동안 계속' 또는 '그해 이후 죽'으로 처리하는 것이 좋겠다.

18 **As soon as you do a thing and try to do it well, you become interested in doing it.**

어떤 일을 하고 그리고 그것을 잘 하려고 시도하자마자, 너는 그것을 하는데 흥미를 지니게 된다.

⇒ 어떤 일을 할 때 그 일을 열심히 하다보면 곧장 그 일에 흥미를 가지게 될 것이다.

해설_ become의 보어로 interested를 활용한 구문. 문장만 해체해서는 무슨 뜻인지 알 수가 없다.

19 **The trunks of the trees too were dusty and the leaves fell early that year and we saw the troops marching along the road and the dusk rising.**

나무줄기들도 너무 먼지가 많았고, 그리고 그 잎사귀들은 그해 일찍 떨어졌다. 그리고 우리는 부대가 길을 따라 행진하고 그리고 먼지가 일어나는 것을 보았다.

⇒ 그해는 유달리 낙엽이 빨리져서 그런지 나뭇가지에도 이미 먼지가 뽀얗게 쌓여 있었다. 그래서 그 숲 사이로 군인들이 먼지를 일으키며 행진하고 있는 것을 볼 수 있었다.

해설_ saw의 보어로 marching과 rising을 활용한 구문. 문장의 논리 연관성을 고려하지 않고 word to word식으로 처리하면 간단하겠지만 그렇게 하면 번역문이 부자연스럽다. and we saw를 단순히 '그리고 우리는 보았다'로 처리하면 문맥이 끊어지므로 최대한 문맥의 연결고리를 찾아 논리에 맞도록 번역하는 것이 중요하다. 유난히 많은 and를 자연스럽게 처리해야 한다.

20 **Commerce is buying and selling or exchanging goods. Some countries can better produce one thing, and some another.**

상업은 상품을 사고파는 것 또는 교환하는 것이다. 어떤 나라들은 어떤 물건을 특히 잘 생산하고, 그리고 어떤 또 다른 나라도 그렇다.

⇒ 상품을 매매하거나 교환하는 것을 상업이라고 하는데 나라마다 잘 만드는 상

품이 따로 있다.

해설_ buying, selling, exchanging을 is의 주격보어로 활용한 구문. 이 문장은 어순배열을 좀 달리하여 처리하는 것이 좋다. 문장 전후를 전환하여 '~하는 것을 commerce라 하는데~'형식으로 처리하는 것이 좋다.

다음 문장을 통해 보어 번역테크닉을 정리해 두자.

01

I find it wholesome to be alone the greater part of the time. To be in company, even with the best, is soon wearisome and dissipating. I love to be alone. I never found the companion that was so companionable as solitude. We are for the most part more lonely when we go abroad among men than when we stay in our chambers. A man thinking or working is always alone, let him be where he will. Solitude is not measured by the miles of space that intervene between a man and his fellows.

해설_ 첫 문장의 경우 보어로 처리하기보다는 목적어로 번역하는 것이 좋다. 예를 들어 '나는 혼자 있는 것을 더 유익하다고 생각하기 때문에 대부분 혼자 지낸다.'처럼. 물론 '혼자 지낸다.'는 표현이 없는데 어떻게 그렇게 표현할 수 있나?하고 반문할 수도 있다. 하지만 전체 문맥을 보면 이미 이 글을 쓴 사람은 늘 혼자 지내기를 좋아하고 실제 그렇게 한다는 내용이 이미 포함되어 있기 때문에 얼마든지 덧살을 붙일 수 있다.

① To be in company, even ~ dissipating.구문도 문장전환법을 활용하여 전체 문장의 순서를 바꾸어 문맥의 논리를 맞추어 번역하는 것이 좋다. "아무리 절친한 친구라 하더라도 함께 있으면 곧 따분해지고 산만하기만 하다."로.

② I never found ~ as solitude.는 "혼자 있을 때보다 다른 사람을 만나 편해 본적은 아직 한 번도 없다."라는 뜻.

③ A man thinking ~ he will.구문도 부사적인 where he will을 먼저 표현하는 것이 좋다. "사람은 어디서 사색을 하건 일을 하건 항상 고독하긴 매한가지다."

④ Solitude is not ~ his fellow.구문은 "다른 사람이나 동료와 떨어져 있는 공간의 차이에 따라 고독하거나 그렇지 않다는 것은 아니다"는 뜻.

A형역 나는 대부분의 시간을 혼자 있게 되는 것이 건전하다는 것을 발견한다. 설령

최고와 함께 있다고 해도 함께 있게 되는 것은, 곧 따분하고 그리고 산만하다. 나는 홀로되는 것을 사랑한다. 나는 고독만큼 그렇게 사귀기 편했던 동반자를 결코 발견하지 못했다. 우리는 우리가 우리의 거실에 머물고 있을 때보다 우리가 사람들 사이에 돌아다닐 때 대부분 더욱 고립된다. 생각을 하거나 일을 하는 사람은 항상 고독하다. 그 자신을 어디에 놓아두든. 고독은 어떤 사람과 그의 동료들 간에 개재하고 있는 공간의 거리에 의해 측정될 수 있는 것은 아니다.

모범역 나는 다른 사람과 어울리기보다는 혼자 지내는 것을 더 유익하다고 생각한다. 아무리 절친한 친구와 함께 있다고 해도 곧 따분해지고 마음이 뒤숭숭해지기는 마찬가지다. 나는 혼자 있기를 좋아하며 아직까지 혼자 있는 것보다 다른 사람을 만나 편해본 적은 한 번도 없다. 사람은 대개 집에 있을 때보다 여러 사람들 속에 파묻혀 있을 때 더 외로운 법이다. 사색을 하건 일을 하건 장소에 상관없이 고독하긴 매한가지다. 다른 사람이나 동료 간에 떨어져 있는 공간의 차이에 따라 고독하거나 그렇지 않은 것은 아니다.

02

Examinations are not things that happen only in school. They are a feature of life occurring again and again, whether in the form of decisive interviews to pass, or important letters to write, or meetings to address, or girls to propose to. In most of these crises, you cannot bring your notes with you and must not leave your brains behind. The habit of passing examinations is therefore one to acquire early and to keep exercising even when there is a possibility of doing without them.

해설_ ① 첫 문장의 경우 보어 역할을 하는 '발생하는 것은'은 굳이 이렇게 표현할 필요는 없다. 부사적인 표현인 in school을 문두에 놓고 주어인 Examinations를 목적어로 전환하여 "학교에서만 시험을 치는 것은 아니다."로 처리하면 깔끔하다.

② 두 번째 문장도 어순을 정리하여 "운명을 좌우하는 면접시험을 보는 것이나 중요한 편지를 써야만 하는 것, 모임에서 해야만 하는 연설, 여성에게 하는 구혼 등도 시험에 해당하며 이러한 시험은 피하려고 해도 피할 수 없는 인생의 중대사인 것이다." 정도로 처리하면 된다.

③ not leave your brains behind.를 "두뇌를 뒤에 놓아두고 잊어버릴 수는 없다"로 처리

했는데 무슨 뜻인지 도무지 알 수 없다. leave를 behind와 연계하여 '~을 잊어버리다'로 생각하기 일쑤인데 문맥과는 거리가 먼 표현이다. 이 경우는 "머리를 쓰지 않으려고 해도 쓰지 않을 수도 없는 노릇이다."정도로 정리하는 것이 좋다.

④ 마지막 문장도 "습관은 ~ 습관인 것이다."로 처리하여 장황하게 서술해 놓았다. "따라서 시험을 보지 않아도 된다 하더라도 항상 시험을 통과할 수 있도록 꾸준히 연습을 해 두어야 하는 것이다."로 간략하게 처리해도 된다.

A형역 시험은 학교에서만 발생하는 것은 아니다. 시험이라는 것은, 운명을 결정짓는 면접을 통과하지 않으면 안 된다든가, 중요한 편지를 쓰지 않으면 안 된다든가, 모임의 석상에서 연설을 하지 않으면 안 된다든가, 또는 여자에게 구혼을 한다든가 하는 어떤 형태에서든, 여하튼 자주 생기는 인생의 중요한 일면인 것이다. 대개 이러한 중대한 순간에 노트는 가져갈 수 없고, 또한 두뇌를 뒤에 놓아두고 잊어버릴 수는 없다. 따라서 시험에 통과하는 습관은 일찍부터 길러서 시험 없이도 해나갈 수 있는 때라도 연마를 계속해야 할 습관인 것이다.

모범역 학교에서만 시험을 치는 것은 아니다. 운명을 좌우하는 면접시험을 보는 것, 중요한 편지를 쓰는 것, 모임에서 연설을 하는 것, 여성에게 구혼을 하는 것 등도 모두 시험이라 할 수 있으며 이런 일은 피하려고 해도 피할 수 없는 일생의 중대사다. 대개 이처럼 중요한 시험을 칠 때는 노트를 볼 수도 없을 뿐만 아니라 머리를 쓰지 않으려고 해도 쓰지 않을 수가 없다. 따라서 시험을 보지 않아도 되는 상황이라 하더라도 항상 시험을 통과할 수 있도록 꾸준히 연습을 해 두는 것이 좋다.

무생물 주어구문 번역테크닉

1. 영문의 주어자리에는 주어로 부적절한 추상명사, 동명사, to부정사 등이 오는 경우가 많은데, 이런 주어는 한국어의 주격조사'~은, ~는, ~이, ~가'를 붙여 번역해서는 그 의미를 전달하기가 어려운 경우가 많으므로 주부(主部)를 부사절이나 부사구로 바꾸어서 번역하는 것이 좋다.

2. 부사절이나 부사구란, 조건을 나타내는 if, 이유를 나타내는 because, since, as, 양보를 나타내는 although, though, however 등의 의미로 처리하라는 것이다.

3. 영문 주어를 부사절로 바꿀 경우는 영문의 목적어 또는 소유격을 주어로 삼아 번역하는 것이 좋다.

4. 조동사 will(would), shall(should), can(could), may(might), must를 활용한 영문 주어는 if 조건절로 번역하는 것이 좋다.

위와 같은 착안사항을 고려하여 번역하면 번역한 냄새(?)가 나지 않는 좋은 번역을 할 수 있다.

01 **The weakness of my flesh has prevented me from enjoying that communion with the human race that is engendered by alcohol.**

나의 육체의 나약함은 나로 하여금 술로 인해 생기는 사람들과의 교제를 즐기는 것을 막았다.

⇒ 몸이 약하기 때문에 나는 사람들과 술을 마시면서 흥겹게 지낼 수가 없었다.

02 **The volatility of yen and dollar parities has not killed off fruitful trade in goods and services or mutually beneficial**

movements.

엔화와 달러화 평가(등가)들의 불안정성은 재화와 용역에 있어서의 효율적인 교역이나 상호 유익한 자본이동을 말살시키지는 않았다.

⇒ 엔화, 달러화간의 환율이 불안정하기는 하지만 그렇다고 해서 상품이나 서비스의 효율적인 교역이나 상호 유익한 자본이동이 불가능하게 된 것은 아니다.

해설_ 이 문장에서 movements를 자본이동으로 본 것은 이 문장이 엔화와 달러화의 환율 문제를 다루고 있기 때문. 화폐의 이동 = 자본이동.

03 Long habit has made it more comfortable for me to speak through the creatures of my invention.

오랜 습관은 내 발명의 피조물들을 통해서 말하는 것을 나에게 더욱 편리하게 만들었다.

⇒ 나는 오랜 습관으로 인해 내가 만들어낸 가상의 인물들을 통해 말하는 것이 더 편하다.

해설_ 이 문장에서 유의해야 할 것은 invention(발명)과 creatures(피조물)이다. 발명은 본래 없는 것을 새로이 만든다는 것이고, 피조물은 자연적으로 생긴 것이 아니라 인위적으로 만들었다는 뜻이 내포되어 있다. '발명에 의한 피조물'이란 '가상의 인물'이란 뜻이다.

04 Their overestimation of Korea's importance in the world can lead to some funny results.

세계에서의 한국의 중요성의 그들의 과대평가는 어떤 우스운 결과에 이를 수도 있다.

⇒ 만약 그 사람들이 세계에서 차지하는 한국의 비중을 과대평가한다면 우스운 결과를 초래할 수도 있다.

05 The fall of communism has allowed Korea Shoes to re-enter Eastern European market.

공산주의의 몰락은 코리아 제화를 동유럽 시장으로 재진입하는 것을 허락해 주었다.

⇒ 공산주의가 몰락함으로써 코리아 슈즈(Korea Shoes)는 동유럽 시장으로 재진출 할 수 있었다.

06 **The recurrence of this pleasure naturally keeps their interest in literatures very much alive.**

이러한 즐거움의 반복은 자연스럽게 문학에 대한 그들의 흥미를 대단히 활발하게 유지한다.

⇒ 이처럼 늘 즐겁기 때문에 그 사람들은 자연히 문학에 지대한 관심을 가지게 되는 것이다.

07 **No amount of popular clatter will persuade them that it is pleasurable.**

그 어떠한 만큼의 대중의 외침도 그것이 재미있다고 그들을 설득하지 못할 것이다.

⇒ 그 사람들은 아무리 많은 사람들이 떠들어대도 그것이 재미있다고 생각하지 않을 것이다.

08 **No chill silence of the street-crowds will affect their conviction that the book is good and permanent.**

길거리 군중들의 냉정한 침묵도 그 책이 좋고 영원하다는 그들의 확신에 아무런 영향을 주지 않을 것이다.

⇒ 대중들이 아무리 냉담한 반응을 보인다고해도 그 사람들은 그 책을 불후의 명작이라고 확신할 것이다.

09 **The failure of a major steel mill or glass factory to deliver needed supplies to an auto plant could, under certain circumstances, send repercussions throughout a whole industry or regional economy.**

자동차공장에게 필요한 물자들을 공급하기 위한 대규모 철강공장이나 유리공장의 실패는 경우에 따라서는 전 산업 또는 지역경제에 걸쳐서 영향을 줄 수도 있다.

⇒ 만약 대규모 철강공장이나 유리공장이 자동차공장에 필요한 물자를 공급해 주지 못하면, 상황에 따라서는 전 산업 아니 지역경제 전체에 악영향을 끼칠 수도 있다.

10 **A lack of massive privatization will mean perpetuation of the huge government bureaucracy in Moscow and in the republics.**

대폭적인 사유화의 결핍은 모스크바와 그 공화국들에 있어서의 거대한 정부관료 정치의 영속화를 의미할 것이다.

⇒ 사유화를 대폭적으로 확대하지 않는다면 모스크바와 러시아 공화국들은 거대한 정부관료 조직이 계속 정치를 하게 될 것이다.

11 **Such a state of affairs would at best be a drag on reforms and could be a source of a new counterrevolution.**

사건들의 그러한 상태는 고작해야 개혁들에 대한 지체가 되고 그리고 새로운 반혁명의 원천이 될 수 있다.

⇒ 사태가 그 지경이 되면 개혁이 지체될 것은 뻔하고 그렇게 되면 반혁명이 일어날지도 모른다.

12 **Crash privatization will not deliver goods right away.**

과감한 사유화가 곧장 물건들을 가져다주지는 않을 것이다.

⇒ 사유화를 과감하게 추진한다하더라도 물자가 당장 풍족하지는 않을 것이다.

13 **The breakdown of global trade talks and U.S. frustration with some of its main trading partners, Japan and the EC in particular, has transformed the mood in Washington in favour of closer economic ties with its big southern neighbor.**

세계무역회담의 결렬과 그 주요 무역상대국들인 특히 일본 및 유럽공동체와의 미국의 좌절은 워싱턴의 무드를 그의 큰 남쪽 이웃과의 좀 더 긴밀한 경제 유대를 선호하는 쪽으로 변경시켰다.

⇒ 세계무역회담이 결렬되고 특히 주요 무역상대국인 일본 및 유럽공동체와 협상이 결렬되자 워싱턴(미국)은 미국 남쪽에 있는 거대한 인접국가와 좀 더 긴밀한 경제적 유대관계를 가질 필요가 있다는 쪽으로 바꾸어 놓았다.

14 **The dismantlement of barriers among members would automatically give them a trade preference, putting outsiders at a relative disadvantage.**

회원국들 간의 무역장벽의 제거는 자동적으로 그들에게 무역특혜를 줄 것이며 국외 국들에게는 상대적으로 불리함을 주게 될 것이다.

회원국들이 상호 무역장벽을 제거하면 회원국들은 자연히 무역특혜를 받게 되는 반면 그 외의 나라들은 당연히 불리한 처지가 될 것이다.

15 **A glance at the dictionary will show that the verb 'to know' is used in a variety of ways.**

사전에서의 한 예는 동사 '알다'는 다양한 방식들로 사용되고 있다는 것을 보여줄 것이다.

⇒ 사전을 찾아보면 동사 '알다(to know)'를 여러 가지 의미로 사용하고 있다는 것을 알 수 있다.

16 **Mastering English in a year or two is very difficult.**

1년 또는 2년 안에 영어를 마스터한다는 것은 매우 어렵다.

⇒ 1, 2년 한다고 해서 영어를 마스터할 수 있는 것은 아니다.

17 **Sleeping early and rising early is a good habit.**

일찍 자고 일찍 일어나는 것은 좋은 습관이다.

⇒ 일찍 자고 일찍 일어나야 건강에 좋다.

18 **Becoming a lady does not depend on the dress or the toilet.**

숙녀가 되는 것은 정장 또는 화장에 달려 있는 것이 아니다.

⇒ 화장을 하고 정장을 입는다고 해서 숙녀가 되는 것은 아니다.

19 **Her sending me a beautiful X-mas card makes me happy.**

아름다운 크리스마스카드를 나에게 그녀의 보냄은 나를 행복하게 만들었다.

⇒ 그녀가 예쁜 크리스마스카드를 보내줘서 나는 행복하다. / 그 여자가 내게 예

뿐 크리스마스카드를 보내 주어서 얼마나 기쁜지 모르겠다.

20 **Being brought up in an English atmosphere is the best way to master English.**

영어 환경 속에서 성장되는 것이 영어를 마스터하기 위한 가장 좋은 방법이다.

⇒ 영어권에서 살아야 영어를 가장 올바르고 쉽게 배울 수 있다.

21 **To telephone and write at the same time is a very difficult thing.**

전화를 하고 그리고 동시에 적는 것은 매우 어려운 일이다.

⇒ 전화를 하면서 뭔가를 적으려면 아주 어렵다.

22 **Early to sleep and early to rise makes a man healthy, wealthy and wise.**

일찍 자고 일찍 일어나는 것은 사람을 건강하고, 부유하고 그리고 현명하게 만든다.

⇒ 일찍 자고 일찍 일어나면 건강할 뿐만 아니라 여유가 있고 정신도 맑다.

23 **To eat and to drink are necessary in order to live.**

먹고 마시는 것은 살기 위해서 필요하다.

살기 위해서는 먹고 마셔야 한다.

24 **Happiness comes to people who work hard.**

행복은 열심히 일하는 사람에게 찾아온다.

⇒ 열심히 일하다 보면 자연히 행복하게 된다.

25 **In the United States, railroads developed more slowly than in Europe.**

미국에서의 철도는 유럽에서보다 더 늦게 발전했다.

⇒ 유럽에 비해 미국의 철도는 훨씬 늦은 속도로 발전했다.

26 To be or not to be – that's the question.

존재하느냐 또는 존재하지 않느냐 - 그것이 문제다.

⇒ 사느냐 죽느냐 그것이 문제로다.

27 There followed a long period of peace and prosperity.

평화와 번영의 오랜 기간이 뒤따르고 있었다.

⇒ 오랜 기간 동안 평화로웠고 번영했다.

수동구문 번역테크닉

수동구문은 단지 수동적인 의미만 나타내는 것이 아니다. 능동문으로 바꾸되 내포된 의미까지 표현할 수 있어야 한다.

영문은 다음과 같은 경우에 수동태를 많이 쓴다.

① 행위를 받는 쪽을 강조하거나 행해진 일을 중심으로 서술할 때
② 행위자를 구체적으로 밝힐 수 없어 무생물을 주어로 활용할 때
③ 능동태의 주어가 일반인일 때
④ 수동적인 의미 없이 자동적인 의미를 나타낼 때
⑤ 인간의 감정, 신체피해, 위치, 종사하는 직업을 중점적으로 서술할 때

위의 다섯 가지 이유 때문에 수동태를 활용하지만 가장 중요한 것은 글쓴이의 감정, 주어의 감정을 나타내기 위해 수동태를 활용한다는 것이다. 즉 화자나 주어의 슬픔, 놀람, 기쁨 등을 강조하기 위해서 수동태를 활용한다는 것이다. 수동태 구문은 정상 어순인 능동태 구문의 도치구문이므로 글쓴이가 강조하고자 하는 어구가 앞으로 나오므로 그 어구를 강조해서 처리하는 것이 중요하다.

한편, 한국어도 어구를 앞으로 내세워 강조하는 경우가 있지만 대체적으로 감탄사나 부사를 많이 활용하는 것이 일반적이므로 영어와 한국어의 강조패턴을 염두에 두는 것이 좋다. 수동구문은 능동형 구문으로 바꾸어 번역하되 본래의 능동구문과는 그 의미가 다소 다를 수 있으므로 숨어 있는 속뜻을 생각해 보아야 한다.

01 The room is heated by electricity (by us).

우리는 그 방을 전기로 데운다.

해설_ 이문장은 We heat the room by electricity.(우리는 그 방을 전기로 데운다.)로 하면 되는데 수동태로 처리한 이유는 난방을 하긴 하는데 그 방만큼은 전기로 한다는 의미가 숨어 있다.

02 Her mirror was broken by mistake by the boy.

그 아이가 실수로 그 여자의 거울을 깨뜨리고 말았다.

해설_ 이 문장은 The boy broke her mirror by mistake.(그 아이가 실수로 그 여자의 거울을 깨뜨렸다.)로 하면 되는데 수동태로 처리한 이유는 실수로 거울을 깨뜨려서 안타깝다는 심경을 나타내고 있다.

03 This argument must be finished within an hour(by us).

우리는 한 시간 안에 이 토론을 마쳐야만 한다.

해설_ 이 문장은 We must finish this argument within an hour.(우리는 한 시간 안에 이 토론을 마쳐야만 한다.)로 하면 되는데 '어떠한 일이 있어도 우리는 이 토론을 한 시간 안에 결말을 지어야 한다.'는 절박함을 암시한다.

04 Potatoes are being cooked by mother.

엄마가 감자요리를 하고 있다.

해설_ 이 문장은 Mother is cooking potatoes.(엄마가 감자요리를 하고 있다.)로 하면 된다. 감자요리를 빨리 먹고 싶은 I의 감정상태가 숨어 있다.

05 The city has been destroyed by the war.

그 전쟁은 그 도시를 파괴했다.

해설_ 이 문장은 The war has destroyed the city.(그 전쟁은 그 도시를 파괴했다.)로 하면 되는데, '전쟁으로 인해 도시가 그야말로 황폐화되고 말았다.'는 안타까운 심경을 토로하고 있다.

06 Your watch will have been repaired by tomorrow by me.

내일까지 시계를 수리해 주겠다.

해설_ 이 문장은 I shall have repaired your watch by tomorrow.(내일까지 시계를 수리해 주겠다.)로 하면 된다. '어떻게 해서든 내일까지는 수리해줄 테니 걱정하지 마라.'는 약속이 담겨 있다.

07 I was laughed at (by them).

사람들은 나를 비웃었다.

해설_ 이 문장은 They laughed at me.(사람들은 나를 비웃었다.)로 하면 된다. 사람들이 일방적으로 자기를 놀렸다는 자신(I)의 감정 상태를 나타낸다.

08 The store was cleaned out by the thieves.

그 도둑들은 가게를 털었다.

해설_ 이 문장은 The thieves cleaned out the store.(그 도둑들은 가게를 털었다.)로 하면 된다. "도둑놈들이 무식할 정도로 가게를 싹쓸이 해갔다."는 감정이 내포되어 있다.

09 He is looked up to by many people.

많은 사람들이 그 사람을 존경했다.

해설_ 이 문장은 Many people look up to him.(많은 사람들이 그 사람을 존경했다.)로 하면 된다. "많은 사람들이 그 사람을 진정으로 존경했다."처럼 He가 정말 훌륭한 사람이라서 다른 사람들이 자연스레 존경하게 되었다는 뜻이 있다.

10 The orphan should be taken great care of (by us).

우리는 그 고아를 잘 돌보아야만 한다.

해설_ 이 문장은 We should take great care of the orphan.(우리는 그 고아를 잘 돌보아야만 한다.)로 하면 된다. "어떠한 일이 있어도 그 고아를 잘 보살펴야 한다." 정도이다.

11 I am reminded of my mother by her.

그 여자는 나에게 나의 어머니를 상기시킨다.

해설_ 이 문장은 She reminds me of my mother.(그 여자는 나에게 나의 어머니를 상기시킨다.)로 하면 된다. "그 여자만 보면(생각하면) 자꾸 어머니가 떠오른다."처럼 갑자기 잠재의식이 되살아남을 강조.

12 He was taken for my teacher by me.

나는 그분을 우리 선생님으로 여겼다.

해설_ 이 문장은 I took him for my teacher.(나는 그분을 우리 선생님으로 여겼다.)로 하면 된다.

"나는 그분을 우리 담임선생님으로 착각했다."처럼 I의 일방적인 생각을 나타냄.

13 She was punished for telling a lie by me.

거짓말을 했기 때문에 나는 그 여자 애를 벌했다.

해설_ 이 문장은 I punished her for telling a lie.(거짓말을 했기 때문에 나는 그 여자 애를 벌했다.)로 하면 된다. '그 여자 애가 거짓말을 해서 가차 없이 내가 벌을 주었다.'처럼 벌주는 것을 당연시함.

14 It is said (by them) that he is honest. / He is said to be honest.

사람들은 그 사람이 정직하다고 말한다.

해설_ 이 문장은 They say that he is honest.(사람들은 그 사람이 정직하다고 말한다.)로 하면 된다. '그 사람이 정직하다는 것은 모든 사람이 다 아는 사실이다.'처럼 널리 알져진 사실임을 강조함.

15 They were seated on the sofa.

사람들은 소파에 앉았다.

해설_ 이 문장은 They seated themselves on the sofa.(사람들은 소파에 앉았다.)로 하면 된다. "사람들은 소파에 앉아 있었다."처럼 동작이 아니라 상태를 나타냄. 타동사의 목적어로 재귀대명사가 오면 동작을 나타내지만 이 문장을 수동태로 바꾸면 상태를 나타냄에 유의.

16 She was dressed in white (by her).

그 여자는 흰 옷을 입었다.

해설_ 이 문장 역시 능동으로 고치면 She dressed herself in white (by her).(그 여자는 자신을 흰색으로 입혔다. ⇒ 그 여자는 흰 옷을 입었다.)로 하면 된다. "그 여자는 흰 옷을 입고 있었다." 처럼 상태를 나타냄.

17 The truth was not believe by anybody.

아무도 그 사실을 믿지 않았다.

해설_ 이 문장은 Nobody believed the truth.(아무도 그 사실을 믿지 않았다.)로 하면 된다. "그 어느 누구도 그 사실을 믿지 않았다."처럼 더욱 강조한 표현. 물론 불특정 다수가 주어이기 때문에 수동으로 처리했다고 볼 수도 있음.

18 **The problem has never been solved by anyone.**

아무도 그 문제를 끝내 풀지 못했다.

해설_ 이 문장은 Anyone has never solved the problem.(아무도 그 문제를 끝내 풀지 못했다.)로 하면 된다. "그 문제를 푼 사람은 이 세상에 아무도 없었다." 정도로 강조됨.

19 **A trick was played on me by him.**

그 사람은 나에게 속임수를 썼다.

해설_ 이 문장은 He played me a trick. / He played a trick on me.(그 사람은 나에게 속임수를 썼다.)로 하면 된다. "그 사람의 권모술수가 교묘하기 짝이 없었다."처럼 he보다는 trick을 강조한 구문.

20 **A long letter was written to me by her.**

그 여자는 긴 편지를 나에게 썼다.

해설_ 이 문장은 She wrote me a long letter.(그 여자는 긴 편지를 나에게 썼다.)로 하면 된다. "그 여자는 구구 절절한 편지를 내게 보냈다."와 같은 강조구문.

21 **A nice present was bought for me by mother.**

엄마는 나에게 좋은 선물을 사 주셨다.

해설_ 이 문장은 Mother bought me a nice present. / Mother bought a nice present for me.(엄마는 나에게 좋은 선물을 사 주셨다.)로 하면 된다. "내가 그렇게도 갖고 싶었던 선물을 마침내 어머니께서 사 주셨다." 와 같은 표현.

22 **A question was asked of me by him.**

그 사람은 나에게 질문을 했다.

해설_ 이 문장은 He asked me a question. / He asked a question of me.(그 사람은 나에게 질문을 했다.)로 하면 된다. "내가 반드시 답변을 해야만 하는 질문을 그 사람이 했다."와 같은 표현.

23 **He was elected president (by them).**

사람들은 그 사람을 대통령으로 선출했다.

해설_ 이 문장은 They elected him president.(사람들은 그 사람을 대통령으로 선출했다.)로 하면 된다. '그 사람이 대통령으로 당선되었다.'처럼 중립적인 표현. 불특정 다수를 주어로 삼기보다는 he를 주어로 삼는 것. 투표를 한 사람 중 he에게 표를 던진 사람도 있을 것이고, 그렇지 않은 사람도 있기 때문에.

24 He was seen to enter the theater with her (by us).

우리는 그 여자와 함께 극장으로 들어가는 그 사람을 보았다.

해설_ 이 문장은 We saw him enter the theater with her.(우리는 그 여자와 함께 극장으로 들어가는 그 사람을 보았다)로 하면 된다. '여자와 함께 극장에 들어간 사람은 분명 그 사람이었다.' 처럼 he를 중심으로 서술한 강조구문. she와 we는 상대적으로 의미가 축소되고 '들켰다'는 의미를 강조하고 있다고 볼 수 있음.

25 I was allowed to do it by him.

그 사람은 내가 그 일을 하도록 했다.

해설_ 이 문장은 He let me do it.으로 하면 된다. "다행스럽게도 그 사람의 허락을 받아 그 일을 할 수 있었다."와 같은 표현.

26 He was seen kissing her by me.

나는 그 여자에게 키스하는 그 사람을 보았다.

해설_ 이 문장은 I saw him kissing her.(나는 그 여자에게 키스하는 그 사람을 보았다.)로 하면 된다. 나는 그 여자에게 키스하는 그 사람을 보았다. "여자와 키스하고 있는 그 사람을 분명히 보았다." 정도.

27 He was declared to be guilty by them.

그 사람들은 죄가 있는 것으로 그를 판결했다.

해설_ 이 문장은 They declared him to be guilty.(그 사람들은 죄가 있는 것으로 그를 판결했다.)로 하면 된다. "마침내 그 사람은 유죄판결을 받았다."처럼 '안타까움 또는 당연한 결과'를 암시.

28 The door was shut at six, but I don't know when it was shut.

6시에 문은 닫혀 있었지만 언제 문을 닫았는지는 잘 모른다.

해설_ 이 문장은 상태를 나타내는 수동표현인 was shut at six와 동작을 나타내는 수동표현인 was shut을 동시에 나타낸 구문. The door was shut at six.(그 문은 여섯 시에 닫혔다.)는 They had shut the door at six.(사람들은 그 문을 여섯 시에 닫았다.)의 수동표현이고, it was shut they shut the door.(사람들은 그 문을 닫았다.)의 수동표현. 여기서 유의해야 할 것은 동작을 먼저 했으므로 번역문에 시제를 분명히 밝혀 주어야 한다.

29 Our house is painted every year.

우리는 매년 우리 집을 칠한다.

해설_ 이 문장은 We paint our house every year.(우리는 매년 우리 집을 칠한다.)로 하면 된다. "어김없이 매년 우리는 집을 페인트로 단장한다."와 같은 뜻.

30 His composition is well written.

그 사람의 글은 정말 좋다.

해설_ 이 문장은 He has written his composition well.(그 사람은 작문을 잘 했다.)로 하면 된다.

31 You will soon get accustomed to the climate.

곧 기후에 적응하게 될 것이다.

해설_ 이 문장은 사람이 주어로 나와 있는데도 수동으로 되어 있다. 왜 그럴까? 영문에서는 이 문장이 상태를 나타내는지 동작을 나타내는지 분명히 하기 위해서 통상 수동태구문에서 사용하는 be동사 대신 <get, grow, become + p.p>구문을 사용하거나 <remain, lie, stand, rest + p.p>구문을 대신 사용한다. 바로 관용적인 표현이다. <get, grow, become + p.p>구문은 무조건 동작을 나타내고, <remain, lie, stand, rest + p.p>구문은 무조건 상태를 나타냄에 유의. '곧 기후에 적응하게 될 것이다.'처럼 '적응해나간다'는 능동적인 동태를 나타냄.

32 I got(became) acquainted with her there.

그곳에서 그 여자와 친하게 지냈다.

해설_ 이 문장 <get + p.p>구문으로 동태를 나타내는 수동구문. "그곳에서 그 여자와 친하게 지냈다."처럼 능동적인 동태를 강조하는 구문이다.

33 He grew excited.

그 사람은 점점 더 흥분했다.

해설_ 이 문장 역시 <grow + p.p>구문으로 동태를 암시하는 구문. "그 사람은 점점 더 흥분했다."와 같은 표현.

34 She remains unmarried.

그 여자는 여전히 미혼이었다.

해설_ 이 문장은 <remain + p.p>구문이므로 상태를 암시하는 구문. "그 여자는 여전히 미혼이었다."처럼 의식적으로 결혼을 하지 않았다기보다는 어쩌다 보니 아직 결혼을 하지 못했다는 뜻을 암시.

35 The fields lay thickly covered with snow.

들판에 눈이 많이 쌓여 있었다.

해설_ 이 문장도 <lie + p.p>구문이므로 상태를 암시하는 구문. "들판에 눈이 많이 쌓여 있었다."처럼 의도적으로 쌓았다는 뜻이 없다.

36 He stood accused of having betrayed his friend.

그 사람은 친구를 배신했다고 비난을 받고 있었다.

해설_ 이 문장도 <stand + p.p>구문이므로 상태를 암시하는 구문이다. "그 사람은 친구를 배신했다고 비난을 받고 있었다."처럼 최종적인 상태를 나타냄.

37 He lied hidden.

그 사람은 숨어 있는 상태였다.

해설_ 이 문장도 <lie + p.p>구문이므로 상태를 암시한다. "그 사람은 숨어 있는 상태였다."처럼 그 사람이 숨고 싶어서 숨었다는 뜻이 아님.

38 She rests satisfied.

그 여자는 만족스럽게 생각하고 있는 상태였다.

해설_ 이 문장도 <rest + p.p>구문이므로 상태를 암시한다. "그 여자는 만족스럽게 생각하고 있는 상태였다."처럼 당시만 만족했다는 것이 아니라 계속 만족스럽게 생각했다는 뜻.

39 The ship is building now.

배가 현재 건조되고 있는 중이다. / 현재 배를 건조하고 있는 중이다.

해설_ 이 문장은 겉으로 보아 수동구문이 아니지만 의미는 수동이다. 통상 영문에서는 자동사 뒤에 부사가 나오는 경우가 많은데 모두 수동의 의미를 나타낸다. 또한 이런 문장은 과거형 동사가 나오지 않고 주어 자리에는 통상 무생물 주어로 되어 있다. 물론 능동으로 처리하는 것이 좋다.

40 This novel translates well.

이 소설은 잘 번역되었다. / 이 소설은 번역을 잘 했다.

해설_ 이 문장도 자동사 뒤에 부사가 왔다.

41 The sight surprised me.

그 광경에 놀랐다.

해설_ 이 문장은 분명 능동이지만 그대로 번역하면 이상하다. 사람을 주어로 한 수동구문을 무생물 주어 능동구문으로 바꾼 것. 또한 영문에서는, <be + p.p ~ by + 목적어>구문에서 by 대신 at, with를 사용하여 at은 '놀람'을, with는 '기쁨'을 나타내는 경우가 있다. 이 문장은 I was surprised at the sight.의 변형이라 볼 수 있다.

42 The result did not satisfy me.

나는 결과에 만족하지 않았다. / 나는 결과에 만족할 수가 없었다.

해설_ 이 문장도 능동이지만, me 관점에서는 수동. 이 문장은 I wasn't satisfied with the result.의 변형이라 볼 수 있다.

unit 09 접속사 번역테크닉

with를 통상 '~와 함께, ~와, ~과' 등으로 번역하는 경우가 많은데 무조건 그런 뜻으로 번역을 해서는 안 되므로 다음과 같은 기본적인 의미를 익혀 두기 바란다.

영문에서 with가 나오는 구문을 살펴보면 통상 다음과 같은 형태로 되어 있다.

1. with + 명사 형태
2. with + 명사 + 형용사
3. with + 명사 + 전치사구
4. with + 명사 + to do
5. with + 명사 + doing
6. with + 명사 + p.p

1. ~때문에, ~하자(=because of) 등으로 번역

01 **With money to spare, this new class has begun to invest in the stock market.**

남아도는 돈으로, 이 새로운 계층은 증권시장에 투자하기 시작했다.

⇒ 여유 돈이 생기자 이 새로운 부류의 사람들은 증권에 투자를 하기 시작했다.

02 **Today, however, with so many nuts running loose, not to mention people who are high on drugs, it's risky to tangle with strangers.**

그러나 오늘날 마약에 높아진 사람들은 말할 것도 없고, 너무 많은 골치 덩어리들이 날뛰고 있는 것과 함께, 낯선 사람들과 다투는 것은 위험하다.

⇒ 그러나 요즘은 마약에 취한 사람들은 물론이고 미치광이들이 너무 많이 설치기 때문에 낯선 사람과 다투면 상당히 위험하다.

2. ~에도 불구하고(despite), ~하긴 하지만 등으로 번역

01 **I don't understand why he is always depressed with all his wealth.**

나는 왜 그가 그의 많은 재산과 함께 항상 우울한지 이해할 수가 없다.

⇒ 그 사람은 재산이 그렇게 많은데도 (불구하고) 왜 항상 우울한지 (나는) 모르겠다.

02 **With so subtle a gift of thought, with so rich a gift of words, the humanist Erasmus plainly had no gift of visual imagination.**

그렇게 신기한 사고의 재능과 그렇게 풍부한 말의 재능을 가진 휴머니스트 에라스무스는 분명히 시각적인 상상력의 재능은 가지고 있지 않았다.

⇒ 그토록 신통한 사고력과 풍부한 언어적 재능은 있었는지 모르지만 휴머니스트인 에라스무스는 분명 시각적인 상상력은 부족했던 것 같다.

3. ~함에 따라서, ~하면, ~오면 등으로 번역

01 **Most merchants report a slowdown in sales for October, but confidently expect an upturn with the approach of Christmas.**

대부분의 상인들이 10월 동안의 판매에 있어서 침체를 보도하지만, 그러나 크리스마스의 근접과 함께 자신 있게 상승을 전망한다.

⇒ 대다수 상인들이 10월에는 매상이 형편없다고 말하고 있지만 크리스마스가 다가오면 매상이 늘어날 것이라고 기대하고 있다.

02 With steam - and coal - based technologies, and later with the advent of electricity, it became possible for a manufacturer of clothing in Frankfurt, watches in Genova to produce far more units than the local market could absorb.

수증기 - 그리고 석탄 - 기반의 기술들과 그리고 나중에 전기의 발명과 함께 그것은 프랑크푸르트에 있는 직물 제조업자들과 제노바에 있는 시계 제조업자들이 그 지역시장이 흡수할 수 있는 것보다 훨씬 더 많은 단위들을 생산하는 것이 가능하게 되었다.

⇒ 증기나 석탄을 이용한 기술이 발전하고 이어서 전기를 발명하면서 프랑크푸르트의 식물 제조업자나 제노바의 시계 제조업자들은 국내시장에서 팔 수 있는 물량보다 훨씬 더 많은 물량을 생산할 수 있게 되었다.

4. '~한 채로'로 번역

01 The railroading of the 2017 budget bill through the National Assembly yesterday morning with only government party representatives in attendance is an indication of the improper style of legislatives performance in this country.

출석에 있어서 단지 정부 정당 의원들과 함께한 어제 아침 2017년도 예산안이 국회를 통과한 것은 이 나라에 있어서 입법 활동의 비정상적인 스타일의 표시다.

⇒ 어제 아침, 정부 여당 국회의원들만 참석한 채 2017년도 예산안을 통과시킨 것을 보면, 이 나라의 의정활동이 얼마나 비정상적인지 알 수 있다.

02 He just watched the two boys fighting with his hand in his pockets.

그의 주머니에 그의 손을 넣고 그는 단지 두 소년들이 싸우는 것을 보았다.

⇒ 그 사람은 주머니에 손을 넣은 채 두 아이가 싸우는 것을 보고만 있었다.

5. ~을 생각해보면, ~을 감안하면 등으로 번역

01 With only two days to go we can't afford to relax.

단지 이틀 남은 것으로 해서 우리는 편할 여유가 없다.

⇒ 이틀뿐이라 생각하면 (우리는) 한가하게 지낼 수가 없다.

02 She won't be able to help us with all her family commitments.

모든 그녀의 가족적인 전념들로 그녀는 우리를 도와줄 수 없을 것이다.

⇒ 그 여자가 집안일에 정신이 없는 것을 감안하면 우릴 도울 수가 없을 것이다.

6. ~에 관해서는, ~경우에는 등으로 번역

01 It is usual with the French.

그것은 프랑스인에게 일반적이다.

⇒ 프랑스인의 경우에는 일반적인 일이다.

02 Whatever you decide is all right with me.

당신 결정하는 그 무엇이든지 나에게 모두 좋다.

⇒ 네가 어떻게 결정하든 나는 괜찮다.

03 It's your business what you do with your own property.

당신의 소유의 재산에 관해서는 당신이 무엇을 하든 그것은 당신의 사업이다.

⇒ 당신 재산으로 무엇을 하건 우리가 관여할 문제가 아니다.

04 It's very busy time with us at the moment.

그 순간에 우리에겐 매우 바쁜 시간이다.

⇒ (우리에겐) 지금이 가장 바쁜 시간이다.

7. 〈with + 추상명사〉는 부사적으로 번역

01 **He acted with discretion.**

그는 신중함과 함께 행동했다.

⇒ 그 사람은 신중하게 행동했다.

02 **They listened to us with surprising calmness.**

그들은 놀랄만한 침착함으로 우리에게 들었다.

⇒ 그 사람들은 대단히 침착하게 우리 얘기를 들었다.

03 **He passed the stiff qualifying examination with much ease.**

그는 매우 쉬움과 함께 그 어려운 자격시험을 통과했다.

⇒ 그 사람은 그 어려운 자격시험에 거뜬히 합격했다.

8. 중문을 단문으로 바꿀 때

I got so jittery that I couldn't sit still for a minute. In the morning I woke up with my jaws aching because I ground my teeth all night.

나는 너무 신경과민이 되어 단 일 분 동안도 앉을 수가 없었다. 다음날 아침 나는 밤새도록 나의 이를 갈았기 때문에 나의 아픈 턱과 함께 잠이 깼다.

⇒ 나는 신경이 예민해져 단 1분도 가만히 앉아 있을 수가 없었는데, 다음날 아침에 잠을 깨어 보니 밤새 얼마나 이를 갈았는지 턱이 무척 아팠다.

해설_ with my jaws aching을 중문 〈and 주어 + 동사〉로 바꿔 다음과 같은 식으로 생각해야 올바른 번역을 할 수 있다. ⇒ I got so jittery that I couldn't sit still for a minute. In the morning I woke up, and my jaws ached because I ground my teeth all night.

물론 이런 전환관계를 잘 알아야 번역을 잘 할 수 있는 것은 아니다. 단지 with를 다양한 뜻으로 사용하고 있다는 것만 염두에 두자.

구두부호 [콜론(:), 세미콜론(;), 대시(−)] 번역테크닉

1. 콜론(:)의 기능

01

Growing up is easier when there are guidelines to follow. When you read about crowds of teenagers waiting all night at an airport to welcome pop-stars home, or about the increasing numbers of all-night parties frequented by young folk, don't you wonder why parents allow this behaviour?

Many of these boys and girls blackmail by declaring : 'I'll run away if I can't go', or 'All the other parents let their kids go.'

Others beg : 'Let me go this once, Mother,'so you're tempted to abandon your principles temporarily.

Next time, you're cajoled : 'You allowed me to go last week'so you weaken again.

어휘_ grow up 자라다, 성장하다 guideline 지침, 방침 all-night party 밤샘파티 frequent 자주 찾는, 빈도가 높은 blackmail 협박하다, 등치다 declare 자신의 의견을 표명하다, 나타내다, 드러내다 run away 도망치다 tempt 유혹하다 temporarily 잠정적으로 cajole 감언이설로 꼬이다, 구워삶다 weaken 약해지다, 흔들리다

모범번역 지킬 수 있는 지침만 있더라도 아이들이 자라는 데는 별 문제가 없을 것이다. 많은 십대들이 팝스타가 귀국하는 것을 환영하기 위해 밤샘을 해가며 공항에서 기다린다거나 자주 밤샘파티에 가고 있다는 기사를 읽으면 누구나 할 것 없이 그런 행동을 보고만 있는 부모들을 이해하기 힘들 것이다.

하지만 이런 십대들은 대다수가 '거기 못 가면 집을 나가버릴 거예요'라든지 '다른 부모들은 다 가게 하는데 왜 나만 못 가게 하요.'하며 억지를 부린다고 한다.

또 어떤 십대들은 '엄마, 이번만 가게 해주세요. 네?'하며 부모의 마음을 흔드는 경우도 있고, 그렇게 허락을 한번 해주면 '지난주에도 갔다 오라고 하셨잖아요?'하며 계속 마음 약하게 하는 경우도 있다.

해설_ 1. 영문에는 분명히 콜론(:)이 세 개나 있는데, 번역문에는 콜론이 어디론가 사라져 버렸다. 콜론이 없어도 의미를 전달하는 데는 아무런 지장이 없다는 것을 알 수 있다. 혹자는 영문에 콜론이 있으니 그 콜론의 의미를 살려 주기 위해서는 번역문에도 콜론을 그대로 나타내 주어야 한다고 할 수도 있다. 그러나 콜론의 의미를 잘 모르고 하는 말이다.

2. 본래 콜론은 앞뒤 문장이 대등한 관계라는 것을 암시해주는 표시로 사용하는 구두부호다. 따라서 위의 모범번역문처럼 '뭐 뭐와 같이 / 뭐처럼 / 뭐라고 말하며'로 처리하면서 이미 앞 문장과 콜론 이하 문장이 대등한 관계임을 나타내 준 것으로 콜론의 의미를 이미 번역한 것이다.

3. 영문의 구두부호가 특정한 의미를 띠고 있지만 그 의미를 번역문에 반영만 잘 해 준다면 시(詩)와 같은 문장을 제외하고는 번역문에 구두부호가 있고 없고는 그리 중요하지 않다.

02

When he submitted his bill for $ 250, the plant manager was aghast and said to him: "All you did was tap the machine at few times. Please itemize your bill."

The expert took the bill and wrote at the bottom of it the following: Tapping the machine with a hammer $ 1.00. Knowing where to tap $ 249.00.

어휘_ submit 제출하다, 제기하다 bill 계산서, 청구서 plant 공장 aghast 깜짝 놀라다, 혼비백산하다 tap 톡톡 두드리다 itemize 항목별로 적다. 명세서를 작성하다 expert 전문가 at the bottom of 아래에 hammer 해머, 망치

번역사례 그가 그의 250달러의 청구서를 제출했을 때 그 공장 관리자는 깜짝 놀라서 그에게 말했다. "당신이 한 일이라고는 단지 기계를 몇 번 두드린 것뿐이었는데요. 당신의 청구서를 항목별로 써주시오." 그 전문가는 청구서를 받아서 그 밑에 다음과 같이 썼다: 기계를 망치로 두드리는데 1달러. 어느 곳을 두드려야 하는가를 알아내는 데에 249달러.

모범번역 기술자가 청구서를 작성해 250달러를 청구하자 그 공장관리자가 어안이 벙

벙해져서는 "기계를 몇 번 두드리는 것 외에는 아무것도 한 것이 없는데, 청구서를 항목별로 적어서 다시 좀 주실래요?"하고 말했다.

기술자는 청구서를 다시 받아서 청구 항목에다 '망치로 기계를 두드리는데 1달러. 어디를 두드려야 하는지 알아내는데 249달러.'라고 적었다.

해설_ 콜론(:)은 일반적으로 전후 문장의 동격(同格)을 나타낸다고 한다. 물론, 이 문장에서도 the following과 동격관계로 볼 수 있다. 하지만 모범번역과 같이 콜론이하 문장을 '강조부호(' ~ ')'로 묶어 표현하는 것이 좋다. [번역사례 1]처럼 영문대로 방치하는 것은 바람직하지 않다.

03

We can only imagine that there were migration: some birds could fly; animals like the lizards could float on drift-wood, and some others could swim.

어휘_ imagine 상상하다, 가정하다 migration 이동, 이주 lizard 도마뱀 float 물위에 뜨다, 표류하다 drift-wood 떠다니는 나무, 표류하는 나무

번역사례 우리는 단지 이주가 있었다는 것을 상상할 수 있을 뿐이다: 어떤 새들은 날아갈 수도 있었을 것이다; 도마뱀 같은 동물들은 떠다니는 나무를 타고 떠내려갈 수 있었을 것이고, 그리고 다른 어떤 동물들은 헤엄을 쳐서 갈 수도 있었을 것이다.

모범번역 우리는 새들은 날아서, 도마뱀과 같은 동물들은 떠내려가는 나무를 타고, 또 어떤 동물들은 헤엄을 쳐서 이동을 했을 것이라 추측해 볼 수 있을 뿐이다.

해설_ 1. 이 문장에서 콜론은 migration과 다음 문장이 동격임을 나타내고 있으므로 '다음과 같이 이동했을 것이라고'처럼 처리하면 무난하다.

2. 이 문장에서 세미콜론(;)은 '또한, 마찬가지로' 와 같은 뜻으로 '추가적인 설명' 이 이어짐을 나타낸다고 볼 수 있다.

04

The lane was dark and deserted, and Richard was suddenly accosted by two men, the bigger of whom said politely: "Excuse me, sir. I wonder if you could oblige me with the loan of a penny?" "Why, —er — yes, I think so," replied Richard.

어휘_ lane 골목길, 통로 desert 불모의, 쓸쓸한 accost 가까이 가서 말을 걸다 politely 공손히, 예의바르게 I wonder if 만약 ~해 준다면 감사하겠다 oblige 은혜를 베풀다, 돈을 빌려주다 loan 대부, 대출

번역사례 그 골목길은 어두웠고 황량하기 그지없었다. 그런데 두 남자가 갑자기 리처드에게 말을 걸어왔다. 몸집이 더 큰 남자가 공손하게 말했다. "죄송하지만 동전 하나만 빌려 주실 수 있겠습니까?" "뭐라고요, ㅡ 저 ㅡ 좋습니다. 그러지요."하고 리처드가 대답했다.

모범번역 골목길은 음침하고 인적이 드물었는데 갑자기 두 사내가 리처드에게 말을 걸어왔다. 덩치가 큰 사내가 공손하게 "실례지만 동전 하나만 빌려 주실 수 있을까요?"하고 말했다. 리처드는 "예? 아, 예. 그러죠 뭐."하고 말했다.

해설_ 이 문장에서 콜론은 said politely와 다음 문장이 동격임을 나타낸다. 즉 다음 문장의 표현이 공손하다(politely)는 것을 말해준다. 따라서 다음 문장을 '공손하게' 표현하는 것이 원문에 가장 충실한 방법이다.

05

If you don't like people, put up with them as well as you can. Don't try to love them: you cannot, you will only strain yourself. But try to tolerate them.

어휘_ put up with 참다, 관대하게 대하다 as well as 뿐만 아니라, 가능한 한 strain 긴장시키다 tolerate 관대하게 다루다

번역사례 만일 당신이 사람들을 싫어한다면, 가능한 한 잘 그들에게 관대히 대해주라. 그들을 사랑하려고 애쓰지 말라. 너는 할 수 없으며, 다만 무리를 할 뿐일 것

이다. 그러나 그들에게 관용을 베풀도록 노력해라.

모범번역 만일 사람들을 싫어하는 사람이라도 가능한 한 사람들에게 관대한 것이 좋다. 애써 사람들을 좋아하려고 노력하기보다는 관대하게 하는 것이 훨씬 좋다. 해도 안 되는 일은 힘만 들 뿐이다.

해설_ 이 문장의 콜론은 '오히려, ~하기보다는'과 같은 강조부사를 활용해서 전후 문장을 연결하는 것이 훨씬 좋은 경우다.

2. 세미콜론(;)의 기능

01

The first modern computer was built in 1946; it was known as ENIAC. But this first electronic computer was huge — it required an entire room to hold it.

어휘_ modern 현대적인 electronic 전자의, 전자적인 huge 거대한 require 요구하다, 필요하다 entire 전체의 hold 수용하다

번역사례 그 첫 번째의 현대적인 컴퓨터는 1946년에 만들어졌다; 그것은 에니악으로 알려졌다. 그러나 이 첫 번째 전자 컴퓨터는 거대했다 — 그것은 그것을 넣기 위해 방전체가 필요했다.

모범번역 현대적인 컴퓨터는 1946년에 처음 만든 에니악(ENIAC)이라는 전자 컴퓨터였는데, 어찌나 덩치가 큰지 사무실 하나를 다 차지할 정도였다.

해설_ 1. 세미콜론(;)은 일반적으로 뒤 문장이 앞 문장을 부연설명하고 있는 관계를 나타낸다고 말한다.

2. 이 문장에서도 세미콜론은 뒤 문장이 앞 문장을 구체적으로 설명하고 있다는 것을 알 수 있다. 하지만 세미콜론도 콜론과 마찬가지로 두 개의 문장으로 나누지 말고 한 문장으로 처리하는 것이 좋다.

3. 이 문장에 나오는 대시도 일종의 강조용법과 같음을 알 수 있다.

02

In the second place, we consume food for building up the machine itself; that is to say, for the development of the body.

어휘_ in the second place 두 번째로, 둘째로 consume 소비하다, 낭비하다 build up 육성하다 machine 기계 that is to say 말하자면, 다시 말해서 development 발전, 개발, 발달

번역사례 둘째로, 우리는 기계 자체의 육성을 위해서, 다시 말하면 신체의 발달을 위해서 음식을 소모하는 것이다.

모범번역 둘째로, 우리는 인간이라는 기계가 잘 돌아가게 하기 위해서, 다시 말해 신체가 발달할 수 있도록 하기 위해 음식을 소모하고 있다는 것이다.

해설_ 이 문장에는 that is to say와 같은 부연설명 어구가 있기 때문에 세미콜론은 별 필요가 없다고 볼 수도 있다. 세미콜론의 본래 기능인 부연설명기능을 시각적으로 활용하고 있다고 볼 수 있다. 이처럼 문맥적으로 보아 세미콜론이 없어도 얼마든지 문장을 매끄럽게 처리할 수 있기 때문에 번역을 할 때 세미콜론에 너무 큰 의미를 둘 필요는 없다. 단지 앞뒤 문장을 부연설명 관계로 연결하고 있다는 사실만 감안하면 그만이다.

03

We can no longer impose our own solutions; yet our action or inaction will influence events, often decisively.

어휘_ no longer 더 이상 ~하지 않다 impose 강요하다 solution 해결책 yet 여전히, 하지만, 게다가, 또한 action 행동, 작용 inaction 게으름, 휴식 influence 영향 event 사건 decisively 결정적으로

번역사례 우리는 더 이상 우리들 자신의 해결책을 다른 나라들에게 강요할 수는 없다. 그러나 우리의 행동과 휴식은 사건들에 영향을 미칠 것이며, 종종 결정적으로 영향을 미칠 것이다.

모범번역 우리가 해결해야 할 일을 더 이상 다른 나라에게 강요할 수는 없다. 나아가 우리가 행동하느냐 그렇지 않느냐는 국제사건에 상당한 영향을 미칠 것이며 때로는 결정적일 수도 있다.

해설_ 이 문장의 세미콜론은 부연설명 관계라기보다는 오히려 뒤의 yet(게다가, 나아가, 또한)과 함께 점점 강조의 톤을 높이는 기능을 하고 있다고 보는 것이 좋다. 이처럼 전체 문맥에서 세미콜론의 기능을 체크해야지 무조건 부연설명 기능을 가지고 있는 것으로 판단해서는 안 된다.

3. 대시(—)의 기능

01

His statement came after four European countries - Belgium, France, the Netherlands and Luxembourg - started taking Coca-Cola soft drinks off their shelves Monday and Tuesday.

어휘_ statement 성명서, 발표문 take off 치우다 shelves 선반

번역사례 그의 성명서는 네 유럽나라들의 — 벨기에, 프랑스, 네덜란드, 룩셈부르크 — 선반에서 월요일과 화요일에 코카콜라 캔 제품을 치우기 시작된 후에 나왔다.

모범번역 유럽의 벨기에, 프랑스, 네덜란드, 룩셈부르크 4개국이 월요일과 화요일 이틀에 걸쳐 코카콜라사의 캔 제품을 수거하기 시작하자 그 사람은 성명서를 발표했다.

해설_ 이 문장에서 대시(—)는 '유럽의 4개 국가(four European countries)'를 구체적으로 설명하고 동사 '치우다(take off)'의 실제 주어 역할을 하므로 주어로 번역하는 것이 가장 자연스럽다. 영어는 습관적으로 대시를 많이 활용하는 반면 우리는 그렇지 않으므로 대시 부분을 본문에 포함해서 처리하는 것이 좋다.

02

A dispute over a new memoir has cast a spotlight on the powerfully enduring belief that the Nazis made soap from the bodies of Jews - something that Holocaust scholars largely dismiss as myth.

어휘_ dispute 논쟁, 논란 memoir 회고록, 자서전 cast 던지다 spotlight 집중조명, 스포트라이트 powerfully 강력하게, 유력하게 endure 지탱하다, 견디다 belief 믿음 Nazis 나치 soap 비누 Jews 유태인 Holocaust 홀로코스트, 유태인 대학살 scholar 학자 largely 크게, 널리 dismiss 생각을 버리다, 깨끗이 잊어버리다 myth 신화

번역사례 어떤 새로운 회고록에 대한 논쟁은 나치가 유태인의 신체로 비누를 만들었다는 — 홀로코스트 학자들이 대체적으로 신화로써 깨끗이 잊어버린 — 그 강력하게 지속되어오고 있는 믿음에 대해 집중조명을 비추고 있다.

모범번역 신간 비망록이 출판되면서 홀로코스트 학자들이 대부분 꾸며진 얘기로 치부되어 왔던, 나치가 유태인들의 시체로 비누를 만들었다는 해묵은 주장이 또다시 논란이 되고 있다.

해설_ 1. 대시(—)의 일반적인 기능은 '부연설명 또는 강조'다.

2. 이 문장에서도 대시는 '나치가 유태인을 죽여 그 시체로 비누를 만들었다'는 사실에 대한 부연설명을 하고 있으므로, 역시 본문에 삽입하여 처리하는 것이 좋다.

03

"I don't know why he did this — maybe because he wants to live in the United States," said Paula Vazquez Hernandez, 65, who lives in San Buenaventura.

어휘_ maybe 아마도, 어쩌면 live 살다

번역사례 "나는 왜 그가 그렇게 했었는지 알지 못한다 — 아마도 그가 미국에서 살고 싶었기 때문인 것 같다."라고 산 부에나벤투라에 살고 있는 65세의 파울라 바스께스 에르난데스가 말했다.

모범번역 산 부에나벤츄라(San Buenaventura)에 살고 있는 65세 된 파울라 바스께서 에르난데스(Paula Vazquez Hernadez) 할머니는 "그 애가 왜 그런 짓을 했는지 모르겠어요. 아마 미국에서 살고 싶어서 그랬나 봐요."라고 말했다.

해설_ 이 문장의 대시는 문맥상 호흡을 한 박자 쉬어가는 역할로 처리하는 것이 좋다. 이처럼 문맥을 염두에 두고 대시의 기능을 살펴보는 안목이 중요하다.

04

Traditional diets have taught us that to lose weight, we must count calories, keep track of everything we eat, and deprive ourselves by

limiting the amount — and kinds — of foods we eat.

어휘_ traditional 전통적인 diet 다이어트 weight 무게 count 계산하다 calories 칼로리 track 경로 deprive 자제하다 limit 제한하다 amount 양 kind 종류

번역사례 전통적인 다이어트는 중량을 줄이라고 우리를 가르쳤는데, 우리가 반드시 칼로리를 계산해야 하고 우리가 먹는 모든 것의 경로를 지키며 그리고 우리가 먹는 양 — 그리고 종류들 — 을 제한함으로써 우리 자신들을 자제시킨다.

모범번역 예전부터 내려오는 다이어트 방법들을 보면, 한결같이 섭취하는 음식마다 칼로리를 계산해가며 섭취하는 음식량을 줄이고 가려먹으라고들 한다. 즉, 자제하라고만 한다는 것이다.

해설_ 이 문장에서 대시는 '섭취하는 음식의 양(the amount)은 물론이고 심지어 음식의 종류까지도'와 같은 강조용법으로 쓰였음을 알 수 있다. 여기서 보더라도 구두부호의 기능에는 시각적으로 도드라지게 하여 어떤 사실을 강조하는 기능이 있다는 것을 알 수 있다.

05

So we all do what the Germans do, but we do it — I think I must say that — with more charm and humour, so it looks much better.

어휘_ so 그래서, 따라서 charm 매력 humour 유머, 해학 much better 더 나은, 더 좋은

번역사례 그래서 우리 모두는 독일사람들이 하는 것과 같이 한다. 그러나 우리는 — 나는 그 점을 말해야 한다고 생각하는데 — 좀 더 매력적이고 해학적으로 좀 더 좋게 그것을 한다는 것이다.

모범번역 그래서 우리도 모두 독일사람처럼 그렇게 하지만 내가 꼭 말하고 싶은 것은 우리가 독일사람들보다 좀 더 호감이 가고 유머가 있어 좋아 보인다는 것이다.

해설_ 여기서 대시는 부연설명이라기보다는 오히려 강조의 의미가 강하다고 볼 수 있다. 즉 시각적인 효과가 더 크다는 것이다.

unit 11 삽입절 번역테크닉

삽입절이란, 문장 사이에 끼어 있는 절을 말하는 것으로 삽입절의 개념을 잘 모르면 본문의 주부와 술부를 구분하기 어려우므로 잘 알아두기 바란다. 삽입절은 대체로 다음 네 가지 유형이 있다.

1. 〈주어 + 삽입동사〉형

여기서 말하는 '삽입동사'란 '말하다, 생각하다'와 같은 뜻을 지닌 동사들을 말하는데 '말하다'는 뜻이 있는 3형식동사는 거의 여기에 속한다. say, call, claim, remark, think, believe, suppose, suggest, imagine, be sure, be certain 등.

01 He is what is called a "bookwarm."

그는 소위 책벌레다.

⇒ 그 사람은 소위 '책벌레'라고 하는 사람이다.

해설_ 이 문장에서 what is called가 삽입절. what is called와 같은 삽입절로는 what you call, what we call, what they call 등이 있고 모두 '소위, 소위 말하는, 이른바, 흔히 말하듯이, 흔히 얘기하듯' 등과 같은 뜻이다.

02 He is one of those men who, I am sure, always do their best, even in the most trying circumstances.

그는 심지어 가장 괴로운 상황에서도 항상 자신의 최선을 다하는 그런 사람들 중의 한 사람이라고 나는 확신한다.

⇒ 그 사람은 아무리 어려운 상황이라도 항상 최선을 다하는 사람이라고 나는 확신한다.

해설_ 이 문장에서 I am sure가 삽입절. 이 문장에서는 번역을 맨 마지막에 하는 것이 좋다. I am sure that he is one of~와 같은 문장. 이렇게 가운데다 문장을 끼워 넣는 것은 글 쓰는 사람의 습관이기도 하고 강조구문으로도 볼 수 있다.

03 **The decade ahead, most data suggest, will see further achievements from the laboratories of biology and engineering.**

대부분의 자료들은 향후 10년 동안 생물학과 공학의 실험실들에서 더욱 큰 성과들을 볼 수 있을 것을 시사해 준다.

⇒ 대부분의 자료들을 보더라도 앞으로 10년 동안 생물학과 공학 분야에서 많은 실험성과를 거둘 수 있을 것이다.

해설_ 이 문장에서 most data suggest가 삽입절인데 이 경우는 주어 역할을 하긴 하지만 무생물 주어에 해당하므로 부사적으로(대다수의 자료를 보더라도)처리해야 자연스럽다.

2. 〈as 주어 + know, see〉형

주로 '알다'는 뜻을 지닌 동사가 이런 유형에 해당한다.

If the ozone gases of the atmosphere had not filtered out the ultraviolet rays of the sun, life, as we know it, would not have evolved on earth.

만약 대기의 오존 가스들이 태양의 자외선을 여과시키지 않았더라면, 우리가 알고 있는 것처럼 생명체는 지구상에 생겨나지 않았을 것이다.

⇒ 알다시피, 만약 태양의 자외선을 일부 차단하는 오존층이 대기 중에 없었더라면 지구상에는 생명체가 살지 못했을 것이다.

해설_ 이 문장에서 as we know it이 삽입절. 이 문장의 경우는 know가 문장 전체에 영향을 끼치므로 삽입절을 번역문 맨 앞에 놓는 것이 좋다.

3. 〈dash(—) + 주어 + 동사〉형

가장 흔히 볼 수 있는 '대시'로 연결된 삽입절. 동사자리에는 거의 모든 동사가 나온다.

He had to try several — that is to say, several — well, several entrance examination.

그 사람은 몇 번이나 ─ 말하자면 몇 번 ─ 그래, 몇 번이나 입학시험을 시도해야만 했다.

⇒ 그 사람은 수도 없이 입학시험을 쳤다.

해설_ 이 문장에서 that is to say, several이 삽입절. 보통 첫 번째 번역처럼 처리하는 경우가 많은데, 대시(─)로 시작하는 삽입절은 보충 설명이거나 강조용법이므로 대시를 없애고 원문에 포함해서 번역하는 것이 좋다. 한국어 문장에서는 논문, 보고서 등을 제외하고는 대시를 활용하지 않는 것이 바람직하다.

4. 〈if, though while,however 등이 이끄는 부사절〉형

부사절이 삽입절로 쓰일 경우는 통상 〈주어 + 동사〉를 생략하는 경우가 많다.

01 A man, unlike history, is however humble or however great, never repeated.

사람은 역사와 달리 아무리 형편없든 또는 아무리 훌륭하든 결코 반복되지 않는다.

⇒ 좋든 나쁘든 역사는 다시 반복되지만 사람은 한번 죽으면 그만이다.

해설_ 이 문장에서 however humble or however great가 삽입절. 그대로 번역하면 아무래도 어색하다. 이처럼 삽입절은 원문(A man, unlike history, is never repeated)의 논리를 보충하는 기능을 하므로 원문과 잘 조화시켜 번역해야 한다.

02 Science, while it confines itself to its proper business, cannot fail to progress.

과학은, 그 자체의 적절한 사업에서 그 자신을 국한하는 한 진보를 실패할 수 없다.

⇒ 그 본래의 원칙을 지키는 한 과학은 진보하기 마련이다.

해설_ 1. 이 문장에서 while it confines itself to its proper business가 삽입절. 단어를 일일이 번역하다보면 무슨 뜻인지 알 수가 없다.

2. 결론적으로, '삽입절은 어디까지나 원문을 보완하는 문장'이므로 원문을 먼저 이해한 다음 원문을 중심으로 덧붙이듯 번역하는 것이 바람직하다.

콤마(,) 번역테크닉

CHAPTER 01 CHAPTER 02 CHAPTER 03 CHAPTER 04 CHAPTER 05 CHAPTER 06

문장 가운데 콤마가 있을 경우 분명히 순차번역으로 처리하는 것이(앞에서 뒤로 순서대로 번역) 원칙인데 어순을 바꾸어 번역해야 문장의 논리가 서는 경우가 많다. 그런 문장에서 콤마는 문장을 잠시 쉬어 가는 그 이상의 의미가 있음에 유의해야 한다.

The company is continually dumping pollutants in the nearby river, without heeding the warnings of the local authorities that this will lead to a major environmental catastrophe.

해설_ ① 이 문장에서 콤마(,)는 단지 쉬어가는 표시가 아니라 강조하고자 하는 내용을 먼저 기술하고 다음 문장을 연결하는 기능을 하고 있음을 알 수 있다.

② 이런 유형의 문장은 콤마(,) 앞 문장에 대체적으로 강조되어 있으므로 번역할 때 그 강도를 조절해서 번역하는 것이 바람직하다.

직역 그 회사는 계속해서 인근 강에 오염물질을 내다 버렸는데, 지역 당국이 주요한 환경오염을 초래 할 것이라는 경고에 귀 기울이지 않은 것이었다.

번역 그 회사는 심각한 환경오염을 초래할 것이라는 관계 당국의 경고를 무시하고 지속적으로 오염물질을 인근 강에 투기해왔다.

관계대명사 번역테크닉

관계대명사란 무엇인가?

글자 그대로 '대명사가 문장 앞뒤를 관계시킨다.'는 뜻이다. 본래 '관계대명사(關係代名詞)'라는 말은 한국 사람이 사용한 표현이 아닌 일본 사람들이 사용하던 표현이라 가슴에 와 닿지가 않는다. 한국식 한자로 '접속(연결)대명사'라 할 수 있다. 앞으로는 '관계대명사 = 접속대명사'로 생각하길 바란다. 즉 대명사가 접속사 구실을 한다고 보면 간단하다.

1. 주격 관계대명사 who

통상 who가 관계대명사로 쓰이면 '제한적 용법'과 '비제한적 용법' 두 가지가 있다고 설명하는데 독해나 번역을 할 때는 별로 신경 쓸 필요가 없다. 왜냐하면 제한적 용법, 비제한적 용법을 떠나 문장 전체의 논리를 봐서 번역을 해야 하기 때문이다.

단지, who를 먼저 번역하지 말고 맨 마지막에 번역하면 되고, who에 의미가 없을 때는 번역하지 않으면 되고, 뜻이 있다고 해도 '그리고, 그러나' 등과 같이 접속어로 번역하면 된다. 관계대명사는 주격, 소유격, 목적격으로 복잡하게 구분하기도 하는데 문장 성분상 그렇다는 것이지 번역할 때는 개념만 알고 있으면 된다.

01 The man who receives affection is, speaking broadly, the man who gives it.

1. 넓게 말하면, 애정을 받는 사람이 애정을 주는 사람이라고 할 수 있다.
2. 어떻게 보면 다른 사람의 사랑을 받는 사람이 다른 사람에게 사랑을 준다고도 볼 수 있다.

The man / who receives affection / is, speaking broadly, / the man /
사람은 / 애정을 받는 / 넓게 말하면 / 사람이다

who gives it.
그것(애정)을 주는

해설_ 이 문장에서 두 개의 who가 모두 동사 receive, gives의 주어 역할을 하기 때문에 주격관계대명사라고도 하고 who 이하가 앞에 있는 선행사 man을 제한하므로 제한적용법이라고 하지만 번역을 할 때는 별 의미가 없다. 단지 who가 앞뒤를 연결해 주고 있다고만 보면 된다.

02 The man who called yesterday wants to buy the car.

1. 어제 전화한 사람이 차를 사고 싶어 한다.
2. 어제 전화한 사람이 차를 사려 한다.

The man / who called yesterday / wants / to buy the car.
사람은 / 어제 전화한 / ~을 원하다 / 차를 사기를

03 Those of us who are interested in nature will all participate.

우리 중에서 자연에 관심이 있는 사람은 모두 참가(참여)할 것이다.

Those of us / who are interested / in nature / will all participate.
우리들 중 누구는 / 흥미가 있는 / 자연에 / 모두 참가할 것이다

04 My wife, who is out at the moment, will phone you when she gets back.

1. 아내가 지금 외출 중인데 돌아오면 너에게 전화를 할 것이다. (비제한적인 표현)
2. 지금 외출 중인 아내가 돌아오면 너에게 전화를 할 것이다. (제한적인 표현)

My wife, / who is out / at the moment, / will phone you / when she gets back.
나의 아내는 / 밖에 있다 / 지금 / 당신에게 전화를 할 것이다 / 그녀가 돌아올 때

해설_ 1. who 앞에 콤마(,)가 있으면 비제한적 용법이라고 하는데 반드시 비제한적인 뜻만 나타내는 것이 아니다.
2. 이 문장의 경우 '아내'라는 명사가 이미 제한적이기 때문에(1명뿐이기 때문에) 제한적으로 처리해도 무방하다.

05 I helped the old man, who did not thank me at all.

1. 내가 그 노인을 도왔는데 그 노인은 전혀 고마움을 몰랐다.

2. 내가 도와준 그 노인은 전혀 고마움을 몰랐다.

I helped the old man, / who did not thank me / at all.
나는 그 노인을 도왔다 / 나에게 고맙다고 하지 않았다 / 전혀

해설_ 문법적으로 비제한적 용법이다.

2. 소유격 관계대명사 whose

1. whose의 문법적 특징

① 주격 who나 목적격 whom의 선행사로는 사람이 오지만 소유격 whose의 선행사로는 사람, 동물, 무생물 등 다양하다.

② whose 뒤에는 명사가 온다.

③ 제한적 용법과 비제한적 용법이 있다.

2. whose의 번역적 특징

① 제한적 용법에서는 〈선행사 + whose + 명사〉 형태의 구문이 〈주어 + 타동사 + 목적어〉 구실을 한다.

② 비제한적 용법에서는 whose가 뒤에 나오는 명사를 소유하는 동사 역할을 한다.

01 That is the girl whose brother came here yesterday.

어제 여기에 왔던 남자아이의 여동생이 저 아이이다.

That is the girl / whose brother / came here yesterday.
저것은 그 소녀다 / 오빠를 가지고 있는 / 어제 여기에 왔던

02 The man whose umbrella I took by mistake proved to be Tom's brother.

내가 실수로 남의 우산을 가지고 갔는데 그 우산의 주인은 탐의 형이었다.

The man whose umbrella / I took by mistake / proved to be Tom's
우산을 가지고 있는 그 사람은 내가 실수로 가지고 간 톰의 형으로 판명되었다

brother.

03 **The boy whose work I show you is going to go far.**

내가 너에게 보여주었던 작품을 만든 그 아이는 앞으로 크게 성공할 것이다.

The boy whose work / I showed you / is going to go far.
작품을 가지고 있는 그 소년은 내가 너에게 보여주었던 멀리 나아갈 것이다

04 **He's a novelist whose reputation has grown fast.**

그 사람은 요즘 한창 인기 있는 소설가다.

He's a novelist / whose reputation / has grown fast.
그는 소설가다 평판을 가지고 있는 아주 빠르게 높아진

05 **A marsupial is an animal whose babies are raised in a pouch in the mother's body.**

1. 유대류는 몸에 주머니가 있어 그곳에 새끼를 넣어 키우는 동물을 말한다.
2. (캥거루처럼) 몸에 있는 주머니에다 새끼를 넣어 키우는 동물을 유대류라고 한다.

A marsupial is an animal / whose babies are raised / in a pouch / in
유대류는 동물이다 아기들이 키워지는 것을 가지고 있는 주머니에서

the mother's body.
엄마의 신체에

06 **Look at the mountain whose top is covered with snow. That's Mt. Halla.**

산꼭대기가 눈에 덮인 산을 봐. 저게 한라산이야.

Look at the mountain / whose top / is covered with snow. / That's Mt.
산을 보라 꼭대기를 가지고 있는 눈으로 덮인 저것이

Halla.
한라산이다

07 The detectives were finally able to arrest the robber, whose finger prints had been found on the cabinet.

1. 형사들이 마침내 그 강도를 체포할 수가 있었는데, 지문을 캐비닛에서 찾았기 때문이었다.
2. 캐비닛에서 지문을 발견해서 마침내 형사들은 그 강도를 체포할 수가 있었다.

The detectives / were finally able to arrest / the robber, / whose finger
그 형사들은 마침내 체포할 수 있었다 그 강도를 그의 지문은

prints / had been found / on the cabinet.
발견되었었다 캐비닛에서

해설_ 이 문장에서 whose가 소유의 의미를 나타내지만 번역문에서는 because와 같은 접속사 역할을 한다는 깃을 알 수 있다. 이것이 바로 관계대명사의 본래 기능이다.

08 There was a good student, whose father was a professor.

1. 모범생이 있었는데 그 학생의 아버지는 교수였다.
2. 아버지가 교수인 한 모범생이 있었다.

There was a good student, / whose father / was a professor.
훌륭한 한 학생이 있었다 그 학생의 아버지는 교수였다

09 We have a lonely lady in our neighborhood, whose husband was killed in the Korean war.

1. 우리 이웃에 혼자 사는 부인이 있는데 남편은 한국전쟁에서 전사하고 없다.
2. 우리 이웃에 남편은 한국전쟁에서 전사하고 혼자 사는 외로운 부인이 있다.

We have a lonely lady / in our neighborhood, / whose husband was
우리는 외로운 부인은 가지고 있다 우리의 이웃에 그녀의 남편은 죽었다

killed / in the Korean war.
한국전쟁에서

3. 목적격 관계대명사 whom

1. 목적격 관계대명사 whom의 문법적 특징

① whom은 뒤에 나오는 형용사절의 목적어 역할을 한다.
② whom 앞에 전치사가 없으면 통상 생략한다.
③ 제한적 용법으로 쓰일 때는 그 뜻이 who나 that과 같은 기능을 한다.
④ 비제한적 용법으로 쓰일 때는 그 뜻이 who와 같은 기능을 한다.

2. 목적격 관계대명사 whom의 번역적 특징

① 제한적, 비제한적인 문법에 얽매일 필요가 없다.
② whom 다음에 나오는 타동사의 목적어 역할을 한다고 보면 된다.

01 Who's the women whom you were talking to when I saw you this morning?

1. 오늘 아침에 너와 함께 이야기하던 여자는 누구니?
2. 오늘 아침에 우리가 만났을 때 너와 얘기하던 여자는 누구니?

Who's the women / whom you were talking to / when I saw you this morning
그 여자는 누구냐 / 네가 이야기 나누었던 / 오늘 아침 내가 너를 보았을 때

02 Is there anyone whom you can go to for help?

1. 네가 도움을 청하러 갈만한 사람이 있니?
2. 너한테 도움을 줄만한 사람이 있니?
3. 네가 도움 받을 만한 사람이 있니?

Is there anyone / whom you can go to for help
어떤 사람이 있느냐 / 네가 도움을 요청하러 갈 수 있는

03 The students whom we examined last week were excellent.

1. 우리가 지난주에 시험을 보았던 학생들은 우수했다.

2. 지난주에 우리가 테스트했던 학생들은 대단히 우수했다.

The students / whom we examined last week / were excellent.
그 학생들은 / 지난주에 우리가 시험을 보았던 / 우수했다

04 She loved him deeply, for whom she bought a handsome tie now and then.

1. 그 여자는 그 남자를 매우 사랑한 나머지 수시로 멋진 넥타이를 사 주었다.

2. 그 남자를 매우 사랑한 그 여자는 사랑의 표시로 수시로 멋진 넥타이를 사 주었다.

She loved him deeply, / for whom she bought / a handsome tie / now and then.
그녀는 그를 깊이 사랑했다 / 그녀는 그 사람에게 사 주었다 / 멋진 넥타이를 / 자주

05 The teacher, whom we all like very much, is leaving.

1. 우리가 아주 좋아한 선생님이 떠나신다.

2. 그 선생님 참 좋았는데 떠나신단다.

The teacher, / whom we all like very much, / is leaving.
그 교사는 / 우리 모두가 매우 좋아한 / 떠난다

4. 관계대명사 who를 생략한 구문 번역

01 The only person visible was a little boy.

볼 수 있는 오로지의 사람은 한 작은 소년이었다.

⇒ 보이는 사람이라고는 어린 아이 한 명뿐이었다.

해설_ 1. 독해와 번역을 정확하게 하려면 어디서 끊어 읽느냐가 중요한데, 이 문장은 The only person / visible / was a little boy.처럼 끊는 것이 정석이다. visible 앞에 who was 가 생략되었기 때문이다.

2. who 뒤의 동사가 be이고 -able로 끝나는 형용사가 올 때는 who 와 be동사를 함께 생략하는 것이 일반적이다. 물론 이런 단문(短文)은 문법적인 것을 고려할 필요는 없다.

02 **The man driving the truck was drunk.**

그 트럭을 운전하는 그 사람은 취했다.

⇒ 그 사람은 술에 취한 채 트럭을 운전하고 있었다.

해설_ 1. driving이 현재분사로 형용사 역할을 하므로 driving 앞에 who was를 생략한 구문이다.

2. who 뒤에 오는 형용사절의 동사가 진행형일 경우도 who와 be동사를 함께 생략한다.

03 **Anyone knowing anything about the crime is asked to communicate with the police.**

그 범죄에 관해서 어떤 것을 알고 있는 모든 사람은 경찰과 의사소통하는 것이 요구된다.

⇒ 그 범죄에 관해서 알고 있는 분은 경찰에게 연락해 주시기 바랍니다.

해설_ 본래 know는 진행형으로 잘 쓰지 않는 동사인데, who know를 현재분사 knowing으로 쓰고 있는 문장이다.

04 **Anyone wishing to leave early may do so.**

일찍 떠나기를 원하는 모든 사람은 그렇게 해도 좋다.

⇒ 일찍 떠나고 싶은 사람은 먼저 가도 좋다.

해설_ 이 문장도 진행형을 쓸 수 없는 wish를 현재분사 wishing으로 쓰고 있는 문장으로, 본래는 who wishes로 써야 하는 문장이다.

05 **There's somebody at the door wants to see you.**

당신을 만나기를 원하는 어떤 사람이 문 앞에 있다.

⇒ 너를 만나려고 누가 문 앞에 와 있다.

해설_ There is ~ / It is ~로 시작하는 구어체 문장이거나 관계대명사 that 뒤에 오는 who는 통상 생략한다. 이 문장은 wants 앞에 who가 본래 있는 문장이다.

06 It was Mr. Smith suggested it to me.

그것을 나에게 제안했던 사람은 스미스였다.

⇒ 바로 스미스 씨가 그것을 나에게 제안했다.

해설_ 1. 이 문장도 suggested 앞에 who를 생략한 구문이다.

2. it is~로 시작되는 문장은 도치구문으로 강조의 의미가 내포되어 있다.

07 Who was came here?

여기에 왔던 사람은 누구였나요?

⇒ 누가 여기에 왔나요?

해설_ 이 문장도 came 앞에 who를 생략한 구문이다. 위 번역에서 알 수 있듯이 관계대명사 who를 생략했건 안했건 독해와 번역을 하는 데는 별 상관이 없다. 많은 훈련을 통해 단지 의미를 어디서 끊어 읽어야 하는지 알아두는 것이 중요하다. 그리고 전후 문맥을 잘 살펴서 번역하는 것도 중요하다.

5. 선행사가 없는 who, whom 번역

고어에서는 선행사가 없는 who나 whom을 많이 볼 수 있는데, who나 whom 앞에 anyone이나 those가 있다고 생각하고 번역하면 좀 더 쉽다. 즉, anyone who / anyone whom이나 those who / those whom으로 생각하고 번역하라.

01 Who steals my purse steals trash.

나의 지갑을 훔치는 어떤 사람은 쓰레기를 훔친다.

⇒ 누구든지 내 지갑을 훔쳐 보았자 아무 소용이 없을 것이다.

해설_ who = anyone who로 보면 된다.

02 Who is not for us is against us.

우리에게 찬성하지 않는 사람은 우리를 반대한다.

⇒ 반대하는 사람은 모두 우리의 적이다.

해설_ who = anyone로 보면 된다.

03 Whom the gods love die young.

신들이 사랑하는 사람은 젊어서 죽는다.

⇒ 신이 원하는 사람은 요절하기 마련이다.

해설_ whom = those whom으로 보면 된다.

04 You may dance with whom you like.

당신은 당신이 좋아하는 사람과 춤을 추어도 된다.

⇒ 마음에 들면 어떤 사람과 춤을 추어도 좋다.

해설_ whom =anyone whom으로 보면 된다.

6. 선행사가 '국가나 동물'인 관계대명사 who

국가를 구성하고 있는 주체가 사람이라서 그런지 국가를 선행사로 내세우는 경우와 동물을 의인화(擬人化)하여 who의 선행사로 내세우는 경우가 있다. 관계사의 본래 기능이 문장과 문장을 연결해 주는 접속사 기능이라고 생각하고 번역하면 된다.

01 Brazil, though low in GNP, is one of the countries who have the amplest natural resources in the world.

비록 GNP에 있어서 낮은 브라질은 세계에서 천연자원을 가장 많이 가진 나라들 중의 하나다.

⇒ 브라질은 GNP가 낮긴 하지만 세계에서 천연자원이 가장 풍부한 나라 중의 하나다.

해설_ who 앞에 the countries가 선행사로 나온 문장이다.

02 He went back to rowing and watched the long-winged black bird who circled low over the water.

그는 노 젓는 것으로 다시 돌아갔고 그리고 물위로 낮게 돌고 있던 긴 날개의 검은 새를 보았다.

⇒ 그 사람은 다시 노를 저으며 물위를 선회하고 있는 날개가 긴 검은 새를 바라

보았다.

해설_ 이 문장 역시 who 앞에 bird라는 동물이 선행사로 나온 문장이다.

7. 관계대명사 which

관계대명사 which에도 제한용법과 비제한용법이 있지만, 어디까지나 전후 문맥을 보아 which의 의미를 결정하는 것이 중요하다.

01 The apple trees which we planted three years ago will probably bear fruit this year.

우리가 3년 전에 심었던 그 사과나무들은 아마도 이번 해에는 과일을 맺을 것이다.

⇒ 1. 3년 전에 우리가 심었던 사과나무들에 올해는 아마 사과가 열릴 것이다.

2. 그 사과나무들은 3년 전에 우리가 심었는데 올해는 사과가 열릴 것이다.

해설_ 여기서 which는 that과 같은 뜻이며, we planted three years ago가 the apple trees를 제한(한정)하고 있다.

02 He is exactly the man which such an education is likely to form.

그는 그러한 교육이 형성할 수 있을 것 같은 분명히 그런 사람이다.

⇒ 그 사람은 그러한 교육을 제대로 받은 사람이라 할 수 있다.

해설_ such an education is likely to form이 the man을 제한하고 있다.

03 It isn't what he says that annoys me but the way in which he says it.

나를 화나게 하는 것은 그가 말하는 것이 아니라 그가 그것을 말하는 방식에 있다. (전치사 in의 의미가 포함됨)

⇒ 내가 기분 나쁜 것은 그 사람의 말이 아니라 말투다.

해설_ 1. which 앞에 통상 전치사가 있는 경우인데 which 이하가 전치사의 영향을 받는다고만 생각을 하고 번역하면 별 문제가 없다.

2. in which 이하가 the way를 제한하고 있다.

04 I visited the house in which he was born.

나는 그가 태어났던 그 집을 방문했다.

⇒ 나는 그분의 생가를 찾아갔다.

해설_ 제한적인 용법으로, 전치사 in의 의미만 염두에 두면 된다.

05 There was always harmony in the group of which he was the leader.

그가 지도자였던 그 집단 안에는 항상 조화가 있었다.

⇒ 그 사람이 지도자로 있던 단체는 항상 화기애애했다.

해설_ 역시 제한적인 용법으로, 전치사 of의 의미만 염두에 두면 된다.

06 I asked him a question, which he answered in detail.

나는 그에게 한 가지 질문을 했는데, 그는 상세하게 대답했다.

⇒ 내가 묻자 그 사람은 자세하게 대답해 주었다.

해설_ 1. 통상 which 앞에 콤마(,)가 있으면 비제한적 용법이라고 하는데 which의 의미는 상황에 따라 and, but, because, though 등 여러 가지 의미로 쓰인다는 데 유의해야 한다. 비제한적 용법에서 which의 선행사는 which 앞에 있는 명사만 선행사일 수도 있고, 앞에 있는 문장 전체가 선행사일 수도 있다는 것에 유의해야 한다.

2. 이 문장은 which 앞의 명사가 선행사인 경우로 여기서 which는 문장과 문장을 연결해주는 and 역할을 한다.

07 His house, which stands on a hill, commands a fine view.

그의 집, 그것은 언덕에 서 있는데, 좋은 전망을 가지고 있다.

⇒ 그 사람의 집은 언덕에 있어서 전망이 아주 좋다.

해설_ 여기서 which는 because it과 같은 역할을 하고 있다.

08 The saying "Make haste slowly," which looks paradoxical, is actually a very apt one.

"급할수록 천천히"라고 말하는 것, 그것은 모순적인 것으로 보이는 것으로 사실은 매우 적절한 것이다.

⇒ "급할수록 돌아가라"라는 말은 잘못된 말처럼 보이지만, 실은 아주 적절한 말이다.

해설_ 여기서 which는 though it과 같은 역할을 하고 있다.

09 Mr. John is a gentleman, which his younger brother is not.

존은 신사이고, 그의 동생은 그렇지 않다.

⇒ 존 씨는 점잖은 분이지만 그 사람 동생은 그렇지 않다.

해설_ 여기서 which는 but과 같은 역할을 한다.

10 This is beyond us, which means that we need your help.

이것은 우리를 초과하는데, 그것은 우리가 당신의 도움이 필요하다는 것을 의미한다.

⇒ 1. 이것은 우리에게 벅차니 자네가 좀 도와주었으면 좋겠네.
2. 우리가 이것을 하기가 힘드니 좀 도와 줬으면 좋겠는데.

해설_ which 앞 문장전체가 선행사인 경우로 여기서 which는 this is beyond us 전체를 뜻한다.

11 Before 1970 many technological advances had been made in the field of computer science, which resulted in more efficient computers.

1970년 전의 많은 기술적인 진보들은 컴퓨터과학 분야에서 이루어져 왔고, 그것은 더 많은 효율적인 컴퓨터들을 초래했다.

⇒ 1970년 전부터 이미 컴퓨터과학 분야의 기술을 발전시켜왔기 때문에 더 좋은 컴퓨터들을 만들 수 있었다.

해설_ 여기서 which의 선행사는 앞 문장전체다.

if 번역테크닉

CHAPTER 01
CHAPTER 02
CHAPTER 03
CHAPTER 04
CHAPTER 05
CHAPTER 06

접속사 if는 문장과 문장을 연결해 주는 것으로 통상 세 가지 뜻으로 번역하면 무난하다.

1. ~인지 아닌지 , ~있는지 없는지, ~할 수 있는지 없는지 등으로 번역

01 How do you know if a doctor is skilled in asthma care?

천식 치료에 있어서 어떤 의사가 기술이 숙련되어 있는지 아닌지 어떻게 당신은 아느냐?

⇒ 어떤 의사가 천식을 잘 고치는지 어떻게 아느냐?

02 The cashier asked him if he had a receipt for the book.

그가 그 책을 위한 영수증을 가지고 있는지 없는지 그 회계원은 그에게 물었다.

⇒ 계산원이 그 책 영수증을 가지고 있느냐고 그 사람에게 물었다.

03 I was wondering if you could give me some information.

당신이 나에게 어떤 정보를 줄 수 있는지 없는지 나는 궁금해 했다.

⇒ 네가 나에게 정보를 좀 줄 수 있을지 궁금했다.

2. 조건(만약 ~라면 / 만약 ~한다면)으로 번역

01 If I don't eat breakfast tomorrow morning, I will get hungry during classes.

만약 내가 내일 아침 식사를 먹지 않는다면, 나는 수업 동안 배가 고플 것이다.

⇒ 내일 아침 식사를 하지 않으면 (나는) 수업 중에 배가 고플 것이다.

02 **I will give you one hundred dollars, if you keep the secret.**

만약 당신이 비밀을 지킨다면 나는 당신에게 백 달러를 줄 것이다.

⇒ 비밀만 지켜준다면, (나는) 너에게 백 달러를 주겠다.

3. 양보(~하더라도, ~이더라도)로 번역

01 **I won't give you one hundred dollars, if you keep the secret.**

만약 당신이 비밀을 지킨다 하더라도 나는 당신에게 백 달러를 주지 않을 것이다.

⇒ 네가 비밀을 지켜준다 해도 (나는) 백 달러를 주지 않을 것이다.

해설_ 접속사 if가 조건을 나타내는지 양보를 나타내는지 구분하는 방법은 다음과 같다.

1. 콤마(,) 앞뒤의 절이 서로 의존관계에 있으면 if가 조건을 나타낸다.
2. 콤마(,) 앞뒤의 절이 서로 관계가 없다든지 대조를 이루면 양보를 나타낸다.

품사 전환 번역테크닉 -〈형용사 + 명사〉구문

〈형용사 + 명사〉구문을 무조건 형용사가 명사를 수식하는 것으로 표현하면 한국어가 어색하므로, 때로는 형용사를 서술어로 표현하거나, 명사가 추상명사일 경우는 본래 품사인 동사나 형용사로 전환해서 번역하는 것이 좋다. 물론 이럴 경우 명사 앞에 있는 형용사는 부사로 품사가 바뀌게 된다.

01 I am a firm believer in his keeping promise.

나는 그의 약속을 지킴에 있어서의 확고한 신봉자이다.

⇒ 나는 그 사람이 약속을 지킬 것임을 확신한다.
(그 사람은 분명 약속을 지킬 것이다.)

해설_ 이 문장은 형용사 firm을 부사 firmly로, 명사 believer를 동사 believe로 바꾸어 번역해야 뜻이 명확하다. 즉 I firmly believe that he will keep promise.와 같은 문장이다.

02 At the budget hearing there was considerable friction between the supports and the opponents of higher taxes.

예산청문회에서 더 높은 세금에 대한 지지자들과 반대자들 사이에 상당한 마찰이 있었다.

⇒ 1. 예산청문회에서 세금인상과 관련하여 찬반론자 사이에 상당한 마찰이 있었다.
2. 예산청문회에서 세금인상 문제를 놓고 심하게 대립했다.

해설_ 이 문장은 higher taxes를 '더 높은 세금'으로 번역하면 어색하므로 '세금인상'으로 번역해야 한다. 즉, raise in taxes(세금에 있어서의 인상 =〉 세금인상)란 의미로 번역을 해야 한다.

03 In fact, Korea has implemented various measures to reduce foreign indebtedness, most of which have been effective. But slow export growth, dwindling contracts in overseas construction and mounting trade barriers in

advanced nations work against austerity moves.

사실상 한국은 외채를 줄이기 위한 여러 가지 조치들을 취했고 이들 대부분의 조치들이 효과가 있었다. 그러나 느린 수출의 성장, 외국 건설에 있어서의 감소되는 계약들, 선진국들에 있어서 높아지는 무역장벽들 등은 긴축경제를 저해하고 있다.

⇒ 사실 한국은 외채를 줄이기 위해 여러 가지 조치를 취해 상당히 많은 효과를 보았지만 수출 성장률이 저조해지고 해외 건설 계약고가 감소하고 선진국들의 무역장벽들이 높아지는 등 긴축경제의 걸림돌이 되고 있다.

해설_ 이 문장은 slow export growth(느린 수출성장)을 the slowness of export growth(수출성장률이 저조해지다)로, dwindling contracts(감소되는 계약들)를 the dwindling of contracts(계약고가 감소하다)로, mounting trade barriers(높아지는 무역장벽들)를 the mounting of trade barriers(무역장벽이 증가하다)로 바꾸어 번역해야 자연스럽다.

04 The technical manpower developments are mandatory in view of the widening gap between the technologically advanced countries and less developed ones, and the intensified competition which is likely to become more heated up to the year 2017.

기술 선진국들과 덜 발전된 나라들 사이의 벌어지는 격차와 2017년에 이르기까지 더욱 가열될 것으로 보이는 치열한 경쟁이라는 관점에서 볼 때 기술인력 개발은 필수적이다.

⇒ 기술 선진국들과 후진국들 사이의 격차가 날로 벌어지고 있고 2017년까지 더욱 경쟁이 치열해질 것이라는 점을 감안한다면 기술인력 개발은 필수적이다.

해설_ 이 문장은 widening gap(벌어지는 격차)을 the gap is widening(격차가 벌어지다)으로 번역해야 자연스럽다.

05 A growing number of people make it a weekend hobby to climb mountains. Surely this is indicative of improving standards of living as well as an eagerness to get out of the polluted urban environment.

등산을 주말의 취미로 삼는 사람들의 숫자가 날로 늘어나고 있다. 이는 분명 오염된 도시 환경으로부터 벗어나고 싶은 욕망뿐 아니라 생활수준이 향상되고 있음을 말해준다.

⇒ 주말마다 등산을 하는 사람들이 날로 늘어나고 있는 것은 오염된 도시를 벗어나고자 하는 것일 수도 있지만 생활수준이 향상되고 있기 때문이기도 하다.

해설_ 이 문장은 a growing number of people(늘어나는 사람들의 숫자)을 the number of people is growing(사람들의 숫자가 날로 늘어난다)으로 바꾸어 ⇒ The number of people is growing who make it a weekend hobby to climb mountains.(등산을 주말의 취미로 삼는 사람들의 숫자가 날로 늘어나고 있다.)로 번역하는 것이 좋다. 물론, improving standards of living(향상되고 있는 생활수준)은 the standards of living are improving(생활수준이 향상되고 있다)으로 바꾸어 번역하는 것이 좋다.

06 OPEC's share of the oil market has been reduced to 32 percent from 65 percent in 2016 due to the lower consumption by Western industrial countries and increased oil output by non-OPEC countries.

석유시장의 오페크의 점유는 서방 산업국가들에 의한 더 낮은 소비와 비오페크 국가들에 의한 증가된 석유산출 때문에 2016년에 65%에서 32%로 감소되어져 왔다.

⇒ 2016년의 경우 석유시장에서 OPEC 회원국의 시장 점유율은 65%에서 32%로 떨어졌는데, 그 원인은 선진 산업국가들이 석유소비를 줄이고 비OPEC 산유국가들이 석유생산을 늘렸기 때문이다.

해설_ 1. 이 문장은 lower consumption by Western industrial countries(서방 산업국가들에 의한 더 낮은 소비)를 Western industrial countries lowered (oil) consumption(서방 산업국가들이 석유소비를 줄였다)으로 바꾸어 번역해야 좋다. 물론, increased oil output by non-OPEC countries(비OPEC 산유국들에 의한 증가된 석유산출)는 non-OPEC countries increased oil output(비OPEC 산유국들이 석유생산을 증가시켰다.)로 바꾸어 번역해야 한다.

2. 이 문장에서 Western이 의미하는 것이 '서쪽, 서방'이란 뜻이 아니라 서유럽과 미국 등 선진 산업국가들을 뜻하므로 '선진'으로 처리하는 것이 좋다.

07 This new civilization brings with it new family styles; changed ways of working, loving, and living; a new economy; new political conflicts; and beyond all these an altered consciousness as well.

이 새로운 문명은 새로운 가족형태들을 가져 온다; 일하고 사랑하고 살아가는 방법들을 변화시켰다; 새로운 경제; 새로운 정치적인 갈등들; 그리고 뿐만 아니라 무엇보다도 변화된 인식을 가져온다.

⇒ 이 새로운 문명으로 인해 가족형태가 바뀌게 되었을 뿐만 아니라 일하고 사랑하고 생활하는 방식이 달라졌으며 경제적인 패턴과 정치적인 이슈들도 바뀌었고, 그 무엇보다도 사람들의 의식이 크게 변했다.

해설_ 1. 이 문장의 경우 명사는 주어로, 형용사는 동사로 바꾸어 번역하는 것이 좋다. 즉, changed ways of working, loving, and living(일함, 사랑함, 생활함의 변경된 방법들)은 ways of working, loving, and living are changed(일하는 방법, 사랑하는 방법, 생활하는 방법이 달라지다)로 바꾸어 번역해야 한다. 또한 new economy(새로운 경제)는 economy is renewed(경제가 새로워지다)로, new political conflicts(새로운 정치적 갈등들)는 political conflicts are renewed(정치적 갈등들이 새로워지다)로, altered consciousness(변화된 의식)는 consciousness is altered(의식이 변하다)로 바꾸어 번역하는 것이 좋다.

2. 이 문장의 세미콜론(;)은 모두 동격으로 세미콜론 이하 부분을 brings with~와 연결하고 있음에 유의하자.

08 The decision to take a new economic turn for the better should also be accompanied by a heavier accent on consumer demands instead of the aggressive arms race.

더 낫게 하기 위한 새로운 경제적 반전을 취하기로 한 결정은 치열한 무기경쟁 대신 소비자 수요들에 대한 더 무거운 강조에 의해 또한 수행되어야만 한다.

⇒ 이처럼 새로운 경기부양 정책을 시행하기로 결정함으로써 치열한 무기경쟁보다는 소비자 수요에 초점을 맞추게 될 것이다.

해설_ 이 문장은 by a heavier accent on consumer demands(소비자 수요에 대한 더 무거운 강조에 의해)를 by accenting consumer demands more heavily(소비자 수요를 더 중요시함으로써)로 바꾸어 번역해야 한다.

09 Successful late industrializers have devoted considerable resources to developing a relatively well educated workforce, more so than did other countries in earlier industrialization. In Korea, this has led to rapidly rising wages.

성공적인 늦은 산업화국가들은 초기의 산업화에 있어서 다른 나라들이 그랬던 것보다 더 비교적 잘 교육된 노동력을 개발하기 위해서 상당한 재원들을 바쳤다. 한국에 있어서 이것은 빠르게 오르는 임금을 초래했다.

⇒ 후발 산업국가로서 성공한 나라들은 고급인력을 개발하기 위해 엄청난 투자를 했는데, 그 투자량은 초기의 산업국가들이 했던 것보다 더 많을 정도였다. 한국의 경우 이로 인해 임금이 급상승하게 되었다.

해설_ 이 문장은 In Korea, this has led to rapidly rising wages를 '한국에서 이것은 급격하게 인상하는 급료에 이르게 되었다.' 등으로 번역하면 어색하므로 In Korea, this has caused wages to rise rapidly(한국에서는 이로 인해 임금이 급상승하게 되었다.) 결국, 원래의 형용사 rising은 동사 to rise로, 명사 wages는 의미상의 주어로 품사와 기능을 바꾸어 번역하는 것이 좋다.

10 In Washington, a diminishing Russia threat raises the prospect of increased congressional pressure to scale down the U.S presence in Asia.

워싱턴에 있어서 줄어드는 러시아의 위협은 아시아에 있어서 미군의 주둔을 줄이라는 증가된 의회의 압력의 전망을 증가시킨다.

⇒ 워싱턴에 대한 러시아의 위협이 줄어들게 되면 미 의회는 아시아의 미군을 감축하라고 더 강하게 요구할 것이다.

해설_ 명사 Russia threat를 주어로, 형용사 diminishing을 동사로 바꾸어 if 조건절처럼 번역하는 것이 좋다. 즉 a diminishing Russia threat를 if Russia threat diminishes로 처리하는 것이다. 또한, congressional pressure를 주어로, 형용사 increased를 동사로 바꾸어 the prospect를 수식하는 형용사절로 처리하는 것이 좋다. 즉, the prospect of increased congressional pressure를 the prospect that congressional pressure will be increased로 바꾼다.

11 Fostering and promoting consumption will thus automatically generate both rising incomes and high capital formation.

육성하고 촉진하는 소비는 이처럼 자동적으로 증가하는 소득과 높은 자본형성 양쪽을 촉진하게 될 것이다.

⇒ 소비를 권장하여 소비가 늘어나면 자연히 소득이 증대되고 자본도 마련할 수

있을 것이다.

해설_ 원문의 주어 Fostering and promoting consumption에서 형용사 fostering, promoting을 타동사로 바꾸고, 명사 consumption을 목적어로 삼아 if 조건절로 바꾸어 번역하면 좋다. 즉, If we foster and promote consumption,~처럼. 물론, rising incomes(증가하는 소득)는 income rise(소득증대)로, high capital formation(높은 자본형성)은 the higher level of capital formation(자본형성의 제고)로 번역하는 것이 좋다.

12 Rising consumption will create demand for new and profitable production and productive capacity.

증가하는 소비는 새롭고 유익한 생산과 생산능력에 대한 수요를 창출할 것이다.

⇒ 소비가 증가하면 새로운 수요가 창출되고 그렇게 되면 생산력도 증가할 뿐만 아니라 생산수익도 늘어나게 될 것이다.

해설_ rising consumption(증가하는 소비)을 consumption rise(소비증가)로, '새롭고 유익한 생산과 생산능력'은 '생산수익이 새롭게 생기고 생산능력도 새롭게 생기다'로 보는 것이 좋다.

13 Despite higher unemployment levels and a bigger drop in economic growth, the IMF said the former communist bloc countries should press ahead rapidly to free up prices, sell off government-owned enterprises and overhaul their outdated banking systems.

더 높은 실업 수준과 경제성장에 있어서 큰 하락에도 불구하고 IMF는 전 공산권 국가들은 가격을 신속하게 자유화하도록 압력을 가해야 하고 정부 소유의 기업들을 팔고 그들의 낙후된 은행 시스템들을 개선해야 한다고 말했다.

⇒ 비록 실업률이 증가하고 경제 성장률이 큰 폭으로 떨어진다 하더라도 이들 동유럽의 신생 민주국가들은 가격 자율화와 국영기업의 매각을 신속하게 추진해야 하며 낙후된 금융제도를 전면적으로 재검토해야 한다고 IMF는 말했다.

해설_ higher unemployment levels(더 높은 실업수준들)를 unemployment levels become higher(실업률이 증가하다)로 바꾸고, bigger drop in economic growth(경제성장에 있어서의 더 큰 하락)를 economic growth dropped more greatly(경제성장이 더 큰 폭으로 떨어졌다)로 바꾸어 번역하는 것이 좋다. 즉, economic growth를 주어로, 명사 drop을 동사 dropped로, 형용사 bigger는 부사 more greatly로 바꾼다.

품사 전환 번역테크닉 –〈동사 + 명사〉구문

1. 동사 본래의 의미로 번역이 안 될 경우

동사라 하더라도 동사 본래의 의미대로 번역을 하면 한국어 문장이 자연스럽지 않을 뿐만 아니라 제 뜻을 전달할 수 없다. 예를 들어, 〈make + (a) + 형용사 + 명사〉 구문을 곧이곧대로 번역을 하면 그런 경우가 있으므로 이럴 땐,

① 동사의 뜻은 무시하라.
② 동사의 목적어인 명사를 동사로 번역하라.
③ 명사를 수식하는 형용사가 있으면 형용사를 부사적으로 표현하라.

물론, 이러한 번역법을 항상 적용할 수 있는 것은 아니다. 동사를 동사 본래의 의미로 번역해서 그 의미를 전달할 수가 없을 때만 적용한다.

2. 〈타동사 + 명사〉 번역법

주로 다음과 같은 타동사 다음에 명사가 올 경우에 많이 활용하는 번역법이다.

■ allow	■ arrive at	■ bear	■ bring	■ cause
■ do	■ dealde	■ liver	■ exercise	■ form
■ give	■ get	■ have	■ lead	■ lend
■ make	■ offer	■ pay	■ provide	■ provoke
■ put	■ set	■ send	■ take	■ catch
■ achieve	■ reach	■ receive		

※ 다음 예제 중 밑줄 친 부분이 앞의 설명에 해당되는 부분이므로 잘 살펴두기 바란다.

01 **I <u>gave a second thought</u> to his offer.**

나는 그의 제안에 두 번째 생각을 주었다.

⇒ 나는 그 사람의 제안을 다시 한 번 생각해 보았다.

해설_ '주다'는 뜻을 가지고 있는 gave를 번역하지 말고 명사인 thought를 동사 '생각하다'로, 형용사 second를 부사 '다시 한 번(over again)'으로 번역한다. 이 문장은 I thought his offer over again.과 뜻은 같지만 표현이 다른 문장이다. 우리말에도 뜻은 같지만 표현이 얼마든지 다를 수 있다는 점을 생각해보면 이해가 쉽다. "배가 고파 죽겠다."는 표현은 "밥 생각뿐이다. / 밥만 있으면 소원이 없겠다. / 꿈속에서도 밥상만 보인다." 등과 같다고 볼 수 있다.

02 **He <u>got a bad fall</u> on the slippery sidewalk and <u>had a scratch on his face</u>.**

그는 미끄러운 길에서 나쁜 넘어짐을 얻었고 그리고 그의 얼굴에 할퀌을 가졌다.

⇒ 그 사람은 미끄러운 길에서 넘어지는 바람에 얼굴에 큰 상처를 입었다. / 그 사람은 미끄러운 길에서 잘못 넘어지는 바람에 얼굴에 찰과상을 입었다.

해설_ got a bad fall을 fell badly로 보면, got은 아무런 뜻이 없다. had a scratch on his face도 scratched his face로 보면, had는 아무런 뜻이 없다.

03 **His invention <u>made a great contribution</u> toward the modern science.**

그의 발명은 현대과학을 향해 큰 공헌을 만들었다.

⇒ 그 사람의 발명은 현대과학에 큰 공헌을 했다.

해설_ made a great contribution을 contribute greatly로 보면, make는 의미가 없다.

04 **She <u>gave a cry</u> at the robber hiding in the basement.**

그녀는 지하실에 숨어 있는 도둑에게 비명을 주었다.

⇒ 그 여자는 지하실에 숨어 있는 도둑을 보고는 비명을 질렀다.

해설_ 1. gave a cry를 cried로 보면, gave는 의미가 없다.

2. 반드시 그런 것은 아니지만 동작의 결과가 주어에게 돌아올 때는 주로 have, get, take를

활용하고, 단순히 명사를 동사화하는 용법으로 쓰일 때는 make를 쓰며 give 뒤에는 주로 단음절 명사가 온다. 위의 예문을 보더라도 '넘어지고, 상처를 입고'하는 것은 주어 자신에게 동작의 결과가 돌아오는 경우다. 따라서 이럴 때의 get이나 have를 단순히 명사를 동사화하는 수단으로 사용하는 make로 바꿀 수는 없다. gave 뒤의 cry는 단음절명사다.

05 The first Chou emperors set a good example both in their government and in their family life, and they took great pains to perform the religious ceremonies.

최초의 주나라 황제들은 그들의 정치나 가정생활 양쪽에 있어서 좋은 모범을 세웠으며, 그리고 그들은 종교적인 의식들을 수행하기 위해 큰 수고를 취했다.

⇒ 초기의 주나라 황제들은 정치뿐만 아니라 가정에서도 아주 모범적이었고 종교의식들도 정성을 다해 거행했다.

해설_ set a good example을 behaved well로 보고 set은 번역하지 않는 것이 좋다. took great pains도 tried hard로 보고 took을 번역하지 않는다. '좋은 모범을 세우다 / 큰 수고를 취하다'와 같은 표현을 문어체 번역어투로 쓰는 경우도 있긴 하지만 절대로 좋은 표현이 아니다. 이런 표현들은 '아주 모범적이다 / 정성을 다하다'로 처리하면 간단하다.

06 We have often seen the supporting of small business fails to reach fruition owing to a lack of due administrative care.

우리는 종종 적절한 행정적인 뒷받침이 결여됨으로 인해 중소기업의 지원이 결실에 도착하는데 실패를 보아왔다.

⇒ 중소기업을 행정적으로 적절히 지원해 주지 못하기 때문에 결실을 맺지 못하는 경우를 우리는 자주 보아왔다.

해설_ to reach fruition을 to fruit로 보고 reach를 번역하지 않는 것이 좋다.

07 It is only the Eastern European nations, under Russia guardianship, that will have to exercise some caution in developing relations with Beijing.

앞으로 베이징과의 관계 개선에 약간의 조심성을 발휘해야 할 나라들은 러시아의 감시 하에 있는 단지 동유럽 국가들이다.

⇒ 앞으로 중국과 관계 개선에 다소 조심을 해야 할 나라들은 러시아의 영향권에 속해 있는 동유럽 국가들뿐이다.

해설_ to exercise some caution in을 to be cautious more or less in으로 보고 exercise를 번역하지 않는다.

08 Goethe, the great lover of life, has given expression to being as against having in many poems.

위대한 인생의 예찬자인 괴테는 많은 시에서 소유에 대한 반대로서 존재에게 표현을 주었다.

⇒ 위대한 인생의 예찬자인 괴테는 많은 시에서 존재를 소유에 대한 반대개념으로 표현했다.

해설_ has given expression to being as against를 has expressed being as against로 보는 것이 좋다.

09 This story makes fun of chivalry and gives a keen description of various typical Spanish characters, from the noble to the groom.

이 이야기는 기사도의 웃음거리를 만들고 귀족에서 마부에 이르기까지 여러 가지 유형의 스페인 인들의 인간상들에 대해 날카로운 묘사를 준다.

⇒ 이 이야기는 기사도를 조롱하면서 귀족에서 마부에 이르기까지 여러 유형의 스페인 사람들의 인간상을 예리하게 묘사하고 있다.

해설_ makes fun of를 한 단어로 보듯이 gives를 번역하지 않고 형용사 keen을 부사 keenly로 명사 description을 동사 describe로 바꾸어 번역한다.

대명사 one 번역테크닉

one은 부정(否定) 대명사로 '긍정, 부정'이라고 할 때의 '부정(不正)'과는 다른 말이며, 어떤 특정한 것을 가리키지 않는다는 뜻으로, 통상 형식적인 주어로 많이 쓰이므로 굳이 번역을 할 필요가 없는데, '사람은~ 사람이~'로 처리하는 경우가 많다. 그런 오류를 범하지 않도록 유의하기 바란다.

01 **One might say that he would be showing the president of the company his success in bringing along new people.**

그는 그 회사의 사장에게 새로운 사람을 끌어오는데 있어서의 그의 성공을 보여주고 싶어 한다고 어떤 사람은 말할지도 모른다.

⇒ 새 사람을 데리고 오는데 성공한 그 사람은 사장에게 (자신의) 능력을 과시할지도 모른다. (능력을 과시하겠지.)

해설_ 부정대명사 one을 '다른 사람들'로 처리 하여, 너무 많은 의미를 부여하는 바람에 문장이 어색하다.

어휘_ bring along 데려오다, 가져오다

02 **One needs to insist upon this long-continuing Portuguese use of primitive forms of coercion.**

이러한 장기적으로 지속해온 포르투갈인의 야만적인 형태의 강압정치 사용을 사람이 지지하는 것은 필요하다.

⇒ 포르투갈인이 이렇게 장기간에 걸쳐 계속 야만적인 탄압정치를 행한 것은 단호하게 대처할 필요가 있다.(단호하게 부정해야 한다)

해설_ 1. 이 문장은 '야만적인 형태의 강압정치를 지지할 필요가 있다'는 논리 자체가 이미 문제가 있다. 마치 사람들이 포르투갈의 야만적인 정치 탄압을 지지해야 한다는 식이다.

2. insist upon(on)에 '단호하게 자신의 주장을 펴다, 억누르다'와 같은 뜻이 있다는 것을 모르고 번역한 것이 문제다.

어휘_ insist upon(on) 강요하다, 주장하다, 요구하다 Portuguese 포르투갈의, 포르투갈인, 포르투갈어 primitive 원시의, 야만적인 coercion 강압, 압정, 강압정치,

03 To the Anglo-Saxon even to smell one's food or wine in public is an uncouth act.

심지어 앵글로색슨족에게는 사람들의 음식 또는 와인을 대중 앞에서 냄새 맡는 것은 무례한 행동이다.

⇒ 앵글로색슨족은 다른 사람 앞에서는 자기 음식과 와인의 냄새를 맡는 것조차도 무례한 행동이라 생각한다. (앵글로색슨족은 무례하게 보일까봐 자기 음식과 와인이라 하더라도 다른 사람 앞에서는 냄새를 맡지 않는다.)

해설_ 1. 사람들 앞에서 음식이나 와인의 냄새를 맡는 행동은 인종을 불문하고 무례한 행동인데, 굳이 그것을 뜻하는 것처럼 번역했기 때문에 오역이다.

2. 이 문장에서는 even to smell one's에 유의해야 하고, one's는 앵글로색슨족 자신의 것을 뜻한다.

어휘_ smell 냄새를 맡다 in public 공공연히, 대중 앞에서 uncouth 유쾌하지 않은, 거친, 세련되지 않은

04 There is a great disproportion between what one is and what others think one is, or at least what they say they think one is.

사람이 무엇인가와 다른 사람들이 사람을 무엇이라 생각하는 것과 또는 적어도 그들이 사람을 무엇으로 생각한다고 말하는 것 사이에는 커다란 불균형이 있다.

⇒ 자신을 어떤 사람이라고 생각하는 것과 다른 사람이 어떻게 생각하느냐 하는 것이나 다른 사람이 최소한 어떤 사람으로 보인다고 말하는 것에는 상당한 차이가 있다.

해설_ 1. 이 문장만으로는 단정하기가 어렵지만, 일단 one을 사람으로 보는 관점에서 처리해 놓고 보니 말하고자 하는 것이 무엇인지 이해하기가 어렵다.

2. 일단, 이 문장이 and와 or로 연결된 점을 감안해서 무엇과 무엇을 비교하고 있는지 살펴보는 것이 중요하다. 물론, disproportion을 '불균형' 대신 '차이'로 보는 것도 중요하다.

어휘_ disproportion 불균형, 불균형한 것 at least 적어도, 최소한, 하다못해

재귀대명사 번역테크닉

번역을 하다보면 의외로 재귀대명사가 많이 나오고 재귀대명사를 어떻게 처리해야 하는지 망설이게 되는 경우가 많다. 통상적으로 재귀대명사는 어떤 행위가 주어에게 돌아가므로 한국어 특성상 번역을 하지 않아도 된다. 하지만 대명사가 어떤 내용을 지시할 경우는 처리를 매끄럽게 해야 하므로 잘 살펴두기 바란다.

01 **Since understanding people was the core of his work, he would help me if my research also helped him and others to learn about themselves.**

사람을 이해하는 것이 그의 일의 핵심이었기 때문에, 만약 나의 연구가 또한 그를 돕고 그리고 다른 사람들이 자신들에 관해서 배우기 위해 도움이 된다면 그는 나를 돕겠다고 했다.

⇒ 그 사람은 사람을 이해하는 것이 자신의 본업이기 때문에, 만약 내 연구가 그 사람은 물론이고 다른 사람들이 자신을 깨닫는데 도움이 된다면 나를 돕겠다고 말했다.

해설_ 이 번역을 보면, themselves가 others와만 관련이 있는 것으로 되어 있는데, him과도 관련이 있는 것으로 번역해야 옳다.

어휘_ since = because ~이기 때문에 understand 이해하다 core 중심, 핵심 research 연구 learn 배우다, 이해하다, 깨닫다, 알다

02 **He was an excellent teacher. A few conducting gesture, an encouraging word, could have the effect of lifting the pupil above himself.**

그는 아주 우수한 교사였다. 몇 번의 지도하는 몸짓, 격려하는 말은 제자를 그 자신 이상으로 향상시키는 효과를 가질 수 있었다.

⇒ 그분은 아주 유능한 교사였는데, 사소한 몸짓과 격려하는 말로 학생 자신을 본래 이상으로 만들 수가 있었다.

해설_ himself가 마치 교사를(He) 나타내는 것처럼 보이는데, 오역이다.

어휘_ excellent 아주 우수한, 훌륭한 a few 조금 있는, 조금의 conduct 지휘하다, 이끌다, 지도하다 gesture 제스처, 몸짓 encourage 북돋다, 용기를 주다, 격려하다 word 말, 단어 effect 효과, 효능 lift 올리다, 끌어올리다, 들다, pupil 학생, 제 above 이상, 위로

03 The athlete often represents the spectator as he sees himself in his own mind's eye.

운동선수는 종종 그 자신의 마음의 눈으로 그 자신을 보는 것으로서 관객으로 묘사된다.

⇒ 관객들은 운동선수를 보면서 자신이 마치 운동선수인 것처럼 착각하는 경우가 기끔 있다.

해설_ he, himself, his가 모두 운동선수(athlete)로 보이는데, 오역이다. 이 문장에서 he는 관객(spectator)을 뜻하고, himself는 재귀대명사로 he와 동일인물이다. 따라서 이 문장에 나오는 he, himself, his는 모두 spectator를 뜻한다.

어휘_ athlete 운동선수 often 종종, 가끔, 보통 represent 나타내다, 설명하다, 묘사하다 spectator 관객, 청중, 관중

04 I have known poets who have composed verses in dreams. I have made some myself, which are very passable.

나는 꿈속에서 시(詩)들을 지은 시인을 알고 있다. 나는 스스로 매우 수긍이 가는 꿈을 꾼 적도 있다.

⇒ 나는 꿈속에서 시(詩)를 지었던 시인을 알았는데, 나도 제법 그럴싸한 시를 지은 적이 있다.

해설_ 1. some을 dream으로 보고 있는데, I 관점에서 보면 이 문장은 poets(시인)와 verses(시)에 관심을 가지고 있는 문장으로 여기서 some은 verses로 보는 것이 논리상 옳다.

2. 그리고 '수긍이 가는 꿈'이라는 말에 문제가 있다. 꿈이란, 어디까지나 꿈일 뿐(허상, 가상적인 것일 뿐) '수긍할 수 있는 꿈'은 이 세상에 없다. 따라서 이 번역의 논리는 문제가 있다.

어휘_ poet 시인 compose 작곡하다, 작사하다, 시를 짓다 verse 시, 시구 dream 꿈 passable 통과할 수 있는, 수긍할 수 있는, 웬만한, 쓸 만한

to부정사 번역테크닉

to부정사란? 동사 앞에 to를 붙여 여러 가지 품사로 사용하는 일종의 그 기능을 정하지 않은 '품사'를 말한다. 그래서 기능이 정해지지 않은 품사라는 뜻으로 '부정사(否定詞)'라고 하는 것이다.

1. 부정사의 특징

① 술어동사가 아니므로 수, 인칭, 시제와는 아무 상관이 없다.
② 동사와 비슷한 역할을 하는 준동사이므로 목적어, 목적보어, 부사 등을 거느린다.
③ 부정사에는 to가 있는 부정사와 to를 생략한 '원형부정사' 두 가지가 있다.
④ 부정사는 동명사와 분사의 기능을 모두 가지고 있으므로 사촌형제격인 동명사나 분사보다는 기능이 많다.

2. to부정사와 동명사의 공통점과 차이점

① 공통점 : 둘 다 명사 역할과 형용사 역할을 한다.
② 차이점 : 부정사는 부사 역할도 하지만 동명사는 부사 역할이 없다.

3. to부정사와 분사의 공통점과 차이점

① 공통점 : 둘 다 형용사와 부사 역할을 한다.
② 차이점 : 부정사는 명사 역할도 하지만 분사는 명사 역할이 없다.

4. to부정사의 명사적 용법

to부정사의 명사적 용법이란, to부정사가 명사가 하는 역할을 똑같이 할 수 있다는 것이다. 다시 말해, 문장의 주어, 목적어, 보어가 될 수 있다.

01 To err is human; to forgive is divine.

잘못을 하는 것은 인간이요, 용서를 하는 것은 신이다.

⇒ 1. 잘못은 인간이 하고, 용서는 신이 한다.

2. 인간이 잘못을 하면, 신이 용서를 해준다.

3. 인간이 죄를 지으면, 그 죄는 신이 용서해 준다.

해설_ 1. to err와 to forgive가 동사 is의 주어로서 명사 역할을 한 문장이다.

2. 번역은 영문의 문법적인 기능, 즉 영문의 주어자리에 어떤 품사가 오느냐와 상관없이 그 문장이 말하고자 하는 의미를 표현하는 것이므로 번역문의 문장은 전혀 다른 구조가 될 수 있음에 유의해야 한다.

02 To tell a lie is wrong.

거짓말을 하는 것은 나쁘다.

⇒ 1. 거짓말을 하면 안 된다.

2. 거짓말을 해서는 안 된다.

3. 거짓말을 하는 것은 아주 나쁘다.

4. 거짓말은 나쁘니 하지 마라.

해설_ 1. 이 문장은 본래 It is wrong to tell a lie.인데, 문장 길이를 줄이기 위해 부정사를 이용했다. 특히, 신문이나 잡지 등과 같이 제한된 지면에 많은 내용을 실어야 하는 경우 간략형 문장인 to부정사 구문을 많이 씀에 유의.

2. to tell이 동사 is의 주어 역할을 하므로 명사를 대신했다.

3. 문맥 상황에 따라서 변형된 구조로 번역이 가능하기 때문에 영문의 문법적 구조대로 한국어를 만들 필요는 없다.

03 My wish is to see you succeed.

나의 바람은 당신이 성공하는 것을 보는 것이다.

⇒ 1. 내 소원은 네가 성공하는 것이다.

2. 네가 성공만 한다면 아무 걱정이 없다.

3. 네가 성공만 할 수 있다면 뭐든지 다 해줄 것이다.

해설_ 1. to see 가 주격보어 역할을 한다.

2. 이 문장에서 중요한 것은 의미상의 주어인 I(My)가 어느 정도 간절하게 wish 하는가 하는 것이다.

04 This pass enables me to travel half-price on train.

이 증명서는 반값으로 내가 기차로 여행하는 것을 가능하게 한다.

⇒ 1. 이 증명서만 있으면, 기차여행을 절반 비용으로 할 수 있다.

2. 이 증만 보여주면, 기차 티켓 비용을 절반만 내도된다.

3. 이 증만 있으면, 기차여행을 반값으로 떠날 수 있다.

해설_ 1. to travel이 목적어인 me의 보어 역할을, 즉 목적보어 역할을 하고 있다.

2. 이 문장 역시 의미상의 주어인 I(me)의 감정상태가 중요한 번역 포인트다.

05 He agreed to let me go home early.

그는 나를 일찍 집에 보내주겠다고 동의했다.

⇒ 1. 그 사람은 나에게 일찍 집에 보내주겠다고 약속했다.

2. 그 사람은 나에게 오늘은 일찍 집에 가도 좋다고 말했다.

3. 나는 오늘 일찍 집에 가도 좋다는 그 사람의 약속을 받았다.

해설_ 1. to let이 타동사 agree의 목적어 역할을 하고 있다.

2. 이 문장 역시 의미상의 주어인 I(me)의 감정 상태를 표현하는 것이 중요하다.

06 We chose to go by train.

우리는 기차로 가는 것을 선택했다.

⇒ 1. 우리는 기차를 타고 가기로 했다.

2. 우리는 기차로 가기로 결정했다.

3. 우리는 기차편을 택했다.

해설_ to go가 타동사 choose의 목적어 역할을 하는 문장이다.

unit 20

분사구문 번역테크닉

분사구문은 '부사절의 주어'가 '주절의 주어'와 같을 경우, 부사절의 '술어동사'를 분사로 바꾸고, 부사절의 주어와 종속접속사를 동시에 생략하는 구문으로 문장을 간략하게 처리하기 위해서 사용한다. 문제는 간략하게 표현된 구문 속에 내포된 의미를 포함시켜 정상적으로 표현하는 것이 중요하다. 다시 말해, 영문에 분사가 나오면 간략하게 되기 전의 정상적인 어법을 염두에 두고 번역하는 것이 중요하다.

01 A woman, frightened and quaking, ran up the steps.

한 여자가 겁을 잔뜩 먹고는 벌벌 떨면서 계단위로 뛰어올라 갔다.

해설_ frightened and quaking이 주어를 수식하고 있는 분사로 번역문에서도 수식어로 처리하면 그만이다.

02 Disgusted, he left the room.

불쾌해진 그 사람은 방을 나가버렸다.

해설_ Disgusted가 he를 수식하는 분사로 수식어로 처리하면 그만이다.

03 Written in an easy style, the book has many readers.

쉬운 문체로 되어 있어서, 이 책을 읽는 독자가 많다.

해설_ 1. 문장 맨 앞에 오는 분사는 통상 부사절이 변형된 것이라 보면 된다.

2. written이 분사로 문맥상 '이유'를 나타내고 있다는 것을 알아채는 것이 중요하다. 즉 Written in an easy style을 Because it is written in an easy style로 번역해야 한다는 것.

04 Desiring rest, I lay down on the sofa.

쉬고 싶어서, 나는 소파에 드러누웠다.

해설_ Desiring rest를 As I desired rest로 번역하는 것이 정석이다.

05 Seeing me, they suddenly stopped talking.

1. 나를 보자, 그 사람들은 갑자기 이야기를 그쳤다.
2. 내가 나타나자, 그 사람들은 하던 얘기를 그만두었다.
3. 내가 다가가자, 그 사람들은 말을 멈추었다.

해설_ 1. Seeing me를 When they saw me로 번역하는 것이 정석.
2. 문맥상 분사 seeing이 '때'를 나타내고 있음에 유의.

06 Refreshed and rested, he was able to satisfy his hunger on some ripe dates from the palm-tree.

1. 정신을 차리고 쉰 다음, 그 사람은 종려나무에 열린 야자열매를 따먹고 허기를 채울 수 있었다.
2. 몸을 추스르고 푹 쉰 다음, 그 사람은 야자열매를 따서는 허기를 채웠다.

해설_ 1. Refreshed and rested를 After he was refreshed and rested로 번역해야 한다.
2. 이 문장 역시 분사 refreshed와 rested가 문맥상 '때'를 나타내고 있음에 유의.

07 Admitting what he says, I don't think he'll sacrifice himself for his friends.

1. 설령 그 사람이 하는 말을 인정하더라도, 나는 그 사람이 친구들을 위해 희생할 사람은 아니라고 생각한다.
2. 그 사람이 하는 말이 진심이라 하더라도, 나는 그 사람이 친구들을 위해 희생할 사람은 아니라고 생각한다.

해설_ 1. Admitting what he says를 Although I admit what he says로 번역해야 한다.
2. 분사 admitting에 '양보'의 뜻이 내포되어 있음을 알아 차려야 한다.

08 Compared with this time last year, the prices of commodities have risen about ten percent.

1. 지난 해 이 시기와 비교해 보면, 상품의 가격이 약 10%는 올랐다.
2. 작년 이맘때와 비교해 보면, 물가가 약 10%는 올랐다.

해설_ 1. Compared with this time last year를 If they are compared with this time last year로 번역해야 한다.

2. 문맥상 분사 compared에 '조건'의 뜻이 내포되어 있음에 유의.

09 Walking along the road, my friends and I used to talk about the future.

1. 그 길을 따라 걸으면서, 친구들과 나는 미래에 관해 이야기를 하곤 했다.
2. 그 길로 걸어가면서 나는 친구들과 장래에 관한 이야기를 했었다.

해설_ 1. Walking along the road를 We used to walk along the road and로 번역해야 한다.
2. 문맥상 분사 walking에 '부대상황 / 동시상황'의 뜻이 내포되어 있음에 유의.

10 They chose the best scenes, leaving out everything that was unsuitable.

그 사람들은 좋은 장면만 고른 다음, 나머지는 모두 빼버렸다.

해설_ 1. 이 문장은 분사 leaving out가 문장 끝에 온 경우로, 이처럼 문장 끝에 오는 doing은 주로 〈and 주어 + 동사〉를 줄여 표현한 것으로 보면 된다.
2. leaving out를 and left out로 보고 번역하면 된다.
3. 문장 끝에 오는 p.p는 〈with + 명사 + p.p〉의 생략형이라고 보고 번역해야 한다.

11 People walked quickly, their brows furrowed.

사람들은 미간을 찌푸린 채 빨리 걸었다.

해설_ 1. 이 문장도 분사 furrowed가 문장 끝에 나왔는데, 이처럼 문장 끝에 오는 과거분사는 〈with + 명사 + p.p〉를 줄여 표현한 것으로 보면 된다.
2. their brows furrowed를 with their brows furrowed로 보고 번역하는 것이 정석이다.

12 We were not long arriving there.

1. 우리가 거기에 도착하기까지는 얼마 걸리지 않았다.
2. 우리는 얼마 안 가서 그곳에 도착했다.

해설_ 현재분사 arriving이 뒤에서 형용사를 수식하고 있는 경우로 통상 '~하기에 ~한'으로 번역하면 된다. 하지만, dripping wet, burning hot, freezing cold, exceeding kind처럼 현재분사가 앞에서 형용사를 수식할 경우는 통상 '~할 만큼 ~한'으로 번역하는 것이 좋다.

1. 분사가 보어 역할을 하는 경우

13 He stood on the platform watching the receding train.

멀어져가는 기차를 지켜보면서 그 사람은 플랫폼에 서 있었다.

해설_ 1. 분사 watching이 주격보어 역할을 하고 있다.

2. 통상 〈자동사 + doing〉 형태인데, 이 문장에서는 자동사는 stand, doing은 watching이 여기에 해당한다.

14 I became acquainted with him.

그 사람과 서로 알게 되었다.

해설_ 〈자동사 + p.p〉 형태로, become(자동사) + acquainted(p.p)로 이루어져 있다.

2. 분사가 목적보어 역할을 하는 경우

15 A phone call sent him hurrying to Seoul.

전화를 받자마자 그 사람은 급히 서울로 갔다.

해설_ 현재분사 hurrying이 목적보어 역할을 하고 있는 문장으로 통상 〈타동사 + 목적어 + doing〉 형태로 되어 있다.

16 My clumsy mistake set those present at the party giggling.

내가 이상한 실수를 하는 바람에 파티에 온 사람들이 낄낄대기 시작했다.

해설_ 현재분사 giggling이 목적보어 역할을 하고 있다.

17 I won't have you banging away at your drum in my study.

서재에서 북을 치면 혼날 줄 알아.

해설_ 이 문장은 〈have + 목적어 + doing〉 형태로 have 동사는 allow, permit와 같은 뜻을 나타냄에 유의.

18 **I love this place and I went to stop it (its) <u>being</u> turned into a tourist trap.**

이곳을 아끼기 때문에 이곳을 관광지로 개발하는 것을 나는 막을 것이다.

해설_ 이 문장은 〈타동사(stop) + 목적격 또는 소유격(it) + doing(being)〉 형태의 분사구문.

3. 분사의 실제 시제와 번역문 표현

01 **She spends three hours a day, practicing playing the piano.**

그 여자는 피아노 치는 연습을 하면서 하루에 세 시간을 보낸다.

⇒ 그 여자는 하루 세 시간 동안 피아노 치는 연습을 한다.

해설_ 동사 spends와 분사 practicing의 시제가 같다. 즉 시간을 보내는 것도 현재, 피아노를 치는 것도 현재의 습관이다.

02 **The girl, knitting the sweater, smiled shyly.**

그 스웨터를 짜고 있는 소녀는 수줍게 미소를 지었다.

⇒ 스웨터를 짜고 있는 그 아가씨는 수줍은 표정을 지었다. (수줍어했다)

해설_ knitting과 smiled는 모두 과거 사실을 뜻한다.

03 **The students wearing hot pants tomorrow will be cautioned.**

내일 핫팬츠를 입는 학생들은 주의를 받게 될 것이다.

⇒ 내일 짧은 반바지를 입고 오는 학생들은 혼날 것이다.

해설_ wearing하는 것도 be cautioned되는 것도 모두 나중에 일어날 사실이다.

04 **The house now being built probably will be rented.**

지금 지어지고 있는 집은 아마도 렌트될 것이다.

⇒ 짓고 있는 집은 아마 세를 놓을 것이다.

해설_ 주 문장의 동사와 상관없이 글을 쓰는 당시의 시제를 나타내고 있다.

05 **All the factors considered, the price of consumer goods are likely to rise.**

모든 요인들이 고려될 때, 소비자 제품들의 가격은 오를 것으로 보인다.

⇒ 여러 가지 요인을 고려해볼 때, 소비자 물가는 오를 것이다.

해설_ 분사구문의 경우 being이나 having been을 통상 생략하는 경우가 많은데 이 문장의 경우도 본래 being considered이지만 being을 생략한 구문이다. 하지만 번역을 할 때 굳이 이런 것이 생략되었다고 생각할 필요는 없고 문맥적으로 시제를 설정하면 된다.

06 **All compensation made, his mental shock will never be completely remedied.**

모든 보상이 이루어지더라도, 그의 정신적인 충격은 결코 완전하게 치유되지 않을 것이다.

⇒ 보상을 충분히 해 준다고 하더라도, 그 사람은 충격에서 결코 벗어나지 못할 것이다.

해설_ 이 문장 역시 being made가 정상적이지만 being을 생략한 문장이다.

07 **Printed in haste, this book has many errors in spelling.**

서둘러 인쇄되어서, 이 책은 철자에 있어서 많은 실수들이 있다.

⇒ 인쇄를 서두르는 바람에 이 책은 오탈자가 너무 많다.

해설_ Having been printed가 정상적이지만, having been을 생략한 문장이다.

08 **The orator, having given his opinion, stepped down.**

그의 의견을 말했던 그 연사는 내려갔다.

⇒ 그 연사는 의견을 말하고는 연단에서 내려갔다.

해설_ 주 문장의 동사시제보다 앞서는 완료분사(having given)로 주어와 동격이지만 실제적으로는 주어를 수식하고 있다.

09 **The police named him as having been involved in the crime.**

경찰은 그 범죄에 있어서 관련이 지워져있는 것으로써 그를 지목했다.

⇒ 경찰은 그 사람을 그 범죄 용의자로 지목했다.

해설_ 분사 having been involved가 목적격보어 역할을 하고 있다.

〈접속사 + 분사구문〉 번역테크닉

분사구문으로 부사절을 만들 경우는 통상 접속사를 생략하는 것이 원칙인데, 접속사를 생략하지 않고 〈접속사 + 분사〉 형태를 그대로 활용하는 경우는 강조구문으로 처리하는 것이 좋다.

01 **<u>Though admitting</u> what you say, I still think he is to blame.**

당신이 말하는 것을 인정한다 하더라도, 나는 여전히 그 사람이 나쁘다고 생각한다.

⇒ 네 말에 일리가 있지만 그래도 그 사람은 나쁜 사람인 것 같아.

해설_ Though를 생략해도 되는데 생략하지 않은 것으로 보아 강조구문으로 보는 것이 좋다.

02 **<u>When seen</u> near the horizon, the moon appears strikingly larger than when viewed overhead.**

수평선 가까이서 보일 때, 머리 위에서 보일 때보다 달은 훨씬 더 크게 보이는 것처럼 보인다.

⇒ 머리 위에 달이 있을 때보다 수평선에 달이 걸려있을 때 훨씬 더 크게 보이는 법이다.

해설_ when을 생략해도 무방한데 생략하지 않은 것으로 보아서 강조구문으로 처리하는 것이 좋다.

동명사 번역테크닉

동명사(動名詞)라고 하면, 동사와 명사의 역할을 동시에 하는 품사라고 생각하기 쉽지만 사실 동명사는 명사적인 뜻을 나타내는 것으로 보는 것이 일반적이다. 번역을 할 때 중요한 것은 부정사와 동명사의 의미를 구분하는 것인데, 다음 문장의 의미를 한번 생각해보면 알 수 있다.

1. I don't like to smoke.

2. I don't like smoking.

위의 두 문장은 어떻게 다를까? 둘 다 '나는 담배 피우는 것을 싫어한다.'로 번역하면 되지 않을까? 아니다. 엄밀히 따지면, 1번 문장의 번역은 "(지금) 나는 담배를 피우고 싶지 않다."고, 2번 문장은 "나는 흡연을 좋아하지 않는다."는 뜻이다.

다시 말해, 부정사를 활용한 1번 문장은 '지금'이라는 특정 시점에만 담배를 피우고 싶지 않다는 뜻이고, 동명사를 활용한 2번 문장은 일반적으로 '흡연 자체를 좋아하지 않는다.'는 뜻이 있음에 유의해야 한다.

부정사는 '특정하거나 개별적인 행위'를 나타내는 반면, 동명사는 '일반적이며 보편적인 사실'을 나타낸다고 보면 구분하기가 쉽다. 즉, '지금 담배를 피우는 행위(동사)'와 '흡연(명사)'의 차이라고 보면 된다. 그리고 동명사는 '끝나지 않은 행위'를 나타내는 반면 '부정사'는 이미 끝난 행위를 나타낸다는 차이점도 있다.

01 He waited for her.

이 문장은 "그 사람은 그 여자를 기다렸다."로 처리하면 되지만, 실제는 "그 사람은 그때 그 여자를 기다렸지만 지금은 기다리지 않는다."는 뜻까지 포함되어 있다.

02 I don't mind waiting for her.

이 문장은 "나는 그 여자를 기다리는 것을 개의치 않는다. ⇒ 나는 그 여자를 계속 기다릴 것이다."는 뜻으로, 계속되는 행위를 나타내고 있다. 즉, 부정사는 과거의 사실만을 나타내는 반면, 동명사는 계속하는 행위를 나타낸다는 것이다.

동명사와 헷갈리는 것으로 현재분사를 들 수 있다. 둘 다 동사에다 -ing를 붙여서 활용하므로 어떤 것이 현재분사이고 어떤 것이 동명사인지 헷갈릴 때가 많은데 여기서 분명히 정리해 놓기 바란다. 다음 문장을 비교해보자.

1. I don't know the boy playing tennis.

2. I enjoy playing tennis.

1번 문장을 번역하면 "나는 테니스를 치고 있는 소년을 모른다."이고, 2번 문장을 번역하면 "나는 테니스 치는 것을 즐긴다."다. 이 두 문장에 나오는 playing의 차이는 뭘까?

1번 문장의 playing은 the boy를 수식하고 있고, 2번 문장에 나온 playing은 동사 enjoy의 목적어 역할을 하고 있는 차이다. 따라서 1번 문장의 playing은 형용사 역할을 하는 현재분사이고, 2번 문장에 나오는 playing은 목적어 역할을 하는 명사이므로 동명사다.

다시 정리하면, 동명사는 문장 속에서 '주어나 목적어' 역할을 하는 명사로 나오는 반면 현재분사는 명사를 수식해 주는 형용사로 나온다는 것이다. "동명사는 명사이고 현재분사는 형용사다."로 생각하면 쉽다.

이런 문법적인 것은 번역에서 그리 중요하지 않지만, 현재분사와 동명사의 차이를 알 수 있는 예를 하나 더 들어보자.

1. His father is the man fixing the car.

2. His father started fixing the car.

1번 문장을 번역하면 "그 사람의 아버지는 차를 수리하고 있는 그 사람이다."이고, 2번 문장을 번역하면 "그의 아버지는 차 수리하는 것을 시작했다."이다. 즉, 1번 문장의 fixing은 현재분사로 the man을 수식하는 형용사이고, 2번 문장의 fixing은 '수리 / 수리하는 것'이라는 명사다.

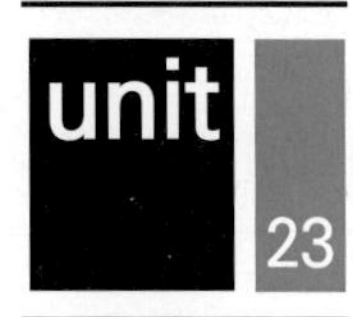

소유격 번역테크닉

영어는 지나치다 싶을 정도로 소유격을 많이 쓰지만 우리는 소유(所有)여부를 따질 때만 나타내므로 무조건 소유의 개념으로 번역해서는 안 된다.

01 Young Weber's mother read her son's letters without his knowledge.

어린 베버의 어머니는 그의 지식 없이 그의 아들의 편지를 읽었다.

⇒ 어린 베버의 어머니는 아들의 편지를 읽었지만 베버는 그 사실을 몰랐다.

해설_ his knowledge를 '그의 지식이 없이'로 번역하지 말고 his를 he로 하여 주어로 삼고, 명사 knowledge를 동사 know로 문장 성분과 품사를 바꾸어서 번역하는 것이 원칙이다. 즉, without his knowledge는 but he did not know로 생각해야 한다.

02 The teacher told Sara that her refusal to work necessitated his sending for her parents.

선생님은 사라에게 공부에 대한 그녀의 거절이 그녀의 부모들에 대한 그의 모셔오게 함을 필요로 하게 했다고 말했다.

⇒ 사라가 공부를 하지 않으려 하자 어쩔 수 없이 사라에게 부모님을 모셔오게 했다고 선생님이 말했다.

해설_ 소유격 her를 주어 she로 바꾸고, 명사 refusal을 동사 refuse로, 문장 성분과 품사를 바꾼 다음 because로 시작하는 부사절처럼 번역을 해야 한다. 다시 말해, her refusal to work를 because she refused to work로 생각해야 한다. 또한 소유격 his를 주어 he로, 동명사 sending을 동사 send로, necessitated를 had to로 바꾸어, necessitated his sending for her parents를 he had to send for her parents로 번역해야 옳다.

03 Our as yet heavy reliance on imports of wood is shameful for a country of which three quarters of the land is classified as mountainous.

아직까지 원목 수입에의 우리의 크나큰 의존은 국토의 3/4이 산간지역으로 분류되는 나라의 입장으로서는 부끄러운 일이다.

⇒ 국토의 3/4이 산간지역인 우리나라가 아직도 원목을 수입에 거의 의존하고 있다는 것은 부끄러운 일이다.

해설_ 소유격 our를 주어 we로, 형용사 heavy를 부사 heavily로, 명사 reliance를 동사 relied로 바꾸어 번역해야 한다. 즉 That we have as yet relied heavily on imports of wood is~로 번역해야 의미를 정확히 전달할 수 있다.

04 **Alexander the Great conquered the many small states of the Indus Valley and prepared the way for their union into one kingdom.**

알렉산더 대왕은 인더스 강 유역의 작은 나라들을 정복함으로써 하나의 왕국으로의 이들의 통합을 위한 길을 터놓았다.

⇒ 알렉산더 대왕은 인더스 강 유역의 작은 나라들을 정복함으로써 이 나라들을 통일하여 하나의 왕국으로 만들 수 있는 길을 터놓았다.

해설_ 소유격 their를 목적격 them으로, 명사 union을 타동사 unite로 바꾸어 번역해야 한다. 즉, the way for their union into one kingdom을 the way to unite them into one kingdom으로 번역해야 옳다.

05 **The core of Calvin's dogma was that man was a helpless being before an omnipotent God. Calvin pushed Luther's arguments against Free Will to their absolute and logical conclusion, and emphasized that man could do nothing to alter his fate.**

캘빈교리의 핵심은 인간은 전지전능하신 신 앞에서는 무력한 존재라는 것이었다. 캘빈은 루터의 반자유의지론을 그들의 절대적이고 논리적인 결론을 향해 밀고 나가, 인간은 자신의 운명을 바꾸기 위해 어떤 일도 할 수가 없음을 강조했다.

⇒ 캘빈교리의 핵심은 인간은 전지전능하신 신 앞에서는 무력한 존재라는 것이었다. 캘빈은 루터의 반자유의지론을 더욱 발전시켜 이에 대한 완벽하고도 논리적으로 결론을 내린 다음, 인간은 자신의 운명을 바꾸기 위해 어떤 일도 할 수가 없음을 강조했다.

해설_ 소유격 their를 목적격 them으로, 명사 conclusion을 동사 concluded로, 형용사

absolute와 logical을 부사 absolutely와 logically로 바꾸어 번역해야 한다. 물론 여기서 them은 arguments를 뜻한다. 다시 말해, Their absolute and logical conclusion을 concluded them absolutely and logically로 번역을 해야 옳다.

06 **In attempting to rid the planet of doomsday weapons, might SDI merely increase the risk of their use?**

대참사를 예고하는 무기들을 지구에서 제거하기 위한 시도에 있어서 SDI가 단지 그들의 사용의 위험을 증가시키는 것은 아닐까?

⇒ SDI(전략무기방어계획)는 지구를 파멸로 몰고 갈 수도 있는 핵무기를 무력화하기 위한 계획이지만 오히려 그것이 핵무기 사용을 자극해 위험을 초래하는 것은 아닐까?

해설_ 소유격 their를 주어 they로, 명사 use를 동사로 하되 타동사 use의 목적어가 없으므로 수동태 be used로 해서 번역하는 것이 원칙이다. 물론, 여기서 they는 doomsday weapon(핵무기)을 뜻한다.

07 **The notion of the end of history is not an original one. Its best known propagator was of course Karl Marx, who believed that historical development was purposeful and would come to an end only with the achievement of a Communist utopia.**

역사의 끝이라는 개념은 독창적인 것이 아니다. 이것의 가장 잘 알려진 전파자는 물론 칼 막스이고, 그는 역사적인 발전은 목적적이고 그리고 공산주의적 이상향의 성취로서만이 그 끝에 이를 수 있을 것이라고 믿었다.

⇒ '역사의 종착지'라는 개념은 독창적인 개념이 아니며 이 개념을 전파한 것으로 가장 유명한 사람은 다름 아닌 칼 마르크스인데, 마르크스는 역사란 어떠한 목적을 달성하기 위해 발전하는 것이며 공산주의식의 이상향을 실현하면 역사의 발전은 멈출 것이라고 믿었다.

해설_ 명사 propagator를 타동사로 보아 the man for propagating으로 바꾸고, 소유격 its를 목적어 it로 문장 성분과 품사를 바꾸어 번역하는 것이 원칙이다. 물론 여기서 it는 the notion을 뜻하는 대명사. Its best known propagator를 번역하면 '이 개념의 가장 잘 알려진 전파자'가 되지만 The man best known for propagating it을 번역하면 '이 개념을 전파시킨 것으로 가장 잘 알려진 사람'이 된다.

08 **His drunkenness, his furious rages, his indifference to women, and his claim to divinity, suggest that he was not happy.**

그의 취태, 그의 무서운 분노들, 그의 여자들에 대한 무관심, 그의 신에 대한 주장은 그가 행복하지 않았음을 암시한다.

⇒ 미친 듯이 술을 마시고 화를 잘 내고 여자들에게 관심이 없고 신(神)이라 자처했다는 것만 보아도 그 사람이 행복하지 않았다는 것을 잘 알 수 있다.

해설_ 소유격 his를 주어 he로, 명사 drunkenness, rages, indifference, claim을 동사 drunk, raged, was indifferent, claimed로, 형용사 furious를 부사 furiously로 바꾸어 번역하는 것이 좋다. 다시 말해, 이 문장은 That he drunk madly, rage furiously, be indifferent to women, and claimed to divinity, suggest that he was not happy.로 생각하여 번역해야 의미를 정확히 전달할 수 있다.

09 **Studies serve for delight, for ornament, and for ability. Their chief use for delight, is in privateness and retiring; for ornament, is in discourse; and for ability, is in the judgement and disposition of business.**

학문은 즐거움을 위해서, 장식을 위해서, 그리고 능력을 위해서 봉사한다. 즐거움을 위한 그들의 주된 사용은 사적임과 은밀함에 있어서이고, 장식을 위한 것은 대화에 있어서이며, 능력을 위한 것은 업무의 판단과 처리에 있어서이다.

⇒ 학문은 즐거움과 품위와 능력을 위해서 필요하다. 다시 말해, 지극히 개인적인 탐구의 즐거움을 위해서, 품위 있게 대화를 하기 위해서, 업무를 정확하게 판단하고 처리하기 위해서 학문을 닦을 필요가 있다는 것이다.

해설_ 여기서 their는 물론 studies를 뜻하는 소유격이고, 이 their를 목적격 them으로, 명사 use를 타동사 use로, 형용사 chief를 부사 chiefly로 바꾼 다음, we를 주어로 하면 That we use them chiefly for delight is~가 되는데, 이 문장을 다시 수동태로 바꾸면 That they are chiefly used for delight is in privateness and retiring; for ornament, is in discourse; and for ability, is in the judgement and disposition of business.가 되고, 이 문장을 다시 능동으로 번역하면 한국적인 표현이 된다.

10 **To the unduly possessive mother this feeling on the part of a child may be agreeable; she may desire his dependence**

upon herself more than his capacity to cope with the world.

지나치게 소유욕이 강한 엄마에게는 아이에 대한 부분적인 이런 기분은 흐뭇한 일인지도 모른다. 그녀는 세상일을 극복해 나가는 그의 능력보다는 그녀 자신에 대한 그의 의존을 더 갈망할지도 모른다.

⇒ 지나치게 소유욕이 강한 엄마가 아이들에게 갖는 이런 마음은 당연한 것인지도 모른다. 다시 말해, 아이가 세상을 이겨나갈 수 있는 능력을 갖추기보다는 엄마에게 더 의존하며 살기를 더 바랄지도 모른다는 것이다.

해설_ 소유격 his를 주어 he로, 소유격 뒤에 있는 명사 dependence, capacity를 동사 depend, be capable of로, 기능과 품사를 바꾸어 번역하는 것이 원칙. 다시 말해, She may desire that he will depend upon herself more than that he will be capable of coping with the world.로 발상을 하는 것이 좋다.

11 The union people are very conscious of their total lack of political backing.

노조원들은 그들의 정치적인 지지의 전체적인 결핍에 대해 매우 의식적이다.

⇒ 노조원들은 자신들이 정치적인 지지를 전혀 받지 못하고 있다는 사실을 잘 알고 있다.

해설_ 소유격 their를 주어 they로, 명사 lack을 동사 lack으로, 형용사 total을 부사 totally로 바꾸어 번역하는 것이 좋다. 다시 말해, The union people are very conscious that they totally lack political backing.으로 보아야 한다.

12 It will take much time, and you'll also have problems to find your hotel. But John was not afraid. He left for L.A. in his car. He stopped near the city and looked at the map. Then he drove into the city, but he could not find his hotel. He drove round and round for an hour, then he stopped and got out of his car.

많은 시간이 걸릴 것이고 그리고 당신은 또한 당신의 호텔을 찾는데 많은 문제가 있을 것이다. 그러나 존은 두려워하지 않았다. 그는 그의 자동차로 L.A.를 향해 떠났다. 그는 그 도시 근처에 멈추었고 지도를 보았다. 그런 다음 그는 그 도시 속으로 차를 몰아갔지만 그는 그의 호텔을 찾을 수가 없었다. 그는 한 시간 동안 빙빙 차를 몰고 돌았고 그런 후 그는 멈추었고 그의 차 밖으로 나왔다.

⇒ 그렇게 하면 시간도 많이 걸리고 호텔 찾기도 아주 어려울 것이라는 얘기를 듣고도 존은 막무가내로 차를 몰고 L.A.로 떠났다. L.A. 근처에서 지도를 다시 한 번 훑어본 후에 시내로 들어갔지만 호텔은 찾기가 어려웠다. 그래서 한 시간 동안이나 빙빙 돌아다니다가 차를 세우고는 화가 나서 내리고 말았다.

해설_ 1. your hotel의 경우, 그대로 번역하면 마치 you가 소유하고 있는 호텔로 오해할 수도 있다. 여기서는 예약한 호텔이란 뜻. 그리고 이 문장에 등장하는 he는 모두 동일인물이므로 굳이 소유 여부를 밝혀가며 번역할 필요가 없다.

2. got out of his car에는 문맥적으로 he의 감정상태가 내포되어 있다고 보는 것이 좋다.

13 Bread and butter is his usual lunch.

빵과 버터는 그의 통상적인 점심이다.

⇒ 1. 버터를 바른 빵은 그 사람이 늘 먹는 점심이다.

2. 그 사람은 늘 버터 바른 빵을 점심으로 먹는다.

3. 그 사람은 점심때마다 버터 바른 빵을 먹는다.

해설_ 소유격 his를 he로 바꾸어 번역한다.

14 His idea was to provide a place for families to stay.

그의 생각은 가족들이 머물 수 있는 장소를 제공하는 것이었다.

⇒ 그 사람은 가족들이 쉴 수 있는 장소를 만들고 싶었던 것이다.

15 She maintained her innocence.

그녀는 그녀의 무죄를 주장했다.

⇒ 그 여자는 자신은 무죄라고 주장했다.

해설_ 무죄인 당사자가 누구인지 분명히 해 줄 필요가 있는 경우는 소유격을 번역해 주어야 하지만 그렇지 않을 경우는 소유격을 번역할 필요가 없다.

16 She controlled her feelings.

그녀는 그녀의 감정을 조절했다.

그 여자는 감정을 억제했다.

해설_ 이 문장은 feeling을 control하는 것으로 이미 자신의 감정임을 알 수 있으므로 소유격을 번역할 필요가 없다.

17 **There rose in his imagination visions of a world empire.**

그의 망상 속에서 세계 정복의 야망이 떠올랐다.

⇒ 그 사람은 세계를 정복하고자 하는 망상에 사로잡혀 있었다.

18 **The teacher's patience with the students wore thin.**

학생들에 대한 그 선생님의 인내는 점점 약해졌다.

⇒ 학생들 때문에 선생님은 더 이상 참을 수가 없었다.

19 **My opinion is that the government's tobacco monopoly should be abolished.**

나의 의견은 정부의 담배독점은 폐지되어야 한다는 것이다.

⇒ 1. 내 말은 정부가 독점하고 있는 담배 전매제도는 폐지해야 한다는 것이다.

2. 나는 정부가 독점하고 있는 담배 전매제도를 폐지해야 한다고 생각한다.

해설_ my를 I로 바꾸고 명사 opinion은 동사 think로 바꾸어 번역한다.

20 **Engineering designers now use powerful work stations that can visualize their creations in color and three dimensions.**

엔지니어링 디자이너들은 이제 그들의 창작품을 컬러와 3차원 영상으로 시각화할 수 있는 강력한 워크스테이션을 이용하고 있다.

⇒ 요즘의 공학 설계자들은 자신이 설계한 것을 3차원 칼라 영상으로 볼 수 있는 고성능 컴퓨터를 이용하고 있다.

해설_ their를 주어 they로 바꾸고, 명사 creation을 동사 create로 바꾸어 번역한다.

전치사 번역테크닉

1. 전치사의 기능

① 명사 또는 대명사 앞에서 '앞 단어와 명사, 대명사의 관계'를 나타내어 준다.
② 영어 전치사는 한국어의 '조사나 부사적인 표현'과 비슷한 역할을 한다고 볼 수 있다. 따라서 영어 전치사의 의미를 잘 나타내려면 한국어의 '조사와 부사적 표현'을 잘 알아 두어야 한다.

다음 영문을 통해 전치사의 의미를 명확하게 알아 두기 바란다.

01 The book on the table is mine.

그 테이블 위에 있는 그 책은 나의 것이다.

⇒ 저 테이블에 있는 책은 내 것이다.

해설_ 여기서 on을 '위에'라고 번역하는 경우가 많은데, 실은 '책상에'라고 할 때, '-에'에 해당한다고 볼 수 있다. '책상 위에, 선반 위에, 지붕 위에'와 같은 말은 '접착한 면과 그 위의 공간을 모두 포함'하기 때문에 뜻이 다르다고 볼 수 있다. 다시 말해, '책상 위에서 파리가 날아다닌다.'와 '책상에 파리가 앉아 있다.'에서 조사 '-에서'와 '-에'는 아주 다른 뜻이라는 것이다.

02 Things went from bad to worse.

일들은 나쁜 것에서 더 나쁜 것으로 갔다.

⇒ 1. 일이 점점 어렵게 되었다.
2. 일이 악화되었다.
3. 일이 골치 아프게 되었다.
4. 문제가 더욱 심각하게 되었다.

해설_ 이 문장은 '전치사를 따로 떼어서 번역할 수 없는 경우'로 go from bad to worse가 하나의 의미단위다. 번역은 의미단위별로 의미를 부여해서 표현하는 기술이다. 이런 점에서 본다면 관용구를 많이 알아야 번역을 정확하게 할 수 있다는 것을 알 수 있다.

03 You can succeed by working hard.

열심히 일을 함으로써 당신은 성공할 수 있다.

⇒ 1. 열심히 일을 하면 너는 성공할 것이다.

2. 일만 열심히 한다면 너는 성공할 수 있을 것이다.

3. 일을 열심히 해야 성공할 수 있다.

해설_ 여기서 by는 '조건'을 나타내는 전치사이므로 '조건'에 부합하는 한국어 표현을 선택해야 한다.

04 I will wait here till six.

나는 여섯 시까지 여기서 기다릴 것이다.

⇒ 6시까지 여기에서 계속 기다리겠다.

He will be back here by six.

그는 여섯 시까지 여기로 돌아올 것이다.

⇒ 늦어도 6시까지는 돌아올 것이다.

해설_ 1. 위의 두 문장을 번역 못하는 사람은 별로 없을 것이다. 그러나 여기에 나오는 till과 by의 의미를 정확히 표현하는 사람은 별로 없는데, 번역을 할 때는 어떤 의미단위가 나타내는 의미를 명확하게 표현해주는 것이 중요하다.

2. 전치사 till과 by에 '계속'과 '늦어도'라는 부사적인 의미가 내포되어 있다.

05 I bought it at this store.

나는 이 가게에서 그것을 샀다.

He was born in Seoul.

그 사람은 서울에서 태어났다.

해설_ 1. 위 문장에서 알아두어야 할 것은 전치사 at과 in의 속성이다. 물론 위 문장은 this store나 Seoul이라는 명사가 어떤 뜻인지 쉽게 알 수 있어서 별 어려움 없이 번역할 수 있지만, 만약 at과 in 뒤에 우리가 잘 모르는 명사가 나올 경우는 그리 간단치가 않다. at 뒤에 나오는 명사는 '좁은 공간이나 지역'을, in 뒤에 나오는 명사는 '넓은 공간이나 지역'을 암시한다는 일반적인 원칙을 적용할 수밖에 없기 때문이다.

2. 위 문장은 [직역]이 곧 모범번역이지만, at과 in의 속성을 고려해서 번역하도록 해야 한다.

06 There is a bridge over the river.

강 위에 다리가 있다.

⇒ 강물 바로 위로 다리가 놓여 있다. / 다리 바로 아래로 강물이 흐르고 있다.

Some birds were flying above the hill.

몇 마리의 새들이 언덕 위에서 날고 있었다.

⇒ 언덕 위에서 새들이 훨훨 날아다니고 있었다.

해설_ 1. 위 문장은 over나 above를 모두 '위(上)'로 표현했지만, over는 그냥 '위'가 아니라 '바로 위'를, above는 '좀 더 높은 위'를 나타냄에 유의해야 한다.

2. over나 above는 공간적인 개념을 포함하고 있으므로 그런 점을 번역문에 나타낼 수 있도록 해야 한다.

07 There is a cat under the table.

테이블 아래에 고양이가 있다.

⇒ 테이블 아래에 고양이가 웅크리고 있다. *공간적 개념을 줄여서 표현하는 기법

I see the whole city below my eyes.

나는 눈 아래로 전체 시가지를 본다.

⇒ 전 시가지가 훤히 내려다보인다. *공간적 개념을 확대해서 표현하는 기법

해설_ 1. 위 영문의 under와 below는 어떤 차이가 있을까? under는 '바로 아래'를, below는 '아주 낮은 아래'를 나타냄에 유의하자.

2. under와 below도 공간적인 개념을 포함해서 번역해야 옳다.

08 My house stands between a river and a wood.

나의 집은 강과 나무 사이에 서 있다.

⇒ 우리 집은 강과 숲 사이에 있다. ⇒ 우리 집 앞에는 강이 흐르고 뒤에는 숲이 우거져 있다.

He sat among his children.

그는 그의 아이들 사이에 앉았다.

⇒ 그 사람은 자녀들 사이에 앉아 있었다. ⇒ 그 사람은 자녀들과 어울려 앉아 있었다.

해설_ 1. 위 영문의 between과 among의 의미는? 흔히 우리는 between을 '두 가지 사이'로, among을 '세 가지 이상의 사이'로 구분해 왔다. 이런 구분은 어디까지나 기본적인 개념이 그러하다는 것이지 반드시 그렇게 표현해야 한다는 것은 아님에 유의.

2. '사이'라는 획일적인 표현에서 벗어나 전체적인 상황이나 분위기를 감안해서 처리하도록 해야 한다.

09 The dog ran after the cat.

그 개는 고양이 뒤를 달렸다.

⇒ 그 개가 고양이를 쫓고 있었다.

We walked about the streets.

우리는 그 거리들을 걸었다.

⇒ 우리는 그 거리를 헤매고 돌아 다녔다.

해설_ 위 영문의 after나 about은 그 혼자서 의미를 나타내는 것이 아니라, ran after와 walked about 그 자체가 하나의 의미단위 역할을 한다.

2. 전치사의 의미를 풀어서 번역해야 하는 경우

영어는 품사 중에서 명사를 가장 많이 활용하는 편이므로 전치사 또한 문장에 많이 나오게 되는데, 전치사를 무조건 사전적인 의미로 간단하게 처리하지 말고 번역문장이 다소 길어지더라도 풀어서 번역해야 함에 유의해야 한다.

다음 문장을 통해 전치사를 어떻게 풀어서 표현하는지 알아 두기 바란다.

01 Ducks have been domesticated for many centuries and are raised commercially for their meat and eggs.

오리는 여러 세기 동안 가축으로 길들여져 왔고 고기와 알을 위해 상업적인 목적으로 기르고 있다.

⇒ 오리는 몇 백 년 전부터 가축으로 길러왔는데, 통상 오리고기로 팔기 위해서

또는 오리 알을 생산하여 팔기 위해서 기르고 있다.

해설_ 이 문장에는 전치사 for가 두 번 나오는데, for many centuries의 for는 기간과 관련된 말과 연결되어 있으므로 '~동안 / ~걸쳐서' 등으로 번역하면 되지만, for their meat and eggs의 for를 '~을 위해'로 처리해서는 곤란하다.

02 Every year Canadian businesses sell about 75 percent of their exports to the United States.

매년 캐나다 기업들은 그들의 수출의 약 75%를 미국에게 판매한다.

⇒ 캐나다 기업들은 전체 수출 가운데 약 75%를 미국에 수출하고 있다.

해설_ 전치사 of를 어떻게 처리하느냐 하는 문제인데, of their exports를 '수출의'보다는 '수출 중 / 수출 가운데' 등으로 표현하는 것이 자연스럽다.

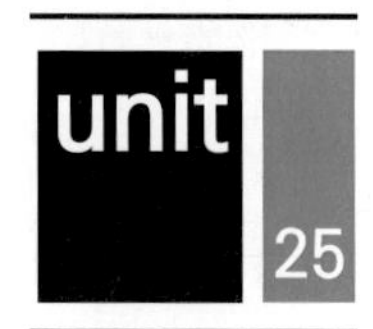

고유명사 번역테크닉

고유명사란, 자신만의 고유한 뜻을 지닌 명사를 말하는 것으로 명사 그 자체가 암시하는 것이 상당히 많다. 따라서 어떤 식으로 표기하느냐가 중요한 것이 아니라 그 문장에 나오는 고유명사는 관련 사전을 통해 자료를 확실히 찾아보고 나서 번역하는 습관을 들여야 전체 문맥을 정확하게 번역할 수 있다.

영문에서 첫 알파벳을 대문자로 처리한 단어는 모두 고유명사이고, 고유명사의 표기 원칙은 영어 발음에 가장 가깝도록 한글로 표기하고 괄호 안에 영자를 밝혀주는 것이 원칙이다.

다음 영문의 번역을 통해 잘 정리해 두기 바란다.

01

1. Viacom Inc., jettisoned by the CBS broadcast company in 1970, grew rapidly over the next three decades to become one of the largest media conglomerates in the world - powerful enough to take over its former parent.
2. Viacom today is a far-flung cable TV operator and entertainment provider, owning businesses stretching from the MTV and Nickelodeon cable stations to the Blockbuster chain of video-rental stores.
3. Its aggressiveness was fueled in part by its risk-taking leader, Sumner Redstone, whose own remarkable rise from Depression-era poverty led to his purchase of Viacom in 1987.
4. CBS created and then spun off its Viacom cable TV arm to comply with new government rules barring TV networks from selling their own programming or owning cable TV systems. At the time, Viacom

had just 90,000 cable subscribers and sales of $19.8 million.
5. Viacom quickly helped shape the cable industry. In 1976, Viacom created Showtime to compete with Home Box Office to provide cable subscribers films recently released in theaters. It invested heavily in expanding its cable systems.
6. In 1986 Viacom bought MTV Networks, and its flashy graphics and fast pace became a favorite among young adults and advertisers. With that purchase came Nickelodeon, an children-geared channel that Viacom transformed from the least popular cable channel to one of the most watched.
7. Weakened by a heavy debt load, Viacom became embroiled in a takeover battle in 1986 among corporate raider Carl Icahn, a Viacom management team and Redstone, president of the National Amusements Inc. movie theater chain.
8. Redstone won out by buying Viacom for $3.4 billion. He began a spree of acquisitions, including the 1994 purchase of Blockbuster for about $8.4 billion and of Paramount Communications for $10 billion, which brought Viacom the Simon and Schuster publishing empire.

번역사례

* 밑줄 친 부분이 오류임

1. 바이아콤(Viacom Inc.)사는 CBS방송사가 1970년에 투자한 회사로 그 후 30년 동안 급성장하여 세계에서 가장 큰 미디어 재벌이 되었으며 이전의 모기업이라 할 CBS 방송사를 인수할 정도까지 되었다.

   해설_ jettisoned by the CBS~는 수동태로 'CBS에 의해 버려진'이란 뜻인데, jettison(버리다, 포기하다)을 '투자하다'로 잘못 처리했음.

2. 바이아콤사는 오늘날 원거리 케이블 TV 사업자 겸 오락프로그램 공급자로서 MTV

와 5센트극장 방송에서부터 히트영화를 비디오로 대여해 주는 상점체인에 이르는 사업을 소유하고 있다.

해설_ a far-flung cable TV~에서 far-flung는 '광범위한, 널리 퍼진 ⇒ 가입자가 많은'으로 보아야 하는데, '원거리(먼 거리)'로 잘못 처리했음. 통상 원거리 방송은 공중파 방송(한국의 KBS, MBC와 같은)이 맡고, 인구가 밀집된 도시지역을 대상으로 제한된 지역에서 프로그램을 공급하는 방송이 케이블 방송임. 따라서 논리적으로도 맞지 않음. Nickelodeon이 '5센트를 받는 극장'이란 뜻이 있지만, 이 문장에서 Nickelodeon cable stations는 '니켈로디언이라고 하는 케이블 방송국(cable stations)'이란 뜻임. 대문자로 시작된 단어는 고유명사이므로, 원어의 소리에 가깝도록 한글로 표기하고 괄호 안에 영자를 밝혀주는 것이 원칙임. 우리나라 케이블 TV에서도 니켈로디언 애니메이션 등을 시청할 수 있음. 그리고 Blockbuster도 '비디오 대여점' 체인 명으로 고유명사다.

3. 이 회사의 도전성은 위험을 마다않는 경영자 섬너 레드스톤의 도전성에 힘입은 바 큰데 그는 불경기 시대의 가난에서도 괄목할 만한 성장을 이루어 1987년에 바이아콤사를 사들였다.

해설_ whose own remarkable rise from Depression-era~는 공황시절에도 승승장구했다고 보기는 어렵고, 공항시절을 잘 견디어 낸 ~ 정도로 보는 것이 적절한 논리.

4. CBS방송사는 바이아콤 케이블 TV 회사를 설립하여 곧 분리하였는데 이는 TV방송사가 자사 프로그램을 판매하거나 케이블 TV 회사를 소유하는 것을 금지하는 정부의 새 법안에 따른 것이었다. 당시 바이아콤사는 케이블 TV 가입자가 겨우 9만 명에다 매출액도 1980만 달러에 불과했다.

해설_ helped shape는 '장악하다'가 아니라 '형성하는 데 도움이 되었다' 정도로 보는 것이 좋음. Showtime to compete with Home Box Office~, 여기서 대문자로 처리된 단어는 모두 고유명사다.

5. 바이아콤사는 급속히 케이블방송 업계를 장악해 나갔다. 1976년에 바이아콤사는 쇼의 개시시간을 알리는 "쇼타임"을 만들어 극장에서 최근 방영된 영화를 케이블 가입자에게 공급해 주는 가정용 비디오 판매점과 경쟁하였다. 이 회사는 케이블 방송체제를 확장하는데 굉장히 많이 투자하였다.

해설_ flashy graphics and fast pace~는 시청자들이 시선을 떼지 못하도록 화면을 역동적이고 빠르게 구성했다는 의미로 특정 프로그램(인기물)을 뜻하는 것은 아님.

6. 1986년에 바이아콤사는 MTV 네트웍스를 사들였는데 번쩍이는 그래픽 무늬와 빠른 속도처리는 젊은이들과 광고주들이 가장 좋아하는 인기물이 되었다. 곧 이어 어린이 대상 채널인 5센트극장이라고도 불리는 Nickelodeon을 사들여 가장 인기 없는 케이블 채널에서 가장 즐겨보는 채널로 바꿔놓았다.

해설_ among corporate raider Carl Icahn, a Viacom management team and Redstone~ 여기서 칼 이카흔, 비아콤 경영팀, 레드스톤은 모두 동격으로 나열되어 있음.

7. 과중한 부채 때문에 체질이 허약해진 바이아콤사는 1986년에 인수경쟁에 내몰렸는데 곧 바이아콤 경영진이자 기업사냥꾼인 칼 아이칸(Carl Icahn)과 전국 오락영화극장체인의 사장인 레드스톤과의 싸움이었다.

해설_ the Simon and Schuster는 고유명사로 파라마운트사가 소유하고 있는 '출판사업부문'으로 보아야 함.

8. 레드스톤이 바이아콤을 34억 달러에 사들임으로써 싸움은 끝이 났다. 다시 그는 1994년에 84억 달러를 주고 블록버스터를 사고 100억 달러에 파라마운트 커뮤니케이션스사를 사들임으로써 인수의 귀재로 떠올랐으며 이로써 바이아콤사는 케이블TV업계의 출판제국이 되었다.

모범번역

1. 1970년대 CBS 방송사가 포기했던 비아콤(Viacom Inc.)사가 지난 30년 만에 세계 최대 미디어 거대 기업으로 급성장하여 예전의 모기업을 인수할 정도로 탄탄해졌다.

2. 오늘날의 비아콤사는 케이블 TV 전문 운영기업이자 연예 방송 프로그램을 제공하는 회사로 MTV부터 케이블 방송 회사인 니켈로디언(Nickelodeon)사까지 사세를 확장했고 마침내 비디오 대여 체인업체인 블록버스터(Blockbuster)사까지 관여하고 있다.

3. 이러한 비아콤사의 공격적인 경영은 위험을 감수하는 섬너 레드스톤(Sumner Redstone)회장이 있었기 때문인데, 섬너 회장은 대 공항 시절 가난하기 짝이 없는 사람이었지만 눈부신 발전을 거듭한 끝에 1987년 비아콤사를 인수하기에 이르렀다.

4. 비아콤사를 설립했던 CBS 방송사는 당시 'TV 방송사는 프로그램을 판매하고 케이블 TV를 소유할 수 없다'는 새 정부의 방침에 따라 케이블 방송사였던 비아콤사를 분리하게 되었다. 분리 당시 비아콤사는 9만 여명의 가입자에 1천 9백 8십만 달러의 매출을 기록하고 있었다.

5. 비아콤사는 케이블 방송 산업 붐을 일으키는데 크게 기여했는데, 1976년에는 쇼타임(Showtime)을 신설해 최신 극장 개봉작을 케이블 가입자에게 제공하며 홈 박스 오피스(Home Box Office)와 시장경쟁을 했고 케이블 망 확산에 많은 투자를 했다.

6. 1986년에 이르러서는 마침내 MTV 네트워크를 인수해 현란한 화면과 스피디한 구

성으로 청년층과 광고주를 끌어들였고 어린이를 대상으로 하는 가장 인기 없던 케이블 채널인 니켈로디언 방송사를 함께 인수해 가장 시청률 높은 채널로 바꾸어 놓기도 했다.

7. 그러나 1986년 과다한 부채에 허덕이던 비아콤사는 기업인수 전문가인 칼 이카혼(Carl Icahn) 씨, 비아콤사 경영팀, 영화관 체인인 내셔널어뮤즈먼트(National Amusements Inc.)사의 레드스톤 사장이 다투는 인수 경쟁에 휘말리기도 했다.

8. 마침내 승리는 비아콤사를 34억 달러에 매입한 레드스톤 사장에게 돌아갔고 레드스톤 사장은 계속적으로 기업인수에 나서 1994년에는 블록버스터사를 84억 달러에, 파라마운트 커뮤니케이션즈(Paramount Communications)사를 100억 달러에 매입해 파라마운트사가 소유하고 있던 시몬과 슈스터(Simon and Schuster) 출판 대기업까지 소유하게 되었다.

02

1. The Nasdaq composite index, once viewed as a second-rate home for small companies, closed above 4,000 for the first time, its latest milestone in a year of stunning advances driven by a frenzy for technology stocks.

2. The Nasdaq rose 69.35 points to close at 4,041.46 on Wednesday. The index is now up more than 84 percent for the year, a record pace for a major U.S. market index. The previous record of an annual gain was set back in 1915 when the Dow Jones industrial average rose 82 percent.In contrast, the Dow is up 25 percent this year and the broadly based Standard and Poor's 500-stock index is up 19 percent.

3. The Nasdaq crossed its latest thousand-point milestone less than two months after closing above, 3,000 for the first time. It took the Dow nearly four years to rise from 3,000 to 4,000 from April 1991 to February 1995.

4. Even in a raging bull market, the Nasdaq's velocity has astounded Wall Street professionals.

5. The Nasdaq composite, which began trading Feb. 5, 1971 with a

base of 100, reflects the performance of the more than 5,000 stocks listed on the Nasdaq Stock Market. That market was once home mainly to young and untested companies, the more-successful of which eventually moved on to the New York Stock Exchange.
6. However, as high-tech companies such as Microsoft and Intel have grown from start-ups ito corporate mammoths, many have decided to stay put, helping boost Nasdaq's status.
7. The Nasdaq bounded higher this year as investors poured money into the technology sector. Among those posting stellar gains are Microsoft, Oracle and other software makers, and networking companies like Cisco Systems. Qualcomm, a developer of cell-phone technology, has seen its shares soar more than 2,000 percent.

번역사례

*** 밑줄 친 부분이 오류임**

1. 한때 소규모기업에게는 2류 보금자리 정도로 간주되어 온 나스닥 종합지수는 처음으로 지수 4000이상에서 마감되었다. 이것은 기술주들의 급등으로 야기된, 일 년에 걸친 경이적인 성장 속에서 이룬 가장 최근의 이정표라 할 만했다.

해설_ 1. 여기서 home은 '본거지, 집결지, 본산'이라는 뜻. above는 '상당히 높은 / 엄청난'과 같은 의미를 내포함. milestone은 '기록'이란 뜻.

2. 나스닥은 코스닥(Kosdaq)과 마찬가지로 유명한 회사보다는 정보통신, 컴퓨터, 소프트웨어 관련 벤처기업들이 상장된 증권거래소임.

3. 한국은 '한국증권거래소(종합주가지수)'와 '코스닥(코스닥지수)'이라는 두 개의 증권거래소가 있음. 여기서 증권거래소란 증권거래를 중개해주고 수수료를 받는 회사를 말함.

2. 나스닥지수는 수요일 69.35포인트 올라 4,041.46으로 마감하였다. 이 지수는 금년 들어 84퍼센트 이상 상승한 것으로 미국의 주요 시장지수로서는 기록적인 수치이다. 이전의 연간상승기록으로서는 1915년으로 거슬러 올라가 다우존스 산업평균지수가 달성한 82퍼센트 상승이 최고였다. 반면에 다우지수는 금년 들어 25퍼센트 상승에 그쳤고 조사기반이 광범위한 스탠더드 앤 푸어스 500 주식지수도 19퍼센트 상승에 그쳤다.

해설_ 1. annual gain의 gain은 '이윤, ~을 얻다'라는 뜻이 아니라 여기서는 '상승 정도'라는 뜻임. 미국 증권 시장에는 500여개의 증권거래소가 있고, 따라서 500개의 증권지수가 있다. 국내 언론에 주로 알려지는 지수는 나스닥과 뉴욕증권거래소, 다우존스, 스탠더드 앤 푸어스 등이 주류를 이루고 있음. 그 외 세계 3대 증권거래소로는 도쿄, 런던, 프랑크푸르트 증권거래소가 있음.

2. in contrast(대조적으로)의 이하 내용은 성장 정도가 저조함을 암시하고 있음에 유의해야 하고, broadly based란 나스닥이 소기업들이 주로 상장되어 있는 반면, 다양한 회사들이 상장되어 있는 ~이란 뜻이다.

3. 나스닥지수는 최초로 3000포인트를 넘어선 지 두 달도 안 돼 1000포인트 상승이라는 큰 기록을 세웠다. 다우지수가 1991년 4월 3000포인트에서 1995년 2월 4000포인트로 오르는 데는 거의 4년이나 걸렸다.

해설_ the Nasdaq과 the Dow는 모두 약식 표현.

4. 급상승 장세라 해도 나스닥의 상승속도에는 월 스트리트의 전문가들도 혀를 내둘 정도였다.

해설_ bull market은 황소 뿔이 하늘로 치솟아 있듯 상승 장세를 말함. raging bull market은 '엄청난 상승장세'를 뜻함. bull market의 반대말은 bear market(저조한 시장, 곰처럼 엎드려 별 변동이 없는 시장).

5. 1971년 2월 5일 기준지수 100으로 거래를 시작한 나스닥 종합지수는 나스닥 주식시장에 등록된 5000종류 이상 되는 주식의 실적을 반영한다. 이 시장은 한때 주로 신생기업이나 실적검증이 안된 기업의 보급자리 역할을 하였으며 여기서 성공한 기업들은 결국 뉴욕 주식시장으로 옮겨갔다.

해설_ 1. performance는 '수행'이란 뜻이 아니라 여기서는 '기업의 성장'을 말하고 more than 5,000은 '5천개보다 좀 더 많은'이므로 한국말로 '5천여 개'에 해당함. listed는 '상장되어 있는'이란 뜻.

2. that market은 나스닥 증권거래소. young and untested companies란, 생긴 지 얼마 되지 않고 발전가능 여부가 검증되지 않은 소기업을 말함.

6. 그러나 마이크로소프트나 인텔과 같은 첨단기술회사들은 이 시장에서 처음 출발하여 지금의 거대기업이 되었으므로 많은 회사들이 나스닥 시장에 잔류하기로 함에 따라 나스닥 시장의 지위를 높여주고 있다.

해설_ high-tech companies는 정보통신, 소프트웨어 등을 기반으로 하는 회사들. start-ups와 mammoths에 s를 붙여 명사로 쓰고 있음. many는 약식표현, stay put은 '머물다'는 뜻.

7. 투자자들이 기술 분야에 투자를 집중함에 따라 나스닥 시장은 금년 들어 더욱 약진하였다. <u>이처럼 높은 수익을 실현한 회사에는 마이크로소프트, 오라클과 다른 소프트웨어 업체가 있으며 시스코시스템이나 휴대폰기술을 개발하는 퀄컴과 같은 네트</u>

워 회사들은 자사 주가가 20배 이상이나 상승하였다.

해설_ stellar gains는 '화려한 상승 / 대단한 실적'이란 뜻. 여기서 gain도 '이득'이란 뜻이 아님.

모범번역

1. 한때는 소규모 기업들이 상장되어 있는 2등급 주가지수로 평가되던 나스닥(Nasdaq) 종합주가 지수가 처음으로 4천을 돌파했다. 이는 기술 관련주가 열풍을 일으킨 덕으로 한 해 동안 놀라운 성장세를 지속했던 나스닥 지수의 새로운 대기록이다.

2. 수요일 나스닥은 69.35포인트가 올라 4,041.6에 마감되었는데, 이 지수는 한 해 동안 84퍼센트가 상승한 것으로 미국 주요 주가지수로서는 기록적인 상승속도다. 그 이전에 세워진 한해 최고 상승은 다우존스(Dow Jones) 산업 평균지수가 82퍼센트나 올랐던 1915년의 기록이었다. 반면 다우존스지수는 올해 25퍼센트 상승하는데 그쳤고 다양한 기업들이 상장되어 있는 스탠더드 앤 푸어스(Standard and Poor's) 500지수는 19퍼센트 상승에 그쳤다.

3. 나스닥 지수는 3,000 포인트를 돌파한지 불과 2달도 채 안되어서 처음으로 다시 1,000포인트 상승했는데, 다우 지수가 3,000에서 4,000포인트로 상승하는 데는 91년 4월부터 95년 2월까지 무려 4년이나 걸린 것이었다.

4. 주식시장이 활황세를 보이고는 있지만 나스닥이 이처럼 초고속으로 상승한 것은 월스트리트 주식전문가들도 놀란 것이었다.

5. 나스닥 종합지수는 지난 71년 2월 5일에 지수 100으로 거래가 시작된 것으로 당시에는 주로 창업한지 얼마 안 된 회사로 성공 여부가 검증되지 않은 5,000여 주식회사의 업적을 반영하는 지수였고, 이러한 기업 가운데 비교적 성공한 기업들은 결국 뉴욕증권거래소(New York Stock Exchange)로 옮겨가기도 했다.

6. 하지만, 마이크로소프트(Microsoft)사나 인텔(Intel)사와 같은 첨단기술 기업들이 창업기업에서 거대기업으로 발돋움함에 따라 많은 기업들이 나스닥에 잔류했으며 나스닥의 위상은 높아졌다.

7. 나스닥이 올해 이처럼 많은 상승을 하게 된 것은 투자자들이 기술관련 산업에 투자를 집중한 덕이며 상장 기업 가운데 최고의 주가를 올린 기업은 마이크로소프트사, 오라클(Oracle)사와 같은 소프트웨어 제조업체와 네트워킹 전문 업체인 시스코 시스템즈(Cisco Systems)사였고, 휴대폰 제조업체인 퀄컴(Qualcomm)사의 주가는 2천 퍼센트 이상 상승하기도 했다.

03

1. The Peruvian Inca Orchid is a South American hairless sighthound. They have the temperament of a Chinese Crested or Xoliozcuintli in that they get along well amongst themselves and love the thrill of a good chase. Adult dogs tend to be calm and quiet and remain reserved around strangers. This is a highly intelligent and independent dog which is seldom aggressive unless bred specifically for that end. This aggressive breeding is rare as there are many other breeds which are considered more suitable for that purpose.
2. The breed is slender and of moderate size. Their ears are usually large, pricked and tend to fold back. The leather is almost transparent and completely hairless. A unique feature is that due to their excellent eyesight they can hunt by sight rather than scent.
3. These dogs first seem to have appeared around 750 A.D. in the settlements of the Moche people of Peru. It is theorized that they may have been used for the textile trade between Mexico and Peru. Spanish conquerors enjoyed them as food. Though both coated and hairless could be in the same litter, it was the hairless which were considered more valuable to the Inca Indians. They were called 'Ca-Allepo' which translates into 'dogs without vestments.' The nobility used them as bed warmers and pets. The coated dogs were kept as hunters. Although they were of the same breed, coated and hairless Peruvian Inca Orchid were not permitted to mix.
4. The origin of the Orchid part of the name is also very interesting. It is rumored that when the Spanish conquered Peru, these dogs were found amidst orchid arrangements in the Inca households. Thus, the Spanish named them 'Perros Flora' or 'flower dog.' The name has managed to stick over the years and they are still known by this name in the United States and in some parts of Europe. In

other countries they are simply called Perro Sin Pello del Peru meaning 'dog without hair of Peru.'
5. The FCI officially accepted the Peruvian Inca Orchid in 1955 as a recognized breed. Just three years ago the AKC Foundation Stock gave the breed Hound Group status. They can be seen attending Rare Breed shows all over the world in hopes of attracting sight-hound enthusiasts.
6. Perhaps one of the only faults of the Peruvian Inca Orchid is their lack of premolars found in the hairless. Otherwise, they are relatively free of health problems. Breeders recommend that socialization should be started when they are puppies. Other than the teeth, the only real idiosyncrasy between the hairless variety and the coated is the ear set. The hairless have pricked ears whereas the coated have a rose ear.

번역사례

* 밑줄 친 부분이 오류임

1. 페루의 잉카오키드(Inca Orchid)는 남미산으로 털이 없으며 시력으로 사냥하는 개(sight-hound)이다. 개는 자기들끼리 잘 지내며 사냥감을 쫓는 묘미를 즐기는 점에서 중국의 관모 또는 Xoliozcuintli 같은 기질을 갖고 있다. 다 자란 어미 개는 온순하고 조용하며 낯선 사람이 찾아와도 짖어대지 않는다. 이놈은 아주 영리하고 혼자 떨어져 있기를 좋아하는 개로서 공격용으로 특별히 기르지 않으면 거의 공격적이지 않다. 이렇게 공격용으로 사육하는 것은 극히 드문데 그 이유는 공격용으로 더 적합한 다른 종들이 많이 있기 때문이다.

해설_ 1. 여기서 sight-hound란 시각이 뛰어난 사냥개라는 뜻으로, 통상 사냥개가 후각을 이용해 사냥을 하지만, 이 개는 시각을 이용함을 뜻함. 일반적으로 개는 색맹으로 칼라로 사물을 볼 수 없을 뿐만 아니라 난시까지 있어 사물을 거의 정상적으로 보지 못함. 주인을 알아보는 것이나 사냥감을 찾는 것과 같은 능력은 모두 후각과 청각을 이용함.

2. 낯선 사람들 주위에서 remain reserved한다는 것은 다른 개들과는 달리 마구 짖어대지 않는다는 의미.

3. intelligent는 '지능'으로 보면 되지만, independent는 '독립적'이라는 말로는 설명이 부족하다, '개가 독립적이다 ⇒ 혼자 있기를 좋아한다는 것이 아니라 혼자서 하는 판단력이 좋다'쯤으로 보는 것이 좋다.

2. 이 품종은 체구가 날씬하며 키도 적당하다. 귀는 대개 크고 쫑긋 세워서 뒤로 접혀져 있다. 가죽은 거의 투명하며 몸에는 털이 전혀 없다. 독특한 특징이라면 이놈들의 시력이 극히 뛰어나 냄새보다는 시력으로 사냥할 수 있다는 것이다.

해설_ 1. pricked and tend to fold back은 귀가 쫑긋 서 있는 것이 대부분이고 어떤 놈들은 귀가 뒤로 접혀져 있는 경우도 있는 것으로 볼 수 있음.

2. 여기서 transparent하다는 것은 핏줄이 보일 정도로 투명하다는 의미.

3. 일반적인 개가 후각을 이용해서 사냥을 하는 반면 오키드는 시각을 이용해서 사냥을 하는 것은 다른 개와 상이한 점임을 말함.

3. 이 개는 서기 750년 경 페루의 Moche사람들이 정착할 때 처음 나타난 것으로 보인다. 이 개는 멕시코와 페루 간 직물교역에 이용되었을 것이라는 설이 있다. 스페인 정복자들은 이 개를 식용으로 즐겨 먹기도 하였다. 털이 있는 종과 털이 없는 종이 한 배의 새끼로 태어날 수도 있지만 잉카 인디언들은 털이 없는 종을 더 귀하게 여겼다. 이 개는 "Ca-Allepo"라고 불렸는데 말하자면 "옷을 입지 않은 개"라는 뜻이다. 귀족들은 이 개를 이용해 침대를 따뜻하게 하거나 애완동물로 키우기도 하였다. 털이 있는 개는 사냥개로 길러졌다. 털이 있는 품종과 털이 없는 페루 잉카오키드는 한 배에서 태어난 종이긴 해도 서로 교배하지 않았다.

해설_ 1. for the textile trade는 '직물을 운반하는 수레 등을 끄는 용도'로 사용했을 것으로 추정할 수 있다.

2. Spanish conquerors~ 이하는 남미대륙을 정복한 스페인 사람들이 오키드를 식용으로 즐겼다는 의미.

3. Though both coated 이하는 같은 어미에서 털이 있는 것과 털이 없는 것이 함께 태어나긴 했지만, 잉카 인디언들은 털이 없는 오키드를 좋아했다는 의미.

4. to mix는 '근친 교배'를 말함. 동물은 근친 교배를 할 경우 정신적, 육체적으로 능력이 떨어진 새끼를 낳게 됨. 순종을 보존하기 위한 노력을 했다는 의미로 볼 수 있음.

4. 이 개의 이름 중에 오키드란 부분의 유래가 재미있다. 스페인 사람들이 페루를 점령했을 때 이 개가 잉카 주택사이의 난초 밭에서 발견되었다는 이야기가 있다. 그래서 스페인 사람들이 이 개를 "Perros Flora" 또는 "꽃 개"라고 불렀다. 이 이름은 세월이 지나도 사라지지 않아서 미국이나 유럽일부에서는 아직도 이렇게 부르고 있다. 다른 나라에서는 이 개를 단순히 Perro Sin Pello del Peru라고만 부르는데 뜻인즉 "페루의 털 없는 개"라는 뜻이다.

5. FCI는 1955년에 페루의 잉카오키드를 공인품종으로 공식 인정하였다. 3년 전에 AKC 품종재단(Foundation Stock)은 이 개를 사냥개의 일원으로 인정하였다. 이 개는 전 세계적으로 털 없는 동물 전시회에서 볼 수 있는데 이 전시회는 시력으로 사냥하는 개를 무척 좋아하는 열성팬의 흥미를 끌 목적으로 열리는 것이다.

6. 페루비언 잉카오키드가 갖고 있는 유일한 단점이라면 털 없는 동물이 다들 그렇듯이 이놈도 어금니가 없다는 것이다. 이것만 아니라면 이놈들은 건강상 전혀 문제가 될 게 없다. 이 개가 자라 강아지가 되면 서로 어울려 지내게 해야 한다고 사육자들은 말한다. 이빨 외에 털 없는 종과 털 있는 종과의 유일한 차이점은 귀 모양이다. 털 없는 놈은 귀가 빳빳한데 반해 털 있는 놈은 장미처럼 생긴 귀를 하고 있다.

해설_ 1. 여기서 사회화(socialization)란 '사람에게 적응시키는 것, 길들이기'를 말함.

2. 여기서 variety는 '다양성'이 아니라 '종, 종류'라는 뜻임에 유의.

3. 여기서 '장미(rose) 귀'란 장미 꽃 잎에 뒤로 조금씩 말린 모습을 연상하면 이해할 수 있다.

모범번역

1. '페루산 잉카오키드(Peruvian Inca Orchid)'라는 개는 남미산(産)으로 털이 없고 시각을 이용하는 사냥개로 같은 무리와 잘 어울린다는 점과 사냥하는 것을 좋아한다는 점에서 중국산인 '크레스티드(Crested) 종이나 솔리오즈퀸트리(Xoliozcuintli) 종'과 기질이 비슷하다고 할 수 있다. 다 자란 잉카오키드는 성품이 침착하고 조용할 뿐만 아니라 낯선 사람들을 만나더라도 함부로 짖어대지 않을 정도로 대단히 지능이 높고 판단력이 뛰어나며 공격적으로 훈련시키지 않는 한 사납지도 않은 개다. 특히 공격적으로 키우기에 적합한 다른 종의 개들이 많기 때문에 잉카오키드와 같은 혈통의 개를 공격적으로 키우는 경우는 드물다.

2. 잉카오키드는 날렵한 몸매에 중간 정도의 크기로 귀는 보통 크고 쫑긋 세워져 있거나 뒤로 젖혀져 있다. 가죽은 속살이 보일 정도로 투명하며 털이 전혀 없고, 한 가지 특이한 점은 후각을 이용하는 다른 개와는 달리 시각을 이용해 사냥을 한다는 점이다.

3. 잉카오키드는 페루의 모체(Moche)족이 750년경부터 거주 지역에서 처음 기른 것으로 보이며, 멕시코와 페루 사이에 직물 교역을 할 때 짐 운반용 개로 활용했다는 설도 있고 남미를 정복한 스페인인들은 이 개를 식용으로 즐겼다고도 한다. 잉카오키드는 한 어미에서 같이 태어난 새끼라 하더라도 털이 있는 것이 있고 털이 없는 것이 있는데, 잉카 원주민들이 선호한 것은 '털이 없는 개'라는 뜻인 '카-알레포(Ca-Allepo)'라고 부른 털이 없는 강아지였다고 한다. 당시 지위가 높은 족속은 잉카오키드를 침대를 따뜻하게 할 목적으로 활용하기도 하고 애완용으로 기르기도 했다는

데, 사냥개로 활용한 것은 털이 있는 개였다고 한다. 또한 털이 있는 개와 털이 없는 개는 같은 종이었지만 서로 교배를 시키지는 않았다고 한다.

4. 그리고 '오키드'라는 이름을 붙이게 된 이유도 대단히 흥미로운데, 일설에 따르면 스페인인들이 페루를 정복할 당시 이 개가 잉카부족들이 사는 가옥 안의 '난(蘭)' 화분들 사이에 있었기 때문에 '난'이란 뜻의 '오키드(Orchid)'라는 이름을 붙였으며, 그래서 스페인인들은 이 개를 '페로스 프로라(Perros Flora)' 즉, '화견(花犬: flower dog)'이라 했다는 것이다. 이때 정한 이름이 그 후로도 계속 내려왔고 미국과 유럽의 일부 지역에서는 아직도 그렇게 부르고 있으며, 다른 나라에서는 역시 '털 없는 페루산 개'라는 뜻으로 '페로 신 펠로 델 페루(Perro Sin Pello del Peru)'라고 부른다고 한다.

5. 1955년 세계축견연맹인 FCI는 이 페루산 잉카 오키드종을 공인 혈통견으로 인정했고, 미국애견협회 혈통관리국에서는 불과 3년 전에 정통 혈통의 사냥개라는 뜻인 '하운드 그룹(Hound Group)'으로 공식 인정해주었다. 잉카오키드는 현재 시각을 이용해 사냥하는 개를 애호하는 사람들을 위해 희귀종 전시회에 출품되고 있다.

6. 이 개의 가장 큰 단점이 있다면 털이 없는 종일 경우 작은 어금니가 없다는 것이다. 하지만 이 단점을 제외하곤 비교적 건강하다고 한다. 전문 조련사들에 따르면 잉카오키드는 어릴 때부터 길들이는 것이 좋다고 한다. 작은 어금니의 유무 외에 털이 있는 것과 털이 없는 것의 차이는 귀 모양인데, 털이 없는 것은 귀가 쫑긋하게 서 있는 반면 털이 있는 것은 귀가 장미 꽃잎처럼 뒤로 조금 말려 있다는 것이다.

번역을 잘하기 위한 20계명

번역 계명 01 꼭 필요한 주어 외에는 주어를 생략하고 표현하라.
⇒ 특히, 인칭대명사

번역 계명 02 한 문장 안에서 용어를 통일하라.
(엄마, 어머니 중 하나로)

번역 계명 03 때로는 긴 문장은 자르고, 짧은 문장은 연결하라.

번역 계명 04 명사 중심 표현을 서술적인 표현으로 바꾸어라.
⇒ 만족을 느끼다 ⇒ 만족하다

번역 계명 05 어려운 한자(漢字)를 쓰지 말고 쉬운 표현을 골라라.

번역 계명 06 대명사는 가능하면 생략하라.(인칭대명사 또는 지시대명사)

번역 계명 07 가능하다면 직접화법을 간접화법으로 바꾸어라.

번역 계명 08 번역문은 항상 한국어 어순(주어 + 목적어 + 서술어)대로 재정리하라.

번역 계명 09 청각-시각언어, 큰말-작은말, 표준어-사투리를 구분하여 표현하라.

번역 계명 10 번역문을 읽고 무슨 뜻인지 모를 경우 의미중심으로 과감하게 의역하라.

번역 계명 11 의미를 중심으로 전체 문장을 두 번 이상 읽은 후 문장 전체를 중심으로 번역하라.

번역 계명 12 한국어 조사를 정확하게 활용하라.

번역 계명 13 '~에 대하여, ~에 관하여, ~에 대해, ~에 관해' 등에 해당하는 표현을 목적어로 삼아 표현하라.
⇒ 이 집에 대해서 좋게 생각한다. ⇒ 이 집을 좋게 생각한다.

번역 계명 14 '아무리 ~해도 지나치지 않다 / ~함에 틀림없다 / ~라 아니할 수 없다'와 같은 번역어투를 삼가고 '아주 중요하다 / 사실이다 / 정말 무엇이다' 등으로 간단히 표현하라.

번역 계명 15 원문의 품사에 얽매이지 말고 품사를 전환하여 번역하라.

⇒ 품사 전환적 번역법을 활용하라.

번역 계명 16 겹친 말을 피하고 이중으로 서술하지 마라.

⇒ 어제 걱정이 무척 됐었었다. ⇒ 어제 무척 걱정했다.

번역 계명 17 부사가 이미 시제를 암시하고 있으므로 동사의 시제에 얽매이지 말고 자연스럽게 표현하라.

⇒ 그해 5월 초에 그 여자를 만났었던 적이 있었었다. ⇒ 그해 5월에 그 여자를 만난 적이 있다.

번역 계명 18 화자(話者)관점으로 일관되게 서술하라.

⇒1인칭, 2인칭, 3인칭 관점인지 구분하여 표현하라.

번역 계명 19 가능하면 수동태 문장은 능동형으로 바꾸어 표현하라.

번역 계명 20 다른 뜻으로 표현하면 안 되지만, 원문을 이해할 수 있으면 원문의 어순을 무시하고 과감하게 처리하라.

CHAPTER 3

문장해체와 모범번역 만들기

unit 01

순차번역 테크닉 (번역예제 1~15)

예제 01

A lot of boys and girls in Western countries are wearing the same kinds of clothes, and many of them have long hair, so it is often difficult to tell whether they are boys or girls.

One day, an old gentleman went for a walk in a park in Washington, and when he was tired he sat down on a bench. A young person was standing on the other side of the pond.

"My goodness!" the old man said to the person who was sitting next to him on the bench.

"Do you see that person with the loose pants and long hair? Is it a boy or girl?"

"A girl," said his neighbor. "She's my daughter."

"Oh!" the old gentleman said quickly. "Please forgive me. I didn't know that you were her mother."

"I'm not," said the other person, "I'm her father."

어휘_ wear 옷을 입다 whether A or B A인지 B인지 go for a walk 산책하다 pond 연못 my goodness 아이고!, 저런! loose pants 헐렁한 바지 neighbor 옆에 있는 사람 forgive 용서하다

직독직해

A lot of boys and girls / in Western countries / are wearing the same kinds
많은 소년들과 소녀들은 서양 나라에서 같은 종류의 옷들을 입는다

of clothes, / and many of them / have long hair, / so / it is often difficult to tell
그리고 그들 중 많은 이들은 긴 머리를 하고 있다 그래서 그것은 종종 말하기가 어렵다

/ whether they are boys or girls.
그들이 소년들인지 소녀들인지

One day, / an old gentleman went for a walk / in a park in Washington, /
어느 날 한 늙은 신사가 산책을 나갔다 워싱턴에 있는 한 공원에

and when he was tired / he sat down on a bench. / A young person / was
그리고 그가 피곤했을 때 그는 벤치에 앉았다 한 젊은 사람이

standing / on the other side of the pond.
서 있었다 연못의 다른 쪽에

"My goodness!" / the old man / said to the person / who was sitting next to
저런 그 늙은 사람은 그 사람에게 말했다 그 사람은 그 옆에 앉아 있었다

him / on the bench.
벤치에서

"Do you see / that person / with the loose pants and long hair? Is it a boy or
당신은 볼 수 있습니까 저 사람을 헐렁한 바지와 긴 머리를 하고 있는 그것은 소년 또는

girl?"
소녀입니까

"A girl," / said his neighbor. / "She's my daughter."
한 소녀입니다 그의 옆에 있는 사람이 말했다 그녀는 나의 딸입니다

"Oh!" / the old gentleman said quickly. / "Please forgive me." / I didn't know /
아 그 늙은 신사는 재빨리 말했다. 제발 나를 용서해 주세요 나는 알지를 못했습니다

that you were her mother."
당신이 그녀의 엄마라는 것을

"I'm not," / said the other person, / "I'm her father."
나는 아닙니다 그 다른 사람은 말했다 나는 그녀의 아버지입니다

해설_ 1. 같은 의미라면, countries와 같은 불필요한 표현은 없애도 무방하다.

2. 영어는 비교적 짧게 끊어서 표현하는 경우가 많지만, 너무 마침표가 많으면 문장이 끊기므로 때로는 연결하는 것이 좋다.

3. boys and girls를 '소년과 소녀'라는 표현은 문어체로 구어체가 중심인 현대어로는 부적절하므로 '남자아이와 여자아이'라는 표현이 적절하다.

4. old gentleman을 '늙은 신사'로 처리하는 것도 잘못된 번역습관이다. old는 '나이가 많다'는 것을 의미하고, gentleman이 '점잖다'는 뜻이 있으므로 '점잖은 할아버지' 정도가 적절한 표현이다.

5. 이 문장에서 young person을 곧이곧대로 '젊은 사람'으로 처리하면, 문맥적으로 아주 이상하다.

6. the other side of the pond로 '연못의 다른 한쪽'으로 처리하면 번역어투가 되므로, 실제 우리가 사용하는 '연못 건너 편'이라는 표현이 훨씬 더 '방향성과 거리감'을 분명하게 나타내 준다.

7. old gentleman said quickly의 quickly는 단순히 '재빨리'라는 뜻이 아니라 '당황해서, 무안해서, 몸 둘 바를 모르는 모습'을 연상할 수 있다.

8. please forgive me라는 표현이 '용서해 달라'는 뜻도 있긴 하지만, 이런 경우는 용서를 할 정도로 죄를 지은 것이 아니므로, 우리말 중에서 적절한 표현을 생각해 보아야 한다.

9. 최종번역을 보면 알 수 있지만, you나 her 등을 생략하거나 우리말의 어감을 생각해서 처리하는 것도 중요하다.

모범번역

서양 아이들은 남자아이 여자아이 할 것 없이 모두 같은 옷을 입고 머리도 긴 것이 보통이라서 남자아이인지 여자아이인지 분간이 어려운 경우가 많다.

어느 날 한 점잖은 할아버지가 워싱턴에 있는 공원에 산책을 나갔다가 피곤해서 벤치에 앉아 쉬고 있는데, 한 아이가 연못 건너편에 서 있었다.

"저런! 저기 건너편에 헐렁한 바지를 입고 머리가 긴 아이 좀 보세요? 저 아이가 남자애예요, 여자애예요?"라고 곁에 앉아 있는 사람에게 말했다.

"계집애죠. 제 딸이에요."라고 옆 사람이 말했다.

그 노인은 당황한 나머지 "아이고! 실례했습니다. 제 어머니이신 줄 모르고 그만."하고 말하자, 옆 사람이, "아뇨? 제 엄마가 아니고 아버지죠"라고 말하는 게 아닌가.

예제 02

A very talkative girl used to cause a lot of trouble by saying things she shouldn't. One day her brother took her to the cinema. They had been prohibited by their father from going to movies.

So after coming home, her brother asked her not to tell their father where they had been and he added: "If you don't say anything about our having been to the cinema, I'll buy you all kinds of nice

things." The little girl gladly promised not to say they'd been to the cinema.

When the family were eating supper together, the talkative girl, suddenly said in spite of herself. "We didn't go to the cinema today, did we?"

어휘_ talkative 수다스러운 fond of talking used to cause 야기하곤 했다, 일으키곤 했다 cinema 영화관 prohibit 금지하다 prohibit A from B A가 B하는 것을 금지하다 add 덧붙여 말하다 in spite of oneself 자기도 모르게, 엉겁결에

직독직해

A very talkative girl / used to cause a lot of trouble / by saying things / she
한 매우 수다스런 소녀가 많은 문제를 야기하곤 했다 일들을 말함으로써 그녀가

shouldn't. / One day / her brother took her / to the cinema. / They had been
해서는 안 되는 어느 날 그녀의 오빠가 그녀를 데리고 갔다 영화관으로 그들은 금지당하고 있었다

prohibited / by their father / from going to movies.
그들의 아버지에 의해서 영화 보러 가는 것을

So / after coming home, / her brother asked her / not to tell their father /
그래서 집으로 온 후에 그녀의 오빠는 그녀에게 부탁했다 그들의 아버지에게 얘기하지 말라고

where they had been / and he added: / "If you don't say anything / about
그들이 갔었던 곳을 그리고 그는 덧붙였다 만약 네가 아무 것도 말하지 않는다면 우리가

our having been to the cinema, / I'll buy you / all kinds of nice things." / "The
영화관에 갔었던 것에 관해서 나는 너에게 사줄 것이다 멋진 좋은 것들을 모두 그

little girl gladly promised / not to say / they'd been to the cinema.
어린 소녀는 기쁘게 약속을 했다 말하지 않기로 그들이 영화관에 갔었던 것을

When the family were eating supper together, / the talkative girl, / suddenly
그 가족이 함께 저녁식사를 할 때 그 수다스런 소녀는 갑자기 말했다

said / in spite of herself. / "We didn't go to the cinema today, / did we?"
그녀 자신도 모르게 우리 오늘 영화관에 가지 않았지 그렇지

CHAPTER 01 CHAPTER 02 CHAPTER 03 CHAPTER 04 CHAPTER 05 CHAPTER 06

해설_ 1. [직역]에서 볼 수 있지만, 이 문장에는 girl을 대신하는 she나 her가 엄청 많다. she를 '그녀'로, her를 '그녀의'로 일일이 번역을 다하면 문장이 매끄럽지 못하다. 그리고 girl을 '그녀'로 처리하는 것은 정말 어색하다. 최종번역은 '소녀'라는 표현을 사용하지 않고 '여동생'이란 표현을 사용하고 있다.

2. in spite of herself를 '그녀 자신도 모르게'로 처리하면 어색하다. 부사 '대뜸'으로 처리하는 것이 좋다.

모범번역

아버지가 극장에 가지 말라는 경고를 했는데도 불구하고, 오빠는 수다스러운 나머지 말을 함부로 해서 항상 말썽을 일으키는 어린 여동생을 데리고 극장에 가서 영화를 보고 왔다.

오빠는 여동생에게 극장에 갔다 왔다는 얘기를 아버지께 절대로 하지 말라는 부탁과 함께 "극장에 갔다 왔다는 얘기를 하지 않으면, 멋진 거 다 사줄게." 라고 말했다. 물론 여동생은 그렇게 하겠노라고 약속을 했다.

그런데, 가족들이 함께 저녁식사를 하고 있는데, 대뜸 "오빠, 우리 극장에 안 갔지, 그치?"라고 말하는 것이 아닌가.

예제 03

It was the law at that time that every slave who ran away from his master should be made to fight a hungry lion. So a fierce lion was shut up for a while without food, and a time was set for the fight.

When the day came, thousands of people crowded to see the sport. They went to such places at that time very much as people nowadays go to see a circus show or a game of baseball. The door was opened, and poor Androcles was brought in. He was almost dead with fear, for the roars of the lion could already be heard.

어휘_ law 법, 법률 slave 노예 run away 도망가다 master 주인 be made to 하도록 강요받다 fierce 사나운 shut up 가두다 for a while 한동안 crowd 모여 들다, 모이다 sport 유흥, 놀이 very much as ~하는 것과 아주 비슷하게 bring in 들여보내다 roar 으르렁거리는 소리

직독직해

It was the law / at that time / that every slave / who ran away / from his
그것은 법이었다 그 당시에는 모든 노예는 도망을 친 그의

master / should be made to fight / a hungry lion. / So / a fierce lion was shut
주인으로부터 마땅히 싸우도록 강요되어졌다 굶주린 사자와 그래서 사나운 사자는 가두어졌다

up / for a while / without food, / and a time was set / for the fight.
한동안 음식도 없이 그리고 시간은 정해졌다 싸움을 위한

When the day came, / thousands of people crowded / to see the sport. /
그날이 왔을 때 수많은 사람들이 모여들었다 그 유흥을 보기 위해서

They went to such places / at that time / very much as people nowadays go
그들은 그러한 장소에 갔다 그 당시에는 요즘 사람들이 가는 것과 거의 흡사하게

/ to see a circus show or a game of baseball. / The door was opened, / and
서커스 쇼 또는 야구 게임을 보기 위해 그 문이 열려졌다 그리고

poor Androcles was brought in. / He was almost dead with fear, / for / the
불쌍한 안드로클레스가 들여보내졌다 그는 두려움에 거의 죽었다 왜냐하면

roars of the lion / could already be heard.
사자의 으르렁거리는 소리가 이미 들려졌기 때문이었다

해설_ 1. 수동태는 능동태로 번역하는 것이 좋다는 원칙에 따라, should be made to fight / was shut up / was set / was brought in / could already be heard 등은 모두 능동으로 처리하는 것이 좋다.

2. ran away from his master를 직역하면 '그의 주인으로부터 도망을 치다'가 되지만, 번역어투이므로 '주인 몰래 도망을 치다'로 처리하면 자연스럽다.

3. a fierce lion was~의 fierce는 lion은 수식하는 형용사이긴 하지만, 이 문장에서 말하는 것은 '이미 사나운 사자'라는 의미보다는 '먹을 것을 주지 않아 사나울대로 사나워진'이란 의미가 더 강하다는 것을 염두에 두고 처리하는 것이 좋다. 영어는 명사 앞에 형용사가 오지만, 번역문에서는 서술적인 표현으로 활용하는 것이 더 자연스러운 경우가 많다.

4. without food와 같은 표현도, '음식 없이'로 처리하면 어색하므로 '먹이를 주지 않고, 먹을 것을 주지 않은 채' 등으로 처리한다.

5. the sport를 '경기, 시합, 놀이' 등으로 번역할 수 있지만, 여기서는 그냥 '싸움'으로 처리하는 것도 하나의 방법이다.

6. a circus show or a game of baseball의 show나 game은 굳이 번역하지 않아도 된다.

7. poor Androcles was~의 poor 또한 고유명사 Androcles를 수식하는 형용사지만, 앞에서

말한 것과 같이 '불쌍한 안드로클레스'보다는 '안드로클레스는 처량하게 끌려 나왔다'로 처리하는 것이 좋다. 즉, 동사 was brought in을 꾸며주는 부사(처량하게)로 바꿔 번역한 것이다. 이처럼 형용사를 부사로 전환하여 번역하는 것을 품사 전환적 번역법이라고 한다.

8. He was almost dead with fear~를 '거의 초죽음이 되었다'로 처리해도 되지만, 이런 표현은 사실 딱딱한 번역어투이고, 그 장면을 리얼하게 표현하려면, '벌벌 떨다'처럼 의태어를 활용하는 것이 좋다.

9. for the roars of the lion의 for는 전치사가 아니라 because와 같은 뜻의 접속사다.

모범번역

그 시대엔 주인 몰래 도망을 친 노예는 모두 굶주린 사자와 싸워야만 하는 것이 법이었다. 그리고 사자에겐 아무 것도 먹이지 않고 한동안 가두어 두었다가 사나울대로 사나와지면 그때 싸울 날을 정했다.

그날이 되면, 요즘 사람들이 서커스를 보러가거나 야구를 보러 가는 것처럼 그 싸움을 보기 위해 수천 명의 사람들이 싸움터로 몰려들었다. 문이 열리자 안드로클레스가 초췌한 모습으로 끌려 나왔다. 사자가 으르렁거리는 소리를 들어서 그런지 안드로클레스는 공포에 질려 있었다.

예제 04

An English gentleman coming home from Java brought a number of Javanese snakes with him. He kept them in a cage and told a servant to take care of them. One day one of the snakes escaped and could not be found.

"The master will be angry with me when he comes home." said the servant to himself. So he put an ordinary English snake in the cage in place of the missing one.

When the gentleman came home, he went to the cage and saw the common snake. "How did this one get in here?" he said. "It is just a common English snake."

"That is so, sir," replied the servant. "I put it there as an interpreter, because all the others are foreigners."

어휘_ Java 인도네시아를 이루고 있는 본 섬 a number of = many 많은 Javanese snakes 자바산 뱀 keep 기르다 cage 우리, 새장 servant 하인 take care of ~을 돌보다 escape 탈출하다, 도망치다 master 주인 say to oneself 혼잣말을 하다, 중얼거리다 put in 들여놓다 ordinary 평범한 in place of 대신 missing 행방불명된, 없어진 common 일반적인, 평범한 reply 대답하다, 응답하다 interpreter 통역사 foreigner 외국인, 이방인

직독직해

An English gentleman coming home from Java / brought a number of
자바로부터 집으로 돌아오는 한 영국 신사가 많은 수의 자바산 뱀들을 가져왔다

Javanese snakes / with him. / He kept them / in a cage / and told a servant /
그와 함께 그는 그들을 키웠다 우리에서 그리고 하인에게 얘기했다

to take care of them. / One day / one of the snakes escaped / and could not
그들을 돌보라고 하루는 뱀들 중 하나가 탈출을 했다 그리고 발견되어지지

be found.
않았다

"The master will be angry / with me / when he comes home." / said the
그 주인은 화나게 될 것이다 나에게 그가 집으로 돌아올 때 그 하인은

servant to himself.
혼잣말을 했다

So / he put an ordinary English snake / in the cage / in place of the missing one.
그래서 그는 평범한 영국 뱀 하나를 넣었다 우리에 실종된 하나를 대신해서

When the gentleman came home, / he went to the cage / and saw the
그 신사가 집으로 돌아왔을 때 그는 우리로 갔다 그리고 그 보통의

common snake. / "How did this one get in here?" / he said. / "It is just a
뱀을 보았다 어떻게 이것 하나가 여기에 들어갔지 그는 말했다 그것은 단지

common English snake."
일반적인 영국 뱀이다

"That is so, sir," / replied the servant. / "I put it there / as an interpreter, /
그것은 그렇다, 주인님 그 하인은 응답했다 내가 그것을 그곳에 넣었다 통역사로서

because all the others are foreigners."
왜냐하면 모든 다른 것들이 외국인들이라서

해설_ 1. gentleman을 '신사'로 번역하는 것은 너무 상투적이다. '점잖은'으로 처리하는 것이 좋다.

2. coming home from Java를 '자바로부터 집으로 돌아오면서'로 처리해도 의미전달은 가능하지만, '자바'는 섬이고, 영국사람이므로, '자바 섬에서 귀국을 하면서'로 처리하면 분명하다.

3. with him은 별 의미가 없으므로 번역을 하지 않아도 된다.

4. escape를 상투적으로 '탈출하다'로 처리하면 이상하므로, 여기서는 '도망치다'로 처리하는 것이 좋다.

5. not be found는 수동태지만, 능동태로 '찾을 수가 없다'로 처리하는 것이 좋다.

6. will be angry with me의 with me도 번역하지 않아도 되는 표현이다.

7. when he comes home에서 he를 '그는'으로 처리하면, '하인이 주인을 막 대하는 표현'이 되므로 그렇게 처리해서는 안 된다.

8. said the servant to himself의 say to himself는 '혼잣말을 하다'는 뜻이지만, 최종 번역문처럼 '혼자 걱정을 하다'로 처리하면 자연스럽다.

9. he put an ordinary나 saw the common snake의 ordinary나 common은 모두 영국 뱀 자체를 뜻하므로 굳이 번역할 필요가 없다.

10. "How did this one get in here?" he said. "It is just a common English snake."
⇒ 이처럼 인용부호(" ") 안에 있는 표현의 화자(話者)가 같을 경우에는, 한 문장으로 처리하는 것이 좋다. " ~. " replied the servant. " ~. " ⇒ 이 문장도 마찬가지다.

모범번역

한 점잖은 영국사람이 자바 섬에서 귀국하면서 자바산 뱀을 여러 마리 가지고 와서는 우리에 넣고 키우면서 하인에게 잘 돌보라고 했는데, 어느 날 뱀 한 마리가 도망을 치고 말아 찾을 수가 없었다.

"주인님이 돌아오시면 화를 내실 텐데 어쩌지."하고 하인은 혼자 걱정을 하다가 할 수 없이 도망친 뱀 대신 영국 뱀 한 마리를 우리에 넣어 두었다.

돌아온 주인이 우리로 가서 그 영국 뱀을 보고는 "왜 이 놈이 여기에 들어갔지? 이놈은 우리나라 뱀이잖아?"하고 하인에게 물었다.

"그렇습니다. 주인님. 다른 놈들이 모두 외국 놈이라 통역 좀 해 주라고 제가 넣었습니다요."하고 하인이 말했다.

예제 05

One night a hotel catched fire, and the people who were staying in it ran out in their night clothes. Two men stood outside and looked at the fire.

"Before I came out," said one, "I ran into some of the rooms and found a lot of money. People don't think of money when they're afraid. When anyone leaves paper money in a fire, the fire burns it. So I took all the bills that I could find. No one will be poorer because I took them."

"You don't know me," said the other, "and you don't know my work."

"What is your work?"

"I'm a policeman."

"Oh!" cried the first man. He thought quickly and said, "And do you know my work?"

"No," said the policeman.

"I'm a writer. I'm always telling stories about thing that never happened."

어휘_ catch fire 불이 붙다, 불이 나다 run out 뛰쳐나오다 night clothes 잠옷 outside 바깥 look at 바라보다 come out 나오다 run into 안으로 뛰어 들어가다 find 발견하다 a lot of money 많은 돈 be afraid 두려워하다 leave 내버려두다 paper money 지폐 burn 태우다 bill 지폐 poorer 더 가난한 work 일 , 직업 policeman 경찰 cry 울다, 고함을 지르다 quickly 재빨리, 빠르게 writer 작가 never 결코 ~하지 않은 happen 발생하다, 일어나다

직독직해

One night / a hotel catched fire, / and the people / who were staying / in it /
어느 날 밤 / 한 호텔에 불이 났다 / 그리고 그 사람들은 / 머물고 있던 / 그 안에

ran out / in their night clothes. / Two men stood outside / and looked at the fire.
뛰어나왔다 / 그들의 잠옷을 입고 / 두 남자가 밖에 섰다 / 그리고 그 불을 바라보았다

"Before I came out," / said one, / "I ran into / some of the rooms / and found
내가 나오기 전에 한 사람이 말했다 나는 안으로 뛰어 들어갔다 방들 중에 어떤 것에 그리고

a lot of money. / People don't think of money / when they're afraid. / When
많은 돈을 발견했다 사람들은 돈에 대한 생각을 하지 않았다 그들이 두려워졌을 때

anyone leaves paper money / in a fire, / the fire burns it. / So / I took all the
누군가가 종이돈을 남겨둘 때 불 속에 그 불은 그것을 태운다 그래서 나는 모든 그 지폐

bills / that I could find. / No one will be poorer / because I took them."
들을 차지했다 내가 발견할 수 있었던 아무도 더 가난해지지는 않을 것이다 내가 그들을 차지했기 때문에

"You don't know me," / said the other, / "and you don't know my work."
당신은 나를 모른다 다른 사람이 말했다 그리고 당신은 내 일을 모른다

"What is your work?"
당신의 일이 무엇인데요?

"I'm a policeman."
나는 경찰이오

"Oh!" cried the first man. / He thought quickly / and said, / "And do you know
오! 그 첫 번째 사람은 소리쳤다 그는 재빨리 생각했다 그리고 말했다 그리고 당신은 내 일을

my work?"
모르죠

"No," said the policeman.
몰라요, 그 경찰은 말했다

"I'm a writer. / I'm always telling stories / about thing / that never happened."
나는 작가요 나는 항상 얘기를 합니다 일에 대해서 결코 일어나지 않은

해설_ 1. 첫 문장과 두 번째 문장은 일시에 일어난 상황이므로 한 문장으로 묶어 처리하는 것이 좋다.

2. 화자(話者), 즉 말하는 사람이 같은 경우는 가능하면 직접화법 부분(" "부분)을 모두 묶어서 처리하는 것이 좋다.

3. when they're afraid / When anyone leaves paper money의 when은 '~할 때'로 처리하지 말고, '~하게 되면, ~하면' 등으로 처리하는 것이 좋다. when 번역에서 꼭 알아 두어야 하는 표현이다.

4. I took all the bills that I could find의 I는 문맥상 좀 건방진 표현으로 '내가'로 처리하는 것

이 바람직하고, I'm a writer, I'm always~의 I는 좀 겸손한 표현으로 '제가'로 처리하는 것이 좋다. 다시 말해, 의기양양할 때와 그렇지 않을 때 사용하는 표현이 다르다는 것이다. 영어에서는 잘 나타나지 않지만, 한국어는 분명히 구별해서 표현하는 것이 좋다. 그리고 이 문장에서 I could find는 '눈에 보이는 대로, 닥치는 대로'와 같은 표현이라 할 수 있다. 즉, '이것저것 가리지 않고, 도둑질이라는 생각을 하지 않고, 마음 놓고~'라는 뜻이 들어 있다고 볼 수 있다.

5. No one will be poorer because I took them. ⇒ 이 문장은 '다른 사람에게 피해를 주는 것은 아니라는 뜻'이 포함되어 있으므로 의역으로 처리하는 것이 좋다.

6. He thought quickly and said에서 thought quickly는 '재빨리 머리를 굴려~'와 같은 뜻으로, 이 문장에서는 자신이 도둑질을 하지 않은 것처럼 위장하는 것이므로, '태연한 척하며, 태연하게'로 처리하는 것이 좋다.

모범번역

어느 날 밤에 호텔에 불이 나자 투숙객들이 잠옷 바람으로 뛰어 나왔고, 그 중 두 남자가 밖에서 불구경을 하다가 한 사람이 말했다.

"뛰쳐나오기 전에 어떤 방에 들어갔더니 돈이 엄청 많더군요. 사람들이 겁에 질려 돈도 내버려두고 나갔나 봐요. 지폐를 그냥 놔두면 다 타버리잖아요. 그래서 내가 몽땅 가지고 나왔죠. 그 돈이 없어졌다고 다른 사람이 가난해지는 것은 아니니까요."

이 얘기를 들은 다른 사람이 말했다. "아저씬, 제가 누군지, 뭐 하는 사람인지 잘 모르시는 모양이군요."

"뭐 하시죠?"

"경찰요."

"예엣!" 먼저 말을 꺼냈던 사람이 깜짝 놀랐다. 하지만, 금방 태연한 척하면서 "그럼, 저는 뭐 하는 사람 같죠?"하고 되물었다.

"모르겠는데요."

"저는 글 쓰는 작가예요. 없는 일을 마치 있는 일처럼 얘기하죠."

예제 06

Mr. Jones had to drive up from London to Edinburgh in Scotland. "I'm going to drive at night," he said to his wife.

"The roads will be quieter. And if I get hungry, I'll stop at one of the small restaurants at the side of the road and have something to eat."

"The food's terrible in those places, I believe," his wife said.

"Oh, well, I don't suppose it will kill me," Mr. Jones said, laughing. He left at 9 o'clock in the evening, and at about midnight he felt hungry, so he stopped at a small restaurant which was open all night and sat down at a table. A waiter came to him, and Mr. Jones asked for ham and eggs.

"And," he said to the waiter, "I like my eggs almost raw, and my ham quite cold."

The waiter laughed and said, "You must have eaten here before!"

어휘_ from A to B A에서 B까지 had to = must 반드시 ~해야 한다 be going to ~할 예정이다 be quieter 아주 조용하다, 아주 한가하다 get hungry = feel hungry 허기지다, 배가 고프다 terrible 지독한, 아주 나쁜 place 장소, 곳, 지역 suppose 여기다, 생각하다, 예상하다 at about midnight 거의 자정 무렵 ask for 부탁하다, 요청하다 ham 소금에 절인 돼지고기 egg 계란 raw 날것으로

직독직해

Mr. Jones had to drive up / from London to Edinburgh / in Scotland.
존스는 운전을 해야만 했다 / 런던으로부터 에든버러까지 / 스코틀랜드에 있는

"I'm going to drive at night," / he said to his wife.
나는 밤에 운전을 할 예정이다 / 그는 그의 아내에게 말했다

"The roads will be quieter. / And if I get hungry, / I'll stop / at one of the small restaurants / at the side of the road / and have something to eat."
그 길은 더욱 조용하게 될 것이다 / 그리고 만약 배가 고프게 되면 / 나는 멈출 것이다 / 한 작은 식당에 / 그 길의 가에 있는 / 그리고 어떤 것을 먹을 것이다

"The food's terrible / in those places, / I believe, / "his wife said.
그 음식은 형편없다 / 그러한 곳에 있는 / 나는 믿는다 / 그의 아내가 말했다

"Oh, well, / I don't suppose / it will kill me," / Mr. Jones said, / laughing. / He
아, 괜찮다 나는 가정하지 않는다 그것이 나를 죽일 것이라고 존스는 말했다 웃으며 그는

left at 9 o'clock / in the evening, / and at about midnight / he felt hungry, / so
아홉 시에 떠났다 그 저녁에 그리고 한밤중쯤에 그는 허기를 느꼈다 그래서

he stopped / at a small restaurant / which was open all night / and sat down
그는 멈췄다 한 작은 식당에 그것은 밤새도록 열렸다 그리고 앉았다

/ at a table. / A waiter came to him, / and Mr. Jones asked for ham and
한 테이블에 한 웨이터가 그에게 왔다 그리고 존스는 햄과 계란들을 요청했다

eggs.

"And," / he said to the waiter, / "I like my eggs / almost raw, / and my ham
그리고 그는 그 웨이터에게 말했다 나는 나의 계란들을 좋아한다 거의 날것으로 그리고 나의 햄은

quite cold."
아주 찬 것으로

The waiter laughed and said, / "You must have eaten here before!"
그 웨이터는 웃었고 그리고 말했다 당신은 전에 여기서 분명 먹었었군요!

해설_ 1. had to drive up은 어쩔 수 없이 차를 몰고 가야만 하는 상황을 나타낸다.

2. from London to Edinburgh in Scotland의 in Scotland는 Edinburgh만 수식한다.

3. 화자(話者)가 동일인일 경우는 인용부호를 하나로 묶어서 처리하는 것이 좋다.

4. "~, I believe," his wife said. ⇒ 이 문장에서 I believe는 아내가 걱정하는 마음이 역력하다는 것을 나타낸다. 그래서 think 대신 believe를 활용했다.

5. Mr. Jones said, laughing. ⇒ 이 문장에서도, laughing을 단순히 '웃으며'로 처리하기보다는 '대수롭지 않게'라는 의미를 가미해 주는 것이 좋다.

6. the waiter laughed and said ⇒ 이 문장에서 laughed의 의미는? 그냥 친절하게 웃었을까? '반색을 하며, 아주 좋아하며'와 같은 의미로 볼 수 있다. 보통 정상적인 식당이라면, 계란 프라이는 적당히 익혀서 주고 햄은 따뜻하게 데워서 주는데, 이 식당은 대충 준다는 뜻이다. 그런 식당을 알아주는 손님이 있으니 종업원이 얼마나 고맙겠는가.

모범번역

존스 씨는 런던에서 스코틀랜드에 있는 에든버러까지 차를 몰고 가야 했기 때문에 아내에게 미리 말했다.

"한산한 밤에 갈 생각이오. 가다가 배가 고프면 길가 식당에서 요기를 좀 하지."

"그런 식당은 음식이 형편없을 텐데, 괜찮겠어요?"하고 아내가 걱정을 했지만, 존스 씨는 웃으며 "괜찮아요. 설마 죽기야 하겠소."하고 말했다. 밤 아홉 시에 출발해 자정이 되자 시장해서 야간에도 영업을 하는 작은 식당에 들어가 종업원에게 햄과 계란을 주문했다.

"계란은 날것으로 주고 햄은 아주 차가운 것으로 줘요."

종업원이 반색을 하며 말했다.

"전에도 여기서 식사를 해보신 분이군요."

예제 07

One evening there was a big dance at the hotel in our town. One of the guests at the dance was a man of about forty who thought he was so handsome that every girl who saw him would fall in love with him. At the beginning of one of the dances, he saw a pretty young woman who was standing beside an older lady at the edge of the dance-floor. He went up to the girl and asked her to dance. She had seen him dancing before. So she knew that he was a good dancer, and as she too liked dancing, she accepted.

After they had danced several dances together, the man led her into the garden and said, "Do you tell your mother everything that you do?"

"Of course not," she answered sweetly. "She does not mind what I do now. But my husband always wants to know!"

어휘_ big dance 큰 무도회 town 읍내, 시내, 마을 guest 손님 fall in love 사랑에 빠지다, 사랑하게 되다 edge 가장자리, 모서리 dance-floor 무도장 마루 accept 받아들이다 several 몇 번의 lead(-led-led) 인도하다, 이끌다 of course not 물론 아니다 sweetly 부드럽게, 상냥하게, 달콤하게, 매혹적으로, 간단하게 mind 마음을 쓰다, 신경 쓰다, 조심하다

직독직해

One evening / there was a big dance / at the hotel in our town. / One of the
어느 날 저녁 큰 춤판이 있었다 우리 읍내의 호텔에서 그 춤판

guests at the dance / was a man of about forty / who thought / he was so
손님들 중 한 사람이 약 40세의 남자였다 그 사람은 생각했다 그는 너무

handsome / that every girl who saw him / would fall in love with him.
미남이어서 그를 보는 모든 소녀는 그와 함께 사랑에 빠질 것이라고

At the beginning of one of the dances, / he saw a pretty young woman /
춤들 중의 하나가 시작될 때 그는 한 예쁜 젊은 여자를 보았다

who was standing beside an older lady / at the edge of the dance-floor.
그 사람은 한 늙은 숙녀 옆에 서있었다 춤추는 마루의 가장자리에서

He went up to the girl / and asked her to dance. / She had seen him
그는 그 소녀에게로 접근했다 그리고 그녀에게 춤추자고 물었다 그녀는 전에 춤추는

dancing before. / So she knew / that he was a good dancer, / and as she
그를 보았다 그래서 그녀는 알았다 그가 좋은 댄서라는 것을 그리고 그녀 역시

too liked dancing, / she accepted.
춤추는 것을 좋아했으므로 그녀는 받아들였다

After they had danced several dances together, / the man led her / into the
그들은 함께 몇 번의 춤들을 춘 후에 그 남자는 그녀를 이끌었다 정원 안으로

garden / and said, / "Do you tell your mother everything that you do?"
그리고 말했다 당신은 당신의 어머니에게 당신이 하는 일 모두를 얘기합니까

"Of course not," / she answered sweetly. / "She does not mind what I do
물론 그렇지 않습니다 그녀는 상냥하게 말했다 그녀는 지금 내가 하는 것에 마음이 없어요.

now. / But my husband always wants to know!"
그러나 나의 남편은 항상 알기를 원해요

해설_ 1. a man of about forty는 '40대 남자'라는 뜻

2. so handsome that every girl who saw him would fall in live with him. ⇒ 여기서 so ~ that구문은 '너무 ~해서 ~하다'라는 뜻. 그리고 여기서 girl은 소녀라는 뜻이라기보다는 뒤 문장에 나오는 young woman과 동격이므로 '앳돼 보이는 여자, 젊은 여자'로 보는 것이 좋다.

3. older lady를 '늙은 숙녀'로 처리하는 경우가 많은데, '늙다'와 '숙녀'는 서로 어울리지 않으므로 '나이가 지긋한 점잖은 여자'로 보는 것이 좋다. lady가 '점잖은 여자'라는 뜻

4. he was a good dancer의 good dancer를 '좋은 [훌륭한] 댄서'로 처리하면, 마치 이 남자가 춤꾼으로 보일 수 있으므로 '춤을 잘 추는 사람'으로 풀어서 번역하는 것이 좋다.

5. sweetly를 '상냥하게'로 처리하는 것이 일반적이지만, sweetly에는 '단호하게, 간단하게'라는 뜻도 있으므로, 여기서는 But my husband always wants to know!의 느낌표(!)의 의미와 연결해서 생각하면, '단호하게 말하다'는 뜻이라 볼 수 있다.

6. 마지막으로, he나 she를 '그'나 '그녀'로 처리해서는 안 된다.

모범번역

우리 동네에 있는 한 호텔에서 어느 날 저녁 댄스파티가 열렸는데, 손님 중에 40대 남자도 한 명 있었다. 그 사람은 자기가 미남이라서 다른 여자들이 자기만 보면 바로 사랑하게 될 것이라고 생각하는 사람이있다. 첫 춤 무내가 시작될 무렵 무대 한 쪽 끝에 나이가 지긋하고 젊잖아 보이는 부인 옆에 서 있는 젊고 예쁜 여자를 보자마자 다가가 함께 춤을 추자고 했다. 예쁜 여자는 예전에 그 남자가 춤추는 것을 보면서 춤을 잘 춘다고 생각했고, 춤을 추고 싶어서 함께 춤을 추었다.

그렇게 함께 몇 번 춤을 추고 나서 그 남자는 여자를 정원으로 데리고 나와 물었다. "하시는 일을 일일이 어머님께 말씀드리나요?"

"아뇨. 저희 어머닌 제게 아무런 신경도 쓰지 않는데, 제 남편이 항상 신경을 쓰죠!"하고 딱 잘라 말했다.

예제 08

Mr. and Mrs. Taylor had one child. He was a boy, he was seven years old, and his name was Pat. Now Mrs. Taylor was expecting another child.

Pat had seen babies in other people's houses and had not liked them very much, so he was not delighted about the news that there was soon going to be one in his house too.

One evening Mr. and Mrs. Taylor were making plans for the baby's arrival. "This house won't be big enough for us all when the baby

comes. I suppose we'll have to find a larger house and move to that," said Mr. Taylor finally.

Pat had been playing outside, but he came into the room just then and said, "What are you talking about?" "We were saying that we'll have to move to another house now, because the new baby's coming," his mother answered.

"It's no use," said Pat hopelessly. "He'll follow us there."

어휘_ expect 기대하다 be expecting 진행형으로 낳을 예정이다 delight 기뻐하다 the baby's arrival 아기를 출산하는 것 suppose 추측하다, 생각하다 move 이동하다, 옮기다, 이사하다 hopelessly 절망적으로

직독직해

Mr. and Mrs. Taylor / had one child. / He was a boy, / he was seven years
테일러 씨와 테일러 씨 부인은 아이를 하나 가지고 있다 그는 소년이었다 그는 일곱 살이었다

old, / and his name was Pat. / Now Mrs. Taylor / was expecting another child.
그리고 그의 이름은 패트였다 이제 테일러 부인은 또 다른 아이를 기대하고 있는 중이었다

Pat had seen babies / in other people's houses / and had not liked them
패트는 아기들을 보았었다 다른 사람들의 집들에서 그리고 그들을 매우 좋아하지 않았다

very much, / so he was not delighted / about the news / that there was soon
그래서 그는 기뻐하지 않았다 그 소식에 대해서 곧 하나가 더 생기게

going to be one / in his house too.
될 것이라는 역시 그의 집에

One evening / Mr. and Mrs. Taylor / were making plans / for the baby's
어느 날 저녁 테일러 씨와 테일러 씨 부인은 계획들을 만들고 있었다 그 아이의 도착을 위한

arrival. / "This house won't be big enough / for us all / when the baby
이 집은 충분히 크지가 못해 우리 모두를 위해 그 아이가 올 때

comes. / I suppose / we'll have to find / a larger house / and move to that," /
나는 생각해 우리는 찾아야만 할 것이라고 하나의 더 큰 집을 그리고 그곳으로 옮겨야 해

said Mr. Taylor finally.
테일러 씨가 마침내 말했다

Pat had been playing outside, / but he came into the room just / then and
패트는 밖에서 놀고 있었다 그러나 그는 방안으로 바로 왔다 그런 다음

said, / "What are you talking about?" / "We were saying / that we'll have
말했다 무엇에 관해 얘기하고 있어요? 우리는 말하고 있었다 우리는 이동해야 할

to move / to another house now, / because the new baby's coming," / his
것이라는 것을 이제 다른 집으로 그 새로운 아이의 오는 것 때문에 그의

mother answered.
엄마가 대답했다

"It's no use," / said Pat hopelessly. / "He'll follow us there."
그것은 쓸모가 없어요 패트가 절망적으로 말했다 그는 그곳으로 우리를 따라 올 거예요

해설_ 1. 일곱 살 된 아이를 he로 표현했다고 해서 '그'로 처리하면 안 된다.

2. other peoples'houses를 '다른 사람의 집들'로 하기보다는 '이웃집에서' 정도가 좋다.

3. not liked them ⇒ 여기서도 them이 babies를 뜻하므로 '그들'로 처리하면 어색하다.

4. he was not delighted는 수동태로, 본래 뜻은 '기분이 언짢았다'와 같은 뜻이다.

5. baby's arrival ⇒ 여기서 arrival은 born(태어나다)과 같은 뜻

6. Mr. Taylor finally. ⇒ 여기서 finally를 '마침내'로 처리할 경우, 이 문장 상황과는 동떨어진 표현이 된다. '결심하듯 말하다'라는 뜻으로 보면 좋다.

7. " " 직접 인용구 안에 있는 표현을 직접화법으로 그대로 처리할 경우 인용구 안에 들어가는 표현은 완전한 구어체로 표현하는 것이 원칙이다.

모범번역

테일러 씨 부부는 '팻'이라는 일곱 살 된 아들이 하나 있었는데, 부인이 임신을 해서 곧 새 아기가 태어날 예정이었다.

이웃집에 있는 아기들을 별로 좋아하지 않았던 팻은 자기 집에 아기가 생기는 것이 아주 싫었다.

어느 날 저녁 테일러 씨 부부는 아기의 출산을 대비해 계획을 세우고 있었다. "애가하나 더 생기면 이 집은 너무 좁지 않을까? 더 큰 집으로 이사를 해야겠어."하고 테일러 씨가 결정을 했다.

때마침 밖에서 놀고 있는 팻이 방으로 들어와서는 "무슨 얘기 하고 계셨어요?"하고 물었다. 그래서 엄마가 "우리 이사 갈지도 몰라? 네 동생이 생기니까

더 큰집으로."하고 말했다.
"이사하면 뭐 해요? 걔가 거기로 따라 올 건데 뭐."하고 심통을 부렸다.

예제 09

When a plane from London arrived at Sydney airport, workers began to unload a number of wooden boxes which contained clothing. No one could account for the fact that one of the boxes was extremely heavy. It suddenly occurred to one of the workers to open up the box.

He was astonished at what he found. A man was lying in the box on top of a pile of woollen goods.

He was so surprised at being discovered that he did not even try to run away. After he was arrested, the man admitted hiding in the box before the plane left London. He had a long and uncomfortable trip, for he had been confined to the wooden box for over ten hours. The man was ordered to pay 345 pounds for the cost of the trip. The normal price of a ticket is 230 pounds!

어휘_ arrive 도착하다 unload 짐을 내리다 wooden box 나무 상자 contain 포함하다, 함유하다 account for 설명하다 extremely 지극히, 몹시, 심하게 it occurred to one to ~에게 ~할 생각이 떠올랐다 astonish 놀라게 하다 pile 무더기, 더미 woolen goods 양털로 만든 제품 surprise 놀라다 run away 도망치다 arrest 체포하다 admit 인정하다, 시인하다 hide 숨다 uncomfortable 불편한, 지루한 trip 여행 confine 감금하다 order 명령하다 normal 정상적인, 일반적인

직독직해

When a plane from London arrived / at Sydney airport, / workers began to
런던으로부터의 비행기가 도착했을 때 시드니공항에 노동자들은 짐을 내리기

unload / a number of wooden boxes / which contained clothing.
시작했다 나무로 되어 있는 많은 박스들을 의류가 포함되어 있는

No one could account for / the fact / that one of the boxes / was extremely
아무도 설명할 수가 없었다 그 사실을 그 박스들 중에 하나가 심하게 무거웠다는

heavy.

It suddenly occurred to one of the workers / to open up the box.
그 노동자들 중 한 사람에게 갑자기 일어났다 그 박스를 열어 보고자 하는 것이

He was astonished / at what he found. / A man was lying / in the box / on
그는 깜짝 놀라게 되었다 그가 발견한 것에 한 남자가 누워 있었다 그 박스 안에 있는

top of a pile of woollen goods.
양모 제품 더미의 꼭대기 위에

He was so surprised / at being discovered / that he did not even try to run away.
그는 너무 놀라게 되었다 발견되어진 것에 그는 심지어 달아날 시도조차 하지 않았다

After he was arrested, / the man admitted / hiding in the box / before the
후에 그는 체포되었다 그 사람은 인정했다 그 박스 안에 숨은 것을 그 비행기가

plane left London. / He had a long and uncomfortable trip, / for he had been
런던을 떠나기 전에 그는 길고 그리고 불편한 여행을 했다 왜냐하면 그는

confined to / the wooden box / for over ten hours.
갇혀져 있었다 그 나무 박스에 10시간 이상 동안

The man was ordered / to pay 345 pounds / for the cost of the trip.
그 사람은 명령을 받았다 345파운드를 지불하라는 그 여행의 비용을 위해서

The normal price of a ticket / is 230 pounds!
티켓의 정상적인 가격은 230파운드였다

해설_ 1. when을 무조건 '~할 때'로 번역하면 어색하다.

2. 글은 어떤 상황이 시작된 시점부터 순서대로 쓰는 것이 가장 좋으므로 나름대로 번역문을 재구성할 수가 있다.

3. 이 문장의 마지막 부분을 영어 생긴 대로만 처리하면, ~ is 230 pounds!가 말하고자 하는 느낌을 전해줄 수가 없으므로 그 느낌을 살려 줘야 한다.

4. 짧게 끊어 놓은 문장은 하나로 묶고, 긴 문장은 나누어서 표현해도 상관없으므로 자기 수준에 맞게 문장을 만들어 보도록 노력해야 한다.

모범번역

런던공항을 출발한 비행기가 시드니공항에 도착하자 인부들이 의류가 들어 있는 나무 상자들을 내리기 시작했는데, 그중 한 상자가 유달리 무거웠다. 하지만 왜 그렇게 무거운지 아는 사람은 아무도 없었다.

호기심이 발동한 한 인부가 그 상자를 열어 보고는 뒤로 넘어질 뻔했다. 왜냐하면 양모로 만든 제품 더미 위에 한 남자가 누워있었기 때문이었다.

그 남자도 엉겁결에 달아나지도 못하고 멍하니 있다가 체포되고 말았는데, 체포된 뒤 그 남자는 비행기가 런던공항을 출발하기 전에 상자에 몰래 숨었다고 시인했다. 나중에 비행기 요금으로 345파운드를 지불하라는 판결을 받았는데, 정상 요금이 230파운드라는 것을 감안하면, 그 사람은 비싼 요금을 내고 10시간 이상이나 그 불편하기 짝이 없는 상자 안에 갇혀서 온 셈이 되고 말았다.

예제 10

A woman in blue jeans stood at the window of an expensive shop. Though she hesitated for a moment, she finally went in and asked to see a dress that was in the window. The assistant who served her did not like the way she was dressed. Glancing at her scornfully, he told her that the dress was sold.

The woman walked out of the shop angrily and decided to punish the assistant next day.

She returned to the shop the following morning dressed in a fur coat, with a handbag in one hand and a long umbrella in the other. After seeking out the rude assistant she asked for the same dress. Not realizing who she was, the assistant was eager to serve her this time. With great difficulty, he climbed into the shop window to get the dress. As soon as she saw it, the woman said she did not like it. She enjoyed herself making the assistant bring almost everything in

the window before finally buying the dress she had first asked for.

어휘_ blue jean 블루진, 청바지 expensive shop 비싼 가게, 고급 가게, 화려한 가게 hesitate 주저하다, 망설이다 for a moment 잠시, 잠깐 window 진열장 assistant 점원 serve 시중 들다, 접대하다 glance 바라보다, 빤히 바라보다 scornfully 경멸하듯이, 무시하듯이 walk out 걸어 나오다 angrily 화나서 punish 벌주다, 혼내주다 following morning 다음 날 아침 fur coat 털 코트, 모피 코트 seek out 찾다, 찾아내다 rude 무례한, 못된, 예의가 없는 realize 깨닫다 be eager to 열심히 하다, 열중하다 climb into 안쪽으로 기어 들어가다 as soon as 하자마자, 곧장 bring 가져오다 ask for 요청하다, 요구하다

직독직해

A woman / in blue jeans / stood / at the window / of an expensive shop. /
한 여자가 파란 청바지 차림에 서 있었다 창문에 한 비싼 가게의

Though she hesitated / for a moment, / she finally went in / and asked to
그녀는 주저하기는 했지만 잠시 동안 그녀는 마침내 안으로 갔다 그리고 한 옷을 보여

see a dress / that was in the window. / The assistant / who served her / did
달라고 요구했다 그것은 진열장 안에 있었다 점원은 그녀를 시중을 들던

not like the way / she was dressed. / Glancing at her scornfully, / he told her
그 방식을 좋아하지 않았다 그녀가 입었던 그녀를 경멸하듯 바라보던 그는 그녀에게 말했다

/ that the dress was sold.
그 옷은 팔렸다고

The woman walked out of the shop angrily / and decided to punish the
그 여자는 화나게 그 가게 밖으로 걸어 나왔다 그리고 그 점원을 벌주기로 결정했다

assistant / next day.
다음날

She returned to the shop / the following morning / dressed / in a fur coat,
그녀는 그 가게로 돌아갔다 그 다음날 입고는 모피코트를

/ with a handbag in one hand / and a long umbrella in the other. / After
한 손에는 핸드백을 그리고 다른 쪽에는 긴 우산을 들고

seeking out / the rude assistant / she asked for the same dress. / Not
찾아낸 후에 그 무례한 점원을 그녀는 같은 옷을 요구했다

realizing / who she was, / the assistant was eager to serve her / this time. /
깨닫지 못한 그녀가 누구라는 것을 그 점원은 그녀에게 열정적으로 시중을 들었다 이번에는

With great difficulty, / he climbed into / the shop window / to get the dress. /
아주 어려운 상황에서 그는 안으로 올라갔다 그 가게의 진열장 그 옷을 꺼내기 위해서

As soon as she saw it, / the woman said / she did not like it. / She enjoyed
그녀는 그것을 보자마자 그 여자는 말했다 그녀는 그것이 좋지 않다고 그녀는 자신을

herself / making the assistant bring / almost everything / in the window /
즐겼다 점원에게 가져오게 만듦으로써 거의 모든 것을 진열장에 있는

before finally buying the dress / she had first asked for.
결국 그 옷을 사기 전에 그녀가 처음 요구했었던

모범번역

청바지를 입은 한 여자가 으리으리한 가게 밖에서 잠시 망설이다가 가게 안으로 들어가 진열장에 있는 옷을 보여 달라고 하자 점원은 그 여자의 옷차림새를 힐끗힐끗 쳐다보더니 그 옷은 이미 팔린 옷이라고 말하는 것이었다.

그 여자는 화가 나서 밖으로 나와서는 그래? 내일도 그렇게 하나 보자며 그 점원을 골탕 먹여야겠다고 생각했다.

다음날 그 여자는 비싼 모피 코트를 걸치고 핸드백과 긴 우산을 들고 그 가게로 다시 가서는 그 버릇없는 점원에게 어제 말한 그 옷을 좀 보자고 말했다. 그 여자 손님이 누구인지 모르는 점원은 아주 친절하게 손님을 대하는 것은 물론이고 어렵게 그 진열장으로 올라가 손님이 말한 그 옷을 꺼내 왔다. 하지만, 그 여자는 바로 마음에 안 든다며 다른 옷을 계속 더 보자고 하며 점원을 골탕 먹였다. 그리고 맨 마지막에 어제 말한 그 옷을 샀다.

예제 11

Bill and Kent often drive to the movies. Sometimes it is very foggy when they drive home. They drive very slowly. But they can't see two feet in front of them. They drive through stop signs they don't see. They drive the wrong way on one-way streets. They often

get lost. Tonight they suddenly see two red lights in front of them.

"Follow that car, Kent! Maybe they can see."

When the red car lights turn left, Bill and Kent turn left. When the red lights turn right, Bill and Kent turn right. But suddenly the red lights stop! Bill and Kent are too close!

Crash!

Bill and Kent get out. Bill is very angry. "Why don't you learn how to drive?"

The people in the other car are angry, too. "Why don't you get out of our garage?

어휘_ drive 운전하다 the movies 극장 very foggy 안개가 많이 낀 two feet 약 60센티미터, 여기서는 '한 치 앞도 보이지 않다'의 '한 치'와 같은 표현 stop signs 정지 신호등 the wrong way 나쁜 길, 여기서는 엉뚱한 길 one-way streets 일방통행로 get lost 잃다, 여기서는 길을 잃다 follow 따르다, 따라가다 maybe 아마도, 어쩌면 turn left 왼쪽으로 돌다 turn right 오른쪽으로 돌다 be too close 너무 밀접하다, 너무 가까이 있다. 너무 붙어 있다 crash 충돌, 쾅 get out (of) 나오다 why don't you ~? ~하는 게 어때? garage 차고

직독직해

Bill and Kent often drive / to the movies. / Sometimes / it is very foggy /
빌과 켄트는 종종 운전을 한다 극장으로 때때로 안개가 심하다

when they drive home. / They drive / very slowly. / But / they can't see / two
그들이 집으로 운전을 할 때 그들은 운전을 한다 매우 천천히 그러나 그들은 보지 못 한다 2피트를

feet / in front of them. / They drive / through stop signs / they don't see. /
그들 앞에 있는 그들은 운전을 한다 정지신호를 통과하여 그들은 보지 못 한다

They drive / the wrong way / on one-way streets. / They often get lost.
그들은 운전을 한다 나쁜 길로 일방통행로에서 그들은 종종 잃는다

Tonight / they suddenly see two red lights / in front of them.
오늘밤 그들은 갑자기 빨간 불빛 두 개를 본다 그들의 앞에서

"Follow that car, Kent! / Maybe they can see."
저 차를 따라, 켄트! 아마도 그들은 볼 수 있을 거야

When the red car lights / turn left, / Bill and Kent turn left. / When the red
그 빨간 차 불빛이 왼쪽으로 돌 때 빌과 켄트도 왼쪽으로 돈다 그 빨간 불빛이

lights turn right, / Bill and Kent turn right. / But suddenly / the red lights stop!
오른쪽으로 돌 때 빌과 켄트도 오른쪽으로 돈다 그러나 갑자기 그 빨간 불빛이 멈춘다

/ Bill and Kent are too close! /
빌과 켄트는 너무 가까이 있다

Crash!
충돌

Bill and Kent get out. / Bill is very angry. / "Why don't you learn how to drive?"
빌과 켄트는 밖으로 나온다 빌은 매우 화가 난다 당신 어떻게 운전을 하는지 왜 안 배우는 거야?

The people / in the other car / are angry, / too. / "Why don't you get out of
그 사람 다른 차에 있던 화가 난다 역시 당신은 우리 차고에서 왜 안 나가는

our garage?
거야?

해설_ 이 문장은 당시 상황을 실감나게 처리하기 위해 모두 현재시제로 표현하고 있지만, 우리는 그렇게 표현하면 더 이상하므로, 과거시제로 처리하는 것이 좋다.

모범번역

빌과 켄트는 자주 차를 몰고 영화를 보러 가는데, 집에 올 때면 안개가 심할 경우가 가끔 있어 천천히 차를 몰고 다니긴 했지만 안개가 얼마나 심한지 한 치 앞도 볼 수가 없을 경우에는 신호등도 보지 못하고 그냥 지나가거나 일방통행로에서 엉뚱한 길로 가는 경우도 있고 헤매기가 일쑤였다. 그런데 오늘밤에는 다행히도 앞차의 뒤꽁무니 빨간 등이 보였다.

"저 차를 바짝 따라가 프랭크. 저 사람들은 제대로 갈지 몰라."

그래서 빌과 켄트는 그 차가 왼쪽으로 가면 왼쪽으로, 오른쪽으로 가면 오른쪽으로, 바짝 따라 갔다.

그런데 이게 무슨 날벼락인가? 그 앞차가 갑자기 멈춰버리는 바람에 그 차를 들이박고 말았다.

빌과 켄트는 차에서 내렸고, 화가 몹시 난 빌이 앞 차 주인에게 "운전 그렇게

밖에 못해요?"하고 따지니, 그 사람이 오히려 화를 냈다.
"남의 집 차고까지 들어와서는 무슨 큰 소리야, 큰 소리는!"

예제 12

The owner of a large department store went over his books and discovered that his most trusted employ had stolen over a million dollars from the firm. "I want no scandal," said the owner. "I'll just fire you." The employee replied. "True, I robbed your firm of quite a tidy sum. I now have yachts, a country mansion, jewelry, and every luxury you can think of. I don't need a thing, so why hire somebody else and have him start from scratch?"

어휘_ owner 주인 department store 백화점 go over 조사하다, 확인하다 trust 믿다, 신뢰하다 employ 고용하다, 고용 steal 훔치다 firm 회사, 기관 scandal 스캔들, 불명예, 추문, 혹평 fire 해고하다 rob 훔치다 tidy 상당한, 꽤 많은 sum 총액 yacht 요트 country mansion 시골 별장 jewelry 보석, 귀금속 luxury 사치품, 고급품 hire 고용하다 scratch 출발선, 생채기, 할퀴

직독직해

The owner / of a large department store / went over / his books / and
주인은 / 큰 백화점의 / 조사했다 / 그의 책들을 / 그리고

discovered / that his most trusted employ / had stolen / over a million dollars
발견했다 / 그의 가장 믿음직한 피고용인이 / 훔쳤었다는 것을 / 백만 달러 이상을

/ from the firm. / "I want no scandal," / said the owner. / "I'll just fire you." /
그 회사로부터 / 나는 스캔들을 원하지 않는다 / 그 주인이 말했다 / 나는 단지 당신을 해고 할 것이다

The employee replied. / "True, / I robbed / your firm of quite a tidy sum. / I
그 피고용인이 응답했다 / 사실 / 나는 훔쳤다 / 당신 회사의 꽤 많은 합계금액을 / 나는

now have / yachts, a country mansion, jewelry, / and every luxury / you can
이제 가지고 있다 / 요트, 시골 별장, 보석 / 그리고 모든 사치품을 / 당신이

think of. / I don't need a thing, / so / why / hire somebody else / and have
생각할 수 있는 / 나는 어떤 물건이 필요하지 않다 / 그래서 / 왜 / 다른 어떤 사람을 고용하려 하느냐 / 그리고

him / start from scratch?
그 사람을 하도록 하려 하느냐 출발선에서 출발하도록(무에서 시작하도록)

해설_ 1. owner 주인, 소유자, 여기서는 큰 백화점의 owner이므로 '사장'

2. go over 여기서는 '~을 잘 살펴보다[검토하다], ~을 검열[시찰]하다'는 뜻

3. quite a tidy sum 이 문장에서는 백만 달러의 돈을 훔쳤다는 내용이 앞에 나와 있으므로 '꽤 많은 돈'을 뜻함.

4. have him start의 have는 사역동사.

5. start from scratch '출발선에서 출발하다, 빈손으로 시작하다, 무에서 시작하다'는 뜻. 이 문장에서는 새로운 직원을 고용해보았자 그 사람도 훔치기 시작할 것이라는 표현.

모범번역

대형 백화점의 사장이 백화점 장부를 조사하다가 가장 믿고 있는 직원이 백만 달러나 되는 돈을 빼돌렸다는 사실을 알아내고는 그 직원에게 "더 이상 일을 크게 만들고 싶지 않으니 자네만 그만둬줬으면 좋겠네."하고 말하자, 그 직원이 "제가 사실 적잖은 회사 돈을 축낸 것은 사실입니다만, 이제 저는 요트도 있고 시골에 별장도 하나 있고 남부럽지 않을 정도의 보석도 있고, 필요한 것은 거의 다 있습니다. 더 이상 뭐가 필요하겠습니까? 새 직원보다는 제가 더 낫지 않겠습니까?"하고 말하는 게 아닌가.

예제 13

Yesterday afternoon Frank Hawkins was telling me about his experiences as a young man. Frank is now the head of a very large business company, but as a boy he used to work in a small shop. It was his job to repair bicycles and at that time he used to work fourteen hours a day. He saved money for years and in 1938 he bought a small workshop of his own. During the war Frank used to make spare parts for aeroplanes. At that time he had two helpers. By the end of the war, the small workshop had become a large factory

which employed seven hundred and twenty-eight people. Frank smiled when he remembered his hard early years and the long road to success. He was still smiling when the door opened and his wife came in. She wanted him to repair their son's bicycle!

어휘_ experience 경험 business company 사업체 small shop 작은 가게 repair 수리하다 at that time 그 당시, 그 무렵 small workshop 작은 작업장, 작은 수리소 spare 여분의 예비의 aeroplanes = airplanes 비행기 helper 조수, 도와주는 사람 by the end 끝날 무렵 factory 공장 employ 고용하다 remember 기억하다, 회상하다 hard early years 초기의 어려운 시절 long road 긴 여정 success 성공

직독직해

Yesterday afternoon / Frank Hawkins / was telling me / about his experience
어제 오후 프랭크 호킨스는 나에게 이야기하고 있었다 그의 경험에 관해서

/ as a young man. / Frank / is now the head / of a very large business
젊은 사람이었을 때 프랭크는 지금 우두머리다 아주 큰 비즈니스 회사의

company, / but / as a boy / he used to work / in a small shop. / It was his
그러나 소년 때는 그는 일하곤 했다 한 작은 가게에서 그것은 그의 일

job / to repair bicycles / and at that time / he used to work / fourteen hours
이었다 자전거들을 수리하는 것이 그리고 그 당시에는 그는 일하곤 했다 하루에 14시간씩

a day. / He saved money / for years / and in 1938 / he bought a small
그는 돈을 저축했다 몇 년 동안 그리고 1938년에 그는 한 작은 수리소를 샀다

workshop / of his own. / During the war / Frank / used to make spare parts /
그의 자신의 전쟁 동안 프랭크는 예비 부품들을 만들곤 했다

for aeroplanes. / At that time / he had two helpers. / By the end of the war, /
비행기들을 위한 그 당시 그는 두 조수가 있었다 전쟁의 끝 무렵에는

the small workshop / had become a large factory / which employed / seven
그 작은 수리소는 큰 공장이 되었었다 그것은 고용했다 7백 명과

hundred and twenty-eight people. / Frank smiled / when he remembered /
28명의 사람을 프랭크는 미소를 지었다 그가 기억했을 때

his hard early years / and the long road / to success. / He was still smiling /
그의 초기의 어려운 해들을 그리고 긴 길을 성공에 이르는 그는 여전히 미소를 짓고 있었다

when the door opened / and his wife came in. / She wanted him / to repair /
그 문이 열렸을 때 그리고 그의 아내가 들어왔을 때 그녀는 그에게 원했다 수리해 주기를

their son's bicycle!
그들의 아들의 자전거를

모범번역

어제 오후에 프랭크 호킨스(Frank Hawkins) 씨는 자신의 젊은 시절을 얘기해 주었다. 지금은 큰 회사의 사장이 되었지만 어려서는 자그마한 가게의 자전거 수리공이었는데, 하루에 14시간씩 일을 하며 몇 년 동안 저축을 한 끝에 1938년에 작은 공장을 하나 샀다고 한다. 전쟁 중에는 조수 두 명을 데리고 비행기의 소모 부품을 만들기 시작했는데, 전쟁이 끝날 무렵이 되자 그 작은 공장은 직원이 무려 700명 하고도 28명이나 더 많은 큰 회사가 되어 있더라고 한다. 힘들었던 초기 시절과 성공을 하기까지의 긴 세월을 되돌아보면서 호킨스 씨는 감회에 젖었다. 때마침 아내가 문을 열고 들어왔는데 아직도 일하는 것을 좋아했다. 아내가 아들의 자전거를 고쳐달라고 가지고 왔던 것이다.

예제 14

People's tastes in recreation differ widely. At a recent festival of pop-music in the Isle of Wight, crowds of teenagers flocked to listen to their favorite singers and musicians. They went with single tickets and slept in the open, very risky thing to do in the climate of Britain, even in August. They crowded together for four days. There were innumerable thieves, and the police were everywhere. At the end of the festival many young fans found themselves broke, with no money left, and they had difficulty in getting back home. Most people would consider these conditions a nightmare of discomfort,

but the fans appeared to enjoy it very much.

어휘_ taste 취미, 기호, 애호, 맛 recreation 오락, 레크리에이션 flock 무리를 짓다 favorite 좋아하는, 선호하는 single ticket 편도 차표 climate 기후 innumerable 셀 수 없는, 무수한 thief 도둑 get back home 집으로 돌아가다 consider 여기다, 생각하다 condition 조건, 상황 nightmare 악몽 discomfort 불편

직독직해

People's tastes / in recreation / differ / widely. / At a recent festival / of pop-
사람들의 취향은 오락에 있어서 다르다 넓게 최근의 한 축제에서 대중

music / in the Isle of Wight, / crowds of teenagers / flocked / to listen / to
음악의 위트 섬에서의 십대들의 무리들은 무리를 지었다 듣기 위해

their favorite singers and musicians. / They / went with single tickets / and
그들의 좋아하는 가수들과 음악가들에게 그들은 편도 표만 가지고 갔다 그리고

slept / in the open, / very risky thing / to do / in the climate of Britain, / even
잤다 밖에서 매우 위험한 일이다 그렇게 하는 것은 영국의 기후에서는 비록

in August. / They / crowded together / for four days. / There were innumerable
8월이지만 그들은 함께 붐볐다 4일 동안 셀 수 없는 도둑들이 있었다

thieves, / and the police were everywhere. / At the end of the festival / many
그리고 경찰도 모든 곳에 있었다 축제의 끝에 많은

young fans / found themselves / broke, with no money left, / and they had
젊은 팬들은 자신들을 발견했다 남은 돈이 없는, 빈털터리가 된 그리고 그들은

difficulty / in getting back home. / Most people / would consider / these
어려움을 겪었다 집으로 돌아가는 것에 있어서 대다수 사람들은 생각할 것이다 이

conditions / a nightmare of discomfort, / but the fans / appeared / to enjoy it
상황들을 불편한 악몽으로 그러나 그 팬들은 보였다 그것을 아주

very much.
많이 즐기는 것으로

모범번역

사람마다 오락을 즐기는 취향은 아주 다양한데, 최근 위트 섬(Wight Isle)에서 열린 팝 페스티벌에는 좋아하는 가수와 연주자들의 음악을 듣기 위해 편도 차표만 준비한 수많은 십대 청소년들이 몰려들어 노숙을 마다하지 않았다. 비록 8월 달이긴 하지만 일기가 고르지 못한 영국 날씨와 경찰이 여기저기에 있긴 하지만 도둑들이 득실대는 곳에서 4일씩이나 노숙을 하는 것은 위험하기까지 한 일이었다. 페스티벌이 끝나자 돈이 다 떨어진 팬들도 많아 집으로 돌아가는데 애를 먹었다. 대다수 사람들은 그런 상황이 되면 아주 걱정을 하기 마련이지만, 십대 팬들은 오히려 그것을 즐기는 것처럼 보였다.

예제 15

Albert Einstein was by nature a rebel who enjoyed being unconventional. Whenever possible he dressed for comfort, not for looks. Externals meant little to him. In everything he sought simplicity. Science was his passion, and next to science music. His sister tells that when playing the piano, he would suddenly stop and exclaim: "Well, now I have found it." – a solution to a scientific difficulty. His violin, like his science, was his constant companion, accompanying him on all his journeyings. No matter what he was doing, science was always present in his mind.

어휘_ by nature 본래, 태어날 때부터 rebel 반항아 unconventional 인습에 사로잡히지 않는, 인습에 얽매이는 것을 싫어하는 whenever possible 가능한 한, 가능하면 언제나 comfort 편함 looks 외모 external 외관, 외모, 모양 mean little 별로 의미가 없다 simplicity 단순함, 간편함 passion 좋아하는 것, 열망하는 것, 열정 exclaim 소리치다, 고함치다 solution 해결책, 해결 scientific difficulty 과학적인 어려움 constant 지속적인, 불변하는 companion 동반자, 동료, 친구 accompany 함께 하다, 동행하다 journey 여행 no matter what ~에 상관없이 be present 존재하다, 있다

직독직해

Albert Einstein / was by nature a rebel / who enjoyed / being unconventional.
앨버트 아인슈타인은 천성적으로 반항아였다 그는 즐겼다 인습에 사로잡히지 않는 것을

Whenever possible / he dressed for comfort, / not for looks. / Externals /
가능할 때는 언제나 그는 편한 것을 위해서 옷을 입었다 모양을 위해서가 아니라 외관은

meant little / to him. / In everything / he sought simplicity. / Science was his
의미가 없었다 그에게는 모든 것에 있어서 그는 단순함을 추구했다 과학은 그의 가장 좋아하는

passion, / and next to science music. / His sister tells / that when playing
것이었다 그리고 과학 다음으로는 음악이었다 그의 누이는 말한다 그 피아노를 치고 있을 때

the piano, / he would suddenly stop and exclaim: / "Well, now I have found
그는 갑자기 멈추고 그리고 소리를 지르곤 했다 자, 이제 나는 그것을 발견했다

it." / – a solution to a scientific difficulty. / His violin, / like his science, / was
과학적인 어려움에 대한 해결이었다 그의 바이올린은, 그의 과학처럼

his constant companion, / accompanying him / on all his journeyings. / No
끊임없는 동반자였다 그를 동행하는 모든 그의 여행에서

matter / what he was doing, / science was always present / in his mind.
상관없이 그가 했던 것에 과학은 항상 존재했다 그의 마음에

모범번역

앨버트 아인슈타인(Albert Einstein) 박사는 원래 형식에 얽매이는 것을 아주 싫어하는 했기 때문에 옷을 입을 때도 모양새보다는 편안한 옷을 주로 입었는데, 외모는 별것이 아니라고 생각했기 때문이었다. 또한 모든 면에서 단순한 것을 좋아하고 과학과 음악을 좋아했는데, 피아노를 치다가 갑자기 "야아, 이제 알았어!"하며 고함을 치면, 어려운 과학적인 문제를 풀었을 때라고 누이는 말한다. 아인슈타인 박사가 과학을 제일 좋아하기도 했지만 바이올린도 아주 좋아해서 여행을 할 때는 항상 가지고 다녔다. 하지만, 무슨 일을 하든 마음은 항상 과학을 생각하고 있었다.

기본 영한번역 실습 (번역예제 1~50)

직역과 의역(의미역)의 차이를 잘 이해하지 못해서 "직역을 하는 것이 좋으냐? 의역을 하는 것이 좋으냐?"하고 질문을 하는 경우가 많다. 이제부터 직역이란 말을 잊어버렸으면 한다. 왜냐하면 우리가 영문을 독해하는 이유는 영문 속에 어떤 지식과 정보가 있는지 알기 위해서지 영어를 문법적으로 분석하기 위해서가 아니기 때문이다. 이제 '영문독해 = 영문번역'으로 생각하길 바란다.

그리고 '백문이 불여일견'이라는 말이 있듯이 이론적인 설명보다는 번역 실례를 보면서 조금씩 초급 번역테크닉을 섭렵해 나가길 바란다.

예제 01

If you were to make a list of essential city workers, I bet that street sweepers would not top your list. Because their work is not glamorous and is merely tough, people place a stigma on them.

However, street sweepers are some of the most crucial players in the fight for water quality. In most cities, rain that falls on the streets is collected by drainage systems and carried into rivers, lakes, or oceans.

However, as the water flows to these destinations, it also transports every piece of litter, drop of oil, and grain of dirt. All these substances are toxic to marine life, land animals and humans, for all of them drink the water later.

어휘_ essential 필수적인 bet 단언하다 street sweepers 거리 청소부 glamorous 매혹적인 be merely tough 단지 고달프다 place 간주하다 stigma 미천함, 불명예 crucial players 중요한 역할을 하는 사람 fight for water quality 수질을 위해 싸우다 drainage systems 배수 시스템 destinations 목적지 transport 운송하다 piece of litter 쓰레기 조각 drop of oil 기름덩어리 grain of dirt 먼지 알갱이 substances 물질 toxic 유해하다 marine life 해양생물

직역_ 만일 당신이 필수적인 도시 일꾼들의 목록을 만든다면, 나는 거리의 청소부가 당신 목록의 제일 꼭대기에 오르지 못할 것이라 단언한다. 왜냐하면 그들의 일은 매혹적이지 않고 그리고 단지 고달프기 때문이며, 사람은 그것들을 미친한 것으로 간주한다.

하지만, 거리의 청소부들은 수질을 위한 싸움에 있어서는 아주 중대한 어떤 역할자다. 대다수의 도시에 있어서, 거리에 떨어지는 비는 배수 구조에 의해 모아지고 그리고 강들, 호수들, 바다들로 운반되어진다.

하지만, 그 물이 이러한 목적지까지 흘러갈 때 그것은 또한 모든 쓰레기 조각, 기름덩어리, 먼지 알갱이들을 운반한다. 모든 이러한 물질들은 해양생물, 육상동물 그리고 인간들에게 유해한데 왜냐하면 그들의 모두가 나중에 그 물을 마시기 때문이다.

모범번역

아마 여러분에게 도시에서 반드시 필요한 직업을 손꼽아 보라고 한다면, 환경미화원을 제일 먼저 꼽는 사람은 거의 없을 것입니다. 왜냐고요? 환경미화원이 하는 일은 힘이 많이 들뿐만 아니라 미천한 사람들이나 하는 것으로 생각하기 때문이죠.

하지만, 환경미화원만큼 수질을 보호하는데 중요한 역할을 하는 사람은 없을 것입니다. 거리에 비가 내리면 어떻게 되나요? 빗물은 배수구를 타고 강이나 호수, 바다로 흘러가게 되겠죠? 그런데, 빗물만 흘러가는 것이 아니죠. 그 빗물에는 온갖 쓰레기와 기름덩어리, 먼지들이 함께 실려 가게 되는 것입니다. 이러한 물을 사람뿐만 아니라 땅과 바다의 동식물들이 나중에 먹는다고 생각하면 끔찍한 일입니다.

팁 좋은 번역과 나쁜 번역을 구분하는 잣대

1. 글쓴이가 영문을 통해 사람들에게 무엇을 말하고자 하는지 정확하게 이해한다.
2. 이해한 내용을 훼손하지 않고 한국어로 정확하게 문장화할 수 있어야 한다.
3. 다른 사람들이 번역문을 읽고 지식과 정보 또는 재미를 맛볼 수 있어야 한다.

예제 02

It is impossible now to imagine design without computers. Engineers of 30 years ago worked without even a pocket calculator. Many problem could not be solved because the necessary mathematics would have taken too long. Engineering designers now use powerful work stations that can visualize their creations in color and three dimensions. Simply checking that all the parts will fit together without bumping into each other saves an enormous amount of time. For really difficult problems, like designing the best shapes for the flow of fluids, the computer is indispensable. Once the product is designed, the specifications can go, via computer, direct to the shop floor for manufacture.

어휘_ imagine 상상하다 pocket calculator 휴대용 계산기 mathematics 수학 engineering designer 공학 설계사 visualize 볼 수 있다 creation 피조물, 창작품 three dimensions 3차원 bumping 충돌하는 enormous 엄청난, 막대한 shape 모양 fluid 유체 indispensable 필수 불가결한 specification 설계도, 상세도 shop floor 작업현장

직역_ 이제 컴퓨터들 없이 디자인을 상상하는 것은 불가능하다. 30년 전의 엔지니어들은 심지어 휴대용 계산기조차 없이 일했다. 많은 문제들이 풀리지 못했는데 필요한 수학적 계산이 너무 오래 걸렸기 때문이다. 엔지니어링 디자이너들은 이제 그들의 피조물을 컬러와 3차원으로 시각화할 수 있는 강력한 워크스테이션을 사용한다. 모든 부분들이 서로 부딪히지 않고 함께 고정되어 있는지 간단히 확인할 수 있는 것은 막대한 양의 시간을 절약한다. 유체의 흐름을 위한 최상의 모양을 디자인하는 것과 같은 것은 정말 어려운 문제이기 때문에 컴퓨터는 필수 불가결하다. 일단 제품이 디자인되면 그 설계 명세서들은 컴퓨터를 통해 생산을 위한 작업현장으로 직접 갈 수 있다.

모범번역

이제는 컴퓨터를 활용하지 않고 디자인을 한다는 것은 생각조차 할 수 없다. 30년 전만 하더라도 엔지니어들은 휴대용 계산기조차 없이 일을 했기 때문에 수학적 계산을 하는데 시간이 너무 많이 걸려 해결하지 못한 문제들이 아주 많았다. 요즘의 공학 설계사들은 자신이 설계한 것을 3차원 칼라 영상으로 볼 수 있는 고성능 컴퓨터를 사용하고 있어서 설계한 것의 모든 부분을 손쉽게 재확인 해 볼 수 있기 때문에 시간도 엄청 절약할 수 있다. 특히 공기의 흐름을 고려해야 하는 모양을 디자인하는 것은 아주 어렵기 때문에 컴퓨터가 반드시 있어야만 한다. 또한 컴퓨터를 이용하면 디자인한 설계도를 작업현장까지 e-메일로 곧장 보낼 수도 있다.

예제 03

Does the time spent waiting for a page to appear on your Internet server feel like you could get the information faster by going to a library? Do your friends have trouble reaching you because someone in your family is always on line? Do incoming calls sometimes interrupt your flash mail sessions? Check out FastNet! FastNet is a cable television Internet service that makes website visits as quick as turning the pages of a book. No longer do you need to tie up your phone or spend interminable time just waiting for a response. Call your local cable company or 1-800-FASTNET today. Only 39 dollars a month with free installation up to August 1st. Rates many vary according to service.

어휘_ get the information faster 더 빨리 정보를 얻다 on line 접속 중, 전화 중 interrupt 저지하다, 중단하다, 방해하다 flash mail sessions 순간적인 e-메일 연결(세션) turning the pages of a book 책장을 넘김, 넘기는 것 no longer 더 이상 ~않다 interminable 끝없는, 지루한 free installation무료설치 rates 요금

직역_ 도서관에 감으로써 정보를 얻는 것이 나을 것이라는 느낌이 들도록 당신의 인터넷 서버

에 나타나는 페이지를 기다리는데 시간을 낭비합니까? 당신의 가족 중에 누군가가 항상 접속 중이라서 당신의 친구들이 당신에게 연락하는 것에 문제가 있습니까? 가끔 걸려오는 전화로 인해 통신에 장애를 받고 있습니까? 패스트넷을 확인해 보세요. 패스트넷은 책의 페이지를 넘기는 것처럼 빠르게 웹 사이트를 볼 수 있는 케이블 티브이 인터넷 서비스입니다. 더 이상 전화 내용에 제약을 받을 필요가 없으며 지루하게 응답을 기다리지 않아도 됩니다. 지역 케이블 회사나 전화 1-800-패스트넷으로 지금 전화하세요. 한 달에 단지 39달러이며 8월 1일까지는 무료로 설치하실 수 있습니다. 요금은 서비스에 따라 다양할 수 있습니다.

모범번역

도서관에 가서 정보를 찾는 것이 더 낫다고 생각하실 정도로 인터넷 서버의 속도가 느리십니까? 가족 중 누군가가 전화를 사용하고 있어서 다른 친구와 연락을 하는데 애를 먹고 계십니까? 가끔 걸려오는 전화 때문에 통신을 제대로 할 수가 없으십니까? 이제 패스트넷(FastNet)을 이용해 보십시오. 패스트넷은 책장을 넘기듯이 빠른 속도로 웹 사이트를 검색할 수 있는 인터넷 서비스용 케이블 TV입니다. 이젠 더 이상 걸려오는 전화에 신경 쓰실 필요도 없고 지루하게 응답을 기다리실 필요도 없습니다. 지금 지역 케이블 회사로 전화를 하시거나 1-800-FASTNET으로 연락해 주십시오. 한 달 요금 79달러로 8월 1일까지 무료로 설치해 드립니다. 요금은 이용하는 서비스에 따라 다양합니다.

예제 04

Red Code alert! Yes, it's another one of those days. Will someone tell me why so early in the season? Does anyone remember such a drought before the summer? Anyway, the temperature promises to climb high into the nineties and the high humidity that goes along with it, not to mention as astronomical pollen count, can make going outside very dangerous for certain people. If you have severe allergies, are elderly and have difficulty breathing, or have any other

problem that can be adversely affected by heat, pollen, and humidity, don't venture outside today any more than is necessary. Keep your shades drawn during daylight hours and keep those fans and air conditioners going. Be sure to drink lots of water. If you have any doubts about being at risk, call your doctor's office right away.

어휘_ Red Code 적색경보 alert 경계, 경고 it's another one of those days (관용) 위험한 날 drought 가뭄, 건조 temperature 온도 humidity 습도 mention 언급하다 astronomical 천문학적인 양의 pollen 꽃가루 severe allergies 심한 알레르기 반응 adversely affect 불리한 영향 venture 모험하다 shades 차양, 커튼

직역_ 적색경보 조심! 그렇다. 이것은 또 다른 그런 날의 하나다. 왜 그렇게 일찍 그런 계절이 되었는지 누가 나에게 말해 줄 것인가? 여름이 되기 전에 이렇게 건조한 것을 누가 기억하는가? 어쨌든, 기온은 화씨 90도대로 높이 오를 것이 예상되고 그리고 그것에 따라서 습도도 높을 것이고 말할 필요도 없이 천문학적인 양의 꽃가루 때문에 어떤 사람들에게는 밖으로 나가는 것이 위험하게 만들 수도 있다. 만약 당신이 심한 알레르기가 있거나 나이가 많고 그리고 숨 쉬는데 어려움이 있거나 또는 열, 꽃가루 그리고 습도에 의해 불리한 영향을 받을 수 있는 다른 어떤 문제를 가지고 있다면 필요 이상으로 오늘은 밖으로 나가는 것을 감행하지 마라. 낮 시간 동안 커튼을 내리고 선풍기와 에어컨을 가동하라. 많은 양의 물을 마시도록 하라. 만약 당신이 위험해질 것 같은 의심이 생기면 곧바로 당신의 의사 사무실로 전화하라.

모범번역

적색경보(Red Code)가 발령되었습니다! 적색경보는 정말 위험합니다. 왜 이렇게 적색경보가 빨리 발령되었는지 알 수가 없습니다. 여름도 되기 전에 이렇게 건조했던 적은 별로 없었습니다. 어쨌든 앞으로 기온이 섭씨 32도까지 치솟게 되고 그에 따라 습도도 점점 높아지게 될 것이며, 꽃가루도 몹시 많이 흩날릴 것으로 보입니다. 밖으로 나가시면 위험한 분들도 있습니다. 만약 심한 알레르기를 앓고 계시거나 연세가 많아 호흡이 곤란하시거나 더위를 많이 타시는 분, 꽃가루나 습도에 예민하신 분들은 오늘 외출을 삼가기 바랍니다. 낮에는 커튼을 치고 선풍기나 에어컨을 틀고 물을 충분히 드시기 바랍니다. 몸이 좀 이상하다고 생각되시는 분은 즉시 주치의에게 전화하여 상담하시기 바랍니다.

예제 05

Gandhi's vegetarian vow was proving especially hard to keep, although he was not one to break a sworn pledge. First, there were practical problems. His landlady, who had probably never met a vegetarian before, didn't know what to feed him other than oatmeal, vegetables, and bread. In the cheap restaurants where he tried eating, he was once again forced to fill up on bread. To add to this, a friend told him that if he didn't eat meat, he would never be able to fit into English society.

This only made Gandhi more anxious to acquire other skills that would help him become an English gentleman instead of a bewildered stranger. As a young man, Gandhi was eager to fit in and establish his social status, even though he did later reject these goals. In his first months in London, he became a stylish and fastidious dresser. He took dancing, French, and elocution lessons, and even tried the violin, hoping to learn to appreciate Western Music which was so unlike what he used to.

어휘_ vegetarian vow 채식주의자로서의 맹세 sworn pledge 맹세한 언약 landlady 하숙집 여주인 oatmeal 오트밀, 귀리를 빻은 가루 vegetable 야채 bewildered stranger 당황한 이방인 social status 사회적 위치 reject 거절하다, 거부하다 stylish and fastidious 멋지고 까다로운 elocution 웅변술 appreciate 감사하다, 인정하다, 감상하다

직역_ 비록 그가 맹세한 서약을 깨는 사람은 아니었지만, 간디의 채식주의자로서의 맹세는 지키기가 몹시 어렵다는 것이 판명되어져 갔다. 먼저, 거기에는 현실적인 문제들이 있었다. 아마도 전에 채식주의자를 한 번도 만나본 적이 없는 듯한 그의 하숙집 안주인은 오트밀, 채소, 빵 이외에 그에게 어떤 것을 대접해야 할지를 몰랐다. 그는 사구려 식당에서 먹는 것을 시도해 보았지만 그는 또다시 빵으로만 배를 채워야만 하는 상황에 놓였다. 이것에 더하여 그의 한 친구는 그에게 고기를 먹지 않으면 영국사회에서 적응해 나가기가 어려울 것이라는 말을 해 주었다.

이것은 간디로 하여금 어리둥절한 이방인 대신에 영국신사가 되는 것에 도움이 되는 다른 기술을 습득하는 것을 갈망하도록 만들었다. 젊었을 때 간디는 비록 나중에 가서는 이러한 목표를 거부했지만, 영국에 적응하여 그의 사회적 위치를 세워보려고 노력했다.

런던에서의 몇 달 동안 그는 멋지고 까다롭게 옷을 입는 사람이 되었다. 그는 또한 춤과 불어와 연설법을 배웠으며, 심지어는 여태까지와는 전혀 다른 서양음악을 잘 감상하는 법을 배우기를 바라는 마음으로 바이올린까지 배우려고 시도했다.

모범번역

간디는 맹세한 것을 저버리는 그런 사람은 아니었지만 채식주의자가 되겠다는 맹세는 지키기가 몹시 어려웠다. 당장 현실적인 문제에 부딪쳤다. 여태 채식만 하는 하숙생을 보지 못한 하숙집 아주머니는 오트밀, 채소, 빵만 차려 줄 뿐 다른 야채 등은 전혀 차려주지 않았다. 그래서 간디는 혹시 싸구려 식당에 가면 야채를 먹을 수 있을 것 같아 가보았지만 그곳에서도 빵으로 허기를 채워야 했다. 게다가 한 친구한테서 영국에서 고기를 먹지 않고서는 적응해 나가기가 힘들 것이라는 말까지 듣게 되었다.

이 말을 들은 간디는 어정쩡한 이방인이 되기보다는 어엿한 영국신사가 되기 위해서는 음식뿐만 아니라 여러 가지 처세술도 배워야 하겠다는 생각을 더 절실히 하게 되었다. 비록 나중에 가서는 이러한 허튼 생각을 버리긴 했지만 젊어서 한때 간디는 영국사회에 잘 적응하여 자신의 입지를 세워볼까 하는 생각을 한 적도 있었다. 런던에 도착한 뒤 몇 달 동안은 유행에 걸맞은 깔끔한 옷을 입고 다녔을 뿐만 아니라 춤과 불어도 배우고, 웅변술도 배웠으며, 심지어 익히 듣던 것과는 판이하게 다른 서양음악을 제대로 감상하고 싶은 마음에 바이올린까지 배웠다.

예제 06

Parents everywhere are looking for ways of teaching responsibility to children. In many homes, daily chores are expected to provide the solution to this problem. Emptying trash baskets and mowing lawns are believed to be especially effective in making boys responsible; dishwashing and bedmaking are alleged to lay a foundation of responsibility in girls. In actuality, such chores, though

important for home management, may have no positive effect on creating a sense of responsibility. On the contrary, in some homes the daily tasks result in daily battles that bring anguish and anger to both children and parents.

어휘_ responsibility 책임감 daily chores 일상적인 집안일 solution 해결책 emptying trash baskets 쓰레기통 비우기 mowing lawns 잔디 깎기 effective 효과적인 dishwashing 설거지 bedmaking 침구정리 allege 주장하다, 단언하다, 추정하다 foundation 기초, 기반 management 관리, 경영 positive effect 긍정적인 효과 on the contrary 오히려, 반대로 daily tasks 일상적인 임무(=daily chores) result in 초래하다 daily battles 일상적인 분쟁 anguish and anger 고민과 분노

직역_ 부모들은 어디에서나 아이들에게 책임감을 가르칠 수 있는 방법을 찾는다. 많은 가정에서 일상적인 집안일들은 이러한 문제들에 해결책을 제공할 수 있는 것으로 기대된다. 쓰레기통을 비우는 것이나 잔디를 깎는 것은 소년들에게 책임감을 만들어주기에 특별히 효과가 있는 것으로 믿어진다. 그리고 접시를 씻는 것이나 침구를 정리하는 것은 소녀들에게 책임감의 토대를 놓아줄 수 있을 것으로 추정된다. 사실, 그러한 집안일들은 가정 관리를 위해서는 중요하다 하더라도 책임의 느낌을 창조해주는 데는 전혀 긍정적인 효과가 없을 수도 있다. 오히려, 어떤 가정에서 일상적인 과제들은 아이들과 부모들 양쪽 모두에게 고민과 분노를 가져다주는 일상적인 분쟁을 낳을 수 있다.

모범번역

부모는 항상 어떻게 하면 자녀에게 책임감을 키워줄 수 있을까하고 걱정을 한다. 보통 부모들은 집안 허드렛일을 아이들에게 시키면 책임감을 키울 수 있을 것이라 생각한다. 예를 들어 아들에게는 쓰레기를 치우게 한다든지 잔디를 깎게 하면 책임감을 쉽게 가질 수 있도록 할 수 있으며, 딸에게는 설거지를 시킨다든지 방 청소를 시키면 조금씩 책임감을 가지게 할 수 있을 것이라 생각한다는 것이다. 하지만, 이러한 집안 허드렛일을 아이들에게 시키면 집안정돈이야 잘 할 수 있을지 모르지만 책임감을 키워주기에는 역부족이다. 오히려 이런 집안일 문제로 부모 자식 모두 스트레스를 받을 수 있고 가정불화로 이어질 수 있다.

예제 07

Needless to say, exercise is vital in order to keep a healthy body. Without proper exercise, the blood doesn't circulate well. Some people believe that it takes long hours of exercise to keep one's body healthy. That is not so. Experts say that all it takes to sweat is 20 minutes of light exercise. Furthermore, exercising like this three times a week is sufficient to keep your body running smoothly. It's just not true that more is better in this case.

어휘_ needless to say 말할 필요가 없다 exercise 연습, 운동 vital 필수적인 in order to keep 유지하기 위해서 proper exercise 적절한 운동 circulate 순환하다 expert 전문가 sweat 땀을 흘리다 ight exercise 가벼운 운동 sufficient 충분하다 running smoothly 원활하게 움직임

직역_ 말할 필요도 없이, 운동은 건강한 신체를 유지하기 위해서 필수적이다. 적당한 운동 없이는, 피는 잘 순환되지 못한다. 어떤 사람들은 자신들의 신체를 건강하게 유지하기 위해서는 운동의 시간이 오래 걸릴 것이라고 믿는다. 그것은 그렇지가 않다. 전문가들은 땀이 나도록 하는 것은 단지 가벼운 운동으로 20분이라고 말한다. 더 나아가서, 이와 같은 주당 세 번의 운동은 당신의 신체를 원활하게 돌아가게 유지하는데 충분하다. 많은 것이 좋다는 것은 이 경우에도 단지 진실인 것은 아니다.

모범번역

신체를 건강하게 하기 위해서 운동이 좋다는 것은 말할 필요도 없다. 운동을 적절히 하지 않으면 혈액순환이 잘 되지 않기 때문이다. 하지만 사람들 중에는 건강을 지키기 위해서는 장시간의 운동이 필요하다고 알고 있는 사람이 있는데 그것은 잘못된 생각이다. 전문가들에 따르면 땀이 날 정도로 20분 정도 운동하는 것이 적당하며 이러한 운동을 주 3회 정도 하면 충분하다고 한다. 이것만 보아도 운동을 무조건 많이 한다고 좋은 것이 아니라는 것을 알 수 있다.

예제 08

In the twenty century, there have been many advances in technology. Scientists have sent people out into space and even to the moon. Television, cars, and computers have changed our lives profoundly. New medical treatments have offered hope and even life itself to severely ill people. We have come a long way because of technology. Yet the great possibilities of technology have created equally troubling ethical problems.

어휘_ advance 발전, 진보 technology 과학기술 profoundly 매우, 아주, 대단히 medical treatment 치료 severely 몹시, 심하게 possibility 가능성 create 창조하다 equally 대등하게 ethical problem 윤리적인 문제

직역_ 20세기에, 과학기술면에 있어서 많은 진보가 있어왔다. 과학자들은 사람들을 우주 속으로 그리고 심지어 달까지 보냈다. 텔레비전, 자동차들, 그리고 컴퓨터들은 우리의 삶들을 대단히 변화시켰다. 새로운 의학적 치료는 희망과 심지어 심한 병에 걸린 사람에게 생명 그 자체까지도 제공했다. 우리는 과학기술 때문에 먼 길을 걸어왔다. 그러나 과학기술의 대단한 가능성은 그에 대등한 문제가 되는 윤리적인 문제들을 창조했다.

모범번역

20세기에 우리는 과학기술을 엄청나게 발전시켜왔다. 과학자들 덕택에 우주탐험이 가능했고 심지어 달까지 갈 수도 있었다. 또한 TV, 자동차, 컴퓨터를 이용하면서 생활은 몰라보게 윤택해졌고, 새로운 치료 기술을 개발해냄으로써 중병에 걸린 환자들에게 희망을 줄 수 있게 되었을 뿐만 아니라 새로운 생명까지 안겨 줄 수 있게 되었다. 이처럼 과학기술을 통해 많은 것을 얻었지만 얻은 것만큼이나 여러 가지 윤리적인 문제를 야기해 온 것 또한 사실이다.

예제 09

The word 'democracy' comes from the Greek language and means rule of the people. As the word is usually used, it refers to a government where the people help to direct the work of the government. Sometimes, however, men use the word democracy to mean a feeling of equality among the people, or the absence of groups and classes with special privileges.

And in modern times more and more attention has been paid to the idea of economic democracy. Economic democracy can be said to exist in a society where there are not great differences in wealth.

어휘_ come from 유래하다 mean 의미하다, 뜻하다 rule 통치 refer 언급하다, 말하다 government 정부 direct 감독하다 feeling of equality 평등의식 absence of groups and classes 집단과 계층의 부재 special privileges 특권 in modern times 현시대에 more and more 더욱더 attention 관심 pay 주다 idea 개념 economic democracy 경제적 민주주의 exist 존재하다 great differences in wealth 빈부의 격차

직역_ 민주주의라는 단어는 그리스어에서 유래했고 국민의 통치를 의미한다. 그 말이 통상 사용되고 있는 것처럼, 그것은 정부의 일을 감독하는데 도움을 주는 정부를 언급한다. 하지만, 때때로 사람들은 그 민주주의라는 단어를 사람들 사이의 평등의식, 또는 특권을 가지고 있는 집단들과 계층들의 부재를 뜻하는 것으로 사용한다.

그리고 현시대에 있어서는 더욱더 많은 관심이 경제적 민주주의의 개념에 주어지고 있다. 경제적 민주주의는 빈부의 큰 차이가 없는 그런 사회에 존재한다고 말해질 수 있다.

해설_ 1. 1차 번역을 보면, 번역의 잘잘못을 떠나 영문구조와 한국어구조가 거의 똑같다는 것을 알 수 있다. 그렇다면, 한국어는 영어를 번역하다 생긴 언어인가? 한국어는 고유의 표현방식이나 어순이 없는가? 이런 질문에 동의할 사람은 아무도 없을 것이다. 따라서 1차 번역문은 번역문이기 전에 한국어 문장으로서 문제가 많은 번역이다.

2. 이 영문의 의미를 이해하는데 핵심적인 낱말, 즉 Key word는 무엇인가? 당연히 '민주주의(democracy)'다. 그럼 '민주주의'라는 말의 의미는 무엇일까? 민주주의라는 말을 수업 중에 학생들에게 정의해보라고 하면, 대충 이런 대답을 한다.

① 국민이 주권을 가지고 있는 정치제도

② 국민이 정부의 일을 감독하는 정치제도

③ 민주적인 방식으로 의사가 결정되는 것
④ 투표에 의해서 대표가 선출되는 제도
⑤ 자유를 누릴 수 있는 제도
⑥ 자기가 하고 싶은 것은 자유롭게 할 수 있는 사회
⑦ 자기 마음대로 할 수 있는 자유로운 사회 등.

이러한 정의에도 일리는 있지만, 민주주의를 정확하게 정의한 것이라 할 수 없다. 민주주의의 본래 의미는 무엇인가? 민주주의란 국민 각자가 자발적으로 맡은 바 의무를 다하고 각자가 한 일에 관해서 자신이 책임을 지며, 잘한 사람에게는 보상이라는 대가를 주고, 잘못한 사람에게는 벌이라는 대가를 치르게 하는 사회제도와 정치제도를 말한다.

3. **rule of the people**을 '국민의 통치'로 처리하는 것이 관례인데, 여기서 '통치'라는 말을 한번 생각해보자. 과연 통치라는 말이 민주주의라는 말과 잘 어울리는 말인가? '통치(統治)'는 '식민통치'와 같이 음색(音色)에서도 알 수 있듯이 군국주의적, 제국주의적 정서가 가득 들어 있는 단어로 민주주의라는 말과 어울리기에는 뭔가 문제가 있는 표현이다.

우리 정치제도에서도 알 수 있듯이 정치제도 면에서 민주주의를 완성하는 것은 '지방자치'를 실현하는 것이라 할 수 있는데, 이 '지방자치'를 '지방통치'로 한번 바꾸어 표현해 보라. 얼마나 어색한가? 바로 이 자치(自治)라는 말이 민주주의와 어울리는 rule의 의미라 할 수 있다. 따라서 **rule of the people**은 '국민의 통치'가 아니라 '국민 자치'가 옳다고 할 수 있다. 명사를 무조건 사전적인 의미대로만 번역을 하면 영문이 말하고자 하는 진정한 의미를 제대로 전달할 수 없다는 것을 증명해주는 좋은 본보기라 할 수 있다.

4. **it refers to a government where the people help to direct the work of the government.** ⇒ 여기에는 **government**(정부)라는 단어가 두 번 나오는데 '정부의 일을 국민이 감독하는데 도움을 주는 정부를 언급한다.'로 번역했다. **the work of the government**의 **government**는 '정부'가 맞지만, 앞의 **government**는 '정부체제, 정부제도⇒ 정치제도'로 번역을 해야 의미가 분명해진다. 물론 **refers**도 '언급하다'가 아니라 앞에 나오는 **means**(말한다, 뜻한다, 의미한다)와의 동어 반복을 피하기 위해 쓴 표현으로 보는 것이 옳다. 같은 명사라도 어디에 어떻게 쓰이느냐에 따라 그 본래의 의미가 달라진다는 것을 알 수 있는 본보기다.

5. **a feeling of equality among the people**을 '사람들 사이의 평등의식'으로 하고 **the absence of groups and classes with special privileges**를 '특권을 가진 집단들과 계층의 부재'로 번역했는데, 틀린 것은 아니지만, 이처럼 추상명사로 되어 있는 것은 명사가 되기 전의 본래 품사대로 품사를 전환하여 번역하는 것이 바람직하다. 다시 말해 '모든 사람이 평등하다거나 특권을 가진 집단이나 계층이 없다는 뜻으로 민주주의라는 말을 가끔 사용한다.'가 좋은 번역이라는 것이다. 여기서 한 가지 짚고 넘어가야 할 것은 **sometimes use**와 **however** 사이의 호응관계다. **however**는 앞 문장과 뒤 문장을 '역접관계(반대관계)'로 연결하고 있으므로 **sometimes use**는 사실 '가끔은 잘못 사용하고 있다'라는 뜻이다.

6. **has been paid to**를 '주어지고 있다'로, **can be said to**를 '~말해질 수 있다'로 처리했는데,

전형적인 수동태의 남용이라 할 수 있다. 수동문장은 능동으로 전환하는 것이 좋다는 번역원칙에 따라 '~에 관심을 가지다'와 '~말할 수 있다'로 처리하는 것이 좋다.

7. to exist in a society를 '사회에 존재하다'처럼 명사적으로 처리할 것이 아니라, '그런 사회를 ~라 할 수 있다'로 처리하는 것이 좋다. 모범번역이 어떻게 변했는지 잘 살펴보기 바란다.

모범번역

민주주의라는 말은 그리스어에서 유래한 것으로 국민자치를 의미한다. 여태까지 늘 그렇게 사용해 왔듯이 민주주의란 정부가 하는 일에 국민이 직접 참여할 수 있는 정치제도를 뜻한다. 하지만, 가끔 사람들은 민주주의란 말을 모든 국민이 무조건 평등해야 한다거나 특권을 가진 집단이나 계층이 없어야 한다는 식으로 사용하기도 한다.

요즘에 들어서는 경제적인 민주주의라는 말에 상당한 관심을 가지고 있는데, 경제적인 민주주의란 빈부의 격차가 없는 사회를 말한다.

★ to direct를 '감독하다'로 번역하지 않고, 직접 '참여하다'로 번역한다는 것은 아마 획기적이지 않을까? '감독하다'는 말 자체가 이미 민주주의와는 거리가 먼 표현이다. 그리고 direct 자체에도 '직접 책임지고, 직접 참여하다'는 뜻이 있다.

예제 10

Most of our successful slimmers exercise moderately, burning from 1500 to 3000 calories a week, and keep it simple. Walking is the most mentioned activity. That makes sense – no special clothes, no special place to do it and no injuries.

How important is working out in keeping off the weight? Very. But, interestingly, our successful slimmers don't seem to care too much about that anymore. They just like being in shape.

어휘_ exercise 운동, 연습, 훈련, 사용, 과제 moderately 적당히, 알맞게 mention 언급하다, 칭찬하다 keep off 가까이 못 오게 하다, 떼어놓다, 빼다

직역_ 우리의 성공적인 날씬한 사람들 중 대다수는 일주일에 1500에서 3000칼로리까지 소모

하면서 적당히 운동을 하고, 그리고 그것을 간단히 지킨다. 걷기는 가장 권장되는 활동이다. 그것은 이치에 닿는다. — 특별한 옷들도 필요 없고, 그것을 하기 위한 특별한 장소도 필요 없고, 손상도 없다.

몸무게 빼는 것을 유지하면서 밖에서 활동하는 것이 얼마나 중요한가? 매우 중요하다. 그러나 흥미롭게도, 우리의 성공적인 날씬한 사람들은 더 이상의 것에 관해서는 그렇게 많이 주의를 기울이지 않는다. 그들은 단지 본래의 상태로 되는 것을 좋아한다.

해설_ 1. our successful slimmers 다이어트에 성공해 날씬한 몸매를 가진 사람들

2. That makes sense 일리 있는 말이다

3. no injuries 부상을 당할 염려가 없다

4. in keeping off the weight 체중을 줄이면서

5. They just like being in shape.에서 in shape는 '현재의 몸 상태'를 뜻함

모범번역

다이어트에 성공해 날씬한 몸매를 가지고 있는 사람들은 대부분 1주일에 1500에서 3000칼로리 정도를 소모할 수 있도록 적절하게 운동을 하며 몸매를 유지하며, 걷기가 가장 좋은 방법이라고 한다. 걷기는 정말 좋은 방법이다. 특별히 운동복을 준비할 필요도 없고 장소에도 구애받지 않을 뿐만 아니라 부상을 입을 위험도 거의 없기 때문이다.

체중을 줄이는 방법 중에 밖에서 활동하는 것보다 좋은 방법이 있을까? 없다. 한 가지 재미있는 것은 다이어트에 성공한 사람들은 다이어트의 필요성을 더 이상 느끼지 않는다는 사실이다. 그저 현재 상태를 유지하기를 바랄 뿐이라는 것이다.

예제 11

Choose this competition watch. It has all you need, except for a big price-tag! It's tough enough to take the stress of running, swimming, cycling or washing your car. Accurate precision quartz

movement. Stainless steel case and water resistant. Three bright hands, date window, adjustable wristband. Yellow with black, black with red, black with blue.

어휘_ competition 경쟁, 경기 big price-tag 높은 가격의 꼬리표 tough 질긴, 거친, 튼튼한 accurate 정확한 precision 정밀 quartz 초침(秒針) water resistant 방수 hand 손, 시계바늘 adjustable 조절할 수 있는 wristband 손목밴드

직역_ 이 경기용 시계를 선택하세요. 그것은 비싼 가격표를 제외하고는 당신이 필요로 하는 모든 것을 가지고 있습니다. 그것은 달리기, 수영, 사이클 또는 당신 자동차의 세차의 압력을 견딜 만큼 충분히 튼튼합니다. 정확하고 정밀한 초침의 움직임. 스테인리스 스틸 케이스 그리고 방수. 세 개의 밝은 바늘들, 날짜 창, 조절이 가능한 손목 줄. 검으면서 노란색, 빨강이면서 검정색, 파란색이면서 검정색.

해설_ 1. 이 문장은 상품을 선전하는 광고문이기 때문에 상품을 선전하는 목적에 맞게 처리해야 한다.

2. competition은 '경쟁'이란 뜻으로 많이 쓰이지만, '경기, 스포츠, 레저'로 처리하는 것이 좋다.

3. It has all you need, except for a big price-tag! ⇒ 이 문장은 손목시계가 '비싸다'는 인상을 주지 않도록 '큰 가격 꼬리표를 제외하고 ⇒ 가격이 비싼 것 같지만, 가격에 걸맞게 기능이 다양하다'는 식으로 처리하는 것이 좋다.

4. It's tough enough to take the stress of ⇒ '압력을 견딜 만큼 충분히 튼튼하다'보다는 '압력을 거뜬히 견딜 수 있을 정도로 튼튼하다'처럼 표현하는 것이 좋다.

모범번역

멋진 스포츠 레저용 손목시계! 가격에 걸맞게 아주 다양한 기능이 내장되어 있습니다. 달리기, 수영, 사이클을 할 때는 물론이고 세차를 할 때도 견고하고 튼튼해서 그저 그만입니다. 단 1초도 틀리지 않는 초침. 스테인리스 케이스에 완벽한 방수처리, 반짝거리는 세 개의 바늘, 날짜 판, 조절이 쉬운 손목밴드 등 나무랄 것이 없습니다. 검정과 노랑, 빨강과 검정, 파랑과 검정색으로 조화시킨 다양한 색상이 있습니다.

예제 12

Viruses have recently begun to infect software in businesses and homes. Like their biological namesakes, computer viruses are tiny and automatically reproduce themselves, usually by jumping from one infected program to another. Viruses usually get into a computer system by way of noncommercial computer programs, which are given away or sold at low cost at user group meetings.

Computer virus infection can be prevented. Business users, particularly, those on networks, should be banned from using anything other than commercial software. Home computer users, meanwhile, should never copy a noncommercial program onto a hard disk without testing it first.

어휘_ virus 바이러스 infect 감염시키다 biological namesake 생물학적으로 이름이 같은 tiny 작은 reproduce 재생산하다 noncommercial 비상업적인 prevent 막다, 예방하다 ban 금지하다

직역_ 바이러스는 최근 업계와 가정에 있는 소프트웨어를 감염시키기 시작했다. 그들의 생물학적인 같은 이름처럼 컴퓨터바이러스는 작고 그리고 보통 감염된 프로그램으로부터 다른 것으로 점프를 함으로써 자동적으로 자신을 재생산한다. 바이러스는 보통 사용자 집단 모임에서 거저 주거나 또는 낮은 비용에 거래되는 비상업적인 컴퓨터 프로그램을 통해서 컴퓨터 시스템 속으로 온다.

컴퓨터바이러스 감염은 예방되어질 수 있다. 사업용 사용자들 특히 네트워크상에 있는 사람들은 상업적인 소프트웨어 이외의 어떤 것을 사용하는 것으로부터 금지되어져야만 한다. 반면 가정 컴퓨터 사용자들은 그것을 처음 시험하는 것 없이 하드디스크로 비상업적인 프로그램을 결코 복사해서는 안 된다.

해설_ 1. Like their biological namesakes, ⇒ 여기서 namesakes란 '같은 이름'이란 뜻으로 바이러스가 모두 같은 이름을 가지고 있다는 것을 뜻하고, '생물학적인(biological)'이란 말은 '살아서 움직이는 것'을 의미함.

2. Viruses usually get into a computer system by way of noncommercial computer programs, which are given away or sold at low cost at user group meetings. ⇒ 여기서 noncommercial(비상업적인, 비영리적인)이란? 정품으로 판매하는 것이

아니라 컴퓨터 사용자들이 삼삼오오 모여(user group meetings) 거저 주거나(given away) 또는 싼 값에 판매하는(sold at low cost) 비매품 즉 불법복제품을 뜻함.

3. should be banned from using anything other than commercial software ⇒ 여기서 commercial software는 당연히 '상업적인 소프트웨어'가 아니라 '정품 소프트웨어'라는 뜻

모범번역

요즘은 가정이나 직장 할 것 없이 모든 컴퓨터가 바이러스의 공격을 받고 있다. 소프트웨어를 감염시키는 바이러스가 같은 이름이라는 사실만으로도 이 작은 바이러스가 감염된 프로그램에서 다른 프로그램으로 옮겨가 자동 복제된다는 것을 알 수 있다. 바이러스는 통상 컴퓨터 사용자 동호인들이 주고받는 비매품 소프트웨어를 통해 컴퓨터에 들어오게 된다.

하지만, 컴퓨터바이러스는 얼마든지 막을 수 있는데, 사업용 컴퓨터 사용자들, 특히 네트워크를 이용하는 사용자들은 반드시 정품 소프트웨어를 사용하는 것이고, 가정용 컴퓨터를 사용하는 사람들은 비매품 프로그램을 사용하기 전에 항상 바이러스 감염여부를 확인한 뒤 하드디스크에 저장을 하면 된다.

예제 13

One of the most important development of World War Ⅱ was a weapon, not one used against people but rather one used against disease. The wartime use of penicillin was instrumental in saving thousands of lives. For example, in World War Ⅰ, eighteen percent of all deaths in the United States Army were due to pneumonia. In World War Ⅱ, the rate of pneumonia-related deaths fell to less than one percent. In addition, the use of penicillin was critical in keeping wounds from getting infected and in decreasing the recovery time of soldiers with infected wounds.

어휘_ weapon 무기 wartime 전쟁 시기 penicillin 페니실린 항생제 be instrumental 수단이 되다 pneumonia 폐렴 critical 중요한, 결정적인, 비판적인

직역_ 제2차 세계대전의 가장 중요한 발전 중의 하나는 무기였다. 그것은 사람에 대해서 사용되었던 것이 아니라 오히려 질병에 대해서 사용되었다. 그 전쟁 당시의 페니실린 사용은 수천의 생명을 구하는데 수단이 되었다. 예를 들어, 제1차 세계대전에 있어서, 미국 육군에 있어서의 모든 사망의 18퍼센트는 폐렴 때문이었다. 제2차 세계대전에 있어서는 폐렴과 관련된 사망의 비율은 1퍼센트 아래로 떨어졌다. 더욱이, 페니실린의 사용은 감염되는 것으로부터 상처를 지키고 그리고 감염된 상처를 가진 병사들의 회복되는 시간을 줄이는데 있어서 중대한 기여를 했다.

해설_ 1. development는 '발전, 발단, 진전, 진보, 성장' 등으로 많이 쓰이지만 여기서는 '약을 개발하다'로 보아야 한다.

2. not one used against people but rather one used against disease. ⇒ not A but (rather) B구문으로 'A라기 보다는 (오히려, 정확히 말해서) B'라는 뜻이다.

3. instrumental은 '수단이나 동기가 되는'으로 처리하기 보다는 instrumental in으로 '도움이 되다'는 뜻으로 처리하는 것이 좋다.

4. Army는 보통 '육군'으로 처리하게 되지만 여기서는 육군, 해군, 공군의 구분이 없으므로 '군대'로 처리하는 것이 좋다.

5. due to가 부정적인 내용과 관련이 있을 경우는 '~때문에, ~원인이 되어'로 처리하고, 긍정적인 내용과 관련이 있을 경우는 '~덕택에, ~덕분에, ~도움으로' 등으로 처리하는 것이 좋다.

6. fell to less than one percent. ⇒ less than 1은 '1퍼센트보다 적다'이므로 '1퍼센트 미만'으로 처리해야 정확하다. '미만, 초과'는 해당 수를 포함하지 않고, '~이상, ~이하'는 해당 수를 포함한다는 것을 유의해야 한다.

7. critical은 '비평적인, 비판적인, 혹독한, 심각한'으로 많이 쓰이지만, 여기서는 '중대한, 중요한, 막중한'이란 뜻으로 처리해야 정역이다.

모범번역

제2차 세계대전 당시 개발한 중요한 무기 중의 하나는 사람을 헤치는 무기가 아니라 사람을 질병에서 구하는 무기라 할 수 있다. 바로 페니실린을 개발하여 사용함으로써 수천의 생명을 구할 수 있었던 것이다. 예를 들어, 제1차 세계대전 당시만 해도 사망자의 18퍼센트가 폐렴으로 사망을 했지만 2차 세계대전 때는 폐렴으로 사망한 비율이 1퍼센트 미만이었다. 더군다나 페니실린을 사용함으로써 상처가 곪는 것을 막았을 뿐만 아니라 곪은 상처로 고생하는 병사들을 빨리 회복시키는 데도 결정적인 역할을 했다.

예제 14

Music is one of the most accessible of all the arts, but many adults regretfully admit having missed the opportunity to learn to play an instrument when they were young. Children in Britain often have their first practical contact with music at school. However, as with the other arts, it tends to be secondary to core subjects like English, mathematics, science and languages, and it is up to the individual to pursue his or her interest beyond the classroom.

Young people who show an interest in learning an instrument will be encouraged to participate in a school orchestra or band. Those keen to progress will often take additional lessons outside school hours.

Private teachers, as well as those in schools, encourage talented pupils to attend one of the 120 or more music centers in Britain. These hold courses on weekends and during school holidays, and offer an opportunity to play or sing at a higher level in an orchestra, choir or specialized ensemble.

어휘_ accessible 접근할 수 있는, 손에 넣기 쉬운 regretfully 유감으로, 아쉽게 instrument 악기 practical contact 실제적인 접근 core subjects 핵심 과목 encourage 용기를 북돋다 participate 참여하다, 가입하다 private teacher 개인 교사, 과외 교사 as well as 뿐만 아니라 ~도 pupil 학생, 제자 choir 합창단 ensemble 앙상블, 합주단

직역_ 음악은 모든 예술 중에서 가장 접근이 용이한 것 중의 하나이지만, 그러나 많은 성인들은 그들이 젊었을 때 악기를 연주하는 것을 배우는 기회를 잃은 것을 유감으로 인정한다. 영국에 있는 아이들은 종종 학교에서 음악에 그들의 최초의 실제적인 접근을 가진다. 하지만, 다른 예술과 마찬가지로, 그것은 영어, 수학, 과학, 언어처럼 핵심 과목에 대해 부차적인 것이 되는 경향이 있고, 그리고 그것은 교실 밖에서의 남녀의 관심을 추구하는 것은 개인에 달려 있다.

악기 배우는 것에 관심을 보이는 젊은 사람들은 학교의 관현악단 또는 밴드에 가입하도록 장려될 것이다. 진보에 열정적인 사람은 종종 방과 후에 개인적인 지도를 받을

것이다.

학교에 있는 교사뿐만 아니라 개인교사들은 영국에 120개 이상 있는 음악 센터 중의 하나에 재능 있는 제자들을 가입하도록 격려한다. 이러한 곳은 주말과 방학 동안에 과정들을 개설하고 관현악단, 성가대 또는 전문화된 합주단에서 아주 높은 수준으로 연주나 노래를 할 수 있는 기회를 제공한다.

해설_ 1. many adults regretfully admit having missed에서 regretfully admit는 '대단히 아쉬워한다, 아주 후회한다'는 뜻

2. Children in Britain often have their first practical contact with music at school. 여기서 music을 단순히 '음악'이라고 하면, 논리상 문제가 있다. 학교 들어가지 전에도 음악은 얼마든지 접할 수 있기 때문이다. 따라서 '악기를 다루면서 음악을 하는 것'으로 보는 것이 무난하다.

3. However, as with the other arts, it tends to be secondary to core subjects like English, mathematics, science and languages, 여기서 arts도 단순히 '예술'이라기보다는 다른 학과목과 비교되므로 '예능과목'으로 보아야 무난하다.

4. Those keen to progress will often take additional lessons outside school hours. 여기서 keen을 '날카롭다'로 보면 오역. keen to progress는 '아주 열심히 배우다'는 뜻

모범번역

여러 가지 예술 중에서 음악은 가장 손쉽게 접할 수 있는 것이긴 하지만 실은 성인들은 대다수가 어릴 적에 악기 연주하는 것을 배우지 못한 것을 아쉬워한다. 영국 아이들은 통상 학교에 입학을 하면서 악기로 음악을 처음으로 연주하게 되는데 다른 예능과목과 마찬가지로 음악도 영어, 수학, 과학, 언어 등 주요 과목에 비해 덜 중요하게 생각하기 때문에 주로 학교 밖에서 개별적으로 배우는 것이 보통이다.

물론, 악기 연주에 관심을 보이는 학생들은 학교의 오케스트라나 밴드부에 가입하여 배울 수도 있고 방과 후에 추가로 개인 교습을 받기도 한다.

학교 교사뿐만 아니라 개인 교사도 재능 있는 아이들은 영국에 있는 120여 개의 음악원에 가서 배울 것을 권유한다. 이런 음악원은 주말과 방학 중에 수강할 수 있는 오케스트라, 성가대, 전문합주과정 등을 개설하여 상당히 높은 수준의 연주와 노래를 가르친다.

예제 15

Interest in modern fingerprint identification dates from 1880. An Englishman, Henry Faulds, became interested in the subject through observing fingerprints baked into the surface of pottery and conceived a method of taking finger impressions with printer's ink. That method is essentially used today. The idea of identifying criminals by their fingerprints was also anticipated at that time.

Research indicated that identical fingerprints are not inherited. Thus, no two sets of fingerprints are ever exactly alike and this provides a unique means of criminal identifications. Many tough cases are broken because the criminal, while attending to other details of his crime, failed to take precautions to conceal the small loops and whorls which eventually gave him away. With modern computer technology, this identification method is both fast and often used as incriminating evidence.

어휘_ fingerprint identification 지문감정 bake 굽다, 굳게 하다 pottery 도자기 conceive 생각하다, 착상하다 finger impression 지문의 표시 identifying criminals 범죄자들 확인하기 anticipate 예상하다, 예견하다 inherit 유전되다 precaution 경계, 사전예방 conceal 감추다, 숨기다 small loops and whorls 작은 동그라미와 유선들 incriminating evidence 유죄를 증명하는 증거

직역_ 현대의 지문감정에 있어서의 관심은 1880년으로 거슬러 올라간다. 영국인인, 헨리 폴즈(Henry Faulds)는 도자기의 표면 속으로 구워진 지문 관찰을 통해 이 문제에 있어서 관심을 가졌고 프린트 잉크로 지문의 흔적을 채취하는 방법을 착상했다. 그 방법은 근본적으로 오늘날 사용된다. 그들의 지문에 의해서 범죄자들을 확인하는 생각은 또한 그 당시에 예견되었다.

연구는 동일한 지문은 유전되지 않는다는 것을 나타냈다. 따라서 두 개의 지문이 정확히 똑같은 것은 없고 이것은 범죄자 확인의 유일한 수단을 제공한다. 많은 흉악범죄들이 그 범죄 때문에 깨어지는데, 그의 범죄의 다른 자세한 것에는 주의를 기울이는 반면, 결국에는 그를 내다버리는 작은 동그라미와 나선형들을 감추기 위한 사전대책을 갖추는데 실패한다. 현대의 컴퓨터 기술과 함께, 이러한 확인방법은 빨라졌을 뿐만 아니라

죄를 증명하는 증거로써 종종 사용되어진다.

해설_ 1. date가 동사로 쓰여 date from으로 나올 경우에는 '언제부터 ~가 시작되다'는 뜻이다.

2. through observing fingerprints baked into the surface of pottery 통상 into가 '~ 안쪽으로'라는 방향성을 나타내는 것이 일반적이지만, 여기서는 '구워진 도자기에 지문이 찍혀 있는 것을 보고'와 같은 뜻이다.

3. That method is essentially used today. 이 문장에서 essentially를 '근본적으로, 기본적으로'로 처리하면 어색하므로, '필수적으로'를 '여전히'로 바꾸어 표현하는 것이 좋다. ⇒ 그 방법은 오늘날도 여전히 사용된다.

4. Research indicated that identical fingerprints are not inherited. 추상명사(연구)가 주어로 올 경우는 늘 주부를 부사적으로 처리하도록 한다. ⇒ 연구는 that 이하를 나타낸다 ⇒ 연구를 보면 that 이하의 사실을 알 수 있다.

5. Many tough cases are broken because the criminal, 여기서 tough cases는 '흉악한 범죄(사건)'를 뜻한다. cases는 '범죄, 사건'으로 많이 쓰인다. are broken(깨어진다)은 '밝혀진다, 발각된다'는 의미로 처리하면 무난하다. the criminal은 '그 범죄'이므로 정관사 the의 의미가 중요한 표현. 즉 지문을 남기고 저지르는 범죄를 말한다.

6. the small loops and whorls는 지문의 생김새를 묘사한 것으로 '그 작은 지문' 정도로 처리하면 무난하다.

7. which eventually gave him away 여기서 him은 범인이므로 '범인을 버린다' 즉, '발각되어 패가망신한다'로 바꾸어 표현할 수 있다.

8. With modern computer technology, ⇒ 이처럼 문장 앞에 오는 with는 좀 더 풀어서 처리하는 것이 좋다. '현대 컴퓨터기술과 함께'를 '현대에는 컴퓨터기술이 발전함으로써'처럼.

모범번역

오늘날 활용하고 있는 지문감정은 1880년부터 시작되었는데, 헨리 폴즈(Henry Faulds)라는 한 영국인이 구운 도자기 표면에 지문이 찍혀 있는 것을 보고 힌트를 얻어 인쇄 잉크로 지문을 채취하는 방법을 고안해 낸 것이다. 물론 요즘도 그 방법을 그대로 사용하고 있고, 그 당시에도 지문으로 범죄자를 가려내는 방법을 생각하기 시작했다.

여러 연구결과들을 보더라도 동일한 지문이 유전되는 경우가 없기 때문에 같은 지문이 있을 수 없으며 지문을 비교해서 얼마든지 범인을 색출할 수가 있다. 흉악범죄를 저지르는 범인들이 온갖 수단을 동원하여 범죄를 저지르지만 이 작은 지문의 흔적을 남기는 바람에 범인으로 체포되어 죗값을 치르기도 한다.

현대에 와서는 컴퓨터 기술이 발전함에 따라 지문 감정은 한층 더 빨리 할 수 있게 되었고, 범죄를 증명하는 증거로 흔히 이용되고 있다.

예제 16

Human environmental destruction has halted the approach of new ice age and will mean a warmer global climate. Among the possible consequences, Professor David G. Bridges believes, will be a shrinking of the Great Lakes and inland waters, a northward shift of the agricultural belt into Canada, and a melting of glacial ice that could raise ocean levels. A future increase of atmospheric carbon dioxide, caused by the burning of coal, oil, and gas, will be an overwhelming weather influence. The effect of this use of fossil fuels will be a drier Midwest climate with great effects on agriculture, commerce, and recreation.

어휘_ environmental destruction 환경파괴 halt 정지시키다 warmer global climate 더 따뜻한 지구 기후 consequence 결과 shrink 움츠리다, 줄어들다 agricultural belt 농경지 선 melt 용해하다 glacial ice 빙하 overwhelming 압도적인 fossil fuels 화석연료 agriculture, commerce, and recreation 농업, 상업, 휴양

직역_ 인간의 환경파괴는 새로운 빙하시대의 접근을 중지시켰고 더 따뜻한 지구 기후를 의미할 것이다. 데이비드 지. 브리지 교수는 가능한 결과들 중에는 5대호와 내륙 호수들이 줄어들 것이라는 것, 캐나다 쪽으로의 농경지의 북쪽으로 이동, 그리고 대양의 수위를 올릴 수 있는 빙하의 용해를 믿는다. 석탄, 석유, 그리고 가스를 태움으로써 야기되는 대기 중의 이산화탄소의 미래의 증가는 압도적인 기후 영향이 될 것이다. 이러한 화석 연료들의 사용의 영향은 농업, 상업, 그리고 휴양에 대한 대단한 영향과 함께 중서부의 기후가 건조하게 될 것이다.

해설_ 1. the approach of new ice age and will mean a warmer global climate. 여기서

and는 단순히 '그리고'와 같은 뜻이 아니라 '~함과 동시에, ~하는 한편'과 같은 뜻이라 볼 수 있다.

2. Professor David G. Bridges believes, will be a shrinking of the Great Lakes and inland waters, a northward shift of the agricultural belt into Canada, and a melting of glacial ice that could raise ocean levels. 이 문장의 believes의 목적어는 이하 구문 전체 즉, will be shrinking~ / ~a northward shift of~ / a melting of~다.

3. will be an overwhelming weather influence. 압도적인 기후 영향이 될 것이다 ⇒ 기후에 큰 영향을 미칠 것이다

모범번역

인간이 환경을 파괴함으로써 새로운 빙하시대는 올 가능성이 거의 없어진 반면 지구의 기후는 더욱 더워질 것이다. 지구의 온도가 높아지면 바로 감지할 수 있는 현상으로는 5대호와 내륙 호수들의 물이 줄어들고 캐나다의 농경지가 북쪽으로 이동하고 빙하가 녹아 해수면이 높아지는 것 등이 될 수 있다고 데이비드 지 브리지(David G. Bridges) 교수는 말한다. 또한 석탄, 석유, 가스를 계속 태우게 되면 대기 중에 이산화탄소의 양이 증가하게 되고 그로 인해 기후가 상당한 영향을 받을 것이고 이러한 화석연료의 사용으로 인한 영향은 농업, 상업, 휴양산업에까지 미칠 것이며 미드웨스트(Midwest)지역을 더욱 건조하게 할 것이다.

예제 17

Clay is a material that has the fundamental characteristic of becoming plastic when moist so that it can be modeled or molded, like mud. Clay hardens when allowed to dry in the air, but can still be softened again with water. Heat changes the nature of clay, however, so that it becomes rigid and stony. This change is almost irreversible when the clay is baked above a temperature of 600° centigrade. Throughout history, people have exploited these qualities of clay to make bricks, pottery, and porcelain.

어휘_ clay 점토 fundamental characteristic 기본적인 성질 plastic 소성, 플라스틱, 조형성 moist 습한, 물기가 있는, 촉촉한 model 모양을 만들다 mold 틀에 넣어 만들다, 형성하다 mud 진흙 rigid 딱딱한 stony 돌 같은 irreversible 변경할 수 없는, 거꾸로 할 수 없는 centigrade 섭씨 exploit 이용하다, 활용하다 brick 벽돌 porcelain 자기

직역_ 점토는 습할 때 소성(어떤 모양을 만들었을 때 그 모양을 그대로 유지하는 성질)이 있게 되어 진흙처럼 어떤 형체로 만들어질 수 있게 되거나 틀에 넣어져 만들어질 수 있는 기본적인 성질을 가지고 있는 물질이다. 점토는 공기 중에 마르도록 허락될 때 딱딱해진다. 하지만 여전히 다시 물과 함께 하면 부드럽게 된다. 열은 점토의 성질을 변화시킨다. 하지만, 그래서 그것은 딱딱해지고 돌 같이 된다. 이러한 변화는 점토가 섭씨 600도씨 이상에서 구워질 때 거의 거꾸로 할 수 없다. 전 역사에 걸쳐서, 사람들은 벽돌, 도기, 그리고 자기를 만들기 위하여 이러한 점토의 특질을 활용해왔다.

해설_ 1. Clay is a material that ~ like mud.에서 Clay에 '찰흙'이라는 뜻도 있지만 여기서는 '점토'로 처리하는 것이 좋다.

2. ~ it can be modeled or molded 여기서 model은 '주물러서 어떤 형태로 만들다'는 뜻이고, mold는 '틀에 넣어서 특정한 모양으로 만들다'는 뜻이다.

3. This change is almost irreversible 여기서 '이 변화는 변경이 불가능하다 ⇒ 이때 한번 변하면 되돌릴 수가 없다'는 뜻으로 점토를 고온에서 구우면, 규소나 철 성분 등이 녹아내려 마치 돌처럼 딱딱해져 버리는 성질을 말한다. 집을 지을 때 돌처럼 딱딱한 벽돌도 점토를 구워 만든 것.

모범번역

점토는 물을 섞으면 진흙처럼 부드럽게 되어 어떤 것을 손으로 만들 수도 있고 틀에 넣어서 특정한 형태를 만들 수 있는 흙이다. 점토에 습기가 없으면 말라서 딱딱하게 되지만 다시 물을 섞으면 부드러운 진흙처럼 변하게 된다. 또한 점토에 열을 가하면 돌과 같이 딱딱한 물질로 변하는데, 섭씨 600도 이상으로 점토를 가열하면 완전히 다른 물질이 된다. 인류는 오래전부터 이러한 점토의 성질을 이용하여 벽돌, 질그릇, 도자기 등을 만들어 이용해 왔다.

예제 18

It is generally understood that a ballad is a song that tells a story, but a folk song is not so easily defined. A ballad is a folk song, but a folk song is not a ballad unless it tells a story. Folk song, then, has come to be the inclusive word, covering many varieties of music.

For instance, the chanty, a sailor's song of the sea, is a folk song. A spiritual is a religious folk song. The blues, a predominately melancholy type of jazz popular in New Orleans, may be a folk song. In fact, there are folk songs for every occupation – railroading, herding cattle, and so on. To be considered genuine traditional folk songs, they must have oral transmission, continuity, variation, and selection.

어휘_ ballad 발라드 folk song 포크송 define 정의하다 unless ~하지 않는 이상 inclusive word 포괄적인 단어 chanty 첸티(뱃노래의 일종) spiritual 정신적인, 영가(靈歌) blues 블루스 predominately 두드러지게 melancholy 우울한 occupation 직업 railroading 철도업 herding cattle 소몰이 genuine 순수한 oral transmission 구전 continuity 연속성 variation 변화성 selection 선택성

직역_ 발라드가 이야기를 말해주는 노래로 일반적으로 이해되고 있지만, 포크송은 그렇게 쉽게 정의되지 않는다. 발라드는 포크송이지만, 포크송은 그것이 이야기를 말해주지 않는 이상 발라드가 아니다. 그래서 포크송은 많은 다양한 음악을 포함하는 포괄적인 단어가 되게 되었다. 예를 들어, 바다의 선원들의 노래인 첸티는 포크송이다. 영가는 종교적인 포크송이다. 뉴올리언스에서 두드러지게 대중화된 우울한 유형의 재즈인 블루스는 포크송이 될 수도 있다. 사실, 모든 직업에 대해서 포크송이 있다 — 철도업, 소몰이, 기타 등등. 순수한 전통적인 포크송으로 간주되기 위해서는 그들은 입으로 전달, 연속성, 변화성, 그리고 선택성을 가져야만 한다.

해설_ 1. 이 문장의 키워드는 포크송이므로 '포크송'이라는 음악 장르를 염두에 두고 영문을 보면 전체내용을 쉽게 이해할 수 있다.

2. It is generally understood that a ballad is a song that tells a story, ⇒ It ~ that 구문은 it과 that 사이의 말을 강조하는 표현이므로, generally understood를 강조된 표현으로 잘 처리해야 하는데, '일반적으로 이해된다' 정도가 아니라 '누구나 다 알고 있는 사실이다'와 같은 어감(語感)을 가진 표현이다.

3. A spiritual is a religious folk song. ⇒ 여기서 spiritual을 형용사로 보면 뒤에 명사를 빼먹은 오타로 보일 수 있지만, spiritual은 명사로 '영가(靈歌)'라는 뜻이 있음에 유의.

4. – railroading, herding cattle, and so on ⇒ cattle을 일반적으로 '소'로 보지만, 포괄적인 의미인 '가축'으로 많이 쓰인다는 점에 유의.

5. they must have oral transmission, continuity, variation, and selection. ⇒ 이 문장처럼 〈have + 명사〉구조로 된 표현을 직역하면 '명사를 가지다'와 같은 표현이 되어, 한국어 표현이 자연스럽지 않기 때문에 명사인 oral transmission, continuity, variation, selection을 모두 동사, 형용사로 바꾸어 번역하는 것이 원칙. 그리고 추상명사를 구체적으로 표현하는 것이 중요한데, 여기서 variation은 단순한 '변화'가 아니라 '변화 발전되다'는 뜻이고 selection은 단순한 '선택'이 아니라 '취사선택되어 정선된 음악'이라는 뜻

모범번역

발라드(ballad)가 어떤 스토리를 담고 있는 노래라는 것은 누구나 다 알고 있지만, 포크송(folk song)을 정확하게 정의할 수 있는 사람은 드문데, 발라드는 포크송이라고 할 수 있지만 어떤 줄거리가 없는 포크송은 발라드라고 할 수 없기 때문이기도 하다. 따라서 포크송이 좀 더 다양한 형태의 음악을 포함하는 말이라 할 수 있다. 예를 들어, 선원들이 부르는 뱃노래인 '첸티(chanty)'도 포크송이고, 흑인 영가도 종교적인 포크송이며, 뉴올리언스(New Orleans) 지방에서 유행한 우울한 재즈인 블루스 또한 포크송이라 할 수 있다. 사실 철도원, 가축몰이 등 여러 직업에 종사하는 사람들마다 그 직업 나름대로의 포크송이 있다. 하지만, 진정한 의미에서 전통적인 포크송으로 인정받기 위해서는 그 노래들이 지속적으로 구전되고 변화 발전되면서 정선된 것이어야 한다.

예제 19

A birthstone is a gem that is a symbol of the month of a person's birth. Many ancient people believed that birthstones brought good luck to the wearers and also influenced their personalities. The fortune-tellers of the Middle Ages selected a gem for each month and told people that wearing these stones would keep them from harm.

The modern beliefs about birthstones are thought to have originated in Poland in the 1700's. These beliefs spread to other European countries and to the United States. Most people now do

not believe that birthstones affect the wearer's life, but many people still choose their birthstones to be set in rings, brooches, and other pieces of jewelry.

어휘_ birthstone 탄생석(誕生石) gem 보석 wearer 소지한 사람 personalities 인격, 품성 fortune-teller 점쟁이 rings 반지 brooches 브로치 jewelry 보석류

직역_ 탄생석은 한 사람의 태어난 달을 상징하는 보석이다. 많은 고대 사람들은 탄생석은 지니는 사람들에게 행운을 가져다 줬고 또한 그들의 인격에 영향을 줬다고 믿었다. 중세시대의 미래를 예측하는 사람들은 각 달(月)의 보석을 선택했고 그러한 돌을 지니고 다니는 것은 해로움으로부터 그들을 지킨다고 사람들에게 말했다.

탄생석에 대한 현대적인 믿음들은 1700년대에 폴란드에서 시작되었던 것으로 생각되어진다. 이러한 믿음들은 다른 유럽 국가들과 미국으로 확산되었다. 많은 사람들은 이제 탄생석이 지니고 다니는 사람의 삶에 영향을 준다고 믿지 않지만, 그러나 많은 사람은 여전히 반지, 브로치, 그리고 다른 보석류들에 박기 위해 그들의 탄생석을 선택한다.

해설_ 1. and also influence their personalities ⇒ 여기서 personalities를 '인격, 개성' 등으로 보아서는 안 되고 birthstone(탄생석)을 감안해서 '품격'으로 보는 것이 좋다.

2. that wearing these stones would keep them from harm ⇒ 이 돌을 소지하는 것은 해로부터 그들을 지켜 줄 것이다 ⇒ 탄생석을 소지하면 악을 물리칠 수 있다고

3. The modern beliefs about birthstones are thought to ⇒ '현대적인 믿음은'으로 처리하기보다는 '오늘날 탄생석에 그 의미를 부여하고 있는 것은'으로 하는 것이 좋다. 오늘날 월별 탄생석과 의미는 다음과 같다. 1월 가넷(Garnet) ⇒ 사랑, 진실, 정조 / 2월 자수정(Ametheyst) ⇒ 정조, 성실, 평화 / 3월 애쿼머린(Aquamarine) ⇒ 침착, 총명, 용감 / 4월 다이아몬드(Diamond) ⇒ 영원한 사랑, 불변, 행복 / 5월 에메랄드(Emerald) ⇒ 행복, 행운 / 6월 진주(Pearl) ⇒ 건강, 장부의 권위 / 7월 루비(Rubi) ⇒ 열정, 소원성취 / 8월 페리도트(Peridot) ⇒ 지혜, 부부의 행복 / 9월 사파이어(Sapphire) ⇒ 자애, 성실, 덕망 / 10월 오팔(Opal) ⇒ 희망, 순결 / 11월 토파즈(Topaz) ⇒ 우정, 인내, 결백 / 12월 터키석(Turquoise) ⇒ 성공

4. people still choose their birthstones to be set in rings, brooches, and other pieces of jewelry ⇒ 여기서 to be set은 '세팅하다'는 뜻이므로 '반지나 브로치, 다른 장신구에 장식용으로 많이 사용한다'로 처리하면 된다. 여기서 jewelry를 '보석'으로 처리하면 오역이다. '보석류에다 탄생석을 세팅해서'가지고 다닐 수는 없기 때문이다.

모범번역

탄생석이란 그달 태어난 사람을 상징하는 보석을 말하는 것으로, 옛날 사람들은 탄생석을 가지고 다니면 행운이 온다고 생각하기도 했고 품격이 있는 것으로 생각했다. 또한 중세시대의 점성가들은 매달 그달의 탄생석을 정해놓고 탄생석을 소지하면 불행을 막을 것이라고도 했다.

1700년대부터 폴란드 사람들이 제일 먼저 오늘날과 같은 탄생석의 의미를 부여하기 시작했고 그것은 유럽의 다른 나라들과 미국으로 확산되었다. 요즘 사람들은 대다수가 탄생석을 소지한다고 해서 인생을 바꿀 수 있다고 생각하지는 않지만, 많은 사람들이 반지나 브로치, 다른 장신구를 탄생석으로 장식하는 것은 여전하다.

예제 20

Generally, people tend to associate military forces with war and aggression. They feel that the build-up of arms and the pursuit of higher technology in weaponry will only encourage future death and destruction. While to a certain degree this may be true, the other side of the coin is that military forces perform many necessary peace time missions, and that society has reaped much from technology developed through military research.

어휘_ tend to ~하는 경향이 있다 associate with 관련 짓다 military force 군사력 aggression 침략 pursuit 추구, 지향 weaponry 무기류 destruction 파괴 to a certain degree 어느 정도, 일부분 mission 임무, 의무 reap 베다, 수확하다, 거둬들이다

직역_ 일반적으로, 사람들은 군사력을 전쟁과 침략과 관련 짓는 경향이 있다. 그들은 무기의 확립과 무기류에 있어서 높은 기술의 추구가 단지 미래의 죽음과 파괴를 촉진할 것이라고 느낀다. 어느 정도까지는 이것이 사실이긴 하지만 동전의 다른 면은 군사력은 많은 필요한 평화 시의 임무를 수행한다는 것이고, 사회가 군사적 연구를 통해 개발된 기술로부터 많은 것을 얻고 있다는 것이다.

해설_ 1. people tend to associate~, aggression. They fell that the~ ⇒ 여기서 They는 앞에 있는 주어 people을 뜻하므로 주어를 반복해서 두 문장으로 처리하기보다는 두 문장을 한 문장으로 처리하는 것이 바람직하다.

2. the build-up of arms and the pursuit of higher technology in weaponry will only encourage future death and destruction ⇒ 여기서 the build-up of arms는 '무기체계 확립 또는 군비증강'이란 뜻이고, the pursuit of higher technology in weaponry는 '무기체계를 첨단기술화하다'는 뜻으로 보면 무난하다. only encourage~에서 encourage 다음에 부정적인 death and destruction이 나오므로, encourage도 부정적인 의미인 '초래하다'로 처리하는 것이 좋다.

3. the other side of the coin ⇒ '한편, 다른 관점에서 보면'과 같은 뜻

4. perform many necessary peace time missions(평화 시의 많은 필요한 임무) ⇒ 대형화재, 붕괴참사, 지진, 화산폭발 등 재난 시 활동과 기후, 기상관측, 바다 수자원, 생태계보호 등과 같은 활동을 뜻한다.

모범번역

"군사력"이라고 하면, 사람들은 보통 전쟁이나 침략을 생각하는 경향이 있고, 군비를 증강하거나 무기를 첨단화하면 할수록 살상과 파괴만 늘어날 것이라고 본다. 물론 어느 정도까지는 이 말이 사실이지만, 좋은 점도 많다. 왜냐하면 평화 시에도 군사력은 좋은 일들을 많이 수행하고 있고 군사력을 증강하기 위한 기술연구를 통해 사회도 발전되기 때문이다.

예제 21

Today researchers follow bird movements primarily by banding more than a million creatures annually. Some birds are equipped with radio transmitters to keep track of migrating flocks.

What gives the birds their overpowering urge to go? Most migrate to find food, rather than to escape the cold. When bird feeders became prevalent in northern American cities, the winter range of house finches and cardinals expanded, which suggests that even winter can't drive off some birds if they have enough to eat.

Another reason is light. Birds may need extra daylight to rear their young or to protect themselves from night-stalking predators.

어휘_ banding 끈으로 묶음 creatures 생물체 equip 장치를 하다 radio transmitters 무선전신장치 track 경로 migrating flocks 이동하는 무리들 overpowering urge 강한 충동 escape 탈출하다, 벗어나다 feeder 먹이, 먹이를 주는 사람 prevalent 유행하는, 널리 퍼져 있는 range 범위, 범주 house finch 집 참새 cardinal 홍관조 drive off 쫓아내다 extra daylight 여분의 빛, 추가적인 빛 rear 기르다 night-stalking predator 밤에 활동하는 포식자

직역_ 오늘날 연구가들은 연간 백만 종 이상의 생물체에 띠를 묶음으로써 주로 새의 이동을 추적한다. 이떤 새들은 이동하는 무리들의 경로를 지키기 위해 무선전신기로 장치되어 있다.

무엇이 새들로 하여금 그들의 가고자 하는 강한 충동을 주는가? 대부분의 이동은 추위를 벗어나기 위해서라기보다는 오히려 먹이를 찾기 위해서다. 새 먹이들이 북 아메리카 도시들에 널리 퍼져있게 될 때 집 참새와 홍관조의 겨울철 활동범주는 확대된다. 이것은 만약 그들이 먹을 것이 충분하다면 심지어 겨울조차 어떤 새들을 쫓아낼 수 없다는 것을 암시한다. 또 다른 이유는 빛이다. 새들은 그들의 새끼를 기르기 위해서 또는 밤에 추적하는 포식자들로부터 자신을 보호하기 위해 여분의 햇빛이 필요할 수도 있다.

해설_ 1. Today researchers follow bird movements primarily by banding more than a million creatures annually. ⇒ 여기서 creatures는 '생물체'보다는 '동물'로 번역해도 무난함.

2. When bird feeders became prevalent in northern American cities, ⇒ 여기서 When은 '때, 시간'보다는 case를 뜻함.

3. the winter range of house finches and cardinals expanded, which suggests that even winter can't drive off some birds if they have enough to eat. ⇒ winter range는 월동지역의 범위, that 이하 문장은 bird를 주어로 삼아 처리하는 것이 좋다.

4. Another reason is light. Birds may need extra daylight to rear their young or to protect themselves from night-stalking predators. ⇒ 여기서 light나 extra daylight는 night-stalking predators(야행성 포식자)를 염두에 두고 생각하는 것이 바람직하다. 야행성 포식자로부터 자신을 보호할 수 있는 조건은 밤이 짧고 낮이 긴 것이라 할 수 있다. '여분의 햇빛(extra daylight)'은 낮이 더 긴 것을 암시한다고 볼 수 있다. 밤에 좀 더 밝은 지역으로 새들이 이동한다는 논리로 보기에는 무리가 있다.

모범번역

요즘 연구가들은 매년 백만 종 이상의 동물을 추적할 때 주로 식별 띠를 이용한다. 물론 이동하는 무리를 추적하기 위해 무선 추적 장치를 달기도 한다.

과연 새들이 그렇게 이동하는 이유는 뭘까? 추위를 피해 이동한다고 생각하는 경우가 많지만 실은 먹이를 찾아서 이동한다고 한다. 집 참새와 홍관조만 하더라도 북아메리카 도시들에 먹이가 많으면 그 도시까지 이동하는 것으로 밝혀졌다. 다시 말해 북아메리카가 아무리 추워도 먹이가 있다면 이러한 새들이 그곳으로 이동한다는 사실을 말해준다. 새들이 이동하는 또 다른 이유는 낮의 길이다. 새들은 새끼를 기르기 위해서나 야행성 포식자들에게 잡아먹히지 않기 위해서라도 밤보다 낮이 긴 지방으로 이동한다는 것이다.

예제 22

Another medical technique that has recently become popular is hypnosis. In sleep, a loss of awareness occurs : in hypnosis there is a highly concentrated but relaxed awareness, which can be like daydreaming. When used as hypnoanesthesia, hypnosis does not stop the pain process : rather, the perception of the pain is altered. Only patients who are able to experience deep hypnosis, about one quarter of the population, are appropriate for this technique in surgery. Hypnosis often provides very ill patients with relief they can no longer obtain from drugs or surgery.

어휘_ medical technique 의학적 기술 become popular 대중화되다, 인기를 얻다 hypnosis 최면술 awareness 의식 concentrate 집중하다 relax 완화하다, 풀리다 daydreaming 백일몽 hypnoanesthesia 최면 pain process 고통 과정 perception 인식 alter 바뀌다 quarter of population 인구의 1/4 be appropriate 적당하다, 적합하다 surgery 수술 relief 구원, 안심 can no longer obtain 더 이상 얻을 수 없다

직역_ 최근의 인기를 얻게 된 또 다른 의학기술은 최면술이다. 잠을 잘 때, 의식의 발현은 없다.: 최면 상태에서는 높게 집중되어 있지만 완화된 의식이다. 그것은 백일몽과 같이 될

수 있다. 최면으로써 사용될 때 최면술은 고통 과정을 멈추지는 않는다.: 오히려, 고통의 인식이 변경된다. 깊은 최면을 경험할 수 있는 환자들만이, 인구의 1 / 4정도 되는, 수술에서 이 기술이 적합하다. 최면술은 몹시 아픈 환자에게 종종 그들이 약물 또는 수술로부터는 더 이상 얻을 것이 없게 될 때 안심을 제공한다.

해설_ 1. When used as hypnoanesthesia, hypnosis does not stop the pain process : rather, the perception of the pain is altered. ⇒ 이 문장에서 hypnoanesthesia는 '최면'이란 뜻이 아니라 '최면술을 이용한 마취'라는 뜻으로 hypnosis(최면, 최면술)와 다른 뜻이다. the pain process를 does not stop한다는 것은, '고통을 멈추게 하지 않는다'는 뜻이고, the perception of the pain is altered는 '고통스럽다는 인식이 다른 생각으로 교체된다(is altered)'는 뜻으로 '고통을 느끼지 못하도록 다른 생각을 하게 만든다.'는 뜻

2. are appropriate for this technique in surgery ⇒ 이 문장에서 surgery는 '외과수술'로 보아도 되지만, they can no longer obtain from drugs or surgery에서 surgery는 고통을 줄일 수 있는 '약물과 00'에 해당되므로, '외과적 처치 기술' 즉 마취주사와 같은 것을 뜻한다고 볼 수 있다.

모범번역

최근에 인기를 끌고 있는 의학기술이라면 최면술을 들 수 있다. 잠을 잘 때는 무의식 상태인 반면 최면 상태가 되면 편안하면서도 집중력은 높다. 몽롱한 상태에서 꿈을 꾸고 있는 상태와 비슷하다. 최면술을 마취하는 방법으로 사용하면 고통자체를 없앨 수는 없지만 다른 생각을 하게 함으로써 고통을 줄일 수 있다. 사람들 중에서 약 25%만이 깊은 최면에 빠질 수가 있는데 이런 사람들은 수술을 할 때 최면술을 유용하게 쓸 수 있다. 약물이나 외과적 처치로는 더 이상 고통을 줄일 수 없는 중환자에게 최면술은 아주 편안한 치료술이 될 수 있다.

예제 23

Many engineers, sitting at desks and making precise designs on paper is no longer necessary. Instead, they can use computer terminals to create infinitely more complex designs. These engineers are taking advantage of a rapidly emerging electronic data procession

technology called computer graphics.

Computer graphics have been used to test various designs of cars, planes, even buildings. Corporate executives have turned to computer graphics to convert financial data into charts and graphs. Even film animators have begun to use computer graphics to create special effects or test colors by pushing a button.

어휘_ precise 정밀한, 정확한, 세밀한 computer terminal 컴퓨터 단말기 infinitely more complex 훨씬 더 복잡한 advantage 편리, 이점, 장점 rapidly 신속하게 emerge 나타나다, 등장시키다 electronic data procession technology 전자 데이터 처리기법 computer graphics 컴퓨터그래픽 corporate executive 회사 행정관, 회사 경영진 convert 전환하다 financial data 재정적인 자료 chart 차트 film animator 애니메이션 영화제작자 special effects 특수효과 push button 버튼을 누르다

직역_ 책상에 앉아서 종이 위에 정밀한 도안을 만드는 많은 공학자들은 더 이상 그럴 필요가 없다. 대신, 그들은 훨씬 더 복잡한 도안을 창안하기 위해 컴퓨터 단말기를 사용할 수 있다. 이러한 공학자들은 컴퓨터그래픽으로 불리는 전자데이터 처리기법을 신속하게 등장시켜주는 편리함을 가지고 있다.

컴퓨터그래픽은 자동차, 비행기, 심지어 건물들의 다양한 도안을 시험하는데 사용되어져 왔다. 회사 행정관들은 재정적인 자료를 차트와 그래프로 전환하기 위해 컴퓨터그래픽으로 돌아섰다. 심지어 만화영화 제작자들도 하나의 단추를 누름으로써 특수효과를 창출하거나 색깔을 시험하기 위해 컴퓨터그래픽을 사용하기 시작했다.

해설_ 1. and making precise design on paper is~에서 making precise design은 '꼼꼼하게 디자인하다, 일일이 손으로 디자인을 하다'는 뜻

2. computer terminals는 '컴퓨터 단말기'라는 말로, 그냥 '컴퓨터'라고 해도 무난하다.

3. are taking advantage of~의 take advantage of는 관용구로 '~을 이용하다'는 뜻

4. corporate executives 회사의 행정관 즉, 회사원

5. financial data 재정적인 데이터 = 재무현황

모범번역

대다수의 엔지니어들은 이제 책상 위에 종이를 놓고 일일이 디자인을 할 필요가 없게 되었다. 그보다 더 복잡한 디자인도 컴퓨터를 이용해서 디자인할 수 있게 되었는데, 컴퓨터그래픽이라는 전자 데이터 처리 기술을 이용해서 더욱 쉽게 디자인이 가능하게 된 것이다.

이러한 컴퓨터그래픽기술은 자동차, 비행기, 심지어 빌딩을 디자인 할 때 디자인 한 것을 아주 편리하게 테스트해 볼 수 있는 등 다양하게 이용되고 있고, 회사에서도 재무현황 등을 차트와 그래프로 쉽게 나타내어 설명할 수도 있다. 나아가 애니메이션을 만드는 제작자들도 버튼 하나만 누르면 특수효과나 칼라 변경이 가능한 컴퓨터그래픽기술을 이용하기 시작했다.

예제 24

The earth is losing animal and plant species at an alarming rate. In an effort to fight back, government and private agencies often work toward preserving wilderness areas and the creatures that live in them.

Through a program called the Species Survival Plan, or S.S.P., the zoos are exchanging threatened animals in a scientific breeding project designed to increase their populations. Ideally, animals that are bred through the Species Survival Plan are completely unrelated. To come up with such ideal matches, zoo officials check computerized files which contain information on some seven to eight thousand endangered creatures.

어휘_ loss 잃다 species 종(種) alarming rate 놀라운 비율 private agency 개인기관, 민간기관 preserve 보호하다 wilderness areas 야생지역 creatures 피조물, 생물체 exchange 교환하다, 바꾸다 threaten 위협받다 scientific breeding project 과학적인 번식 계획 population 인구, 개체 be unrelated 관계가 없다 ideal matches 이상적인 결합 zoo officials 동물원 직원 information 정보 endangered 위험에 처한

직역_ 지구는 놀라운 비율로 동물과 식물 종들을 잃고 있다. 저항하기 위한 노력으로 정부와

개인 기관들은 종종 야생지역들과 그런 곳에서 살고 있는 생물체들을 보호하기 위해서 일한다.

"종 생존 계획" 또는 S.S.P로 불리는 프로그램을 통해 동물원들은 그들의 개체수를 증가시키기 위해 고안된 과학적인 번식 계획으로 위협받는 동물들을 교환하고 있다. 그 "종 생존 계획"을 통해 길러진 동물들은 이상적이게도 완전하게 관계되지 않았다. 그러한 이상적인 결합을 이루기 위해, 동물원 직원들은 약 7천에서 8천의 위험한 생물들에 관한 정보를 담고 있는 컴퓨터화된 파일들을 체크한다.

해설_ 1. The earth is losing animal and plant species at an alarming rate. ⇒ 이런 문장은 the earth를 주어로 삼을게 아니라 animal plant species를 주어로 삼아 표현하는 것이 원칙 ⇒ 지구상의 동물과 식물들은 놀라울 정도로 빠르게 멸종해가고 있다.

2. In an effort to fight back, ⇒ fight back은 '대항하다, 저항하다'는 뜻이지만, 여기서 는 '대처하다'는 뜻

3. government and private agencies often work toward preserving wilderness areas and the creatures that live in them ⇒ 여기서 often은 강조용법으로 often work = hard work. creatures는 '피조물, 생명체'보다는 '동식물'을 나타낸다.

4. Ideally, animals that are bred through the Species Survival Plan are completely unrelated. ⇒ 여기서 unrelated는 단순한 '관계'가 아니라 '혈연관계가 아닌 = 근친교배관계가 아닌'이란 뜻이다. 근친교배로 태어난 동물은 면역성에 문제가 있어 생존하기가 힘들다.

5. zoo officials check computerized files which contain information ⇒ 여기서 computerized files란 '컴퓨터에 입력해 놓은 자료'를 말한다. which contain information on some seven to eight thousand endangered creatures. ⇒ 여기서 creatures는 동물원에 있는 동물

모범번역

지구에서 살고 있는 동식물들이 빠른 속도로 멸종해 감에 따라 정부와 개별 기관들은 야생 서식지와 그곳에 살고 있는 동식물들을 보호하기 위해 열심히 노력하고 있다.

동물원들은 "종 보존 계획(Species Survival Plan : S.S.P)"이라는 프로그램을 시행하고 있는데, 과학적인 번식방법을 통해 위험에 처한 동물의 개체수를 늘리기 위해 동물들을 서로 교환해가며 교배시키고 있다. 따라서 이러한 방법으로 번식되는 동물들은 근친교배로 인한 문제에서 완전히 벗어날 수 있게 되었다. 동물원 관계자들은 이러한 이상적인 교배를 통해 개체수를 늘리기 위해

약 7천에서 8천에 이르는 위험에 처한 동물들에 대한 정보를 컴퓨터 데이터로 정리해서 관리하고 있다.

예제 25

In the eyes of the consumer, the Swiss watch industry tends to be synonymous with internationally famous wristwatches. However, the Swiss industry also includes wall, table and alarm clocks. This part of the industry began in the 17th century and developed in the Jura mountain region, where the inhabitants, in order to vary their activities, turned increasingly to the iron industry, metal working in particular, and ultimately making church clocks. So it is hardly surprising that they went on to make wall and table clocks, too. The many technical innovations introduced by the wall, table and alarmclocks manufacturers have enabled them to maintain a strong position within Swiss watch industry.

어휘_ consumer 소비자 synonymous 동의어의, 동일하게 보이는 wristwatches 손목시계 inhabitants 거주자 iron industry 철강산업 metal working 금속세공업 technical innovation 기술적인 혁신 introduce 소개하다, 도입하다 manufacturer 제조업자 strong position 강한 위치

직역_ 소비자의 눈에 있어서는, 스위스 시계산업은 국제적으로 유명한 손목시계와 동일하게 보이는 경향이 있다. 하지만, 그 스위스 산업은 또한 벽, 탁자 그리고 알람시계도 포함한다. 그 산업의 이러한 부분은 17세기에 시작되었고 쥐라(Jura) 산악지역에서 발전했는데, 그곳의 주민들은 그들의 활동을 다양화하기 위해서 철강산업, 특히 금속세공업 그리고 궁극적으로 교회 시계를 만드는 것으로 점점 더 바뀌었다. 따라서 그들이 계속 벽시계와 탁상시계 역시 만드는 것은 놀라운 일이 아니다. 벽시계, 탁상시계 그리고 알람시계 제조업자들에 의해서 소개된 많은 기술적 혁신들은 그들을 스위스 시계산업 내에서 강한 위치를 유지하는 것을 가능하게 했다.

해설_ 1. In the eyes of the consumer, the Swiss watch industry tends to be ⇒ 이 문장은 consumer(소비자)를 주어로 삼아 처리하는 것이 원칙.

2. developed in the Jura mountain region ⇒ 여기서 Jura mountain region은 스위스의 쥐라 산맥 고원지대를 말하는 것으로 해발고도가 1,500여 미터나 된다. 본래 임업이 발달했으나 겨울철 노동력을 활용하기 위해 시작한 시계산업이 스위스의 대표산업이 되었다.

모범번역

소비자들은 "스위스(Swiss)"하면 세계적으로 유명한 손목시계를 떠올리기 쉽지만, 스위스 시계산업은 벽시계, 탁상시계, 알람시계로도 유명하다. 이러한 시계산업은 17세기에 스위스의 산악 고원지대인 쥐라(Jura)지방에서 가장 먼저 발달했다. 그 지방 주민들은 노동력을 다양하게 활용하기 위해 철강산업, 특히 금속세공 산업을 발달시키기 시작했는데, 그로 인해 자연히 교회 시계를 제작까지 하게 되었고, 차츰 벽시계와 탁상시계까지 산업분야를 넓혀가게 되었다. 시계제조업자들은 벽시계, 탁상시계, 알람시계 제작기술을 혁신하여 오늘날까지도 이 지역 시계산업은 스위스에서도 가장 경쟁력 있는 산업이 되었다.

예제 26

Babies feel more comfortable around other babies than with strange adults. Babies benefit by being with their fellow infants daily. By the time babies are one-year old, they have to form friendship of a sort.
The above findings, based on an observation of 100 babies aged three months to three years, might prove interesting to working parents who must find day care for their babies. Family care in a private home, with several babies together, is probably the ideal way to care for babies under three.

어휘_ comfortable 편안한 strange adults 낯선 성인 benefit 이로움, 이익 fellow infants 같은 또래의 유아 friendship 우정 finding 발견 base on 기초로 하다 bservation 관찰 working parents 맞벌이 부모

직역_ 아기들은 낯선 어른들과 함께 할 때보다 다른 아기들 주변에 있을 때 더 편안함을 느낀다. 아기들은 매일 그들의 동료 유아들과 있음으로써 이롭다. 아기들이 1세가 될 때까지 그들은 일종의 우정을 형성해야만 한다. 3개월에서 3세가 된 100명의 아기들의 관찰을 토대로 한 위의 발견들은 그들의 아기들을 위한 탁아를 찾아야만 하는 일하는 부모에게 흥미를 확인시켜 줄 수도 있다. 몇 명의 아기들과 함께 하는 개인 가정에서의 가족 보호는 아마도 3세 이하의 아기들을 위해 보호하는 이상적인 방법이다.

해설_ 1. Babies benefit by being with their fellow infants daily. By the time babies are one-year old, they have to form friendship of a sort. ⇒ 이 두 문장에 있는 their나 they를 '그들의, 그들은'으로 처리하면 아주 어색하므로 번역을 생략해야 한다. 미성년자를 지칭하는 their나 they 등은 특히 번역을 생략해야 한다.

2. they have to form friendship of a sort. ⇒ 이 문장은 '아기들이 서로 우정을 형성할 수는 없는 노릇'이므로 어른 관점에서 처리하는 것이 좋다.

3. The above findings, ~ might prove interesting to working parents ⇒ 이 문장의 주어는 parents로 처리하는 것이 좋고, might prove interesting은 '관심을 가지게 하다'와 같은 뜻이다.

4. is probably the ideal way to care ⇒ 여기서 probably는 '아마, 대체로'보다는 '가장 이상적이다'처럼 '가장'에 해당된다.

모범번역

아기들은 낯선 어른들과 함께 있기 보다는 또래와 함께 있을 때가 편안하다고 한다. 따라서 항상 같은 또래 아기들과 함께 놀도록 해주는 것이 좋고 12개월 정도가 되면 친구들과 사이좋게 지낼 수 있어야 한다고 한다. 위와 같은 내용은 3개월에서 세살이 된 아기 100명을 관찰한 결과로, 직장에 다니기 위해서 아기들을 맡겨야 하는 부모들이 알아둘 필요가 있다. 그리고 다른 몇 명의 아이들과 함께 놀 수 있는 개인 가정에서의 탁아가 가장 이상적인 탁아방법이라 할 수 있다.

예제 27

I remember one winter my dad needed firewood and he found a dead tree and sawed it down. In the spring, to his dismay, new shoots sprouted around the trunk. He said, "I thought sure it was dead. The leaves had all dropped in the winter time. It was so cold that twigs snapped as if there were no life in the old tree. But now I see that there was still life at the root." He looked at me and said, "Bob, don't forget this important lesson. Never cut a tree down in the winter time. Never make a negative decision in the low time. Never make your most important decision when you are in your worst mood. Wait. Be patient. The storm will pass. Spring will come."

어휘_ firewood 땔감 saw 톱질하다, 자르다 to one's dismay 놀랍게도 shoot 새싹 sprout 싹이 트다 trunk 나무 가지 twig 작은 가지 snap 뚝 부러지다 important lesson 중요한 교훈 Never 절대 하지 마라 negative decision 부정적인 결정 low 우울한 in worst mood 기분이 가장 나쁜 storm 폭풍

직역_ 나는 아버지가 장작이 필요했고 그리고 그는 죽은 나무를 발견했고 그리고 그것을 잘라 넘어뜨리던 한 겨울을 기억한다. 봄에, 그에게 놀랍게도, 새로운 새싹들이 그 가지 주변에 쏟아났다. "나는 그것이 죽었다고 분명히 생각했다. 그 잎들이 겨울에 모두 떨어졌었다. 마치 그 오래된 나무에는 생명이 없는 것처럼 가지가 부러졌을 정도로 너무 추웠다. 그러나 이제 나는 그 뿌리에 여전히 생명이 있는 것을 본다."고 말했다. 그는 나를 보며 그리고 "밥(Bob), 이 중요한 교훈을 잊지 마라. 겨울에는 결코 나무를 자르지 마라. 결코 우울한 시기에 부정적인 결론을 내리지 마라. 결코 네가 너의 가장 나쁜 기분일 때 너의 가장 중요한 결정을 내리지 마라. 기다려라. 인내해라. 폭풍이 지나갈 것이다. 봄이 올 것이다."라고 말했다.

해설_ 1. my dad needed firewood and he found a dead tree and sawed it down. ⇒ 여기서 and는 '그리고'가 아니라 '그래서 또는 그렇기 때문에'라는 뜻이다. sawed it down은 sawed dead tree down이므로 '죽은 나무를 톱으로 베어 넘어뜨렸다'는 뜻. 죽은 나무의 뿌리 부분만 남겨 놓고 잘라 내었다고 볼 수 있다.

2. to his dismay ⇒ to one's dismay = 놀랍게도, 이상하게도

3. new shoots sprouted around the trunk ⇒ 여기서 trunk는 '가지(=branch)'가 아니라 나무 본체 즉 '밑둥치'를 말한다.

4. It was so cold that twigs snapped as if there were no life in the old tree. ⇒ 이 문장은 so ~ that구문이면서 it ~ that 강조구문으로 볼 수 있다. ⇒ '가지가 말라 뚝뚝 부러질 정도로 너무 추워서 고목이 정말로 죽은 줄 알았다.'와 같은 뜻이 되지만, 추워서 고목이 죽은 것은 아니므로, 실은 "추워서인지는 몰라도 가지가 뚝뚝 부러져서 죽은 고목인줄 알았다"처럼 정리해야 논리가 성립된다.

5. Never cut a tree down in the winter time. Never make a negative decision in the low time. Never make your most important decision when you are in your worst mood. ⇒ 이 세 문장은 모두 Never라는 부정부사로 시작하고 있는데, 논리가 연결되어 있다는 점에 유의한다. most important decision과 worst mood가 모두 소유격 your로 한정되어 있는 것으로 보아 Bob의 심리상태로 보는 것이 좋다.

6. The storm will pass. Spring will come. ⇒ 여기서 storm(폭풍)은 winter와 관련지어 '눈보라(시련)'로 보는 것이 무난함.

모범번역

어느 겨울에 아버지가 땔감이 필요해서 죽은 나무를 잘라 장작을 마련하셨던 적이 있는데, 놀랍게도 봄에 그 나무 밑둥치에서 새싹이 돋아났다. 아버지는 "나뭇잎이 하나도 없고 해서 정말 죽은 나무인줄 알았는데 그게 아니구나. 추워서 그런지 몰라도 가지가 뚝뚝 부러질 정도였으니 죽은 고목인줄 알았지 뭐야. 아직 뿌리는 살아 있는 게로구나."하고 말씀하시고는 나를 보면서 "밥, 잘 보았지? 겨울에 마른 나무를 죽었다고 생각하고 잘라서 안되듯이 낙담하듯 부정적인 결정을 내려서도 안 된단다. 좀 혼란스러울 땐 결정을 미루는 것이 좋아. 참고 더 기다려 보거나. 눈보라가 몰아치고 나면 봄은 항상 오는 법이란다."하고 말씀하셨다.

예제 28

Glass was first made thousands of years ago. In Egypt, people began making glass jewelry and small bottles. They used a mixture of sand and chemicals. Most of today's glass comes from the same

mixture.

Making glass is a little like making hard candy. First, the sand, like sugar in candy, is melted. Then the other chemicals are added. This mixture is heated until it is very hot and syrupy. When the syrup cools, it becomes glass.

People aren't the only glass makers. Sometimes nature also makes glass. When lightning strikes sand, it can create long, thin glass tubes. Volcanoes can also form glass by melting sand and rocks. Years ago, California Indians used glass from volcanoes to make arrowheads, knives and jewelry.

어휘_ glass 유리 jewelry 보석 bottle 병 mixture 혼합물 sand 모래 chemicals 화학품 hard candy 딱딱한 사탕 melt 녹다 syrupy 시럽 lighting strikes 번개가 치다 volcanoes 화산 arrowhead 화살촉 knife 칼

직역_ 유리는 수천 년 전에 처음 만들어졌다. 이집트에서, 사람들은 유리 보석과 작은 병들을 만들기 시작했다. 그들은 모래와 화학품의 혼합물을 사용했다. 오늘날의 대다수의 유리는 그와 같은 혼합물로부터 나온다. 유리를 만드는 것은 딱딱한 사탕을 만드는 것과 거의 같다. 먼저, 사탕에 있는 설탕처럼 모래는 녹여진다. 그런 다음 다른 화학물이 추가된다. 이 혼합물은 그것이 매우 뜨거워져 시럽이 될 때까지 가열된다. 그 시럽이 차게 될 때, 그것은 유리가 된다.

사람만이 단지 유리를 만드는 사람이 아니다. 때때로 자연 또한 유리를 만든다. 번개가 모래에 칠 때, 그것은 길고 가는 유리관들을 창조할 수 있다. 화산도 또한 모래와 바위들을 녹임으로써 유리를 형성할 수 있다. 수년 전, 캘리포니아의 인디언들은 화살촉, 칼들, 보석을 만들기 위해 화산에서 나오는 유리를 사용했다.

해설_ 1. In Egypt, people began making glass jewelry and small bottles. ⇒ 이 문장의 jewelry와 California Indians used glass from volcanoes to make arrowheads, knives and jewelry.의 jewelry는 '보석'이라기보다는 '유리 장신구'로 보는 것이 좋다.

2. Sometimes nature also makes glass. ⇒ 이런 문장도 nature를 주어로 처리하기보다는 부사적으로 처리하는 것이 좋다. 자연도 유리를 만들 수 있다 ⇒ 자연적으로 유리가 만들어지기도 한다.

3. Years ago, California Indians used glass from volcanoes to make arrowheads, knives and jewelry. ⇒ 이 문장에서 Years ago는 너무 막연한 '수년 전'이 된다. 의미상으로 '캘리포니아에서 인디언 고유 양식으로 살고 있는 사람들도 수년 전까지만 해도 ~ 만들었다'와 같은 논리로 보는 것이 무난하다.

모범번역

유리를 만든 것은 수천 년 전부터이고, 이집트 사람들은 유리로 장신구나 작은 병을 만들었는데 모래와 화학약품을 섞어 유리를 만들었다. 물론 오늘날도 대다수 이런 방법을 쓰고 있다. 유리는 만드는 과정은 사탕을 만드는 과정과 비슷한데, 사탕을 만들려면 설탕을 녹여야 하듯 유리를 만들기 위해서도 모래를 녹여야 하고, 그런 다음 화학약품을 섞는다. 이 혼합물을 시럽 상태가 될 때까지 가열했다가 식히면 유리가 되는 것이다.

사람들만 유리를 만들 수 있는 것은 아닌데, 때로는 자연적으로 유리가 만들어지기도 한다. 가령 번개가 모래에 치게 되면 그 열에 의해 모래가 녹아 길고 가는 유리관이 생기는 경우가 그렇고, 화산의 용암이 흘러내리면서 모래와 바위가 녹아 유리가 생기기도 한다. 캘리포니아에 살고 있는 인디언들은 수 년 전까지만 해도 화산에서 나오는 유리를 이용해서 화살촉, 칼, 장신구 등을 만들어 사용했다.

예제 29

The Green movement was not initiated by governments but started at the grass roots of society, and even today it is still individuals who are at the forefront of protecting the environment. The easiest way in which people can contribute to conserving resources and to minimizing waste is to look at the things they throw away themselves. Though millions of trees are cut down each year for newspapers, the majority of these are then discarded, along with vast amounts of aluminum cans. The problem is not how to deal with the waste itself, but how to reduce it.

A number of ways to do this have been suggested, such as recycling paper, cans, oil, etc, but another type of waste comes from the carbon which goes into the atmosphere as a result of the use of fossil fuels for heating homes. Then again there are the fumes from motor vehicles. Everyone can help by cutting down on their own use of various energy-consumptive devices in their homes.

어휘_ Green movement 녹색환경운동 initiate 시작되다 grass roots 풀뿌리 individual 개인 forefront 선두 protecting the environment 환경보호 contribute 기여하다, 헌신하다, 참여하다 conserving resources 자원보호 minimizing waste 쓰레기 최소화 majority 대다수 discard 버리다 vast amounts of 막대한 양의 aluminum cans 알루미늄 캔 deal with 처리하다 reduce 감소시키다 recycling 재생, 재활용 carbon 탄소 atmosphere 대기, 공기 fossil fuels 화석연료 fumes 매연, 배기가스 consumptive devices 소비 장치

직역_ 녹색운동은 정부에 의해서 시작된 것이 아니라 사회의 풀뿌리에서 시작되었고, 그리고 심지어 오늘날 그것은 여전히 환경을 보호하는 선두에 있는 개인들이다. 사람들이 자원을 보호하고 쓰레기를 최소화하는데 기여할 수 있는 가장 쉬운 방법은 그들 스스로가 버리는 물건들을 보는 것이다. 신문을 위해 수백만 그루의 나무들이 매년 베어지고 있지만 이들 중 대다수는 그런 다음 막대한 양의 알루미늄 캔과 함께 버려진다. 문제는 쓰레기 그 자체를 어떻게 처리하느냐가 아니라 그것을 어떻게 줄이느냐 하는 것이다.

종이, 캔, 기름 등을 재생시키는 것과 같이 이러한 것을 하기 위해 여러 가지 방법들이 제기되어 왔지만, 또 다른 유형의 쓰레기가 가정 난방을 위해 화석연료의 사용의 결과로써 대기 속으로 나오는 탄소로부터 나온다. 그러나 또 자동차로부터의 배기가스가 있다. 모든 사람이 그들 자신의 다양한 에너지 사용을 줄임으로써 도움을 줄 수 있다. — 그들의 가정에 있는 소비 장치들.

해설_ 1. The Green movement was not initiated by governments but started at the grass roots of society, ⇒ Green movement는 '녹색운동'으로 해도 되지만, 통상 '환경보호운동'을 뜻한다. at the grass roots of society는 비교법으로 '사회 저변 또는 시민 개개인'이라는 뜻을 내포하고 있다.

2. to minimizing waste is to look at the things they throw away themselves ⇒ 여기서 to look은 막연한 '보다'가 아니라 '살피다, 확인하다, 되돌아보다'는 뜻

3. the majority of these are then discarded, along with vast amounts of

aluminum cans. ⇒ then discarded의 then은 부사로 '그냥, 마구'로 볼 수 있고, along with는 '함께'라는 뜻이지만, '알루미늄 캔을 마구 버리듯이'와 같은 연결어

4. A number of ways to do this have been suggested, such as recycling paper, cans, oil, etc, but another type of waste comes from the carbon ⇒ 이 문장에서 but은 단순한 '하지만, 그러나'가 아니라 앞 문장과 전혀 다른 새로운 국면을 비교하는 연결어이다. '종이, 캔, 기름 등은 재활용함으로써 문제를 어느 정도 해결해 왔지만, 탄소 배출 문제가 새롭게 등장했다.'와 같은 논리이다.

모범번역

녹색환경운동(Green movement)은 원래 정부가 주도적으로 시작한 것이 아니라 시민들이 나서서 벌인 운동으로 지금도 주로 개인들이 환경보호에 앞장서고 있다. 일반인들이 자원을 보존하고 쓰레기를 최소화하는데 가장 쉽게 기여할 수 있는 방법은 자신들이 버리는 물건들을 다시 한 번 생각해 보고 버리는 것이다. 매년 신문용지를 생산하기 위해 수백만 그루의 나무들이 사라지지만 알루미늄 깡통을 마구 버리듯 신문용지도 태반은 그냥 버리고 있는 실정이다. 쓰레기를 어떻게 처리할 것인가 하는 문제보다는 어떻게 쓰레기를 줄일 것인가 하는 문제에 관심을 더 많이 가져야 한다.

그동안 종이, 깡통, 기름 등은 재활용하는 방법 등으로 많이 줄여오고 있지만, 또 다른 문제가 불거지고 있다. 바로 가정에서 난방을 하기 위해 화석연료를 사용하는 과정에서 탄소가 대기 중으로 다량 배출되는 것이다. 물론 자동차 배기가스도 문제다. 이런 문제를 조금이라도 줄이기 위해서 우리가 할 수 있는 일은 가정에서 사용하는 에너지를 최대한 줄이는 일이라 할 수 있다.

예제 30

Dear Abby,

I take the commuter train to and from Boston everyday. Very often there are not enough seats for all the passengers and I have to stand for the 25-minute commute. I ordinarily don't mind standing, except now I am seven months pregnant and it is very uncomfortable for me.

I am writing to you because all the businessmen who take this train hide behind their newspapers and never offer their seat to a woman in my condition, an elderly person or one who is handicapped. These men most likely sit behind a desk all day anyway.

Please print this, Abby, so that these inconsiderate, mannerless men can read it in your column in the Boston Herald on their way to work in the morning. Maybe it will revive the meaning of the word "gentleman."

- Disgusted in Boston.

어휘_ commuter train 통근열차 passenger 승객 commute 통근거리 ordinarily 일반적으로, 보통 don't mind 신경 쓰지 않다 pregnant 임신한 uncomfortable 불편한 businessmen 직장인 hide 숨다 offer 제공하다 condition 조건 handicapped 장애가 있는 behind 뒤에 print 인쇄하다, 게재하다 inconsiderate 인정머리 없는 mannerless 매너가 없는 revive 되살리다

직역_ 친애하는 애비

나는 매일 보스턴에서 여기까지 통근기차를 탑니다. 매우 자주 모든 여행객들을 위한 자리가 충분하지 않아서 나는 25분 통근거리 동안 서 있어야 합니다. 나는 일반적으로 서 있는 것에 상관하지 않습니다. 예외적으로 지금 나는 임신 7개월이고 그것은 나에게 매우 불편합니다. 나는 이 기차에 타는 모든 사업가들이 그들의 신문지 뒤에 숨어서 결코 나의 조건에 있는 여성들에게, 더 나이든 사람 또는 장애자들에게 그들의 자리를 제공하지 않기 때문에 당신에게 글을 씁니다. 이러한 남자들은 어떤 식으로든 하루 종일 책상 뒤에 앉아 있을 것처럼 보입니다.

애비, 제발 이것을 인쇄해 주세요. 그래서 이런 인정 없고, 매너 없는 남자들이 오늘 아침에 그들의 일하러 가는 길에 보스턴 헤럴드에서 당신의 칼럼에 있는 것을 읽게 해 주세요. 아마도 그것은 "신사(Gentleman)"라는 단어의 의미를 되살릴 것입니다.

– 보스턴의 정떨어진 사람

해설_ 1. there are not enough seats for all the passengers ⇒ not enough for는 '충분치 않다'보다는 '모자라다, 부족하다'로 보고, 부족한 정도는 문맥을 보고 적절히 부사로 표현하는 것이 바람직하다.

2. all the businessmen who take this train ⇒ 여기서 businessmen은 '사업가'이기보다는 '샐러리맨 ⇒ 직장인, 회사원'으로 보는 것이 무난함. 이 문장 맨 뒤의 gentleman과 관련 지으

면, '직장 다니는 남자들'을 지칭한다고 볼 수 있다.

3. These men most likely sit behind a desk all day anyway. ⇒ 이 문장은 '책상 뒤에 숨어서 앉아 있는 모습'을 통해 '상당히 소극적이고 별 볼일 없는 직장인 임'을 비꼰다.

4. gentleman을 무조건 '신사'로 처리하는 것은 잘못된 것으로 gentleman에 여러 가지 뜻이 있기 때문에 강조 처리되어(" ") 있다.

모범번역

안녕하세요? 애비 선생님.

저는 매일 보스턴에서 이곳까지 열차를 타고 출근을 하는데, 매일같이 자리가 없어서 25분 동안 서 있어야 합니다만, 서서 가야 한다는 것에는 별로 신경을 쓰지 않는 편입니다. 하지만 지금은 임신 7개월째라서 서 있는 것이 아주 힘이 들어요. 그런데도 출근하는 남자들이 신문으로 얼굴을 가린 채 임신부뿐만 아니라 노약자, 장애인에게 도무지 자리를 양보할 줄을 모른답니다. 그래서 이 편지를 쓰게 되었습니다. 아마 그런 남자들은 회사에서도 구석진 곳에서 있는 둥 마는 둥 하는 사람이겠죠?

이 편지를 꼭 좀 실어 주세요. 그래서 인정머리 없고 매너도 없는 남자들이 오늘 아침에 열차에서 보스턴 헤럴드를 보다가 애비 선생님의 칼럼을 꼭 좀 보게 해 주세요. 남자다운 것이 어떤 것인지 좀 깨닫게요.

- 보스턴에서 실망한 임신부 드림.

예제 31

When tea and coffee were first introduced into Europe in the eighteenth century, there were many discussion for and against their use. Some people said that coffee and tea were poison, and that, if drunk over long periods of time they would kill a person. In Sweden, King Gustav Ⅲ decided to find out whether these claims were true or false. It happened that there were two brothers who were in prison at the time; they had been sentence to die. The king decided to let them live if one of the men agreed to drink several

cups of tea each day and the other, several cups of coffee each day. Both brothers lived many years without any problem of any kind. Because of what was shown in the experiment, Sweden is today one of the countries of the world where much tea and coffee are drunk.

어휘_ introduce 도입하다 discussion 논의, 의논 poison 독, 독약 find out 밝혀내다 whether ~ or ~인지 아닌지 sentence 문장, 선고, 판결 experiment 실험

직역_ 차와 커피가 18세기에 처음 유럽으로 도입이 되었을 때, 그들의 사용에 대한 찬반 논란이 많이 있었다. 어떤 사람들은 커피와 차는 독이라 말했고, 만약 오랜 기간 동안 마실 경우 그들이 사람을 죽일 것이라고 말했다. 스웨덴의 구스타프 3세 왕(King Gustav Ⅲ)은 이 주장들이 사실인지 거짓인지 밝혀내기로 결정을 했다. 그 시기에 교도소에는 우연히 두 형제가 있었다; 그들은 사형을 선고 받았었다. 그 왕은 만약 그들 중 하나가 매일 몇 잔의 차를 마시는 데 동의를 하고 다른 사람은 매일 몇 잔의 커피를 마시는 것에 동의를 하면 그들을 살려 주겠다고 결정했다. 두 형제는 어떤 종류의 어떤 문제도 없이 많은 해를 살았다. 그 실험에서 보인 것 때문에, 스웨덴은 오늘날 많은 차와 커피가 마셔지는 세계의 나라 중의 하나다.

해설_ 1. Some people said that coffee and tea were poison, and that, if drunk~ ⇒ 여기서 and that은 and said that,~이고, they would kill a person.의 they는 tea and coffee를 뜻하지만, person을 주어로 삼아 표현하는 것이 원칙.

2. It happened that there were two brothers who were in prison at the time; they had been sentence to die. ⇒ it happened that은 '우연히 that 이하였다'는 표현이고, 세미콜론(;)으로 연결된 두 문장은 한 문장으로 처리하는 것이 바람직하다. 항상 그런 것은 아니지만 콜론(:)은 전후 문장이 동격임을, 세미콜론(;)은 전후 문장이 주문장과 보충설명 문장 관계를 이룬다.

3. without any problem of any kind. ⇒ 여기서 any를 반복해서 사용한 것은 강조용법의 일종. '전혀 탈이 없었다.'와 같은 표현이다.

모범번역

18세기에 처음으로 차와 커피가 유럽에 소개되었을 때만 해도 차와 커피의 유해성에 관한 찬반 논쟁이 심했다. 어떤 사람들은 차와 커피에는 독성이 있으므로 장기간 마실 경우, 죽을 수도 있다고도 말했다. 스웨덴 국왕 구스타프 3세(King GustavⅢ)는 이런 주장들이 사실인지 아닌지를 검증하기 위해 당시 사형선고를 받고 교도소에 갇혀 있던 형제 죄수 중 한 사람에게는 차를, 한 사람에게는 커피를 하루에 몇 잔씩 마시게 하고 만약 그렇게 하면 살려 주겠다고 했다. 다행히 형제 죄수는 모두 별 탈 없이 살았다고 한다. 그래서인지 스웨덴 사람들은 오늘날 세계에서 가장 차와 커피를 많이 마시는 사람들이 되었다고 한다.

예제 32

A school is a community, and a community consist of people who are bound together by personal ties. The relation between teacher and student is a personal relation. There must be a mutual interest, a mutual helpfulness. No mechanical device can ever take the place of this personal connection. No TV screen can respond to your responses, or share your joys and sorrows, or chat with you over a coke or coffee in the student lounge. To mechanize education – to depersonalize it – is to deprive it of its most precious ingredient.

어휘_ community 공동체 consist of ~으로 구성되다 personal ties 개인적인 묶음 relation 관계 mutual interest 상호관심 mutual helpfulness 상호도움 mechanical device 기계적인 장치 take the place of 대신하다, 일어나다 personal connection 개인적인 연결 respond 응답하다, 반응하다 share 공유하다 joys and sorrows 기쁨과 슬픔 chat 잡담을 나누다 student lounge 학생 휴게실 mechanize 기계화하다 depersonalize 비인격화하다 deprive 빼앗다 most precious ingredient 가장 귀중한 요소

직역_ 학교는 하나의 공동체이고, 그리고 하나의 공동체는 개인적인 관계들에 의해서 함께 맺어진 사람들로 구성된다. 교사와 학생 사이의 관계는 개인적인 관계이다. 거기에는 상호의 관심과 상호의 도움이 있어야 한다. 이러한 개인적인 관계를 대신할 수 있는 기계적

인 장치는 어디에도 없다. TV 화면은 당신의 반응에 반응할 수 없고, 또는 당신의 기쁨과 슬픔을 공유할 수 없고, 또는 학생 휴게실에서 콜라나 커피를 마시면서 당신과 잡담을 나눌 수도 없다. 교육을 기계화하는 것 — 그것을 비인격화 하는 것 — 은 그것의 가장 귀중한 요소를 빼앗는 것이다.

해설_ 1. a community consist of people who are bound together by personal ties. ⇒ 여기서 are bound together by personal ties는 '개개인이 어떤 특정한 목적을 달성하기 위해 함께 모인 것이 공동체다'는 의미.

2. The relation between teacher and student is a personal relation. ⇒ 여기서 a personal relation을 '개인적인 관계'로 처리하면 A school is a community(학교는 하나의 공동체)라는 표현과 상충될 수 있다. 따라서 personal relation은 '인간적인 관계'로 보는 것이 무난하다. 물론 뒤에 나오는 personal connection도 '인간적인 유대관계'로 보아야 한다. personal(인간적인)이 mechanical(기계적인)과 대비되고 있다는 점에 유의해야 한다.

3. To mechanize education – to depersonalize it – is to deprive it of its most precious ingredient. ⇒ '교육을 기계화하는 것(To mechanize education)' 즉 '교육을 비인격화하는 것(to depersonalize it)'이란 표현도 구체적인 표현은 아니다. '교사가 마치 가르치는 기계처럼 학생을 가르치는 것'과 '인격적인 것을 중심으로 가르치지 않고 단지 단편적인 지식을 가르치는 것'으로 풀어서 이해하는 것이 중요하다.

모범번역

학교도 하나의 공동체라고 볼 수 있는데, 공동체란 같은 목적을 지닌 사람들이 모인 것을 말한다. 그리고 교사와 학생과의 관계는 인간적인 관계이므로 서로 애정을 가지고 함께 노력해야 한다. 따라서 이러한 인간적인 유대관계를 바탕으로 이루어져야 하는 교육을 기계가 대신할 수는 없다. TV는 (좋은 교구재이기는 하지만) 학생들의 질문에 답을 할 수도, 기쁨과 즐거움을 함께 나눌 수도, 학생 휴게실에서 콜라나 커피를 마시며 얘기를 할 수도 없다. 인간적이지 못하고 단순히 기계처럼 교육을 하는 것은 교육에서 가장 소중한 뭔가를 빼고 교육을 하는 것과 같다.

예제 33

You have probably noticed that pushing a car uphill is hard. Though you can stop for a rest, you must finish the job, or chances are your car will slide all the way back to the bottom of the hill. Then you have to start pushing all over again. Work is like that. So is studying. No matter how much you did yesterday, unless you keep working hard at it, you lose momentum. Once your momentum is gone, all your past efforts will be in vain because you are off the track that will lead you to your goal.

어휘_ probably 아마도 notice 알다, 알리다 push 밀다 uphill 언덕 위 rest 휴식 chances 가능성, 가망성 slide 미끄러지다 bottom 바닥 no matter 아무리 ~한다 하더라도 unless 하지 않는 한은 momentum 추진력 in vain 헛되이 be off the track 행로에서 벗어나다

직역_ 당신은 아마도 자동차를 언덕 위로 미는 것이 힘들다는 것을 알았을 것이다. 비록 당신이 휴식을 위해 멈출 수도 있지만, 당신은 그 일을 마쳐야 하며, 또는 기회들은 당신의 자동차는 언덕의 바닥으로 내내 뒤로 미끄러질 것이다. 그러면 당신은 처음부터 다시 밀기 시작해야만 한다. 일은 그것과 같다. 그런 것이 공부다. 어제 당신이 아무리 많이 했더라도 당신이 그것을 계속 열심히 하지 않는 한은 당신은 추진력을 잃는다. 일단 당신의 추진력이 사라지면, 당신은 당신을 목표까지 이끌어 줄 행로에서 벗어나기 때문에 당신의 과거의 노력은 헛된 것이 될 것이다.

해설_ 1. Though you can stop for a rest, you must finish the job, or chances are your car will slide all the way back to the bottom of the hill. ⇒ 여기서 or chances are를 오타로 보면 오산. 여기서는 '그렇지 않으면 가능성은 ~이다'는 논리. chances는 복수로 '가능성, 가망성'이란 뜻이 있음에 유의. chances are ~ of the hill 구문은 It is likely that your car will slide all the way back to the bottom of the hill.과 같은 뜻이다. all the way는 '계속, 내내'라는 부사어.

2. Then you have to start pushing all over again. ⇒ to start all over again은 처음부터 다시 시작하다

3. No matter ~ (what, which, who, where, when, why, how~) ⇒ (무엇이, 어느 것이, 누가, 어디에, 언제, 왜, 어떻게) ~할지라도(일지라도)

모범번역

오르막길로 차를 계속 밀고 올라간다는 것은 분명 어려운 일입니다. 때로는 쉬어가면서 할 수도 있겠지만, 끝까지 차를 밀어야지 중간에서 그만두면 차는 그만 내리막길로 곤두박질치고 말 것입니다. 그렇게 되면, 처음부터 다시 시작해야 되니 얼마나 힘들겠습니까? 일이 모두 그렇고 공부하는 것도 마찬가지입니다. 아무리 어제 많이 했다 하더라도 계속 공부를 하지 않으면 추진력이 떨어지기 마련입니다. 그리고 그러한 추진력이 떨어지면 지난날 했던 노력이 모두 수포로 돌아갈 수 있습니다. 왜냐하면 여러분이 목표로 삼은 길이 아닌 다른 길로 갈 수 있기 때문입니다.

예제 34

Today I will be illustrating how industry can cooperate with the natural environment. The particular case to be discussed here is the attempt to solve the problem of how to clean up off-shore oil spills. As you all know, spills at sea endanger both the plant and the animal life in the area. Now, however, there appears to be a solution – sponge the oil up. Literally, a new product that repels water but readily soaks up oil and certain chemicals is now available. This product can be sprinkled over an oil spilt at sea. The tiny particles swell to the size of a gain and as a result can be easily sucked up. Finally, the soaked sponges can be processed to recover the oil, so that not only is wildlife saved but the oil is, too.

어휘_ illustrate 설명하다, 묘사하다 industry 산업 cooperate 협동하다 natural environment 자연환경 particular case 특별한 경우 discuss 논의하다 attempt 시도 solve 풀다, 해결하다 off-shore oil spills 먼 바다의 기름 유출 endanger 위태롭게 하다 sponge 스펀지 literally 문자 그대로, 글자 그대로 repel 물리치다 soak up 빨아들이다 be available 유용하다 sprinkle 뿌리다 tiny particles 작은 입자 swell 부풀다 recover 회수하다, 회복하다 not only A but (also) B A뿐만 아니라 B도

직역_ 오늘 나는 어떻게 산업이 자연환경과 함께 협동할 수 있는지 설명할 것이다. 여기에 논의될 특별한 경우는 어떻게 연안에서 떨어진 기름 유출을 깨끗이 치우는지에 대한 문제를 풀려는 시도이다. 당신이 모두 알고 있는 것처럼, 바다에 유출된 것은 그 지역에 있는 식물과 동물 양쪽을 위태롭게 한다. 그러나 이제 거기에는 하나의 해결책이 있는 것으로 보인다 — 스펀지로 그 기름을 빨아들이는 것. 문자 그대로, 물은 물리치지만 쉽게 기름과 어떤 화학물질들은 빨아들이는 새로운 제품이 이제 유용하다. 이 제품은 바다에 유출된 기름 위에 뿌려질 수 있다. 그 작은 미립자들은 곡식의 알갱이 크기까지 부풀어 오르고 그 결과 쉽게 빨아들여진다. 결국, 그 빨아들인 스펀지는 그 기름을 되찾을 수 있게 가공될 수 있고, 그래서 야생생물도 구해질 수 있을 뿐만 아니라 기름도 역시 구해질 수 있다.

해설_ 1. Today I will be illustrating how industry can cooperate with the natural environment. ⇒ 이 문장이 어떤 사례를 들어 설명하고 있으므로, 여기서 illustrate는 '사례를 들어 설명하다'는 뜻. '산업이 자연환경과 협동하다'는 표현은 어색하므로, 여기서 cooperate with는 '조화를 이루다'로 보는 것이 좋다. 다음에 나오는 new sponge which soaks up oil~이라는 '소개'를 보아 이 글은 '새롭게 스펀지를 만든 제조업자'가 쓴 것임을 알 수 있다.

2. The particular case to be discussed here is the attempt to solve the problem of how to clean up off-shore oil spills. ⇒ 여기서 the attempt는 '노력, 사례, 방법'으로, off-shore는 '파도가 많이 치는 먼 바다'라는 뜻이 있지만, '앞 바다, 연안'으로 처리하면 무난하다.

모범번역

저는 오늘 산업기술로도 얼마든지 자연환경을 보호할 수 있다는 사실을 예를 들어 설명하고자 합니다. 사례는 다름 아닌 연안에 유출된 기름을 제거하는 방법입니다. 다 아시다시피, 바다에 기름이 유출될 경우 그 지역의 동식물에게 치명적이 될 수도 있습니다. 이제 그런 문제를 해결할 수 있는 제품이 있습니다. 특수한 스펀지를 이용해서 유출된 기름을 제거하는 방식인데, 그 스펀지는 물은 흡수하지 않으면서 기름이나 화학물질들은 흡수하는 특성이 있습니다. 이제 스펀지를 기름이 유출된 연안바다에 뿌리면 됩니다. 작은 스펀지들은 기름을 흡수하면서 쌀 알갱이만큼 부풀게 되어 있습니다. 그리고 이런 식으로 기름을 흡수한 스펀지 알갱이들은 재처리하여 기름을 회수할 수도 있습니다. 기름도 회수하고 야생생물도 구할 수 있는 방법이라 일석이조라 할 수 있습니다.

예제 35

The first classified advertising appeared in the English newspaper "Publick Adviser" in 1657. This was the first English paper that contained only advertisements. The advertisements were grouped under such headings as shipping, housing, and lost and stolen. People advertised for missing people as well as property in lost and stolen.

The first full page advertisement appeared in "The Times" on January 1, 1829. It was for a book that had just been published. The first full page illustrated advertisement was for British Cornflour. It appeared in the July 1842 issue of the "Courier and West End Advertiser." The illustration was of a bull's head. That advertisement is considered the first display advertising.

어휘_ classified advertising 분류된 광고 appear 나타나다, 등장하다 contain 포함하다, 게재하다 advertisement 광고 heading 제목 shipping 선적, 운송, 배달 missing people 실종된 사람 property 재산, 소유물 full page 전체 지면 publish 출판하다, 발행하다 illustrate 삽화를 넣다, 설명하다 illustration 삽화, 실례 bull 황소 consider 간주되다 display 전시하다, 나타내다, 진열, 전시

직역_ 처음으로 분류된 광고는 1657년에 영국 신문인 「퍼브릭 어드바이저」에 등장했다. 이것은 단지 광고들만을 실은 최초의 영어 신문이었다. 그 광고들은 운송, 집, 그리고 분실과 도난과 같은 그러한 제목들 아래 모아졌다. 사람들은 분실과 도난으로 잃은 소유물뿐만 아니라 실종된 사람을 위한 광고를 했다.

최초의 전체지면 광고는 1829년 1월 1일에 「더 타임즈」에 등장했다. 그것은 막 출판되었었던 책을 위한 것이었다. 최초의 전체 지면의 장식된 광고는 브리티쉬 콘프라워를 위한 것이었다. 그것은 1842년 「쿠리어 앤드 웨스트 엔드 어드버타이저」의 7월호에 등장했다. 그 장식은 소의 머리였다. 그 광고는 최초의 전시 광고로 여겨진다.

해설_ 1. 여기서 illustrated advertisement는 그림을 그려서 광고를 한 것으로 오늘날의 '이미지 광고' 같은 것으로 보면 된다. 초기의 신문 광고는 오늘날의 '벼룩시장'과 같이 글자만으로 광고문을 게재했다. 그러다가 그림을 포함시켜 광고를 하다가 사진이나 모델을 활용해서 광고문을 만들었다. 물론

오늘날도 글자광고, 그림광고, 사진광고, 모델광고 등을 활용하고 있다.

2. 여기서 display advertising이란, 그림을 활용한 광고로 연출된 광고를 말한다. 앞의 illustrated와 display는 이 문장에서 같은 의미를 지닌 동의어로 보는 것이 좋다. 동어반복을 피한 영어적인 표현의 특성이다. 그림을 이용한 광고이므로 '화보(畵報) 광고'라고 해도 무난하다.

모범번역

최초의 항목별 광고는 1657년 영국 신문인 「퍼브릭 어드바이저(Publick Adviser)」지가 처음으로 게재하기 시작했는데, 이 신문이 바로 광고만을 게재한 최초의 신문이었다. 광고내용은 운송업, 주택, 분실, 도난 등으로 분류하여 게재했다. 사람들은 이 광고를 통해 분실물과 도난품을 찾기도 하고 실종된 사람을 찾기도 했다.

1829년 1월 1일 마침내 「더 타임즈(The Times)」지가 최초로 전면 광고를 게재하기 시작했는데, 이 광고는 최근 발행한 책을 홍보하는 광고였다. 그러다가 1842년, 「쿠리어 앤 웨스트 엔 어드버타이저(Courier and West End Advertiser)」지 7월호에 최초의 전면 화보광고가 실렸는데, 그 광고는 브리티쉬 콘플라워(British Cornflour)사를 홍보하는 광고였다. 화보로 실린 그림은 황소머리 그림이었는데, 이 광고가 아마 최초의 화보광고였던 것 같다.

예제 36

Dear Anne Landers,

I'm not a teenager, I'm a grown woman who should have known better - but I didn't. Two weeks ago I shoplifted a $ 55 leather purse from a department store. I got away with it, but I haven't had a good night's sleep since. I hate what I did and I hate the purse. I'll never carry it. I want to return it but I'm afraid I may be arrested or told never to come into the store again. I've been told that cash gets ripped off in post offices a lot these days, so I'm afraid to send the money.

Please suggest a solution!

- Guilt-Ridden

Dear Guilt-Ridden,

Have a cashier's check, in the amount of $ 55.00, made out at a bank. Request that your name not appear. Send the check to the store with a note of explanation and apology - anonymous, of course. You'll sleep better the minute the check is in the mail.

어휘_ teenager 10대 shoplift 가게물건을 훔치다 leather purse 가죽지갑 department store 백화점 hate 싫어하다, 증오하다 arrest 체포하다 cash 현금 get rip off 찢기어지다 solution 해결책 guilt-ridden 죄책감에 사로잡힌 check 수표 in the amount of 만큼의, 양의 make out 발행받다 request 요청하다 explanation 설명, 해명 apology 사과, 용서 anonymous 익명의 be in the mail 우편으로 보내다

직역_ 사랑하는 앤 랜더스에게,

나는 십대가 아닙니다. 나는 좋은 것을 알고 있어야만 하는 성장한 여자여야 했지만 그러나 그렇게 하지 않았습니다. 두 주 전에 나는 백화점으로부터 55달러짜리 가죽지갑을 훔쳤습니다. 나는 그것을 가지고 왔습니다. 그러나 나는 그 이후 좋은 밤의 잠을 가질 수가 없었습니다. 나는 내가 한 일이 밉고 그리고 그 지갑도 밉습니다. 나는 그것을 결코 옮기지 않을 것입니다. 나는 그것을 돌려주기를 원합니다. 그러나 나는 내가 체포되거나 또는 그 가게로 또 다시는 오지 말라는 얘기를 듣는 것이 두렵습니다. 나는 요며칠 동안 현금 봉투가 우체국에서 찢기어진다는 얘기를 들었습니다. 그래서 나는 돈을 보내기가 두렵습니다.

제발 해결책을 제안해주세요.

– 길트 리든

길트 리든 씨께

현금수표를 만드세요. 55달러의 액면가로, 은행에서 발급받으세요. 당신의 이름이 나타나지 않게 요청하세요. 그 수표를 설명과 사과의 기재와 함께 그 가게로 보내세요. 물론, 익명으로요. 당신은 그 수표가 우편으로 가게 될 때 바로 그 순간 잘 자게 될 것입니다.

해설_ 1. 이 문장은 물건을 훔친 사람이 자신의 잘못을 뉘우치고 칼럼니스트에게 조언을 구한 문장이다.

2. never carry it ⇒ carry는 여기서 '지갑을 가지고 다니다'로 보는 것이 적절함

3. be arrested or told ⇒ 모두 수동태로 '체포되거나 어떤 말을 듣다'라는 뜻

4. cash gets ripped off in post offices ⇒ '현금을 봉투에 넣어 등기로 보내는 미국의 우편제도의 결점인, 현금이 배달도중 증발해 버리는 사고'를 말한다. ripped off는 '현금이 든 봉투를 누군가가 찢는다'는 의미

5. Guilt-Ridden ⇒ '죄책감에 시달리는 사람이'처럼 익명으로 쓰는 표현. 사람 이름이 아님에 유의

6. cashier's check ⇒ '자기앞수표'를 말하는데, 즉 현금과 똑같은 기능을 하는 수표라는 뜻

7. name not appear ⇒ '익명으로 수표를 발행하라'는 것. 본래 수표는 발행한 사람이 서명을 하도록 되어 있는데 ~ 사인을 하지 말라는 것. 즉 뒤에 나오는 anonymous(익명)란 뜻과 같음

8. the check is in the mail ⇒ '그 수표가 보내지는 도중에 있을 때' 즉, '수표를 보내는 순간'이란 뜻

모범번역

앤 랜더스 여사님께

저는 철없는 10대도 아닌 사리를 분별할 줄 아는 성년 여성임에도 불구하고 큰 잘못을 저지르고 말았습니다. 2주 전에 한 백화점 코너에서 55달러짜리 지갑을 훔쳐 몰래 가져오긴 했지만 그 후로 도무지 잠을 잘 수가 없습니다. 제가 왜 그런 짓을 했는지 도무지 이해가 안 되며 그 지갑도 보기가 싫습니다. 물론 가지고 다니지도 않을 겁니다. 그래서 지갑을 다시 갖다 주고 싶지만 혹시나 들켜 붙잡히거나 다시는 백화점에 오지 말라고 할까봐 겁이나 그렇게 하지를 못하겠습니다. 그리고 우체국에서 현금을 송금하려고 해도 요즘 우체국에서 붙이는 현금이 분실된다는 얘기를 들은지라 그렇게 하기도 그렇습니다.

무슨 좋은 방법이 없을까요?

\- 죄책감에 시달리는 사람 올림

죄책감에 시달리는 분께

우선 은행에 가셔서 55달러짜리 자기앞수표를 만드세요. 수표에 성함을 밝히지 마시구요. 그리고 그 지갑을 훔친 경위와 사과한다는 쪽지를 적어 수표와 함께 백화점으로 보내세요. 물론 이름을 밝히지 마시구요. 그 수표를 보내시고 나면 편히 주무실 수가 있을 것입니다.

예제 37

Dear Ann Landers,

Don't chew me out. Just tell me what to do. I have two "best" girls, one in the Midwest, another here in town. The in town girl is visiting relatives on the West Coast. I wrote to them both last night. It was late and I was tired. After I wrote the letters, I decided to walk to the corner and drop them in the mailbox. This morning I have a terrible feeling that I put the letter to the blonde in the envelope addressed to the redhead. The redhead is really Numero Uno and if she receives the blonde's letter, I am in real trouble. Can you think of something I can do before the bomb drops?

- Dunderhead

Dear Dunderhead,

Sorry, I can't think of a thing. Next time don't write to anybody when you're tired. And make it a rule never to mail a letter until you've let it sit overnight.

어휘_ chew out 꾸짖다 relatives 친척 letter 편지 decide 결정하다, 결심하다 corner 구석 mailbox 우체통 terrible 끔찍한 blonde 금발 envelope 봉투 redhead 빨강머리 Numero Uno (스페인어) = Number one 최고 bomb drops 폭탄이 떨어지다, 일이 벌어지다 make it a rule 원칙으로 삼다 overnight 밤새

직역_ 사랑하는 앤 랜더스,

나를 호되게 꾸짖지 마세요. 단지 무엇을 할 것인지에 대해 나에게 얘기해 주세요. 나는 두 "최고의" 소녀들을 가지고 있고, 하나는 중간서부에, 다른 하나는 여기 시내에 있습니다. 시내에 있는 소녀는 서부 해안에 있는 친척을 방문하고 있습니다. 나는 지난밤에 그들 둘에게 글을 썼습니다. 시간은 늦었고 그리고 나는 피곤했습니다. 나는 편지를 적은 후에 나는 구석까지 걸어가기로 결정을 했고, 그리고 우체통에 그것들을 넣었습니다. 이 아침에 나는 빨강머리에게 가는 주소가 적힌 봉투에 금발에게 가는 편지를 넣었다는 몹시 걱정되는 감정을 가지고 있습니다. 빨강머리는 정말로 최고이고 그리고 만약에 그

녀가 그 금발의 편지를 받는다면 나는 정말로 문젭니다. 그 폭탄이 떨어지기 전에 내가 할 수 있는 일이 어떤 것인지 생각하실 수 있습니까?

– 던더헤드 올림

사랑하는 던더헤드,

미안합니다. 나는 어떤 것을 생각할 수가 없습니다. 다음에는 당신이 피곤할 때 누구에게도 적지 마세요. 그리고 당신이 하루 밤이 지날 때까지는 결코 편지를 부치지 않는 것을 원칙으로 삼으세요.

해설_ 1. 여기서 best와 같은 표현은 강조표현일 뿐 별다른 뜻이 없으므로 최대한 강조할 수 있는 단어를 선택하면 된다.

2. Midwest나 West Coast 등은 모두 고유명사이므로 한글로 표기하고 ( ) 안에 영자를 밝혀 두는 것이 원칙이다.

3. I decided to walk to the의 decided는 '결정하다'라는 동사라기보다는 I의 마음가짐을 나타낸다고 보는 것이 좋다. '~한데도 불구하고 ~을 하다'와 같은 마음가짐이다.

4. I have a terrible feeling은 '뭔가 잘못 되었다는 것을 알았다'는 뜻

5. sit overnight의 sit은 rest의 뜻

모범번역

앤 랜더스 선생님께,

저를 너무 나무라지 마시고 어떻게 해야 하는지만 좀 알려 주세요. 저는 멋진 여자 친구를 두 명 사귀고 있는데, 한 친구는 미드웨스트(Midwest)에 살고 한 친구는 같은 동네에 살죠. 근데 같은 동네에 있는 친구가 웨스트 코스트(West Coast)에 있는 친척 집에 놀러 가는 바람에 어젯밤에 두 사람에게 모두 편지를 쓰게 되었습니다. 늦은 시간이었고 피곤했지만 편지를 다 쓰고는 동네 모퉁이에 있는 우체통까지 가서 편지를 보냈죠. 거기까지는 좋았는데, 오늘 아침에 생각해보니 멍청하게도 빨강머리 친구의 주소가 적힌 봉투에 금발머리 친구에게 보내는 편지를 넣었지 뭐예요. 저는 빨강머리가 훨씬 좋은데, 만약 빨강머리가 그 편지를 받는 날엔 전 끝이에요. 일이 터지기 전에 어떻게 해결할 수 있는 방법이 없을까요?

- 어떤 멍청이 올림

멍청한 분께,

미안하군요. 어떻게 도와드릴 수가 없겠군요. 다음부터는 피곤할 땐 편지를 쓰지 마시고, 편지를 쓰더라도 정신이 맑은 아침에 잘 확인을 해 보시고 편지를 보내시기 바랍니다.

예제 38

A fishing enthusiast who had heard how good the sport was in Ireland planned to spend a fishing vacation there. He checked into one of the best hotels and found a guide who was willing to take him on the lake each day during his three-week stay.

Sadly, the fish were not biting, and every day the vacationer came back having caught nothing. Finally, on the last day, he caught a trout. Turning to the guide, he said, "Do you realize that this fish has cost me $ 1000?"

"You're lucky," the guide replied, "that you didn't catch two."

어휘_ fishing enthusiast 낚시 전문가 be willing to 기꺼이 하다 bite 입질하다 vacationer 휴가객 trout 송어 realize 깨닫다, 알다 reply 응답하다, 대답하다

직역_ 그 스포츠가 아일랜드에서 얼마나 좋은지를 들었던 한 낚시 전문가는 그곳에서 낚시 휴가를 보내기로 계획했다. 그는 가장 좋은 호텔 중의 하나에 예약을 하고 들어가 그의 3주간 머무는 동안 매일 호수에다 그를 기꺼이 데려다 줄 안내원을 발견했다.

불행하게도, 고기는 입질을 하지 않았다. 그리고 매일 그 휴가객은 아무 것도 잡지 못하고 돌아왔다. 마침내, 마지막 날, 그는 한 마리의 송어를 잡았다. 안내원을 향하며, 그는 말했다. "이 고기가 나에게 1천 달러의 비용이 들게 했다는 사실을 당신은 아느냐?"

"당신은 행운이군요." 그 안내원이 응답했다. "당신이 두 마리를 잡지 않았으니."

해설_ 1. fishing enthusiast ⇒ 낚시라면 사족을 못 쓰는 사람 즉 '낚시광'을 말함

2. 낚시꾼이 best hotel을 구하고 found a guide를 했다는 것은 낚시를 하기 위한 만반의 준비를 했다는 뜻. 상반된 결과(겨우 한 마리만 잡음)를 강조하기 위한 비교법으로 볼 수 있다.

3. "You're lucky," the guide replied, "that you didn't catch two."와 같이 " " 안에 있는 말이 연결되어 있을 경우는 '한 문장'으로 처리하는 것이 좋다.

모범번역

한 낚시광이 아일랜드에서 고기가 잘 잡힌다는 얘기를 듣고는 휴가를 아예 그곳에서 낚시를 하며 보내기로 하고는 일류 호텔에 투숙을 하고 3주 동안 호수로 매일 안내해 주겠다는 현지 안내인도 구했다.

이처럼 만반의 준비를 했지만 고기는 입질조차 하지 않았고 낚시꾼은 매일같이 허탕을 쳤다. 다행히도 마지막 날이 되어서야 겨우 송어 한 마리를 잡고는 안내인을 쳐다보며 "이 놈이 천 달러짜리인 거 알아?"라고 말했다.

그러자 안내인이 "천만다행이네요. 두 마리 잡았으면 큰일 날 뻔 했잖아요?"라고 말했다.

예제 39

Nixon, Haig and I met in the Oval Office on the morning of Dec. 14 to consider our course. All of us agreed that some military response was necessary. I favored resuming bombing over all of North Viet Nam, but using fighter-bombers over populated areas north of the 20th parallel. Haig favored B-52 attacks, especially north of the 20th parallel, on the ground that only a massive shock could bring Hanoi back to the conference table. Nixon accepted Haig's view. I went along with it – at first with slight reluctance, later with conviction. For Nixon and Haig were, I still believe, essentially right. We had only two choices: taking a massive, shocking step to end the war quickly, or letting matters drift.

어휘_ Oval Office 미국 대통령 집무실 military response 군사적 대응 favor 선호하다

resuming bombing 폭탄투하를 재개함 fighter-bombers 전투폭격기 populated areas 인구밀집 지역 parallel 위도 attack 공격 massive shock 막대한 충격 conference table 회의 테이블 accept 받아들이다 go along with 따르다 slight reluctance 조금 꺼림칙함 conviction 확신 essentially 필수적으로 letting matters drift 문제가 표류하도록 내버려 둠

직역_ 닉슨, 헤이그 그리고 나는 우리들의 방향을 고려하기 위해 12월 14일에 원탁 사무실에서 만났다. 우리들 중의 모두는 어떤 군사적인 반응이 필요하다는 것에 동의했다. 나는 북베트남의 모든 곳에 걸쳐서 폭격을 재개하는 것을 선호했다. 하지만 위도 20도의 인구가 밀집된 북쪽지역에 걸쳐서는 전투폭격기를 사용하는 것을 선호했다. 헤이그는 B-52 공격을 선호했는데, 특히 위도 20도의 북쪽이었다. 동기는 단지 막대한 충격만이 하노이를 회담 테이블로 돌아오게 할 수 있다는 것이었다. 닉슨은 헤이그의 관점을 받아들였다. 나는 그 의견에 일치했다. — 처음에는 약간 꺼림칙했지만, 나중에 확신을 가졌다. 왜냐하면 나는 여전히 닉슨 그리고 헤이그가 필수적으로 옳았다고 믿는다. 우리는 단지 두 가지 선택들만 가지고 있었다: 빨리 전쟁을 끝내기 위해서 막대하고 충격적인 조치를 취하느냐 또는 문제들이 표류하도록 허락하느냐 하는 것이었다.

해설_ 1. Nixon, Haig and I~에서 Nixon 다음에 콤마(,)가 있으므로 Nixon은 Haig와 I와는 다른 신분이라는 것을 알 수 있고, Nixon이라는 말은 in the Oval Office와 연결된다고 볼 수 있다. 물론, 여기서 Oval Office는 고유명사로 '대통령 집무실'을 뜻한다.

2. 여기서 consider는 '마련하다' 또는 '준비하다'로 처리하는 것이 좋고 course는 '방향' 또는 '진로'보다는 '대책'이 더 좋다. 물론 소유격 our는 번역할 필요가 없다.

3. response가 군사적 용어로 나왔으므로 '반응'보다는 '대응'이 적절하다.

4. I favored ~ of North Viet Nam, but using ~ 20th parallel. ⇒ but 앞에 콤마(,)가 있다고 해서 계속적용법으로 번역하면 논리가 이상하다. 따라서 이 경우는 한정적용법으로 but을 '~을 제외하고'로 보는 것이 좋다. 여기서 using은 앞에 나오는 I favored에 연결된 문장으로 볼 수 있다.

5. North Viet Nam을 '북 베트남'으로 처리해도 되겠지만, 베트남을 구분할 때 북쪽 공산 베트남을 '월맹', 남쪽 자유베트남을 '월남'으로 명명했다는 것을 감안하는 것이 좋다. populated areas는 인구밀집 지역, 즉 도시지역이라 볼 수 있고, 본래 parallel은 위도를 뜻하지만 베트남이 적도를 기준으로 볼 때 북쪽에 있으므로 '북위'로 처리하는 것이 좋다.

6. Haig favored B-52 attacks, ~ ⇒ 앞 문장의 주어인 I와 다른 견해를 말하고 있으므로 문맥상 However가 생략된 구문이라 볼 수 있으므로 문맥상 '하지만'을 넣어 번역하는 것이 좋다. 이 문장에서 나오는 especially north of the 20th parallel의 especially north는 I가 폭격을 제외하기를 원했던 바로 그 지역을 뜻한다고 볼 수 있다. 회담 테이블로 월맹을 끌어내기 위한 최후의

수단이라는 문맥상 논리와 일치한다. 그리고 다음 문장에 나오는 ~ with slight reluctance, 즉, 내가 '약간 주저했다'는 내용과도 일맥상통한다.

7. along with A는 'A에 동의하다'는 뜻

8. We had only two choices를 '단지 두 가지 선택만을 가지고 있었다.'로 처리하면 어색하다. 이런 경우는 콜론(:) 뒤에 있는 '두 가지 선택 중에 하나를 선택할 수밖에 없는 기로에 서 있었다.'로 처리해야 논리가 명확하다.

모범번역

헤이그와 나는 대책을 마련하기 위해 12월 14일 대통령 집무실에서 닉슨 대통령을 만나 모종의 군사적 대응을 해야 한다는데 동의했다. 나는 월맹전역에 걸쳐서 폭격을 재개하는 데는 찬성을 했지만 북위 20도 북쪽의 인구밀집 지역은 폭격기를 이용한 폭격에는 반대했다. 하지만 헤이그는 대대적인 공격만이 월맹 측을 다시 회담 테이블로 끌어낼 수 있다는 판단에서 특히 북위 20도선 북쪽지역에 대해 B-52 전폭기를 이용해 공격을 해야 한다고 주장했다. 닉슨 대통령은 헤이그의 판단을 받아들였고, 나도 찬성했는데, 처음에는 약간 주저했지만 나중에는 그 생각이 옳다고 생각했기 때문이었다. 지금도 닉슨 대통령과 헤이그의 판단이 옳았다는 것에는 변함이 없다. 당시 우리는 전쟁을 빨리 끝내기 위해서 대대적이고 충격적인 조치를 취하느냐 아니면 그대로 방치하느냐 하는 갈림길에서 둘 중 하나를 선택해야만 했다.

예제 40

In office he always seemed to be at center stage: the brilliant foreign affairs analyst who never shrank from controversy, the peripatetic statesman who was forever soaring off to distant capitals on secret missions that, when revealed, sent seismic shocks through chancelleries around the world.

Even out of power, he remains the subject of intense interest: heads of state seek his counsel, his support on issues is solicited, he

is deferred to – even feared – as if he still strode the corridors of the White House and State Department.

어휘_ seem ~처럼 보이다 center stage 중심 무대 brilliant foreign affairs analyst 탁월한 외교 문제 분석가 shrink(-shrank-shrunk) 피하다, 수그러들다 controversy 논쟁 peripatetic statesman 두루 돌아다니는 정치인 soaring 날아오르는, 활공하는 distant capital 먼 거리의 수도 secret mission 비밀 임무 reveal 드러나다, 나타내다 seismic shock 지진의 충격, 심한 충격 chancellery 대사관의 사무원, 사무국 subject of intense interest 집중적인 관심의 대상 heads of state 국가의 수뇌들 solicit 간청되다 defer 미루다, 존경하다 corridor 복도

직역_ 사무실에서 그는 항상 중심 무대에 있는 것처럼 보였다: 그는 논쟁으로부터 결코 피하지 않는 뛰어난 외교문제 분석가였고, 그는 비밀 임무에 먼 수도들까지 언제나 활공을 하며 순회하는 정치인이었고, 그것이 드러날 때 전 세계의 외교가에 걸쳐서 지진의 충격들을 주었다.

심지어 권력 밖에서, 그는 주도적인 관심의 대상으로 남았다: 국가의 수뇌들은 그의 조언을 구했고, 이슈에 있어서는 그의 지지가 간청되어졌고, 그는 그가 마치 백악관과 국무부의 복도를 여전히 성큼성큼 걸어 다니는 것처럼 존경받았다. – 심지어 두려움으로–

해설_ 1. 이 문장은 크게 두 단락으로 구성되었다고 볼 수 있다. 즉, In office~와 out of power~를 비교하고 있다. 여기서 in office는 '현직에 있을 때'라는 뜻이고 out of power는 '권력에서 물러났을 때'라는 뜻이다.

2. who never shrank from controversy를 직역하면 '정치적인 논쟁으로부터 결코 피하지 않는 사람'이란 뜻이지만, 여기서는 전향적으로 '정치적인 논쟁거리에 관해 자신의 견해를 분명히 피력하다'는 뜻으로 표현하는 것이 좋다.

3. statesman은 '정부관료'를, politician은 '재야를 포함한 정치인', '주로 국회를 중심으로 활동하는 사람'들을 일컫는 말인데 statesman은 다소 '긍정적인 정치인'을 말할 때 사용하는 경우가 많고, politician은 다소 '부정적인 정치인'을 말할 때 사용한다는 것을 알아두기 바란다.

4. ~ to distant capitals의 capitals는 각 나라의 '수도'를 뜻하는 것으로 여러 나라를 방문했다는 암시하고 있다.

5. heads of state는 '국가의 수뇌들'로 각 나라의 정치지도자들을 뜻함

6. his support on issues is~의 his support는 앞에 seek와 연결하는 것이 좋다.

7. still strode corridors는 '여전히 복도를 성큼 성큼 걸어 다니다'는 뜻으로 '권력을 마음대로 주무르는 대단한 권력자 [당대의 실세 권력자]'를 암시한다.

모범번역

재직 중 그 사람은 언제나 무대의 중심에 서 있는 사람이었는데, 모든 문제에 관해 자신의 생각을 분명히 밝히는 명석한 외교문제 전문가였을 뿐만 아니라 항상 밀명을 띠고 전 세계를 돌아다니며 종횡무진 노력하던 정치인이었고, 밀명이 세상에 공개될 때면 온 세계의 이목을 집중시킬 정도로 대단한 위력을 발휘했다.

심지어 공직에서 물러난 뒤에도 계속 외국의 수뇌부들이 자문을 구하고 문제해결을 위해 지지를 구할 정도로 주요 인물이며, 여전히 백악관과 미국무성을 활보하는 정치인처럼 세인의 존경을 받고 있는데 심지어 두려움의 대상이 되기도 한다.

예제 41

Hibernation is only the most dramatic example of animals'internal thermostats. If body temperature falls too low, there is a danger of death due to hypothermia. In humans this can strike at temperatures well above freezing, especially if the body is wet or the wind is blowing. Hypothermia begins with shivering, slurred speech and dulled mental acuity, followed by muscular rigidity, a falling pulse and, if the body is not warmed, death. Overheating can be fatal, too, for it makes life-sustaining enzymes denature into uselessness.

어휘_ hibernation 동면, 겨울잠 dramatic example 극적인 예 internal thermostat 내부 온도조절 body temperature 체온 hypothermia 저체온 freezing 빙점, 어는 점 wet 젖다 shivering 떨림 slurred speech 말을 더듬음 dull 무뎌지다 mental acuity 정신적인 예민함 muscular rigidity 근육경직 falling pulse 맥박이 떨어짐 overheating 지나치게 열을 가함 fatal 치명적인 life-sustaining enzymes 생명유지효소 denature 변성시키다, 바꾸다 uselessness 무용지물

직역_ 동면(冬眠)은 단지 동물들의 내부 온도조절의 가장 극적인 보기이다. 만약 체온이 너무 낮게 떨어지면 저체온으로 인한 죽음의 위험이 있다. 인간들에 있어서 이것은 빙점 이상의

온도에서도 흔히 덮칠 수가 있고, 특히 만약 신체가 젖어 있거나 바람이 부는 경우에 그렇다. 저체온은 와들와들 떨리는 것으로 시작해서 말을 정확하게 하지 못하게 되고 그리고 정신적인 예민함이 무뎌지고 계속해서 근육의 경직이 뒤따르고, 맥박이 떨어지고, 그리고 만약 신체가 데워지지 않으면 죽음이다. 너무 지나치게 열을 가하는 것도 치명적일 수 있는데, 왜냐하면 그것이 생명유지효소의 성질을 불필요한 것으로 바꾸기 때문이다.

해설_ 1. the most dramatic example의 dramatic을 '극적인, 극단적인' 등으로 번역하면 말하고자 하는 의미가 다소 불투명해지므로 '대표적인, 특징적인'으로 처리하는 것이 좋다.

2. internal thermostats의 internal은 '내부적인'이란 뜻이 있지만, 체온 자체가 내부적인 것이라 굳이 번역할 필요는 없다.

3. at temperatures well above freezing을 직역하면 '빙점 이상의 온도에서도 흔히' 정도가 되는데, 0도가 빙점이고 0도 이상이니 '영상(零上)'으로 처리하는 것이 문맥과 더 어울린다. 다시 말해, 영하의 날씨가 아니라도 위험하다는 것을 강조하고 있다는 얘기

4. follow by~의 by는 '계속해서~ 이어서'라는 뜻

5. the body is not warmed,는 수동구문인데, 능동으로 번역하는 것이 좋다. 체온은 가만히 있어도 올라가는 자연적인 현상이 아니라 인위적으로 따뜻하게 해 주어야 하기 때문이다.

6. Overheating은 따뜻하게 하는 정도를 넘어서서 덥게 하는 것

모범번역

동면(冬眠)은 동물들이 체온을 조절하는 방법 중 가장 좋은 본보기라 할 수 있다. 체온이 지나치게 떨어지면 저체온현상으로 인해 사망할 수도 있는데, 사람의 경우 영상(零上)의 온도에서도 사망할 수 있고 특히 몸이 젖어 있거나 바람이 많이 불 경우에 그렇게 될 수 있다. 여기서 말하는 저체온현상이란 몸이 부들부들 떨리기 시작해서 입이 얼어붙어 말을 제대로 할 수가 없고 정신이 몽롱하고 급기야 근육이 마비되고 맥박이 떨어지는 것을 말한다. 만약 이럴 때 몸을 따뜻하게 해 주지 않으면 사망할 수도 있다. 반면에 갑자기 몸을 덥게 해도 아주 위험한데, 왜냐하면 생명유지효소가 모두 파괴되기 때문이다.

예제 42

The Japanese imprint is particularly distinct in the agricultural sector. They cultivate only a small percentage of Brazil's farmland, but farmers of Japanese descent produce 60 percent of the nation's soybeans, the principal Brazilian export. They also produce half of Brazil's vegetables, 60 percent of its tomatoes and 70 percent of the potatoes. One nisei-run agribusiness – Cotia S.A.– even ranks among the top 50 Latin American enterprises.

Japanese immigrants introduced Brazil to cooperative farming and were the first to farm the Amazon jungle successfully, turning pepper, papaya and jute into booming cash and export crops.

어휘_ imprint 흔적, 족적 be distinct 구별되다 agricultural sector 농업부문 cultivate 경작하다 farmland 농토 descent 혈통, 후손 soybean 콩 principal 주요한 export 수출 vegetable 채소 tomatoes 토마토 potatoes 감자 nisei-run 2세(二世)가 경영하다 agribusiness 농업회사 enterprises 기업 immigrant 이민자 cooperative farming 협동농사 pepper 후추 papaya 파파야 jute 황마 booming 붐을 일으키는 crops 농작물

직역_ 일본인들의 흔적은 특히 농업 부문에서 구별된다. 그들은 단지 브라질의 농토의 작은 비율만 경작한다. 그러나 일본인 혈통의 농부들은 브라질의 주요한 수출품인 그 나라의 콩의 60%를 생산하고 있다. 그들은 또한 브라질의 채소의 절반, 그것의 토마토의 60% 그리고 감자의 70%를 생산하고 있다. 어떤 니세이 경영 농경회사 – 코샤 에스. 에이 – 는 심지어 라틴아메리카 기업들의 탑 50 사이에 랭크된다.

일본인 이민자들은 브라질에 협동농사를 도입했고 그리고 아마존 정글을 성공적으로 경작한 최초의 사람들인데, 후추, 파파야, 황마 등을 현금과 수출 농작물로 만들었다.

해설_ 1. imprint는 통상 '흔적, 자국'이란 뜻으로 사용하지만, 여기서는 '기여, 노력, 발자취' 등 긍정적인 표현으로 처리하는 것이 좋다.

2. distinct도 통상 '구별하다(되다)'로 많이 사용하지만, 긍정적인 '두드러지다'로 처리하는 것이 좋다.

3. the agricultural sector의 sector는 '분야, 부문'으로 통상 번역하는 것이 좋고, '부분'으로 번역하는 것은 잘못이다. 분야나 부문은 독립적인 영역을 뜻하는 반면, 부분은 어떤 영역에 포함된 일부분을 뜻하기 때문이다.

4. farmers of Japanese descent를 직역하면 '일본 혈통의 농민'이지만, '일본계 농민'이 더 자연스럽다.

5. nisei-run의 nisei는 2세(世)를 일본어로 발음한 영어. 여기서 run(경영하다)은 동사

6. - Cotia S.A -처럼 대시(Dash)로 되어 있는 부분은 전체 문장에 포함시켜 하나의 문장으로 표현하는 것이 좋다.

7. cooperative farming 협동농업제도

8. cash and export crops의 cash는 뒤의 crops와 합쳐 '현금작물'이라고 하는데, 여기서 말하는 '현금작물'이란 부가가치가 높아 돈을 많이 벌 수 있는 작물이란 뜻으로 보면 된다.

모범번역

일본인들의 노력은 농업 부문에서 특히 두드러지는데, 비록 브라질 농토 중 극히 적은 땅을 경작하고 있지만 일본계 농민들은 브라질의 주요 수출품인 콩의 60%를 생산하고 있을 정도다. 또한 채소는 전체의 50%를, 토마토는 60%를, 감자는 70%를 생산하고 있다. 심지어 한 일본인 2세가 경영하는 코샤 에스 에이(Cotia S.A.)라는 농업회사는 남미 50대 기업에 들 정도라 한다.

일본에서 건너온 이민자들은 브라질에 협동농업제도를 도입했을 뿐만 아니라 아마존 정글을 경작하여 대단한 성공을 거두었는데, 후추, 파파야, 황마 등을 경작하여 수입을 많이 올렸을 뿐만 아니라 수출작물로 발전시킨 장본인이었다.

예제 43

Play has many functions: it gives children a chance to be together, a chance to use their bodies, to build muscles, and to test new skills. But above all, play is a function of the imagination. A child's play is his way of dealing with the issues of his growth, of relieving tensions and exploring the future. It reflects directly the problems and joys of his social reality. Children come to terms with the world, wrestle with their pictures of it, and reform these pictures constantly, through

those adventures of imagination we call play.

어휘_ play 놀이 function 기능 muscle 근육 skill 기술 imagination 상상력 dealing with 다루는 것 issue 문제, 주제 relieving tension 긴장을 완화함 exploring the future 미래를 탐구함 reflect 반영하다 social reality 사회적 현실 come to terms with 타협하다, 익숙해지다 wrestle 겨루다 reform 개혁하다, 고치다 adventure 모험

직역_ 놀이는 많은 기능들을 가지고 있다: 그것은 아이들에게 함께 있는 기회를 주고, 그들의 신체들을 사용할 수 있는, 근육들을 만들 수 있는, 그리고 새로운 기술들을 시험할 수 있는 기회를 준다. 그러나 무엇보다도, 놀이는 상상력의 기능이다. 한 아이의 놀이는 그의 성장의 문제를 다루는 그의 방법이고, 긴장들을 완화시키고 그리고 미래를 탐구하는 방법이다. 그것은 그의 사회적 현실의 문제들과 기쁨들을 직접적으로 반영한다. 아이들은 우리가 놀이라고 부르는 이러한 상상의 모험들을 통해서 세상을 받아들이고 그것에 대한 그들의 모습과 겨루며 그리고 지속적으로 이러한 모습들을 고쳐간다.

해설_ 1. 여기서 Play를 '연극'으로 볼 수도 있으나 연극이 근육을 발달시킨다는 것은(to build muscles) 다소 이상한 논리이며, 연극이 아이의 개인적인 현실을 반영한다(It reflects directly the problems and joys of his social reality)는 것도 이상하다. 따라서 play는 children과 관련지어 생각하는 것이 좋다.

2. to use their bodies, to build muscles는 상호 관련이 있는 논리이므로 하나의 문장으로 바로 연결하여 번역하는 것이 좋다.

3. to test new skills의 skills를 '기술'로 번역하는 경우가 많은데, 아이 입장에서 기술이라는 말은 어울리지가 않는다. '요령' 정도가 적절하다.

4. his way of dealing with the issues of his growth를 직역하면 '그의 성장의 문제를 다루는 그의 방법'이 되는데, 이렇게 번역해 놓으면 무슨 뜻인지 알 수가 없다. 아이 관점에서 무슨 뜻인지 생각해 보는 것이 중요하다. '아이들이 자신이 성장해가는 문제를 처리한다'는 논리로 보면, '살아가는 방법(요령)을 터득해 나간다'고 볼 수 있다.

5. exploring the future를 직역하면 '미래를 탐구한다'는 뜻인데, 이 경우는 '미래를 생각하는 안목을 가지게 된다'고 보면 좋다.

6. It(Play) reflects ~ the problems and joys of his social reality.의 social reality는 '사회적 현실'이란 것으로 '아이들의 가정 형편이 어떠하냐에 따라 아이들이 어떤 놀이를 하며, 어떻게 노는지 잘 알 수 있다'는 다소 포괄적인 의미를 지니고 있는 표현이다.

7. come to terms with는 '~을 인정하다 [받아들이다]'는 관용구

8. wrestle with their pictures of it의 it은 앞의 the world라고 볼 수 있다. 따라서 아이들이 '세상에 비친 자신의 모습과 힘겨루기를 한다'는 것으로 '세상을 어떻게 살아가야 하는지 요령을 터득해 나간다'로 보면 적절하다.

모범번역

놀이는 아이들에게 여러 가지 기능을 하는데, 아이들이 함께 어울릴 수 있도록 해 줄 뿐만 아니라 육체적인 활동을 함으로써 근육을 튼튼하게 할 수 있고 새로운 요령을 터득하게도 해 준다. 그러나 가장 중요한 기능은 아이들이 놀이를 통해서 상상력을 키울 수 있다는 것이다. 아이들은 놀이를 통해서 생활하는 요령을 터득하게 되고 긴장을 풀고 편안하게 미래를 생각하게 된다. 그리고 아이가 처한 사회적 환경에 따라 아이의 놀이도 다르기 마련이다. 아이들은 놀이라는 것을 통해서 상상력과 모험심을 키우면서 세상을 배우게 되고 어떻게 행동해야 하는지를 알게 되고 자신의 단점을 계속 고쳐 나가게 된다.

예제 44

Dear Mr. Karl:

I appreciated your taking time to talk with me last week. As we discussed, enclosed is some information and an outline of ABC's outplacement services.

With over 30 domestic and 40 international offices, ABC is the largest and leading provider of human resource consulting services in the world. ABC has a wide array of services to assist companies in various facets of organizational transition.

I would appreciate an opportunity to meet you and get better acquainted with your organization and some of the challenges you face as the HR Director. If an opportunity arises within the next few weeks, please give me a call. If I don't hear from you, I'll touch base with you in a few weeks to see if we can schedule some time down

the road.

Again, thank you and I hope we have an opportunity to meet.

Sincerely,

Paul Smith

Senior Vice President

Managing Director

어휘_ appreciate 감사하다 enclose 동봉하다 outline 개요, 요약 outplacement 인력 재배치 domestic 국내의 provider 제공자 human resource 인력 wide array of services 광범위한 서비스망 assist 지원하다 various facet 다양한 방면 organizational transition 조직이동 opportunity 기회 get acquainted with 정통하다, 알게 되다 challenge 도전, 의욕 HR Director 인사부장, 인력관리 이사

직역_ 친애하는 Karl 씨에게:

지난주 함께 얘기할 시간을 내주신데 대해 감사의 말씀을 드립니다. 상의한 바대로 ABC의 인력배치사업에 관한 정보와 개요를 동봉합니다.

국내에 30여 개, 해외에 40여 개의 사무국을 설치한 ABC는 인적자원 상담업무를 제공하는 세계에서 가장 큰 선두주자입니다. ABC는 조직이동의 다양한 방면에서 회사업무를 보조할 광범위한 서비스망을 구축하고 있습니다.

만나서, 당신의 회사와 HR 감독관으로서의 당신의 직무에 대해 더 잘 알게 될 기회가 주어진다면 감사하겠습니다. 만약 오는 몇 주 안에 기회가 생긴다면 연락을 주십시오. 만약 연락이 없다면 약속을 잡을 수 있는지 제가 직접 들르겠습니다.

다시 한 번, 감사드리며 만날 기회를 기다리고 있겠습니다.

당신의 친애하는

Paul Smith

부사장, 전무이사

해설_ 1. I appreciated your taking time to talk with me last week. As we discussed, enclosed is some information and an outline of ABC's outplacement services.⇒ 두 문장이지만 한 문장으로 연결시키는 것이 자연스럽다. "지난주 시간을 내주셔서 감사하며, 말씀대로 에이비시의 재취직 알선 용역의 개요와 안내 사항을 첨부합니다." 여기에서 some information을 '약간의 정보'라고 하면 좀 어색하다. 아직 우리에게는 '정보'라는 말이 '기밀사항'이라는 느낌을 주기 때문이다. 그냥 '안내사항'이라고 하는 것이 문맥에 가깝다.

2. ABC has a wide array of services to assist companies in various facets of organizational transition.⇒ 이 부분을 "ABC는 조직이동의 다양한 방면에서 회사업무를 보조할 광범위한 서비스 망을 구축하고 있습니다."라고 했다. transition을 '이동'이라고 한 것은 좀 무리가 있다. '이동'은 사람이나 물건이 옮겨가는 것을 나타내는 것이 보통이다. 조직은 '이동'하기보다는 '변화'하는 것이다. wide array of services는 '다양한 서비스망(service network)'과는 한참 거리가 있는 말이다. 여기에서는 '다양한 서비스 (혹은 용역)' 정도로 보는 것이 좋다. 그리고 뒤에서부터 거꾸로 번역하여 올라가는 식으로 처리하다 보니 번역문이 어색할 수밖에 없다. 앞에서부터 간단히 정리해보면, "ABC는 각종 용역을 제공하여, 고객사의 다양한 조직변경을 돕습니다." 정도로 처리하면 무난하다.

3. If an opportunity arises within the next few weeks, please give me a call. If I don't hear from you, I'll touch base with you in a few weeks to see if we can schedule some time down the road. ⇒ 이 원문의 요점이 무엇일까? 간혹 영어는 간단한 메시지를 매우 복잡하게 표현하는 경우가 많다. 대개는 정중하게 말하거나 완곡하게 의사를 관철하려 할 때 그렇게 한다. 그런데, 거기에 사용된 모든 단어와 표현을 한 글자씩(word by word) 번역하려면 힘들다. 이럴 경우 중심 메시지나 요점을 번역한 다음, 거기에 살을 붙여가는 식으로 번역하는 것이 좋다. 위 원문의 요점은 "몇 주 이내에 전화를 해주기를 바라며, 그렇지 않으면 내가 연락하여 일정을 잡아보겠다"는 말이다. 이제 원문의 세부적인 부분을 반영해보자. 단, 우리의 평상시 표현으로 하는 것이 좋다. "가능하시다면 몇 주 이내에 전화 주시기를 바랍니다. 전화가 없으면 제가 연락하여 일정을 잡아보도록 하겠습니다." 물론 원문은 이보다는 좀 더 세밀하게 표현하고 있다. 예를 들어, '몇 주 이내에(within the next few weeks) 전화 주시기 바라며…; (전화가 없으면) ~ 몇 주 후에(in a few weeks) 연락하겠다'로 시간개념이 정확하다. 그런데 따지고 보면, 뒤의 in a few weeks는 없어도 되는 부분이다. 왜냐하면, '전화를 기다리다가 안 오면 전화 하겠다'라는 말 속에 그 의미가 함축되기 때문이다. 이와 같이 원문과 번역문이 각각 가지고 있는 함축성(connotation)을 감안하면 훨씬 효과적으로 번역할 수 있다.

4. outplacement ⇒ 직업소개 혹은 인력배치를 의미하는 placement의 반대 뜻이니 해고하기 전에 외부로 재취직을 알선하는 것을 의미한다. executive search가 새로이 인력을 채용하는 일을 도와주는 것이라면, 이 말은 기존의 인력을 외부업체에게 소개해줘서 직업을 가질 수 있도록 도와준다는 의미다.

5. touch base ⇒ 일상적으로 쓰는 말이다. get in touch나 keep in touch, contact 등과 같은 뜻이므로 '연락하다' 등으로 번역하면 된다.

모범번역

칼(Karl) 씨께 :

지난주 시간을 내주셔서 감사하며, 말씀대로 ABC의 재취직 알선 용역의 개요와 안내사항을 첨부합니다.

ABC는 인력관리컨설팅 분야에서 세계에서 가장 큰 선도업체로서, 국내에 30개소 이상 그리고 해외에 40개소 이상의 사무소가 있습니다. 그리고 다양한 용역을 제공하여 고객사의 각종 조직변경을 돕습니다.

귀사의 조직과 인력관리 이사님의 당면 과제를 좀 더 잘 이해하기 위해서, 직접 만나 뵙고 싶습니다. 가능하시다면 몇 주 이내에 전화 주시기를 바랍니다. 전화가 없으시면 제가 연락하여 일정을 잡아보도록 하겠습니다.

다시 한 번 감사하며, 만나 뵐 기회가 있기를 바랍니다.

전무이사 (수석부사장) 폴 스미스(Paul Smith)

예제 45

■ Terms of Contract & Exclusivity

This contract will remain in effect until cancelled by any of the parties named above. Seller agrees to allow CP Consultants / DY a three 3. month period of exclusive representation of properties from the date such properties are listed with CP Consultants / DY. Exclusive representation is granted to CP Consultants for buyers located in North America, and is renewable thereafter for an additional three 3. month period as agreed upon by the parties named above.

■ Purpose of Contract

This contract will document the agreement between the parties above concerning the sale of the properties owned or otherwise controlled by the Seller. The agreement (see 4.a - j, below) will allow

both parties to agree, in advance, on terms of mutual benefit.

어휘_ term 기간 contract 계약 exclusivity 독점 cancel 취소하다 seller 판매자 agree 동의하다 representation 대리, 대표 property 재산, 부동산 buyer 구매자 locate 위치하다 renewable 갱신할 수 있는 additional 추가적인, 부가적인 purpose 목적 document 문서화, 문서 terms of mutual benefit 상호 이익이 되는 조건

직역_ ■ 계약기한과 독점성

이 계약은 상기 당사자의 어느 일방에 의해서 취소될 때까지 유효하다. 판매자는 CP 컨설턴트 / DY가 그 부동산을 명부에 올린 날로부터 3개월간의 독점대리를 허용할 것에 동의한다. 독점대리는 북미에 위치한 구매자들을 대상으로 한 CP 컨설턴트에게 허용되며, 상기 당사자들이 합의하는 것에 따라 추가적인 3개월간 갱신된다.

■ 계약목적

이 계약은 판매자가 소유하거나 통제하는 부동산의 판매에 관하여 상기 당사자들 간의 합의를 문서화할 것이다. 이 계약(하기 4. a - j 참조)은 상호 이익이 되는 조건에 관하여 미리 합의할 수 있도록 할 것이다.

해설_ 1. 이 문장은 부동산 중개계약서의 일부이다. 부동산 중개는 일상적으로 접하게 되는 일이므로 이런 영문을 잘 알아두는 것이 실생활에서도 좋다.

2. Seller agrees to allow CP Consultants / DY a three 3. month period of exclusive representation of properties from the date such properties are listed with CP Consultants / DY. ⇒ 먼저 이 계약의 당사자를 살펴보면, Seller(매도자= 팔고자하는 사람)와 CP Consultants / DY(중개자)이다. 이 조항의 핵심은 '매도자가 중개자에게 부동산에 대한 3개월간의 독점 중개권한을 주는 것'이다. 이 핵심내용에 살을 붙여가며 번역을 완성하면 된다.

3. Exclusive representation is granted to CP Consultants for buyers located in North America, and is renewable thereafter for an additional three 3. month period as agreed upon by the parties named above. ⇒ 이는 중개자에게 부여된 독점 중개권한이 북미의 고객들을 대상으로 한 것이며, 3개월간 갱신될 수 있음을 밝히고 있다.

4. This contract will document the agreement between the parties above concerning the sale of the properties owned or otherwise controlled by the Seller. The agreement (see 4.a - j, below) will allow both parties to agree, in advance, on terms of mutual benefit. ⇒ 이 부분(Purpose of Contract)은 매끄럽게 번역하기가 어렵다. 따지고 보면, 원문 작성자가 불필요한 논리까지 표현했기 때문이다. 참고

로, 원문 속의 논리전개를 따라가 보면 다음과 같다. "This contract는 the parties간의 the agreement를 document하자는 것이고, the agreement는 both parties가 미리 합의(to agree in advance) 할 수 있게 한다." 세상의 어느 계약서가 상호간의 합의를 문서로 증명하는 것이 아니며, 세상의 어느 합의가 미리 약속하는 것이 아니겠는가? 당연한 논리를 말로 표현하는 것도 힘든 일이지만, 그것을 매끄럽게 번역하는 것도 피곤한 일이다. 이 영문은 다음과 같이 한 문장으로 줄여도 된다. This is the agreement(see 4.a - j, below) between the parties concerning the sale of properties owned or otherwise controlled by the Seller. 이러한 것을 염두에 두고 번역하면 간단하다. 이런 분석력이 있어야 번역을 할 수 있는 것은 아니지만 이런 능력도 번역자에게는 중요한 자산이라 할 수 있다.

5. terms ⇒ 이와 같은 복수형은 '(계약의) 조건'을 의미한다. exclusive representation ⇒ 보통 '독점적인 대표' 혹은 '대리'를 의미한다. 그런데, 부동산 중개계약에서는 '전속중개'라는 용어를 쓰고 있다. 하지만, 일반인이 부동산 중개계약의 전문용어까지 이해하기를 기대하는 것은 다소 무리가 있으므로, 번역사례와 같이 '독점중개'로 번역해도 별 문제가 없다.

6. list ⇒ 명사로 사용되는 경우, '목록' 혹은 '일람표' 등을 의미한다. 동사로 사용되면, enlist처럼 '목록에 올리다, 명부에 기입하다' 등의 뜻이 있으므로 이런 부동산계약에서는 '(중개대상) 목록에 올리다'와 같은 뜻이다.

모범번역

■ 계약조건과 전속성

이 계약은 상기 당사자 중 일방이 취소할 때까지 유효하다. 매도자는 시피 컨설턴트 / 디와이에게 부동산을 중개목록에 올린 날로부터 3개월간의 전속 중개권을 부여한다. 전속 중개권은 시피 컨설턴트가 미국의 매수자에게 중개하는 것을 허용하는 것이며, 상기 당사자들의 합의에 따라 추가로 3개월간 갱신될 수 있다.

■ 계약의 목적

이 계약서는 판매자가 소유 혹은 관장하는 부동산의 판매에 관한 상기 당사자들 간의 합의를 문서로 증명한다. 이 합의(하기 4. a - j 참조)는 양 당사자가 상호이익이 되는 조건을 미리 약정하는 것이다.

예제 46

■ **Results of tests;**

Beijing Co. entrusted the National Household Appliance Quality Supervision & Test Center to test the quality of the Korea Sauna machine. The test report from the NHAQST showed that while some aspects of the Sauna are up to the standard, some fall short of specifications. The unqualified items are the following No's 7 and 8.

Details ensue:

ITEMS ---------------------------------- RESULT

No. 7. Sign; the sign on the machine ----------------- unqualified

No. 8. Prevention of electric ---------------------- unqualified

The machine should have relevant protection measures to prevent users from touching electrified parts.

어휘_ results 결과 entrust 의뢰하다 quality 품질 aspect 모습, 양상 standard 표준 specification 상술, 명세서 unqualify 불량판정을 하다 details ensue 세부사항 prevention 방지, 예방 relevant 적절한 protection measures 보호 수단 electrified 전기가 통하는

직역_ 시험 결과;

베이징社는 한국 증기목욕기기의 품질검사를 국립 가전기기 품질관리 및 검사원("NHAQST")에 의뢰했다. NHAQST의 시험결과 보고서에 의하면, 증기목욕기기의 몇몇 양상은 표준에 달했지만, 몇 가지 양상들은 명세에 미달했다. 품질불량 판정을 받은 품목은 하기 7번과 8번 항목이며, 세부사항은 다음과 같다:

항목 -- 결과

7번. 표시; 기계의 신호가 부정확 ------------------------ 미달

8번. 전기충격방지 ---------------------------------- 미달

이 기기는 사용자로 하여금 전기가 통하는 부품의 접촉을 방지하는 관련 보호 장치가 구비되어야 합니다.

해설_ 1. 이 문장은 '제품 시험보고서'로 용어선택이 중요하다.

2. Beijing Co. entrusted the National Household Appliance Quality Supervision

& Test Center to test the quality of the Korea Sauna machine. ⇒ '사우나'라는 말은 이미 한국어화 된 단어이므로 "베이징사가 한국 사우나기기의 품질검사를 국립 가전기기 품질검사 및 시험센터에 의뢰했다."로 처리하면 된다. '시험센터' 역시 자주 쓰이므로, 반듯이 '시험원'이라고 할 필요는 없다.

3. The test report from the NHAQST showed that while some aspects of the Sauna are up to the standard, some fall short of specifications. ⇒ 이 부분은 우리말로 표현하는 것이 좀 까다롭다. 여기에서 '몇 가지 측면에서는 표준에 도달하지만, 몇 가지 측면은 명세서에 미달한다'라는 말을 어떻게 표현하면 좋을까? 예를 들어, '표준을 충족시키는 항목도 있지만, 기술명세서에 미달하는 항목도 있다.'라고 표현하면 어떨까? 왜냐하면 바로 다음 문장에서 '미달항목(unqualified items)'이라는 말이 나오기 때문이다. 이와 같이 앞뒤의 문장을 고려하여 문맥에 적합한 번역용어를 선택하는 것이 좋다.

4. The machine should have relevant protection measures to prevent users from touching electrified parts. ⇒ 여기에서 protection measures를 '보호 장치'라고 한 점이 비약으로 보인다. measures(조치)에는 '장치(equipments)'를 하는 것도 있을 수 있지만, 단순히 회로를 바꾼다든지 하는 방법도 있기 때문이다. 그리고 The machine이라는 말은 생략하고 번역해도 되겠다. Machine에 대해서 이야기하고 있는 것이 너무나 명확하기 때문이다.

5. Household Appliance ⇒ appliance를 영영사전에서 찾아보면 an apparatus for a particular purpose, esp. an electrical machine that is used in the house: domestic appliances such as dishwashers and washing machines라고 되어 있다. 접시세척기나 세탁기 같은 '가정용 기구'라는 말이다. 침대나 책상 같은 furniture는 포함하지 않으므로, household appliance는 '가전제품'이라고 번역하는 것이 원어에 가깝다. 반대로, '가전제품'을 영어로 번역할 때, 굳이 household electric appliance라고 하지 않고, 그냥 household appliance 혹은 home appliance라고도 한다.

모범번역

■ 시험결과

베이징社는 코리아 사우나(Korean Sauna) 기기의 품질시험을 "국립 가전제품 품질관리 및 시험센터(NHAQST)"에 의뢰했다. NHAQST의 시험결과보고서에 의하면, 동 사우나기기는 표준을 충족시키는 항목도 있지만, 기술명세서에 미달하는 항목도 있다. 동 미달항목은 하기 7번과 8번 항목이며, 세부사항은 다음과 같다:

항목 -- 결과

7번. 표시; 기기표시 ------------------------------ 미달

8번. 전기충격방지 ---------------------------------- 미달

전기가 통하는 부분에 대해서는 감전 사고를 방지할 수 있는 적절한 조치가 필요함.

예제 47

In order for you to continue to be as well informed as possible, I have attached the past semester's academic report for the recipient(s) of the Coats & Clark Scholarship. Your support of our Scholarship Program is an invaluable aid to this school, especially in helping us recruit and retain high quality students. I sincerely thank you for your continuing support.

어휘_ in order to ~하기 위해서 as ~ as possible 가능한 한 inform 알리다, 정통하다 attach 붙이다, 첨부하다 semester's academic report 학기 성적표 recipient 수납자, 수령인 Scholarship 장학금제도 support 지원하다, 지지하다 invaluable aid 헤아릴 수 없는 도움 recruit 모집하다 retain 보유하다, 유지하다, 고용하다

직역_ 당신이 가능한 한 바른 정보의 숙지를 계속하기 위해서 나는 Coats & Clark 장학금제도의 수혜자(들)의 지난 학기 성적표를 동봉합니다. 우리의 장학금 프로그램에 대한 당신의 지원은 이 학교에게, 특히 높은 자질의 학생들을 모집하고 유지하는데 있어서 헤아릴 수 없이 큰 도움이 되고 있습니다. 나는 당신의 지속적인 지원에 감사를 드립니다.

해설_ 1. 학교 당국이 장학금을 지원하는 후원자에게 보내는 감사문이다. 간단한 내용이지만 한국 사람이 읽기에 편하도록 표현에 신경을 써야 한다.

2. In order for you to continue to be as well informed as possible, ⇒ 위의 직역은 전혀 우리말 같지가 않다. 우리나라 사람이 이런 말투를 쓰는 사람을 본 적이 있는가? '가능한 한 바른 정보의 숙지를 계속하기 위해서~' 이 말의 취지는 무엇일까? 우리말에서는 주어를 생략해도 되므로 '귀하가 잘 이해하실 수 있도록~' 정도면 충분하다. 물론, '계속해서 잘 이해하실 수 있도록~'으로 할 수도 있다. 혹은 '최대한 이해를 돕기 위해서~'라고 할 수도 있다.

3. Your support of our Scholarship Program is an invaluable aid to this school,

especially in helping us recruit and retain high quality students. ⇒ '높은 자질의 학생'은 '우수한 학생'으로, 그리고 '모집하고 유지하는' 것도 '확보하는'으로 해도 큰 무리가 없다. 따라서 "저희 장학 프로그램에 대한 귀하의 지원은 본교에 큰 도움이 되며, 우수한 학생을 확보하는데 큰 힘이 된다."로 처리하면 된다.

4. I sincerely thank you for your continuing support. ⇒ 의미를 전달하는 데는 아무런 문제가 없지만, "계속 도와주셔서 감사합니다."라고 하면 더 좋다.

모범번역

잘 이해하실 수 있도록 코트 앤 클라크 장학금(Coats & Clark Scholarship) 수혜자들의 지난 학기 성적표를 첨부하여 드립니다. 저희 장학제도에 대한 귀하의 지원은 본교에 큰 도움이 될 뿐만 아니라 우수한 학생들을 확보하는데 매우 큰 힘이 되고 있습니다. 계속적인 지원에 감사의 말씀을 드립니다.

예제 48

This agreement replaces the current Mount High Company Agreement and the Columbia Partnership Agreement. Both of these existing agreements terminate at 23:59 GMT on December 20, 2004. Therefore, to be assured of continuing your distribution through both current systems, it is imperative that you return both copies of the new agreement, duly signed, by December 10, 2004. Please note that the agreement will become effective on December 21, 2004 or, if returned after this date, the commencement date of the agreement will be the date of counter-signature by Prime International.

어휘_ replace 대체하다, 되돌리다, 돌려주다 current 현재 exist 현존하다 terminate 종결되다 GMT 그리니치 평균시 - 그리니치 平均時 Greenwich mean time : 그리니치 천문대를 지나는 본초자오선(그리니치자오선)을 기준으로 하는 시. 약칭하여 그리니치시라고도 한다. 1925년 이전의 그리니치시는 정오(正午)를 0시로 하여 시간을 재기 시작하는 방식의 천문학용 평균 태양시를 뜻하는 것이었다. 하지만 일상생활에서는 자정을 0시로 하여 시간을 재는 방식이 사용되고 있는데, 이것을 그리니치상용시(GCT)라고 하였다. assure 보증하다, 확실히 하다 distribution 유통, 분배, 분포

직역_ 이 계약은 현재의 Mount High Company Agreement와 Columbia Partnership Agreement를 대체한다. 현존하는 이 계약 둘은 그리니치표준시로 2004년 12월 20일 23시 59분에 종료된다. 그러므로 현재의 양 체계를 통한 당신의 유통의 지속이 확실히 되기 위해서는 당신은 2004년 12월 10일까지 정식으로 서명된 새로운 계약의 두 복사본을 돌려보내는 것이 필수적이다. 이 계약은 2004년 12월 21일 부로 효력이 있게 될 것이며, 만약 이 날짜가 지난 후에 반환된다면 이 계약 시작은 Prime International에 의해 부서가 되는 날짜가 될 것이다.

해설_ 1. 기존 계약서를 신규 계약서로 대체하는 내용이다. 위 직역을 틀렸다고 할 수는 없지만 좋은 번역이라 할 수도 없다.

2. This agreement replaces the current Mount High Company Agreement and the Columbia Partnership Agreement. Both of these existing agreements terminate at 23:59 GMT on December 20, 2004. ⇒ 두 개의 문장이지만 간단하고 내용상 연결시켜서 번역하는 것이 좋다. "이 계약은 그리니치 표준시로 2004년 12월 20일 23시 59분에 종료되는 두 건의 기존 계약인 마운트 하이 컴퍼니 계약과 컬럼비아 파트너십 계약을 대체한다."처럼. 고유명사는 소리가 나는 대로 우리말로 적어주는 것이 원칙이므로 당황하지 말아야 한다. 물론, 이미 우리말이 된 것은 한국식으로 적어주면 된다.

3. Therefore, to be assured of continuing your distribution through both current systems, it is imperative that you return both copies of the new agreement, duly signed, by December 10, 2004. ⇒ 여기에는 약간의 의역이 필요하다. both current systems라는 말은 직역하면, '양 기존 시스템'이 되지만, '두 건의 계약에 따른 기존 방식'을 의미한다. both copies는 '두 개의 복사본'이 아니고 '계약 당사자가 각각 1부씩 보관하게 되는 (원본) 2부'를 말함에 유의해야 한다. duly signed는 '적정하게 서명된'이라는 말이지만, 그냥 '서명하여'라고 하면 충분하다. 계약서에 제멋대로 서명할 사람은 없기 때문이다. 정리하면 "두 건의 계약에 따른 기존 방식으로 판매를 계속하시려면, 이 계약서 2부에 서명하여 2004년 12월 10일까지 반송해 주셔야만 합니다." 정도가 된다.

4. Please note that the agreement will become effective on December 21, 2004 or, if returned after this date, the commencement date of the agreement will be the date of counter-signature by Prime International. ⇒ 여기에서는 과감한 생략이 필요하다. '계약효력의 발생일 또는 시작일'로 하면, 같은 말을 두 번 반복하는 격이 되므로 비효율적이다. 다시 말하여, will become effective라는 말과 the commencement date라는 말을 한 번에 표현하는 것이 효율적이다. 그리고 Please note that이라는 표현은 상대방이 유념하기를 바라는 의미에서 쓰는 말이므로, 그 의미대로 번역하면 된다. 정리하면, "이 계약서는 2004년 12월 21일에 발효하며, 만약 계약서가 동 일자 이후에 반송되면, 프라임 인터내셔널이 부서하는 날짜에 발효함을 유념하시기 바랍니다." 여기서 '부서(副署)하다'는 표현은 '다시 서명하다'는 뜻으로 일본어 한자어를 그대로 번역해서 사용하는 번역어투다.

모범번역

이 계약은 그리니치 표준시로 2004년 12월 20일 23시 59분에 종료되는 두 건의 기존계약인 마운트 하이 컴퍼니 계약(Mount High Company Agreement)과 컬럼비아 파트너십 계약(Columbia Partnership Agreement)을 대체한다. 두 건의 계약서에 따른 기존의 방식대로 판매를 계속하려면, 이 계약서 2부에 서명하여 2004년 12월 10일까지 반송해주어야 한다. 이 계약의 발효일은 2004년 12월 21일이며, 만약 계약서가 이 날짜 이후에 반송되면, 프라임 인터내셔널(Prime International)이 서명하는 날짜부로 발효됨을 유념하기 바란다.

예제 49

We are trying to locate a source for personal computers and printers shown in the June catalog you sent us recently. At present we require only 5 personal computers for our financial department, but we expect to have greatly expanded requirements in the several months.

We need 486DX2 or 586 models with modems.

Please quote us your prices on computers in bundles of 5 and 10, both with one laser printer. In addition, please provide detailed specifications along with your price quotes.

어휘_ locate 위치를 정하다 source 근원, 근본, 원인 personal computer PC, 개인 컴퓨터 printer 프린터 catalog 카탈로그 require 요구되다 financial department 재무부서 expect 기대하다 expand 확대하다 requirement 수요 modem 모뎀 quote 값을 어림잡다 bundle 묶음, 꾸러미 laser printer 레이저 프린터 provide 제공하다 detailed specification 상세한 설계 설명서 price quote 견적가격

직역_ 우리는 최근에 당신이 우리에게 보내준 6월호 카탈로그에서 보인 개인용 컴퓨터와 프린터의 바탕을 설치하고자 합니다. 현재 우리는 재무부서에 5대의 컴퓨터만 요구되지만, 그러나 우리는 수개월 안에 대단히 많아진 수요가 있을 것으로 기대된다.

우리는 모뎀이 있는 486DX2 또는 586 모델들이 필요하다.

한 대의 레이저 프린터와 함께 5대와 10대의 컴퓨터에 대한 당신의 가격 견적을 내달라. 추가적으로, 당신의 견적가격과 함께 상세한 설계 설명서도 보내주기 바란다.

해설_ 1. 컴퓨터와 프린트를 주문하기 위한 내용이다.

2. **We are trying to locate a source for personal computers and printers shown in the June catalog you sent us recently.** ⇒ 별로 어렵지 않은 내용인데, '바탕을 설치하고자 한다'라는 말은 도무지 이 문장과 어울리지가 않는다. 이 문장에서 **source**는 **supplier**(공급자) 혹은 **retailer**(소매판매자)를 뜻한다. 결국 '귀하의 카탈로그(상품목록)에 있는 **PC**와 프린터의 공급처를 찾고 있다'는 말이다. 원문상의 **We**(우리가) 혹은 **you**(귀하) 등은 생략하고 번역해도 된다. 왜냐하면, 서신에서 이러한 것을 생략해도 누가 누구에게 하는 것인지 알 수 있기 때문이다.

3. **At present we require only 5 personal computers for our financial department, but we expect to have greatly expanded requirements in the several months.** ⇒ 약간의 표현력이 필요한 부분이다. '현재는 **PC** 5대만 필요하지만, 향후 많이 필요하게 될 것 같다(**expected**)'는 메시지이다.

4. **Please quote us your prices on computers in bundles of 5 and 10, both with one laser printer.** ⇒ 간단하지만 상당한 표현력이 필요하다. **bundles**라는 말을 어떻게 번역할 것인지, 그리고 각각의 **bundles**에 프린터를 포함하라는 말을 어떻게 효과적으로 표현할지가 관건이다. 일단, **bundle**을 '단위'로 표현해보자. 따라서 "컴퓨터 5대 단위와 10대 단위별 견적가격을 제시하되, 각각 레이저 프린터를 포함하여 견적하시기 바랍니다."로 하면 어떨까?

모범번역

최근에 보내주신 6월자 상품목록에 소개된 개인용 컴퓨터와 프린터의 공급처를 물색 중입니다. 현재로서는 경리부에서 사용할 개인용 컴퓨터 5대만 필요하지만, 몇 개월 후에는 많은 물량이 필요할 것으로 보입니다.

필요한 모델은 모뎀이 장착된 486DX2 혹은 586입니다.

5대 단위로 컴퓨터를 구입할 경우와 10대 단위로 구입할 경우의 견적 가격을 알려 주시되, 각각 레이저 프린터를 포함하여 견적을 내 주시기 바랍니다. 견적가와 함께 상세한 설명서도 보내주시기 바랍니다.

예제 50

To all Korean beneficiaries of export L / Cs advised by Ace Seoul Branch,

It gives me great pleasure to announce to you that the export documentary credit activities of the Ace Seoul Branch has just received ISO 9002 Certification. This certification was granted by the Bureau Veritas Quality International. Our consultant, Nelson Smith, assisted us.

As you may know, we are deeply involved in advising and negotiating letters of credit opened by all of our correspondent banks around the world in favor of Korean corporations. Last year we performed consultation on more than 100,000 L / Cs (around 400 per day) given to Korean beneficiaries for an amount totaling US $ 10 billion.

We hope that this certification further demonstrations how committed we are to improving the quality of our services in this field, to the benefit of our customers and communities in Korea. I would like to thank you for your trust and support. Should you require further information or assistance in this matter, please do not hesitate to contact me. I will do my utmost to assist you in any way that I can.

Very truly yours,

James Clark

General Manager

어휘_ beneficiary 수익자, 수취인, 사제(司祭) L/C = letter of credit 신용장 branch 지점, 지사 announce 알리다, 통고하다 documentary 문서의 certification 인증 grant 주다, 승인하다 consultant 컨설턴트, 자문역 negotiate 협상하다, 수행하다 correspondent 통신원, 기고가 in favor of 지지하는, 위하여 consultation 상담, 지원 billion 10억 demonstration 증명, 데모, 시위, 실연 committed 전념하는, 헌신적인 quality 품질 assistance 원조, 보조 utmost 최대한, 극도로

직역_ 에이스 서울 브랜치(Ace Seoul Branch)에 의해 조언된 수출신용장의 모든 한국 수익자님께,

에이스 서울 브랜치의 수출 문서 신용 활동들이 막 ISO 9002 인증을 받았다는 것을 당신에게 알려 주게 된 것은 저에게 큰 기쁨을 줍니다. 이 인증은 Bureau Veritas Quality International에 의해 승인되었습니다. 저희의 자문역인 넬슨 스미스 씨께서 저희를 지원했습니다.

당신이 알고 계신 것처럼, 저희는 한국 기업들을 위해서 전 세계에 있는 저희의 모든 지점 은행들에 의해서 신용장 개설을 조언하고 협상하는데 깊게 관련되었습니다. 지난해에 저희는 10만 건 이상의 신용장(약 하루 400건) 상담을 수행했고 총 액수 100억 달러에 상당한 것을 한국 수익자들께 주었습니다.

저희는 이번 인증이 한국에 있는 저희의 고객들과 공동체들에게 이익이 되도록 저희가 이 분야에 있어서 저희의 서비스의 질을 향상시키기 위해 얼마나 헌신적인지를 시연되기를 희망합니다. 저는 당신의 신뢰와 지원에 감사드리고 싶습니다. 반드시 당신은 이 문제에 있어서 더 많은 정보 또는 지원을 요구하십시오. 제발 저에게 접촉하는 것을 주저하지 마십시오. 저는 제가 할 수 있는 어떤 방식으로든 당신을 지원하기 위해 최선을 다할 것입니다.

매우 진실한 당신의 제임스 크라크 부장

해설_ 1. 위 원문은 고객에게 보내는 안내문이다. 수출 신용장 통지 및 네고 업무(협상 및 상담업무)를 하는 은행이 고객(수출상)에게 보내는 안내 서신이다.

2. To all Korean beneficiaries of export L/Cs advised by Ace Seoul Branch, ⇒ 수신자를 표시하는 부분으로 여기서의 beneficiaries는 신용장을 수령하는 수출상을 의미한다. 수입업자가 자신이 거래하는 주 은행을 통하여 대금지급을 보증하는 것이 신용장(Letter of Credit: L/C)인데, 신용장을 받는 측은 일종의 수익을 받는 것이므로 '수익자'라고 한다. L/C를 개설하는 은행은 보통 수입상이 있는 국가에 있기 때문에, 수출상이 있는 나라의 통지은행(Advising Bank)을 통하여 수출상에게 L/C가 개설되었음을 알려(advise)준다. 따라서 여기서는 Ace Seoul Branch가 통지은행이고, beneficiaries는 그 통지를 '받는 자'다. 즉, '에이스 서울지점이 통지하는 수출신용장의 한국 수익자 여러분에게'와 같은 표현이다.

3. As you may know, we are deeply involved in advising and negotiating letters of credit opened by all of our correspondent banks around the world in favor of Korean corporations. ⇒ 이 문장은 Ace Seoul Branch가 외국의 L/C 개설은행(거래은행: correspondent banks)을 대신하여 한국의 회사들에게 L/C를 통지(advising)하고 매입(negotiating)하는 일에 깊이 참여해 왔다는 내용이다. 따라서 "아시는 바와 같이, 당사는 세계 각지의 거래은행이 한국의 회사들을 위하여 개설한 신용장을 통지하고 매입하는 일을 적극적으로 수

행하여 왔습니다." 정도로 번역해야 한다.

4. Last year we performed consultation on more than 100,000 L/C's (around 400 per day) given to Korean beneficiaries for an amount totaling US $ 10 billion. ⇒ 이 문장은 "작년 한 해에, 한국 수익자(수출상)에게 발행된 10만 건 이상의 신용장(하루 약 400건)에 관련된 상담업무(통지 / 매입 업무)를 수행했는데, 그 총액은 100억 달러에 달합니다."로 번역하는 것이 옳다는 것이다. "작년 한 해만 하더라도 한국 기업들이 총 100,000건에 이르는 L/C(하루 평균 400건)를 개설하도록 도움을 주었고, 그 총액은 미화 100억 달러에 이릅니다."로 번역하면 오역이다.

5. General Manager ⇒ 직급이나 직책을 번역할 때는 매우 주의해야 한다. 영국과 미국이 매우 다르고, 사실은 회사마다 조금씩 다른 체제를 갖고 있기 때문이다. 영국에서는 General Manager를 '사장'으로 많이 사용하고 있다.

모범번역

에이스 서울지점이 통지하는 수출신용장의 한국 수익자 여러분께,

에이스 서울지점의 신용장 개설 서비스가 ISO 9002 인증을 취득하였음을 알려드립니다. 이 인증은 Bureau Veritas Quality International이 수여한 것으로, 여기에는 저희 자문역인 넬슨 스미스 씨의 도움이 컸습니다.

아시는 바와 같이, 당사는 세계 각지의 거래은행이 한국의 회사들을 위하여 개설한 신용장을 통지하고 매입하는 일을 적극적으로 수행하여 왔습니다. 작년 한 해에, 한국 수익자(수출상)에게 발행된 10만 건 이상의 신용장(하루 약 400건) 관련 상담업무를 수행하였으며, 그 총액은 100억 달러에 상당합니다.

이번의 인증취득이 한국의 기업들을 위해 더욱 더 향상된 서비스로 매진하려는 저희 노력을 입증하는 것으로 봐 주시면 감사하겠습니다. 그 동안 보여주신 신뢰와 지원에 감사드립니다. 마지막으로, 이와 관련하여 더 상세히 알고 싶은 내용이 있으시면 주저 마시고 저희에게 알려 주시기 바랍니다. 정성껏 알려드리도록 하겠습니다.

귀사의 무궁한 발전을 기원합니다.

제임스 클라크

지점장

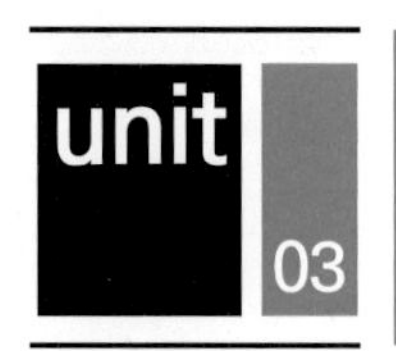

영어 번역 테크닉 10원칙 (Ten Principles of Translation)

Tec 01 일단 문장을 해체하여 의미를 중심으로 번역하라

01 Experience does not lead to that view.

경험이 그러한 관점을 이끌지는 않는다.

⇒ 1. 경험에서 그런 관점이 생기는 것은 아니다.
 2. 경험이 많다고 해서 그런 인생관이 정립되는 것은 아니다.
 3. 경험을 많이 한다고 해서 아무나 그렇게 생각할 수 있는 것은 아니다.
 4. 경험만으로 그런 인생관을 정립할 수 있는 것은 아니다.
 5. 밥그릇 수가 많다고 해서 달관할 수 있는 것은 아니다.

02 The details of packing my personal belongings occupied me until late in the day.

나의 개인적인 소지품들을 꾸리는 사소한 일들이 그날 늦게까지 나를 잡았다.

⇒ 1. 내 개인적인 소지품을 챙기는 사소한 일 때문에 나는 늦게까지 아무 것도 하지 못했다.
 2. 나는 자질구레한 소지품들을 꾸리느라 그날 늦게까지 일을 했다.
 3. 소지품들을 꾸리는데 얼마나 잔손이 많이 가는지 그날 늦게야 끝냈다.
 4. 나는 그날 하루 종일 소지품을 꾸리다 볼일 다 보았다.

Tec 02 대명사와 같은 불필요한 표현은 과감히 빼라

01 Alice likes English and studies it hard.

앨리스는 영어를 좋아하고 그리고 그것을 열심히 공부한다.

⇒ 1. 앨리스는 영어를 좋아하고 배우기도 열심히 한다.

2. 영어를 좋아하는 앨리스는 영어공부를 열심히 한다.
3. 앨리스는 영어가 좋아 열심히 배운다.

02 **The woman cleared the table and carried the dishes to the kitchen. She set them on table and stood there for a minute. Then she returned to the dinning-room.**

그 여자는 테이블을 청소하고 그리고 부엌으로 접시들을 날랐다. 그녀는 그것들을 테이블에 올려놓았고 그리고 몇 분 동안 그곳에 서 있었다. 그러고 나서 그녀는 식당으로 뒤돌아 왔다.

⇒ 1. 그 여자는 식탁을 훔치고 나서 그릇을 부엌으로 가지고 갔다. 테이블에 그릇을 정리하고 잠시 서 있다가 다시 식당으로 돌아왔다.
2. 식탁을 정리하고 난 그 여자는 그릇들을 부엌으로 가져가 씻어서는 정리를 해 놓고 잠시 있다가 곧 식당으로 다시 왔다.
3. 식탁을 깨끗이 훔치고 나서 그릇들을 부엌으로 가져가 씻어 정리를 마친 그 여인은 잠시 후 식당으로 나왔다.

Tec 03 말하고자 하는 요점을 정리해서 문장화하라

01 **The policeman took a pickpocket by his hand.**

그 경찰관은 그의 손으로 한 소매치기를 잡았다.

⇒ 1. 그 경찰관이 어떤 소매치기를 붙들었다.
2. 그 경찰관이 직접 소매치기를 잡았다.

Tec 04 반복되는 표현들을 깔끔하게 처리하라

01 **Nelson, for instance, taught his midshipmen that they should hate a Frenchman as they would the Devil.**

넬슨을 예를 들면 그들이 악마인 것처럼 그들은 프랑스인들을 증오해야만 한다고 그의 중견 해군들을 가르쳤다.

⇒ 1. 예를 들어, 넬슨은 한 명의 프랑스인들도 악마와 같으므로 증오해야만 한다고 중견 해군 부하들을 가르쳤다.
2. 이를테면 넬슨제독은 중견 해군 부하들을 프랑스 해군 한 명만 보아도 적개심이 들끓을 정도가 되어야 한다고 가르쳤다.
3. 넬슨 제독이 중견 해군 부하들에게 적개심을 어느 정도까지 고취시켰는가 하면 프랑스 수병은 지옥 끝까지 쫓아가서라도 죽여야 한다고 가르쳤다.

02 If industry is paralyzed, the evils which exist in modern Russia, or other just as great, seem practically unavoidable.

만약 산업이 마비되면, 현대의 러시아 또는 그만큼 큰 다른 곳에 존재하는 그 재난들은 실제적으로 피할 수 없을 것으로 보인다.

⇒ 1. 만약 산업이 마비되면 러시아 또는 그만큼 큰 나라들이 겪고 있는 현재의 재난은 불가피할 것으로 보인다.
2. 러시아나 비슷한 규모의 나라가 현재 겪고 있는 재난은 산업이 마비될 경우 피할 길이 없을 것으로 보인다.
3. 현재 큰 어려움을 겪고 있는 러시아나 비슷한 규모의 나라들은 산업이 마비될 경우 그 어려움에서 벗어나기 힘들 것으로 보인다.

Tec 05 보충을 해서라도 표현을 매끄럽게 하라

01 Democracy would not have saved Copernicus and Galileo from persecution.

민주주의는 박해로부터 코페르니쿠스와 갈릴레오를 구하지 못했을 것이다.

⇒ 1. 민주주의체제라 해도 코페르니쿠스나 갈릴레오를 박해로부터 구하지 못했을 것이다.
2. 당시가 민주주의 체제라 해도 코페르니쿠스와 갈릴레오는 박해를 받았을 것이다.
3. 만약 코페르니쿠스와 갈릴레오가 민주주의 시대에 살았다고 해도 여전히 박해를 받았을 것이다.

4. 코페르니쿠스와 갈릴레오는 민주체제 하에서 살았다고 해도 박해는 모면하지 못했을 것이다.

02 The supreme condition of success in a Communist revolution is that it should not paralyze industry.

공산주의 혁명에 있어서 성공의 최상의 조건은 그것이 산업을 마비시키지 않아야 한다는 것이다.

⇒ 1. 공산주의 혁명 성공의 최상의 조건은 산업을 마비시키지 않아야만 한다는 것이다.
2. 공산주의 혁명이 성공하기 위한 최대 관건은 산업을 마비시키지 말아야 한다는 것이다.
3. 공산주의 혁명이 성공하기 위해서는 어떠한 일이 있어도 산업이 발전해야 한다는 것이다.
4. 공산주의 혁명을 성공적으로 마무리하려면 제일 먼저 산업을 발전시켜야 한다는 것이다.

Tec 06 원문의 어순에 연연하지 말고 원문의 뜻을 정확하게 표현하라

01 The most difficult kind of liberty to preserve in a democracy is the kind which derives its importance from services to the community that are not very obvious to ignorant people.

민주주의에 있어서 보호하기 가장 힘든 자유의 종류는 무지한 사람들에게 아주 명확하지 않는 공동체에 대한 봉사로부터 그것의 중요성이 나오는 그런 종류다.

⇒ 1. 민주체제하에서 가장 지키기 힘든 자유는 공동체를 위해서 봉사할 수 있는 자유인데, 왜냐하면 무지한 사람들은 그것이 중요하다는 사실을 잘 모르기 때문이다.
2. 민주주의체제에서 가장 보장하기 힘든 자유는 공동체를 위해서 봉사할 수 있는 자유를 보장해주는 것인데, 무지한 사람들은 공동체를 위해 봉사하는 자유가 무엇인지 잘 모르기 때문이다.

3. 무지한 사람들은 공동체를 위해서 봉사하는 것이 자유권리라는 사실을 모르기 때문에 민주주의체제에서 이러한 자유를 보장한다는 것은 참 애매한 일이다.

Tec 07 같은 뜻이라면, 독자가 읽을 것을 염두에 두고 표현하라

01 But in many countries the policeman is viewed with terror, as a man who may, at any moment, bring grave trouble upon any person whom he happens to dislike or whom the police, as whole, consider politically objectionable.

그러나 많은 나라들에서 경찰관은 언제든지 그가 공교롭게도 싫어하게 되거나 또는 경찰관이 대체적으로 정치적으로 반대할 수 있는 모든 사람들에 대해서 엄청난 문제를 가져다 줄 수 있는 사람인 공포로서 보인다.

⇒ 1. 그러나 많은 나라에서 경찰관은 자신의 마음에 들지 않거나 정치적으로 반대의 입장을 취하는 사람들을 가혹하게 억압하는 공포의 대상으로 여겨지고 있다.

2. 그러나 많은 나라의 사람들은 경찰관에게 밉보이게 되거나 정치적으로 다른 입장을 취하게 되면 가혹한 벌을 받게 되므로 경찰관을 사람들을 억압하는 공포의 대상으로 생각한다.

3. 그러나 많은 나라의 경찰관들은 어쩌다 법을 어기거나 현 정부를 비난하기라도 할라치면 무조건 사람들을 억압하기 때문에 국민들은 경찰관을 무서워하는 것이 일반적이다.

Tec 08 문법에서 벗어나 의미를 중심으로 표현하라

01 Officials and legislators are far remote from those whom they govern.

공무원들과 입법자들은 그들이 지배하는 사람들로부터 아주 거리가 멀다.

⇒ 1. 법을 만드는 사람과 법을 집행하는 사람들은 자신들이 다스리는 사람들의 사정을 너무 모른다.
2. 위정자들은 힘없는 국민의 아픔을 잘 이해하지 못한다.
3. 칼자루를 쥔 사람들은 당하는 사람들의 아픔을 나 몰라라 한다.

Tec 09 적절한 번역어를 창조하라

01 Their old music, some of which is very beautiful, makes so little noise that one can only just hear it.

그들의 고전음악 중에 어떤 것들은 매우 아름다운데, 거의 소음을 내지 않아서 어떤 것은 겨우 그것을 들을 수 있을 뿐이다.

⇒ 1. 그 사람들의 고전 음악은 대단히 감미로운 데 어떤 것은 너무나 조용한 선율이라 겨우 들을 수 있는 경우도 있다.
2. 그 사람들의 전통 음악은 얼마나 감미로운지 어떤 때는 아주 조용히 귀를 기울여야 들을 수 있을 정도다.
3. 그 사람들은 아주 고요한 선율의 민속음악을 즐기는데 얼마나 고요한지 귀를 기울이지 않으면 들을 수 없을 정도다.

Tec 10 격조사(格助詞)를 정확하게 활용하라

01 The Chinese think not in decades, but in centuries. They have been conquered before, first by the Tartars and then by the Manchus; but in both cases they absorbed their conquerors. Chinese civilization persisted, unchanged; and after a few generations the invaders became more Chinese than their subjects.

중국인은 몇 십 년 속에서가 아니라 몇 백 년 속에서 생각한다. 그들은 전에 정복당했었는데, 타타르족에 의해서 처음으로 그랬고 그리고 그 다음엔 만주족에 의해서였다; 그러나 그 둘의 경우에 있어서 그들은 그들의 정복자들을 흡수했다. 중국문명은 지속되었고 변하지 않았다; 그리고 몇 세대들 후에 그 침략자들은 그들의 피지배자들보다 더욱 중국적이 되었다.

⇒ 1. 중국인은 몇 십 년 단위가 아닌 몇 백 년 단위로 생각을 하는데, 예전에 타타르족이나 만주족에게 정복당한 적이 있었지만 두 번 모두 정복자들을 받아들였다. 중국문명은 큰 변화 없이 지속되었고 몇 세대가 지난 후 그 침략자들은 자신들이 정복했던 중국인들보다 더 중국적인 중국인이 되었다.

2. 중국인들은 몇 십 년을 내다보고 살기보다는 몇 백 년을 내다보고 산다고 볼 수 있는데, 예전에 타타르족이나 만주족에게 정복당했을 때도 그 침략자들을 받아들여 중국문화에 동화시켜 중국문명을 지속적으로 발전시켰기 때문이다. 그리고 몇 세대가 지나자 침략자들은 현지 중국인보다 더 중국적인 사람이 되었다고 한다.

3. 중국인들은 옛날부터 당장의 일보다는 미래를 생각하는 안목이 대단히 넓었는데, 타타르족이나 만주족에게 정복을 당했을 때도 침략자를 물리치기보다는 오히려 받아들임으로써 중국문명을 지속적으로 지킨 것이 그 좋은 예라 할 수 있다. 그리고 세월이 흐른 뒤 그 침략자들은 본토 중국인보다 더 중국적인 중국인이 되었다고 한다.

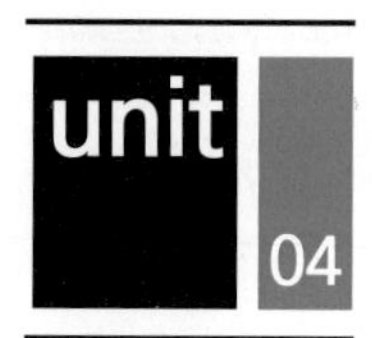

다양한 번역문이 나올 수 있음을 인정하라(번역예제 1~25)

번역은 번역하는 사람에 따라 각기 다르기 마련이고 번역사의 주관이 번역문 속에 베어들지 않을 수가 없다. 따라서 번역하는 사람도 자기 주관이 너무 들어가지 않도록 해야 하겠지만, 번역문 자체가 번역사 개인의 특성에서 우러나온 문장임을 인정해야 한다. 다양한 번역사례를 통해서 번역문에 대한 객관적인 시각을 갖출 수 있도록 노력하기 바란다.

예제 01

Most of energy caused by a fire goes into heat, but some of it goes into light. The light results either because the carbon particles in the flame become so hot that they give off light energy, or because the gas that is burning is a type that gives off light.

Ever since fire was discovered, people have been trying to convert more energy from heat into light energy. People first used flaming pieces of wood as torches. They later discovered that if the wood was dipped into pitch before lighting it, the light lasted longer and was much brighter. Years after, people poured oil in a dish, placed a wick in it, and lighted the wick. This gave a better light. Later, the tallow candle, which people could conveniently carry around, was invented. The kerosene lamp, with its chimney to help control the air currents, was a big improvement over the candle. After electricity was made usable, the American inventor Thomas A. Edison sent an electric current through a carbon filament (wire) until the filament became so hot that it gave off light.

번역사례 불로 생긴 많은 에너지가 열로 가지만 일부는 빛으로 갑니다. 불꽃의 탄소 입자가 너무 뜨겁게 되어서 빛 에너지를 발산하거나 타는 가스가 빛을 발산해서 빛이 생깁니다. 불이 발견된 이후 사람들은 열로부터 빛에너지로 사람들은 변화시키려 노력했습니다. 사람들은 처음에는 횃불로써 나무 조각을 사용했습니다. 후에 나무가 그것이 빛을 내기 전에 수지에 담그면 빛은 더 길고 밝게 빛난다는 것을 사람들은 발견했습니다. 몇 년 후에 사람들은 기름을 접시에 붓고 심지를 안에 넣고 심지를 밝혔습니다. 이것은 더 밝게 했습니다. 사람들이 편리하게 가지고 다닐 수 있는 양초가 발명되었습니다. 후에 굴뚝에 공기 흐름을 조절하는데 도움을 주는 등유 램프는 양초에 이은 큰 발전입니다. 후에 전기가 사용 가능해지자 미국인 발명가 토머스 에디슨은 탄소 필라멘트로부터 그것이 매우 뜨거워져서 빛을 발산할 때까지 전류를 흘려보냈습니다.

해설_ 1. 사람들은 열로부터 빛에너지로 사람들은 변화시키려 노력했습니다. ⇒ 여기서 뒤의 '사람들은'은 불필요한 표현임.

2. 길고 밝게 빛난다는 것을 ⇒ 여기서는 '긴' 것이 아니라 '오래'라는 뜻

모범번역

불에서 생기는 대부분의 에너지는 열로 바뀌지만 일부는 빛으로 바뀐다. 빛이 생기는 이유는 불꽃 속에 있는 탄소입자가 뜨거워져 그 입자들이 빛에너지를 내거나 타고 있는 가스가 빛을 내기 때문이다.

불을 발견해낸 이후로 사람들은 열에너지를 빛에너지로 바꾸려고 노력해왔다. 애초에 사람들은 나뭇가지의 불꽃을 횃불로 이용했다. 당시 사람들이 나뭇가지에 불을 붙이기 전에 기름에 담그면 더 오랫동안 타며 더 밝은 불빛을 낸다는 사실을 알게 된 것은 한참 후였다. 수년이 흐른 뒤 사람들은 접시에 기름을 붓고 심지를 넣은 뒤 심지에 불을 붙였다. 이렇게 해서 더욱 밝은 빛을 낼 수 있었다. 그 후 사람들은 편리하게 휴대할 수 있는 밀랍 양초를 발명하게 되었고 그 후 공기의 흐름을 조절 할 수 있는 굴뚝 모양으로 된 기름 등불을 발명했는데 양초에 비하면 대단히 진전된 것이었다. 전기를 실용화한 뒤 미국의 발명가 토마스 A. 에디슨(Thomas A. Edison)은 전류를 필라멘트에 통하게 하여 필라멘트가 뜨거워져 빛을 내게 하는데 성공했다.

예제 02

The activities of civilized man have caused the most terrible destruction of nature and more often than not the destruction of people and their culture. In any modern city of today, the consumerist culture exhibits an insatiable and immoral appetite to plunder and to devour the natural world. This culture, which we call civilization, has been the cost of the native peoples and all other beings living with nature. And now, even at the cost of the future generations. Perhaps, the way out of this suicidal course for humanity is a return to nature. But this is not so easy, as the civilized world has lost their vital links with nature. Today human consciousness has become more and more distant from nature. The civilized world has much to learn from the way of life of the native tribal peoples. Only they have been successful in living with harmony and peace along side the nature throughout many generations. Unfortunately though, what is happening, instead, is they are continually confronted everywhere with a technological and cultural invasion, causing destruction in the name of a development, which they cannot comprehend.

번역사례 문명화된 인간의 행동들은 자연에 끔직한 파괴를 가져왔을 뿐만 아니라 사람과 그들의 문화도 파괴했습니다. 현대화된 도시에서 소비문화는 자연세계를 약탈하고 먹어치우기 위해 불만족스럽고 부도덕한 모습을 보여줍니다. 이러한 흔히 문명이라고 불리는 문화는 원시인들과 모든 자연과 더불어 사는 생명체를 대가를 치르게 했습니다. 그리고 심지어 미래 후손들에게도 영향을 미치게 되었습니다. 아마도 이런 인간파멸로부터 나오는 방법은 자연으로 돌아가는 것입니다. 문명화된 세계가 자연과의 필요한 연결고리를 잃는다면 그것은 쉽지 않습니다. 오늘날 인간 양심은 자연과 더더욱 동떨어져 갑니다. 문명화된 세계는 자연 부족 사람들의 삶의 방식으로부터 배울 것이 많습니다. 그들이 많은 세대를 통하여 자연과 조화롭고 평화롭게 어울리는 삶만이 성공적이었습니다. 그러나 불행히도 대신 발생한 일은 인간들이 모든 곳을 기술과 문화침투로 대했다는 것입니다. 그것은 이해할 수 없는 개발이라는 이름으로 파괴를 야기했습니다.

해설_ 1. 연결고리를 잃는다면 ⇒ 미래의 가정적인 사실이 아니라 이미 현재 연결고리를 잃고 있다고 보는 것이 좋다. 즉, 연결고리를 잃었기 때문에

2. 자연 부족 사람들의 ⇒ 원시 부족

3. 그들이 많은 세대를 통하여 자연과 조화롭고 평화롭게 어울리는 삶만이 성공적이었습니다. ⇒ '그들이 ~ 삶만이 성공적이었다'는 표현은 호응이 안 되는 표현임.

4. 인간들이 모든 곳을 기술과 문화침투로 대했다는 것입니다. ⇒ 틀린 것은 아니지만, 이해하기가 힘든 표현임. ⇒ '인간들이 기술적으로 문화적으로 침해를 해 왔다'는 뜻

모범번역

인간들은 문명화되면 될수록 끔찍할 정도로 자연을 파괴해왔고 때로는 사람은 물론이고 문화마저 파괴하는 경우도 있었다. 오늘날 모든 현대도시에서 일어나고 있는 소비문화를 보더라도 자연을 얼마나 유린하고 탐하려 하는지 잘 알 수 있으며 그 부도덕한 탐욕은 끝이 없음을 잘 알 수 있다. 우리가 문명이라고 말하는 이 문화는 원주민들이 자연과 더불어 살았던 과거와는 달리 모든 것을 원주민과 그 외의 모든 생명들을 희생시키고 얻은 것이며 심지어 최근에는 미래 세대들을 희생시킬 가능성도 있다. 모르긴 몰라도 인류가 이 같은 자살행위에서 벗어나는 길은 자연으로 돌아가는 길뿐일 것이다. 하지만 문명적인 세계가 이미 자연과 더불어 사는 방식을 잃어버렸기 때문에 자연으로 돌아간다는 것은 그리 쉬운 일이 아니다. 오늘날 인간의 의식은 자연과는 거리가 멀며 문명적인 세계에 사는 사람들은 원시부족들에게서 배울 것이 정말로 많다. 수 세대에 걸쳐 자연과 조화를 이루면서 평화롭게 살아온 사람은 오로지 원시부족들뿐이다. 그러나 불행하게도 현재의 상황을 보면, 사방천지를 둘러보아도 기술과 문화적 침해뿐이고 발전이라는 미명하에 원주민들이 도저히 이해할 수 없는 파괴만 자행되고 있다.

예제 03

More than 5,000 years ago in what is now Southern Iraq, people began to living together in towns and cities. This set the stage for one of the most important advances in civilization: writing!

The Sumerians of Mesopotamia were apparently the first to hit upon the idea of marking clay tables with a sharp red pen to help them keep track of important transactions. The invention of writing was an instant success. Soon no one would accept any business deal as genuine unless it was written down. The first examples of writing are crude drawings of familiar objects. For example, early writers indicated darkness by drawing an arc with several parallel lines beneath it. This suggested the setting sun. As life grew more complex, so did the writing system. Knowing how to read and write became the way to wealth and power.

Even today, skill at marking and interpreting black marks on paper remains the way for most people to become successful. And not knowing how to read and write can still mean a life of poverty.

번역사례 5,000년 이전에 오늘날의 이라크 남쪽에 사람들은 마을과 도시를 이루며 살기 시작했습니다. 이것은 문명화의 가장 중요한 기틀인 글씨를 정착시켰습니다.

메소포타미아의 수마리아인들은 중요한 교역을 기록하는데 도움을 주기위해 날카로운 빨간 펜으로 진흙 테이블에 글씨를 새겨 넣은 첫 번째 종족이었습니다. 글씨의 개발은 끊임없는 성공이었습니다. 곧 글씨로 새겨지지 않은 교역은 누구도 받아들이지 않으려고 했습니다. 초기 글씨의 예로는 사물의 형상을 닮은 천연 그림입니다. 예를 들면 초기의 작가들은 어둠을 여러 개의 활모양이 평행하게 그리는 것으로 표현했습니다. 이것은 일몰을 암시했습니다. 삶이 더욱 복잡해지면서 글씨 체계도 역시 복잡해졌습니다. 읽고 쓰는 방법을 아는 것이 부와 힘을 얻는 방법이 되었습니다.

오늘날에도 종이에 검은 표시로 표시하고 해석하는 기술은 대부분 사람들에게 성공으로 이끄는 길로 남아있습니다. 그리고 읽고 쓸 줄 아는 법을 모르는 것은 가난의 삶으로 남겨질 수 있습니다.

해설_ 1. 작가들은 ⇒ 여기서는 '글 쓰는 사람들'

2. 활 모양이 평행하게 그리는 것으로 ⇒ 둥근 반원을 그리고 그 아래에 평행선을 몇 개 그렸다는 뜻. 즉 저무는 해와 지평선을 표시함.

모범번역

5,000년 전 쯤에, 오늘날의 남부 이라크 지역에 사람들이 마을과 도시를 이루며 살기 시작했다. 이 촌락이 바로 인류문명에서 가장 큰 발전 중의 하나라고 할 수 있는 문자사용의 무대가 되었던 곳이다.

메소포타미아 수메르인들은 날카로운 붉은 펜으로 진흙으로 만든 판에 표시를 하였는데, 바로 중요한 거래내역을 기록으로 보존하려 했던 최초의 시도였다. 문자사용은 급속도로 발전하여 수메르인들은 문서로 작성한 것이 아니면 어떠한 상업적인 거래도 진본으로 인정하지 않을 정도였다. 수메르인들이 처음 글로 쓴 것은 주변의 일반적인 물체를 조잡하게 그리는 것이었다. 예를 들어 동그라미 아래에 여러 개의 평행선을 그어 어둠을 나타냈는데, 바로 저무는 해를 상징하는 것이었다. 그러다 세상살이가 점점 복잡해지면서 문자사용 체계 또한 점점 복잡하게 되었다. 따라서 글을 읽고 쓸 수 있는 능력은 곧 부와 성공을 보장하는 능력이 되었다.

종이 위에 검은 표식을 해 놓고 그 표식을 읽을 수 있는 능력은 거의 모든 사람에게 성공하는 길이었는데, 심지어 오늘날도 마찬가지다. 반대로 쓰고 읽지 못하는 것은 아직도 가난한 삶을 상징하고 있다.

예제 04

In his essay "The Gospel of Wealth," Andrew Carnegie wrote that the story of a rich man should be divided into two periods - the first to acquire wealth, the second to distribute that wealth for the general welfare. It is the story of his life. Carnegie played a large role in the industrial growth of the United States and was one of the most generous of American Philanthropists.

The Carnegie family, political activists with a love of learning and

strong belief in education, immigrated to the United States from Scotland in 1848 and settled near Pittsburgh, Pennsylvania, where Andrew's father found a work in a cotton factory and Andrew went to work as a bobbin boy. True to family tradition, Andrew became an avid reader, thanks in parts to Colonel James Anderson, who lent his personal library to poor boys so they could improve their minds. At fourteen he became a messenger in the Pittsburgh telegraph office, was promoted to operator, and soon found himself as private secretary and telegrapher to Thomas Scott of the Pennsylvania Railroad. For this he was paid the astonishing sum of thirty-five dollars a month. It was the beginning of Carnegie's brilliant career.

번역사례 앤드류 카네기는 그의 수필 "부의 복음"에서 부자의 이야기는 두 개의 시기로 나눠져야 한다고 했다. 첫 번째는 부를 얻는 것이고 두 번째는 부를 사회 복지를 위해 분배하는 것이다. 그것은 그의 삶의 이야기다. 카네기는 미국의 산업성장에서 큰 역할을 해왔고 미국 복지를 위해 가장 헌신한 사람 중의 한 명이었다.

카네기 가족은 배움의 열정과 교육에 대한 강한 믿음을 가지고 정치적 행동으로 1848년에 스코틀랜드로부터 미국으로 이민을 와서 펜실베이니아 주의 피츠버그 근처에 정착했다. 앤드류의 아버지는 목화 공장에서 일거리를 찾았고 앤드류는 실패를 돌리는 소년으로 일하러 갔다. 가족의 전통으로 앤드류는 독서광이 되었고 콜로넬 제임스 앤더슨 씨의 도움도 한 몫 했다. 앤더슨 씨는 그의 개인도서관을 가난한 아이들이 그들의 마음을 성장할 수 있게 그들에게 빌려주었다. 14살에 카네기는 피츠버그에 있는 전화국의 메신저가 되어서 상관에 의해 승진을 한 후 곧 펜실베이니아 레일로드의 토마스 스캇에게 개인 비서와 전보치는 사람으로 되어있는 자신을 발견했다. 이것으로 인해 그는 한 달에 합계 35달러라는 놀라운 돈을 벌었다. 그것이 카네기의 빛나는 직업전선의 첫 시작이었다.

해설_ 1. 정치적 행동으로 1848년 스코틀랜드로부터 미국으로 ⇒ 정치적 행동으로 이주를 한 것이 아니라, 스코틀랜드에서 정치적인 활동을 많이 하던 가문이었다는 뜻

2. 그들의 마을을 성장할 수 있게 ⇒ 마음의 양식을 키우도록

3. 전화국의 메신저가 되어서 상관에 의해 승진을 한 후 ⇒ 여기서 '메신저'는 '전보 배달부'로 보는 것이 좋겠고, 그보다 나은 직위가 전화나 전보를 중계해 주는 '교환원(operator)'이라 할 수 있다.

4. '~되어 있는 자신을 발견하다'는 표현은 '아주 빠르게 승진하다'는 뜻의 강조용법.

모범번역

앤드류 카네기(Andrew Carnegie)는 「부의 복음(The Gospel of Wealth)」이라는 자신의 수필집에서 성공한 사람은 크게 두 시기를 산다고 했다. 바로, 재산을 축적하는 시기를 살고, 다음은 그 재산을 다른 사람의 복지를 위해 공평하게 쓰는 시기를 산다는 것이다. 바로 자신의 삶이 그랬다. 카네기는 미국의 산업 발전에 큰 몫을 담당했을 뿐만 아니라 미국 자선가 중 가장 관대한 사람 중의 한 사람이 되었다.

학문과 교육에 애정과 열정을 지닌 정치 활동가 집안이었던 카네기가(家)는 1848년 스코틀랜드에서 미국으로 건너와 펜실베이니아 주의 피츠버그에 정착한 집안으로 당시 카네기의 부친은 면화공장에서 일했고 꼬마 카네기는 면화공장의 얼레 돌리는 일을 거들었다고 한다. 가문의 전통을 충실하게 지켰던 카네기는 유달리 독서를 좋아했는데 어떤 점에서는 제임스 앤더슨(James Anderson) 대령의 영향도 컸다. 대령은 가난한 아이들에게 자신의 서재에 있는 많은 책을 읽게 해 줌으로써 아이들이 양식을 키우는데 많은 도움을 주었다. 카네기는 열네 살에 피츠버그 전신국의 전보배달부로 취직한 뒤 곧 바로 전신전화 교환원으로 승진을 했고, 곧 피츠버그 철도의 토마스 스캇(Thomas Scott)씨의 개인비서 겸 전신요원이 되었다. 이 일을 하면서 케네디는 한 달에 35달러라는 상당한 돈을 받았는데, 이것이 바로 카네기의 화려한 경력의 시작이었다.

예제 05

His servant did not come in on time. Like so many philosophers and poets, Tagore was helpless when it came to the less important things in life, his personal wants, his clothes, his breakfast, and tidying up the place. An hour went by and Tagore was getting madder by the minute. He thought of all sorts of punishments for

the man. Three hours later Tagore no longer thought of punishment. He'd discharge the man without any further ado, get rid of him , turn him out. Finally the man showed up. It was midday. Without a word the servant proceeded with his duties as thought nothing had happened. He picked up his master's clothes, set to making breakfast, and started cleaning up. Tagore watched this performance with mounting rage. Finally he said it : "Drop everything, and get out."

The man, however, continued sweeping, and after another few moments, with quiet dignity he said : "My little girl died last night."

The show must go on.

번역사례1 그의 하인이 제 시간에 오지 않았다. 일신상의 필요한 것들, 의복, 아침식사, 집안 정돈과 같은 생활의 덜 중요한 문제들에 대하여 말하자면, 많은 철학자들과 시인들이 그런 것처럼 타고르는 속수무책이었다. 한 시간이 지나갔다. 시간이 흐를수록 타고르는 화가 점점 더해가기 시작했다. 그는 하인에 대해서 온갖 종류의 벌을 생각해 보았다. 세 시간이 지나자 타고르는 더 이상 벌에 대해 생각하지 않았다. 더 이상의 소동을 일으키지 않고 하인을 해고하여 집안에서 쫓아낼 생각에서였다. 마침내 하인이 나타났다. 때는 벌써 한낮이었다. 말 한마디 없이 하인은 마치 아무 일도 없었던 것처럼 그가 해야 할 일들을 계속했다. 그는 주인의 옷을 정돈하고, 조반을 짓기 시작하고, 청소를 시작했다. 이와 같은 하인의 행동을 지켜보면서 타고르는 분노가 끓어올랐다. 마침내 그는 마음먹었던 말을 내뱉었다. "손에 들고 있는 것을 다 놓고 여기서 나가시오."

그러나 하인은 비질을 계속했다. 그리고 얼마 후에 무게 있는 태도로 조용히 말했다: "어젯밤에 제 어린 딸이 죽었습니다."

쇼는 계속되어야 한다.

번역사례2 그 사람의 하인이 시간에 맞게 오지 않았고 일상적으로 필요한 것들인 옷, 아침, 집안 정리 같은 쓰데 없는 문제들에 관하여서는 대부분의 철학자들과 시인들이 그런 것처럼 타고르는 속수무책이었다. 한 시간이 지나갔고, 시간이 흐를수록 타고르는 화가 점점 더 나기 시작했다. 그 사람은 하인에게 줄 온갖 벌을 생각했다. 세 시간이 지나고 나자 타고르는 더 이상 벌을 생각하지 않았다. 마침내 하인이 왔고 때는 벌써 한낮이었다. 말 한마디 없이 하인은 마치 아무 일도 없었던 것 마냥 자신이 해야 할 일을 계속했다. 그는 주인의 옷을 정리하고 아침을 짓고 청소를 시작했다. 이런 하인의 행동을 보고는 타고르는 분노가 치밀어 올랐다. 드디어 그는 마음먹고 있던 말을 지껄였다. "손에 들고 있는 것을 두고 여기서 당장 나가."

그러지만 하인은 계속 청소를 했다. 그리고 얼마 후에 장중한 태도로 차분히 말했다.: "어젯밤에 딸이 죽었답니다."

쇼는 계속되어야 한다.

번역사례3 철학자나 시인들이 보통 그렇듯이 타고르도 하인이 제 시간에 오지 않자 옷, 아침식사, 집안청소와 같은 일상적인 일들을 제대로 해결할 수가 없었다. 한 시간이 지나도록 하인이 오지 않자 타고르는 점점 화가 치밀기 시작했고 마침내 어떻게 하인을 혼내줄 것인지 생각하기 시작했다. 세 시간이 지나도록 하인이 오지 않자 타고르는 이것저것 생각할 필요 없이 무조건 하인을 쫓아내 버려야겠다고 생각했다. 한낮이 되어서야 하인이 왔다. 하인은 아무 일도 없었던 것처럼 평상시 하던 대로 주인의 옷을 챙기고 아침식사를 준비하고 청소를 시작했다. 하인이 그렇게 행동하자 타고르는 화가 머리끝까지 치밀어 올라 참아왔던 말을 내뱉고 말았다. "청소고 뭐고 그만 두고 당장 나가버려!"

하지만 하인은 청소를 계속했다. 한참 후에야 "어젯밤에 제 어린 딸년이 죽어서 그랬습니다."하며 슬픔을 참았다.

하인은 할 도리를 다한 것이었다.

해설_ 1. 과연 '이 영문이 말하고자 하는 것이 무얼까?'하고 항상 생각한 다음 번역을 하는 것이 좋다. 그리고 영문의 어순이나 단어의 사전적 의미를 무조건 믿어서도 안 된다. 사전에 나와 있는 표현은 그냥 대표적인 표현일 뿐이고 그 이외에도 많은 표현들이 있을 수 있다.

2. 'The show must go on.'을 직역하면 '쇼는 계속되어야 한다.'지만 문맥에 맞게 번역할 경우 '맡은 바 직무를 다하다. 할 일을 다 하다. 할 도리를 다 하다.'처럼 처리할 수도 있다.

3. [번역사례 3]이 가장 무난한 번역임.

예제 06

Hollywood glamor couple Richard Gere and Cindy Crawford placed a full-page advertisement in a British newspaper Friday to deny persistent media rumors that their three-year-old marriage is on the rocks.

The heart -throb actor and his supermodel wife have been plagued for months by gossip about their marriage.

"We got married because we love each other and we decided to make a life together," said the 20,000 pound advertisement in the Times newspaper. "We are heterosexual and monogamous and take our commitment to each other very seriously... Reports of a divorce are totally false."

번역사례1 매력적인 헐리웃의 부부인 리처드 기어와 신디 크로퍼드는 금요일의 한 영국 신문에 전면광고를 게재했는데 이것은 자신들의 3년 동안의 결혼생활이 벽에 부닥쳤다는 매스컴의 지속적인 낭설을 부정하기 위한 것이었다.

인기배우와 슈퍼모델인 그의 아내는 자신들의 결혼생활에 관한 소문들로 많은 달 동안 어려움을 겪어 왔다.

타임스지에 실린 2만 파운드의 광고문에서 "우리는 서로 사랑하기 때문에 결혼을 했고 삶을 함께 살기로 결정했다."고 그들은 말했다. "우리는 동성연애자도 아니며, 일부일처주의를 지향하며 서로에 대한 부부로서의 배려를 매우 진실하게 받아들이고 있다... 이혼에 관한 보도들은 모든 것이 거짓이다."

번역사례2 헐리웃의 환상적인 커플인 리처드 기어와 신디 크로퍼드는 3년 동안 함께 살아온 결혼생활이 파경지경이라는 언론의 입방아를 부인하기 위해 한 영국 신문의 금요일 자에 전면광고를 냈다.

인기배우인 리처드기어와 슈퍼모델인 신디 크로퍼드는 결혼생활에 관한 세간의 입방아 때문에 수 개월간 고통을 받아 왔다.

두 사람은 타임스지에 한국 돈으로 약 4천 만 원이나 하는 전면광고를 냈는데 내용은 이러했다.

"우리는 서로 사랑했기 때문에 결혼하여 함께 살기로 했으며, 즐기기 위해 만난 동성연애자도 아니며, 남들과 똑같은 부부로서 서로 배려하며 존중하고 있다. 따라서 우리가 이혼할 것이라는 보도는 사실무근이다."라고.

번역사례3 헐리웃의 매력 있는 커플인 리처드 기어와 신디 크로퍼드는 금요일 자의 한 영국신문사에 전면광고를 내보냈는데, 이것은 그들의 3년간에 걸친 결혼생활이 위기에 처해 있다는 매스컴의 끈질긴 소문을 부인하기 위한 것이었다.

이 인기배우와 슈퍼 모델인 그의 아내는 그들의 결혼생활에 대한 소문으로 수개월 동안 고통을 받아 왔다고 한다.

타임스지에 실린 이 20,000파운드짜리 광고에서 "우리는 서로 사랑하기 때문에 결혼했고 삶을 함께 하기로 결정했다."라고 그들은 말했다. "우리는 동성연애자가 아닐뿐더러 일부일처주의자이며 서로에 대한 부부로서의 헌신을 매우 진지하게 받아들이고 있다~ 이혼에 관한 보도들은 전적으로 잘못된 것이다."

해설_ 1. 어느 번역을 선택하겠습니까? [번역사례 2]가 가장 무난한 번역임.

2. 소유격은 가능하면 번역하지 않는 것이 좋다.

3. 영어 어순대로 문장을 일단 해체하고 나면 번역문은 한국어 어순대로 나열해야 한다. 참고로 한국어 어순은 〈부사 + 형용사 + 주어 + 부사 + 형용사 + 목적어 + 부사 + 동사 or 형용사〉이다.

4. 우리가 일반적으로 사용하지 않는 도량형은 우리가 사용하는 도량형으로 환산하여 표현하는 것이 원칙임.

5. heterosexual이나 monogamous는 글자 그대로 직역을 해서 방치해 놓으면 무슨 뜻인지 잘 모르므로 화자(話者)가 무엇을 말하려 하는지 간파하여 보충설명을 하는 식으로 처리해야 한다. '동성연애자'를 인정하는 경우도 있지만, 쾌락만을 쫓는 비정상적인 성행위자라는 뜻을 내포하고 있으며 '일부일처제(주의)'는 '바람둥이'의 반대 의미로 사용한 표현으로 '지극히 정상적인 부부관계'임을 말한다고 볼 수 있다.

예제 07

And by the time Bill Clinton came to the White House, Nixon had virtually cemented his role as an elder statesman. Clinton, whose wife served on the staff of the committee that voted to impeach Nixon, met openly with him and regularly sought his advice. After

his death, Clinton agreed to speak at the 37th President's funeral in California. It was a generous act. Nixon had been pardoned again.

번역사례1 그리고 빌 클린턴이 대통령이 되었을 무렵에는, 닉슨은 원로 정치인으로서의 그의 역할을 사실상 공고히 해놓은 상태였다. 그의 아내가 닉슨 탄핵을 표결했던 위원회의 직원으로 일을 했던 클린턴은 공개적으로 닉슨을 만났고 정기적으로 그의 충고를 구했다. 닉슨이 죽은 후, 클린턴은 캘리포니아에서 있을 제 37대 대통령 닉슨의 장례식에 참석하여 연설할 것에 동의하였다. 그것은 관대한 행동이었다. 닉슨은 다시 한 번 용서받았던 것이다.

번역사례2 한편 빌 클린턴 대통령이 취임할 무렵 닉슨 전 대통령은 전직 대통령으로서 정치적 소임을 원만히 수행하고 있었다. 아내인 힐러리 여사가 닉슨 대통령을 탄핵하기 위한 위원회에서 활동하고 있었지만 클린턴은 그것에 개의치 않고 공식적으로 닉슨 전 대통령을 만났을 뿐 아니라 정기적으로 자문을 받기도 했다. 또한 클린턴 대통령은 제 37대 닉슨 전 대통령이 사망한 뒤에도 캘리포니아의 장례식에 참석하여 추도사를 하기도 했다. 클린턴 대통령은 끝까지 닉슨 전 대통령을 예우했던 것이다.

번역사례3 그리고 빌 클린턴이 대통령이 되었을 때에는 닉슨은 노 정치인으로서의 자신의 역할을 실질적으로 단단히 해놓은 상태였다. 그의 아내가 닉슨 탄핵을 위한 표결위원회의 스태프로 일을 했던 클린턴은 공개적으로 닉슨을 만났고 정기적으로 그의 자문을 구했다. 닉슨이 사망한 후, 클린턴은 캘리포니아에서 있을 예정인 제 37대 대통령인 닉슨의 장례식에서의 연설을 동의했다. 그것은 너그러운 행동이었다. 닉슨은 또다시 용서받았던 것이다.

해설_ 1. [번역사례 2]가 가장 무난한 번역임.

2. [번역사례 1]과 [번역사례 3]은 무슨 말을 하는지 구체적으로 이해할 수 없는 번역으로, 영어에다 한국어만 갖다 붙여 놓았다.

3. Nixon had been pardoned again.은 수동태 문장인데 능동으로 번역하지 않으니 "닉슨은 또다시 용서를 받았다."는 식으로 번역하게 된다. 이 영문의 주어는 by Clinton의 클린턴이다. 따라서 "클린턴은 또다시 닉슨을 용서했던 것이다."라는 번역문을 만들 수 있고, 이 문장을 문맥에 맞게 "클린턴대통령은 끝까지 닉슨 전 대통령을 예우해 주었던 것이다."로 번역할 수 있다.

예제 08

Modern European and American history is centered around the effort to gain freedom from the political, economic, and spiritual shackles that have bound men. The battles for freedom were fought by the oppressed, those who wanted new liberties, against those who had privileges to defend. While a class was fighting for its own liberation from domination, it believed itself to be fighting for human freedom as such and thus was able to appeal to an ideal, to the longing for freedom rooted in all who are oppressed. In the long and virtually continuous battle for freedom, however, classes that were fighting against oppression at one stage sided with the enemies of freedom when victory was won and new privileges were to be defended.

Despite many reverses, freedom has won battles. Many died in those battles in the conviction that to die in the struggle against oppression was better than to live without freedom. Such a death was the utmost assertion of their individuality. History seemed to be proving that it was possible for man to govern himself, to make decisions for himself, and to think and feel as he saw fit. The full expression of man's potentialities seemed to be the goal toward which social development was rapidly approaching. The principles of economic liberalism, political democracy, religious autonomy, and individualism in personal life, gave expression to the longing for freedom, and at the same time seemed to bring mankind nearer to its realization. One tie after another was severed. Man had overthrown the domination of nature and made himself her master; he had overthrown the domination of the Church and the domination of the absolutist state. The abolition of external domination seemed to be not only a necessary but also a sufficient condition to attain the cherished goal: freedom of the individual.

번역사례1 근대의 유럽이나 미국의 역사는 사람들을 옭아매었던 정치적, 경제적 정신적 속박으로부터 헤어나서 자유를 얻으려는 노력에 집중되고 있다. 자유를 위한 투쟁은 방어할 특권을 가진 사람들에 항거하여 새로운 자유를 원하는 억압된 사람들에 의해서 싸워졌던 것이다. 어느 한 계급이 지배로부터 그들의 자유를 얻으려고 싸우는 동안 억압된 모든 사람들 속에 뿌리박고 있는 자유에 대한 이상과 동경에 호소할 수 있었던 것과 같이 인간의 자유 그 자체를 위해서 싸우는 것이라고 믿었던 것이다. 그러나 자유를 위한 길고 그야말로 끊임없이 계속되는 투쟁에서 억압에 항거하여 싸우는 계급들도 어느 한 단계에 이르러서는 승리를 쟁취하여 새로 얻은 특권을 지켜야 할 때, 자유를 해치는 적측에 편들었다.

수많은 교체를 거듭했음에도 불구하고 자유를 지키려는 투쟁은 언제나 승리를 거두었던 것이다. 많은 사람들이 자유 없이 사는 것보다는 억압에 항거하는 싸움에서 싸우다가 죽는다는 신념을 죽어 갔다. 이러한 죽음은 그들의 개성을 내세우는 최대의 주장이었다. 역사는 인간이 스스로 다스리며 스스로 결단을 내려서 맞는다고 생각하고 또한 느낄 수도 있다는 것을 증명이라도 하는 것같이 보였다. 사람의 능력에 대한 충분한 표현은 사회 발전이 급속히 근접해 가는 목표인 것같이 보였다. 경제적 자유주의 , 정치적 민주주의, 종교적 자율과 사생활 속의 개인주의 등의 원리는 자유를 동경하는 마음을 그리게 했고, 동시에 인류로 하여금 그 실현에 보다 접근시키고 있는 것같이 보였다. 얽매였던 속박을 하나하나 풀어 나갔다. 사람들은 자연의 지배를 던져 버리고 그들 자신을 그들의 주인으로 만들었다. 즉, 그들은 교회의 지배와 절대주의자가 이끄는 국가의 지배를 내동댕이친 것이다. '외적 지배의 폐지'는 애타게 그리워하던 목표, 즉 개인의 자유라는 목표를 달성하는데 필요하고도 충분한 조건인 것처럼 보였던 것이다.

번역사례2 유럽과 미국의 현대사는 인간에 대한 정치, 경제, 정신적 구속으로부터 자유를 얻기 위한 투쟁의 역사로 집약된다. 자유를 얻기 위한 투쟁은 억압받는 자, 새로운 자유를 원하는 자, 자유의 혜택을 누리는 소수 특권층에 대항하는 자들에 의해 행해졌다. 자유를 위해 투쟁하는 사람들은 자신들이 얻고자 하는 자유가 인간적인 자유라고 믿었다. 그렇기 때문에 모든 억압받는 이들의 가슴속에 뿌리 내리고 있는 자유에 대한 갈망이라는 하나의 이상에 어필할 수 있었던 것이다. 그러나 자유를 위해 끊임없이 투쟁해온 사람들도 때로는 자신들에게 승리와 새로운 특권이 보장되는 상황에 처해서는 자유의 적과 손을 잡곤 했다.

수많은 발전이 거듭됐지만 결국은 자유가 승리했다. 많은 이들이 자유 없이 사느니 차라리 자유를 위해 싸우겠다고 외치며 죽어갔다. 그러한 죽음이야말로 개인이 할 수 있는 최상의 투쟁이었던 것이다. 역사는 인간이 자신을 지배하고, 스스로에 대한 결정을 내리고, 또 올바른 판단을 할 수 있다고 자신하고 있는 듯하다. 인간의 잠재력이 충분히 발휘될 수 있는 사회야말로 우리 사회가 속히 이루어 가야할 목표인 것이다. 경제적 자유, 정치적 민주주의, 종교의 독립, 그리고 개인주의 이 모든 것들이 자유에 대한 갈망의 표현에 다름 아닌 것이다. 그와 동시에 이러한 원리들은 인간이 보다 더 현실에 가까이 다가갈 수 있도록 해준다. 구속은 또 다른 구속을 낳게 된다. 인간은 자연을 구속하고 이를 지배해 왔다. 또한 종교를 구속했으며 절대자를 낳았다. 인간에 대한 외부적인 구속의 제거야말로 개인의 자유라는 숭고한 목적을 달성하기 위한 필요충분조건인 것이다.

번역사례3 근대의 유럽인이나 미국인들은 정치적, 경제적, 정신적 속박에서 벗어나 자유롭게 살기 위해서 최선을 다해 왔다. 억압받아 오던 사람들이 새로운 자유를 얻기 위해 특권을 가진 사람들에게 항거하여 투쟁을 해 왔던 것이다. 한 계층이 자유를 얻기 위해 지배계층에 대항하여 싸우면서 억압받고 살던 다른 사람들도 그간 참아왔던 자유에 관한 욕구를 분출시키기 시작했으며 모두 자유를 얻기 위해 싸워야 한다고 믿었다. 하지만 억압에 항거하여 그렇게 어렵고 끈질기게 자유를 쟁취하고 나서 조금 지나고 나면 자신들의 특권을 지키기 위해 자유를 억압하는 억압자가 되고 말았다.

특권층이 수없이 바뀌기는 했지만 자유를 갈망하는 사람들이 항상 승리하기 마련이었다. 대다수 사람들이 억압받고 사느니 차라리 자유를 얻기 위해 싸우다 죽는 것이 더 낫다고 생각하여 죽음을 무릅 쓰고 자기주장을 관철했기 때문이다. 자신이 하고 싶은 것을 하고 자신이 옳다고 생각하는 대로 사는 것이 곧 역사라고 증명이라도 해 주는 것 같았다. 사람이 자신의 능력을 충분히 발휘해야 사회를 급속히 발전시킬 수 있다는 것이었다. 경제적 자유, 정치적 민주주의, 종교의 자유, 사생활을 존중해 주는 개인주의 등이 보편화 되면서 사람들은 점점 자유를 더 갈망하게 되었고 인류가 모두 자유로운 세상을 만들기 위해 노력하는 것 같았다. 이렇게 인류는 속박의 사슬을 하나하나 풀어 나갔던 것이다. 자연에게 구속받으며 사는 것이 아니라 주인으로서 살아나가고자 했다. 다시 말해 교회의 구속과 전제주의자가 이끄는 국가의 구속을 뿌리쳤던 것이다. 개인의 자유를 보장받기 위해서는 가장 먼저 외부의 구속에서 벗어나야 했던 것이다.

해설_ 1. 어떤 번역이 옳은 번역일까? 영문을 분석한 방법은 거의 같지만, 말하고자 하는 것을 표현한 방법은 각각 다르다. [번역사례 1]과 [번역사례 2]는 문법적 지식을 동원하여 영어 한 단어에 한국어 한 단어를 대응시킨 이른바 WORD TO WORD식 번역이다. 영어단어에 한국어단어를 대입시키는 것이 번역의 가장 기본적인 테크닉이기는 하지만 그런 식으로는 좋은 번역을 할 수 없다. 사실, [번역사례 1]과 [번역사례 2]를 읽어 보면 무슨 말인지 잘 이해 할 수가 없다. 물론 한 문장 한 문장 곱씹으며 이해할라치면 못 할리도 없겠지만, 번역문은 상업적인 문장이므로 다른 사람이 읽고 이해할 수 있어야 팔린다는 사실을 염두에 두어야 한다.

2. [번역사례 3]을 차근차근 영문과 비교해 보면, 어떤 경우는 번역을 생략했고, 어떤 경우는 원문에 그런 단어가 없는데 추가적으로 표현을 했고, 어떤 경우는 두 문장을 한 문장으로 묶어 번역한 경우도 있다. 번역은 영문구조를 이해시키는 영어문법 강의와는 아주 다르다. 영문구조를 설명하는 것이 아니라 오로지 영문이 말하고자 하는 내용을 정확히 판단하여, 영어를 이해하지 못하는 한국 사람에게 전달하는 것이다. [번역사례 3]을 보면 원문에는 사람이 주어로 나와 있지 않은데 사람을 주어로 삼아 번역문을 일관성 있게 구성하고 있다. 물론 해석하는 식으로 한다면 history를 주어로 삼아 설명을 해야 영문의 문법적 구조를 설명할 수 있겠지만 번역은 앞에서 말했지만 의미론적인 관점으로 보기 때문에 무생물 주어나 사물 주어는 부사적인 표현으로 전환하거나 목적어로 전환하여 번역한다는 사실을 꼭 염두에 두어야 한다.

예제 09

Axis force in North Africa under General Rommel had been threatening for some time to push eastward beyond Cairo to take the Suez Canal and force all British shipping around the Cape of Good Hope, Africa. Victory in North Africa was needed to help protect shipping in the Mediterranean.

In November, 1942, a huge British-American fleet occupied French Morocco and Algeria. A large German force in Tunisia was surrounded or driven across the Mediterranean. The Germans surrendered in Tunisia in May, 1943.

번역사례1 롬멜 장군의 지휘하의 북아프리카의 추축군은 카이로를 넘어 동쪽으로 공격하여 수에즈 운하를 점령함으로써 영국의 모든 해상운송이 아프리카의 희망봉을 지나 이루어지겠끔 오랜 기간 동안 위협을 가해 왔다. 지중해의 해상운송을 보호하는 것을 돕기 위해 북아프리카에서의 승리는 필수적이었다.

1942년 11월, 거대한 영미 함대는 프랑스령이었던 모로코와 알제리를 점령하였다. 튀니지 독일의 대규모 병력은 포위당하거나 지중해 저편으로 쫓겨났다. 독일군은 1943년 5월, 튀니지에서 항복했다.

번역사례2 롬멜 장군 휘하의 북아프리카의 추축국 군대는 카이로를 넘어 동쪽으로 진격하여 수에즈 운하를 점령함으로써 모든 영국의 해상 운송이 아프리카의 희망봉을 돌아 이루어지도록 상당기간 위협해 왔다. 지중해에서의 해상운송을 보호하기 위한 것을 돕기 위해 북아프리카에서의 승리가 필요했다.

1942년 11월, 거대한 영미 함대는 프랑스령 모로코와 알제리를 점령하였다. 튀니지 독일의 대병력은 포위되거나 지중해 너머로 쫓겨났다. 독일군은 1943년 5월, 튀니지에서 항복하였다.

번역사례3 롬멜 장군이 이끄는 북아프리카 주둔 독일 이탈리아 침략군이 카이로를 지나 동쪽 수에즈 운하를 점령함으로써 영국은 상당기간 동안 해상운송을 아프리카 남단 희망봉을 돌아 우회해야만 했다. 따라서 연합군은 지중해의 해상운송을 보호하기 위해 북아프리카 전투에서 승리해야만 했다.

1942년 11월, 영미 대 함대는 프랑스령 모로코와 알제리를 점령했고 튀니지에 주둔하고 있던 대규모의 독일병력은 포위되거나 아프리카 내륙으로 쫓겨났다. 1943년 5월, 독일군은 튀니지에서 마침내 항복했다.

해설_ 1. [번역사례 3]이 가장 무난한 번역임.

2. [번역사례 1]과 [번역사례 2]는 해석이라는 관점에서는 꽤 괜찮은 것이라 할 수 있지만 번역관점에서 본다면 70점 이상의 점수를 주기는 어려운 번역임.

예제 10

Independent Korea, which had been absorbed by Japan after the Russo-Japanese war in 1905, regained its independence in 1945. For purposes of military occupation Russia and the United States divided Korea along the 38th parallel pending the establishment of a united Korean Republic. In 1948 Russia set up a Communist government in North Korea instead of leaving the question of government to be determined by free elections throughout Korea. In South Korea Syngman Rhee, a Korean patriot, headed a government recognized by members of the United Nations. In 1949 American forces were withdrawn from Korea, but Rhee's government was left without

military preparation to defend itself.

In late June, 1950, North Korean troops with Russian training and equipment invaded South Korea... The United Nation's Security Council met and declared North Korea as an aggressor and urged the restoration of peace. President Truman made a quick decision to support the United Nations resolution and ordered sea and air forces to defend South Korea; from Japan American ground troops were sent in. The Communist attack was a challenge to the willingness of the United Nations to take action against an aggressor in order to preserve peace. The United States recognized that if the Communist went unchallenged, they would resort to aggression in other countries.

In the course of the invasion the North Koreans, at first highly successful, occupied most of South Korea except for the Pusan perimeter in the southeast. From Pusan the UN forces under General Douglas MacArthur rallied and steadily drove the enemy back into North Korea until three fourths of North Korea was occupied in November, 1950. Late in November Chinese Communist troops, coming in large numbers from across the Yalu River, attacked and sent the UN forces reeling back across the 38th parallel. Again the UN forces stopped the enemy, regained the offensive, and this time stabilized the battle front somewhat north of the 38th when truce teams began their discussions to end the war. The peace negotiations began in June, 1951; it soon became apparent the North Koreans were in no hurry to end the war. The talks bogged down in the question of repatriation of prisoners of war; the UN asked that prisoners be free to decide for themselves whether or not they would return! to the country they had been fighting for. Determination of the new boundary also held up the negotiations which were concluded under Eisenhower.

번역사례 1905년의 노일전쟁 후에 일본에 의해 합병되었던 독립국 한국은 1945년에 독립을 회복하였다. 군사적 점령을 목적으로 러시아와 미국은 통일된 한국의 공화국이 세워질 때까지 북위 38도선을 따라 한국을 분할하였다. 1948년 러시아는 정부수립 문제를 한국 전역에서의 자유선거에 의해 결정 짓도록 하지 않고 북한에 공산정권을 세웠다. 남한에서는 애국자 이승만이 유엔 회원국들에 의해 승인된 정부를 이끌었다. 1949년 미군이 한국에서 철수하였으나, 이승만 정부는 스스로를 방어할 군사적인 준비가 되어 있지 않았다.

1950년 6월 말, 소련에 의해 훈련을 받고 소련의 장비 지원을 받은 북한군은 남한을 침공하였다. 유엔 안전보장이사회는 모임을 갖고, 북한을 침략자로 선언하는 동시에 평화를 회복할 것을 촉구하였다. 투르먼 대통령은 유엔의 결정을 지지할 것을 즉각 결정하였고, 해군과 공군에게 남한을 방어할 것을 명령하였다. 일본으로부터 미 지상군이 투입되었다. 북한 공산군의 공격은 평화를 지키기 위하여 침략자에 대항하여 조치를 취하고자 하는 유엔의 의지에 대한 도전이었다. 미국은 만일 공산군이 도전을 받지 않는다면 다른 나라에서도 침략의 수단을 사용할 것이라는 것을 인식하였다.

침략을 감행하는 과정에서 북한은 처음에는 크게 성공을 거두어, 동남쪽의 부산 근방을 제외하고는 남한의 대부분 지역을 점령하였다. 부산에서부터 더글러스 맥아더 장군 휘하의 유엔군은 전열을 재정비하여, 꾸준히 적을 다시 북한 내부로 몰아내었고, 1950년 11월에는 북한의 3/4이 점령되었다. 11월 말 압록강 건너로부터 대규모로 밀어닥친 중국 공산군이 유엔군을 공격하여 38선 너머로 다시 흩어져 퇴각하도록 했다. 다시 유엔군은 적을 저지하여 공세를 회복하였고, 이번에는 38선의 약간 북쪽에서 전선이 고착되었으며, 이때에 휴전 협정 팀이 종전을 위하여 협상을 시작하였다. 1951년 6월에 평화 협상이 시작되었다. 북한이 종전을 서두르지 않는다는 것이 얼마 안 가서 분명해졌다. 전쟁포로의 본국 송환문제로 협상은 진전되지 않았다. 유엔은 포로들이 본국으로 돌아갈 것인지의 여부를 스스로 자유롭게 결정하도록 할 것을 요구하였다. 새로운 국경의 결정 또한 협상을 지연시켰는데, 이 협상은 아이젠하워 대통령 치하에서 결말 지어졌다.

해설_ 위 번역문을 작성한 사람은 영어는 정확하게 이해하고 있지만 영문내용은 정확하게 이해하지 못했다. 또한 한국어에 관한 생각을 전혀 하지 않고 일반적으로 알고 있는 한국어로 문장을 만들었기 때문에 영문이 말하고자 하는 내용을 전달하기에는 다소 부족하다.

1. '독립국 한국은 1945년에 독립을 회복하였다'와 같은 표현은 아주 어눌하다. 독립국이 어떻게 독립을 회복할 수 있는가?

2. '통일된 한국의 공화국이 세워질 때까지'도 어색하다. '한국에 단일 공화국을 세울 때까지는'으로 바꾸어야 한다.

3. '평화를 회복할 것을 촉구하였다'도 '적을 물리치고 평화를 수호하라고 촉구했다'로 바꾸어야 한다.

4. '유엔의 결정을 지지할 것을 즉각 결정하였고'는 '유엔의 결정을 즉각 지지했고'로,

5. '일본으로부터 미 지상군이 투입되었다'도 일본을 경유하여 지상군을 투입했는지 일본에 이미 주둔하고 있는 지상군을 한국에 투입했는지 불투명하다.

6. '만일 공산군이 도전을 받지 않는다면 다른 나라에서도 침략의 수단을 사용할 것이라는 것을 인식하였다'도 아주 어색한 문장이다. '만일 공산군을 공격하지 않는다면 공산군이 다른 나라도 침략할 것이라는 것을 인식했다'처럼 고쳐야 한다.

[모범번역]과 비교해 보면 어떻게 번역해야 하는지 알 수 있다.

모범번역

1905년 노일전쟁 후 일본이 식민지로 합병했던 한국은 1945년 독립을 했다. 러시아와 미국은 한국에 단일 공화국을 세울 때까지 북위 38도선을 기준으로 한국을 분할하여 군정을 시작했다. 1948년 러시아는 한반도 전역에서 자유선거에 의해 정부 수립하는 것을 거부하고 북한에 공산정권을 세웠다. 남한에서는 애국자인 이승만이 유엔이 승인한 정부를 이끌고 있었다. 1949년 미군이 한국에서 철수했지만 이승만 정부는 자국을 방어할 준비를 전혀 하지 못했다.

1950년 6월 말, 소련이 훈련을 시키고 소련의 군사장비 지원을 받은 북한군이 남한을 침공했다. 유엔은 안전보장이사회를 열어 북한을 침략자로 규정하는 동시에 적을 물리쳐 평화를 수호할 것을 촉구했다. 트루먼 대통령은 유엔의 결정을 즉각 지지한 뒤 해군과 공군을 한국에 파견했을 뿐만 아니라 일본에 주둔하고 있던 지상군도 한국에 투입했다. 북한이 남한을 공격한 것은 평화를 수호하기 위한 유엔에 대한 도전이었던 것이다. 미국은 만일 공산군을 공격하지 않는다면 공산군이 다른 나라도 침략할 것이라 인식했던 것이다.

북한의 초기 공격은 대단한 성과를 거두어 한반도 동남쪽 부산 근방을 제외한 남한의 대부분 지역을 점령했다. 더글러스 맥아더 장군이 지휘하던 유엔군은 부산에서 다시 전열을 정비하여 북한군을 다시 북한지역으로 몰아냈고 1950년 11월에는 북한의 3/4를 점령했다. 하지만 그해 11월 말 중국 공산군이 압록강을 건너 대규모로 밀고 내려와 유엔군은 또다시 38선 이남으로 퇴각해야만 했다. 유엔군이 다시 반격을 개시했지만 38선 약간 이북지역에 전선이 형성되었다. 이 시기에 휴전을 논의하기 시작했다. 1951년 6월에 평화 협상을 시작했지만 북한이 전쟁포로의 본국송환을 거부함으로써 북한이 종전을 원하지 않는

다는 사실이 분명해졌다. 유엔은 포로들의 자유의사에 따라 포로문제를 해결하자고 요구했다. 또한 국경을 어떻게 설정할 것이냐는 문제로 협상은 지지부진했다. 국경협상은 아이젠하워 대통령이 취임하고 나서야 결말이 났다.

예제 11

Little more than a year ago, Europeans themselves barely realized that the 12 European Community countries had found a real resolve to turn themselves into one open market by the end of 1992. It was only after a wrangle over the EEC's budget and farm policies had been settled in February 1988 that their government woke up to the task they had set themselves more than two years earlier. The pace of construction picked up in 1988, helped by the weight and competence of West Germany as president of the European Council during the first half of the year. But the significance of this project for the rest of the world still rated barely a passing thought among its architects.

Government officials in Washington say that more Americans are now aware of what they call "EC92"than were ever aware of the free trade agreement that was negotiated between America and Canada. Japanese corporate planners talk of little else when Europeans come to call. The governments of European countries outside the EEC devote much time to worrying about it. The project has taken off more powerfully than most of these outsiders expected. It has presented each of them with a dilemma. America is torn between the ideal of the strong, democratic Europe that it did so much to launch, and the prospect of a less malleable western partner-stronger and more self-interested in its economic policies, more self-welled in its attitude to foreign policy and defence.

번역사례1 1년 전 쯤에야 비로소 유럽 사람들은 12개의 유럽 공동체국가들이 1992년 말에 하나의 시장으로 통합하기로 결의했다는 것을 느끼기 시작했다. 그들 국가의 정부가 2년 전에 스스로 설정해 놓은 임무들을 각성하게 된 EEC의 예산 및 농업정책에 대한 토론을 1988년 2월에 벌인 후에야 비로소 느끼기 시작했다. 그 시장 건설의 행보는 1988년 상반기 동안 유럽회의의 의장국인 서독의 주도로 1988년부터 진행되었다. 그러나 유럽을 제외한 나머지 국가에 대한 이 계획의 의미는 그것을 건설하려는 사람들 사이에서 중요시되지 않았다. 워싱턴 정부당국은 미국인들이 미국과 캐나다 사이에 협정된 자유무역협정보다도 'EC92'라 불리는 이것을 더 많이 알고 있다고 말했다. 일본법인의 계획입안자들은 유럽 사람이 부를 때 거의 아무런 반응이 없었다. EEC에 속하지 않은 유럽 국가들의 정부는 그것에 대해 상당한 걱정을 하고 있다. 그 계획은 이러한 주변 국가들의 예상보다 더 강력하게 모습을 드러내고 있다. 그것은 주변 국가들을 곤경에 빠뜨리고 있다. 미국은 그것이 출발할 때의 강하고 민주적인 유럽에 대한 이상과 경제적 정책에 있어서 더 강력하고 이기적이며 외교정책이나 국방에 있어서 더 완고한 태도를 보일 덜 유순한 서구 파트너로서의 전망 사이에서 괴로워하고 있다.

번역사례2 유럽인들은 1년 전 쯤이 되어서야 비로소 유럽공동체 12개국이 1992년 말에 시장을 통합하여 단일 시장화 한다는 사실을 실감하기 시작했다. 1988년 2월 EEC의 예산 및 농업정책에 관한 토론을 벌인 후에야 각국은 2년 전 스스로 설정해 놓은 자국의 임무를 깨닫게 된 것이다. 1988년 상반기 동안의 유럽회의 의장국을 맡았던 서독이 주도하여 1988년부터 시장단일화 계획을 실행하기 시작했지만 유럽공동체 12개국은 유럽을 제외한 다른 국가들이 이 계획을 어떻게 받아들일 것인지 염두에 두지 않았다. 미국정부 당국자는 미국인들이 미국과 캐나다가 체결한 자유무역협정보다도 'EC92'라고 하는 유럽 시장단일화에 더욱 많은 관심을 가지고 있다고 말했다. 일본 기업의 계획입안자들 조차도 유럽의 요청에 냉담한 반응을 보였다. EEC에 가입하지 않은 다른 유럽 국가들도 이 계획을 아주 걱정스레 지켜보고 있다. 하지만 이러한 주변국의 반신반의에도 불구하고 이 계획을 강력하게 추진하고 있어 주변국을 곤혹스럽게 하고 있다. 미국은 이 계획으로 유럽이 강한 민주주의시장 체제를 유지하는 것은 좋게 생각하지만 배타적인 경제정책과 외교와 국방정책을 강력하게 피력할 것으로 보여 유순한 파트너에서 껄끄러운 파트너로 변할 유럽공동체를 어떻게 상대할 것인지 고민하고 있다.

해설_ 1. [번역사례 1]은 WORD TO WORD식으로 번역한 반면 [번역사례 2]는 원문내용을 이해한 다음 원문의 구조를 무시하고 원문이 말하고자 하는 내용대로 한국어를 첨가하거나 삭제하여 번역했다.

2. 번역은 번역을 하는 사람에 따라 다를 수 있기 때문에 어떻게 하는 것이 가장 좋다고 말하기는 사

실상 어렵다. 하지만, 번역에 눈을 뜬 사람이라면 어떤 문장이 더 설득력이 있는지는 알 수 있으리라 본다. [번역사례 1]과 [번역사례 2]의 가장 큰 차이라면 [번역사례 2]는 [번역사례 1]과는 달리 행위자인 주어를 분명하게 나타냄으로써 말하고자 하는 내용을 전달하려고 애썼다는 사실이다.

예제 12

"I have lived through two humiliating moments in my life," says Jacques Delors. "The first was when I was 15 and the Germans invaded France. I saw the population fleeing before the enemy, including soldiers on bicycles whose only thought was to save their own skin. I swore then that such a thing must never happen again . But the same thing is happening again today, in Bosnia. I am ashamed, dishonored. Soon I will turn 69. One day I will die, and I will have done nothing to stop all that."

Tears well up in Delor's eyes. He has spent 10 years as president of the European Commission trying to forge a united and dynamic Europe. At the end of the 1980s that elusive vision seemed attainable, perhaps because it had yet to be tested against reality. When the tests began - on trade issues, on monetary policy, on the war in Bosnia - the vision faded, befogged by persistent national differences among the 12member European Community. And now, as Delors prepares to step down from the presidency in December, a tragic shadow of disappointment has fallen over his 10-year stewardship in Brussels.

번역사례 "나는 나의 인생에 있어서 두 차례의 굴욕적인 순간을 경험했다."라고 자크 들로르는 말한다. "첫 번째는 내가 열다섯 살 때의 독일이 프랑스를 침략했을 때였다. 나는 사람들이 적군 앞에서 달아나고 있는 것을 보았는데, 그 중에는 자전거를 탄 병사들도 있었고, 그들의 유일한 생각은 그들 자신의 목숨을 구하는 것이었다. 나는 그때 그런 일은 결코 다시는 일어나서는 안 된다고 다짐하였다. 그러나 똑같은 일이 오늘날 다시 보스니아에서 일어나고 있다. 나는 수치와 불명예를 느끼고 있다. 머지않아 나는 69살이 될 것이다. 어느 날 나는 죽을 것이고, 나는 그 모든 일을 저지하기 위해 아무 것도 한 게 없을 것이다."

들로르의 두 눈에는 눈물이 샘물처럼 솟아오른다. 그는 유럽공동체 위원회의 의장으로서 10년간을 보내오면서, 단결되고 힘 있는 유럽을 만들어 내려고 노력해 왔다. 1980년대 말에는 그 이루기 어려운 꿈이 달성할 수 있는 것처럼 보였다. 그것은 아마도 그 꿈이 아직 현실에 대해서 시험되지 않았었기 때문이었을 것이다. 무역문제와 통화정책, 그리고 보스니아 전쟁에 대해서 그 시험이 시작되었을 때, 그 꿈은 퇴색되었고, 유럽공동체에 속한 12개 회원국 간의 끊임없는 국가 간 입장 차이에 의해서 흐려졌다. 그리고 이제 들로르가 12월에 의장직으로부터 물러날 준비를 하고 있는 시점에서, 실망스러운 비극의 그림자가 그의 10년간에 걸친 브뤼셀에서의 유럽공동체 경영에 드리워졌다.

해설_ 1. I have lived through two humiliating moments in my life.를 글자 그대로 옮기면 "나는 내 인생에 있어서 두 번의 굴욕적인 순간들을 통하여 살아왔다."이고, 이 문장을 "나는 나의 인생에 있어서 두 차례의 굴욕적인 순간을 경험했다."로 조금 다듬었듯이 좀 더 다듬으면 "나는 살아오면서 두 번이나 굴욕을 참아야만 했다."로 얼마든지 바꿀 수도 있다.

2. says Jacques Delors.는 인용문장이 끝나는 "~ and I will have done nothing to stop all that." 다음에 연결하여 번역하는 것이 좋다. 그리고 says를 '말한다'처럼 '현재형'으로 처리하기보다는 이 문장 전체가 과거 사실을 서술하고 있으므로 과거형 '말했다'로 처리하는 것이 좋다.

3. fleeing before the enemy,를 '적군 앞에서 달아나고'로 표현했는데, '적군을 피해 달아나고'로 바꾸어 표현하는 것이 좋다.

4. whose only thought was to save their own skin.을 '그들의 유일한 생각은 그들 자신의 목숨을 구하는 것이었다.'로 표현했는데 문맥을 고려하면 '그 사람들은 오로지 자신들만 살면 그뿐이라는 생각을 하고 있었다.'로 바꾸어 표현하는 것이 좋다.

5. I am ashamed, dishonored.를 "나는 수치와 불명예를 느끼고 있다."로 표현했는데 여기서 '느끼다'라는 표현은 너무 가벼운 표현으로 의미상의 주어 자크 들로르 씨의 관점에서 보면 적절한 표현이 아니다.

6. Soon I will turn 69.를 "머지않아 나는 69살이 될 것이다."로 표현했는데 '69살'을 소리 나는 대로 읽으면 '육십 구살'이 된다. 사소한 문제일지 모르지만 독자의 입장에서 보면 발음하기 아주 껄끄러운 표현이다. '69살'이 아니라, '69세'로 표기하거나 '예순 아홉 살'로 표기해야 옳다. 글은 음성적인 것을 음운적으로 적은 것에 불과하다. 쉽게 말해야 마음을 서로 잘 주고받을 수 있듯이 글도 발음하기 좋은 표현이 좋다.

7. to stop all that.을 '그 모든 일을 저지하기 위해'로 표현했는데 '그런 일을 제대로 예방하지도 못하고'로 표현하는 것이 더 자연스럽지 않을까? '저지'와 '예방'은 아주 다른 말로 '저지'는 '행위적인 것을', '예방'은 '정신적인 것과 행위적인 것을' 함께 나타낸다.

8. Tears well up in Delors's eyes.를 '들로르의 두 눈에는 눈물이 샘물처럼 솟아오른다.'로 처리했는데, 이 문장만 보면 '들로르라는 사람이 어떤 일에 감격하여 눈물을 흘리는 장면'처럼 보인다. 하지만 문맥은 정반대 상황이다. 회한의 눈물이랄까? 아쉬움과 안타까움과 같은 정서를 더 많이 나타내어야 하지 않을까? '들로르 씨는 눈물을 주르르 흘렸다.' 정도로 처리 했더라면?

9. At the end of the 1980s that elusive vision seemed attainable, perhaps because it had yet to be tested against reality.를 '1980년대 말에는 그 이루기 어려운 꿈이 달성할 수 있는 것처럼 보였다. 그것은 아마도 그 꿈이 아직 현실에 대해서 시험되지 않았었기 때문이었을 것이다.' 영문과 번역문을 굳이 비교해 보지 않더라도 '어려운 꿈이 달성할 수 있는 것처럼 보였다.'는 문장은 주어와 서술어의 아귀가 맞지 않다. '꿈이 무엇을 달성하다.'는 말은 없다. 이 영문은 영문구조대로 번역하기보다는 문장순서를 바꾸어 다음과 같이 번역해야 문장의 논리를 더욱 분명하게 나타낼 수 있다. '현실적인 문제를 구체적으로 상정하지 않았기 때문에 1980년대 말만 하더라도 어렵긴 하겠지만 그 꿈을 실현할 수 있으리라 생각했다.'로 번역하거나 영문의 어순대로 번역하더라도 '1980년대 말만 하더라도 이루기 힘들 것만 같은 그 꿈을 실현할 수 있을 것 같았는데 현실적인 문제를 구체적으로 상정하지 않았기 때문이었다.'로 표현해야 무슨 뜻인지 나름대로 알 수 있다.

10. When the tests began - on trade ~ in Bosnia – the ~ European Community.를 '무역문제와 통화정책, 그리고 보스니아 전쟁에 대해서 그 시험이 시작되었을 때, 그 꿈은 퇴색되었고, 유럽공동체에 속한 12개 회원국 간의 끊임없는 국가 간의 입장 차이에 의해서 흐려졌다.'로 번역했는데 무슨 뜻인지 쉽게 이해할 수 있는 문장은 아니다. 다음 번역문과 비교해 보기 바란다. ⇒ 무역문제, 통화정책을 원만하게 조정할 수 없는 어려움과 보스니아 전쟁이 일어나면서 그 꿈은 뒷전으로 밀려났고, 유럽공동체 12개 회원국의 치열한 입장차이 때문에 더욱 실현하기 어렵게 되었다.

11. And now, as ~ in Brussels.를 '그리고 이제 들로르가 12월에 의장직으로부터 물러날 준비를 하고 있는 시점에서, 실망스러운 비극의 그림자가 그의 10년간에 걸친 브뤼셀에서의 유럽공동체 경영에 드리워졌다.'로 번역했는데 무슨 뜻인지는 알 수 있지만 매끄러운 문장이라 할 수는 없다. ⇒ '10년 동안 유럽공동체를 위해 브뤼셀에서 노력해 왔지만 안타깝게도 암울한 상황에서 들로르 씨는 12월로 예정되어 있는 의장직 퇴임을 준비하고 있다.'처럼 번역하는 것이 좋다.

모범번역

"나는 살아오면서 두 번이나 굴욕적인 것을 참아야만 했는데, 첫 번째는 독일이 프랑스를 침공했던 열다섯 살 때였다. 그 당시 사람들은 서로 자기만 살아남으려는 일념으로 적군을 피해 도망가고 있었는데 자전거를 타고 도망가는 병사들도 있었다. 다시는 그렇게 해서는 안 된다고 다짐했지만 그러한 일이 또다시 보스니아에서 일어나고 있다. 정말 수치스럽고 불명예스럽다. 내 나이 이제 예순 아홉 살이 되어 가는데 언제 죽을지도 모르니 그러한 수치스럽고 불명예스러운 일을 막지도 못하고 죽게 될 것 같다."고 자크 들로르 의장은 말했다.

들로르 의장의 두 눈에 눈물이 주르르 흘렀다. 들로르 의장은 10년 동안 유럽공동체 위원회의 의장을 맡아 오면서 유럽을 결집하여 강력한 유럽을 건설하고자 노력해 왔다. 1980년대 말만 하더라고 그 꿈을 이룰 수 있을 것 같았는데 현실적인 문제를 염두에 두지 않았기 때문이었다. 하지만, 무역문제, 통화정책, 보스니아 전쟁과 같은 문제들이 현실로 나타나자 그 꿈은 퇴색되기 시작했고, 유럽공동체 12개 회원국의 치열한 입장차이 때문에 더욱 더 이루기 힘들어졌다. 지난 10년 동안 유럽공동체 의장으로서 각고의 노력을 기울여 왔지만 그 빛은 보이지 않고 실망스러운 그림자만 드리우고 있다. 이런 상황에서 들로르 의장은 12월로 다가온 의장직 퇴임을 준비하고 있다.

예제 13

The first mining boom in the Far West, the California gold rush, brought a horde of aggressive Americans across the Indian-occupied Plains into California. At first conflicts between miners who overran Indian lands and the natives brought on a succession of campaigns in California lasting from 1849 until the early 1870's. These "wars" killed off the relatively large number of peaceful Indians of California. The need to protect emigrants along the trails leading to California, Santa Fe, and Oregon and to open the way for the transcontinental railroad, brought treaty negotiations with the various tribes for the purpose of concentrating them in smaller reservations. The tribes were separated and each limited to its own well-defined hunting grounds. But it proved impossible to keep whites out of Indian hunting ground when mineral discoveries were made.

번역사례 서부에서의 최초의 채광 붐은 캘리포니아 골드러시라고 불리는데, 진취적인 미국인들이 떼를 지어 인디언이 차지하고 있는 대평원 지대를 횡단하여 캘리포니아로 몰려들어 오게 했다. 처음에는 인디언 지역에 몰려든 채광자들과 원주민간의 충돌이 캘리포니아에서 연속적인 전투를 불러 일으켰고, 이 전투는 1849년부터 1870년대 초까지 계속되었다. 이 전투로 비교적 많은 수의 평화로운 캘리포니아의 인디언들이 죽임을 당했다. 캘리포니아와 산타페, 그리고 오리건으로 통하는 산길을 따라 이동하는 이주민들을 보호하고, 대륙횡단 철도를 위한 길을 열기 위한 필요에서, 여러 인디언 부족들을 보다 더 작은 보호구역 내로 몰아넣기 위한 것이었다. 인디언 부족들은 분리되어, 각 부족은 분명하게 정해진 자신의 사냥터에 활동범위가 제한되게 되었다. 그러나 광산의 발견이 이루어지면, 백인들이 인디언 보호구역에 들어가지 못하게 하는 것이 불가능함이 입증되었다.

해설_ 1. 첫 문장의 경우 **The first mining boom**이 주어로 되어 있고 **brought**가 서술어로 되어 있지만 이 문장의 실질적인 행위자는 **Americans**이므로 '미국인들'을 번역문의 주어로 삼아 번역해야 매끄럽다. 영문의 배열 순서대로 그냥 옮겨 적으니까 '채광 붐은 ~ 몰려들어 오게 했다'와 같은 이상한 논리가 생기는 것이다. 이 문장을 '미국인들은 ~ 몰려들었다'로 전환해서 번역한 다음 나머지 부수적인 표현들을 보완해 나가는 것이 좋다. 예를 들자면 '진취적인 미국인들이 최초로 채광을 하기 위해 떼를 지어 인디언이 차지하고 있던 대평원 지대를 횡단하여 서부지역인 캘리포니아로 몰려들었는데 이를 캘리포니아 골드러시라고 했다.'와 같이 한국어 어순에 맞도록 재배열 할 수 있다는 것이다. 재배열한 문장이 매끄러우면 수정할 이유가 없겠지만 그렇지 않을 경우는 군더더기를 제거하거나 표현을 보충해 주어야 한다. 다음과 같이 정리해도 원문의 의미를 왜곡하지는 않으므로 무난한 번역이라 할 수 있을 것이다. ⇒ 초기의 진취적인 미국인들은 금광을 개발하기 위해 인디언이 살고 있던 대평원을 지나 서부로 너도나도 몰려들었는데 이것을 캘리포니아 골드러시라 했다.
'미국인들이 떼를 지어'라는 표현은 좀 상스러운 표현이므로 순화하는 것이 좋고, Indian-occupied를 '인디언이 차지하고 있는'으로 표현했는데 미국인이 신대륙에 건너오기 전에 인디언들이 먼저 평온하게 살던 곳이므로 '점령하다 또는 차지하다'와 같은 표현은 부적절하다. '살고 있던'으로 처리하는 것이 바람직하다.

2. **At first conflicts between ~ brought on ~ the early 1870's.**를 '처음에는 인디언 지역에 몰려든 채광자들과 원주민사이의 충돌이 캘리포니아에서 연속적인 전투를 불러일으켰고, 이 전투는 1849년부터 1870년대 초까지 계속되었다.'로 번역했는데, **first conflicts**를 주어로 **brought on**을 서술어로 그대로 처리하여 '충돌이 ~ 불러일으켰고, 전투는 ~ 계속되었다.'와 같이 되어 버렸다. 항상 그런 것은 아니지만 영문 속에 사람이 등장하면 사람을 번역문의 주어로 삼아 번역하는 것이 좋다. 이 영문 속에도 **miners**와 **the natives**가 나오므로 두 주어를 중심으로 번역문을 구성해 나가야 하는 것이다. 우선 문장의 골격을 짜면 '채광자들과 원주민은 싸웠고, ~까지 계속 싸웠다'와 같이 된다. 이렇게 하여 다시 정리하면 ⇒ '인디언이 살고 있던 지역으로 광부들이 몰려들기 시작하면서 원주민과 광부들이 싸웠는데 1849년부터 1870년대 초까지 싸움을 계속했다.'처럼 된다.

at first는 번역문 '광부들이 몰려들기 시작하면서'의 '시작하면서'에 의미가 포함되었다고 할 수 있다.

3. These "wars killed off"를 '이 전쟁으로 ~ 죽임을 당했다'로 번역했는데, 행위자인 '미국인' 관점으로 전환하여 능동으로 번역해야 '선량한 인디언들을 욕심 많은 미국인들이 죽였다'는 뉘앙스를 정확하게 전달할 수 있다. '미국인들은 이 전투를 하면서 수많은 선량한 캘리포니아 인디언들을 죽였다.'가 원문이 말하고자 하는 정조(情操,Emotion)다.

4. to open the way for the transcontinental railroad를 '대륙횡단 철도를 위한 길을 열기 위한'으로 번역했는데 좀 어눌하다. '안전하게 대륙횡단 철도를 건설하기 위해'로 처리하면 간결하다.

5. The tribes were separated ~ well-defined hunting grounds.를 '인디언 부족들은 분리되어, 각 부족은 분명하게 정해진 자신의 사냥터에 활동범위가 제한되게 되었다'로 번역했는데, 이럴 경우, 인디언 관점에서 수동적으로 번역해야 하는지 행위자인 미국인 관점으로 문장을 전환하여 능동적으로 번역하는 것이 좋은지 참 판단하기 어렵다.
영어적인 관점에서 본다면 인디언이 하고 싶어 한 것이 아닌 미국인들이 행위를 함으로써 수동적으로 되었으니 수동적인 표현으로 번역해야 한다고 하는 사람이 많다. 하지만 그런 관점은 영문의 통사 구조적인 관점에 너무 치우쳐 이 문장 전체에 깔려 있는 메시지를 놓친 것이라 볼 수 있다. 이 문장 전체를 읽어 보면 알겠지만 이 문장은 단순한 인디언의 생활상을 얘기하고 있는 것은 아니다. 오히려 미국인들의 무분별한 인디언 정책을 비난하고 있는 어투라 할 수 있다. 따라서 행위자의 잘못을 비난하는 정서이므로 행위자 관점으로 문장을 전환하여 번역해야 미국인들의 잘못을 구체적으로 부각시킬 수 있다. ⇒ '인디언들을 분산시켜 일정하게 정해 놓은 보호구역에서만 생활하도록 만들었다.'가 자연스런 번역이라 할 수 있다.

6. But it proved impossible ~ when mineral discoveries were made.를 '그러나 광산의 발견이 이루어지면, 백인들이 인디언 보호구역에 들어가지 못하게 하는 것이 불가능함이 입증되었다.'로 번역했는데, 전체 번역문 중에서 가장 나쁜 표현이라 할 수 있다. ⇒ '하지만 광산을 발견하기만 하면 인디언 보호구역도 백인들이 차지하였고 그것을 막을 도리도 없었다.'로 번역해야 전체 문장을 마무리 할 수 있다.

7. [번역사례 1]은 영문구조를 설명하기 위한 해석으로는 적절할지 모르지만 번역문이라 하기엔 미흡하다. 기존의 독해나 해석은 문법적인 형태를 분석하는 구문론에 해당하고 번역은 구문론, 통사론, 문법론, 음성론, 음운론, 의미론을 종합적으로 적용하여 영문을 이해하고 영문이 말하고자 하는 내용을 적절한 한국어로 문장을 구성해 나가는 것이라 할 수 있다.

모범번역

초기의 진취적인 미국인들은 금광을 개발하기 위해 인디언들이 살고 있던 대평원을 지나 앞 다투어 캘리포니아로 몰려들었는데 이것을 캘리포니아 골드러시라고 했다. 광부들이 인디언 지역에 몰려들어 오면서 인디언 원주민과 광부들이 싸우기 시작했고, 1849년부터 시작하여 1870년대 초까지 계속 싸워왔다.

이렇게 싸우면서 미국인들은 수많은 선량한 캘리포니아 인디언을 죽였다. 미국인들은 캘리포니아, 산타페, 오리건으로 가기 위해 산길을 따라 이동하는 이주민들을 보호하고 대륙횡단 철도를 원활하게 건설하기 위해 인디언 부족과 협정을 맺기 위해 협상을 시작했지만, 사실 인디언 부족들을 제한된 좁은 보호구역 안으로 몰아넣기 위해서였다. 결국 미국인들은 인디언부족들을 분산시켜 일정하게 정해놓은 보호구역 안에서만 생활하도록 만들었다. 하지만 백인들이 광산을 발견하기만 하면 인디언 보호구역도 백인들이 차지하기 일쑤였고 그것을 막을 방법도 없었다.

예제 14

Man is the only creature that consumes without producing. He does not give milk, he does not lay eggs, he is too weak to pull the plough, he cannot run fast enough to catch rabbits. Yet he is lord of all the animals. He sets them to work, he gives back to them the bare minimum that will prevent them from starving, and the rest he keeps for himself. Our labour tills the soil, our dung fertilises it, and yet there is not one of us that owns more than his bare skin. You cows that I see before me, how many thousands of gallons of milk have you given during this last year? And what has happened to that milk which should have been breeding up sturdy calves? Every drop of it has gone down the throats of our enemies. And you hens, how many eggs have you laid in this last year, and how many of those eggs ever hatched into chickens? The rest have all gone to market to bring in money for Jones and his men. And you, Clover, where are those four foals you bore, who should have been the support and pleasure of your old age? Each was sold at a year old - you will never see one of them again. In return for your four confinements and all

your labour in the fields, what have you ever had except your bare rations and a stall?

번역사례1 인간은 생산은 하지 않는 소비만을 하는 유일한 피조물이다. 그는 우유를 생산하지도 않고 알을 낳지도 않으며, 너무 허약해서 쟁기를 끌지도 못하고, 토끼를 잡을 수 있을 만큼 빨리 달리지도 못한다. 그런데도 그는 모든 동물들의 주인이다. 그는 그들에게 일을 시키며, 그들이 굶어 죽지 않을 정도의 겨우 최소한도만을 그들에게 돌려주고, 나머지는 자신이 차지해 버린다. 우리의 노동으로 땅을 갈고, 우리의 똥으로 그 땅을 기름지게 하는데도, 우리들 중 헐벗은 가죽 이상을 가진 자는 아무도 없다. 내 앞에 보이는 그대들 암소들이여, 지난 한 해 동안 그대들은 몇 천 갤런의 우유를 생산했는가? 그런데 튼튼한 송아지들을 길러냈어야 할 그 우유는 어떻게 되었는가? 한 방울도 남김없이 그것은 우리의 적들의 목구멍으로 내려갔다. 그리고 그대들 암탉들이여, 지난 한 해 동안에 그대들은 얼마나 많은 달걀들을 낳았는가? 그리고 얼마나 많은 그 달걀들이 병아리로 부화되었는가? 나머지는 모두 존스와 그 일당들을 위한 돈을 벌어들이기 위해서 시장으로 나가 버렸다. 그리고 그대 클로버여, 그대가 낳은 그 네 마리의 망아지는 어디에 있는가? 그들은 그대의 노년의 의지와 즐거움이 되어야 하지 않았겠는가? 그놈들은 모두 한살이 되었을 때 팔려나갔다. 그대는 그들 중 한 마리도 다시 보지 못할 것이다. 그대의 네 차례의 출산과 들에서의 그대의 온갖 수고에 대한 대가로, 최소한의 식량과 마구간 한 칸 외에 그대는 무엇을 가져 보았는가?

해설_ 1. Man is the only creature that consumes without producing.을 '인간은 생산은 하지 않고 소비만 하는 유일한 피조물이다'로 번역해도 그 뜻을 전달할 수는 있겠지만, 좋은 번역문은 아니다. 왜냐하면, 한국어는 신경 쓰지 않고 영어만 따라다니며 한국어를 나열해 놓았기 때문이다. '생산은 하지 않고 소비만 하는 것은 (아마도) 인간들뿐 일 것이다.' 또는 '(왜) 인간들은 생산은 하지 않고 소비만 하는 것일까?', '인간들은 생산은 전혀 하지 않고 소비만 하고 있을 뿐이다.'처럼 한국어다운 문장으로 원문의 의미를 재구성해야 한다. 위 번역을 유심히 살펴보면 '인간 = 피조물'이란 관계가 성립하는 이상한 문장구조라는 것을 알 수 있다.

2. He does not give milk, he does not lay eggs, ~ to catch rabbits.를 '그는 우유를 생산하지도 않고, 알을 낳지도 않으며 너무 허약해서 쟁기를 끌지도 못하고, 토끼를 잡을 수 있을 만큼 빨리 달리지도 못한다.'로 처리 했는데, He는 '인간'으로 바로 표현해야 하고, does not을 '하지도 않고'라고 했다가 '하지도 못하고'로 표현하고 있다. '하지 않는 것'과 '하지 못하는 것'은 다른 뜻이다. 우리말을 구체적으로 모를 경우, 아무리 영어를 잘 이해한다하더라도 그 사람이 해 놓은 번

역에는 오역이 많을 수밖에 없다. 한국 사람이라고 해서 한국어를 구체적으로 알고 있다고 생각하는 것은 큰 오산이라는 사실을 번역공부 하는 사람은 새겨들어야 한다. ⇒ '인간은 우유를 만들어 낼 수도, 알을 낳을 수도 없으며, 힘이 없어서 쟁기를 끌 수도 없을 뿐만 아니라 느리니 토끼도 제대로 잡을 수가 없다.'처럼 자연스럽게 정리해야 한다.

3. **He sets them ~ for himself.** 이 문장의 경우는, 생략해도 되는 인칭대명사를 모두 번역하여 문장을 아주 복잡하게 만든 경우다. 그리고 본래 영어는 인칭을 대신하는 대명사를 많이 활용하는 반면 한국어는 본 명사를 그대로 표현하는 경우가 많으므로 본 명사를 밝혀 표현하는 것이 번역테크닉의 기본인데 그런 것은 전혀 생각하지 않았다. ⇒ '인간은 동물들에게 모든 일을 시키면서도 죽지 않을 정도의 먹이만 줄뿐 모든 것을 다 독차지해 버린다.'

4. **Our labour tills the soil, ~ his bare skin.** 이 문장의 번역문은 소유격을 주격으로 전환해서 번역해야 하고 '우리들 중 헐벗은 가죽 이상을 가진 자는 아무도 없다.'는 표현도 번역어투다. ⇒ '우리가 열심히 땅을 갈고 (심지어) 우리 똥으로 땅을 기름지게 하는데도 우리는 모두 항상 피골이 상접한 채 살아가고 있다.'

5. **how many thousands of gallons~**를 '몇 천 갤런'으로 표현했는데, 사소한 것이지만 도량형은 한국 사람이 이해하기 쉽도록 통상 사용하는 도량형으로 환산하여 표현하는 것이 좋다. **1 gallon**은 0.26418리터지만 이 문장의 경우 '몇 천 갤런'으로 '아주 많은 량'이라는 뜻이므로 '얼마나 많은'처럼 처리해도 좋을 것 같다.

6. **And what has happened to that milk ~ sturdy calves?**를 '그런데 튼튼한 송아지들을 길러냈어야 할 그 우유는 어떻게 되었는가?'로 처리했는데, '하지만 송아지들을 튼튼하게 키웠어야 했던 그 우유는 누가 다 먹었는가?'처럼 뒤 문장을 고려하여 구체적으로 번역하는 것이 좋다.

7. **our enemies**는 '우리의 적'이라 하기보다는 '우리를 착취하는 인간들'로 번역하는 것이 좋다.

8. **and how many of those eggs ever hatched into chickens?**의 **and**를 '그리고'로 처리한 것은 어색하다. '하지만 병아리로 부화한 계란이 얼마나 되는가?'처럼 '하지만'으로 해야 문맥을 자연스레 연결할 수 있다.

9. **The rest have all gone ~ and his men.**을 '나머지는 모두 존스와 그 일당들을 위한 돈을 벌어들이기 위해서 시장으로 나가버렸다.'로 처리할 경우 '동물'의 시각에서 볼 때 '누가 그 몹쓸 짓을 했는지 주체가 드러나지 않고 자연적으로 그렇게 되었다.'는 뜻이 되므로 문맥상 옳지 못하다. '나머지는 모두 존스와 그 일당들이 돈을 벌기 위해 시장에 내다 팔아 버렸다.'로 처리해야 좋다. 주어를 분명히 밝혀 적어야 문장의 논리가 산다.

10. **who should have been the support and ~ old age?**를 '그들은 그대의 노년의 의지와 즐거움이 되어야 하지 않았겠는가?'로 그대로 방치할 경우 앞에서 설명한 것과 마찬가지로 주체와 객체가 불투명해 문장 전체가 어눌하다. ⇒ '그 망아지들은 클로버 당신이 늙으면 의지해야하고 당신을 즐겁게 해 주어야 하는 자식들이 아닌가?'로 처리하면 어떤가?

11. **Each was sold ~- you ~ again.** 이 부분도 어색함. **at a year old**를 '한 살이 되었을 때'로 하는 것보다 '한살이 되자마자'로 처리하여 '동물들의 안타까움과 노여움'을 좀 더 극대화 하는 것

이 좋다.

12. In return for your four ~, ~ and a stall? 이 문장도 참 어색하게 처리해 놓았다. 문장력을 발휘해야 하는 대목이다. '클로버 당신은 네 번이나 출산을 했고 들판에서 죽도록 고생을 했지만, 당신이 받은 것은 무엇인가? 겨우 입에 풀칠할 식량과 허름한 마구간 한 칸 뿐이지 않은가?'

13. 영문은 쉬우나 이 문장의 장르를 제대로 고려하지 못했을 뿐만 아니라 글을 어떻게 써야 한다는 기본적인 개념이 없다.

번역사례2 인간은 생산은 않고 먹기만 합니다. 우유를 짜는 것도 아니고 알을 낳지도 않습니다. 너무 허약해서 쟁기질도 못합니다. 토끼를 잡을 만큼 빨리 달리지도 못합니다. 하지만 동물을 다스립니다. 동물들에게 일을 시키고 겨우 먹고 살 양만 먹이고 나머지는 자기네들이 가집니다. 우리는 땅을 갈고 우리의 배설물은 땅을 기름지게 합니다. 그런데 아직도 우린 뼈 가죽 외엔 아무것도 갖지 못하고 있습니다. 제 앞에 보이는 당신네 암소들은 금년에 얼마나 많은 우유를 생산했습니까? 우리의 송아지를 키워야 하는 그런 우유가 어떻게 쓰였습니까? 마지막 한 방울까지 우리의 적들의 목구멍으로 넘어갔습니다. 그리고 당신네 암탉들은 금년에 또 얼마나 많은 계란을 낳았으며 몇 개나 품어서 병아리로 부화를 했습니까? 부화하고 남은 계란은 시장에 팔아서 존스와 그 떨거지들을 위한 돈으로 바꿨습니다. 그리고 클로버 아줌마 당신이 낳은 네 마리의 망아지는 어디 있나요? 걔들은 당신의 노년에 당신을 부양하고 즐거움을 주는 애들이 아닙니까? 한살이 되자 모두 팔려나가 다시는 보지 못할 겁니다. 네 번이나 새끼를 나줬고 들에서 그렇게 노동을 하는 보상으로 간신히 입에 풀칠이나 하고 허름한 우리 외에 무엇을 받았습니까?

해설_ 각 번호의 문장이 번역사례이고, " → "로 시작하는 부분이 감수 및 평가이다.

1. 인간은 생산은 않고 먹기만 합니다. 우유를 짜는 것도 아니고 알을 낳지도 않습니다.
→ 우유를 짜는 일을 하지 않는 것이 아니라 "만들어내지도 못 한다"는 번역이 정확함. 마찬가지로, 알을 낳지도 못한다고 하는 것이 좋다.

2. 너무 허약해서 쟁기질도 못합니다. 토끼를 잡을 만큼 빨리 달리지도 못합니다. 하지만 동물을 다스립니다. 동물들에게 일을 시키고 겨우 먹고 살 양만 먹이고 나머지는 자기네들이 가집니다. 우리는 땅을 갈고 우리의 배설물은 땅을 기름지게 합니다.
→ "배설물로 땅을 기름지게까지 합니다."처럼 무생물 주어를 부사적으로 표현하는 것이 좋다.

3. 그런데 아직도 우린 뼈 가죽 외엔 아무것도 갖지 못하고 있습니다. 제 앞에 보이는 당신네 암소들은 금년에 얼마나 많은 우유를 생산했습니까? 우리의 송아지를 키워야 하는 그런 우유가 어떻게 쓰였습니까?
→ 수동식 표현보다는 우유를 먹는 인간을 주어로 삼아서, "그런 우유를 어떻게 했습니까?"처럼 능동적 표현으로 바꾸는 것이 자연스럽다.

4. 마지막 한 방울까지 우리의 적들의 목구멍으로 넘어갔습니다. 그리고 당신네 암탉들은 금년에 또 얼마나 많은 계란을 낳았으며 몇 개나 품어서 병아리로 부화를 했습니까? 부화하고 남은 계란은 시장에 팔아서 존스와 그 떨거지들을 위한 돈으로 바꿨습니다.

→ '바꾸다'의 주체가 확연하지 않으므로 "돈을 벌기 위해서 존스와 그 일당이 그것을 내다 팔았다."로 처리하는 것이 분명하다.

5. 그리고 클로버 아줌마 당신이 낳은 네 마리의 망아지는 어디 있나요? 걔들은 당신의 노년에 당신을 부양하고 즐거움을 주는 얘들이 아닙니까?

→ '즐겁게 해줄'처럼 표현하는 것이 더 서술적이다.

★ 전체적으로 의미를 전달할 수 있는 번역이기는 하지만, 번역완성도 70% 정도의 번역이다.

예제 15

The gory tide has sparked great fear - of disease, contaminated fish, poisoned water - among villagers who rely on the lake for their livelihood. Prices for Nile perch, the lake's main cash crop, have already dropped 75% as rumors that the fish are feasting on decomposing bodies have spread through East Africa, even to Europe. Villagers who normally drink from the lake are trekking several kilometers to draw water from unaffected streams and hastily dug wells. The Ugandan government has ordered that dogs seen feeding on flesh by the lakeside should be shot. "We are very afraid," said Hussein Kisekka, 20, a fisherman in the village of Mutemante, 100 km southwest of Kampala. "We tried to bury the bodies, but they are everywhere."

번역사례 피로 물들은 조수는 생계를 위해 그 호수에 의존하고 있는 마을 사람들 사이에 질병과 오염된 물고기, 중독된 물에 대한 커다란 공포심을 불러일으켰다. 이 호수의 주요한 시장용 작물인 나일 강에서 잡히는 농어의 가격은, 이 고기가 썩어가는 시체를 뜯어 먹고 있다는 소문이 동아프리카 일대를 지나 심지어 유럽으로까지 퍼져나감에 따라서, 이미

75%가 떨어졌다. 대개 이 호수로부터 식수를 얻고 있는 마을 사람들은 영향을 받지 않은 개울들로부터 물을 가져오기 위하여 수킬로미터를 달구지를 타고 가고 있으며 서둘러 우물을 팠다. 우간다 정부는 호숫가에서 시체의 살을 뜯어 먹고 있는 개들이 발견되면 사살할 것을 명령하였다. "우리는 매우 두려워하고 있다."고 캄팔라에서 남서쪽으로 100킬로미터 떨어진 무테만테라는 마을의 어부인 올해 20살의 후세인 키세카는 말했다. "우리는 시체들을 매장하려고 했지만, 시체는 도처에 있다."고 그는 말했다.

해설_ 1. The gory tide has ~ fear - of disease, ~ water – among ~ livelihood.를 '피로 물들은 조수는 생계를 위해 그 호수에 의존하고 있는 마을 사람들 사이에 질병과 오염된 물고기, 중독된 물에 대한 커다란 공포심을 불러일으켰다'로 처리했는데 무생물 주어인 The gory tide를 부사적인 표현으로 전환하지 않고 그냥 주어로 처리했기 때문에 무슨 말을 하고자 하는지 명확하지 않다. 이 문장의 실질적인 주어 즉, 의미상의 주어는 villagers로 즉, '마을 사람들'이 주어다. 실질적인 주어를 찾았으니 주어의 상태나 동태를 나타내는 서술어를 찾아야 번역을 제대로 할 수 있는데 이 주어의 서술어는 무엇이겠는가? The gory tide의 목적어인 great fear가 바로 villagers의 서술어다. '마을 사람들은 대단히 두려워했다'가 번역문의 골격이다. '두려워하다'가 타동사이므로 목적어를 찾아 넣어야 완전한 골격을 만들 수 있다. 무엇을 두려워하는가? disease, contaminated fish, poisoned water를 두려워하는 것이다.

목적어를 번역문에 삽입하여 정리하면 '마을 사람들은 질병과 오염된 물고기, 중독된 물을 대단히 두려워했다'가 된다. 여기서 '두려워하다'라는 표현이 목적어와 왠지 잘 어울리지 않는다는 것을 알 수 있다. fear의 뜻 중에서 대표적인 뜻으로만 번역을 했기 때문이다. 적절한 표현을 선택하는 것이 얼마나 중요한 것인지 잘 알 수 있는 대목이다. 그럼, 왜? 질병이 생기고 물고기가 오염되고 물이 중독되었는가? 바로 tide가 gory되었기 때문이다. 바로 The gory tide를 부사적으로 처리해야 하는 이유를 알 수 있는 대목이다. 다시 정리하면 '조수가 피로 물 들었기 때문에 마을 사람들은 질병과 오염된 물고기, 중독된 물을 두려워했다.'가 된다.

이제 villagers를 수식하고 있는 표현만 번역문에 삽입하면 전체 번역문을 만들 수 있다. 어떤 표현이 수식어인가? who 이하가 바로 수식어다. '생계를 위해 그 호수에 의존하고 있는'이 수식어다. '조수가 피로 물 들었기 때문에 그 호수에 생계를 의존하고 있는 마을 사람들은 질병과 오염된 물고기, 중독된 물을 아주 걱정했다.'로 정리할 수 있다. 하지만 이 번역문 역시 그렇게 매끄러운 표현이라 할 수 없다. '피로 물든 파도가 점차 밀려오자 그 호수에 생계를 의존하고 있던 마을 사람들은 수질오염으로 인한 물고기 오염과 질병을 크게 걱정하고 있었다.'로 하면 어떨까?

2. Prices for Nile perch, ~ have ~ through East Africa, ~ to Europe. 이 구문도 Prices를 주어로, have dropped를 서술어로 그냥 번역을 했는데 그리 좋은 번역이라 할 수 없다. 물론 무슨 말인지 전달할 수야 있겠지만, as rumors that 이하를 번역문의 문두에 표현하여 문장을 정리하는 것이 바람직하다. 원인, 이유, 조건에 해당하는 부사적인 표현이기 때문이며, 주어와 서술어 사이에 지나치게 긴 문장을 삽입하면 주술관계가 불투명하여 무슨 뜻인지 잘 알 수 없기 때문이기도 하다. ⇒ '농어가 썩어가는 시체를 뜯어먹고 있다는 소문이 동아프리카 일대를 지나 심

지어 유럽으로까지 퍼져나감에 따라서 주요 시장용 어류인 이 호수의 농어 값이 이미 75%나 폭락했다.'처럼 정리하는 것이 바람직하다.

3. Villagers who ~ dug wells를 '대개 이 호수로부터 식수를 얻고 있는 마을 사람들은 영향을 받지 않은 개울들로부터 물을 가져오기 위하여 수킬로미터를 달구지를 타고 가고 있으며 서둘러 우물을 팠다.'로 처리했는데 어눌한 표현이 많다. '호수로부터 식수를 얻고'보다는 '호수 물을 식수로 사용하는'이 좋고, '영향을 받지 않은 개울들로부터'보다는 '오염되지 않는 개울에서'가 좋고, '물을 가져오기 위하여'보다는 '물을 길어오려고'가 좋고, '달구지를 타고 가고 있으며 서둘러 우물을 팠다'보다는 '달구지를 타고 가거나 우물을 팠다'가 좋다. to draw water from streams와 dug wells는 다른 행위다.

4. We tried to bury ~ everywhere를 '우리는 시체들을 매장하려고 했지만, 시체는 도처에 있다'로 처리했는데, 문장의 논리를 고려하지 않고 그냥 직역만 해놓았다. 문맥을 고려해 보면 "우리가 시체를 매장해 보려고 했지만 도처에 시체가 널려 있어 어떻게 할 수가 없다."처럼 보충역을 해 주어야 한다.

예제 16

We can read of things that happened 5,000 years ago in the Near East, where people first learned to write. But there are some parts of the world where even now people cannot write. The only way that they can preserve their history is to recount it as sagas – legends handed down from one generation of story -tellers to another. These legends are useful because they can tell us something about migrations of people who lived long ago, but none could write down what they did. Anthropologists wondered where the remote ancestors of the Polynesian peoples now living in the Pacific Islands came from. The sagas of these people explain that some of them came from Indonesia about 2,000 years ago.

번역사례 우리는 근동에서 5,000년 전에 일어났던 일들에 대해서 읽을 수 있는데, 그것은 그곳에서 최초로 사람들이 글을 쓸 줄 알게 되었기 때문이다. 그러나 지금도 사람들이 글을 쓸 줄 모르는 지역들이 세상에는 존재한다. 이들이 이들의 역사를 보존할 수 있는 유일한 방법은 그것을 saga로서 서술하는 것뿐인데, saga란 한 세대의 이야기꾼들로부터 또 다른 세대의 이야기꾼들에게 전해지는 전설을 말한다. 이 전설이 유용한 이유는 오래 전에 살았지만 아무도 그들이 행한 바를 기록할 줄 몰랐던 사람들의 이동에 대해서 무엇인가를 우리에게 말해 줄 수 있기 때문이다. 인류학자들은 현재 태평양제도에서 살고 있는 Polynesian족들의 먼 조상이 어디서부터 왔는지를 궁금히 여겼다. 이들의 전설은 그들 중 일부가 약 2,000년 전에 인도네시아로부터 왔다는 것을 설명해 준다.

해설_ 1. We can read of ~ to write. 이 구문과 번역문을 보면 어순이 똑같다. 이러한 영문구조일 경우 인과관계로 번역문을 완성하는 것이 좋다. 다시 말해 원인이나 이유를 먼저 설명하고 그 결과를 서술하는 방식을 말한다. in the Near East를 '근동에서'라고 하는 것은 모든 사람이 이해하기엔 어색한 표현이다. 그냥 '동양'이라는 포괄적인 의미로 번역해도 좋을 것 같다. ⇒ '동양 사람들이 글을 쓸 줄 알았기 때문에 우리는 5000년 전에 일어났던 일들을 읽고 알 수 있는 것이다.'

2. But there are some ~ cannot write.를 '그러나 지금도 사람들이 글을 쓸 줄 모르는 지역들이 세상에는 존재한다.'로 처리했는데, 이 영문이 말하고자 하는 것은 '지역의 존재 여부'가 아닌 '사람의 존재 여부'다. 따라서 한국어 표현을 다듬어야 이 영문이 말하고자 하는 의미를 제대로 전달할 수 있다. '하지만 아직도 세상 각지에는 글을 쓸 줄 모르는 사람들이 있다.'가 좀 매끄러운 표현이라 할 수 있다. '존재'한다는 표현은 상당히 추상적인 표현이라 의미심장하고 상징적인 상황을 묘사할 때나 적절한 표현이지 이 문장의 경우는 그렇게 바람직한 표현이라 할 수 없다.

3. The only way that ~ sagas - legends ~ story - tellers to another. 소유격은 사실 번역하지 않아도 되는 것이 대다수인데 번역을 하여 오히려 어색하다. saga를 그냥 처리하는 것도 문제다. ⇒ '동양 사람들이 역사를 보존하는 유일한 방법은 사가(saga)라는 형식으로 전하는 것이었는데, 사가란 이야기꾼들이 대대로 이야기를 전하는 구전소설과 같은 것이었다.'

4. These legends are useful ~ long ago, ~ what they did. 이 구문도 어순전환 즉, 문장 전체의 어순을 바꾸어 표현하면 매끄럽다. ⇒ '이러한 사가는 자신들의 행적을 기록할 줄 몰랐던 옛날 사람들의 이동경로를 추측할 수 있기 때문에 아주 유용한 자료라 할 수 있다.'

5. Anthropologists wondered ~ came from. 이 구문과 다음에 나오는 구문 The sagas of these ~ 2,000 years ago.는 문맥상 연결되는 문장이므로 한 문장으로 처리 하는 것이 바람직하다. ⇒ '인류학자들은 현재 태평양제도에서 살고 있는 폴로네시안의 옛 조상들이 어디에서 이주해 왔는지 연구해오다 이러한 사가를 통해 폴리네시안 조상의 일부가 약 2000년 전에 인도네시아에서 이주해 왔다는 사실을 알게 되었다고 한다.'

예제 17

Where do we start when we talk about the history of acting? Surely we have always acted; it is an instinct. Some of us are better at it than others, but we all do it. The child plays games. The child cries when tears are the order of the day, endears himself to avoid criticism, smiles when necessary; he predicts what reactions we require, Look behind those eyes which are giving the beholder the laughter he expects, and you will see the veil of the actor. We have all, at one time or another, been performers, and many of us still are - politicians, playboys, cardinals and kings. We wear the robes that we have designed for ourselves, and then act out other people's fantasies.

번역사례 우리는 연기의 역사에 대해 이야기할 때에 어디서 시작하는가? 확실히 우리는 항상 연기를 해왔다. 왜냐하면 그것은 본능이기 때문이다. 우리들 중에서 어떤 사람들은 남보다 연기에 더 능숙하다. 그러나 우리 모두가 다 연기를 하고 있는 것이다. 어린아이도 연기를 한다. 아이는 울어야 할 때에 울며, 꾸중을 피하기 위해 귀염 받을 수 있는 행위를 하며, 필요할 때 웃는다. 그는 우리가 어떤 반응을 요구하는지를 예견하고 있는 것이다. 자기를 바라보는 사람에게 그가 기대하는 웃음을 던져주고 있는 그 두 눈 뒤를 보면, 연기자의 이면이 보일 것이다. 우리 모두는 언젠가 한때는 연기자였다. 그리고 우리들 중 많은 사람들이 아직도 그러하다. – 정치가들과 바람둥이들, 추기경들과 왕들이 그런 사람들이다. 우리는 우리 스스로가 재단한 옷을 입고 다른 사람들의 환상을 연기하는 것이다.

해설_ 1. Where do we ~ of acting?을 '우리는 연기의 역사에 대해 이야기할 때에 어디서 시작하는가?'라고 번역했는데, 한국어는 전혀 고려하지 않고 영어식으로 한국어를 나열했다. 비약이라 생각할지 모르지만 이 한국어 문장의 의미를 풀어 보면, '어떤 장소에서 연기의 역사에 관해 이야기를 시작할 것인가?'와 같은 뜻이다. 즉 오해의 소지가 있는 표현이라는 것이다. "우리는 언제부터 연기를 해왔다고 해야 하는가?" 또는 "인간의 연기 역사는 언제부터 시작되었는가?" 또는 "언제부터 인간의 연기역사가 시작되었다고 할 수 있는가?"와 같은 식으로 번역하는 것이 좋다. 이 문장의 we는 일반적인 주어이므로 생략해도 무방하다.

2. Surely we have always ~; ~ instinct.의 Surely를 '확실히'로 번역했는데, 사전에 나와 있는 일반적인 표현 중에서만 선택하다보니 문맥상 매끄럽지 못하다. '확실히'를 '어쩌면 ~ 해왔는지도 모른다.'와 같은 부정 강조구문으로 처리해도 '확실히, 분명히'와 같은 의미를 그대로 전달해 줄 수 있다. "어쩌면(아마도) 우리는 본능적으로 항상 연기를 해왔는지도 모른다."로 번역하는 것이 좋다.

3. Some of us ~, ~ all do it. 이 구문은 "연기를 탁월하게 잘하는 사람도 있지만 보편적으로 우리는 모두 연기를 하고 있다고 할 수 있다."로 처리하면 된다.

4. The child plays games.의 plays games는 act와 같은 뜻으로 앞 문장의 act와 중복되지 않도록 하기 위해 다른 단어를 선택했다고 볼 수 있다. 이 구문은 다음에 나오는 말을 하기 위한 도입부로 볼 수 있으므로 연결사를 활용하여 다음 문장과 연결하여 번역하는 것이 좋다. ⇒ 아이 때부터 연기를 하는데, 울어서 자신의 의도대로 하려하거나 꾸중을 들을까봐 아양을 떤다거나 웃어 보이는 것 등이 모두 연기다.

5. he predicts what~. we require.를 '그는 우리가 어떤 반응을 요구하는지를 예측하는 것이다.'로 표현했는데, 어린아이의 심리를 표현하는 것으로는 어감이 다소 자연스럽지 않다. 다시 말해 어린아이의 심리묘사나 행동묘사는 어린아이에 걸맞게 하는 것이 좋다. ⇒ 아이는 자기가 어떻게 하면 어른들이 좋아하는지 알고 있는 것이다.

6. Look behind those ~, ~ of the actor.를 '자기를 바라보는 사람에게 그가 기대하는 웃음을 던져주고 있는 그 두 눈 뒤를 보면, 연기자의 이면이 보일 것이다.'로 아주 어렵게 표현해 놓았다. 역시 영어어순대로 한국어를 배열해 놓은 표현이다. 이런 문장은 일단 직역을 한 뒤 문장이 말하고자 하는 의미를 완전히 이해할 수 있다면 자신의 문장력으로 새로운 문장을 만들어야 좋은 번역문이 될 수 있다. ⇒ 아이들이 웃는 것을 좋아하는 어른들 앞에서는 아이들도 잘 웃는데, 사실 그것도 어쩌면 연기를 하는 것이라 할 수 있다.

7. We have all, ~, ~, ~ - politicians, ~ and kings. 이 부분을 세 토막으로 나누어서 표현해 놓았는데, 얼마든지 간략하게 할 수 있는 문장이므로 한 문장으로 처리하는 것이 바람직하다. '우리는 모두 한때 연기자였으며 현재도 대다수 사람들이 연기를 하고 있는데 정치가, 바람둥이, 추기경, 왕들이 대표적인 사람들이라 할 수 있다.' 이 번역문의 뒷부분의 어순을 전환하여 "오늘날도 정치가, 바람둥이, 추기경, 왕과 같은 사람들은 대다수 연기를 하며 산다고 할 수 있다."로 번역하면 더 자연스럽다.

8. We wear the robes that we have designed ~, ~ people's fantasies.를 '우리는 우리 스스로가 재단한 옷을 입고 다른 사람들의 환상을 연기하는 것이다.'로 해 놓았는데, 이 문장 전체에서 가장 어색한 번역이라 할 수 있다. 영어배열 순서나 사전적인 의미로 본다면 제대로 번역했다고 주장할 수 있겠지만, 실제 이 번역문이 말하고자 하는 내용을 말로써 설명을 해보라고 하면 제대로 하는 사람이 그리 많지 않다. ⇒ "우리는 자신이 만든 옷을 입고 살기는 하지만 다른 사람들이 원하는 대로 연기를 하며 살아가는 것이다."처럼 번역하면 무난하다.

모범번역

(과연) 우리는 언제부터 연기라는 것을 하기 시작했다고 할 수 있나? 어쩌면 우리는 본능적으로 항상 연기를 해 왔는지도 모른다.(어쩌면 우리는 본능적으로 항상 연기를 해 온 것이 분명하다.) 탁월하게 연기를 잘 하는 사람이 있긴 하지만 우리 모두 연기를 하고 있다. 어린아이도 연기를 한다고 할 수 있는데 울어야 할 때 울고 웃어야 할 때 웃는 것이나 꾸중을 들을까봐 아양을 떠는 행동 등이 그런 것이다. 아이들도 어떻게 하면 다른 사람들이 좋아하는지 알고 있는 것이다. 아이들이 웃는 것을 보고 싶은 사람들 앞에서 아이들은 잘 웃는데 사실 그것도 어쩌면 연기를 하는 것이라 할 수 있다. 우리는 모두 한때 연기자였으며 정치가, 바람둥이, 추기경, 왕과 같은 사람들은 대다수 아직도 연기를 하며 살아간다고 할 수 있다. 우리는 자신이 만든 옷을 입고 살기는 하지만 다른 사람들이 원하는 대로 연기를 하며 살아가는 것이다.

예제 18

Washington Irving's next important work, The Sketch Book (1819), contains two of the best - loved stories from American literature : Rip Van Winkle and The Legend of Sleepy Hollow. The plots of both stories are based on old German folk tales. But Irving fills them with the "local color" of New York's Hudson River Valley. Even today, the real places he mentions are associated with his stories. The Catskill Mountains, on the western side of the Hudson Valley, are still thought of as the place where Rip Van Winkle fell asleep for twenty years. Sleepy Hollow, just north of the city, is still famous as the place where, late one night, Ichabod Crane was chased by the "Headless Horseman." In this last story, as in many of his others, Irving contrasts the personality of the New England "Yankees" with that of the New Yorkers. Ichabod Crane, a New Englander, is made a comic figure. He is greedy and superstitious. The "Headless

Horseman" who frightens him out of the valley is not real. He was invented by local New Yorkers, in order to frighten outsiders.

번역사례 워싱턴 어빙의 다음으로 중요한 작품인 「스케치 북」(1819)은 미국문학사상 가장 사랑 받는 이야기들 중의 두 가지를 포함하고 있는데, 그것은 '립 밴 윙클'과 '슬리피 할로우의 전설'이다. 이 두 스토리의 줄거리는 독일의 옛 민속에 바탕을 두고 있다. 그러나 어빙은 이 이야기들을 뉴욕의 허드슨 강 유역의 지방색으로 채우고 있다. 오늘날까지도 그가 언급한 실제 장소들은 그의 이야기와 관련을 가지고 있다. 허드슨 강 유역 서쪽에 있는 캐츠킬 산맥은 아직도 립 밴 윙클이 20년 동안 잠이 들어 있었던 곳으로 생각되어지고 있다. 뉴욕의 바로 북쪽에 있는 슬리피 할로우는, 어느 날 밤늦게 이카보드 크레인이 머리가 없는 기수에게 쫓긴 곳으로도 아직도 유명하다. 그의 다른 많은 이야기들에서와 같이, 이 마지막 스토리에서도 어빙은 뉴잉글랜드 양키들의 성격을 뉴욕사람들의 성격과 대비시키고 있다. 뉴잉글랜드 사람인 아카보드 크레인은 우스개 인물로 묘사되고 있다. 그는 탐욕스럽고 미신적이다. 그를 놀라게 하여 계곡에서 쫓아내는 머리 없는 기수는 실제 인물이 아니다. 그는 외부인들에게 겁을 주기 위해 뉴욕지방 사람들이 가공으로 지어낸 인물이었다.

해설_ 1. Washington Irving's next ~, ~, ~: ~The Legend of Sleepy Hollow. 다소 긴 문장은 두 문장으로 나누어서 번역을 해도 되므로 문장력이 모자라면 그렇게 하는 것이 좋다. 예를 들어 이 구문의 경우 콜론 앞부분을 한 문장으로 처리하고 나머지 부분을 한 문장으로 처리하면 된다. ⇒ "다음으로 미국사람들이 사랑한 워싱턴 어빙의 훌륭한 작품은 1819년 작품인 「스케치 북」인데 이 책에는 두 가지 이야기가 있다. 바로 '립 밴 윙클'과 '슬리피 할로우의 전설'이라는 이야기다."처럼. 물론 "다음으로 미국사람들이 가장 사랑한 워싱턴 어빙의 훌륭한 작품은 1819년 작품인 「스케치 북」인데, 이 책에는 '립 밴 윙클'과 '슬리피 할로우의 전설'이라는 이야기가 함께 실려 있다."처럼 한 문장으로 처리해도 된다. important work를 '중요한 작품'이라 하지 않고 '훌륭한 작품'으로 처리한 것을 눈여겨봐 두기 바란다.

2. The plots of ~ folk tales. 이 구문과 But Irving fills ~ Valley.구문은 사실상 but이라는 접속어로 연결된 한 문장이다. 따라서 두 문장을 한 문장으로 처리해도 된다. ⇒ "어빙은 독일 민담인 이 두 이야기를 마치 뉴욕의 허드슨 강변에서 일어난 일처럼 각색한 것이었다."로 하면 좀 더 문학적이지 않을까?

3. Even today, ~ his stories.를 '오늘날까지도 그가 언급한 실제 장소들은 그의 스토리와 관련을 가지고 있다.'로 번역했는데, 너무 두리뭉실해 그 뜻을 이해하기 힘들다. 실제 주어를 생각하지 않

고 places를 주어로 삼아 무작정 표현해 놓았기 때문이다. 그럼 실제 주어는 어떤 것인가? 사람이다. 미국사람들이 그렇게 생각하고 있다는 것이기 때문이다. 따라서 ⇒ "어빙이 언급한 소설 속의 그 장소들은 아직도 모든 사람이 실제 장소라고 생각하고 있다."로 번역할 수 있다.

4. **The Catskill Mountains, ~ for twenty years.** 이 부분의 번역도 의미를 전달하기에는 다소 미흡하다. **Mountains**를 '산맥'으로 처리하기보다는 그냥 '산'으로 하는 것이 좋겠다. 이 문장은 '스케치 북'의 내용을 좀 알고 있으면 쉽게 설득력 있는 문장을 만들 수 있다. 소설 속에서 '립 밴 윙클'이 피곤해서 잠이 들었는데 자기도 모르게 20년이라는 기나긴 세월이 흘러 버렸다는 내용이다. 이러한 주변 지식을 참고하면 ⇒ "아직도 사람들은 허드슨 강 유역 서쪽에 있는 캐츠킬 산에서 립 밴 윙클이 20년 동안 잤었다고 생각하고 있다."처럼 번역할 수 있다.

5. **Sleepy Hollow, just ~ Headless Horseman.** 이 구문도 위와 같은 식으로 번역하면 된다. ⇒ "(또한 사람들은) 뉴욕 바로 북쪽에 있는 슬리피 할로우에서 이카보드 크레인이 어느 날 한 밤 중에 목이 잘린 채 말을 타고 달리는 기수에게 쫓겼다고들 믿고 있다."

6. **In this last story, ~ of the New Yorkers.** 이 구문은 문법적으로 번역을 한다면 얼마든지 할 수 있겠지만 문화와 역사적인 내용을 고려한다면 그리 간단한 것만은 아니다. '뉴잉글랜드 양키'와 '뉴욕사람들'과는 어떤 차이가 있는지 보충역을 해 주어야 하기 때문이다. 뉴잉글랜드는 통상 뉴욕 북부지역인 코네티컷, 매사추세츠, 로드아일랜드, 버몬트, 뉴햄프셔, 메인(**Connecticut, Massachusetts, Rhode Island, Vermont, New Hampshire, Maine**) 주 등을 지칭한다. 그럼, 이 지역에 사는 사람과 뉴욕에 사는 사람은 어떤 사람들이며 서로 어떤 관계를 유지했나? 알고 있는 대로 설명하면 대충 이렇다. 뉴욕사람들은 주로 네덜란드에서 이주하여 정착한 사람들이고, 그 당시 뉴욕사람들이 흔히 '양키'라고 했던 뉴잉글랜드 지역사람들은 잉글랜드, 아일랜드 등지에서 이주하여 정착한 사람들로 민족이 달라 서로 시기하고 질투하며 경쟁관계로 살았다고 한다.
물론, 남북전쟁 당시 남부군이 북부군을 비아냥거리고 격하하는 표현으로 '양키'라는 말을 사용했다고 우리가 알고 있기도 하다. 또한 요즘은 뉴욕사람들을 모두 '양키'라고 하기도 하고, 우리나라 사람은 머리카락 색깔이 다르고 눈동자 색이 다른 서양인을 통상 '양키'라고 해 왔던 것도 사실이다. 비약된 표현일수도 있지만, 아무튼 이처럼 한 낱말 속에 역사와 문화적인 사실이 숨어 있다는 것을 번역자는 잘 고려해야 한다. ⇒ 어빙이 늘 그렇게 묘사해 왔듯이 이 슬리피 할로우의 전설에서도 뉴잉글랜드 양키와 뉴욕사람들의 성격을 비교하고 있는데, 예를 들자면 뉴잉글랜드 사람인 이카보드 크레인을 우스꽝스럽게 묘사한 것이나 욕심이 많고 미신을 쫓는 사람으로 묘사한 것이 그 예다.
물론, 논리적으로 이해하기 힘든 부분이 있다. 어빙의 조상이 앵글로 색슨인 것으로 알고 있는데 어빙이 왜 자기 종족을 비하하느냐 하는 것이다. 이 구문 뒤에 나오는 문장을 보더라도 뉴욕에 먼저 정착하여 살고 있던 사람들이 새로 이주해온 북부지역사람들을 못살게 굴어 쫓아내 보려는 의도가 깔려 있었다는 것을 알 수 있다.

모범번역

다음으로 미국사람들이 가장 사랑한 워싱턴 어빙의 훌륭한 작품은 바로 1819년 작인 「스케치 북」인데, 이 책에는 '립 밴 윙클'과 '슬리피 할로우의 전설'이라는 두 가지 이야기가 실려 있다. 이 두 이야기는 어빙이 독일 민담에서 아이디어를 얻은 것이지만 마치 뉴욕의 허드슨 강 유역에서 일어난 일처럼 각색했다. 요즘도 사람들은 소설 속에 등장하는 장소들을 요즘 장소와 같다고 여기고 있는데 예를 들자면 립 밴 윙클이 허드슨 강 유역 서쪽에 있는 캐츠킬 산에서 20년 동안 잤다고 생각하는 것이나, 뉴욕 바로 북쪽에 있는 슬리피 할로우에서 이카보드 크레인이 머리도 없이 말을 타고 달리는 기수에게 어느 한 밤중에 쫓겼다고 믿는 것이 그 예다. 늘 그렇게 묘사해 왔듯이 이 마지막 이야기에서도 어빙은 뉴잉글랜드 양키와 뉴욕사람들의 성격을 극적으로 비교하고 있다. 뉴잉글랜드인인 이카보드 크레인을 우스꽝스러운 사람으로 묘사하거나 탐욕스럽고 미신을 쫓는 사람으로 묘사한 것이 바로 그런 예다. 이카보드 크레인을 혼내주는 머리 없는 기수는 실제 인물이 아니라 뉴욕사람들이 외부인들을 겁주기 위해 만든 가공의 인물일 뿐이었다.

예제 19

A market is commonly thought of as a place where commodities are bought and sold. Thus fruit and vegetables are sold wholesale at Convent Garden Market and meat is sold wholesale at Smithfield Market. But there are markets for things other than commodities, in the usual sense. There are real estate markets, foreign exchange markets, labor markets, short-term capital market, and so on; there may be a market for anything which has a price. And there may be no particular place to which dealings are confined. Buyers and sellers may be scattered over the whole world and instead of actually meeting together in a market-place they may deal with one another by telephone, telegram, cable or letter. Even if dealings are

restricted to a particular place, the dealers may consist wholly or in part of agents acting on instructions from clients far away.

번역사례 시장은 통상 상품이 사고 팔리는 곳으로 생각되어진다. 그리하여 코벤트 가든 시장에서는 과일과 야채가 대규모로 판매되며, 스미스필드 시장에서는 고기류가 엄청나게 판매된다. 그러나 일반적인 의미에 있어서의 상품과는 다른 것들을 거래하기 위한 시장들이 있다. 부동산시장, 외환시장, 노동시장, 단기자본시장 등이 있다. 가격을 매길 수 있는 것이라면 무엇이든지 그것에 대한 시장이 있을 수 있는 것이다. 그리고 거래가 제한되는 특정한 장소가 없을 수도 있다. 구매자와 판매자가 세상 각지에 흩어져 있고, 실제로 그들이 시장에서 만나는 대신에 전화나 전보, 해외전보나 편지로 거래를 할 수도 있는 것이다. 설령 거래가 어떤 특정한 장소에 한정된다 하더라도, 그 거래자들은 전적으로 또는 부분적으로 멀리 있는 고객으로부터의 지시에 따라 행동하는 대리인들로 이루어질 수도 있는 것이다.

해설_ 1. 첫 문장의 경우 A market을 주어로 삼지 말고 thought의 실제적인 주체인 사람을 주어로 삼아 문장을 능동으로 처리하는 것이 바람직하다. "통상 상품을 사고 파는 곳을 시장이라 한다." thought를 '~이라 한다'로 번역하면 자연스럽다.

2. Thus fruit and ~ Smithfield Market. 이 문장의 Thus를 '그리하여'로 처리한 것은 어눌하다. thus의 의미를 사전에서 끝까지 찾아보지 않아 결정적인 실수를 했다.

사전에 보면,

① 이런 식으로, 그런 식으로, 이와 같이, 이리하여, 그리하여

② 이런 정도로, 그런 정도로, 그렇게

③ 그런 까닭으로, 따라서, 그래서

④ 예를 들면 등의 의미가 있다.

막연히 사전의 제일 앞에 나오는 뜻으로만 번역을 하니 문맥과 전혀 다른 엉뚱한 말을 대입하여 전체 문장의 의미를 다른 방향으로 끌고 가게 된다. 앞 문장을 염두에 두면서 생각한다면 얼마든지 thus의 의미를 표현할 수 있다. ⇒ 예를 들자면 코벤트 가든 시장에서는 과일과 야채를 전문적으로 매매하며, 스미스 필드 시장에서는 육류를 전문적으로 매매한다.

3. in the usual sense를 '일반적인 의미에 있어서의'로 복잡하게 표현했는데, 그냥 '일반적인'으로만 번역해도 충분하다. 뒤 문장과 연결해 보면 "하지만 일반적인 상품과 다른 것들을 거래하는 시장도 많다."처럼 자연스레 번역할 수 있다. '시장들이 있다'를 '시장도 많다'로 번역하는 것이 더 구체적적이다.

4. There are real estate markets, ~; ~which has a price. 이 구문은 앞 문장과 문맥을 제대로 연결하려면 세미콜론 뒤 문장을 앞으로 전환하여 표현하는 것이 좋다. 통상 세미콜론은 부연 설명을 하는 경우가 많으므로 한국어 문장의 수식절로 앞에서 뒤 문장을 수식하는 관계로 번역을 해야 좋은 경우가 많다. "가격을 매길 수 있는 것이라면 얼마든지 시장을 형성할 수 있다."는 뜻인데, 예를 들자면 부동산시장, 외환시장, 단기자본시장과 같은 것들이다.

5. And there ~ are confined.와 Buyers and sellers ~ cable or letter. 이 구문은 한 문장으로 묶어 처리하는 것이 좋다. ⇒ 설령 거래를 하기 위한 특정한 장소가 없더라도 얼마든지 매매를 할 수 있는데, 전 세계에 있는 판매자와 구매자가 시장에서 만나지 않고 전화나 전보, 케이블 통신이나 서신으로 거래를 할 수 있기 때문이다.

6. Even if dealings are ~ from clients far away.를 "설령 거래가 어떤 특정한 장소에 한정된다 하더라도, 그 거래자들은 전적으로 또는 부분적으로 멀리 있는 고객으로부터의 지시에 따라 행동하는 대리인들로 이루어질 수도 있는 것이다."로 번역했는데, 번역하는 사람이라면 반드시 짚고 넘어가야 하는 표현이다. 영문구조로 보거나 단어의 사전적인 의미로 본다면 분명히 번역을 제대로 했다고 생각할지 모르지만 '졸역, 악역, 오역'에 모두 해당하는 번역문이다. "설사 어떤 특정한 장소에서만 거래를 해야 한다고 하더라도 거래를 전적으로 또는 부분적으로 위임받은 대리인들이 고객의 지시에 따라 거래를 할 수도 있다." 정도로 표현하는 것이 바람직하다.

모범번역

보통, 상품을 사고 파는 곳을 시장이라고 하는데 과일과 야채를 전문적으로 판매하는 코벤트 가든 시장이나 육류를 전문적으로 판매하는 스미스 필드 시장이 대표적인 시장이라 할 수 있다. 이와는 달리 부동산시장, 외환시장, 노동시장, 단기자본시장 등과 같이 일반적으로 상품이라 생각하지 않는 것들을 매매하는 시장도 많다. 다시 말해 가격을 매길 수 있는 것이라면 얼마든지 거래할 수 있다는 뜻이다. 또한 거래를 하기 위한 특정한 장소가 없다하더라도 거래를 할 수 있는데 전 세계에 있는 판매자와 구매자가 시장에서 서로 만나지 않고 전화나 전보, 케이블 통신, 서신 등으로 얼마든지 거래할 수 있기 때문이다. 설령 어떤 특정 장소에서만 거래를 해야 한다고 하더라도 거래를 전적으로 또는 부분적으로 위임받은 대리인이 고객의 지시에 따라 대신 거래를 할 수도 있다.

예제 20

My father and my mother separated before I was born, and my mother went to work while her mother took care of us. My grandmother was a terribly cruel woman who would always tell us we were "good for nothing." Her criticisms made my sister and me try harder to be good, to be worthwhile. My mother never protected us; she was too afraid Grandma would leave and there would be no one to take care of us. I remember I used to try to fix things that broke around the house, wanting to save us money and earn my keep somehow.

I married at 18. I met my husband in high school. He was lounging against a wall when he should have been in class. I thought, "He looks pretty wild; I'll bet I could settle him down." I was still trying to fix things. I was miserable from the start, but it took me 15 years to believe that being miserable was a good enough reason to get a divorce.

After the divorce, I met Baird. He was tall and very good-looking. But he also had an air of coldness about him. I remember telling myself, "That is the most elegant, arrogant man I've ever seen. I'll bet I could warm him up!" We never did have a really good time together. Something was always wrong, and I kept trying to make it right. Our marriage lasted only two months.

번역사례 나의 부모는 내가 태어나기 전에 헤어졌고, 어머니는 외할머니가 우리를 돌보는 동안에 직장에 나갔다. 외할머니는 늘 우리에게 "아무짝에도 쓸모없는 것들"이라고 말하곤 했던 무서울 정도로 잔인한 여자였다. 할머니의 비난 때문에 언니와 나는 착하고 쓸모 있는 아이들이 되어보려고 더 열심히 노력하였다. 어머니는 우리를 보호해 주지 못했다. 어머니는 할머니가 떠나버려서 우리를 돌볼 사람이 없게 될 것을 너무나도 두려워하고 있었던 것이다. 내 기억에는 나는 집안에 고장이 난 물건들을 수리하려 하곤 했는데, 우리 집의 돈을 절약하고 어쨌든 내 밥값을 하고 싶었던 것이다.

나는 열여덟 살 때 결혼하였다. 나는 고등학교에서 내 남편을 만났다. 그는 수업을 빼먹고 벽에 기대어 빈둥대고 있었다. "그는 아주 길들여지지 않은 것처럼 보인다. 틀림없이 나는 그가 마음을 잡을 수 있게 할 수 있을 것이다."라고 나는 생각했다. 그러나 나는 여전히 집안의 물건들을 수리하려 하고 있었다. 처음부터 나는 비참하였다. 그러나 나에게는 비참하다는 것이 이혼의 충분한 이유가 된다는 것을 믿는데 15년이라는 세월이 걸렸다.

이혼을 한 후, 나는 베어드를 만났다. 그는 키도 크고 아주 미남이었다. 그러나 그도 역시 주위에 항상 차가운 공기가 감돌고 있었다. 나는 스스로에게 이렇게 말했던 것이 기억난다. "저 남자는 내가 지금까지 본 중에서 가장 우아하면서도 가장 오만한 사람이야, 나는 그의 마음을 훈훈하게 만들 수 있어!" 우리는 한 번도 정말로 즐거운 시간을 함께 가져보지 못했다. 항상 무엇인가가 잘못되었고, 나는 그것을 바로 잡으려고 계속 노력하였다. 우리의 결혼생활은 겨우 두 달 동안 지속되었을 뿐이다.

해설_ 1. My father and mother를 '나의 부모는'으로 번역했는데, '우리 부모님은' 또는 '우리 어머니와 아버지는'으로 하는 것이 바람직하다. my를 우리 정서에 맞게 번역해야 한다.

2. my mother went to work while her mother took care of us.의 while은 '~하는 동안에, ~하는 동안은, ~하면서도, ~하지만, 그러나 한편, 그리고' 중에서 선택해야지 무조건 '한편'으로 처리해서는 안 된다. 접속사는 문장을 매끄럽게 해 주는 역할을 하므로 이 경우 "어머니는 직장에 나가셨는데 그 동안 외할머니께서 우리를 돌봐 주셨다." 또는 "어머니는 외할머니께 우리를 맡겨 놓으시고 직장에 다니셨다."처럼 처리하는 것이 좋다. 타동사 '맡기다'가 어머니의 '의도성'을 강조하는 것 같아 원문과 다소 차이가 있는 것처럼 생각되기도 하지만 전체 문맥으로 보아 그 흐름을 깨지는 않으므로 큰 문제는 안 될 것 같다. 이 글을 쓴 화자(話者)관점으로 보면 "나는 이렇게 불우한 환경에서 살았노라."하는 정서(情緖)가 깔려 있다.

3. My grandmother was a terribly cruel woman을 '무서울 정도로 잔인한 여자'로 번역했는데, 상당히 껄끄러운 표현이다. 할머니를 '여자'로 표현해도 된다고 생각하는가? '외할머니는 우리를 아주 싫어하셨고 무섭게만 대하셨다.'처럼 정서를 조정해서 표현해야 한다. terribly가 cruel을 수식하고 있지만, 어떻게 보면 의미단위(meaning unit)를 두 개로 나누어 보는 것이 화자가 생각하는 외할머니에 대한 이미지를 훨씬 더 잘 부각시킬 수 있다. '싫고 귀찮았기 때문에 cruel하게 대했다'는 논리로 '아주 싫다'는 표현을 유추해 냈다. 어려운 문제이긴 하지만 번역자가 갖추어야 할 가장 고난이도의 기술이라면 자기 나름대로 문장에 내포되어 있는 의미를 논리적으로 유추해서 자신의 글을 적어 보는 것이다. 번역은 제2의 창작이다.

4. good for nothing을 '아무짝에도 쓸모없는 것들'로 번역했는데, 사실 무식하고 어법도 모르는 할머니라는 관점에서 보면 적절한 말이다. 하지만 '사람을 물건으로 표현'하기보다는 같은 값이면 '지지리도 못난 녀석들'처럼 번역하는 것도 생각해 보아야 한다.

5. Her criticisms made my sister~, to be worthwhile.을 '할머니의 비난 때문에 언니와 나는 ~ 열심히 노력하였다'로 번역했는데, 사실 이 번역문을 놓고 설왕설래 하는 것은 시간낭비인지도 모른다. 하지만 번역수준을 한 단계 높이려면 이러한 사소한 문제도 반드시 알아두는 것이 좋다. 영어의 경우 이 구문처럼 〈소유격 + 명사(무생물, 사물)〉형태를 활용해서 주어로 삼는 경우가 많은데 우리는 이러한 구문을 한국어식으로 풀어 표현하지 못하는 경우가 허다하다. 물론 이 첫 번째 번역문도 무생물 주어를 부사적으로 전환하여 '할머니의 비난 때문에~'로 잘 처리하긴 했지만 그 다음 단계까지는 생각하지 못한 것 같다. '이유와 원인'을 나타내는 '~때문에'의 원천적인 대상은 사실 무생물 주어인 비난(criticisms)이 아니라 소유격 her의 주격인 she 즉, my grandmother이다. 이런 관점에서 Her criticisms를 '할머니의 비난 때문에'로 그냥 번역하지 말고 한국어의 서술적인 장점을 살려 '할머니께서 (자꾸) 꾸중(비난)하시는 바람에' 또는 '할머니께서 늘 우리를 못마땅하게 생각하셨기 때문에'처럼 풀어서 표현하는 것이 가장 바람직하다. 이처럼 아주 쉬운 영어문장이지만 이 단계까지 생각해가며 번역하는 사람은 그리 많지 않다. 현재 많은 활동을 하고 있는 번역사들도 이러한 관점에서 본다면 한국어를 제대로 구사하기 위해 노력해야 할 것이다.

6. My mother never protected us; she was ~ to take care of us. 이 구문은 두 문장으로 번역할 것이 아니라 세미콜론(;)이 접속사, 연결사, 연결어미 역할을 하므로 문장의 논리에 맞게 자연스레 한 문장으로 처리하는 것이 바람직하다. "(하지만) 어머니는 우리 편을 들어주지 못하셨는데, 왜냐하면 할머니께서 가버리시면 우리를 돌보아 줄 사람이 없었기 때문이었다."로 번역해도 좋겠고, 이처럼 과감하게 표현을 할 수 없는 사람은 "어머니는 우리를 보호해 주지 못했다. 어머니는 할머니가 떠나버려서 우리를 돌볼 사람이 없게 될 것을 너무나도 두려워하고 있었던 것이다."정도로 일단 1차역을 해놓고 문장을 다듬는 것도 한 가지 방법이다. ⇒ 어머니는 우리 편을 들어주지 못하셨는데, 우리를 돌보아 줄 사람이 없었기 때문에 할머니께서 가버리실까봐 걱정을 하셨기 때문이었다.

7. I remember ~, ~ earn my keep somehow. 이 구문도 remember와 used to try를 번역문의 서술어로 삼아 "나는 돈을 절약하고 내 몫을 해야 한다고 생각했기 때문에 집안 물건들이 고장 나면 고쳐 쓰려고 애썼다."로만 해도 원문의 의미를 충실히 전달할 수 있다. 물론 1차역도 의미를 전달하는 데는 큰 무리가 없다.

8. I married at 18.과 I met my husband in high school. 이 구문은 한 문장으로 처리하는 것이 바람직하고, 뒤 이은 He was lounging ~ in class.구문도 문맥상 앞 문장과 연결되어 있으므로 자연스럽게 연결 처리하는 것이 좋다. "나는 고등학교 다니던 시절인 열여덟 살 때 수업도 듣지 않고 벽에 기대어 빈둥거리기만 하던 학생을 만나 결혼을 했다."로 하면 무난하지 않을까? "나는 고등학교에서 내 남편을 만났다."는 표현은 어색하다. 문장력을 좀 발휘하여 구체적으로 표현해야 한다. "고등학교 시절 같은 학생인 첫 남편을 만났다."가 본래의 의미다.

9. I thought, "He looks ~ him down." 이 구문도 막연히 직역해서는 '결혼하기로 결심하게 된 동기'를 구체적으로 표현하기 힘들다. ⇒ 결혼을 하기로 결심한 것은 때 묻지 않은 순수한 사람이라 얼마든지 마음을 바로 잡을 수 있다고 생각했기 때문이었다.

10. I was still ~ things.와 I was miserable ~ to get a divorce. 이 구문도 문맥상 한 문장으로 처리하는 것이 좋으며, 다소 화자의 정서를 강조하여 표현하는 것이 좋다. ⇒ 하지만 여전히 물

CHAPTER 01
CHAPTER 02
CHAPTER 03
CHAPTER 04
CHAPTER 05
CHAPTER 06

건들을 고쳐 쓰려고 애써야 하듯이 애초부터 나는 불행했는데, 15년이라는 세월이 지난 뒤에야 비참하게 살 바에는 이혼하는 것이 낫다는 생각을 하게 되었다.

■ 모범번역을 직접 작성해 보기 바란다.

예제 21

How many poets does it take to change a light bulb? Three. One to curse the darkness, one to light a candle and one to change the bulb.

How many cops? Just one, but he's never around when you need him.

How many bureaucrats? Well, let's see. One to spot the burned-out bulb, one to authorize a requisition, 12 to file requisition copies, one to deliver the requisition order to the purchasing department, one to order the bulb, one to forward the purchasing order, one to fill the order, one to receive the bulb~

번역사례 전구 하나를 갈아 끼우는데 얼마나 많은 시인들이 필요할까? 세 사람이 필요하다. 어둠을 저주할 사람과 촛불을 켤 사람, 그리고 전구를 갈아 끼울 사람이다.

경찰은 몇 명이나 필요할까? 한 사람이면 충분하지만, 필요할 때 그는 언제나 주위에 없다.

관리는 몇 사람이 필요할까? 자, 어디 보자. 타버린 전구를 발견할 사람과 전구 교환 요청을 승인할 사람, 요청 서류의 카피를 철해 둘 열두 명의 관리, 물품 구매부에 그 요청 신청서를 전달할 사람, 전구를 주문할 사람, 구매 주문서를 발송할 사람, 그 주문에 응할 사람, 그 전구를 받을 사람, 그리고 또~

해설_ 1. How many poets ~ a light bulb?를 직역하면 "전구를 교체하는데 몇 명의 시인이 있어야 할까?"로 번역하는 것이 일반적일 것이다. How many를 '얼마나 많은'으로 표현할 것이 아니라 '몇 명'으로 표현하면 간단하다. '수량적(數量的)'인 개념보다 '수효적(數爻的)'인 개념을 뜻하기 때문이다. 첫 번째 문장 "전구 하나를 갈아 끼우는데 얼마나 많은 시인들이 필요할까? 세 사람이 필요하다.”는 전체적으로 다듬어야 한다. 이 문장은 관료들의 행태가 얼마나 미온적이고 불합리한지 고발하는 사회성 짙은 문장이다. “전구가 나가면 시인들은 어떻게 할까? 아마 세 가지 타입이 있을 것이다.” 정도로 처리하면 무난하다.

2. **One to curse the ~ to change the bulb.** 이 구문은 “왜? 어둠이 있느냐고 불평하는 시인, 그냥 촛불을 켜는 시인, 전구를 갈아 끼우는 시인이 있을 것이다.”정도로 처리하면 무난하다.

3. **he's never around**를 ‘그는 주위에 없다’로 처리했는데 특정한 사람을 말하지 않으므로 ‘그는’이란 표현은 생략하는 것이 좋다.

4. **Well, let's see.**를 “자, 어디 보자.”로 처리했는데, 우리가 늘 사용하는 상황과는 다소 거리가 멀다. 문맥적으로 보아 “글쎄요. 몇 명이나 있어야 할까요.”로 처리하는 것이 좋겠다.

5. **to fill the order**를 ‘주문에 응할 사람’으로 표현하는 것은 너무 사전적인 표현이다. 틀린 것은 아니지만, ‘주문 받을 사람’으로 처리하면 간단하다. 이 문장은 원문보다 번역문이 길어지는 경우라 할 수 있는데 번역문이 반드시 원문의 길이와 같아야 하는 것이 아니므로 그런 것에는 연연하지 않는 것이 좋다.

모범번역

전구가 나가면 시인들은 어떻게 할까? 아마 세 가지 유형이 있을 것이다. 왜 어둠이란 것이 있느냐며 불평하는 시인, 아무 생각 없이 그냥 촛불을 켜는 시인, 전구를 갈아 끼우는 시인이 있을 것이다.

경찰은 몇 명이나 있어야 할까? 한 명이면 충분하겠지만 필요할 때는 항상 가까이 없는 것이 문제다.

그럼 공무원은 몇 명이나 있어야 할까? 글쎄, 몇 명이나 있어야 할까? 음, 우선 전구가 나간 사실을 누군가가 알아야 할 것이고, 전구를 교환해도 된다고 결재할 사람이 있어야 할 것이고, 이런 결재서류를 철해 놓아야 하는 사람이 열둘은 있어야 할 것이고, 구매부에 전구를 요청할 사람이 있어야 할 것이고, 그러면 전구를 주문할 사람이 또 있어야 할 것이고, 또 그 주문서를 발송할 사람이 있어야 할 것이고, 그 주문을 받을 사람, 그 전구를 받을 사람, 그 다음에 또또또~

예제 22

Small children often resent sharing their mother's attention with anyone else. A little boy resents sharing his mother's attention with his father. This tendency of a boy to become attached to his mother and to resent his father is referred to as the Oedipus complex. Oedipus is a character in an old Greek legend. Oedipus, so the legend says, killed a man - without knowing that the man was his father - and married the man's wife - without knowing that she was his mother. In this way he fulfilled a strange prophecy that he had heard and had been unable to believe.

번역사례 어린아이들은 종종 어머니의 관심을 독점하지 못하는 것에 분개한다. 사내아이는 어머니의 관심을 아버지와 나누는 것에 분개한다. 어머니에게 애착을 갖게 되고 아버지를 원망하는 사내아이의 이런 경향은 오이디푸스 콤플렉스라고 불린다. 오이디푸스는 희랍의 옛 전설 속의 인물이다. 전설에 의하면, 오이디푸스는 그가 자기 아버지라는 것을 모르고 한 남자를 죽이고, 그녀가 자기 어머니라는 것을 모르고 자기가 죽인 남자의 아내와 결혼하였다. 이렇게 하여 그는 그가 들었으나 믿을 수 없었던 이상한 예언을 실현하였다.

해설_ 1. Small children ~ with anyone else. 이 문장은 문맥은 정확하나 단어선택이 다소 어눌하다. often을 '종종'으로 번역하기보다 '흔히, 일반적으로'로 번역하는 것이 좋고, resents를 '분개하다'로 처리했는데, 너무 큰 말을 선택한 것 같다. '싫어한다, 아주 싫어한다, 화를 낸다' 정도가 적절할 것 같다. 말에는 '큰 말'과 '작은 말'이 있으므로 주체에 따라서 가려 쓰는 것이 좋다.

2. A little boy ~ with his father.를 "사내아이는 어머니의 관심을 아버지와 나누는 것에 분개한다."로 처리했는데, "사내아이는 어머니가 아버지에게 관심 가지는 것을 아주 싫어한다."처럼 바꾸어 표현하는 것이 좋다. 그리고 이 문장은 첫 문장과 논리를 연계하여 처리하는 것이 좋다.

3. This tendency of a boy to become ~ as the Oedipus complex. 중에서 to become attached to his mother를 '어머니에게 애착을 갖게 되고'로 번역했는데, "어머니의 애정을 독차지 하려하고"로 처리하면 자연스럽다. This tendency ~ is referred to as the ~ 부분을 '이런 경향은 ~라고 불린다.'로 처리했는데, 수동구문이므로 주어인 This tendency를 목적어로 전환하여 능동구문인 "이러한 경향을 ~라고 한다."로 처리하는 것이 좋다.

4. Oedipus is a ~ legend. 이 구문과 다음에 나오는 Oedipus, so the ~ she was his mother.구문은 한 문장으로 합쳐서 정리하는 것이 좋다. 예를 들면 "오이디푸스는 그리스의 전설에 나오는 인물로 그 전설을 읽어보면 오이디푸스는 자기 아버지라는 사실을 모르고 한 남자를 죽이고 나서 그 남자의 아내와 결혼을 하는데, 그 여자가 자기 어머니라는 사실을 나중에 알게 된다."처럼.

〈참고〉 Thebes의 왕 Loius와 Jocasta 사이의 아들이 양치기가 되고 그 양치기가 자라 코린드 왕의 양자가 되는데 나중에 친 아버지인 Loius왕을 죽인 뒤 Sphinx의 수수께끼를 풀고 마침내 Thebes의 왕이 된다. 왕이 된 아들은 친 어머니인 줄 모르고 Jocasta 왕비와 결혼을 한다. 이 사실을 알게 된 양치기는 자신의 눈을 멀게 한 다음 유랑생활을 한다는 내용이다. 그 양치기가 바로 오이디푸스다.

5. In this way he fulfilled a strange ~ to believe.를 "이렇게 하여 그는 그가 들었으나 믿을 수 없었던 이상한 예언을 실현하였다."로 처리했는데 부적절한 표현이다. "그렇게 함으로써 오이디푸스는 도무지 믿을 수 없었던 소문대로 되고 말았다."로 처리해야 자연스럽다.

모범번역

어린 아이들은 보통 어머니의 관심을 독차지하지 못하면 화를 내는데, 특히 사내아이는 어머니가 아버지에게 관심보이는 것을 아주 싫어한다. 이처럼 어머니의 관심을 독차지하려 하고 아버지를 싫어하는 경향을 오이디푸스 콤플렉스라고 한다. 오이디푸스는 그리스의 전설에 나오는 인물로 그 전설을 읽어보면 오이디푸스는 자기 아버지라는 사실을 모르고 한 남자를 죽인 뒤 그 남자의 아내인 친 어머니와 결혼을 하게 된다. 오이디푸스는 그렇게 함으로써 도무지 믿기지 않았던 예언처럼 되고 만다.

예제 23

The United States is a country of great differences. At the same time it has surprising similarities when one considers its size. The differences are partly a result of the geography. One cannot generalize about the weather, the landscape, or even the way of living because the nation occupies nearly half a continent. From the coast the continental United States (exclusive of Hawaii and Alaska) covers 2,807 miles at its greatest width and extends 1,598 miles from the northern boundary to the southern tip of Texas. In it can be found high mountains and the flattest of prairies, tropical heat and arctic cold, fertile valleys and desert areas. There is a variety of natural resources. All sorts of products are raised, and there are industries of every kind. Some of the most densely and most sparsely populated areas of the world are found in the United States.

번역사례 미국은 지역 간에 매우 큰 차이점들을 가지고 있는 나라이다. 동시에 미국은 그 크기를 고려해 볼 때에 지역 간에 놀라운 유사점들을 아울러 가지고 있다. 지역 간의 차이점들은 부분적으로 지리적 차이의 결과이다. 이 나라는 대륙의 거의 절반을 차지하고 있기 때문에, 날씨나 풍경, 또는 심지어 생활방식에 대해서까지도 일반화시켜서 말할 수가 없다. (하와이와 알래스카를 제외한) 미국 본토는 양쪽 해안 간의 최대 폭이 2,807마일에 달하며, 북쪽국경에서부터 텍사스 남단까지 1,598마일에 걸쳐 뻗어 있다. 이 나라 안에서 우리는 높은 산들과 아주 평평한 평원지대, 열대의 더위와 북극의 추위, 비옥한 계곡과 불모의 사막지대를 함께 발견할 수 있다. 이 나라에는 또 다양한 천연자원들이 있다. 모든 종류의 농작물이 재배되며, 온갖 종류의 산업이 있다. 미국 내에서는 세계에서 가장 인구가 조밀한 지역들 중의 일부와 가장 인구가 희박한 지역들 중의 일부가 함께 발견된다.

해설_ 1. The United States is a country of great differences.를 "미국은 지역 간에 매우 큰 차이점들을 가지고 있는 나라이다."로 번역했는데, 틀린 번역은 아니지만 표현은 고쳐야 한다. The United States는 무생물 주어이므로 "미국은 ~을 가지고 있다."는 식의 표현은 have를 지나치게 의식하여 무조건 have를 '가지다'로 번역함으로써 생긴 부적절한 표현이다. 통상 그렇게 사용하고 있으니 의미전달에는 별 문제가 없겠지만 좋은 글을 쓰려면 이러한 버릇을 고쳐야 한다. "미국은 지역 간의 차이가 매우 큰 나라다."나 "미국은 지역마다 각기 특징이 있는 나라다."처럼 간단하게 표현할 수 있다.

2. At the same time it has surprising similarities when one considers its size. 이 부분을 번역한 것을 보라! 앞에서 설명한 것과 똑같은 경우다. '미국은 ~유사점들을 ~가지고 있다.'이다. 이 표현도 '동시에 미국은 그 크기에 비해 놀라울 정도로 지역 간 유사점들도 많다.'로 처리하면 간단하다. 모두 it has에 집착해서 생긴 어눌한 표현이다.
그리고 considers를 '고려하다'로 처리하기보다는 '~에 비해, ~과 비교해 볼 때'로 처리하는 것이 좋다.

3. The differences are partly a result of the geography.를 '지역 간의 차이점들은 부분적으로 지리적 차이의 결과이다.'로 번역했는데, 무생물 주어 구문이므로 부사적으로 풀어서 처리해야 한다. The differences are를 '차이점들은'이라고 하지 말고 '다른 이유는'으로 처리하는 테크닉이 필요하다. 무생물 주어를 어떻게 번역하느냐에 따라 전체 문맥을 얼마든지 쉽고 자연스럽게 처리해 나갈 수 있다는 것을 꼭 알아 두기 바란다. 정리하면 '이처럼 지역이 서로 다른 이유는 지리와 다소 관계가 있다.'가 된다. '이처럼'이란 표현이 원문에는 없는 데 굳이 넣을 이유가 있겠는가? 하고 반문할지 몰라 덧붙이는데, The differences가 첫 문장의 great differences를 받았으므로 문맥상 연결사 역할을 함께 하고 있다. 따라서 '이처럼'이란 연결사를 넣어 문맥을 매끄럽게 처리한 것이다.

4. One cannot generalize about the weather,~ 이 부분의 번역문을 보면 '~~에 대해서까지도 일반화시켜서 말할 수가 없다.'로 번역했는데, 이런 문형도 간단히 처리하는 방법이 있다. about 이하를 항상 '~에 관해서, ~에 대해서'로만 번역하는 경우가 많은데 '목적격 조사 ~을, ~를'을 활용하면 깔끔하게 문장을 정리할 수 있다. 이 문장의 경우도 '(생활방식) 등을 일반적으로 말할 수가 없다.'로 처리하거나, '(생활방식) 등을 모두 같다고 말할 수가 없다.'로 번역하면 된다.

5. 2,807miles나 1,598miles는 km(킬로미터)로 환산하여 번역해야 모든 사람이 미국 땅이 얼마나 넓은지 쉽게 이해할 수 있다. 1 mile은 보통 1.6km로 환산하면 된다.

6. In it can be found high mountains~~,~..,~desert areas.를 '우리는 ~을 발견할 수 있다'로 처리해 놓았는데 '발견하는 것'은 아니지 않는가? '볼 수 있다'가 더 자연스런 표현이다.

7. All sorts of products are raised, ~. 이 구문은 수동태 구문, 따라서 '재배되고 있다'로 할 것이 아니라 '재배하고 있다'로 전환하는 것이 좋다. are industries of every kind.도 산업이란 본래 자연 상태로 있는 것이 아니라 인간이 일구어 놓은 것이므로 능동적으로 표현하는 것이 옳다. '온갖 종류의 산업이 있다.'가 아니라 '온갖 종류의 산업을 하고 있다.'가 좋다.

8. Some of the most densely and ~~.are found ~~ .이 구문의 are found도 '발견 된다'로 처리했다. '미국에는 어떠어떠한 지역도 있고 어떠어떠한 지역도 간혹 있다.' 정도로 표현하는 것이 좋다.

모범번역

미국은 지역의 차이가 아주 많은 나라이기도 하지만 큰 면적에 비해서는 놀라울 정도로 비슷한 점들도 많다. 이처럼 지역이 서로 다른 이유는 땅이 워낙 크기 때문이기도 하다. 미국은 북미대륙을 거의 차지하고 있기 때문에 지역마다 날씨, 풍경, 심지어 생활방식까지 조금씩 다른 것이 사실이다. 하와이와 알래스카를 제외한 미국 본토는 동서 해안 간의 거리가 약 4,500킬로미터나 되고 북쪽 캐나다와의 국경에서 텍사스 남단까지의 거리가 약 2,500킬로미터나 된다. 미국에는 높은 산과 평원지대가 있을 뿐 아니라 열대처럼 더운 곳도 있고 북극처럼 추운 곳도 있으며, 비옥한 협곡지역이 있는 반면 불모의 사막지대도 있다. 또한 미국에는 다양한 천연자원들이 있으며, 온갖 농작물을 재배할 뿐만 아니라 다양한 산업을 하고 있다. 미국에는 세계에서 인구밀도가 아주 높은 지역도 있는 반면 사람들이 거의 살지 않는 지역도 있다.

예제 24

The D-Day veterans are coming back to Normandy by the thousands this year for the 55th anniversary of the landings that led to the liberation of Europe. Some have returned many times before. Some come every year. Many, particularly the Americans, will not have seen the beaches or the country beyond them since they touched down on June 6, 1944.

It is a different Normandy today, smart as paint. The villages behind the beaches where Americans, British and Canadians came ashore look better than they ever did before the fighting started. Cottages have been prettified by Parisians as seaside second homes. Muddy farmyards have been paved and shine with expensive machinery. Once shabby little town squares have been graveled and landscaped. Normandy, always rich farm country, is now rich in every other way. It is a happy land, green, lush, peaceful, thriving.

번역사례 유럽을 해방시킨 노르망디 상륙작전의 55주년 기념제를 위하여, 상륙작전 개시 일에 참전했던 용사들이 올해에 수천 명씩 노르망디로 돌아오고 있다. 이들 중 어떤 이들은 전에도 여러 번 이곳에 돌아왔었다. 이곳을 매년 찾아오는 참전용사들도 있다. 그러나 많은 참전용사들, 특히 미국인들은, 1944년 6월 6일 그들이 이곳에 상륙했던 이후로 그해변이나 그 너머 지방을 보지 못했을 것이다.

오늘날의 노르망디는 옛날의 노르망디가 아니다. 오늘날의 노르망디는 아주 산뜻한 모습을 하고 있다. 미군과 영국군, 그리고 캐나다군이 상륙했던 해변 뒤편의 마을들은 그 전투가 시작되기 이전의 옛 모습보다 오늘날 더 나아진 모습을 보여주고 있다. 오두막집들은 파리 시민들에 의해서 해변의 별장으로 아름답게 꾸며졌다. 진흙땅이었던 농가의 마당들은 포장이 되어 비싼 농기계로 번쩍이고 있다. 한때는 초라했던 작은 마을의 거리들에 자갈이 깔리고 조경공사가 이루어졌다. 언제나 풍요로운 농촌지역이었던 노르망디는, 이제는 다른 모든 면에 있어서도 풍요롭다. 오늘날의 노르망디는 푸르고, 녹음이 우거지고, 평화롭고, 번창하는, 행복한 고장이다.

해설_ 1. coming back을 '돌아오고'로 번역했는데 '돌아오다'는 '본거지로 돌아오다'의 뜻이므로 부적절한 표현이다. 이 문장의 경우 '(다시) 찾아오다'로 표현하는 것이 타당하며, for the 55th anniversary는 '기념제를 위하여'로 번역하기보다는 '기념식에 참석하기 위해'로 풀어서 구체적으로 번역하는 것이 좋다.

2. Some have returned도 '돌아왔었다'가 아니라 '찾아왔었다'로 번역하는 것이 좋다.

3. will not have seen the beaches or the country beyond them을 "그 해변이나 그 너머 지방을 보지 못했을 것이다."로 번역했는데, '그 너머 지방'이란 표현은 너무 생소하다. '해변 저편의 지방'이나 '해변 안쪽 지방'이 적절하지 않을까?

4. The villages ~ look better~.를 '마을은 ~더 나은 모습을 보여주고 있다.'로 번역했는데, '마을이 무엇을 보여 준다'는 논리는 맞지 않다. 그냥 "(예전보다) 마을이 많이 발전했을 뿐이다."로 번역하는 것이 좋다.

5. Cottages have been prettified by ~ second home. 구문은 능동형으로 번역하는 것이 좋다. "파리 사람들이 오두막들을 아담하게 꾸며 별장으로 사용하고 있다."가 적절한 표현이다.

6. Muddy farmyards have been paved and shine with expensive machinery.를 "진흙땅이었던 농가의 마당들은 포장이 되어 비싼 농기계로 번쩍이고 있다."로 번역했는데, 어눌한 표현이다. '번쩍이고 있는 것' 은 '마당들'이 아니라 '농기계들'이다. "농가의 마당이 모두 진흙땅이었는데 이제는 번쩍거리는 비싼 농기계들이 차지하고 있다."정도가 어떨까?

7. Once shabby little town ~ landscaped.구문은 수동형이므로 능동으로 전환하여 번역하는 것이 자연스럽겠지만, 이 문장의 경우 자동사적인 표현으로 처리하는 것이 훨씬 좋다. (능동표현) 한때는 초라했던 작은 마을의 거리에는 자갈들을 깔아 놓았고 조경공사도 해 놓았다. (자동표현) 과거 초라하기만 했던 마을길에도 자갈들이 깔려 있었고 조경공사도 말끔히 되어 있었다. ⇒ 주어의 행위가 강력하고 의도적, 능동적, 진취적이지 않을 경우에는 수동적인 의미를 담고 있는 자동적인 표현으로 처리하는 것이 자연스러운 경우가 많다.

8. Normandy, always rich farm ~ other way.구문은 조금 생각하며 번역해야 한다. 단순히 "언제나 풍요로운 농촌지역이었던 노르망디는 이제는 모든 면에 있어서도 풍요롭다."정도의 표현으로는 원문의 의미를 제대로 전달하기 힘들다. "예전에는 그저 농사로만 풍요로운 곳이었지만 이제는 모든 면에서 풍요로운 곳이 되었다."처럼 번역하여 과거와 현재를 대조적으로 나타내 주어야 할 것 같다.

9. green과 lush를 '푸르고, 녹음이 우거지고'라고 번역했는데 다소 의미가 중첩된다. '푸르른 녹음과 기름진 들판'으로 번역하면 어떨까?

모범번역

유럽을 다시 회복한 노르망디 상륙작전 개시 일에 참전했던 용사들이 상륙작전 55주년 기념식에 참석하기 위해 올해 수천 명이 노르망디를 다시 찾아오고 있다. 어떤 용사들은 전에도 여러 번 노르망디를 찾아오기도 했고 심지어 매년 찾아오기도 한다. 그러나 대부분의 용사들 중 특히 미국인 참전용사들은 1944년 6월 6일 상륙작전에 참가한 후로 노르망디 해변이나 해변 저편 내륙지방을 가보지 못했을 것이다.

오늘날의 노르망디는 아주 산뜻하게 바뀌어 그 예전의 노르망디가 아니다. 미군, 영국군, 캐나다군이 상륙했던 해변 안쪽의 마을들도 전투를 벌이기 시작했던 그 옛날보다 훨씬 발전해 있다. 파리 시민들은 오두막들을 아담하게 꾸며 별장으로 사용하고 있으며 질퍽거리기만 하던 농가 마당엔 번쩍거리는 비싼 농기계들이 즐비하고, 보잘 것 없던 거리에도 자갈들이 깔려 있으며 조경공사도 말끔히 되어있다. 농사로만 항상 풍요로웠던 노르망디는 이제 모든 면에서 풍요로운 곳이 되었다. 그야말로 푸르른 녹음과 기름진 들판, 날로 번창하는 평화롭고 행복해 보이기만 하는 곳이 되었다.

예제 25

Can hell really be worse than what we've seen and read about Rwanda? The world must stop such madness. A Rwandan colleague tried to explain to me the legacy of hatred between the Hutu and Tutsi. I don't ever want to understand what it takes to murder men, women and children solely because of their tribal ties or skin appearance. How many Hutu were murdered by mistake by their fellow Hutu? And how many Tutsi by fellow Tutsi? As an African, I tell you there is no excuse. When a country descends into the mire of mindless atrocities, doesn't it automatically suspend the right of self-determination? We must act forcefully to stop such killing by moving in and separating tribes or by disarming both sides. It's not enough for the media to continue reporting on atrocities like this. Those images of bodies floating down the river will remain with me the rest of my life.

번역사례 우리가 르완다에 대해서 보고 읽은 것보다 과연 지옥이 더 나쁠 수 있을까? 세계는 그런 미친 짓을 중지해야 한다. 한 르완다인 동료는 나에게 후투족과 투치족의 증오의 유산에 대해 설명하려고 했다. 단지 부족 간의 유대나 겉모습 때문에 무엇이 사람들을 죽이게 하는가를 나는 결코 이해하고 싶지 않다. 얼마나 많은 후투인들이 그들의 동료 후투인들에 의해서 실수로 죽임을 당했는가? 그리고 얼마나 많은 투치인들이 동료 투치인들에 의해서 살해당했는가? 한 사람의 아프리카인으로서 거기에는 변명의 여지가 없다고 나는 생각한다. 한 나라가 무분별한 잔학행위의 수렁 속에 빠져들 때 그 나라는 자동으로 자결권을 정지 당하는 것이 아닐까? 우리는 거기에 개입해서 부족들을 분리시키거나 양측의 무장을 해제함으로써 그런 살인행위를 중단시키기 위해서 강력히 행동해야 한다. 언론 매체들이 이와 같은 잔학행위에 대해서 보도를 계속하는 것으로는 충분치 않다. 강물을 따라 떠다니는 시체들의 모습은 평생 동안 나에게는 잊히지 않을 것이다.

해설_ 1. Can hell really be worse than what ~ about Rwanda?의 Can ~ be worse를 '더 나쁠 수 있을까?'로 번역했는데 be worse에 집착하지 말고 what we've seen and read의 동

사 seen과 read를 활용하여 '보고 읽은 적이 있는가?'로 번역하면 더 자연스런 문장을 만들 수 있다. 예를 들어 '(우리는) 과연 르완다보다 더한 지옥을 보거나 읽은 적이 있는가?'처럼.

2. The world must stop such madness.의 stop를 '중지해야 한다'로 번역했는데, 그렇게 번역하면 전 세계가 르완다 사태를 일으키고 있다고 볼 수 있으므로 논리가 맞지 않다. 이 문장의 경우 stop을 '못하게 하다. 그만두게 하다. 중지하게 하다' 등의 개념으로 번역하는 것이 좋다. 더 나아가 '막아야 한다, 중지시켜야 한다' 등으로 번역하면 더 좋을 것이다.

3. A Rwandan colleague ~ the Hutu and Tutsi.구문과 I don't ever want~~skin appearance.구문을 별도의 구문으로 번역할 것이 아니라 문맥상 호응되므로 연결사를 활용하여 한 문장으로 처리하는 것이 바람직하다. 르완다인인 한 동료가 후투족과 투치족이 증오하게 된 동기를 설명하려 했지만 단지 부족 간의 유대관계와 겉모습이 다르다는 이유로 마구잡이로 사람을 죽이는 것은 이해할 수 있는 것이 아니다. don't ever want to understand를 '이해하고 싶지 않다'로 표현했는데 '이해하고 말고 할 성질이 아니다'와 같은 강조 표현이지 이해하고 싶거나 이해하기 싫은 것이 아니다. 영어를 직역하다 생긴 말로 우리 어법에 맞는 표현은 아니다.

4. How many Hutu were murdered~. their fellow Hutu? 구문은 수동형 구문이므로 능동형으로 전환하여 번역해야 전체 문장이 말하고자 하는 '잔학상'을 더 적나라하게 나타낼 수 있다. 수동형은 '은폐하고 축소하는 경향'이 있는 반면 능동형은 '폭로하고 확대하는 경향'이 있다고 볼 수 있다. "얼마나 많은 후투인들이 자신들의 실수로 동료 후투인들을 죽였는가?"처럼. 그 다음에 나오는 And how many ~ Tutsi? 구문도 마찬가지다.

5. As an African, I ~ no excuse.구문의 경우 I = African 관계로 자연스럽게 처리하는 것이 좋겠다. ⇒ 나 또한 아프리카 사람이지만(같은 아프리카인인 내가 보아도) 도무지 용납할 수 없는 일이라 생각한다.

6. When a country descends into ~, ~ of self-determination?을 "한 나라가 무분별한 잔학행위의 수렁 속에 빠져들 때 그 나라는 자동으로 자결권을 정지 당하는 것이 아닐까?"로 처리했는데 전체 문맥에 비해 너무 소극적인 표현인 것 같다. "어떤 나라든지 잔학행위를 서슴지 않는다면 자연히 자결권을 빼앗아야 하는 것이 아니겠는가?"정도로 번역해야 문맥에 어울린다. 이 문장을 형성하고 있는 키워드를 보면 hell ~ madness ~ murder ~ mire ~ killing과 같이 아주 강한 표현을 사용하고 있다는 것을 알 수 있으며, We must act forcefully to stop.(강력히 행동해야만 한다.)와 moving in(개입하다), separating(분리하다), disarming(무장을 해제하다)과 같은 표현을 보아도 어조가 강하다는 것을 알 수 있다.

7. 마지막 표현인 will remain with me the rest of my life.도 '평생 동안 나에게는 잊히지 않을 것이다'보다 '영원히 잊지 못할 것이다'로 처리하는 것이 더 좋을 것 같다.

모범번역

르완다보다 더한 지옥을 보거나 읽은 적이 과연 있겠는가? 세계는 그런 미친 짓을 즉각 중지시켜야 한다. 르완다인인 한 동료가 후투족과 투치족이 서로 증오하는 유래를 설명하려 했지만 단지 부족 간의 유대감과 겉모습이 다르다는 이유로 사람을 죽이는 행위는 도저히 이해할 수 없다. 얼마나 많은 후투인들이 자신들의 실수로 동료 후투인들을 죽였으며, 얼마나 많은 투치인들이 동료 투치인들을 죽였는가? 나 또한 아프리카인이지만 어떻게 변명할 여지가 없다. 어떤 나라든지 잔학행위를 일삼는다면 자연히 자결권을 빼앗아야 하는 것 아니겠는가? 전 세계가 르완다 사태에 개입해서 부족들을 분리하고 무장을 해제해야 하며 살인행위를 하루빨리 종식시키도록 해야 한다. 이제 언론이 잔학행위를 계속 보도하는 것만으로는 도저히 막을 수가 없다. 강물을 따라 떠다니는 시체들을 나는 도저히 잊을 수 없을 것이다.

CHAPTER 4

번역이론과 실제적용

번역이론을 바탕으로 확실한 주관을 가져라

번역학자들의 번역이론을 정리한 글들을 참고해서 번역에 대한 자신만의 주관을 갖기 바란다.

1. 유진 나이다(Eugene Nida)의 정의

1. 번역과정은 "원어(原語) ⇒ 분석(分析) ⇒ 전이(轉移:언어전환) ⇒ 재구성(再構成) ⇒ 수용언어(受容言語)"로 구성된다.
2. 번역사는 단순히 언어적인 것만을 적용해서 번역하는 것이 아니라 어떤 기준을 적용하여 원문을 해독하고 해독한 내용을 다른 언어로 재구성하는 사람이다.
3. 영어권 사람들은 hello를 직접 만났을 때나 전화로 통화를 할 때 인사말로 별 구별 없이 사용하지만, 이태리어 pronto나 독일어 hallo는 전화로 통화를 할 때만 사용하므로 영어 hello를 무조건 pronto나 hallo로 번역해서는 안 된다. 다시 말해, hello가 인사말(인사라는 개념을 담고 있는 말 = notion of greeting)인 것만은 사실이지만 어떤 상황에서 누가 누구에게 하는 인사말인지를 감안해서 적절한 번역어를 선택해야 한다.
4. The spirit of the dead child rose from the grave.(그 죽은 아이의 spirit가 그 무덤에서 떠올랐다)에서 spirit는 ghost(영혼)로 번역해야 하는 것처럼 spirit를 무조건 '정신'으로 번역하는 우를 범해서는 안 된다. 즉 spirit는 문장에 따라 angel(천사)이 될 수도 있는 반면 alcohol(술)이 될 수도 있다는 것이다.
5. 언어적인 이해만으로 1차 언어의 어구(語句)를 2차 언어로 번역할 수 없다는 사실을 번역자는 인정해야 한다.
6. 2차 언어 문화권에 1차 언어 문화권과 유사한 문화 관습이 없을 수도 있다는 사실을 번역자는 인정해야 한다.

7. 번역자는 1차 언어의 사용자가 누구이며, 지위, 연령, 성별, 청자(聽者) 등을 고려해야 할 뿐만 아니라 1차 언어의 문맥적 상황에 적합한 2차 언어를 선택할 수 있어야 한다.
8. 번역자는 1차 언어의 문맥 속에 들어 있는 특정 어구(語句)가 어떤 의미를 내포하고 있는지 알아낼 수 있어야 한다.
9. 번역자는 1차 언어의 어구가 가지고 있는 작품 속에서의 의미와 그 작품이 속해 있는 문화체계를 잘 이해하여 2차 언어로 바꾸어야 한다.

2. 레비(Levy)의 정의

1. 번역하기 어렵다 하여 어떤 부분을 빼버리거나 축약하는 번역자는 도덕적이지 못하며, 아무리 난해한 부분이라도 그것을 해결하는 것이 번역자의 의무다.
2. 번역자는 문장의 의미를 전달하는 것뿐만 아니라 원문의 문체와 형태까지도 면밀하게 고려해야 한다.
3. 번역은 번역문을 읽을 독자를 염두에 두고 해야 하는 만큼 2차 언어 구사가 중요한데, 2차 언어를 적합하게 선택하기 위해서는 우선 1차 언어를 면밀히 분석할 수 있어야 한다. 즉, 셰익스피어의 소네트(sonnet) 중 Shall I compare thee to Summer's day?(내가 어찌 그대를 여름날에 비유하겠습니까?)라는 구절이 있는데, 이 구절은 여름날이 좋은 나라 사람들에게는 통할지 몰라도 "여름날이 덥고 불쾌하기만 나라 사람들에게는 통할 리가 없다."는 것이다. 또한 '신(神)을 여성(女性)이라 생각하는 나라 사람들에게 God the Father(하나님 아버지)'라는 표현을 번역하는 것도 어렵다. 따라서 1차 언어가 속해 있는 문화적 가치를 2차 언어의 문화적 가치에 투사시키는 것은 위험한 발상이므로 번역자는 오로지 원작자의 의도를 자체적으로 해석해야 한다는 말도 옳은 것만은 아니다.
4. 번역자는 원문과 비슷한 뜻을 가진 2차 언어를 선택하는 어려움뿐만 아니라 원문을 정확하게 이해해야 하는 문제가 있으므로 엄밀히 따져 정확한 번역이란 있을 수 없다.
5. 번역자는 원작의 저자는 될 수 없지만 2차 언어를 읽는 독자에게는 번역서의 저자이므로 독자에 대한 도덕적 의무를 게을리 해서는 안 된다.

3. 포포비치(Popovic)의 정의

1. 1차 언어와 2차 언어 본문이 모두 언어적인 측면에서 같은 점이 있을 경우는 단어 대(對) 단어(word for word)식 번역이 가능하다.
2. 1차 언어와 2차 언어가 문법적으로 같은 점이 많을 경우는 언어적인 측면에서 같은 점이 있는 경우보다 더 단어 대 단어식의 번역이 가능하다.
3. 번역자는 문체가 가지고 있는 의미를 변하지 않게 전달하는 것도 아주 중요하다
4. 번역자는 문장론적 구조상의 차이를 극복할 수 있어야 한다.
5. 번역은 원작자와 번역자 두 개인의 언어, 두 개인의 문체, 두 개의 언어 체계의 차이로 인해서 필연적으로 변하게 마련이다.
6. 아무리 같은 장르 형식으로 번역한다 하더라도 일단 번역을 하게 되면 국부적인 변화는 생기게 마련이다.
7. 번역문은 번역자 개인의 문체와 특성이 묻어 있기 때문에 원문과는 개성적으로 다르다고 볼 수 있다.
8. 번역자가 아무리 원문의 언어체계에 익숙하다 하더라도 완전하지 못한 관계로 오역은 항시 존재한다고 볼 수 있다.
9. 번역자가 아무리 원문의 내용에 정통하다 하더라도 국부적으로는 원문과 상이하게 말할 수도 있다.

4. 에티엔 돌(Etienne Dole)의 정의

1. 번역자는 원작의 모호한 부분을 명확하게 표현할 자유가 있지만 우선 원작자의 감각과 말하고자 하는 의미를 완전히 이해해야 한다.
2. 번역자는 1차 언어와 2차 언어에 관해 완벽한 지식을 갖추어야 한다.
3. 번역자는 단어 대 단어식의 번역을 피해야 한다.
4. 번역자는 2차 언어를 통상적으로 사용하는 표현을 선택해야 한다.

5. 번역자는 올바른 표현을 쓰기 위해 단어를 적절히 선택하고 배열할 수 있어야 한다.
6. 번역자는 언어학자 그 이상의 존재이며 번역이란 원작에 대한 학문적, 감각적 평가인 동시에 2차 언어체계로 완전히 표현되어야 한다.

5. 채프먼(Chapman)의 정의

1. 원작자가 말하고자 했던 내용, 원작자의 언어적 기교와 문체, 참된 예술적 감각 등을 잘 관찰하여 2차 언어의 기교와 문체로 장식하는 번역자가 가장 뛰어난 번역자다.
2. 번역자는 단어 대 단어식의 번역을 피해야 한다.
3. 번역자는 원작이 말하고자 하는 '참 뜻'을 제대로 전달할 수 있도록 노력해야 한다.
4. 번역자는 다른 사람이 번역한 작품이나 주석을 학구적으로 탐구하여 지나치게 자의적인 번역을 하지 않도록 해야 한다.

6. 존 드라이든(John Dryden)의 정의

1. 직역(melaphrase)이란, 원작자가 사용한 단어나 문장, 어구를 같은 뜻의 단어나 문장, 어구로 그대로 옮기는 것을 말한다.
2. 의역(paraphrase)이란, 원작자의 견해나 사상을 번역자가 2차 언어로 자유롭게 번역하는 것으로 의미 대 의미(sense-for-sense)식 번역이라 할 수 있다.
3. 모방(imitation)이란, 번역자가 임의대로 원작의 내용 일부를 삭제하거나 변형하거나 가미하는 것을 말한다.

7. 타이틀러(Tytler)의 정의

1. 번역자는 원작자가 말하고자 하는 사상을 완벽하게 복제해서 나타내주어야 한다.
2. 번역 문장의 문체는 원작의 문체와 같은 성격을 띠고 있어야 한다. 설령 번역자가 원작과 같은 문체를 사용할 수는 없지만 그 자신의 번역문장에서 원작과 같은 힘과 효과를 나타낼 수 있어야 한다.
3. 원작의 일부를 삭제하거나 내용을 첨가해서라도 원작의 모호한 부분을 규명하는 것이 번역자의 의무 중 하나다.
4. 번역자는 원작자의 정신 그 자체를 받아들여 그 자신의 목소리로 그 내용을 말할 수 있어야 한다.

어떻게 가장 근사한 표현을 선택할 수 있는가

번역학에서 그런 능력을 '등가성 매치(Equivalence-matching)' 능력이라고 하는데, 번역자의 최고 능력이라고 할 수 있다. 이러한 개념을 의식하면서 번역을 해야 하지만 실제로 그렇게 작업을 하는 사람은 그리 많지 않은 것이 사실이다. 이런 등가성을 잘 맞추려면, 어느 한 쪽 언어만을 잘 해서는 안 되고, 양쪽 언어를 모두 잘 알아야 가능하다. 다소 역설적이긴 하지만, 다음 한국어 문장을 영어로 번역한 것을 예로 보자.

1. 이번 달에 도매물가가 0.5% 상승했다.
2. 이번 달에 유가가 20%나 상승했다.

A 씨는 다음과 같이 번역했다.

1. **Wholesale prices have increased 0.5 percent this month.**
2. **Oil prices have increased as much as 20 percent this month.**

해설_ 위의 번역을 통해서 알 수 있듯이 A 씨는 '상승하다'를 모두 increase로 처리했다.

B 씨는 다음과 같이 번역했다.

1. **Wholesale prices have edged up 0.5 percent this month.**
2. **Oil prices have shoot up 20 percent this month.**

해설_ B 씨는 '상승하다'를 A 씨와는 달리 edged up과 shoot up으로 처리했다.

영어 어휘력이 좋은 사람은 금방 어떤 차이가 있는지 알 수 있는 번역의 예다.

한국어 '상승하다'에 해당하는 영어 표현은 아주 세부적이고 다양하다는데 열쇠가 있다. '상승하다(오르다)'에 정도(程度)를 나타내는 부사를 붙이면, '조금 상승하다

/ 일반적인 수준으로 상승하다 / 많이 상승하다 / 제법 많이 상승하다 / 아주 많이 상승하다 / 배로(2배로) 상승하다 / 갑자기 상승하다 / 빠른 속도로 상승하다 / 떨어졌다가 상승하다' 등 그야말로 그 뜻이 다양해진다. 그리고 이런 말들에 상응하는 영어 표현 또한 다음과 같이 다양하다.

① 조금 상승하다

edge up, creep up, drift up, show a marginal (moderate) rise, record tepid growth

② 일반적인 수준으로 상승하다

rise, ascend, advance, climb, increase, gain

③ 제법 많이 상승하다

leap, jump, rush, surge(upward), spurt, register a brisk(hefty) increase, get into high gear, advance at a fast clip

④ 배로(2배로) 상승하다

double, triple, quadruple, multiply

⑤ 떨어졌다가 상승하다

recover, rebound, regain, show a (slow) recovery, rebound

이처럼 한국어 '상승하다'에 상응하는 영어표현은 그야말로 수두룩하다. 따라서 '상승하다 = increase'로 생각하는 번역자와 '상승하다 = edge up(조금 상승하다), rise(보통 상승하다), jump(제법 많이 상승하다), double(배로 상승하다), recover(다시 상승하다) 등등으로. 나누어 생각하는 번역자와의 차이는 정말 엄청나다고 할 수 있다. 다시 말해, A 씨는'상승하다'는 말만 생각하면서 번역을 한 반면, B 씨는'상승한 정도'를 염두에 두고 번역을 했다는 것이다.

한 가지 더 보자! 다음 한국어 문장을 영어로 번역을 한다고 가정해보자.

1. 대통령은 필요 시 수입 금지조치를 취할 수 있다.
2. 한국은 곧 선진국을 따라 잡을 수 있을 것이다.

A 씨는 다음과 같이 번역했다.

1. The president can impose a ban on imports when it is deemed necessary.
2. Korea will be able to catch up with the advanced nations soon.

해설_ A 씨는 한국어 '할 수 있다'와 '할 수 있을 것이다'를 단순히, can과 will be able to로 처리했는 데, 이 역시 좋은 번역방법이라 볼 수 없다

B 씨는 다음과 같이 번역했다.

1. The president is authorized to impose a ban on imports when it is deemed necessary.
2. Korea is well placed to catch up with the advanced nations soon.

해설_ B 씨는 '할 수 있다'와 '할 수 있을 것이다'를 정치적 표현과 사회적인 표현으로 구분해서 처리했다는 것을 알 수 있다. 물론, A 씨의 번역이 틀렸다는 것이 아니라 B 씨의 번역이 더 좋다는 것이다.

다음 번역문들도 위와 같은 식의 번역이다. '번역 1'보다는 '번역 2'가 더 적절한 번역이라 할 수 있다.

01 우리는 북한에 대해서 무력을 사용할 수 있다고 생각한다.

번역1 I think we can use force against North Korea.

번역2 I think we are justified in using force against North Korea.

02 학교당국은 문제 학생을 제적시킬 수 있다.

번역1 School authorities can expel misbehavioral students.

번역2 School authorities are empowered to expel misbehavioral students.

03 그 섬을 방문하는 외국 관광객은 비자 없이 20일 동안 체류할 수 있다.

번역1 Foreign visitors to the island can stay without a visa for up to 20 days.

번역2 Foreign tourist are allowed(permitted) to stay on the island without a visa for up to 20 days.

04 언제든지 환불을 받을 수 있습니다.

번역1 You can get a refund anytime.

번역2 Your are entitled to a refund anytime.

05 민주화 사회에서 모든 사람은 의사를 자유로이 표명할 수 있다.

번역1 In a democratic society, everyone can express his opinions freely.

번역2 In a democratic society, one is guaranteed the right to free speech.

06 제가 그 보도의 진위를 확인해 드릴 수는 없습니다.

번역1 I cannot confirm the truth of the report.

번역2 I am not in a position to confirm the truth of the report.

07 이 소프트웨어를 사용하면 사용자가 여러 가지 작업을 할 수 있습니다.

번역1 By using this software, users can do various tasks.

번역2 This software frees users to do various tasks.

08 북한이 이 제안을 수락하면 우리가 또 다른 긴장완화조치를 취할 수 있게 될 것이다.

번역1 If North Korea accepts this proposal, we will be able to take other tension reduction measures.

번역2 North Korea's favorable response to this proposal will provide the opportunity for further tension reduction measures on our side.

위의 번역들을 통해서도 잘 알 수 있듯이, 한국어에다 언어적으로만 맞는 단어를 갖다 붙이는 식의 번역으로는 영어다운 문장을 만들 수가 없고, 영어에다 대충 한국어를 갖다 붙여서도 한국어다운 문장을 만들 수 없다. 번역이란, 어디까지나 말하고자 하는 의미를 전달하는 기술이란 것을 염두에 두기 바란다.

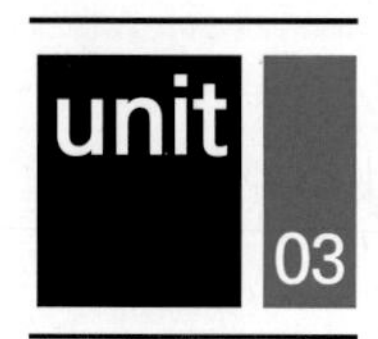

기계번역의 한계-번역소프트웨어를 이용한 번역사례

번역 절차에 관해서 잘 모르는 사람은 번역소프트웨어가 발전하면 사람이 굳이 번역을 할 필요가 없다거나 소프트웨어를 활용하는 방법만 터득하면 될 것이라고 생각하는 사람이 있는데, 잘 모르고 하는 소리다. 일본 소프트 뱅크(Soft Bank)사가 번역소프트웨어를 개발하여 엄청난 돈을 벌기는 했지만, 기술 매뉴얼 번역을 제외한 번역분야에서는 별 소용이 없는 것으로 판명되었고, 모든 번역에 적용되는 소프트웨어가 아니다. 대다수의 번역은 인간의 창의적인 노력에 의해서만 창조될 수 있는 창의적인 문장임을 알아야 한다.

다음은 한국에서 출시되어 현재 활용하고 있는 A사의 번역 프로그램을 이용하여 번역한 것이다. 번역소프트웨어의 번역결과를 보면 기계번역이 어느 정도 활용 가능한 것이며, 그 한계 또한 어떤 것인지 잘 알 수 있다. (여기에 나오는 오탈자나 알 수 없는 단어는 모두 소프트웨어가 인식한 그대로 임.)

원문01 떴다 떴다 비행기 날아라 날아라 높이 높이 날아라 우리 비행기

번역프로그램 한-영 번역 Floats and the airplane which floats. Fly fly height height fly our airplane

번역프로그램 영-한 번역 부낭과 이초하는 비행기. 비행거리 비행거리 고도 고도 비행거리 우리의 비행기

원문01 어린 송아지가 부뚜막에 앉아 울고 있어요. 엄마, 엄마. 엉덩이가 뜨거워.

번역프로그램 한-영 번역 The young calf sits in the kitchen range and it is crying. Mom and mom. Ung lump is hot.

번역프로그램 영-한 번역 젊은 종아리는 취사용 화덕 안에 앉고 있다. 엄마와 엄마. Ung 덩어리는 뜨겁다.

원문01

파란 하늘, 파란 하늘 꿈이 드리운 푸른 언덕에.
아기 염소 여럿이 풀을 뜯고 있어요.
해처럼 밝은 얼굴로.
빗방울이 뚝뚝뚝뚝 떨어지는 날에는 잔뜩 찡그린 얼굴로.
엄마 찾아 음메, 아빠 찾아 음메.
울상을 짓다가.
해가 반짝 곱게 피어나면 너무나 기다렸나봐.
폴짝폴짝 콩콩콩, 흔들흔들 쿵쿵쿵.
신나는 아기 염소들.

번역프로그램 한-영 번역

The sky which is a green onion, the sky dream which is a green onion hangs down and in the hill. The baby chlorine many is tearing out the grass. Like the sun with the face which dawns. To the day when the raindrop falls suddenly suddenly suddenly suddenly with the face which ccing it draws till full. Mom searching sound maul and dad searching sound maul. It makes at will cry. The sun to bloom to be fine sparkling and it waited too much to see. The pawl pair pawl pair bean bean bean, it will shake and it will shake, khwung khwung khwung. Shoes me baby chlorines.

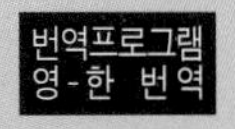

파 이는 하늘은 언덕의 아래 그리고안에, 파 이는 하늘 꿈 걸n다.
아기 염소는 잔디에서 많은 것 찢고 있다.
날이 새는 얼굴에 태양같이.
일에 빗방울이 얼굴에 급격하게 급격하게 급격하게 급격하게 떨어질 때 그것을ccing때
까지 충분히 당긴다.
건강한 메를 찾아 엄마 및 건강한 메를 찾아 아빠.
그것은 의지에 제작 울n다.
정밀한 번쩍임 및 그것 이기 위하여 개화할 것이다
태양은 보기 위하여 너무 많이 기다렸다.
폴 쌍 폴 쌍 콩 콩 콩, 그것은 동요하고,khwungkhwungkhwung동요할 것이다.
나를 아기 염소 구두를 신긴다.

원문01

닭장 속에는 암탉이 (꼬꼬댁)
문간 옆에는 거위가 (꽥꽥)
배나무 밑엔 염소가 (은메)
외양간에는 송아지 (음매)
닭장 속에는 암탉들이
문간 옆에는 거위들이
배나무 밑엔 염소들이
외양간에는 송아지
오 히야하 오 오오
오 히야하 오 오
깊은 산속엔 뻐꾸기 (뻐꾹)
높은 하늘엔 종달새 (호르르)
부뚜막 위엔 고양이 (야옹)
마루 밑에는 강아지 (멍멍)
깊은 산속엔 뻐꾸기가
높은 하늘엔 종달새가
부뚜막 위엔 고양이가
마루 밑에는 강아지
오 히야하 오 오오
오 히야하 오 오

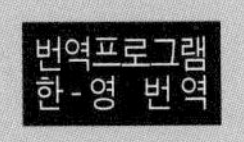

To chicken market inside the hen (cluck cluck) To the gate section side the goose (with a shout with a shout) To the pear tree lower part Yum So Ga (the maul) to the stable the calf (to sound every) chicken market inside the hens to the gate section side the geese come to the pear tree lower part the chlorines to the stable calf five Oh! under five five Oh! under five five To the deep heart of a mountain the cuckoo (to cuckoo) high sky the skylark (Hu lu lu) to kitchen range place the cat (to the mewing) to the floor lower part the pup (meng meng) deep heart of a mountain to the sky where the cuckoo is high the skylark comes to kitchen range place the cat to the floor lower part pup five Oh! under five five Oh! under five five

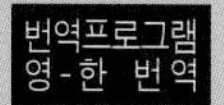

문 단면도 측에 암탉 (꼬꼬우는 소리 꼬꼬우는 소리)
안쪽에 닭 시장에 안정에 배나무 하부Yum그래서Ga(메)
에 거위는 (환성에 환성에)
안정되어 있는 종아리
5 오하이오에
배나무 하부에 문 단면도에 암탉안쪽에 종아리 (각에 소리가 난 위하여)
닭 시장 거위 온다 염소 편들n다!
5 5 오하이오의 밑에!
산의 깊은 심혼에 5 5의 밑에 뻐꾸기 (뻐꾸기에)
높은 하늘은 지면 하부 강아지
5 오하이오에
취사용 화덕 장소에 취사용 화덕 장소에 종달새 (Hu르 르)
지면 하부에 고양이 (야옹하고 울에)
곳에 뻐꾸기가 높은 종달새 하늘에 산의 강아지 (mengmeng)
깊은 심혼 고양이 온다!
5 5 오하이오의 밑에!
5 5의 밑에

CHAPTER 5

번역과 표현문장력

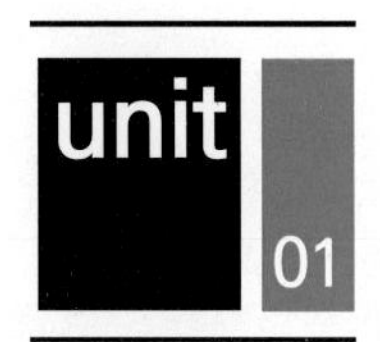

한국어 표현력이 번역 절반을 좌우한다

다음 문장은 거의 비슷한 뜻을 나타내는데, 여러분은 이 영문을 보면서 몇 가지로 표현이 가능한지, 여러분은 이 영문을 어떤 편견을 가지고 바라보는지 판단해 보기 바란다.

1_ Are you crazy?

2_ Are you ill?

3_ Are you sick?

4_ Are you nuts?

5_ Are you out of mind?

위의 문장들은 모두 같은 뜻으로 단지 상황에 따라 조금씩 뉘앙스가 다를 뿐이다.

① crazy는 '정신질환에 걸릴 정도로 완전히 비현실적일 때', ② ill은 일반적으로 '몹쓸 병, 심한 병, 회복하기 어려운 병, 진짜 질병으로 분류한 병' 등을, ③ sick은 ill과 같은 뜻으로 사용하기도 하지만 보통 ill보다는 '가벼운 일상적인 두통, 메스꺼움, 현기증, 사랑의 열병, 가벼운 정신착란' 등을 나타낸다. ④ nuts는 땅콩처럼 껍데기에 싸여 있어 세상읽기가 무딘 경우를 말한다. 견과류가 딱딱하듯이 '머리가 딱딱하다?'는 뜻을 나타낸다. 즉 '융통성이 없다. 앞뒤가 꽉 막혔다' 등과 같은 뜻이다. ⑤ out of mind는 crazy와는 달리 일상적으로 깜빡하는 정도라고 볼 수 있다. '비 오는 날 우산을 버스에 놓고 내렸다든지 지갑을 은행 창구에 놓고 그냥 와 버렸다든지' 등등.

이런 기본적인 뜻이 있지만 그렇다고 해서 미국사람이나 영국사람들이 이처럼 사용하지는 않는다. 왜? 우리도 지적수준, 환경, 언어습관 등에 따라서 사용하는 말이 다르듯이 그 사람들도 그렇기 때문이다. 욕이 입에 붙은 사람은 정말 욕을 하는 것이 아닌데 욕을 달고 산다든지, 괜히 지적으로 보이고자 하는 사람들은 의식적으로 교양 있는 표현(실제는 아주 어색한)을 사용하기 마련이다.

위 영문에 해당하는 번역은 다음 중에서 선택해야 하는 것이지 단정적으로 말할 수 있는 것이 아니다.

다음 표현들이 모두 번역문이 될 수 있다.

- 너 미쳤니?
- 너 정신 나갔어?
- 너 어디 아프니?
- 너 골 비었니?
- 너 어떻게 된 거 아냐?
- 너 제정신이니?
- 너 정신을 어디다 두고 다니니?
- 너 맛이 갔어?
- 너 멍텅구리니?
- 멍청하게끔….
- 그걸 말이라고 해?
- 말도 안 되는 소리 하고 있네.
- 어처구니가 없구만!
- 기가 차서….
- 기가 막혀서….
- 이런 망할 놈(년)
- 그럴 수가!
- 인간 말세구먼!
- 다 됐구먼!
- 죽어라 죽어!
- 나가 뒈져라!
- 무덤이나 파라! 등등

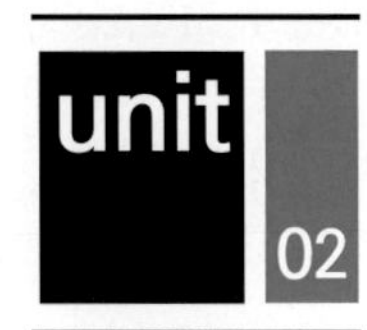

'한국 사람이니 한국어는 자신있다'는 생각을 버려라

1. '시키다' 표현 바로 고치기

'시키다' 는 원래 '누가 누구에게 무엇을 하게 하다'라는 뜻으로 써야 정확한 표현이다. 이런 동사를 사동사(使動詞), 사역동사(使役動詞)라고 한다. 문장의 주체인 주어가 남에게 어떤 동작을 하게 하는 동사나 일부 형용사 어근에 접사 '- 이, - 히, - 리, - 기, - 우, - 구, - 추' 등을 붙여서 표현한다. '먹이다, 넓히다, 울리다, 웃기다, 세우다, 돋구다, 낮추다' 등이다.

그런데 학교 교과서, 신문기사, 소설 할 것 없이 모두 '누구에게 하게 하는' 뜻이 없고 주어나 화자가 '직접 하는 것' 을 '시키다' 로 잘못 쓰고 있다. 실례를 보자.

01 검찰은 오늘 오전에 노 씨를 구속시켰다.

⇒ 검찰은 오늘 오전에 노 씨를 구속했다.

해설_ 검찰이 누구에게 누구를 구속하라고 했는가? 죄인의 구속 여부를 결정하는 것은 검찰(검사)의 소관이지 다른 사람이 하는 일이 아니다. 물론 판결은 법원(판사)이 한다.

02 정부는 어제 국무회의를 열어 수재민에 대한 지원방안을 구체화시켰다.

⇒ 정부는 어제 국무회의를 열어 수재민을 도울 방안을 구체화했다.

해설_ 정부가 해야 할 고유 업무를 자기가 하지 않고 누구에게 시켰다는 것인가? 정부가 구체적인 방안을 마련했다는 의미이기 때문에 '시키다'라는 표현은 잘못된 것이다.

03 경찰은 한총련의 통일대축전을 저지하기 위해 연세대 주변에 전경 만 여명을 배치시켰다.

⇒ 경찰은 한총련의 통일대축전을 저지하기 위해 연세대 주변에 전경 만 여명

을 배치했다.

해설_ 치안, 질서를 유지하는 일이 경찰의 고유 임무라는 것은 삼척동자도 다 아는 일이다. 그 런데 경찰은 자기가 하지 않고 누구에게 질서를 유지하라고 하는가

2. 잘못된 한국어 표현 바로 고치기

다음 문장은 번역어투를 남용하면서 생긴 잘못된 한국어 표현이다. 우리 정서에 맞게 쉽고 정확하게 고쳐 써야 한다.

01 한나라당과 자민련은 단체교섭을 가졌지만 합의점을 찾지 못했다.

⇒ 한나라당과 자민련은 단체교섭을 했지만 합의하지 못했다.

해설_ 이 문장은 have 동사와 find 동사 다음에 추상명사가 온 영어문장을 직역한 번역어투로 '단체교섭을 가지다 / 합의점을 찾다' 는 표현은 〈have + 단체교섭〉, 〈find + 합의점〉과 같은 식이다.

02 ooo 아산 회장은 오늘 북쪽과 접촉을 갖기 위해 금강산을 방문한다.

⇒ ooo 아산 회장은 오늘 북쪽과 만나기 위해 금강산을 방문한다.

해설_ 이 문장의 '접촉을 갖다' 는 표현은 〈have + 접촉〉과 같은 영어다.

03 이번 도자기 박람회에서도 우리 조상의 손으로 만들어진 청자가 인기를 끌었다.

⇒ 이번 도자기 박람회에서도 우리 조상이 만든 청자가 인기를 끌었다.

해설_ 이 문장은 영어 수동태 구문을 그대로 직역한 번역어투에서 생긴 말로 능동으로 고쳐야 한다.

04 음식쓰레기를 이용하여 새로운 비료가 만들어질 수 있다는 것입니다.

⇒ 음식쓰레기를 이용하여 새로운 비료를 만들 수 있다는 것입니다.

해설_ 이 문장도 수동 표현을 남용하고 있다. 한국어는 능동형으로 표현해야 의사 전달이 쉽고 정확하다.

05 공무원에게 권력이 주어지는 것은 맡겨진 책무를 수행하기 위함이다.

⇒ 공무원에게 권한을 주는 것은 맡은 책무를 수행하기 위해서다.

해설_ 이 문장도 수동태를 남용하고 있다.

06 사건의 본류가 밝혀지지 않고 정치적으로 이용되는 것은 시정되어야 할 것이다.

⇒ 사건의 본류를 밝히지 않고 정치적으로 이용하는 것은 시정해야 할 것이다.

해설_ 이 문장도 수동태를 남용하고 있다.

07 정당간의 반목이 극복되지 않고서는 진정한 의미의 의회정치는 실현되기 어렵다.

⇒ 정당간의 반목을 극복하지 않고서는 진정한 의미의 의회정치는 실현하기 어렵다.

해설_ 이 문장도 수동태를 남용하고 있다.

08 막걸리 제조에 쌀이 사용된다거나 떡을 할 때 쌀이 사용되면 좋을 것입니다.

⇒ 막걸리를 빚는데 쌀을 사용한다거나 떡을 찔 때 쌀을 사용하면 좋을 것이다.

해설_ 이 문장도 수동태를 남용하고 있다. 순수 우리말을 활용할 수 있는 문장이다.

09 대통령으로 선거될 수 있는 자는 국회의원의 피선거권이 있고, 대통령 선거일 현재 40세에 달하여야 한다.

⇒ 대통령으로 뽑을 수 있는 사람은 국회의원 후보로 나갈 수 있고 대통령 선거일 현재 40세가 되어야 한다.

해설_ 우리나라 헌법 조문인데, 이 문장 또한 일본식 한자를 그대로 번역한 수동태를 남용하고 있다. 이처럼 수동형의 한자어로 법조문을 만들다 보니 그 법을 이해하기 어려운 것이다.

10 ooo선수가 부상을 당한 것으로 생각되어 집니다.

⇒ ooo선수가 부상을 입은 것 같습니다.

해설_ 자기 생각을 말하는데 수동형을 사용하고 있다. 마치 자기 생각이 아닌 것처럼.

11 그녀는 많은 청중에게 늘 노래를 들려주곤 했었다.

⇒ 그 여자는 항상 많은 사람들에게 노래를 불러주었다.

해설_ 부사 '늘(항상)'과 '들려주곤'의 빈도가 다르다. '들려주곤' 은 가끔, 종종, 자주의 빈도를 정확하게 나타낼 수 없는 말이다.

12 35번 문제의 정답은 2번이 되겠습니다.

⇒ 35번 문제의 정답은 2번입니다.

해설_ 지나치게 격식을 차리다 생긴 이상한 표현이다.

13 그건 결코 못할 소리가 아니지 않느냐고 역정을 내었다.

⇒ 얼마든지 그런 말을 할 수 있는 것 아니냐며 역정을 내었다.

해설_ 영어의 이중부정 강조구문을 그대로 직역하면 이런 어투가 된다.

14 이번 사건은 국정원이 관련이 있지 않나하는 의혹이 가시지 않고 있다.

⇒ (정황으로 보아) 이번 사건은 국정원과 관련이 있는 것 같다.

해설_ 지나치게 자신의 주장을 회피하려는 성향을 볼 수 있는 영어 번역어투다.

15 이미 옳고 그름이 가려졌지 않습니까?

⇒ 이미 옳고 그름을 가리지 않았습니까?

해설_ 과거시제 보조어간 '-았 / -었'은 마지막 서술어에 넣는 것이 원칙이다.

16 앞 장면에서 싸우는 장면을 보여드렸지 않습니까?

⇒ 앞 장면에서 싸우는 장면을 보여드리지 않았습니까?

해설_ 이 문장도 과거시제 보조어간을 엉뚱한데 붙였다.

17 내일은 비나 눈이 오는 날씨가 되겠습니다.

⇒ 내일은 비나 눈이 오겠습니다.

해설_ 지나치게 격식을 갖추려다 생긴 이상한 표현이다.

18 11월 28일 아홉 시 뉴스 여기서 마치도록 하겠습니다.

⇒ 11월 28일 아홉 시 뉴스 여기서 마치겠습니다.

해설_ 이 문장은 일본어 번역어투에서 생긴 말로 완곡(婉曲)한 표현이다. 즉 빙 둘러서 하는 말이지만, 이런 표현도 지나치게 격식을 차린 표현이다

19 장난감 디자인학과가 어떤 학과인지 알아보도록 하겠습니다.

⇒ 장난감 디자인학과가 어떤 학과인지 알아보겠습니다.

해설_ 이 문장도 일본어 번역어투에서 생긴 말이다.

20 월드컵이 잘 치러질 수 있도록 국민 여러분의 많은 협조 있으시기 바랍니다.

⇒ 월드컵을 잘 치를 수 있도록 국민 여러분께서 많이 협조해 주시기 바랍니다.

해설_ 이 문장은 수동표현과 격식을 차리는 표현이 함께 들어 있는 문장이다.

21 민주당 대선 후보 주자들이 각자 자신뿐이라고 하는 것은 권력욕에의 행보에 다름 아니다.

⇒ 민주당 대선 후보들이 각자 자신뿐이라고 하는 것을 보면 권력욕에 눈이 먼 것 같다.

해설_ 이 문장의 '다름 아니다' 는 영어의 이중부정구문에서 온 말이다.

22 공정한 법집행은 아무리 강조해도 지나치지 않습니다.

⇒ 어떤 일이 있어도 법은 항상 공정하게 집행해야만 합니다.

해설_ 이 문장도 영어의 이중 부정 강조구문을 번역하다 생긴 말.

23 안녕하세요? 만나게 돼서 반갑습니다. 오늘도 건강에 유의하시는 하루되시기 바랍니다.

⇒ 안녕하세요? 반갑습니다. / 오늘도 건강하게 지내시기 바랍니다.

해설_ '만나게 돼서'라는 말 또한 meet with you를 그대로 직역하다 생긴 말로, 우리 정서에 맞지 않음. 그냥 반갑다는 뜻인데 조건을 다는 듯한 인상을 준다. '하루가 되시기'의 '되다' 는 본래 자동사, 과연 '하루가 되다'라는 말이 성립할까?

24 우리는 서로가 서로를 도우면서 살아야 한다.

⇒ 우리는 서로 도우면서 살아야 한다.

해설_ 이 문장은 재귀대명사를 직역하다 생긴 번역어투로 부사 '서로'를 인칭대명사로 잘못 사용하다 생긴 표현이다. 부사는 부사답게 쓰는 것이 좋다.

25 우리는 서로에 대해 잘 알지는 못했지만 금방 친해졌다.

⇒ 우리는 서로 잘 알지 못했지만 금방 친해졌다.

해설_ 이 문장도 '서로' 를 명사로 보고 목적어로 잘못 활용하고 있다.

26 권력은 무엇으로 스스로를 유지하는가? 농민 스스로도 자구노력이 필요합니다.

⇒ 권력을 어떻게 유지하는가? 농민도 스스로 노력해야 합니다.(농민도 자구노력을 해야 합니다.)

해설_ 무생물 주어로 된 영어를 그대로 직역한 듯한 표현이다.

27 선진각국들은 / 여러분들은 / 서양 여러 나라들에서는 / 수송기들이 식량과 의약품들을 투하

⇒ **선진각국은 / 여러분은 / 서양 여러 나라에서는 / 수송기가 식량과 의약품을 투하**

해설_ 영어의 복수 접미사 -s, -es를 남용한 표현으로, 이미 '각 / 여러' 등에 복수의 뜻이 들어 있거나 문맥상 복수라는 것을 알 수 있기 때문에 굳이 복수 접미사를 붙이지 않아도 된다.

28 이번 시험에서는 어떤 점을 반영했는가에 대해서 알아봅시다.

⇒ 이번 시험에서는 어떤 점을 반영했는지 알아봅시다.

해설_ 연결어미와 종결어미를 구분하지 않고 마구 사용하다 생긴 표현. '~을 반영했는가'의 '-ㄴ가'는 문장을 마칠 때 활용하는 종결형 어미이고, 문장 가운데서 문장을 연결하는 연결형 어미는 '-ㄴ지'다. 즉, '반영했는지'로 처리해야 자연스럽다.

29 작가가 추구하는 세계가 무엇인가에 대해서 알아야 문맥파악이 쉽다.

⇒ 작가가 추구하는 세계가 무엇인지 알아야 문맥파악이 쉽다.

해설_ 이 문장도 연결어미 '-ㄴ지'를 활용해야 한다.

30 나의 큰 힘 아느냐 모르느냐 / 나의 침실로 / 오늘 밤! 나의 빨간 횃불을 / 나의 살던 고향은

⇒ 내 큰 힘 아느냐 모르느냐(최남선, 「해에게서 소년에게로」 *이 시는 제목부

터 일본말임 '해(海)가 소년에게'와 같이 표현해야 바른 표현 / 내 침실로(이상화, 「나의 침실로」) / 오늘 밤! 내 빨간 횃불을(주요한, 「불놀이」) / 나의 살던 고향은~도 일본식 표현, 내가 살던 고향은~

해설_ 우리말 '나 / 너 / 저 / 누구' 의 관형격, 소유격 조사는'ㅣ' 다. 즉, '나의' 가 아니라 '내' 가 맞고,'너의' 가 아니라,'네' 가 맞으며,'저의' 가 아니라 '제' 가 맞고,'누구의' 가 아니라 '뉘' 가 바른 표현이다. 일제 강점기에 생긴 일본어식 표현이다.

31 나의 사랑 / 너의 얼굴 / 누구의 집 / 저의 책임 / 혈(血)의 누(淚) / 귀(鬼)의 성(聲) /

⇒ 내 사랑 / 네 얼굴 / 뉘 집 / 제 책임 / 피눈물(이인직, 「신소설」) / 귀신소리(이인직,「신소설」)

해설_ 이 표현도 일본어 조어(造語) 방식 때문에 생긴 표현이다.

32 이번 외교 파문은 정말 한심한 작태가 아닐 수 없다고 생각한다.

⇒ 이번 외교 파문은 정말 한심한 일이라 생각한다.

해설_ 영어의 이중부정구문과 일본어의 완곡한 표현을 직역한 표현이다.

출판된 번역서를 통해 본 한국어 표현문제

다음 문장은 영화로도 잘 알려져 있는 톰 크랜시(Tom Clancy)가 쓴 패트리어트 게임(Patriot Games)이라는 소설을 번역한 문장인데, 어떤 점을 보완해야 하는지 살펴보자. 물론, 여기서는 영문을 염두에 두지 않고 오로지 번역본 자체만의 논리를 짚어보기로 한다.

01 악인들이 뭉칠 때 선인들도 또한 단결해야 한다. 그렇지 않으면 선인들은 악인들과의 하찮은 싸움에서 한 사람 한사람씩 아무 동정도 받지 못하고 쓰러져 갈 것이다.

- 에드먼드 버크

해설_ 1. 악인(惡人)과 선인(善人)을 대비하고 있는데, 악인은 일반적인 표현인 반면, 선인은 그렇지 않다는 데 문제가 있다. 악인의 반대어가 선인이라는 단순논리가 문제다.

2. 뭉칠 때 ⇒ 전후 문맥상 '~할 때 / ~하면'으로 처리해야 하는데, when을 무조건 '~때'로 처리한 것이 문제다.

모범번역

나쁜 사람이 뭉치면 착한 사람들도 뭉쳐야 한다. 그렇지 않으면 착한 사람들은 나쁜 사람들과 별것 아닌 일로 싸우다가 한 사람씩 무의미하게 죽어가게 될 것이다.

- 에드먼드 버크

02 외국에서 들여오는 모든 정치적 수사의 이면에서 우리들은 테러가 아무리 개화된 가치관에 근거해 판단해 봐도 무고한 사람들에게 정치적 분쟁과는 관계없이 저질러지는 범죄이며, 또한 그와 같은 맥락에서 다루어져야만 한다는 부

정할 수 없는 사실을 절실히 느끼게 된다.

우리들이 테러를 취급하는데 있어 바라는 바는 테러의 본질을 범죄 행위로 인식하는데 있다. 보편적으로 통용되는 제도를 활용하자. 우리들이 세상 사람들에게서 기대할 수 있는 협력을 구해 그 협력을 바탕으로 이런 비겁한 범법자들을 붙잡아 공개적인 재판에 회부한 뒤 그들이 저지른 죄에 대한 책임을 물어 죗값을 받을 때까지 어둡고 습한 범죄의 신성불가침 지역을 줄여 나가도록 합시다.

윌리엄 웨브스터
미연방수사국 국장

해설_ 1. 마지막 어투를 통일하지 않은 실수를 했다.'느끼게 된다. / 인식하는 데 있다. / 나가도록 합시다.'로 되어 있는데, 어투를 통일하는 것이 좋다.

2. 수동태를 그대로 남용하고 있다. ⇒ 저질러지는 / 다루어져야만 ⇒ 범죄는 나쁜 놈들이 '저지르는' 것이지 수동적으로 '저질러지는'것이 아니며, 문제를 '다루어야'하는 것이지 문제가 수동적으로 '다루어지는'것은 아니다.

3. '부정할 수 없는'과 같은 표현은 강조 용법이므로 강조정도를 감안해서 새로운 표현을 만들어야 한다

4. 느끼게 된다. ⇒'사랑을 느끼다'는 '사랑하다'로, '피곤을 느끼다'는 '피곤하다' 로, '정열을 느끼다'는 '정열적이다'로 바꾸어 쓰는 것이 좋다. 느낌이란 지극히 감각적이고, 피상적인(skin deep) 것이므로 심각한 것과는 거리가 멀다.

5. 테러를 취급하다 ⇒'사람 취급을 하느냐?'는 '사람으로 대우를 하느냐?'하는 말이고, '우리 회사는 컴퓨터를 취급하지 않는다.'는 컴퓨터를 '수리 [판매]하지 않는다.'는 뜻이지만, '테러를 취급하다'라는 뜻은? '테러를 어떻게 정의하느냐, 또는 테러를 어떻게 볼 것인가?'하는 관점으로 처리하는 것이 좋다.

6. 보편적으로 통용되는 ⇒'보편적인 것'이나 '통용되는 것'이나 같은 말이므로, 동어반복(同語反復)을 피하는 것이 좋다.

7. 사람들에게서 기대할 수 있는 협력을 구해 ⇒ 영어에다 한국어를 갖다 붙이니 이런 표현이 생긴다.

8. 어둡고 습한 범죄의 신성불가침 지역을 줄여 ⇒ '어둡고 습한 곳'이 '신성불가침 지역'이라니 참 아이러니하다. 신성불가침 지역이란 신성(神聖)한 곳이라 감히 침범할 수 없는 지역이다.

모범번역

외국에서 테러에 관한 정치적인 표현이 난무하고 있지만, 우리는 그 이면을 통해 테러를 아무리 현실적인 시각으로 판단한다 해도 정치적 분쟁과는 상관없이 무고한 사람들을 해치는 범죄이며, 이와 같은 맥락에서 다루어야 한다는 사실을 잘 알 수 있습니다.

바로 우리가 원하는 것은 테러 자체를 범죄행위로 인식해야 한다는 것입니다.

현재의 제도로도 충분합니다. 세상 사람들과 힘을 합해 이런 악질 범법자들을 체포하여 공개재판에 회부한 뒤 범죄에 대한 책임을 물어 그 대가를 받도록 악의 소굴을 하나하나 없애 나가도록 하는 것입니다.

윌리엄 웹스터
미연방수사국장

03 런던에서의 하루

잭 라이언은 반시간 남짓 동안에 죽을 고비를 무려 두 번이나 넘겼다. 첫 번째 고비는 택시를 타고 가다 목적지에서 몇 블록 떨어진 곳에 내린 다음에 찾아왔다. 그는 등받이가 나무로 된 벤치에 얼마 동안 앉아 시간을 보내고 있다. 무료해서 잠시 걷기로 했다. 길에는 차들이 의외로 많지 않았다.

해설_ 1. 런던에서의 하루 ⇒ 일본어에서 빌려 온 이중조사 '~에서의'를 활용하기보다는 '런던에서 보낸 하루'로 처리하는 것이 좋다.

2. 내린 다음에 찾아 왔다 ⇒ 번역어투이고 긴장감이 약하므로 ⇒ '내렸을 때였다'로 처리하는 것이 좋다.

3. '그는 등받이가 ⇒ 이 문장은 주어가 한 사람 뿐이므로 he는 번역하지 않아도 된다.

4. 시간을 보내고 있다. 무료해서 잠시 걷기로 했다. 차들이 의외로 많지 않았다. ⇒ 이 부분은 너무 토막을 내 놓았다. 다음과 같이 적절히 연결해 주는 것이 좋다. ⇒ '시간을 보내다 심심해서 잠시 걸었는데, 길에는 의외로 차들이 별로 없었다.

04 이 시간에 이렇게 교통 소통이 잘 될 줄은 몰랐다. 하지만 저녁 퇴근 무렵이면 또 다시 혼잡해질 것이라고 생각했다. 라이언은 런던이 걸어 다니기엔 안성맞춤이라는 느낌을 받았다. 해병대 복무 시절부터 몸에 밴 보통 걸음으로 걸어가

면서 무의식적으로 시간을 재었다. 골목길 앞에 이르러서도 차는 한 대도 보이지 않았다.

그는 좌우를 재빨리 살피면서 길을 건넜다. 길을 건널 때 민첩하게 좌우를 살피는 것은 어릴 때부터의 습관이었다. 그 때 갑자기 이층 버스가 불과 몇 발자국 옆으로 쐐하고 지나갔다.

해설_ 1. 혼잡해질 것이라고 ⇒ 혼잡해져 가는 과정을 묘사하는 것이 아니라 혼잡한 상태를 묘사하므로 ⇒'혼잡할 것이라고'로 처리해야 옳다.

2. 안성맞춤이라는 느낌을 받았다 ⇒'느낌'이란 '오각(五覺 : 시각, 후각, 청각, 미각, 촉각)으로 감지할 수 있는 감각을 말한다. 여기서는 mind와 관련된 것이므로 '생각했다'로 하는 것이 옳다.

3. '해병대 복무 시절부터 ⇒ 중복 표현,'해병대 시절부터'로 해도 충분하다.

4. 골목길 앞에 이르러서도 ⇒ 골목길 앞에 차가 많다는 것은 이해하기 어려우므로 '찻길인데도'로 처리하는 것이 더 좋다. 물론 런던이 작은 골목길이 많지만, 여기서 말하는 골목길은 우리가 말하는 한국식 골목길과는 다른 차가 쉽게 다닐 수 있는 차도를 뜻한다. 단지 대로가 아닐 뿐이다.

5. 그는 좌우를 ⇒ 역시, he는 번역하지 않아도 된다.

6. 어릴 때부터의 습관이었다. ⇒ 이중조사 남용.'어릴 때부터 생긴 습관이었다.

7 몇 발자국 옆으로 ⇒'발자국'이란 '밟은 흔적'이란 뜻이므로 여기서는 거리감을 나타내는 '몇 발짝' 이란 표현이 적절하다.

05 자칫했으면 차에 그대로 깔려 이역 땅에서 비명횡사를 당할 뻔했다. 미처 정신을 차리지도 못하고 있을 때 뒤에서 "실례합니다."라는 소리가 들렸다.

라이언은 뒤돌아보았다. 제복을 입은 경찰관이었다. 영국사람들이 흔히 보안관이라고 부르는 경찰관이었다.

"조심해서 골목길을 건너셔야죠. 좌우를 살핀 뒤 길을 건너라고 길에 쓰여 있는 것도 보지 못하셨습니까? 저희들은 관광객들이 사고를 당하지 않게 노력은 하고 있습니다만…."경찰관이 근엄하게 한마디 했다.

"제가 관광객이라는 사실을 어떻게 아셨습니까?"

막상 그렇게 질문해 놓고는 라이언은 자신의 미국식 억양을 듣고 자기가 관광객임을 쉽게 알아차릴 거라고 생각했다. 그러자 경찰관이 빙그레 웃으면서 말했다.

"반대쪽을 쳐다보시는 데다 옷차림도 미국인 같아서요. 다음부턴 주의해서 건너십시오. 자 그럼."

해설_ 1. 자칫했으면 ⇒ '자칫 잊을 뻔 했다'처럼 '자칫'이란 부사만 활용해도 충분하기 때문에 부사에 과거시제 보조어간까지 넣을 필요는 없다.

2. 이역 땅에서 ⇒ '이역(異域 : 낯 설은 땅)'에 이미 '땅'이란 말이 포함되어 있다.

3. 비명횡사를 당할 뻔했다. ⇒ 비명횡사는 '소리 소문도 없이 어느 날 갑자기 죽는 것'을 말하므로 '당하다'와는 호응이 안 된다. '비명횡사 할 뻔했다'가 적절하다.

4. 라이언은 뒤돌아보았다. 제복을 입은 경찰관이었다. 영국사람들이 흔히 보안관이라고 부르는 경찰관이었다. ⇒ 이처럼 토막 난 문장은 연결하는 것이 좋다. '뒤돌아보니 흔히 영국사람들이 보안관이라고 하는 제복을 입은 경찰관이었다.'처럼.

5. 조심해서 골목길을 건너셔야죠. ⇒ '골목길을 조심해서 건너다'는 말이 참 어색하다

6. 저희들은 ⇒ 표현오류다. '저'는 '나'를 낮추어 표현한 것이고, '희'는 인칭대명사 '저 / 너' 에 붙이는 '복수접미사' 로 '저'의 복수는 저희'다. '저희, 너희'가 옳은 표현이고 '저희들, 너희들'은 틀린 표현이다.

7. 라이언은 자신의 미국식 억양을 듣고 자기가 관광객임을 ⇒ 여기서 '자신의, 자기가'와 같은 표현은 영어 인칭대명사 소유격을 그대로 번역하다 생긴 표현으로 번역하지 않는 것이 좋다. '막상 그렇게 질문은 했지만, 미국식 억양을 듣고 관광객이라는 것을 쉽게 알 수 있을 거라 생각했다.'처럼.

06 다시 한 번 주의를 준 뒤 경찰관은 목례를 한 뒤 사라졌다. 도대체 어떻게 옷을 입었길래 경찰관이 그렇게 쉽게 자신이 미국인이란 것을 알아차렸을까 궁금해졌다.

잠시 숨을 돌린 뒤 라이언은 골목길로 접어들었다. 아스팔트 위에는 페인트로 '오른쪽 주의'라는 경고문과 함께 희미해져 잘 보이지 않는 글자들이 적혀 있었다. 신호등이 바뀌기를 기다리면서 라이언은 페인트로 표시되어 있는 안전선에 계속 서 있었다. 영국에서는 금요일 날 차를 몰 때 특히 조심하라는 말이 떠올랐다.

다른 나라들과는 달리 영국은 아직 반대로 된 차선을 고집스레 지키고 있는 몇 안 되는 나라 중의 하나였다. 어쨌든 거기에 익숙해지려면 꽤 시간이 걸릴 것 같았다. 그는 영국에 온지 하루밖에 지나지 않았지만 왠지 반대되는 차선만 빼 놓고는 괜찮은 나라라는 느낌을 강하게 받았다. 라이언은 몇 가지 사항에서 많은 결론을 끄집어 낼 수 있는 노련한 관찰자였다."

해설_ 1. 주의를 준 뒤 경찰관은 목례를 한 뒤 사라졌다. ⇒'-뒤'가 중복되었다. '주의를 주고는 목례를 하고 갔다'처럼 고쳐야 한다. 여기서 '사라지다'에 관해서 한번 생각해 보고 가자. '사라지다' 는 '갑자기 [홀연히] 어디론가 가버리고 없다'는 뜻이므로 '경찰이 사라지다'는 표현은 호응이 안 된다.

2. 옷을 입었길래 경찰관이 그렇게 쉽게 자신이 ⇒ 소유격 번역인 '자신이'는 생략해도 무방한 표현이다. '옷을 입었길래 그렇게 쉽게 미국인이란 것을 알아차렸을까' 하고 생각했다.'처럼.

3. '오른쪽 주의'라는 경고문과 함께 희미해져 잘 보이지 않는 ⇒'경고문과'의 '-과'가 이미 동반형 조사이므로 '함께'와 중복된다. '희미해져'는 '닳아서'가 적절한 표현. "'오른쪽 주의'라는 경고문과 닳아서 잘 보이지 않는 글자가 적혀 있었다."로 처리하는 것이 바람직하다.

4. 아직 반대로 된 차선을 고집스레 지키고 있는 ⇒ 무조건 '반대로 된 차선'이라고 번역해서는 설득력이 부족하다. 우리가 '우측차로제도'를 시행하고 있다는 것을 감안해서 '다른 나라와는 달리 영국은 아직도 좌측으로 차가 다니는 좌측차선제를 고집스레 시행하고 있는 몇 안 되는 나라 중의 한 나라였다.'로 처리하면 좋다.

5. 그는 영국에 온 지 하루밖에 지나지 않았지만 왠지 반대되는 차선만 빼놓고는 괜찮은 나라라는 느낌을 강하게 받았다. ⇒ 전형적인 번역어투다. '영국에 온 지 하루밖에 되지 않았지만 차가 좌측통행을 하는 것 외에는 왠지 정말 괜찮은 나라라는 생각이 들었다.'가 적절한 표현. '느낌을 강하게 받다'를 '정말 괜찮은 나라'로 처리한 것을 잘 새겨 두어야 한다. 앞에서 설명했듯이 '느낌 / 느끼다'는 피상적인 표현이다.

6. 라이언은 몇 가지 사항에서 많은 결론을 끄집어 낼 수 있는 노련한 관찰자였다. ⇒ 애매모호한 표현이다. '라이언은 몇 가지만 봐도 금방 다 아는 노련한 사람이었다.'로 고쳐야 한다.

07 그는 회사들이 많은 오피스 빌딩 지역을 걸어가고 있었다. 걸어가는 사람들을 보니 머리를 이상하게 깎은 젊은 펑크족들을 제외하고는 모두 같은 직종에 근무하는 미국인들보다 더 말쑥한 것 같았다.

건축양식 또한 미국 같았으며 그 중에는 고대 로마 양식 건물들도 눈에 띄었다. 런던은 고대와 현대식 건축양식이 공존하는 그런 곳이었다.

이번에 런던에 들른 것은 업무차였지만 사실 휴가도 겸한 탓에 그는 왠지 즐거웠다. 비록 하루밖에 지나지 않았지만 런던의 인상이 마음에 들었다. 하지만 마음에 들지 않는 것도 몇 가지 있었다. 우선 우산을 갖고 다니는 게 왠지 이상스럽게 비쳤다.

라이언도 시내 구경을 하기 전에 일기예보를 들었다. 기온이 섭씨 15도밖에 되지 않는데도 이곳 사람들은 덥다고 아우성이었다. 늦가을 날씨치고는 따뜻했는데도 덥다고 하는 것이 이해되지 않았다. 영국인들이 왜 이런 날씨를'인디언 서머'(날씨가 봄날처럼 화창한 것)라고 하는지 궁금했다.

사람들이 이렇게 화창한 날에도 우산을 갖고 다니는 게 기상대의 일기예보를 믿지 못해서 그러는 것일까 하는 의구심마저 들었다. 하여튼 내가 이곳 사람들처럼 우산을 들고 다니지 않는 게 외국인으로 비춰졌을 법도 했다. 조금 전 경찰관이 자신을 미국인이라고 금방 알아맞힌 게 우산 때문일지도 몰랐다. 또 한 가지 놀란 게 롤스로이스를 흔히 볼 수 있다는 점이다. 지금까지 라이언은 기껏해야 롤스로이스를 몇 대밖에 보지 못했는데 이곳에서는 차도 많지 않은데도 세상에서 최고급 차로 꼽히는 그것이 쉽게 눈에 띄었다. 사실 라이언 자신이 몰고 다니는 차는 이미 5년 된 중고 폭스바겐이었다.

해설_ 1. 그는 회사들이 ⇒'그는' 대신 '라이언은' 으로 처리하는 것이 좋다.

2. 모두 같은 직종에 ⇒'같은 직종'이라고 보기보다는 '오피스 빌딩 지역' 이라고 했으니 '비즈니스맨' 끼리 비교하는 것이 좋다. '비슷한 일을 하는 미국인들보다' 처럼.

3. 런던에 들른 것은 ⇒ 동사 '들르다'는 '별 뚜렷한 목적 없이 잠시 오다'는 뜻이므로 '오다'를 활용해서 '런던에 온 것은'으로 처리하는 것이 좋다.

4. 그는 왠지 즐거웠다. 우산을 갖고 다니는 게 왠지 이상스럽게 비쳤다. ⇒'왠지'는 번역자가 습관적으로 쓰는 표현인 것 같다. '휴가 겸 온 것이라 아주 즐거웠다. 우산을 갖고 다니는 게 참 이상했다.'정도가 좋을 것 같다. '이상스럽게 비쳤다'의 이상한 사람은 누굴까? 영국인들이다. 라이언이 볼 때 영국사람이 이상했다는 것이므로 '우산을 가지고 다니는 모습이 가장 이상했다.'로 처리하면 좋을 듯. '비쳤다'는 '라이언이 영국사람에게 비쳤다'로 오해할 수도 있는 표현임에 유의해야 한다.

5. 덥다고 하는 것이 이해되지 않았다. ⇒'이해되다'는 수동적인 번역어투이므로 라이언 관점에서는 '덥다고 하는 것을 이해할 수 없었다.'로 처리하는 것이 적절하다.

6. '인디언 서머'(날씨가 봄날처럼 화창한 것) ⇒ 이처럼 ( ) 안에 부연 설명을 하기보다는 앞에서 설명해주는 것이 좋다. 화창한 봄날이란 뜻의 '인디언 서머'처럼.

7. 사람들이 이렇게 화창한 날에도 우산을 갖고 다니는 게 기상대의 일기예보를 믿지 못해서 그러는 것일까 ⇒ 이 문장은 어순이 영어어순과 같은데 이런 경우는, '기상대의 일기예보를 믿지 못해서 화창한 날에도 우산을 갖고 다니는 것이 아닐까?'로 어순을 바꾸는 것이 좋다.

8. 내가 이곳 사람들처럼 우산을 들고 다니지 않는 게 외국인으로 비춰졌을 법도 했다. ⇒ 이 문장도 영어 수동태를 직역한 번역어투다. '영국사람들이 우산을 들고 다니지 않는 사람(라이언 자신)을 외국인으로 보는 것은 당연한 일일지도 몰랐다'로 바꾸어 처리해야 한다.

9. 경찰관이 자신을 미국인이라고 ⇒'자신을'이란 표현은 불필요하다.

10. 그것이 쉽게 눈에 띄었다. ⇒'그것은'을 '그 차를'로 처리하는 것이 좋다.

11. 라이언 자신이 몰고 다니는 ⇒'자신이'라는 말은 불필요.

08 〈이코노미스트〉지를 한 권 사기 위해 그는 잠시 신문가판대 앞에 멈춰 조금 전 택시 요금을 주고 남은 동전이 있는지 호주머리를 뒤졌다. 가판대 주인 역시 자신을 틀림없이 미국인으로 보는 것 같았다.

그는 길을 내려오면서 잡지를 대충 훑어보았다. 그러다 지금 자신이 행선지와는 무관한 다른 블록의 한가운데에 와 있다는 것을 알아차렸다. 그는 멈춰서서 호텔을 나오기 전에 시내 지도에서 본 길을 다시 떠올렸다. 정확한 거리명은 기억나지 않았지만 그래도 지도에서 본 거리들이 어렴풋이 남아 있었다. 그는 블록 끝까지 가 왼쪽으로 돈 뒤 다시 두 블록쯤 더 가 오른쪽으로 돌았다. 그러자 성 제임스 공원이 나왔다.

해설_ 1. 〈이코노미스트〉지를 한 권 사기 위해 그는 잠시 신문가판대 앞에 멈춰 ⇒ 이 문장은 '〈이코노미스트〉지를 사기 위해 가판대 앞에 잠시 서서'처럼 간단하게 처리할 수 있다. '이코노미스트지'와 '신문가판대'는 '신문'이라는 의미가 중복되어 있으므로 그냥 '가판대'로만 처리했다. 'oo일보를 사기 위해 가판대 앞에 서서'처럼, 우리말에는 '1부, 2부' 등의 수 개념을 잘 표현하지 않는다.

2. 그는 ⇒ 이 단락에도 '그는'이 세 번 나오는데 모두 생략해도 무방하다.

3. 그러다 지금 자신이 ⇒ 이 부분은 '그런데'로 간단히 처리할 수 있다.

4. 다시 떠올렸다. ⇒ '떠올리다'에 '다시'라는 의미가 이미 들어 가 있다. '다시 떠올리다'는 '조금 전에 떠올렸는데, 또 다시 떠올릴 때' 사용하는 것이 좋다.

09 손목시계를 보니 약속보다 15분 빨리 도착했다. 요크 공의 기념비까지는 비탈길로 내려가야 했다. 런던이 마음에 드는 또 한 가지 이유는 공원 같은 녹색 공간이 도처에 있다는 점이었다. 성 제임스 공원은 널찍한 데다 나무들도 꽤 정성 들여 가꾸어 놓았다. 가을 날씨 치곤 따뜻해서 그런지 낙엽이 진 나무는 많지 않았다. 공원에 놀러 나온 사람들은 별로 눈에 띄지 않았다. 그렇지, 오늘이 수요일이라서 그렇구나. 라이언은 그 생각을 미처 하지 못했다.

평일이라서 아이들도 학교에 나가는데다 아직 이른 시간이라 그런지 데이트를 즐기는 사람도 없었다. 어쨌든 날은 잘 잡았다고 생각했다. 사실 그는 일부러 관광철을 피해 이곳에 왔다. 개인적으로도 사람들이 많은 것을 싫어할 뿐만 아니라 해병대에서도 그렇게 배웠었다.

해설_ 1. 녹색 공간이 도처에 있다는 점이다. ⇒'녹색 공간''보다는 '녹지(綠地)'가 적절한 표현.

2. 낙엽이 진 나무는 많지 않았다. ⇒'많지 않았다'보다는 '적었다 / 별로 없었다'가 적절.

3. 눈에 띄지 않았다.⇒ '없었다'로 간단하게 처리할 수 있다.

4. 라이언은 그 생각을 미처 하지 못했다. ⇒'라이언은'을 굳이 넣을 필요가 없다. '그렇다는 생각을 미처 하지 못했다'

5. 학교에 나가는데다 ⇒ 학교에 가는데다

6. 날은 잘 잡았다고 ⇒'날을 잘 잡았다고'처럼. 비교격 조사 '-은'보다는 목적격조사 '-을'을 활용하는 것이 좋다.

7. 그는 일부러 ⇒ '그는'은 불필요함.

8. 개인적으로도 사람들이 많은 것을 ⇒ 문맥상 '개인적으로도'는 없어도 된다.

9. 그렇게 배웠었다. ⇒ '배우다〉 배웠다〉 배웠었다'처럼 시제가 대과거를 나타내긴 하지만, 우리는 대과거 표현을 잘 쓰지 않는다. 그냥'배웠다'로 처리하는 것이 원칙이다.

10

"아빠."

라이언은 본능적으로 뒤로 고개를 돌렸다. 네살 박이 딸 샐리가 뒤쪽 나무에서 달려왔다. 반가워서 그런지 넘어질 염려 따위는 아랑곳하지 않고 손가락을 이쪽으로 가리킨 채 정신없이 달려왔다. 아내 캐시도 그런 딸을 잡으려고 하지 않고 미소 띤 얼굴로 걸어오고 있었다.

캐시는 관광객 같은 차림은 아니었다. 35밀리 캐논 카메라와 여행 때면 항상 휴대하는 큼직한 가죽 케이스를 한쪽 어깨에 메고 있었다.

해설_ 1. 라이언은 본능적으로 뒤로 고개를 돌렸다. 네살 박이 딸 샐리가 뒤쪽 나무에서 달려왔다.

⇒ '뒤로'와 '돌렸다'는 의미가 중복되고, 한 문장으로 처리하는 것이 좋다. '본능적으로 고개를 돌려보니 네 살된 딸 샐리가 등 뒤 나무쪽에서'처럼.

2. 넘어질 염려 따위는 아랑곳하지 않고 ⇒ 아이들이 달려오는 모습을 연상해 보면, 그냥 '넘어질 듯'으로만 처리해도 충분하다.

3. 미소 띤 얼굴로 ⇒ '미소를 짓다. 웃다' 등은 모두 얼굴 표정을 묘사하므로 '얼굴'이란 말을 굳이 넣을 필요가 없다. '미소를 지으며'로만 처리해도 충분하다.

4. 여행 때면 항상 휴대하는 ⇒ '- 때면'과 '항상'이 중첩됨.

11 "구경 잘 하셨어요, 잭?"

라이언은 캐시에게 키스를 했다. 아마 영국인들 같으면 이런 공공장소에서 키스를 하지 않을 거라는 생각이 들었다.

"굉장했어. 이곳 사람들은 마치 나를 주인처럼 대해 주더라니까. 이것까지 들어 주었으니 알 만하지."

라이언은 메모 철을 톡톡 쳤다.

"그래, 뭐라도 좀 건졌어?"

"이곳 상점들은 배달을 해 준대요."

캐시가 웃으면서 대답했다. 그녀의 말이 예산에서 조금 초과했다는 의미인 줄 라이언은 알고 있었다.

"샐리 것도 괜찮은 걸 하나 샀어요."

"그래? 뭔데?"

라이언은 상체를 숙여 딸을 쳐다보았다.

"아빠가 놀라실 물건이에요."

샐리는 앙증맞게 낄낄대며 손가락으로 호수 쪽을 가리켰다.

"아빠, 저쪽에 백조와 페카린이 있어요."

"펠리칸이지."

라이언은 자상한 말투로 펠리칸이라고 정정해 주었다.

"크고 흰새 말이에요!"

샐리는 진짜로 펠리칸이 마음에 드는지 연방 호수 쪽을 가리켰다.

"그렇구나."

라이언는 시선을 아내 쪽을 돌렸다.

"사진 좀 찍었어?"

"물론이죠. 런던은 벌써 사람들이 사진 촬영을 한다고 난리에요. 참, 우리가 쇼핑할 동안 당신은 어땠어요. 재미있었어요?"

캐시는 카메라를 톡톡 치면서 말했다.

그녀의 유일한 취미는 사진 촬영이었다. 나름대로 사진에 일가견도 갖고 있었다. 라이언은 길 아래쪽을 내려다보았다.

해설_ 1. 라이언은 캐시에게 ⇒ 캐시가 아내이므로 '아내에게 키스를 했다.'로 처리하는 것이 좋다.

2. 키스를 하지 않을 거라는 생각이 들었다. ⇒ 키스를 하지 않을 거라 생각했다.

3. "~ 알 만하지." 라이언은 메모 철을 톡톡 쳤다. ⇒ 동시 동작이므로 연결해서 "~알 만하지."라며 메모 철을 톡톡 쳤다.'로 처리해야.

4. 이곳 상점들은 배달을 해 준대요. ⇒ 이곳 상점들은 배달까지 해준대요.

5. 그녀의 말이 예산에서 조금 초과했다는 의미인줄 라이언은 알고 있었다. ⇒ 말하는 내용에 비해서 너무 기므로 '돈깨나 썼겠다고 생각했다'처럼 처리하면 무난하다.

6. 앙증맞게 낄낄대며 ⇒ '앙증맞다'와 '낄낄대다'가 어울릴까? '앙증맞게 깔깔대며'또는 '앙증맞게 웃으며' 정도가 적절하다.

7. 정정해 주었다. ⇒ 틀린 것은 아니지만 아이에게 말하는 상황이므로 '가르쳐 주었다'로 처리하는 것이 적절하다.

8. 라이언은 시선을 아내 쪽으로 돌렸다. "사진 좀 찍었어?" ⇒ 두 문장을 자연스럽게 연결하면 '아내를 보며 "사진 좀 찍었어?"하고 물었다.'가 된다.

9. 사진 촬영을 한다고 ⇒ '사진을 촬영하는'것도 맞지만 일반인일 경우 '사진을 찍느라고' 정도가 더 어울리는 표현.

10. 캐시는 카메라를 톡톡 치면서 말했다. 그녀의 유일한 취미는 사진 촬영이었다. ⇒ 두 문장을 묶으면 '사진 찍는 것이 취미인 아내가 카메라를 톡톡 치며 말했다.' 가 됨.

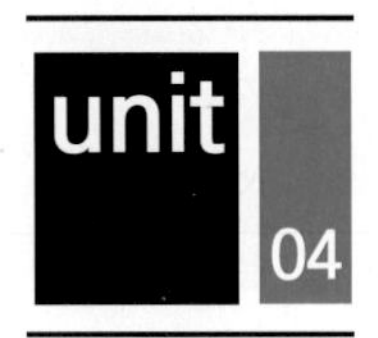

문장 장르별 특성을 감안해서 번역하라

앞에서도 강조했지만, 번역을 잘 하기 위해서는 글과 관련된 전문가가 되어야 한다. 번역자는 번역을 하기에 앞서 번역하고자 하는 문장이 어떤 장르의 문장인지 검토해 보고 그 장르의 특성에 맞게 표현할 수 있도록 해야 한다. 번역에서 가장 일반적인 장르인 기사문(記事文)의 특성은 다음과 같다.

1. 기사문(記事文)의 특성

저널성 문장은 기사문과 보도문으로 구성되어 있는 것이 일반적인데, 여기서는 기사성 문장의 특성을 알아본다. 영자신문, 영자잡지와 같은 기사문은 다음과 같은 준칙에 따라 작성하는 것이 일반적이므로 이러한 특성을 감안해서 번역하는 것이 좋다.

1. 기사문은 정확하고 간결하며 명백하게 작성한다.
2. 기사문은 표준어와 일반화된 관용어를 사용한다.
3. 고유명사는 소리와 글자에 모두 특별한 의미가 있으므로 고유한 표기를 그대로 사용한다.
4. 문장은 되도록 짧게 쓰고 내용을 단순 명료하게 하기 위해 간결체를 활용한다.
5. 주어와 술어의 관계를 분명하게 한다.
6. 주어와 술어를 가능한 한 가깝게 둔다.
7. 단락을 자주 구분한다.
8. 문장 구두점과 각종 문장 기호 등을 많이 활용한다.
9. 같은 단어는 가능하면 반복해서 사용하지 않고, 동의어를 사용하므로 동의어 번역에 특히 유의해야 한다.
10. 일반적인 용어 외에는 약어와 약자를 가능한 한 사용하지 않고, 전문용어는 대시(—)나, 콜론(:), 괄호 등을 활용해서 설명을 덧붙이고 있다.

기사문을 번역할 때 위와 같은 기사문의 특성을 감안해서 영문을 이해하고 번역하는 것이 좋다. 물론, 기사문이라 하더라도, 보도기사, 해설기사, 논평기사에 따라 어법이나 표현이 다소 다르고, 그 기사를 실은 저널이 엘리트 중심인지, 대중저널인지, 특수전문지인지에 따라 용어와 표현이 다르므로 그런 점도 염두에 두어야 한다.

2. 기사문의 구성

저널을 번역하는 사람들이 알아 두어야 하는 기사문의 구성은 다음과 같다.

1) 기사의 구성

기사는 크게 표제와 도입부(전문, 리드), 본문으로 되어 있다.

① 표제 : 기사의 내용을 정확하게 반영하는 간결한 문장을 말함.

② 리드 : 사건이나 사실의 가장 중요한 내용이 포함되어 있음.

③ 본문 : 리드를 보강하고 설명하는 자료 및 배경에 관한 정보, 부차적인 사실이나 정보가 들어 있음.

2) 기사의 종류

기사는 일반적으로 보도기사, 의견기사, 특집기사로 구분된다.

① 보도기사 : 사실을 객관적으로 전달하는데 1차적인 목적을 두는 것으로 보통 스트레이트(straight)기사라고 한다.

② 의견기사 : 논설, 칼럼, 해설 및 논평기사 등으로 사실을 주관적인 관점에서 설명하는 것에 목적을 둔 기사다.

③ 특집기사 : 피처(feature)기사라고 하는 것으로, 전체적으로는 객관적이면서도 주관적인 판단이나 성향을 나타내는 것으로 관조기사라고도 한다.

결론적으로, 보도기사는 정보전달에 목적을 두고, 의견기사는 해설과 교육에 목적을 두고, 특집기사는 오락에 목적을 둔다. 이 밖에도, 고발성 기사인 르포기사, 자질구레한 가십거리를 싣는 가십기사, 어떤 내

용을 공지하는 알림기사, 다른 사람을 인터뷰해서 실은 인터뷰기사 등이 있다.

이와 같이 각 문장의 특성을 이해하고 있는 사람이 번역하는 것과 영어만 따라가면서 번역하는 것에는 많은 차이가 있다.

번역을 하고 나서 반드시 교열작업을 하라

번역에도 여러 가지 절차가 있는데, 그중에서 마지막으로 중요한 것이 바로 교열작업이다.

1. 교열이란 무엇인가?

교열이란 번역한 원고에 오탈자와 잘못된 글귀 등을 바로 잡는 작업을 말한다. 물론, 어색한 표현이나 전문적이지 못한 용어를 바로 잡는 것도 포함된다.

2. 교열은 단순히 오탈자만을 수정하는 일이 아니다.

번역자는 교열작업 시에 오탈자만 수정하고 끝내서는 안 된다. 자신이 번역했건 누가 번역했건 의미전달이 어려운 부분은 교열의 대상이 되므로 원문을 대조해가면서 표현을 다듬어야 하고 전체적인 흐름에 맞게 문장을 재조정해야 한다.

3. 교열자의 마음가짐

① 교열은 착실하게 해야 하며, 적당히 해도 된다는 생각을 버려야 한다.
② 꾸준히 연구하는 자세와 끈기가 필요하고 글자나 문장에 관한 이해력과 예리하고 치밀한 감각을 길러야 한다.
③ 맞춤법과 표준어, 외래어 표기법, 한자에 관한 정확한 지식을 갖추어야 하고, 구두점과 기타 부호도 잘 알고 있어야 한다.
④ 문장 속에 들어 있는 내용이 사실인지 아닌지를 판단할 수 있는 해박한 지식을 길러야 한다.
⑤ 선입견을 가져서는 안 되며 항상 전체적인 상황을 고려해야 한다.
⑥ 제목과 본문이 일치하는지 항상 살펴야 한다.
⑦ 인명, 지명, 수치 등은 반드시 다시 한 번 확인해 보아야 하며 전후 문맥을 최종적으로 확인해야 한다.
⑧ 한국어에 대한 자만심을 버리고 국어사전과 외래어표기사전을 옆에 두고 항상 확인해야 한다.

국내 일간신문 칼럼을 통해 본 표현문제

이 내용을 자세히 읽어보면 현재 우리나라 지식인들이 사용하고 있는 표현에 어떤 문제가 있으며, 그런 글을 모델로 삼아 온 우리의 표현에 어떤 문제가 있는지 잘 알 수 있다. 아울러, 여기에 게재하는 [원문]은 국내 주요 일간지에 게재된 내용을 무작위로 발췌한 것이다. 칼럼 [원문]을 읽어보고 [착안사항]을 통해 어떤 점을 고쳐야 하는지 생각해 보기 바란다.

01 우리의 일상은 예상외로 정교한 룰에 따라 움직여간다. 단 일상의 룰은 쉽사리 자신의 모습을 드러내지 않는다. 대신 의도적으로 그 룰을 깨뜨려 보면 거의 무의식적으로 호흡해 왔던 일상이 그 모습을 드러내게 된다.

해설_ 1. 우리의 일상은 예상외로 정교한 룰에 따라 움직여간다. ⇒ 이 문장의 주어는 '일상'이고, 서술어는 '움직여간다'다. 추상명사 주어로 영어의 무생물 주어 구문과 같은 형식이다. '우리'를 주어로 삼으면, '우리는 매일같이 예상외로 정교한 룰에 따라 살아간다.'가 되고 '우리는 생각과는 달리 아주 체계적인 룰을 지키며 살아가고 있다.'로 마무리 할 수 있다.

2. 단 일상의 룰은 쉽사리 자신의 모습을 드러내지 않는다. ⇒ 이 문장도 '룰'을 주어로 삼은 문장이다. '룰'이 살아있는 생명체도 아닌데 마치 생명체인 것처럼 처리하고 있다. 자신의 모습을 드러내는 것처럼. '사람'을 주어로 하면, '우리는 일상의 룰을 쉽사리 발견할 수 없다'가 되고, 이를 다시 정리하면 '하지만, 우리는 그 룰을 의식하지 않으면서 살아가고 있다.'로 마무리 할 수 있다.

3. "대신 의도적으로 그 룰을 깨뜨려 보면 거의 무의식적으로 호흡해 왔던 일상이 그 모습을 드러내게 된다."⇒ 이 문장을 사람 주어로 바꾸어 표현하면 '그렇지만, (사람들이) 그 룰을 지키지 않으면 우리가 무심했던 그 룰이 얼마나 중요한 것인지(를) 알게 된다.'가 된다.

02 이를 입증해 주는 유명한 실험이 있다. 미국의 사회학자 H. 가핑클은 자신의 강의를 듣는 학생들로 하여금 집에 돌아가 24시간 동안 완벽하게 손님 역할을 수행하면서 가족들이 보이는 반응을 자세히 관찰할 것을 요구했다. 문을 열고 집에 들어가는 순간부터 공손히 인사하고, 그대로 외출복을 입은 채 조심스럽게 행동함은 물론, 저녁 식사시간에도 정중하게 행동하는 학생을 향해 가족

들이 보인 반응은 예상대로 매우 흥미로웠다. 처음에는 장난인 줄 알고 가볍게 넘어가던 가족들이 시간이 지나면서 매우 당혹해 했음은 물론, 급기야는 폭발적으로 화를 내는 상황이 집집마다 벌어졌던 것이다. 이러한 반응을 통해 우리가 암암리에 동의하고 있었던 바, 가족관계의 룰이 단편적이긴 하나 오롯이 드러났던 셈이다.

해설_ 1. 자신의 강의를 듣는 학생들로 하여금 ⇒ 소유격 '자신의'는 불필요하다. 이 경우는 '강의를 듣는 학생들에게'로 해도 되고 그냥 '학생들에게'로만 해도 충분하다. '~로 하여금'은 일본어 번역어투다.

2. 완벽하게 손님 역할을 수행하면서 ⇒ '정말 손님처럼 행동하면서'가 우리말다운 표현이다.

3. 관찰할 것을 요구했다. ⇒ '요구하다'는 자신의 권리를 찾을 때 사용하는 표현이므로 이 경우는 그냥 '관찰해 오라고 했다 또는 관찰해 오라는 과제를 주었다.'로 하면 된다.

4. 그대로 외출복을 입은 채 ⇒ 어순 문제인데, 이 경우는 같은 값이면 '외출복을 그대로 입은 채'로 하는 것이 좋다.

5. 학생을 향해 가족들이 보인 ⇒ '학생을 보고 가족들이 보인'으로 고쳐야 한다. '학생을 향하다(학생을 바라보다. 학생 쪽으로 가다. 학생 쪽으로 바라보다)'는 표현이 어색하다.

6. 매우 당혹해 했음은 물론 ⇒ '당혹하다'는 말은 '어쩔 줄 모르다'는 뜻이므로 여기서는 '이상하게 생각하다'가 적절하다.

7. 급기야는 폭발적으로 화를 내는 ⇒ '화를 버럭 내다'라는 좋은 말이 있는데, 번역어투를 남용하고 있다.

8. 우리가 암암리에 동의하고 있었던 바, 가족관계의 룰이 단편적이긴 하지만 오롯이 드러났던 셈이다. ⇒ 이렇게 어렵게 표현할 이유가 없다. '우리가 별로 신경 쓰지 않았던 가족 간의 룰이 그대로 드러났던 것이다'로 해도 충분하다. '오롯이'는 본래 '할아버지가 돌아가신 후 할머니 혼자 오롯이 살았다'처럼 외롭고 쓸쓸한 것을 나타내는 말이다.

03 우리의 일상이 치밀하게 관리되고 있음을 보여주는 사례는 무궁무진하다. 엘리베이터 문이 열리면서 마침 두 사람이 비밀스런 이야기를 주고받는 장면과 마주칠 경우, 우리의 시선은 이들을 외면하면서 "당신들의 이야기에 귀 기울이지 않을 테니 마음 놓으라"는 무언의 메시지를 보여주는 것이 상식이요, 타인의 약점을 공식 석상에서 공공연히 문제 삼지 않는 에티켓은 나의 약점도 조롱하지 말아 달라는 거래의 성격이 다분하다. 길을 가다 낯모르는 사람에게 의미 있는 시선을 던지지 않는 것, 이른바 '시민적 무관심'이 서로에게 기대되는 규

범이요, 관계의 친밀도에 따라 사용하는 언어 및 허용되는 거리가 달라짐도 우리가 암묵적으로 동의하고 있는 바다. 이들 일상의 룰은 철저하게 호혜성을 토대로 하고 있다는 특징을 갖는다. 어느 한편의 일방적 이익만 보장되는 룰은 머지않아 상호작용의 단절을 가져오기 때문이다. 나아가 이들 룰은 구성원들의 합의에 의해 공유되고 있기에, 일단 합의를 깨뜨리게 되면 상호작용의 지속은 불가능하게 마련이다.

해설_ 1. 우리의 일상이 관리되고 있음을 보여주는 사례는 ⇒ '일상이 관리되는'이란 표현은 우리가 통상 사용하는 말과는 거리가 멀다. '우리'를 주어로 삼아 '우리가 얼마나 일상적인 룰을 철두철미하게 지키며 사는지 알 수 있는 예는 아주 많다.'처럼 바꾸어야 한다.

2. 우리의 시선은 이들을 외면하면서 ⇒ '외면하다' 보다는 그냥 '모른 채 하다'가 일반적인 표현이다.

3. 나의 약점도 조롱하지 말아 달라는 ⇒ '내 약점도 들춰내지 말아 달라는'과 같은 일상적인 표현을 두고 어렵게 적었다.

4. 길을 가다 낯모르는 사람에게 의미 있는 시선을 던지지 않는 것, 이른 바 '시민적 무관심'이 서로에게 기대되는 규범이요. ⇒ '길을 가다 모르는 사람을 만나면 아는 채 하지 않는 것이 우리끼리의 보이지 않는 약속이요' 정도가 적절한 표현.

5. 관계의 친밀도에 따라 사용하는 언어 및 허용되는 거리가 달라짐도 우리가 암묵적으로 동의하고 있는 바다 ⇒ 쉽게 고치면 '얼마나 친하냐에 따라 말이 달라지고 거리감 정도도 달라진다는 것은 다 아는 사실이다.'가 된다.

6. 이들 일상의 룰은 철저하게 호혜성을 토대로 하고 있다는 특징을 갖는다. ⇒ 쉽게 고치면 '이처럼 일상적인 룰은 철저하게 상대적이라는 것이다.'가 된다.

7. 일방적 이익만 보장되는 룰은 머지않아 상호작용의 단절을 가져오기 때문이다. ⇒ 따라서 어느 한쪽에게만 유리한 룰은 머지않아 서로 멀어지게 할 것이다. '상호작용'이란 말은 물리적인 힘이 서로 작용할 때 사용하는 것이 좋다.

8. 나아가 이들 룰은 구성원들의 합의에 의해 공유되고 있기에, 일단 합의를 깨뜨리게 되면 상호작용의 지속은 불가능하게 마련이다. ⇒ 쉽게 고치면 '결론적으로, 서로 암묵적으로 약속한 룰을 한 쪽이 깨뜨리면 관계를 지속하기 어려운 것은 당연한 일이다.'가 된다.

04 최근 세계적 수준을 자랑하는 초고속 인터넷망의 확대로 인해 우리의 일상에서 전개되고 있는 변화는 가히 혁명이라 불러도 좋을 듯하다. 세계를 놀라게 했던 '붉은 악마'의 열광적 응원 열기든, 호된 여론 청문회를 진행 중인 국무총리 인준과정이든, 젊은 세대를 중심으로 번져나가고 있는 반미열풍이든, 인터

넷의 영향력을 간과하고서는 해독이 불가능하다는 점에서 인터넷이 야기한 혁명의 파장으로부터 자유로운 일상은 거의 없는 듯하다. 문제는 인터넷의 일상화에도 불구하고 구성원들에 의해 합의된 룰이 정착되지 않은 상황에서 오는 혼란의 여파가 예상보다 크다는 사실이요, 그로 인해 구성원들이 감당해야 하는 고통이 만만치 않다는 사실이다.

해설_ 1. 반미열풍이든, 인터넷의 영향력을 간과하고서는 해독이 불가능하다는 점에서 ⇒ 정말 암호를 풀 듯 풀어야 하는 표현이다. '반미열풍이든, 모두 인터넷이란 도구가 있기에 가능하므로 인터넷을 빼고는 설명하기가 불가능하다.'처럼 고쳐야 한다.

2. 인터넷이 야기한 혁명의 파장으로부터 자유로운 일상은 거의 없는 듯하다. ⇒ '야기하다'는 말은 '뭔가 문제를 일으키다'는 뜻인데, 인터넷이 문제를 일으킨 것인가? '부정부패로부터 자유로운 사람은 없다'는 말은 번역어투다. '부정부패를 저지르지 않은 사람은 없다'처럼 표현해야 한다. 전체를 정리하면 '혁명과도 같은 인터넷의 영향력이 미치지 않는 곳이 거의 없는 것 같다.'와 같은 표현이다.

3. 구성원들에 의해 합의된 룰이 정착되지 않은 상황에서 ⇒ 마치 영어 수동태를 직역한 듯한 표현이다. '인터넷 사용자들이 합의한 룰을 정착시키지 못한 상황에서'로 고쳐야 한다.

4. 구성원들이 감당해야 하는 ⇒ '사용자 일부가 감당해야 하는'으로 고치면 구체적이다.

05 인터넷 자체는 분명 도구에 불과하다. 온라인과 오프라인의 관계에 주목하는 학자들은 두 영역이 별개로 존재하기보다는 유기적 연결성을 갖는다는 사실을 강조한다. 곧 인터넷을 도구로 활용하는 개개인과 사회, 문화적 수준의 성숙도가 관건이라는 것이다. 우리는 이미 미성숙한 개인이 익명성에 기대어 발산하는 언어폭력의 폐해를 익히 경험한 바 있다. 진정 익명성의 자유를 누리면서 솔직하고도 진지한 상호작용이 계속되기를 원한다면 상대에 대한 배려와 존중이 필수적임은 물론이다. 인터넷 바다에 떠다니는 정보가 타당한 근거와 탄탄한 논리를 갖추었을 때만이 사회적 신뢰의 토대로 기능할 수 있음도 재론의 여지가 없다.

해설_ 1. 온라인과 오프라인의 관계에 주목하는 학자들은 두 영역이 별개로 존재하기 보다는 유기적 연결성을 갖는다는 사실을 강조한다. ⇒ 온라인과 오프라인의 관계를 설정하는 학자들도 두 영역이 별개가 아니라 온라인은 오프라인의 연장선상에 있다는 점을 강조한다. 이 정도면, 이해할 수 있지 않을까? ⇒ 온라인과 오프라인이 별개의 세상이 아니라 온라인은 오프라인의 일부분일 뿐이라고 강조한다.

2. 곧 인터넷을 도구로 활용하는 개개인과 사회, 문화적 수준의 성숙도가 관건이라는 것이다. ⇒ 다시 말해, 인터넷이라는 도구를 사용하는 개개인의 수준과 사회전체의 문화적인 수준이 문제라는 것이다.

3. 우리는 이미 미성숙한 개인이 익명성에 기대어 발산하는 언어폭력의 폐해를 익히 경험한 바 있다. ⇒ 우리는 이미 자신의 이름을 밝히지 않아도 되는 인터넷의 허점을 이용하는 몰지각한 사람들이 내뱉는 언어폭력의 폐해를 잘 알고 있다.

4. 진정 익명성의 자유를 누리면서 솔직하고도 진지한 상호작용이 계속되기를 원한다면 상대에 대한 배려와 존중이 필수적임은 물론이다. ⇒ 정말 자신을 밝히지 않아도 되는 자유를 누리면서 서로 솔직하게 대화를 하려면 상대방을 배려하고 존중해야만 할 것이다.

5. 정보가 타당한 근거와 탄탄한 논리를 갖추었을 때만이 사회적 신뢰의 토대로 기능할 수 있음도 재론의 여지가 없다. ⇒ 정보 또한 근거가 분명해야하고 합리적인 논리를 갖추고 있어야 하며, 그럴 때만 사회적으로 신뢰할 수 있는 정보로서 그 역할을 할 수 있을 것이다.

06 위로부터 동원된 군중이 아니라 아래로부터 자원한 대중이 사이버 공동체를 구성한다는 사실로부터 네티즌의 잠재력을 일상의 민주화로 이끌어 내기만 한다면 금상첨화이리라. 이제 '인터넷 일상(日常)'속에서 호혜성에 기초한 룰을 정교하게 다듬어 가는 작업, 나아가 그 룰에 대한 합의를 이끌어내는 노력을 본격화할 때다.

해설_ 1. 위로부터 동원된 군중이 아니라 아래로부터 자원한 대중이 사이버 공동체를 구성한다는 사실로부터 네티즌의 잠재력을 일상의 민주화로 이끌어 내기만 한다면 금상첨화이리라. ⇒ 이 문장은 번역어투인 '~로부터'를 남용하고 있다. ⇒ 억지로 동원한 군중이 아니라 자발적인 대중들이 사이버 공동체를 이루고 있다는 점에서 네티즌의 이러한 잠재력을 민주주의 정신으로 승화시킨다면 금상첨화이리라.

2. 이제 '인터넷 일상' 속에서 호혜성에 기초한 룰을 정교하게 다듬어 가는 작업, 나아가 그 룰에 대한 합의를 이끌어내는 노력을 본격화할 때다. ⇒ 이 문장은 '호혜성, 작업, 합의, 노력'과 같은 추상명사를 남용하고 있다. 이 문장은, 인터넷상에서 발생하고 있는 언어폭력 문제를 지적하고, 이러한 문제를 해결하기 위한 방법을 제시하는 문장으로, 아주 좋은 주제지만, 글이 너무 어려운 것이 문제다. 이 글은 모든 사람이 읽고 수긍하여 동참해야 하는 내용인데, 이렇게 글을 적으면 과연 몇 사람이나 수긍하고 실천할 수 있을지 의문이다. ⇒ 이제 인터넷이 일상의 일부가 된 이상 서로 배려하고 존중하는 룰을 엄밀하게 정해 그 룰을 모든 사람들이 지켜나가야 할 때다.

07 월드컵이 끝난 뒤 어느 시점에서부터인지 모르게 우리 국민들은 자부심과 긍지에 가슴이 벅차기 시작했다. 대한민국과 일체감을 느끼고 낯모르는 사람들과도 진한 동질감을 느꼈을 것이다. 이런 일체감과 동질감으로 못해 낼 일이 없을 것 같은 생각이 들었을 것이다.

해설_ 1. 어느 시점에서부터인지 모르게 ⇒ '언제부터인지'로 시작하면 충분한 표현이다.

2. 자부심과 긍지에 가슴이 ⇒ '자부심과 긍지로'로 하는 것이 옳다. '수단, 방법'을 나타내는 '-로'활용.

3. 동질감을 느꼈을 것이다 / 생각이 들었을 것이다 ⇒ '가정(假定)'을 하는 듯한 표현을 남용하고 있다. 이 글의 화자(話者)가 글을 쓰는 자신이기 때문에 가정을 하는 듯한 표현은 부적절하다 ⇒ '동질감을 느꼈고, 생각이 들었기 때문이다'처럼 확신에 찬 표현이 적절하다.

08 대한민국의 이름으로 무엇이든지 해낼 것 같은 자신감이 지금 국민들 사이에서 출렁거리고 있다. 이렇게 한껏 고양된 사회 분위기를 놓고 설왕설래가 많지만 결론들은 유사하다.

실로 오랜만에 결집된 민족의 에너지이므로 이를 동력화(動力化)해서 사회와 국가 발전에 잘 활용되게 해야 한다는 것이다. 그러나 정작 이 부풀려진 자부심과 자신감, 그리고 일체감의 본질에 대한 차분한 해석은 드물다.

해설_ 1. 대한민국의 이름으로 무엇이든지 해낼 것 같은 ⇒ 여기서 '해낼 것 같은'도 '해낼 수 있는'으로 바꾸는 것이 훨씬 자신감 있는 표현이다. '대한민국의 이름으로'라는 말은 번역어투로 추상적인 표현이다. '대한민국이라는 이름을 걸고 / 대한민국이라는 것을 떳떳이 내세우며 / 대한민국사람이라는 자부심을 가지고' 등으로 표현하는 것이 좋다.

2. 설왕설래가 많지만 ⇒ '설왕설래하고 있지만 / 여러 가지 면에서 말하고 있지만'으로 하면 될 것을 '설왕설래'를 명사(名詞)로 잘못 쓰고 있다.

3. 결론들은 유사하다 ⇒ '유사하다'는 표현은 겉모양 등을 비교 검토할 때 사용하는 것이 바람직하므로 '결론은 한결같다'로 바꾸는 것이 좋다.

4. 민족의 에너지이므로 ⇒ 관형격 조사 '-의'를 남용하고 있다. ⇒ '민족에너지이므로'로 해도 된다.

5. 동력화(動力化)해서 ⇒ '기폭제로 삼아'와 같은 표현이 더 자연스럽다.

6. 사회와 국가 발전에 잘 활용되게 해야 한다는 것이다. ⇒ 수동태 표현을 남용한 번역어투다. '사회와 국가발전에 잘 활용해야 할 것이다'로 바꾸어 적는 것이 좋다.

7. 정작 이 부풀려진 자부심과 자신감 ⇒ '부풀려진'은 수동태로 이 문장에서는 어감이 아주 안 좋다. 그냥 '부푼' 것이지 의도적으로 '부풀려진' 것은 아니다.

09 긴 역사 속에서 좀처럼 만나기 어려웠던 행운을 우리는 지금 만나고 있는 것이 틀림없어 보이긴 하지만, 이 에너지와 활력의 성격을 분명하게 파악해 둘 필요가 있다.

원래가 그렇듯이 에너지란 유용성과 더불어 위험도 함께 수반하며, 아울러 잘 간수하지 못하면 쉽게 증발해 버리기도 하기 때문이다. 이런 사회적 분위기를 미국 하버드대학의 가드너 교수는 절정기 사회(絕頂期 社會: peak society)라고 불렀다.

해설_ 1. 만나기 어려웠던 / 지금 만나고 있는 ⇒ '만나다'는 동사는 '우연히 만나는 것'을 포함하고 있기 때문에 여기서는 '갖다 / 맞이하다'를 활용하는 것이 더 좋다. ⇒ '긴 역사 속에서 좀처럼 맞이하기 힘든 행운을 우리는 지금 갖고 있는'처럼.

2. 틀림없어 보이긴 하지만 ⇒ 이 표현도 지나치게 가정적(假定的)인 표현이다. '틀림없지만'으로 분명하게 하는 것이 좋다.

3. 유용성과 더불어 위험도 함께 수반하며 ⇒ 굳이 어려운 한자어(漢字語)를 쓸 필요가 없다. '쓸모가 있는 반면, 위험도 하여'로 하면 쉽다.

4. 잘 간수하지 못하면 ⇒ '간수하다'는 '보관하면서 관리를 잘 하다'는 뜻이므로 '잘 이용하지 못하면'으로 바꾸어 쓰는 것이 좋다.

5. 증발해 버리기도 하기 때문이다. ⇒ 논리상 '증발해 버리기도 한다.'로 처리해도 충분하다.

6. 절정기 사회라고 불렀다. ⇒ '부르다'는 '소리'와 관련된 동사다. '할머니께서 "말자야"하고 불렀다'와 같은 상황일 때 사용하는 표현이다. '사회라고 말했다'로 쓰는 것이 좋다.

10 국가나 사회의 공익(公益)과 대의명분을 위해 개인들이 헌신과 희생의 각오를 크게 하고, 손해를 감수하려는 분위기가 충만한 사회를 의미하는 개념이다.

그에 따르면 세계 역사상 절정기 사회가 출현한 몇 가지 사례가 있는데, 강대국의 탄생이나 문화부흥의 시기 직전에는 절정기 사회의 징표가 나타나곤 했다는 것이다.

15세기 초엽의 이탈리아 플로렌스 지방이 그 대표적 예이고, 20세기 초반의 유럽 중부도시, 그리고 20세기 중반의 뉴욕이 바로 그 예이다.

1960년대 올림픽을 치르고 난 직후의 일본 사회 분위기 역시 그런 절정기 사회의 특징을 보였다.

해설_ 1. 헌신과 희생의 각오를 크게 하고 ⇒ '헌신, 희생, 각오'와 같은 추상명사를 남용하고 있다. '헌신하고 희생할 각오를 단단히 하고'로 하면 훨씬 쉽다.

2. 강대국의 탄생이나 문화부흥의 시기 직전에는 ⇒ 역시 추상명사를 남용하고 있다. '강대국이 되기 직전이나 문화부흥이 일어나기 직전에'로 적으면 그만이다.

3. 나타나곤 했다는 것이다. ⇒ '빈도'를 나타내는 표현을 남용했다. 그냥 '나타났다'로만 해도 충분하다.

11 우리나라의 경우 1919년 3 · 1운동 직후에 이런 절정기 사회의 조짐을 읽을 수 있다. 이 운동으로 한껏 고조된 민족 일체감과 동질감은 독립운동에 대한 자금 지원의 증가와 젊은이들의 만주독립군 참여 욕구의 증가로 나타났을 것이다.

새마을운동이 성공할 수 있었던 것도 초창기에 이런 절정기 사회의 분위기를 형성할 수 있었기 때문이다. 이번 월드컵은 절정기 사회의 명백한 조짐을 보인다.

이 기간 중에는 차(車)의 사소한 접촉사고 정도는 거의 웃는 낯으로 해결되곤 했다는 이야기가 있다.

해설_ 1. 조짐을 읽을 수 있다. ⇒ 동사 '읽다'를 남용했다. '징후(현상)를 볼 수 있다'가 적절하다. '조짐'이란 말은 부정적인 경우 사용하는 것이 좋다.

2. 이 운동으로 한껏 고조된 민족 일체감과 동질감은 독립운동에 대한 자금 지원의 증가와 젊은이들의 만주독립군 참여 욕구의 증가로 나타났을 것이다. ⇒ 이 문장을 다음 문장과 비교해 보라. '3·1 운동으로 민족적인 일체감과 동질감이 고조되면서 독립운동 자금 지원이 증가했고 젊은이들은 앞 다투어 만주독립군에 참가했던 것이다.'

3. 이번 월드컵은 ~ 조짐을 보인다. ⇒ 주어와 술어가 호응이 안 된다. '이번 월드컵으로 ~ 현상이 나타났다.'가 적절하다.

4. 해결되곤 했다는 ⇒ 영어 be used to구문의 번역어투로 '해결했다는'으로 처리해도 충분하다.

12 월드컵 덕분에 국민 간에 일체감과 동질감이 커짐으로써 사회 전반의 이익을 위해서 개인의 이익을 희생해도 좋다는 분위기가 살아나고 있는 것이다.

절정기 사회의 조짐이 촛불처럼 시작되고 있다. 이를 정성스럽게 키워 한국이라는 용광로를 달구는 뜨거운 불로 만들어 가야 한다.

그렇게 하자면 무엇을 해야 하는가? 국민 전체의 이익과 대의명분을 위해 작은 손해를 먼저 감수하려는 자세로 우리 사회가 당면하고 있는 과제를 해결해 나가는 것이다.

예를 들면 구원(舊怨)을 가진 개인들은 서로 누가 먼저랄 것 없이 서로 화해하는 것이다.

해설_ 1. 사회 전반의 이익을 위해서 ⇒ 사회 전체의 이익을 위해서

2. 개인의 이익은 희생해도 ⇒ 굳이 '이익'이란 말을 넣을 필요가 없다. '개인은 희생해도'로.

3. 절정기 사회의 조짐이 촛불처럼 시작되고 있다. ⇒ 절정기 사회를 알리는 신호가 촛불처럼 타기 시작했다.

4. 우리 사회가 당면하고 있는 ⇒ 우리 사회가 안고 있는

5. 구원(舊怨)을 가진 개인들은 서루 누가 먼저랄 것 없이 서로 화해 ⇒ 안 좋은 감정을 가진 사람들은 서로 먼저 화해

13 노사 간에 얽힌 문제도 누가 먼저랄 것 없이 서로 양보해서 해결하는 것이다.

서로 적대적인 사회 · 정치 단체들도 서로 양보해서 함께 살고, 그래서 나라와 국민도 함께 사는 길로 가야하는 것이다. 이런 일은 정부가 할 일이 아니다.

먼저 깨달은 사람이 실천해야 하고 먼저 깨달은 회사와 단체, 그리고 조직의 책임자가 솔선수범해야 한다.

해설_ 1. 누가 먼저랄 것 없이 서로 양보해서 ⇒ 서로 먼저 양보해서

2. 정치 단체들도 서로 양보해서 함께 살고 ⇒ 양보하면서 함께 일하고

3. 함께 사는 길로 가야하는 것이다. ⇒ 함께 살아야 할 것이다

4. 정부가 할 일이 아니다 ⇒ '정부가 할 수 있는 것이 아니다'로. 정부가 해야 하는 일이지만 정부가 하는 데는 한계가 있다는 논리로 보아야 한다.

14 이런 사례들이 연쇄반응을 일으키게 되면 한국사회는 명실상부한 절정기 사회를 이룰 수 있게 될 것이다. 예컨대 여야의 화해와 당리당략 탈피 선언, 노사간의 상생(相生) 선언, 정부의 탈(脫) 부패 선언, 그리고 몇몇 언론사간의 무조건적인 화해 선언 같은 것이 국민을 감동시켜 그런 연쇄반응을 시작하게끔 유도할 수 있을 것이다.

'월드컵의 이름으로' 우리는 소아(小我)를 벗어나 호연지기(浩然之氣)의 도(道)를 회복해야 한다.

해설_ 1. 이런 사례들이 연쇄반응을 일으키게 되면 ⇒ '이렇게 모두 실천하게 되면 / 이처럼 모두 앞장서서 실천하면'으로.

2. 이룰 수 있게 될 것이다. ⇒ 이룰 수 있을 것이다.

3. 그런 연쇄반응을 시작하게끔 유도할 수 있을 것이다. ⇒ 모든 국민이 함께 동참할 것이다.

4. '월드컵의 이름으로' 우리는 소아(小我)를 벗어나 호연지기(浩然之氣)의 도(道)를 회복해야 한다. ⇒ 다음 문장과 비교해 보라. '월드컵'을 계기로 우리는 이기심에서 벗어나 호연지기의 기개를 펼쳐야 할 것이다.

15 월드컵으로 응집된 범국민적 상승 열기를 업그레이드 코리아로 승화시켜야 한다는 열망이 뜨거운 가운데, 이의 실현을 앞장서서 이끌어야 할 정부의 접근은 오히려 거꾸로 가고 있는 것 같아 모처럼의 호기를 잃을까 우려된다.

열심히 일할 풍토 조성이 선진국 도약의 핵심 과제임에도 정부의 포스트 월드컵 정책은 하루 임시 공휴일 지정과 교통법규 위반자들에 대한 대규모 사면으로 나타났다.

해설_ 1. 열기를 업그레이드 코리아로 승화시켜야 한다는 열망이 뜨거운 가운데 ⇒ '업그레이드'라는 말이 일반화되어 가고 있긴 하지만, 본래 '업그레이드'는 동사로 '무엇을 향상시키다, 등급을 높이다'와 같은 뜻으로 사용해야 하는데 형용사처럼 사용한 것은 말을 너무 함부로 만들어 쓴 것이다. '뜨거운 가운데'라는 연결어는 다음 내용이 비교적 긍정적일 때 활용하는 표현인데, 이 문장은 논리상 역접, 반전 관계이므로, '뜨겁긴 하지만'으로 처리하는 것이 좋다. '한국(코리아)을 업그레이드하는데 열기를 모아야 한다는 열망이 뜨겁긴 하지만'처럼.

2. 열심히 일할 풍토 조성이 선진국 ~ 사면으로 나타났다. ⇒ 이 문장은 전형적인 번역어투로 명사를 남용한 표현이다. '열심히 일할 풍토를 조성해야 선진국으로 빨리 도약할 수 있음에도 월드컵 이후 정부가 시행한 정책이라고는 하루를 임시공휴일로 지정한 것과 교통법규를 위반한 사람들을 대규모로 사면해 준 것 뿐이었다.'로 바꾸면 이해하기 쉽다. '포스트 월드컵'은 '월드컵 이후'로 하면 되는데 굳이 영어를 우리말처럼 사용할 이유가 있을까.

16 전자는 일하기보다 놀자는 분위기를 조장한다는 점에서, 후자는 노력한 대로 그 대가가 주어진다는 원칙을 파괴하여 일할 분위기를 훼손했다는 점에서 만회하기 어려운 실책을 편 것이다.

진심으로 선진국 도약을 원하는 정부라면, 우선은 국민이 싫어하는 일이라도 장기적으로 도움이 되는 방향으로 국민을 유도해 나가야 한다.

해설_ 전자는 ~ 후자는 ~ ⇒ 이 같은 표현도 this ~ that구문을 번역하면서 생긴 번역어투인데, 틀린 것은 아니지만, '전자 / 후자'라는 한자어 대신 쉬운 표현을 활용하는 것이 좋다. ⇒ 임시공휴일은 놀자는 분위기를 조장한다는 점에서, 사면은 법규를 위반해도 괜찮다는 인식을 심어준다는 점에서 아주 잘못된 실정인 것이다. 글쓴이는 '교통법규 위반자를 대규모로 사면해 준 것'을 '노력한 대가로 그 대가가 주어진다는 원칙'으로 비교해서 설명했는데, 적절한 비교인 것 같지는 않다. 법규를 어긴 사람은 법에 따라 규제를 받아야 하는 것이지 대가를 주는 것은 아니며, 여기서 '대가'란 긍정적인 의미로 '잘 한 것에 대한 보상'이란 의미라고 볼 수 있다. 보통 '죄를 지은 만큼 그 대가를 받아야 한다.'와 같은 표현을 사용하는데 이처럼 부정적인 내용일 경우는 '죄를 지은 만큼 그에 해당하는 벌을 받아야 한다'처럼, '벌'이라는 말을 활용하는 것이 좋다. '대가'와 '벌'은 구별해서 사용해야 한다. 그리고 '대가가 주어진다는'의 '주어진다'는 영어 수동태 번역에서 온 말이므로 능동형인 '주다'로 활용하는 것이 좋다. ⇒ '노력한 만큼 그 대가를 준다는'으로.

17 우리 국민은 제대로 된 지도자를 만나면 온 몸을 불사를 수 있는 정열을 가지고 있다. 70년대에 새마을운동 10년을 통해 5000년의 가난을 극복하고 오늘날 우리 삶의 근본을 만든 것이나, 아시아인의 신체적 약점을 극복하고 월드컵 4강 진출 같은 기적을 창출해 낼 수 있었던 것이다. 이를 위해선 무엇보다도 먼저, 도처에서 용납돼온 '공짜'부터 없애야 한다.

공짜근성은 근로의욕을 떨어뜨리는 최악의 적이다. 한번 맛을 들이면 어떠한 약으로도 잘 낫지 않는 정신적 암이기 때문이다.

해설_ 1. 제대로 된 지도자를 ⇒ '제대로 된'이란 수식어가 좀 거슬린다. 같은 뜻이지만 이왕이면, '철학이 있는 지도자 / 지도력이 있는 지도자 / 올바른 지도자'와 같은 표현을 쓰는 것이 좋다.

2. 우리 삶의 근본을 만든 것이나 ⇒ 여기서는 근본이 아니라 '기틀'이라는 말이 어울린다.

3. 창출해 낼 수 있었던 것이다. ⇒ 앞에 있는 '~만든 것이나,'와 어울리게 하려면, '창출해 낸 것이 바로 좋은 본보기다'처럼 처리해야 한다.

4. 도처에서 용납돼온 ⇒ 용납되어 온 것이 아니라 '우리 의식 속에 팽배해 있는'으로 처리해야 한다.

5. ~최악의 적이다. ~로 종결 해 놓고, ~암이기 때문이다 ~처럼 인과관계로 마무리 한 것은 호응이 안 된다. ⇒ '최악의 적이요, 암이기 때문이다'로 처리해야 한다.

18 따라서 카지노, 도박, 경마 등 사행성 오락산업과 중고교 무시험, 평준화 같은 공짜성 시책들을 적절히 개선, 대처해 나가야 한다. 공짜 근성의 대표적 행태인 부정부패는 반드시 근절시켜야 한다. 이를 위해 일정기간이 지나면 면죄되는

소멸시효제도와 한 정권에서 지은 죄가 차기 정권에서 감면되는 사면 남용의 관행을 청산함으로써 비리가 철저히 응징되는 풍토부터 만들어야 할 것이다.

해설_ 1. 시책들을 적절히 개선, 대처해 나가야 한다. ⇒ 시책(시행하고 있는 정책)에 대처해 나갈 것이 아니라 ⇒ '정책들을 합리적으로 개선하고 시행해 나가야 한다.'로 하면 자연스럽다.

2. 근절시켜야 한다. ⇒ 사역동사 '시키다'는 다른 사람에게 미루는 인상을 주므로 능동동사인 '근절해야 한다.'로 처리해야.

3. 면죄되는 소멸시효제도와 한 정권에서 지은 죄가 차기 정권에서 감면되는 ~ 비리가 철저히 응징되는 풍토부터 만들어야 할 것이다. ⇒ 수동과 능동을 가리지 않아 어색하다. ⇒ '면죄해 주는 시효소멸제도와 한 정권에서 지은 죄를 차기 정권에서 감면해 주는 ~ 비리를 철저히 응징하는 풍토부터 만들어야 할 것이다.

4. 소멸시효제도 ⇒ 번역어투이다. '시효를 소멸해주는(없애주는)제도'이므로 '시효소멸제도'라고 해야 옳다. 이런 표현은 법률용어로 굳어 있어서 고치기가 정말 어려운 표현이다. 우리나라 법조문(法條文)은 일본어 번역어투이고, 일본어는 영어번역어투를 사용하므로 결국 이런 표현은 영어적인 표현의 번역어투라고 볼 수 있다.

19 둘째, 결과를 평등하게 하려는 시도는 하지 말아야 한다. 기본과 원칙에 벗어나지 않는 한 생업과 생활에서 개인의 자유를 보장하고 그 결과에 대해 책임을 지게 하는 자율 성과주의를 국가 경영의 기본 원리로 하고, 자유 신장으로 나타날 수 있는 부(富)의 불균형에 대한 사후적 보완책인 평등 추구 정책은 최소한으로 제한하는 게 바람직하다.

해설_ 1. 평등하게 하려는 시도는 하지 말아야 한다. ⇒ '하려는'과 '시도'는 같은 말 ⇒ 하려 하지 말아야 한다.

2. 자유 신장으로 나타날 수 있는 부(富)의 불균형에 대한 사후적 보완책인 평등 추구 정책은 최소한으로 제한하는 게 바람직하다.
⇒ 다소 어려운 표현이다. 이 부분은 자본주의 정책의 맹점을 설명하는 것으로, 하고자 한다면 할 수 있는 기회를 보장해 주는 것이 자본주의 정책이다 보니, 가진 자는 그 만큼 기회가 많고, 그러다 보면 부를 더 많이 차지할 수밖에 없다. 즉 빈익빈 부익부가 심해진다는 것인데, 여기서 생기는 갈등을 해소하기 위해 정부가 합리적으로 정책을 시행하면 되는 것이지, 가진 사람에게서 부를 거두어 못 가진 사람에게 나누어주는 것을 최소한으로 하라는 표현은 적절하지 않다. 상황에 따라 합리적으로 해야 하는 것이지 최소한으로 해야 하는 것은 아니다. ⇒ 자유를 보장하다보면 부(富)의 불균형이 생기게 마련인데, 이런 문제를 해결하기 위한 평등정책 또한 합리적으로 추진하는 것이 바람직하다.

20 셋째, 정부는 규제도 지원도 자제해야 한다. 유망시되는 사업도 능력 있는 사업가의 몫으로 둬야 한다. 규제는 특정 주체에게 손해를 보이고, 지원은 이익을 준다는 점에서 근본적으로 불공평하고 정의롭지 못하다. 또한, 지원은 공짜 근성을 유발시키는 한편 원가 의식과 경영 마인드를 바탕으로 한 자립정신을 약화시킴으로써 강질의 경제 주체가 되기 어렵게 한다. 기업이 부도나면 은행이 자금을 대고, 은행이 위기에 몰리면 국민이 돈을 대는 식의 구조조정도 이 점에서 문제가 있는 것이다. 따라서 정부는 경제활동이 자유러울수록 국력이 신장된다는 사실을 인식, 규제관행부터 청산해야 한다.

해설_ 1. 유망시되는 사업도 ⇒ 유망한 사업도

2. 손해를 보이고 ⇒ 손해를 주고

3. 강질의 경제 주체가 ⇒ 경쟁력 있는 경제 주체가

4. 경제활동이 자유로울수록 ⇒ 경제활동을 자유롭게 할 수 있게 하면 ⇒ 정부가 규제를 하지 말아야 한다는 면에서 정부를 주어로 보는 것이 좋다.

21 정부는 국민의 무모한 공짜성 요구부터 억제하면서 오늘의 인기에 연연해하기보다 역사적으로 길이 칭송받도록 나라와 이 국민을 이끌어나가야 할 것이다. 최소한 돈에는 깨끗하면서 업그레이드 코리아를 위한 비전을 제시하고, 이를 위해 능력 본위의 성과주의를 바탕으로 한 '열심히 일할 풍토'를 조성하되 바람직한 행동과 자세를 솔선수범함으로써 전 국민의 참여를 유도해 나가야 한다. 월드컵을 통해 하나로 모아진 국민적 상승 열기를 선진 도약의 계기로 승화시켜야 할 역사적 소명이 지금의 우리 모두에게, 특히 국가 지도층에게 있으며, 이를 실천에 옮겨야 할 시점이다.

해설_ 1. 최소한 돈에는 깨끗하면서 업그레이드 코리아를 위한 비전을 제시하고, 이를 위해 능력 본위의 성과주의를 바탕으로 한 '열심히 일할 풍토'를 조성하되 바람직한 행동과 자세를 솔선수범함으로써 전 국민의 참여를 유도해 나가야 한다. ⇒ 매끄러운 표현은 아니다. 청렴한 마음가짐으로 한국을 선진국으로 만들기 위한 비전을 제시하고 능력과 성과를 존중해주는 그야말로 '열심히 일하는 풍토'를 조성하고 정부가 먼저 올바르게 행동하고 솔선수범함으로써 전 국민이 참여할 수 있도록 해야 할 것이다.

2. 선진 도약의 계기로 승화시켜야 할 ⇒ 선진국으로 도약할 수 있는 계기로 승화해야 할

3. 국가 지도층에게 있으며, 이를 실천에 옮겨야 할 시점이다. ⇒ 이 문장이 정부의 역할을 역설

하고 있으므로 '국가의 지도층'으로 표현하는 것은 어폐가 있다. 국가 지도층이라면, 통상 지식인, 경제인, 정치인, 언론인 등을 말하므로, '특히 정부에게 있으며, 당장 실천을 해야 할 것이다.' 처럼 고쳐야한다.

4. 국가 지도층 ⇒ 지도층이라는 말은 계급화를 선동하는 말로 볼 수 있다. 지도층이 있다면 '지도를 받는 피 지도층'도 있어야 하지 않나? readers(리더)는 '지도층'이 아니라 '선도자'라고 해야 옳다. 솔선수범에서 여론을 주도하고 자신을 따라 오도록 만드는 사람이지 teach(가르치고), train(훈련시키는)하는 것은 아니다. 따라서 이런 말도 '여론 주도층', '모범을 보여야 하는 계층' 등으로 바꾸어야 한다.

번역어투를 남용하고 있는 우리 글

1. 번역어투 : 아무리 강조해도 지나치지 않다

01 법을 지키는 것은 아무리 강조해도 지나치지 않다.

⇒ 법은 반드시 지켜야만 하는 것이다.

02 이웃 사랑은 아무리 강조해도 지나치지 않은 것이다.

⇒ 항상 이웃과 더불어 살도록 노력해야 한다.

03 공정방송은 아무리 강조해도 지나치지 않다.

⇒ 방송은 항상 공정하게 해야 하는 것이다.

04 생명윤리는 아무리 강조해도 지나치지 않다.

⇒ 생명을 소중하게 생각하는 윤리는 아주 중요하다.

05 기업 투명성은 아무리 강조해도 지나치지 않다.

⇒ 기업은 항상 투명하게 경영하도록 해야 한다.

2. 번역어투 : 지켜지다, 되어지다

01 법(法)이 지켜질 때 나라가 바로 선다.

⇒ 법(法)을 지켜야 나라를 바로 세울 수 있다.

02 법은 지켜져야 합니다.

⇒ 법을 지켜야 합니다.

03 신호등은 지켜져야 합니다.

⇒ 신호등을 지켜야 합니다.

04 도덕성은 바르게 세워져야 합니다.

⇒ 도덕성을 바르게 세워야 합니다.= 도덕심을 가져야 합니다.

05 NEIS는 폐기되어져야 합니다.

⇒ NEIS를 폐기해야 합니다.

06 부정부패는 근절되어져야 합니다.

⇒ 부정부패를 근절해야 합니다.

3. 번역어투 : ~하곤 하다

통상, 영어에서 빈도를 나타내는 말 중에 used to가 나오면, '~하곤 하다'로 처리하는 경우가 많은데, 막연히 '~하곤 하다'로 처리하면, 빈도를 정확하게 나타낼 수 없을 뿐 아니라 빈도를 나타내는 표현이 아니다. used to구문에는 실제 빈도를 나타내는 often, sometime, always 등이 나오기 마련인데, 바로 이런 것이 빈도부사다.

1. '~하곤': 어떤 동작에 이어서 다른 동작을 하는 것

실제 한국어에서는 '~하곤'은'어떤 동작에 이어서 다른 동작을 하는 것'을 나타내는 말이다. 다음 표현을 보자.

① 그 아이는 고함을 지르고는(지르곤) 엉엉 울기 시작했다.

② 그 놈은 쓰레기통을 발로 뻥 차고는(차곤) 줄행랑을 쳤다.

③ 우리 집 애기 아빠는 저녁을 먹고는(먹곤) 바로 잠자리에 든다.

④ 경찰이 오면 자기를 본 적이 없다고 말하라고 하고는(하곤) 어디론가 가버렸다.

⑤ 산 정상에 올라 "야호!"하고 소리를 지르고는(지르곤) 하산을 했다.

2. '-고'와 '-고는'의 차이

① 이번 남북 당국자간의 타결 내용을 보고는(곤) 실망했다.

② 이번 남북 당국자간의 타결 내용을 보고 실망했다.

위 두 문장은 어떤 어감의 차이가 있을까? ①번 문장은 비교격 조사 '-는'을 추가로 붙였으므로 '어떤 사실을 듣기 전'과 '현재'를 비교하고, ②번 문장은 그냥 '현재의 감정상태'만 나타낸다. 다시 말해, ①번 문장은 '이미 관심을 가지고 지켜보았다'는 의미가 포함되어 있고, ②번 문장은 '예전에는 관심을 가지고 있지 않다가 그냥 어떤 사실을 알고 난 후의 감정상태'만을 나타내는 것이다.

3. 번역사례

그럼, 영어문장을 우리가 어떻게 번역하고 있는지 한 번 보자.

■ **He used sometimes to take tea with us.**

그는 이따금 우리들과 같이 차를 마시곤 했다.

해설_ 물론, 이렇게 번역한다고 해서 틀렸다고 딴지를 걸 수는 없다. 문제는 글을 좀 더 효율적으로 쓰는 것이 좋다는 것이다. 빈도는 sometimes (가끔)가 이미 나타내고 있으므로 "그 사람은 가끔 우리와 차를 마셨다."로 처리하면 깔끔하다.

■ **The sight of children in pain always used to melt him.**

고통에 처한 아이들을 보는 것은 그를 항상 불쌍한 마음이 들게 하곤 했다.

⇒ 아이들이 고통스러워하는 것을 보면, 그 사람은 늘 불쌍한 생각이 들곤 했다.

해설_ 위 번역문을 보더라도 빈도는 always(항상)가 나타내고 있음을 알 수 있다. 따라서 이 번역문도 "아이들이 고통스러워하는 것을 보면 그 사람은 늘 불쌍했다."로 처리하면 깔끔하다. 한국어 문장에서 빈도는 항상 부사가 나타낸다는 사실을 알아 두어야 한다.

다음 사례를 보고 한 번 더 생각해 보기 바란다.

01 그녀는 늘 많은 사람들에게 노래를 들려주곤 했었다.

⇒ 그 여자는 늘 많은 사람에게 노래를 불러 주었다.

02 그는 자주 그런 말을 하곤 했다.

⇒ 그 사람은 자주 그런 말을 했다.

03 강 씨는 한 달에 한 번 꼭 양로원을 찾아오곤 했었죠.

⇒ 강 씨는 한 달에 한 번씩 꼭 양로원을 찾아왔죠.

04 나는 여름만 되면 늘 설악산 계곡을 찾곤 했었다.

⇒ 나는 여름만 되면 늘 설악산 계곡에 갔다.

05 그 사람은 말할 기회가 있을 때마다 으레 다른 사람의 약점을 들추곤 했었죠.

⇒ 그 사람은 기회만 오면 항상 다른 사람의 약점을 들춰냈죠.

우리말 부사를 정확하게 쓰자

우리가 사용하고 있는 표현 중에는 부사를 명사처럼 사용하는 경우가 많은데, 사소할지 모르지만 이런 표현도 고쳐 나가기 바란다. 부사의 본래 기능은 '형용사나 동사를 꾸며주는 것'으로, 상황을 아주 세밀하게 묘사해 주는 역할을 한다. 그런데, 부사를 부사적으로 쓰지 않고, '조사를 붙여 명사로 잘못 사용하는 경우가 많다. 부사는 동사 형용사를 꾸며주는 말이지만, 부사가 명사 앞에 오면, 관형어가 되어 형용사 역할을 하게 된다.

1. 부사인 '모두'를 명사처럼 잘못 사용

01 **응원을 하러 나온 청소년 모두가 아름답기 그지없습니다.(x)**
응원하러 나온 청소년이 모두 아름답기 그지없습니다.(o)
응원하러 나온 모든 청소년이 아름답기 그지없습니다.(o)

02 **요즘은 어린이 모두가 건강하게 자라고 있죠.(x)**
요즘은 어린이는 모두 건강하게 자라고 있죠.(o)
요즘은 모든 어린이가 건강하게 자라고 있죠.(o)

03 **수재 의연금을 수재민 모두에게 나누어주고 있습니다.(x)**
수재 의연금을 수재민에게 골고루 나누어주고 있습니다.(o)
수재 의연금을 모든 수재민에게 나누어주고 있습니다.(o)

04 오늘 오신 분들은 모두가 잘 드셨다.(x)
오늘 오신 분들은 모두 잘 드셨다.(o)
오는 오신 모든 분들은 잘 드셨다.(o)

05 대한민국 국민 모두가 신바람이 났다.(x)
대한민국 국민은 모두 신바람이 났다.(o)
대한민국 모든 국민이 신바람이 났다.(o)

2. 부사인 '서로'를 명사처럼 잘못 사용

01 갑돌이와 갑순이 서로가 좋아한다.(x)
갑돌이와 갑순이는 서로 좋아한다.(o)

02 남북 서로가 힘을 모아 난제를 해결해 나가야 할 것이다.(x)
남북이 서로 힘을 모아 난제를 해결해 나가야 할 것이다.(o)

03 통일 축구를 통해 남북 서로가 친선을 다지는 것은 바람직한 일이다.(x)
통일 축구를 계기로 남북이 서로 친선을 다시는 것은 바람직한 일이다.(o)

04 여야 서로가 상호 간의 이해를 이끌어내어야 할 것이다.(x)
여야가 서로 이해해야 할 것이다.(o)

05 우리는 서로가 서로를 도우면서 살아나가야 한다.(x)
우리는 서로 도우면서 살아야 한다.(o)

06 부모와 자식이 서로에 대해 무관심으로 일관하고 있다.(x)
부모와 자식이 서로 전혀 관심이 없다.(o)

07 부부는 서로가 서로를 위하면서 지내야 한다.(x)
부부는 서로 위하면서 살아야 한다.(o)

08 낯선 사람도 자주 만나야 서로를 이해할 수 있는 것이다.(x)
낯선 사람이라 하더라도 자주 만나면 서로 이해할 수 있다.(o)

09 그런 식으로 행동하면 서로가 피곤하지 않은가?(x)
그렇게 하면 서로 피곤하지 않은가?(o)

10 상호 서로가 힘을 합하자.(x)
서로 힘을 합하자.(o)

1. 영어에만 문법이 있는 것이 아니라 우리글에도 주어가 있고 부사어가 있고 서술어가 있는데, 그런 것은 생각도 하지 않고 무작정 사용하고 있는 것이 문제다.
2. 주어자리에는 명사가 오고, 명사에는 조사를 붙여 '주격 / 목적격 / 서술격'을 만드는 것이 정상적인 표현인데 부사에다 조사를 붙여 명사처럼 사용하고 있는 것이 문제다.
3. '부사(副詞)'란 말 그대로 '다른 말을 도와주는 말'이다. 부사의 기능은 '형용사와 동사를 꾸며준다'는 것이다.
4. 부사를 부사답게 활용해야 어떤 상황을 구체적으로 표현할 수 있음을 염두에 두어야 한다.

3. 부사인 '그대로, 스스로'를 명사처럼 잘못 사용

01 **여러분이 느낀 그대로를 말하시면 됩니다.(x)**
여러분이 느낀 것을 그대로 말하시면 됩니다.(o)

02 **홍수가 났을 때의 참담한 모습 그대로를 보여주고 있다.(x)**
홍수가 났을 때의 참담한 모습을 그대로 보여주고 있다.(o)

03 **있는 그대로의 상태대로 표현해야 좋은 글이다.(x)**
있는 것을 그대로 표현해야 좋은 글이다.(o)

04 **내 스스로가 스스로에게 물어본다.(x)**
내 자신에게 물어본다.(o)

05 **국민 스스로가 자주적으로 노력하여 경제를 살려야 할 것이다.(x)**
국민이 스스로 나서 경제를 살려야 할 것이다.(o)

06 **기업 스스로가 새로운 사업을 포기하고 구조조정에 힘써야 할 것이다.(x)**
기업이 스스로 새로운 사업을 포기하고 구조조정을 해나가야 할 것이다.(o)

07 **번역하는 사람 서로가 힘을 합하고 스스로가 개혁해야 한다.(x)**
번역하는 사람이 서로 힘을 모아 개혁해야 한다.(o)

08 **남을 탓할 것이 아니라 스스로를 생각해 보는 아량이 있어야 한다.(x)**
남을 탓할 것이 아니라 자신을 생각해 보는 아량이 있어야 한다.(o)

09 자연은 무엇으로 스스로를 유지해 나가는가?(x)
자연은 스스로 어떻게 살아나가는가?(o)

10 우리의 문제는 우리 스스로가 해결해야 한다.(x)
우리 문제는 우리가 해결해야 한다.(o)

4. 잘못쓰고 있는 '빠르게'

■ 식중독에 걸린 학생의 수가 빠르게 늘어나고 있습니다.

여기서 '빠르게'라는 부사어가 어색하다. '빠르게'는 기본형 '빠르다'에서 나온 말로, (1) 식사를 빨리도 한다. (2) 일을 빠르게 마쳤다. 등과 같이 주로 긍정적인 표현에 쓰는 것이 좋다. '식중독에 걸린 학생의 수가 계속 늘어나고 있습니다.'가 적절한 표현이다. 즉, '빠르게' 대신 '계속'이란 중립 부사를 사용하는 것이 좋다.

5. 잘못쓰고 있는 '너무'

1. '너무'를 부적절하게 사용한 경우

① 내일 소풍을 간다니 '너무 너무' 기분이 좋아요.
② 손자가 '너무' 귀여워요.
③ 결혼생활이 '너무' 행복합니다.
④ 합격해서 '너무' 다행스럽게 생각해요.
⑤ 이렇게 상을 타서 '너무' 기분이 좋아요.
⑥ 그 배우는 '너무' 연기를 잘해서 좋아요.
⑦ 그 탤런트는 '너무' 멋져요.

위에서 사용한 '너무'는 모두 틀린 표현이다. 부사 '너무'는 '불필요하게 또는 지나치게 ~한 상태'를 나타내는 말로, 전체적으로 부정적인 뉘앙스를 담고 있는데, 위에서 사용한 '너무'는 모두 '좋고 긍정적일 때' 사용한 표현으로 부적절한 표현이다.

2. '너무'를 올바르게 사용한 경우

① 배우가 연기를 '너무' 오버했다.

② 그 사람에게 욕을 한 것은 '너무' 한 행동이었다.

③ 넌 어쩌면 그렇게 지독하니? '너무' 하지 않니?

④ 많은 것도 좋지만 '너무' 밥을 많이 주었다.

⑤ 공부만 '너무' 많이 하는 것은 좋은 것이 아니다.

⑥ 매운 것을 좋아하긴 하지만, '너무' 매웠다.

⑦ 저 사람은 키가 '너무' 크다.

위 표현을 보면 알겠지만 부사 '너무'가 모두 부정적인 뉘앙스를 나타내고 있다. 이런 문장에서 사용한 '너무'는 올바른 표현이다.

"우리가 보통 그렇게 사용하잖아요? 그런데 고칠 필요가 있나요?"하고 반문하는 사람들이 간혹 있는데, 말과 글이 사람의 감정을 전달하는 도구인데, 뉘앙스가 다른 표현을 사용해서는 자신의 감정을 제대로 전달할 수 없다는 것을 이해했으면 한다.

한국어 조사를 바로 쓰자

조사(助詞)는 한국어 품사의 하나로 체언(體言: 명사, 대명사, 수사)에 붙여 체언과 다른 말의 관계를 나타내는데, 격조사, 접속조사, 보조사 3가지 종류가 있다.

1. 격조사(格助詞)
   체언의 자격을 나타내는 것으로, 주격, 서술격, 목적격, 보격, 관형격, 부사격, 호격 7가지가 있다.
2. 접속조사(接續助詞)
   체언과 체언을 연결해주는 조사로, '~와, ~하고, ~이며, ~에다, ~랑' 등이 있다.
3. 보조사(補助詞)
   보조사는 형식만 보면, 주격조사와 같은 '~가, ~이'가 있고, 보통 '~부터, ~까지, ~조차, ~마다, ~이나, ~이든지, ~이라도' 등이 있다.

1. 격조사를 잘못 쓴 예

01 나의 살던 고향은 꽃피는 산골 복숭아꽃~

해설_ 잘 아는 노래 가사이지만 사실은 틀린 표현이다. 어떤 이는 이 문장에 나오는 '나의'의 조사 '의'를 시적(詩的) 허용이라는 말로 너그럽게 이해하기도 하지만 일본말에 익숙해 있던 문인이 잘못 쓴 표현이다. '살던'의 기본형은 '살다'이고, 동사 '살다'의 주어는 '나'이므로 주격조사 '가'를 붙여야 옳다. 즉 '내가 살던 고향은~'이 올바른 표현이다. 이런 사례는 일제 강점기나 그 이후에 발표된 문학 작품에 많이 나온다.

02 나의 큰 힘 아느냐 모르느냐 최남선_「해에게서 소년에게로」

해설_ 내 큰 힘 아느냐 모르느냐'가 올바른 표현. 여기서 '해에게서 소년에게로'가 무슨 뜻인지 알 수 있을까? '해(海)가 소년에게'라는 말을 일본식 조사를 활용해서 표현하고 있음을 알 수 있다.

03 나의 침실로 이상화_「나의 침실로」

해설_ '내 침실로'가 올바른 표현.

04 조선의 독립국임과 조선인의 자주민임을 선언하노라. 독립선언문

해설_ '조선이 독립국임과 조선인이 자주민임을 선언하노라'가 올바른 표현.

05 혈(血)의 누(淚), 귀(鬼)의 성(聲) 이인직_「혈의 누」, 「귀의 성」

해설_ '피눈물, 귀신 소리'가 올바른 표현. '나, 너, 저'의 관형격, 소유격 조사는 '의'가 아니라 'ㅣ'다. 즉 '나의, 너의, 저의'가 아니라, '내, 네, 제'가 올바른 표현. 우리가 흔히 쓰는 표현 중에 '나의 사랑, 나의 나라, 나의 조국, 나의 집' 등은 모두 '내 사랑, 내 나라, 내 조국, 내 집' 등으로 표현해야 옳다. 마찬가지로,'너의 모습, 너의 마음, 저의 말씀, 저의 잘못' 등도 '네 모습, 네 마음, 제 말씀, 제 잘못'이 옳다.

2. 조사의 오남용을 바로 잡아야 하는 이유

조사의 오남용을 바로 잡아야 하는 이유를 00일보 기사를 통해서 한번 살펴보자.

01 노동관계법 개정안이 정부의 주도로 마련돼 이번 정기 국회에 제출될 전망이다.

- oo일보 기사 중에서

해설_ 위 문장은 '개정안'을 주어로 수동태로 표현한 문장으로 본래 우리글과는 다른 문장이다. 위 문장은 주어를 '정부'로 하고 '개정안'을 목적어로 처리해야 옳다. 즉, "정부는 노동관계법 개정안을 마련하여 이번 정기 국회에 제출할 예정이다."가 올바른 문장이다.

다음 문장들은 모두 oo일보 기사 중에 있는 문장으로 조사를 잘못 쓰고 있고, 화살표 다음 문장이 올바른 문장이다.

02 관계기관에 다리가 어느 정도 위험한지를 검사해 달라고 요청했다.

⇒ 관계기관에게 어느 정도 위험한지 다리를 검사해 달라고 (요청)했다.

03 문제는 이러한 외국인 근로자들에 대한 처우가 충분하지 못해 빚어지는 부작용이다.

⇒ 문제는 이러한 외국인 근로자들에게 처우를 충분히 해주지 못해 빚어지는 부작용이다.

04 일부 기업주들의 횡포로 소수이기는 하지만 외국인 근로자들의 정당한 권익과 인권이 훼손당하는 사태마저 벌어지고 있는 것이 현실이다.

⇒ 일부 기업주들의 횡포로 소수이기는 하지만 외국인 근로자들의 정당한 권익과 인권을 훼손하는 사태마저 벌어지고 있는 것이 현실이다.

05 어린이들을 주입식 교육에서 벗어나 다양한 능력을 갖춘 미래의 주역으로 기르기 위해 이 같은 개혁을 단행했다는 서울시 교육청의 설명도 공감을 살만하다.

⇒ 어린이들에게 주입식 교육을 하지 않고 다양한 능력을 갖춘 미래 주역으로 기르기 위해 이같이 개혁했다는 서울시 교육청의 설명도 공감이 간다.

06 시험 없는 학교는 우리 모두가 꿈꾸는 이상적인 학교의 모습이기 때문이다.

⇒ 우리는 모두 시험 없는 학교를 이상적인 학교라 생각하기 때문이다.

07 우리의 학교교육은 대학입시를 겨냥한 입시위주 교육의 틀에 아직껏 머물러 있다.

⇒ 우리는 학교교육을 대학입시에 맞춰 입시위주 교육을 하고 있다.

08 특히 학생 개개인에 대한 모든 평가를 담임교사의 주관에 맡김으로써

⇒ 특히 학생 개개인을 담임교사가 주관적으로 평가함에 따라

09 충치의 예방을 위해선 수돗물에 불소 용액을 타는 불화 사업을

⇒ 충치를 예방하기 위해선 수돗물에 불소 용액을 타는 불화 사업을

10 순천 지역 아동은 평균 3.03개의 충치를 갖고 있었으나

⇒ 순천 지역 아동의 충치는 평균 3.03개였으나

11 서울시 보건원이 서울 시내 초등학생을 대상으로 조사한 결과를 아시아 예방치학회에 보고한 바에 따르면

⇒ 서울시 보건원이 서울시내 초등학생을 조사한 결과를 아시아 예방치학회에서 보고한 내용을 보면

12 근육이 어떻게 달라지는지를 보면

⇒ 근육이 어떻게 달라지는지 보면

13 10대들의 방송을 줄이고 성인들의 방송 시청률의 확대를 위해

⇒ 10대들의 방송을 줄이고 성인방송 시청률을 높이기 위해

14 객관적인 재판관들의 형 심의를 위해서

⇒ 객관적으로 재판관들이 형을 심의하기 위해서

15 다시 한 번 군의 변하는 모습을 지켜봐야 할 것이다.

⇒ 다시 한 번 군이 변하는 모습을 지켜봐야 할 것이다.

16 북한 해군의 공격을 계기로 강한 군대의 유지가 필요하다.

⇒ 북한 해군의 공격을 계기로 강한 군대를 유지해야 한다.

17 스스로의 약속과 스스로의 발언으로 결국 국민 앞에 "유감"을 표명하는 대통령이 되었다.

⇒ 스스로 한 약속과 발언으로 결국 국민에게 "유감" 을 표명하는 대통령이 되었다.

18 미국의 북한과의 경제 관계는 별 변화가 없을 것이다.

⇒ 미국과 북한의 경제관계는 별 변화가 없을 것이다.

19 진실의 회복은 반성과 거짓으로부터의 해방에서만 가능하다.

⇒ 진실을 회복하려면 반성하고 거짓을 하지 않아야 가능하다.

20 앞으로의 우리의 외교 방향은

⇒ 우리는 앞으로 외교 방향을

21 중국은 북한 동포들의 중국으로의 탈출을 막아야 한다고

⇒ 중국은 북한 동포들이 중국으로 탈출하는 것을 막아야 한다고

22 9시 정각에 청와대로부터 떠났다.

⇒ 9시 정각에 청와대에서 떠났다.

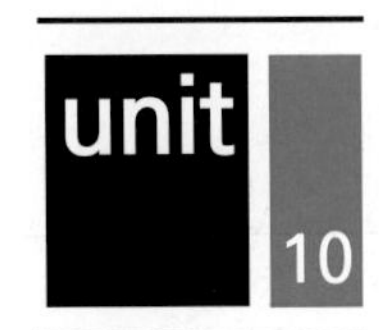

구체적인 뜻을 지닌 단어를 선택하라

초등학교 때부터 시작한 글쓰기 습관을 하루아침에 버리기는 정말 힘든 일이다. 하지만 잘못된 글쓰기 습관을 고치지 않고는 제대로 된 번역을 할 수 없다.

1. 너무 포괄적으로 쓰고 있는 '입장(立場)'

본래 '입장'이란 일본말에서 온 것으로, 우회적이고 조심스런 표현을 많이 쓰는 일본식 표현의 하나다. 아래 예를 참고해서 올바른 표현을 알아두기 바란다.

01 체제 위협을 느끼고 있는 북한의 '입장'을 이해하면서 대북정책을 수립해야 할 것이다.

해설_ 여기서 '입장'은 우리말의 '처지'를 대신하고 있다고 볼 수 있다. 체제 위협을 느끼고 있는 북한의 '처지'를 이해하면서 대북정책을 수립해야 할 것이다."로 표현하는 것이 좋다.

02 노사 문제는 노동자와 사용자가 서로 해결해나가야 할 문제로, 정부는 불개입 입장을 분 명히 해야 할 것이다.

해설_ 여기서 '입장'은 우리말의 '원칙, 지침, 방침'등을 대신하고 있다고 볼 수 있다. "노사 문제는 노동자와 사용자가 서로 해결해나가야 할 문제로, 정부는 불개입 '원칙' 을 분명히 해야 할 것이다."로 표현해야 한다.

03 북한이 대화의 형식에 대해서는 개의치 않겠다는 '입장'의 변화를 보였습니다.

해설_ 여기서 '입장'은 우리말의 '태도, 자세'등을 대신하고 있다고 볼 수 있다. "북한이 대화의 형식에 대해서는 개의치 않겠다는 '태도'의 변화를 보였습니다."로 표현해야 한다.

04 청와대는 언론사들이 확인되지 않은 내용을 정부의 공식 '입장'인 것처럼 보도하는 것에 대해서 정정 보도를 요청할 방침이다.

해설_ 여기서 '입장'은 '방침, 계획'등을 대신하고 있다고 볼 수 있다. "청와대는 언론사들이 확인되지 않은 내용을 정부의 공식 '방침'인 것처럼 보도하는 것에 대해서 정정 보도를 요청할 방침이다."로 표현해야 한다.

05 원자력 발전소 건설을 반대하는 입장을 취하는 이유가 타당하지 않습니다.

해설_ 여기서 '입장'은 불필요한 표현이다. "원자력 발전소 건설을 반대하는 이유가 타당하지 않습니다."로 표현해야 한다.

우스갯소리지만, 만약 유치원에 다니는 아이에게 "선생님에 대한 너의 입장을 얘기해 줄래?"라고 물어 본다든지 할머니께 "젊은이들이 자리를 양보해 주지 않을 때 할머니의 입장이 어떻습니까?"라고 한다면 어떤 반응을 보일까?

2. 뜻이 다른데도 불구하고 가려 쓰지 않는 '틀리다'와 '다르다'

1. '틀렸다'의 예

① 나는 3번 문제를 틀렸다.
② 너는 인간되기 틀렸다.
③ 합격하기는 틀렸다.

이처럼, '틀리다'는 '옳고 틀림'을 말할 때 '틀림'을 뜻하는 말이다.

2) '다르다'의 예

① 이 옷과 저 옷은 색상이 전혀 다르다.
② 쌍둥이인데도 얼굴이 전혀 다르다.
③ 같은 회사에서 만든 장난감인데, 이렇게 다를 수가~
④ 전에 먹었던 고기 맛과는 전혀 다르군.
⑤ 저 사람 완전히 다른 사람이 되어 버렸군 그래.

이처럼, '다르다'는 어떤 것의 모양이나 성질, 상태가 '다르다'는 것을 뜻하는 말이다. 우리가 사용하는 말 중에서 '너무'와 함께 가장 자주 잘못 쓰고 있는 말이다.

3. 어려운 표현이 격식을 차리는 것이 아니다

다음 문장은 라디오 방송으로 흔히 들을 수 있는 표현인데, 너무 격식적인 표현이다.

■ 심한 타이어 마모는 제동거리를 연장시키기 때문에 여름철 빗길 운전이 상당히 위험해 질 수 있습니다.

이 말은 타이어가 너무 닳으면 제동이 잘 안 된다는 것인데, 좋게 들리지는 않는다. "마모는 ~ 연장시키다"는 표현이 문제다. '연장시키다'는 '어떤 뚜렷한 목적을 위해서 행하는 조치'를 뜻하는 말로, 긍정적인 정서를 내포하고 있다고 볼 수 있다.

예를 들어, '세금 납부 기간을 연장한다든지 시험 접수 기간을 연장한다든지 휴가 기간을 연장한다든지'할 때 사용한다. 따라서 "자동차 타이어가 너무 닳으면 제동이 잘 안되므로 여름철 빗길을 운행할 때는 매우 위험합니다."처럼 표현하는 것이 옳다.

CHAPTER 6

번역일과 번역사

통번역이 학문과 사회에 끼치는 영향

도올 김용옥 교수는 「동양학 어떻게 할 것인가?」라는 책에서 번역이 얼마나 중요한 작업인지 강조하다 못해 비분강개하여 '우리나라의 20세기는 학문의 황무지, 자생적 축적이 거의 없는 텅 빈 시간의 창고에 불과하다.'고 말했다.

대한민국을 강점했던 일본은 어떠했을까? 얼마 전에 번역 출간된 「번역과 일본의 근대」라는 책은 이러한 질문에 답을 해주기에 충분하다. 이 책은 '마루야마'와 '가토'라는 사람이 주고받는 대화를 근간으로 메이지시대의 '번역주의'가 일본 근대화의 밑거름이 되었다는 내용이다.

일본은 19세기 중반에 특히 '만국공법(국제법)'에 많은 관심을 가지고 있었다는 것을 잘 알 수 있다. 일본인들은 만국공법이 '문명세계'에서 통용되는 질서의 기준이라는 것을 깨닫고 그 내용을 받아들이기 위해 처음부터 아주 적극적이었다.

초기에는 한역(漢譯)으로 번역된 것을 다시 번역한 중역(重譯) 수준이었으나, 중역본에 구독훈점을 달고 다시 일본어로 쉽게 설명하는 식으로 다양하게 출판하여 일반인까지 쉽게 읽을 수 있게 되었는데, 요즘으로 치면 베스트셀러에 가까운 것이었다. 일본은 이러한 번역절차를 통해 각종 법률용어(번역어)들을 만들고 파생어도 만들게 되었던 것이다.

오늘날 한국 법률가들이 자연스럽게 사용하는 용어 하나하나에 수많은 사연과 시행착오 있음을 알 수 있기도 하다. 상상조차 할 수 없었던 개념을 번역하는 과정에서 더욱더 많은 오류를 범한 것 또한 사실일 것이다. 일본에서 Society를 '사회'로 번역하여 정착되는 과정을 봐도 실로 복잡하기 짝이 없다. '仲間(중간)'이란 번역어가 '회사'라는 말로 바뀌었고 이 말은 다시 Company라는 뜻으로 함께 쓰이다가 1877년경에 이르러서야 비로소 오늘날 사용하는 '사회(社會)'라는 번역어로 정착했다는 것이다. 겨우 번역은 하여 사용했지만, 일본도 초창기에는 Society라는 말을 '정부'라는 뜻으로 오랫동안 사용하는 오류를 범하기도 할 정도로 번역이란 생소한 것이었다.

요즘 이런 책에 관해 앞 다퉈 관심을 가지는 이유는 뭘까?

바로 우리의 근대시대의 시작과 관련이 있기 때문이다. 소수를 제외하고 우리가 사용하는 법률용어는 물론이고 사회, 경제, 문화, 과학, 군사 분야 용어와 각종 사전류에 올라 있는 번역어들이 거의 모두 일본인들이 만든 번역어라는데 문제가 있는 것이다.

어떻게 보면 한국인들의 의식은 일본인들이 만든 번역어에 의해 지배당하고 있다고 해도 과언이 아니다. 일본이 1600년 중반부터 번역에 눈을 뜬 반면 2000년대가 시작 된 오늘날까지 한국은 아직도 번역에 눈을 뜨지 못하고 있는 시점에서 이 책이 주목을 받는 것은 어쩌면 당연한 것일 것이다.

영미법이나 독일법 사전조차 일본이 번역해 놓은 것을 번안하는 한국에서 영미법과 독일법을 공부한다는 것이 과연 가능하며, 일본인이 만든 영어문법책으로 영어를 배운 우리가 과연 영어를 제대로 알고 있다고 할 수 있는지는 의문이다.

영어의 본질은 다른 곳에 있으며, 우리가 가타부타하는 영어는 일본사람이 정한 영어를 우리가 다시 번안해서 사용하고 있을 뿐이라는 것이다. 그래서 우리는 10년 20년을 배워도 영어의 깊이를 모르는 국민이 되고 만 것이다.

번역할 대상에는 어떤 것들이 있나

우리가 어떤 것을 번역해야 하는가? 하는 번역의 대상은 여러 관점에서 정리해야 하겠지만 먼저 번역대상언어와 번역대상 분야를 나누어 볼 수 있다.

번역대상 언어로는 누가 뭐라고 해도 영어가 가장 큰 비중을 차지하고 있고, 그 다음으로는 일어 중국어 순이 될 것이다. 물론, 불어와 독어 또한 번역을 하고 있기는 하지만, 문학, 철학 등 서적번역으로 한정되어 있다.

번역의 역사는 세계경제의 흐름과 그 맥락을 같이하고 있다고 볼 수 있다. 중세 이전까지는 중국어, 인도어, 히브리어 등을 불어, 독일어, 이태리어, 영어 등으로 번역하는 경우가 많았고, 산업혁명 이후로는 불어, 독일어, 스페인어, 이태리어, 영어 등을 일본어, 중국어, 러시아어로 번역하는 경우가 많았다.

이러한 추세와 마찬가지로 세계 경제의 주도권을 가지고 있는 영어와 일본어가 우리의 주요 번역대상언어가 되는 것은 당연한 일이다. 그만큼 우리가 미국과 일본의 경제권에 많은 영향을 받고 있다는 것이고, 경제권에 영향을 받고 있다는 것은 미국과 일본의 문명과 기술을 받아들이고 있다는 것을 말한다. 물론, 세계 경제대국으로 부상하고 있는 중국어 번역 또한 주요 번역대상 언어가 되는 것은 시간문제다.

그러나 여기서 한 가지 짚고 넘어가야 할 것은 모는 문명과 기술이 영어라는 언어도구로 통일되고 있다는 것이다. 모든 나라의 새로운 문명과 기술이 모두 영어로 발표되고 있는 것을 보면 이 말이 실감난다. 따라서 날이 가면 갈수록 영어번역의 비중이 높아지는 것은 당연한 일이 될 것이다.

번역대상 분야는 크게 두 분야로 나눌 수 있는데 하나는 '문예 분야'이고 다른 하나는 '실무 산업분야'라 할 수 있다. 문예 분야는 문학, 철학, 저널, 교양, 교육 관련 서적 번역이 대다수를 차지하고, 실무산업분야는 비즈니스 통신문을 비롯하여 경제경영. 정보통신, 광고, 홍보, 매뉴얼, 인터넷 홈페이지 등이라 할 수 있다.

한국의 번역시장 규모가 어느 정도 되는지는 잘 모르지만, 일본과 비교해보면 대략적인 짐작은 할 수 있는데, 일본의 번역시장 규모가 원화로 약 20조 원 정도 된다는 것을 감안하면 한국은 그것의 10분의 1 정도를 충분히 넘는다고 보면 무난하다. 물론 정확한 수치가 아니다. 전체적인 경제규모, 출판시장 규모, 번역회사의 수, 외국어 교육시장 등을 감안하여 어림짐작한 수치다. 각 기업의 연구원들이 하고 있는 기술관련 번역은 물론이고 정부의 정보입수를 위한 번역, 학술 논문 번역, 인터넷 홈페이지의 외국어화 작업 등을 감안하면 번역시장은 더 컸으면 컸지 작지는 않을 것이다. 실무 산업번역의 세부분야는 다음과 같다.

1. 자동차, 항공기, 조선 등 운송 수송 분야
2. 전기, 전자, 음향, 화상, 통신 등 전기전자 분야
3. 공작기계, 원동기, 농업기기, 의료기기 등 기계 분야
4. 복사기, 사진기, 광학기기, 화학기기 등 정밀기계 분야
5. 철강, 금속 등 광공업 분야
6. 제분, 제당, 제과, 사료, 유제품, 음료, 식용유 등 식료품 분야
7. 건물, 다리, 댐, 운하 등 건설토목 분야
8. 수산물, 해양, 농림, 생화학, 유기물 등 농수산 분야
9. 석유, 석탄, 천연가스, 지하자원 등 자원 분야
10. 의학, 약학 등 의료 분야
11. 각종 시설물 등 시설관리 분야
12. 대기, 수질, 생태, 환경 등 환경 분야
13. 신변잡화, 화장품, 가구 등 잡화 분야
14. 음악, 낚시, 스포츠, 레저 등 오락레저 분야
15. 부동산, 증권, 채권 등 재테크 분야

16. 무기체계, 전투기, 이지스함 등 국방, 군수 무기 분야

17. 각종 제품, 상품 매뉴얼의 로컬라이제이션 분야

18. 위 분야와 관련한 법령, 언론기사, 논문, 특허출원, 기업경영기술, 금융, 재무, 회사 설립, 광고, 취급설명서, 사양서, 매뉴얼, 계약서, 문서, 회계서류, 개인서류, 추천장, 증명서, 소장, 기소장, 고소장, 연설문 등 기타 분야

현대사회는 번역을 하지 않고는 아무 것도 하지 못할 정도로 번역과 밀접한 관련을 가지고 있다. TV를 켜도 외화가 방영되고, 잡지를 봐도 외국기사를 번역해 놓았고, 우리가 사용하는 살림살이도 많은 것들이 외국산이다. 커피가 기호식품으로 자리 잡은 지 오래되었고 햄버거와 베이커리, 치킨이 점심식사로, 웨스턴 바가 이제 편한 술집이 되어가고 있는 추세다.

하지만, 한국인들의 번역 실력은 글로벌 시대에 걸맞지 않게 왜 이렇게 못하나 하고 의심을 할 정도다.

이제, 영어를 배제하고 글로벌 마인드를 가질 수 없듯이 번역 실력 없이는 영어실력이 있다고 할 수 없는 시대다. 영어회화 몇 마디 하는 것이 중요한 것이 아니라 영문 속에 들어 있는 온갖 정보와 기술을 이해하고 그것을 활용할 수 있도록 해주는 정확한 번역 실력이야 말로 한국을 경제대국으로 이끄는 핵심 역량이 될 것이다.

번역사란 어떤 직업인가

글자 그대로 번역을 해주고 일정한 대가를 받는 전문 직업인이라 할 수 있다. 부동산 중개사가 부동산을 소개해준 대가로 수수료를 받듯이 번역을 해주고 수수료를 받는 직업인이다.

번역사라는 직업은 다른 직업과 달리 회사나 사무실에 나가지 않고 주로 집이나 개인 집필실에서 일을 한다는 특징이 있다. 이런 특징 때문에 다른 사람과 부대끼기 싫어하는 독립적인 사람이나 가정살림과 육아 등으로 출근이 불가능한 여성들이 선호하는 직업이다.

그러나 반드시 출근을 하지 않는 것만도 아니다. 예를 들어 대기업이나 정부산하 연구원 같은 곳에 적을 두고 있는 사람들은 주로 하는 일이 번역일임에도 불구하고 다른 잡무도 있기 때문에 정상적인 직장인과 마찬가지로 출근을 해야 하는 경우도 많다.

또한 국제적인 법률문제를 다루는 법무법인이나 회계법인등에 종사하는 전문 번역사들도 주로 일의 다급성과 비밀보장 문제 등으로 출근을 해서 번역을 하는 것이 일반적이다.

번역사의 수입은?

한마디로 천차만별이다. 번역사는 각 개인이 한 회사와 같은 역할을 하므로 개인이 얼마나 열심히 일하고 많은 시간을 투입하느냐에 따라 수입도 다르기 때문이다. 앞에서도 예를 들었지만 부동산 중개사라고 해서 딱히 얼마정도 수입이 된다고 할 수는 없는 노릇이다. 얼마나 목이 좋은 곳에 사무실이 있으며 얼마만큼 손님을 만족시킬 수 있느냐에 따라 수입이 천차만별이기 때문이다. 번역사 또한 각 개개인의 번역의 질과 번역하는 양에 따라 수입이 천차만별이다. 번역사의 수입이 안정적으로 되기 위해서는 번역의 질이 일정 수준에 도달해야 하며 월단위로 일정하게 일감을 확보해야 한다.

번역사가 되기 위한 전제조건은 무엇인가

번역이란 말을 모르는 사람은 별로 없을 것이다. 그러나 전문 직업인으로서의 '번역사'라는 개념을 정확히 이해하고 있는 사람은 별로 없는 것이 현실이다. 왜냐하면 영어만 잘 하면 번역을 할 수 있다고 생각하는 것이 아직도 일반적이기 때문이다.

번역을 제대로 하기 위해서는 영어라는 언어를 넘어서 알아야 할 것들이 많다. 영어실력이외에 가장 먼저 갖추어야 할 능력은 다양한 지식이다. 흔히 박식한 사람을 '걸어 다니는 백과사전'이라고 말하는 경우가 많은데, 즉 백과사전과 같은 지식을 갖춘 사람이 번역을 가장 잘 할 수 있는 잠재력을 가신 셈이다.

그 다음으로 갖추어야 할 능력은 문장력이다. 보통 수준의 문장력이 아니라 누구나 공감할 수 있는 논리적인 문장을 쓸 수 있어야 한다. 편지 쓰는 것, 일기 쓰는 것, 리포트 작성하는 것 이외에는 글을 써보지 않은 사람은 우선 문장력부터 키워야 한다. 편지 한 장 마음먹은 대로 술술 써 내려가지 못하는 사람이 다른 사람이 적어 놓은 것을 다른 말로 적는다는 것은 거의 불가능한 일이다.

다시 말해, 영어번역사가 되고자 한다면 우선 영어실력이 탄탄해야 하고, 번역하고자 하는 분야에 관한 지식을 많이 알고 있어야 하며, 문장력이 좋아야 한다.

번역을 하려면 자신이 할 수 있는 번역포트폴리오를 만들어라

번역사로 활동하려면 우선, 번역회사에 프리랜서로 등록을 하는 것이다. 등록이야 아무나 할 수 있지만 아무나 다 번역사로 선택되는 것은 아니다. 자신의 번역능력을 증명할 수 있는 자료를 구체적으로 제시한 사람만이 기회를 잡을 수 있을 뿐이다. 예를 들어 자신의 외국어 이해수준과 해당분야의 지식수준, 설득력 있는 문장력을 보여줄 수 있는 자료가 필요하다는 것이다.

다시 말해 TV 탤런트가 되기 위해서는 개성 있는 외모는 물론이고 말솜씨와 연기력을 보여주어야 하듯이 자신의 번역 실력을 유감없이 보여줄 수 있는, 즉 자신이 번역할 수 있는 번역목록과 샘플인 포트폴리오를 제시할 수 있어야 한다는 것이다. 거기에다 공신력 있는 번역관련 자격증, 번역관련 교육 수료증 등이 있으면 더 좋다.

그 다음은 프리랜서가 아닌 풀타임으로 취업을 하는 케이스다. 기업체만 하더라도 현실적으로 번역우수자가 필요하지 않는 곳은 거의 없다. 특히 영어번역 실력만 있다면 외국계 회사나 무역회사를 비롯해 유망한 회사에 취직하기란 그리 어렵지 않다. 최근에 들어와서는 회사 업무상 필요한 서류나 매뉴얼을 번역할 수 있는 사람은 없어서 못 쓸 정도다. 우리 사회가 글로벌화 되면 될수록 실력 있는 번역인력 수요는 급증할 것이고, 번역 실력만 갖추면 선택의 폭은 아주 넓어질 것이 분명하다.

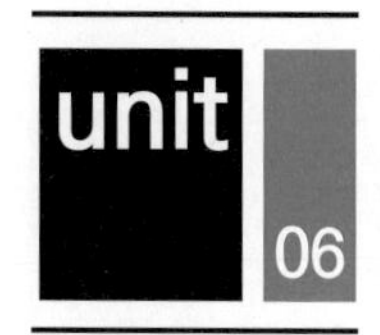

어떤 번역분야가 유망한가

사실 일반적인 영어 실력을 가지고 있는 번역사는 많아도 전문분야의 지식을 바탕으로 전문적인 글을 쓰는 전문 번역사는 태부족한 실정이다.

따라서 어떤 분야든지 남들과 차별화된 번역의 질을 보장만 할 수 있다면 어떤 분야든지 한 분야를 열심히 파고드는 것이 바람직하지만, 외국어 실력자라면 일상적으로 접하는 내용은 분야에 상관없이 고루 번역해낼 수 있는 기본 실력을 갖추어야 한다. 즉 일반적인 내용을 두루 하면서 자신만의 번역영역을 구축해 나가는 것이 가장 바람직하다고 할 수 있다.

자신의 번역분야로 구축해 나갈 수 있는 가장 일반적인 분야는 교양도서번역, 순수문학번역, 추리소설 등 유행 소설 번역, 잡지 번역, 경제경영일반, 정보통신, 인터넷 홈페이지 번역 등이지만, 교보문고, 영풍문고 등의 서가에 꽂혀 있는 대다수의 책들이 번역서라는 것을 감안하면 번역분야는 이것저것 가릴 것이 별로 없이 모두 유망한 분야라고 할 수 있다.

가장 중요한 것은 남들보다 자신이 가장 잘 할 수 있고 재미있는 분야를 선택해서 노하우를 축적해나가는 것이다.

영한번역과 한영번역 중 어느 쪽이 더 장래성이 있는가

영한번역과 한영번역의 물량 비중은 700대 30으로 영한번역이 절대적으로 많다. 하지만 인력부족 문제만 놓고 본다면 한영 쪽이 절대 부족하므로 영어다운 영어를 구사할 수 있는 능력을 갖춘 사람이라면 한영 쪽으로 집중하는 것도 장래가 밝다. 단, 한영의 경우 영어권 사용자가 이해할 수 있는 수준의 현장감 있는 영어를 구사해야 하기 때문에 영어권의 해외체류경험이 없는 사람은 어려움에 직면할 수도 있다. 이제는 콩글리시가 통하지 않는 시대다.

영한이냐 한영이냐의 선택도 자신이 가장 잘 할 수 있는 쪽을 선택하는 것이 가장 현명한 일이다.

번역학습은 어떻게 하는 것이 좋은가

가장 일반적인 방법은 번역대학원에 진학하는 것이라 할 수 있다. 하지만 워낙 선발인원이 제한되어 있어서 기회가 그리 많지 않은 것이 아쉽고 번역대상 분야를 모두 교육할 수 없다는 한계가 있다. 다음으로 생각해 볼만한 것이 번역학원이나 대학 평생교육원 내의 번역프로그램이다. 이러한 프로그램은 교육기관에 따라 교육의 질에 차이가 많으므로 실제 강의를 들어보고 선택하는 것이 좋다.

누구나 할 수 있는 최선책은 영어공부를 열심히 하면서 독서를 통해 여러 가지 지식을 섭렵하고 나아가 국내외 영자 신문을 막론하고 신문사설 등을 소리 내어 읽으면서 언어적인 감각과 문장논리를 익혀 나가는 것이다.

가장 중요한 것은 손에서 책을 떼지 않을 정도로 책을 많이 읽는 것이 가장 저렴하고 현명한 공부방법이다.

번역사가 되려면 적성을 감안하라

1. 서두르는 사람은 번역할 적성이 아니다

번역은 생각을 하면서 문장을 정확하게 작성할 수 있는 침착한 성품을 갖추고 있어야 하는데, 빨리 빨리 뭔가를 이루어내고 싶은 사람은 외국어 속에 숨어 있는 뜻을 생각할 여유가 없기 때문에 아무리 영어실력이 좋다고 해도 번역을 잘 하기는 힘들다.

2. 번역을 하찮게 생각하는 사람은 오래가지 못한다

모든 일이 그렇듯이 자신이 하고자 하는 일이 이 세상에서 가장 소중하고 훌륭하다는 생각을 해야지 그저 열심히만 해서는 곧장 흥미를 잃어버리고 힘든 장벽에 부닥치면 포기하기 십상이다. 번역은 피라미드 속에 있는 고대 문자를 해독해내는 것만큼이나 생각과 연구를 많이 해야 하고, 보통 사람과는 다른 다방면의 지식을 두루 갖추고 있어야 한다.

3. 한국 사람이니 한글 문장을 적을 수 있다고 생각하는 사람은 부적격자다

한국어를 안다고 한글로 되어 있는 모든 문장을 이해할 수 없듯이, 영어를 좀 안다고 하여 영문에 나오는 모든 내용을 다 이해할 수 있다고 생각하는 사람은 정말 엉터리다. 주로 책을 거의 읽지 않은 사람들이 자만에 빠져 있는 경우가 많다. 적어도 책을 많이 읽은 사람들은 자신이 이해할 수 있는 책이 그리 많지 않다는 것을 알고 있기 때문이다.

4. 세상의 흐름을 읽지 못하는 사람은 번역을 잘 할 수가 없다

번역이란, 높은 수준의 지식이나 배울만한 가치가 있는 내용을 다른 언어로 바꾸어서(Trans = 전환 = 이전 = 변환 = 번역) 전해주는 기술인데, 살고 있는 세상의 흐름을 모르고서는 그 세상에 살고 있는 사람들과 호흡을 같이 할 수 없기 때문에 맹목적인 번역기계가 되기 쉽기 때문이다. 번역은 그 시대의 가치관을 반영하기 때문에 시대마다 다르고 늘 진화하는 생명체와 같은 것이다. 번역 작업이 획일적으로 이루어지는 것은 붕어빵을 찍어내는 단순 작업과 별반 차이가 없다. 번역은 늘 창작이어야 한다.

5. 사전(辭典)을 맹신하는 사람들은 언어를 잘 모르는 사람들이다

사전이란, 어디까지나 해당 언어 범주 중에서 가장 일반적이고 규범적인 용어, 표현, 용례 등을 모아 놓은 것일 뿐, 실제 사람들이 사용하는 모든 표현들을 수록해 놓은 것이 아니다. 따라서 사전에 없는 표현이 번역상 더 적절한 표현이 될 가능성은 사전에 있는 것보다 훨씬 많다고 볼 수 있다. 그리고 세월이 지난 사전은 이미 과거의 표현이 되어 버리므로 사전에 있는 표현이라 하더라도 부적절할 경우가 많고, 사전이라고 해서 오류가 없는 것이 아니므로 사전을 신성한 언어 보고로 생각해서는 안 된다. 그저 참고자료일 뿐이다.